D1673999

SOHBETLER

Mehmet Hulusi Ünye

Genel Yayın Yönetmeni: Mustafa Kasadar

Yayın Koordinatörü: Ahmet Küçükağa

Tashih: Sinan Aktürk

Sayfa Düzeni: Adem Şenel

Kapak: Yunus Karaarslan

Sertifika No: 16480

ISBN: 978-975-2419-71-1

Basım Yeri ve Yılı

Ravza Yayıncılık ve Matbaacılık

Kale İş Merkezi No: 51-52 • Davutpaşa / İstanbul

Tel: 0090-212-4819411

Ağustos 2017

RAVZA YAYINLARI
Büyük Reşitpaşa Caddesi No: 22/42 • Vezneciler-Eminönü / İstanbul
Tel: 0090-212-5284617 • Fax: 0090-212-5142731
www.ravzakitap.com • ravzasiparis@hotmail.com

İÇİNDEKİLER

ÖNSÖZ

Alemlerin rabbi olan Allah'a hamdu senalar; O'nun Resûlü Hz. Muhammed (s.a.v)'e aline ve ashabına da salat ve selamlar olsun.

Sohbet, birlik, beraberlik, dostane ilişkileri devam ettirmek, yol ve hedef kardeşliği yapma anlamlarını içerir. Sohbetin dinimizde daha özel bir yeri vardır. Sohbetin sözlük anlamında var olan fonksiyonların hedefine ulaşması için yapılacak bir nevi ahlak ve maneviyat eğitiminin yapıldığı özel halkalar bu müstesna durumu oluşturur.

Bilhassa İslami davetin ilk yıllarında açıktan tebliğ ve davetin yapılamadığı zamanlarda Mekke'de hazırlanmış olan evlerde yapılan sohbetler, dinimizin öğrenilmesinde, tatbik edilmesinde ve yayılmasında son derece önemli görevler ifa etmiştir. Bundan dolayıdır ki, ev sohbetleri, daha sonraları tekke ve zaviyelerde yapılan ahlak ve maneviyat dersleri hep bu gayeye yönelik olarak yapılmış ve halkın din eğitimi açısından çok büyük başarılara imza atmışlardır.

Cami kürsülerinden yapılan vaazlar, minberlerden okunan hutbeler ve mihraplarda icra edilen dini içerikli dersler de elbette halkın dini bilgilerini elde etmede önemlidir. Ancak evlerde yapılan ev sohbetleri daha dar çerçevede ve daha samimi ortamlarda yapıldığı için daha faydalı olmuştur. Çünkü camilerde yapılan vaaz ve nasihatler hem dinleyenlerin çokluğu, hem sahip olunan bilgi seviyesi nedeniyle herkes alabildiğince alsın düşüncesiyle daha resmi bir şekilde icra edilir. Dinleyenlerin anında müdahale etmesi de mümkün olmadığından beklenen neticeyi elde etmeye çoğu zaman cevap vermez. Fakat ev sohbetleri böyle değildir. Çünkü sohbet halkasında yer alanlar sohbet esnasında anlaşılmayan noktalarda soru sorabilir, tekrarlar talep edilebilir, konuyla ilişkisi olan başka mevzulara atıflar yapılması konusunda girişimde bulunulabilir. Bu da elde edilmek istenen neticede etkili olur.

Elinizdeki kitabı oluşturan metinler işte böyle evlerde yapılan sohbetlerde kılavuzluk yapsın düşüncesiyle hazırlandı. Konular imanın şartları, İslam'ın şartları, ahlaki mevzuları anlatan ve bazı ileri gelen sahabelerin hayat hikayelerini içeren metinler olarak belirlendi. Bundan maksat, önce sağlam bir itikat bilgilerine sahip olmak, imanın meyvesi olan ibadet bilgilerini itikadî bilgilere bina etmek, sonra da bilhassa insanlar arası muamelelerde öne çıkan konuları insanımızın gündemine yeniden getirmektir. Din, insanların hayatlarında tatbik edilsin için gönderilmiş bir nizam olduğu için, onu yaşamış ve dini yaşama konusunda her biri birer uyulması gereken misaller olan insanların da tanınması gerekir. İslam dinini en güzel şekilde yaşamış ve kıyamete kadar gelecek bütün insanlığa en güzel örnek olma vasfını taşıyan sahabe insanlarının hayatlarının bilinmesi çok önemlidir. Bu sebeple de ara ara sahabenin ileri gelenlerinden bir kısmının hayatları özet şeklinde de olsa kaleme alınmıştır.

Kitabı teşkil eden sohbet metinleri yılın elli iki hafta ve iki de bayram günü olması sebebiyle elli dört sohbet şeklinde tertip edilmiştir. Haftada bir defa yapılması tatbik açısından daha kolay ve faydalı olacağı için böyle düşünüldü. Hazırlanan metinlerde geçen ayetler ve hadisler orijinal şekliyle ve metinler harekelenmiş şekilde konuldu. Kaynakları verildi ki, isteyen okuyucularımız kaynaklara müracaat edebilsin ve klasik kaynaklar da böylece daha iyi tanınmış olsun.

Okuyucularımızdan gelebilecek her türlü yapıcı tenkide açık olduğumuzu bildirirken, kitabın basılmasında büyük gayretleri olan Sinan Aktürk'e, gerek kitabın mizanpajında gerekse fikri katkılarda bulunmuş olan İlhan Bilgü'ye teşekkür ediyorum. Ayrıca mesleki eğitim yıllarından bu tarafa kahrımı çeken ve beni ilmi çalışmalarımda hiçbir zaman yalnız bırakmayan ve destek olan eşime, kızlarıma ve oğluma özellikle teşekkürler ederim.

Biz bir mütevazı çalışma ortaya koyduk, takdiri okuyucularımıza bırakıyor; tesirini icra buyurmasını Yüce Allah'a havale ediyoruz.

Mehmet Hulusi Ünye
Amersfoort/Hollanda, 18.07.2017

1. SOHBET

EV SOHBETLERİNİN ÖNEMİ VE TARİHTEKİ YERİ

Sohbet, sözlükte, birlik, beraberlik, dostane ilişkileri devam ettirmek, yol ve hedef kardeşliği yapmak demektir.[1] Dinimizde ise sohbet, işte bu bütün sözlük anlamında var olan manaların elde edilebilmesi için yapılacak bir nevi ahlak ve maneviyat eğitiminin yapıldığı özel halkalardır. Ev sohbetlerinin İslam Tarihinde tebliğ ve davet çalışmalarına çok büyük katkılar sağlamış olması açısından çok büyük ehemmiyeti vardır. Özellikle İslami davetin ilk günlerinde vahyin açıktan ilanının yapılamadığı dönemlerde evlerde yapılan sohbetler çok önemli hizmetler sunmuştur. Tebliğ ve davetin zor günlerinde Peygamber Efendimiz (s.a.v), bazan kendi evinde, bazan Hz. Ebu Bekir (ra)'in evinde bazan da ashabından bazılarının evinde tebliğ ve davet çalışmalarına ara vermeden devam etmiştir. Bu sahabeler arasından en meşhuru ise, Erkam b. Ebi'l Erkam'ın evidir. Daha sonraki yıllarda yapılan hemen bütün ev sohbetleri bu son isim, yani Erkam b. Ebi'l Erkam ismi ile anılır olmuştur.

İslam bu ev okullarında öğrenilmiş, bu evlerde yapılan sohbetler neticesinde hayat bulmuş, İslam'ı geleceğe aktaracak öğretmenler, valiler, ordu komutanları, elçiler vs. hep bu ev tezgahlarında sohbet gergeflerinde işlenen insanlar arasından çıkmıştır.

Ev sohbetleri vasıtasıyla kardeşlikler oluşmuş ve pekişmiş, hayatın sevinç ve hüzünleri aynı anda teneffüs edilmiş, ortaya çıkan problemlere çözüm yolları buralarda aranmış, gayesi ve hedefi bir olan cemaat bu yolla elde edilmiş, insanlar arasında eşitlik, adalet ve en mükemmele ulaşma gayretleri buralarda neşvü nema bulmuştur. Çünkü sohbetin anlamında da yukarıda işaret edildiği gibi hep bu manalar vardır. Biz de bütün bu güzelliklere sahip bir toplum ve bir cemaat yetiştirme hedefine kilitlenmek istiyoruz.

Resûlullah (s.a.v)'a gelen ve ilk vahiy olma özelliği taşıyan Alak suresinin ilk ayetleri

$$\text{إِقْرَأْ بِاسْمِ رَبِّكَ الَّذِي خَلَقَ الْإِنْسَانَ مِنْ عَلَقٍ إِقْرَأْ وَرَبُّكَ الْأَكْرَمُ الَّذِي}$$
$$\text{عَلَّمَ بِالْقَلَمِ عَلَّمَ الْإِنْسَانَ مَا لَمْ يَعْلَمْ}$$

---

1 Kamus-u'l Muhit, Sohbet Maddesi; El-İsabe, 7/1

"Yaratan Rabbinin adıyla oku! O, insanı bir aşılanmış yumurtadan yarattı. Oku! Rabbin, en büyük kerem sahibidir. O Rab ki kalemle (yazmayı) öğretti. İnsana bilmedikleri şeyi öğretti."[2] geldikten ve Peygamer Efendimiz (s.a.v)'e peygamber olduğu bildirildikten sonra vahiy bir müddet kesildi. Daha sonra üst üste ayetler gelmeye başladı. Bu ayetler İslam'ın etrafa yayılmasını ve insanların uyarılmalarını emrediyordu. Bu gelen ayetlerin bir kısmı şunlar idi:

يَا أَيُّهَا الْمُدَّثِّرُ قُمْ فَأَنْذِرْ وَرَبَّكَ فَكَبِّرْ وَثِيَابَكَ فَطَهِّرْ وَالرُّجْزَ فَاهْجُرْ

"Ey bürünüp sarınan (Resulüm)! Kalk, ve (insanları) uyar. Sadece Rabbini büyük tanı. Elbiseni tertemiz tut. Kötü şeyleri terket."[3]

يَا أَيُّهَا الْمُزَّمِّلُ قُمِ اللَّيْلَ إِلَّا قَلِيلاً نِصْفَهُ أَوِ انْقُصْ مِنْهُ قَلِيلاً أَوْ زِدْ عَلَيْهِ وَرَتِّلِ الْقُرْآنَ تَرْتِيلاً

"Ey örtünüp bürünen (Resulüm)! Birazı hariç, geceleri kalk namaz kıl. (Gecenin) yarısını (kıl). Yahut bunu biraz azalt. Ya da bunu çoğalt ve Kur'an'ı tane tane oku."[4] وَأَنْذِرْ عَشِيرَتَكَ الْأَقْرَبِينَ *(Önce) en yakın akrabanı uyar."*[5]

Resûlullah (s.a.v)'ın hayatını dikkatlice incelediğimizde her konuda olduğu gibi tebliğ ve davet konusunda da bize çok güzel örnekler sunduğuna şahit oluruz.

Allah'ın Rasulü (s.a.v)'in, yeni dini insanlara tebliğ etmeye ve onları bu dine davet etmeye başlaması, yukarda geçen Müddessir suresinin ikinci ayetindeki **"Kalk uyar!"** emri ilahisiyle olmuştu. Bu emri alan Peygamber Efendimiz (s.a.v), hiç vakit geçirmeden kendisine verilen emri yerine getirme kararlılığı ile hareket etti. O (s.a.v), "Biraz daha bekleyeyim, önce her şeyi öğreneyim, sonra insanlara anlatırım; malım mülküm biraz daha artsın, etrafımdaki insanlara bol bol dağıtarak İslam'ı insanlara sevdireyim demedi. Önce kadro ve taraftar toplayıp onların başında reis olarak hareket edeyim ve insanları İslam'a davet edeyim" demedi. Bizim çoğu zaman arkasına sığındığımız ve İslam'ı anlatmayı hep ertelediğimiz bahanelere sığınmadı ve onları aklına bile getirmedi. Aldığı ilk ilahi emirden risalet vazifesinin ciddi bir görev olduğunu anladı, daha sonra inen ayetlerin sevki ile de derhal tebliğ ve davete başladı. Resûlullah (s.a.v), insanları önce Allah (cc) kulluk etmeye ve -haşa- Allah'ın yerine konularak tapılan putlardan vazgeçirmeye çağırdı. Ancak bu çağrıyı öyle ulu orta ve her önüne gelene değil, zaman ve zeminine de dikkat ederek yapmaya başladı.

---

2 Alak Suresi; 96: 1-5

3 Müddessir; 74: 1-5

4 Müzzemmil; 73: 1-4

5 Şuara; 26: 214

Dolayısı ile ilk tebliğ ve davetini Şuara suresinin yukarda geçen وَأَنْذِرْ عَشِيرَتَكَ الْأَقْرَبِينَ "(Önce) en yakın akrabanı uyar." [6] ayetinden yola çıkarak, en yakını olan ev halkından başladı. Ev halkından en yakını ise, elbette mübarek eşleri Hz. Hatice (ra) validemizdi. O da ondan başladı. Vahyin ilk geldiği günde de Peygamber Efendimiz (s.a.v)'a büyük moral desteği veren Hz. Hatice (ra) validemiz, kendisini yeni dine davet eden sevgili zevcesi ve Alemlere Rahmet olarak gönderilen son peygamberin bu kutlu davetine hemen olumlu cevap verdi ve 'ilk kadın müslüman olma şerefine sahip oldu. Hz. Hatice (ra) validemiz cahiliye döneminde de temiz bir fıtrat üzere yaşayan, putlara tapmayan, ırz ve namusuna sahip, itibarı hakikaten çok yüce insanlardan bir tanesi idi. Kendisine yapılan davete gönlünü sonuna kadar açmıştı.

İslam'a davet yıllarının gizlilik dönemi olan bu ilk yıllarda kendilerine tebliğ ve davetin ulaştırılacağı insanlar özenle seçiliyor, kendilerinden emin olunduktan sonra tek tek evlere çağırılıyorlar ve bu ortamlarda görüşmeler yapılıyordu. İşte bu prensipten hareket eden Allah'ın Rasulü (s.a.v), Hz. Hatice (ra)'dan sonra, bir kısmı kendi hanesinde yaşayan bir kısmı da ailesi gibi görüşülen yakın ahbaplarından olan bir kısım insanları sırasıyla yeni dine davet etti. Bunlar, Ali Bin Ebi Talip (ra), Resûlullah (s.a.v)'ın azatlısı ve evlatlığı Zeyd bin Harise (ra) Ebu Bekr bin Ebi Kuhafe (ra), Osman bin Affan (ra), Zübeyr bin el-Avvam (ra), Abdurrahman bin Avf (ra), Sa'd bin Ebi Vakkas (ra) ve diğerleri idi. Hz. Peygamber (s.a.v)'in evinde ve elinde İslam'la şereflenen bu ilk müslümanlara **"Aşere-i Mübeşşere/Cennetle Müjdelenenler"** de denilir. Bu yüce sahabeler, hem ilim öğrenmek, hem de öğrendiklerini uygulamak (amel etmek) için Allah Rasulü (s.a.v)'nün yanına gidiyorlardı.

Bu ilmi musahabe toplantıları düzenli ve zaruri bir hal alıp, İslam düşmanlarının da dikkatlerini çekmeye başlayınca, değişik evlerde bir araya gelerek ilmi çalışmaların yapılması lazım geldi. İşte Resûlullah (s.a.v), bu ashabını gizli gizli Erkam b. Ebi'l Erkam'ın evinde toplamaya başladı. Başına topladığı bu genç insanlara Allah'ın birliğini ve şirkin zararlarını anlatıyor, bu sayede imanın ileriki zamanlarda meydana çıkacak merhalelerine hazırlık yapıyordu.

İlk Müslümanlar bilhassa o ilk yıllarda birbirlerinden haberdar değillerdi. Onların kimler ve kaç kişi olduklarını ancak Resûlullah (s.a.v) biliyordu. Ne zaman ki, öğrenilen bilgilerin amel sahasına dönüştürülmesine, dinin bazı pratiklerinin, örneğin topluca namaz kılınmasının gerektiğine Peygamber Efendimiz (s.a.v) karar verince; cahil ve İslam düşmanı olan Mekkelilerin şerrinden de korumak üzere ashabına evlerde toplanmayı emretti. O günlerde henüz 14-15 yaş civarında olan Erkam b. Ebi'l Erkam'ın evi bunların en meşhuru idi. Toplantı yeri olarak Erkam'ın

---

6 Şuara; 26: 214

evini seçen Allah'ın Rasulü (s.a.v), bu toplanma işinin de gizlice olmasını istiyor, ashabını her türlü tehlikeden korumak istiyordu.

Erkam (ra)'in evinin toplantı yapılmasının bir çok güzelliği ve hikmetleri vardı. Erkam (ra)'in evi basit ve gösterişsiz idi. Erkam (ra)'in kendisi yetimdi, onun için de müstakil davranabiliyordu. Basit bir ev olduğu için de toplumun dikkatini çekmiyordu. Toplantılara gelenler de gizlice ve sessizce hareket ediyorlar ve dikkatlerden uzak duruyorlardı. Onların geliş-gidişlerinden kimseler rahatsız olmuyordu. Davanın lideri olan Allah'ın Rasulü de böyle toy denilecek bir yaştaki çocuğa büyük sorumluluk veriyor ve ona güveniyordu. Bu halde iken, rivayetlere göre bu ev ziyaret ve sohbetleriyle İslam'ın teblig ve davet çalışmaları açıktan davet süreci başlayıncaya kadar tam üç sene devam etti.

Ne zaman ki, Hicr suresinin şu ayeti indi ve açıktan tebliğ ve davet emredildi, Peygamber Efendimiz (s.a.v), evdeki yapılan ilmi çalışmaları dışarıya da taşımaya başladı. Ayet-i kerimede şöyle buyuruluyor: فَاصْدَعْ بِمَا تُؤْمَرُ وَأَعْرِضْ عَنِ الْمُشْرِكِينَ
"Sana emrolunanı açıkça söyle ve ortak koşanlardan yüz çevir!"[7]

Böylece davetin "açıktan" yapılması başlatılmış oldu. Ancak açıktan yapılacak davete nereden başlanacağı da önemli idi. Bunu da Şuara suresinin yukarda da zikredilen şu ayet-i celilesi belirledi:

وَأَنْذِرْ عَشِيرَتَكَ الْأَقْرَبِينَ وَاخْفِضْ جَنَاحَكَ لِمَنِ اتَّبَعَكَ مِنَ الْمُؤْمِنِينَ

"(Önce) en yakın akrabanı uyar. Sana uyan müminlere (merhamet) kanadını indir."[8]

Bu emirle hareket eden Peygamber Efendimiz (s.a.v), önce Haşim Oğullarını evinde topladı. Onlara bir ziyafet hazırladı ve ikramda bulundu. Daha sonra da onlara konuyu açtı ve yeni dine davet etti. Hz. Ali (ra), çocuk olmasına rağmen İslam'ı ilk kabul edenlerden oldu. En şiddetli olumsuz reaksiyonu amcası Ebu Lehep gösterdi. Toplantı neticesiz kaldı. Ancak davetin herkese ulaşması gerekiyordu. Bundan dolayı da Resûlullah (s.a.v) bir sabah Safa tepesine çıktı ve Kureyş kabilesine ait soyları ve aşiretleri tek tek isimleriyle çağırdı: Ey Fihr Oğulları! Ey Adiy Oğulları!..." Hz. Peygamber (s.a.v), etrafına toplanan insanlara önce onların kendisine olan güvenlerini hatırlatmak ve güven tazelemek için "Ben şimdi şu dağın ardından atlıların geleceğini ve size saldıracağını haber versem bana inanır mıydınız?" diye sordu. Onlar hep bir ağızdan "Evet, şimdiye kadar senin yalan söylediğini görmedik" diye cevap verdiler. Bunun üzerine Peygamber Efendimiz (s.a.v), "Ben size önümüzdeki şiddetli azabı haber veriyorum" diye tebliğine başladı. O an

---

7 Hicr; 15: 94
8 Şuara; 26: 214-215

orada hazır bulunanlar anlatılan şeylerden son derece etkilendiler ve nerede ise inanacak hale geldiler. İşte tam bu sırada yine Ebu Leheb ortaya atıldı ve Peygamberimiz (s.a.v)'a itiraz ederek "Yazıklar olsun sana, bunun için mi bizi buraya topladın?" diyerek bağırdı ve toplanan kabilelerin dikkatlerini dağıttı. Bu hadise nedeniyledir ki, Ebu Leheb hakkında Tebbet suresi diye bilinen şu sure nazil oldu: *"Ebu Leheb'in iki eli kurusun! Kurudu da. Malı ve kazandıkları ona fayda vermedi. O, alevli bir ateşte yanacak. Odun taşıyıcı olarak karısı da (ateşe girecek). Ve boynunda hurma lifinden bükülmüş bir ip olduğu halde."*[9]

Ancak Allah'ın Rasulü (s.a.v), tebliğ ve davetlerine devam etti. Kureyş kabilelerini tekrar tek tek topladı ve onlara

إِذَا قِيلَ لَهُمْ تَعَالَوْا إِلَى مَا أَنْزَلَ اللّٰهُ وَإِلَى الرَّسُولِ قَالُوا حَسْبُنَا مَا وَجَدْنَا عَلَيْهِ آبَاءَنَا أَوَلَوْ كَانَ آبَاؤُهُمْ لَا يَعْلَمُونَ شَيْئًا وَلَا يَهْتَدُونَ

"Onlara, "Allah'ın indirdiğine ve Resul'e gelin" denildiği vakit, "Babalarımızı üzerinde bulduğumuz (yol) bize yeter" derler. Ataları hiçbir şey bilmiyor ve doğru yol üzerinde bulunmuyor iseler de mi?"[10] ayeti ve benzerleri ile onlara cehennem ateşini hatırlattı ve atalarının yolunda körü körüne gitmelerinin onları cehennem ateşinden koruyamayacağını onlara anlatmaya çalıştı.

Ev sohbetlerinin en güzel sonuçların alınmasına vesile olduğunu göstermesi açısından Mus'ab b. Umeyr (ra)'in öğretmen ve mübelliğ olarak gönderildiği Medine-i Münevvere'de yapmış olduğu tebliğ ve davet çalışmaları da çarpıcı bir örnek olarak karşımıza çıkmaktadır. Hz. Mus'ab (ra)'in işi hakikaten zor idi. Çünkü kahir ekseriyeti putperest olan bir topluma İslam'ı anlatmakla ve onu temsil etmekle görevlendirilmişti. Öğretmenlik görevini deruhte eden Hz. Mus'ab (ra), önce gidip, İslam'ı yeni kabul eden kabile reislerinden birisi olan Es'ad b. Zurâre (ra)'nin evine yerleşti. Es'ad b. Zürare (ra), Mus'ab (ra)'i hemen Medine'nin diğer iki önemli şahsiyyeti Sa'd ibn Mu'âz ve Useyd ibn Hudeyr'ların yanına götürdü. Bunlar aynı zamanda Es'ad (ra)'in yeğenleri idi. Öğretmen olarak gelmiş olan Hz. Mus'ab, bahçelik bir yerde bir kuyunun başına oturdu ve çok geçmeden onu dinlemek amacıyla çok sayıda ziyaretçi çıkageldi. Bahçe sahibi Sa'd ibn Mu'âz, o anki düşüncesine göre bu yeni "sapıklık" hareketinden hoşlanmadı ve yanında bulunan Useyd'e şöyle dedi:

"Rica ederim, gidip şu iki kişiyi; öğretmen Mus'ab (ra) ve konuğu Es'ad (ra)'ı buradan uzaklaştır. Es'ad teyzemin oğludur. İşin içinde o olmasaydı seni rahatsız etmezdim. Onlara, aramızdaki huzuru bozmamalarını söyle!"

---

9 Tebbet; 111: 1-5
10 Maide; 5: 104

Useyd, mızrağını eline aldı ve onlara doğru şöyle söylenerek yürüdü:

"Zayıf kişilikli insanları saptırmak için buraya neden geldiniz? Burayı hemen terk edip gitmeniz sizin menfaatinizedir."

Fakat nazik ve tecrübeli bir öğretmen olan Mus'ab (ra), yumuşak ve tatlı bir dille şiddetle üzerine gelen Hudayr'a: *"Lütfen bir an oturup sana söyleyeceklerime kulak verir misin? Hoşuna giderse ne ala! Aksi takdirde hemen çıkıp giderim"* dedi.

Useyd, böyle tatlı bir mukabele görünce **"Doğru, haklısın"** dedi ve o da oturdu. Bunun üzerine, Mus'ab (ra), ona İslam'ın ne anlama geldiğini açıkladı ve Kur'an-ı Kerim'den ayetler okudu. Mus'ab (ra) daha sözünü bitirmemişti ki, Useyd'in yüzünde memnuniyet belirtileri görülmeye başladı. Devamında da Useyd'in şöyle haykırdığı duyuldu: *"Ne kadar güzel! Bu dine girmek için ne yapmak gerekiyor?"* dedi. Sonra da ekledi: *"Şimdi size kabilenin önde gelenlerinden birini göndereceğim; eğer onu ikna edebilirsen, bütün kabile de ardından hidayete erecektir."*

Useyd (ra), Sa'd ibn Mu'az ve arkadaşlarının yanına gelince şu hikayeyi uydurdu:

"Şuradaki ufak tefek adam pek zararsız birine benziyor. Kendisinden ve arkadaşlarından buradan çıkıp gitmelerini söyledimse de, inat edip, istediklerini yapacaklarını söylediler. Zaten öğrendiğime göre, senin hasmın olan Benî Harise kabilesinin mensupları da, bu yeni sapıklığı kabul eden senin yeğenin Es'ad'ı öldürmek üzere yola çıkmışlar, seni de itaatleri altına almak istiyorlarmış." Bununla Useyd (ra), şöyle söylemek istiyordu: "Es'ad Müslüman oldu, öyleyse sen artık onu dindaşın olan kimselere karşı savunmak istemezsin. Ancak o senin yeğenindir ve onun kanının akıtılmasına göz yumman da senin için bir boyun eğme, onların itaatleri altına girme anlamına gelecektir."

Useyd, bütün bu hikayeyi, sadece Sa'd ibn Mu'âz'ın bizzat gidip bu öğretmenle konuşmasını sağlamak için uydurmuştu. Çünkü bu öğretmenin büyüleyici sözleri onun üzerinde de aynı etkiyi bırakacaktı. Sa'd bu uydurma sözlerden korkup dehşete düşerek: "Sen bu işi halledemedin mi?" diye sordu. Sonra o da mızrağını eline alıp, öğretmen Mus'ab'ın yanına gelerek, hiddetle bağırıp çağırdı. Ancak kısa bir süre sonra o hiddet ve şiddetten iz ve eser kalmadı ve sessizce evine döndü ve ev ehline ve kabilesine şöyle seslendi:

"Ben kimim?"

Kabilesi, "Sen bizim Efendimiz ve aramızdaki en akıllı kişisin!" diye cevap verdiler. Bu defa Sa'd b. Muaz, biraz da sertçe şöyle gürledi:

"İyi dinleyin, eğer derhal İslam'ı kabul etmezseniz, kadın erkek demez, hepinizi kabileden çıkarırım."

Bu olup bitenlerden sonra, gün batımına kalmadan, Hz. Muaz'ın bütün kabilesi İslam'ı kabul etti.

Öğretmen, tebliğci ve davetçi Hz. Mus'ab (ra), bütün bir yıl boyunca evlerde yapmış olduğu sohbetlerle hac mevsiminde Mekke'ye dönmeden önce, Allah'ın Rasulü (s.a.v)'ne, üç aile dışında tüm Medineli Arap kabilelerin mensuplarının çoğunluğu itibarıyla İslam'ı kabul ettiklerini müjdeledi.[11] Bu da ev sohbetlerinin bir bereketi olarak kabul edilebilir.

Ev sohbetlerine mesned olarak kabul edilebilecek bir husus da içinde Allah'ın zikredildiği evlerin övüldüğünü işaret eden şu ayet-i kerimelerdir:

فِي بُيُوتٍ أَذِنَ اللهُ أَنْ تُرْفَعَ وَيُذْكَرَ فِيهَا اسْمُهُ يُسَبِّحُ لَهُ فِيهَا بِالْغُدُوِّ وَالْآصَالِ رِجَالٌ لَا تُلْهِيهِمْ تِجَارَةٌ وَلَا بَيْعٌ عَنْ ذِكْرِ اللهِ وَإِقَامِ الصَّلَاةِ وَإِيتَاءِ الزَّكَاةِ يَخَافُونَ يَوْمًا تَتَقَلَّبُ فِيهِ الْقُلُوبُ وَالْأَبْصَارُ لِيَجْزِيَهُمُ اللهُ أَحْسَنَ مَا عَمِلُوا وَيَزِيدَهُمْ مِنْ فَضْلِهِ وَاللهُ يَرْزُقُ مَنْ يَشَاءُ بِغَيْرِ حِسَابٍ

"(Bu kandil) birtakım evlerdedir ki, Allah (o evlerin) yücelmesine ve içlerinde isminin anılmasına izin vermiştir. Orada sabah akşam O'nu (öyle kimseler) tesbih eder ki; Onlar, ne ticaret ne de alış-verişin kendilerini Allah'ı anmaktan, namaz kılmaktan ve zekat vermekten alıkoyamadığı insanlardır. Onlar, kalplerin ve gözlerin allak bullak olduğu bir günden korkarlar. Çünkü (o günde) Allah, onları yaptıklarının en güzeli ile mükafatlandıracak ve lütfundan onlara fazlasıyla verecektir. Allah, dilediğini hesapsız rızıklandırır."[12]

Bu ayetleri tefsir eden alimlerimizden bir kısmı, ayetlerde geçen "evler"den maksadın mescitler ve müminlerin kendi evleri olduğunu ifade etmişlerdir.[13] Büyük müfessir Ebu Hayyan'a göre, ayetteki "evler" sözcüğü içinde namaz kılınan ve ilmî sohbetler yapılan bütün evler için geçerlidir.[14] İkrime'ye göre de bu evler, içinde iman meşalesi yanan bütün mescit ve evlerdir. Lambaların ışığında geceleri namaz kılınan ve ilmî sohbetler yapılan her yer buna dahildir.[15] Bir yandan evleri nurlandıran elektrik ışığı, bir yandan da kalpleri nurlandıran iman ışığı aynı anda ayetler içinde işaret edilen konulardır.

---

11 Peygamberimizin Hayatı, M. Hamidullah (Madde: 282, Muhtasaran)
12 Nur; 24: 36-38
13 Maverdi; Şevkani ve İbn Aşur.
14 Ebu Hayyan; Alusi, ilgili ayetin tefsiri.
15 İbn Atiyye; ilgili ayetin tefsiri.

Diğer yandan ayette "mescid" yerine "ev" sözcüğünün kullanılmış olması da önemlidir. Bundan,

وَأَوْحَيْنَا إِلَى مُوسَى وَأَخِيهِ أَنْ تَبَوَّآ لِقَوْمِكُمَا بِمِصْرَ بُيُوتًا وَاجْعَلُوا
بُيُوتَكُمْ قِبْلَةً وَأَقِيمُوا الصَّلَاةَ وَبَشِّرِ الْمُؤْمِنِينَ

"Biz de Musa ve kardeşine: Kavminiz için Mısır'da evler hazırlayın ve evlerinizi namaz kılınacak yerler yapın, namazlarınızı da dosdoğru kılın. (Ey Musa!) Müminleri müjdele! diye vahyettik."[16] ayetindeki emrin gösterdiği hedefe uygun şekilde, müminlerin evlerinin içlerinde Allah'ın anıldığı ve sabah akşam O'nu tesbih eden adamların bulunduğu birer mescide benzemesi gerektiği sonucunu çıkarmak daha uygundur. Bu da, ideal bir Müslüman aileye yakışan şeyin, sabah ve akşam vakitlerini Allah'ı anarak, Onu tesbih ederek, Onun kitabını okuyarak ve Onun rızasına ulaştıracak bilgileri kazanmaya çalışarak değerlendirmek olduğunu ve bunda başlıca sorumluluğun evin reisine düştüğünü gösterir.

Bu âyetlerin tefsiri sadedinde İbni Abbas (ra)'tan *"Mescidler Allah'ın yeryüzündeki evleridir; yeryüzü ahalisi için gökte parlayan yıldızlar gibi, onlar da gökyüzü ahalisi için ışık saçarlar"* sözü rivayet edilmiştir.[17]

Evlerin birer mescid ve okul haline getirilmesinin önemine işaret eden şu hadis-i şerifler de kayda değerdirler: *"Evlerinizde namaz kılmayı ihmal etmeyin; bilmelisiniz ki, kişinin farz namazların dışındaki namazlarını evinde kılması daha faziletlidir"* ve *"Evlerinizi kabristana çevirmeyiniz. Şüphesiz şeytan, içinde Bakara sûresi okunan evden kaçar"*[18]

Özellikle, fitne ve fesadın çoğaldığı, nefs-i emarenin hâkim olduğu, heva ve heveslerin kol gezdiği bu asırda, Allah'ın noksansız sıfatları, ahiret akidesi, Hz. Muhammed (s.a.v)'ın peygamberliği, Kur'an'ın semavî kimliği, İslam'ın tavsiye ettiği güzel ahlakın söz konusu edildiği evlerin nurdan birer huzme, ışık saçan birer kandil hükmünde olacağına şüphe etmemek gerektir.

---

16 Yunus; 10: 87
17 Razi; Tefsir, ilgili ayetlerin tefsiri
18 Müslim; Salatü'l-Müsafirin, 212-213. Tirmizi; Fedail, 2

2. SOHBET

İMANIN ŞARTLARINA GENEL BAKIŞ

1. İmanın Şartları konusuna geçmeden önce iman nedir, imanın kısımları nelerdir? gibi soruları kısa kısa cevaplandırarak başlamak istiyoruz.

İman Arapça bir kelimedir ve "bir kişiyi söylediği sözde tasdik etmek, doğrulamak, söylediğini kabullenmek, gönül huzuru ile benimsemek, karşısındakine güven vermek, güvenlikte olmak, şüpheye yer vermeyecek biçimde içten ve yürekten inanmak" gibi manalara gelir.

Dinimizde ise, *"Hz. Peygamber (s.a.v)'i, Allah'tan getirdiği şeyleri tasdik etmek, onun haber verdiği şeyleri tereddütsüz kabul edip, bunların gerçek ve doğru olduğuna gönülden inanmak"* demektir.

Bu tarife göre, **"imanın gerçeği ve özü, bir şeyi kalbin tasdik etmesidir."**

İmanın, kalbin bilip tasdik etmek olduğuna işaret eden âyetler ve hadisler vardır: Bazıları şunlardır:

أَيُّهَا الرَّسُولُ لَا يَحْزُنْكَ الَّذِينَ يُسَارِعُونَ فِي الْكُفْرِ مِنَ الَّذِينَ قَالُوا آمَنَّا بِأَفْوَاهِهِمْ وَلَمْ تُؤْمِنْ قُلُوبُهُمْ

"Ey Peygamber, kalpleri iman etmediği halde, ağızlarıyla inandık diyenlerden ve Yahudilerden küfür içinde koşuşanlar seni üzmesin..."[19]

فَمَنْ يُرِدِ اللّهُ أَنْ يَهْدِيَهُ يَشْرَحْ صَدْرَهُ لِلْإِسْلَامِ *"Allah kimi doğru yola iletmek isterse onun kalbini İslâm'a açar..."[20]*

يَدْخُلُ أَهْلُ الْجَنَّةِ الْجَنَّةَ ، وَأَهْلُ النَّارِ النَّارَ ، ثُمَّ يَقُولُ اللّهُ تَعَالَى أَخْرِجُوا مَنْ كَانَ فِي قَلْبِهِ مِثْقَالُ حَبَّةٍ مِنْ خَرْدَلٍ مِنْ إِيمَانٍ

"Allah cennetlikleri cennete, cehennemlikleri cehenneme koyacak, sonra da bakın kalbinde hardal tanesi kadar imanı olan birisini bulursanız onu cehennemden çıkarın diyecektir"[21]

---

19 Mâide; 5: 41
20 En'âm; 6: 125
21 Buhârî; İmân, 22. Müslim; İmân, Bab, 82, H. No: 304

Ayetlerde ve hadis-i şerifte görüldüğü üzere imanın aslı, inanılması lazım olan şeyleri kalbin tasdik etmesidir. Aksi takdirde sadece dil ile bir şeyleri itiraf etmek iman anlamına gelmez. Fakat kalbiyle tasdik edip inandığı halde, dilsizlik gibi bir özrü sebebiyle inancını dili ile açıklayamayan veya tehdit edildiği için inanmadığını söyleyen kimse de mümin sayılır. Aynen Ammar b. Yasir (r.a.)'in durumu gibi. Çünkü o, Kureyşli müşriklerin ağır baskılarına ve ölüm tehditlerine dayanamayarak kalbi ile inandığı halde diliyle müslüman olmadığını ve Hz. Muhammed'in dininden çıktığını söyleyerek baskıdan kurtulmuştu. Bu durum hakkında âyet-i kerîme inmiş ve Ammâr'ın mümin olduğunu belirtmiştir:

مَنْ كَفَرَ بِاللَّهِ مِنْ بَعْدِ إِيمَانِهِ إِلَّا مَنْ أُكْرِهَ وَقَلْبُهُ مُطْمَئِنٌّ بِالْإِيمَانِ وَلَكِنْ مَنْ شَرَحَ بِالْكُفْرِ صَدْرًا فَعَلَيْهِمْ غَضَبٌ مِنَ اللَّهِ وَلَهُمْ عَذَابٌ عَظِيمٌ

"Kalbi imanla dolu olduğu halde (inkâra) zorlanan kimse hariç, kim iman ettikten sonra Allah'ı inkâr ederse ve kim kalbini kâfirliğe açarsa, işte Allah'ın gazabı bunlaradır. Onlar için büyük bir azap vardır"[22]

Ancak imanın aslî unsuru kalbin tasdiki olmasına rağmen, kalpte olan şeylerin gizli olması sebebiyle, kalpten inanılan şeylerin de açıktan bilinmesi gerekir. Bunun için de inananın inandığını dili ile söylemesi de gerekir. Buna "dil ile ikrar" denir. Dil ile ikrar, imanın bir parçası değil ama, dünyevi şartıdır. İmanın ikrarı ya sözlü olur ya da imana işaret eden bir dini amelin tatbiki ile olur. Örneğin, cemaatle namaz kılmak gibi. Böyle inancını ilan eden bir insana, mümin ve müslüman muamelesi yapılır. Böyle birisi müslüman bir kadınla evlenebilir; kestiği hayvanın eti yenir; zekât ve öşür gibi dinî farzlarla yükümlü tutulur. Ölünce de cenaze namazı kılınır, müslüman mezarlığına defnedilir. Aksi takdirde müslümana özgü olan bu hükümler ona uygulanmaz. İman konusunda ikrarın da önemli olduğunu Peygamber Efendimiz (s.a.v) şu mübarek sözleri dile getirmiştir:

يُخْرَجُ مِنَ النَّارِ مَنْ قَالَ لَا إِلَهَ إِلَّا اللَّهُ وَكَانَ فِي قَلْبِهِ مِنَ الْخَيْرِ مَا يَزِنُ شَعِيرَةً ثُمَّ يُخْرَجُ مِنَ النَّارِ مَنْ قَالَ لَا إِلَهَ إِلَّا اللَّهُ وَكَانَ فِي قَلْبِهِ مِنَ الْخَيْرِ مَا يَزِنُ بُرَّةً ثُمَّ يُخْرَجُ مِنَ النَّارِ مَنْ قَالَ لَا إِلَهَ إِلَا اللَّهُ وَكَانَ فِي قَلْبِهِ مِنَ الْخَيْرِ مَا يَزِنُ ذَرَّةً

"Kalbinde buğday, arpa ve zerre ölçüsü iman olduğu halde Allah'tan başka Tanrı yoktur. Muhammed O'nun elçisidir diyen kimse cehennemden çıkar."[23]

---

22 Nahl; 16: 106
23 Buhârî; Îmân, Bab, 32, H. No: 44

İmanın dil ile ikrarı bu kadar önemli olduğu içindir ki, biz iman, *"Kalp ile tasdik, dil ile ikrardır"* deriz. Fakat imanı bu şekilde tarif etmek, kalbi ile inanmadığı halde inandım diyen birisinin mümin olmasına yetmez. Nitekim bir âyet-i kerîmede,

وَمِنَ النَّاسِ مَنْ يَقُولُ آمَنَّا بِاللَّهِ وَبِالْيَوْمِ الْآخِرِ وَمَا هُمْ بِمُؤْمِنِينَ

"İnsanlardan bazıları da vardır ki, inanmadıkları halde "Allah'a ve ahiret gününe inandık" derler."[24] buyurulmuştur.

İnanılması lazım olan şeylere önce özetle (icmali olarak), sonra da detaylarına inmek suretiyle genişçe (tafsili olarak) inanmak gerekir.

2. İcmali İman: İnanılması lazım olan şeylere kısaca ve toptan inanmak demektir. İcmali İman, tevhid ve şehadet kelimelerinde özetlenmiştir.

a. Kelime-i Tevhid (Tevhid=birleme): "Lâ ilâhe illallah Muhammedün Resûlullah=*Allah'tan başka hiçbir ilah yoktur. Muhammed O'nun elçisidir."* cümlesidir.

b. Kelime-i Şehadet (Şehadet Kelimesi): "Eşhedü enlâ ilâhe illallah ve eşhedü enne Muhammeden abdühû ve resûlüh=*Ben Allah'tan başka hiçbir ilah olmadığına, Muhammed'in O'nun kulu ve elçisi olduğuna inanır ve tanıklık ederim"* ifadesidir.

İmanın ilk derecesi ve İslâm'ın ilk temel direği bu iki cümlede anlatılan şeylerin kabul edilmesidir. Çünkü Allah'ı tek ilah tanıyan, Hz. Muhammed (s.a.v)'i Allah'ın peygamberi olarak kabullenen bir insan, inanılması gereken diğer iman esaslarını toptan kabul etmiş; dolayısı ile Peygamber (s.a.v)'in getirdiği dindeki her şeyi tasdik etmiş demektir. Bu çok önemlidir. Zira diğer iman esaslarının tamamı bize Hz. Peygamber (s.a.v) aracılığıyla bildirilmiştir. Öyle olunca Allah'ın elçisini kabul etmek, getirdiği hükümleri de tasdik etmek anlamına gelir.

Bu iki cümlede özetlenen iman esaslarının, tamamı dil ile ifade edilmediğinden böyle olan imana icmali iman diyoruz. Bir insanın mümin sayılabilmesi için, aslında bu kadarı yeterli olmasına rağmen, İslam'ın diğer hükümlerini ve inanılması gerekli olan şeyleri teker teker öğrenmek de zorunludur.

3. İnanılması lazım gelen şeylere biz **"İmanın Şartları"** deriz. Bunlar altı tanedir. Bunlardan bir tanesine dahi Allah'ın inanılmasını istediği şekliyle inanılmazsa, o insana mümin nazarı ile bakılmaz.

Allah (c.c.) şöyle buyuruyor:

---

24 Bakara; 2: 8

يَا أَيُّهَا الَّذِينَ آمَنُوا آمِنُوا بِاللَّهِ وَرَسُولِهِ وَالْكِتَابِ الَّذِي نَزَّلَ عَلَى رَسُولِهِ وَالْكِتَابِ الَّذِي أَنْزَلَ مِنْ قَبْلُ وَمَنْ يَكْفُرْ بِاللَّهِ وَمَلَائِكَتِهِ وَكُتُبِهِ وَرُسُلِهِ وَالْيَوْمِ الْآخِرِ فَقَدْ ضَلَّ ضَلَالًا بَعِيدًا

"Ey iman edenler! Allah'a, Peygamberine, Peygamberine indirdiği Kitab'a ve daha önce indirdiği kitaba iman (da sebat) ediniz. Kim Allah'ı, meleklerini, kitaplarını, peygamberlerini ve kıyamet gününü inkar ederse tam manasıyle sapıtmıştır."[25]

Bu altı şart şunlardır: Bunları kısa kısa tarif edeceğiz. Daha sonra da geniş geniş her bir şartı izah edeceğiz:

1. Allah'a İman:

Allah vardır ve birdir, noksansızdır. Yarattığı hiçbir şeye benzemez. Hiçbir şey O'nun dengi ve benzeri değildir. Alemlerde, yerde ve gökte yalnız O'nun hükümranlığı geçerlidir. İbadete layık sadece O vardır. Bütün ibadetler sadece O'na yapılır.

2. Meleklere İman:

Allah'ın melek denilen nurdan varlıklarının varlığına, Kur'an ve Sünnetin vasfettiği şekilde iman etmek gerekir. Bu iman ise, şöyle olmalıdır: Melekler de Allah'ın kullarıdır. Onlar için dişilik veya erkeklik söz konusu değildir. Nurdan yaratılmışlardır. Bir an dahi Allah'a karşı isyankâr olmazlar ve günah işlemezler. Devamlı Allah'a ibadet ederler. Kur'an-ı Kerim ve Sünnet'te bazılarının isimleri zikredilmiş, bazılarının ise isimleri zikredilmemiştir. İsimleri zikredilsin, zikredilmesin bütün meleklere topyekün inanmak lazımdır.

3. Kitaplara İman:

Allah katından peygamberlere verilmiş olan kitaplara inanmak da gereklidir. Bu kitapların bir kısmı Kur'an-ı Kerim'de ve Sünnet'te ismen zikredilmişlerdir. Kur'an'da isimleri geçen kitaplar şunlardır: Kur'an, Tevrat, Zebur ve İncil. Bu dört kitabın dışında da diğer bazı peygamberlere sayfalar halinde Allah (c.c.), kitaplar göndererek mesajlarını insanlara ulaştırmıştır. Kur'an'da zikredilsin zikredilmesin hepsine de genel olarak iman etmek gerekir.

Kur'an-ı Kerim'in dışındaki diğer kitapların asılları değişime uğramış olmaları sebebiyle, biz onların Allah (c.c) katından geldiği şekline, yani asıllarına iman ediyoruz. Kur'an-ı Kerim ise, إِنَّا نَحْنُ نَزَّلْنَا الذِّكْرَ وَإِنَّا لَهُ لَحَافِظُونَ *"Kur'an'ı kesinlikle biz indirdik; elbette onu yine biz koruyacağız."*[26] ayetinde de gerçeğini bulduğu

---

25 Nisa; 4: 136
26 Hicr; 15: 9

18

gibi, Allah tarafından korunmuştur. Kıyamete kadar korunacaktır. Yalnızca ona bağlanan ve onun peşinden gidenler kıyamet günü kurtuluşa ereceklerdir.

4. Peygamberlere (Nebi ve Resullere) İman: ·

Allah (c.c.), insanlar arasından özel olarak seçilmiş olan ve kendilerine vahiy teslim edilmiş olan insanlar vardır ki, bunlara peygamberler diyoruz. Peygamberlere, getirmiş oldukları dinlere inanmamız ve onlara sahip çıkmamız gerekir. Peygamberlerin sayılarının kaç olduğunu ancak Allah (c.c.) bilir. Onların bir kısmının isimleri, Kur'an-ı Kerim ve hadis-i şeriflerde zikredilmiş, diğerlerinin isimleri ise zikredilmemiştir. Biz isimlerini bilsek de bilmesek de ayırım yapmadan bütün peygamberlere iman ederiz.

5. Ahiret Gününe İman:

Bu dünya hayatının sona ereceği, yepyeni bir hayatın başlayacağı demek olan ahiret gününe iman etmek de imanın şartlarından bir tanesidir. Ölüm, berzah (ölümden kıyamete kadar devam edecek alem ve olaylar), kabirde azab veya mükafat, hesap, mizan, cennet, cehennem gibi olayların gerçekleşeceğine ve öldükten sonra dirileceğimize iman etmemiz de gerekir. Allah'a imandan sonra en önemli iman esası Ahiret Gününe imandır.

6. Kaderin Hayır ve Şerrin Allah'tan Olduğuna İman:

Altıncı iman esası, kadere, hayır ve şerrin Allah'tan olduğuna inanmaktır. Konu üzerinde yeri geldiğinde geniş olarak duracağız, ama şunlara da hemen işaret etmek istiyoruz. Kadere imanın geçerli olabilmesi için önce şu dört şeye mutlaka inanılması gerekir:

Birincisi: Allah'ın ilminin ezeli ve ebedi olduğuna iman etmek. Allah (c.c) bu ezeli ve ebedi ilmi ile gelecekte ne olacağını bilir, bildiği şeyleri de yazar.

İkincisi: Allah'ın olmasını dilediği şey mutlaka olur; olmamasını istemişse o da mutlaka olmayacaktır. Yerde ve gökte meydana gelen bütün olaylar Allah'ın izniyle olduğuna inanmak.

Üçüncüsü: Bütün mahlukatın Allah tarafından yaratıldığına ve O'nun takdiri ile meydana geldiğine inanmak.

Dördüncüsü: Hayır ve şer ancak Allah'ın takdiri sonucu meydana gelir. Dolayısıyla birisine isabet eden şer, ona ulaşması gereken bir şerdir ve tesadüfen ona ulaşmamıştır. Bir hayrla karşılaşan insan da bu hayra yine tesadüfen değil, Allah'ın takdiri ile ve hakkı olduğu için elde edilmiştir. Yani tesadüf diye bir şeyin olmadığı, herşeyin Allah'ın takdiri ile olduğuna inanmamız gerekir.

Bu **Altı İman Esası**'nı daha geniş bir şekilde izah edeceğiz. Ancak bu dersi bitirmeden önce Kelime-i Tevhid'in bazı özelliklerine değinmek istiyoruz.

TEVHİD KELİMESİ (KELİME-İ TEVHİD)

Tevhid kelimesi olan **LA İLAHE İLLALLAH** cümlesine Kur'an-ı Kerim'de ve Hadis-i şeriflerde şöyle işaret edilmektedir:

$$\text{وَمَا أَرْسَلْنَا مِنْ قَبْلِكَ مِنْ رَسُولٍ إِلَّا نُوحِي إِلَيْهِ أَنَّهُ لَا إِلَٰهَ إِلَّا أَنَا فَاعْبُدُونِ}$$

"Senden önce hiçbir resul göndermedik ki ona: "Benden başka İlah yoktur; şu halde bana kulluk edin" diye vahyetmiş olmayalım."[27]

Rasulullah (s.a.v) şöyle buyuruyor: *"Kim La ilahe illallah Muhammedun Rasulullah'a şehadet ederse Allah ona cehennemi haram kılar."*[28]

İşte bu söylendiği takdirde insanı ebedi kurtuluşa kavuşturacak **"La ilahe illallah"** ne demektir; anlamaya çalışalım..

Kısaca *"Allah'tan başka ilah yoktur; Muhammed (s.a.v) O'nun peygamberidir"* anlamına gelen bu sözün, insanı ebedi kurtuluşa götürmesi için şu şartları içinde taşıması gerekir. Bu şartlar gerçekleşmezse gerçek manada imana kavuşmuş olmaz.

1. Şart: Bu kelimeyi söyleyen ve mümin olduğunu ikrar eden kişi, söylediği bu sözün anlamını çok iyi bilmelidir. Nitekim Cenab-ı Hak şöyle buyuruyor:

$$\text{فَاعْلَمْ أَنَّهُ لَا إِلَٰهَ إِلَّا اللَّهُ وَاسْتَغْفِرْ لِذَنْبِكَ وَلِلْمُؤْمِنِينَ وَالْمُؤْمِنَاتِ}$$
$$\text{وَاللَّهُ يَعْلَمُ مُتَقَلَّبَكُمْ وَمَثْوَاكُمْ}$$

"Bil ki, Allah'tan başka ilah yoktur. (Habibim!) Hem kendinin hem de mümin erkeklerin ve mümin kadınların günahlarının bağışlanmasını dile! Allah, gezip dolaştığınız yeri de duracağınız yeri de bilir."[29]

$$\text{وَلَا يَمْلِكُ الَّذِينَ يَدْعُونَ مِنْ دُونِهِ الشَّفَاعَةَ إِلَّا مَنْ شَهِدَ بِالْحَقِّ وَهُمْ يَعْلَمُونَ}$$

"Allah'ı bırakıp da taptıkları putlar, şefaat edemezler. Ancak bilerek hakka şahitlik edenler bunun dışındadır."[30] Rasulullah (s.a.v) ise, şöyle buyuruyor:

$$\text{مَنْ مَاتَ وَهُوَ يَعْلَمُ أَنَّهُ لَا إِلَٰهَ إِلَّا اللَّهُ دَخَلَ الْجَنَّةَ}$$

"Kim La ilahe illallah'ın manasını bilerek ölürse cennete girer."[31]

---

27 Enbiya; 21: 25
28 Müslim-Tirmizi (Muhtasar Buhari; C.4 S.360 İstizan bah.; Tac: C.1 S.34 Dinin faziletleri bah.;
   Tergib ve Terhib; C.3 S.363 Lailaheillallah'ın fazileti
29 Muhammed; 47: 19
30 Zuhruf; 43: 86
31 Müslim; Bab, 10, Hadis no: 43 (26)

Öyle ise, "Kelime-i Tevhid"in anlamı nedir?

*"La ilahe illallah"*ın manası, Allah'tan başka ibadet edilen şeylerin tamamını reddederek sadece Allah'a ibadet etmek ve ne kadar sahte ve asılsız tapınılan şey varsa hepsini terkedip onlardan uzak durmaktır. Bunun devamı olarak da Allah'a ibadet edenleri sevmek ve onlarla dost olmaktır.

"Muhammedün Rasûlullah" ise, Allah'a ibadet ederken Allah'ın Rasulü'nün öğrettiği ve gösterdiği şekilde ibadet etmek demektir.

2. Şart: Bundan sonraki hayatı bu kelimenin manasına uygun düşecek şekilde düzenlemektir. Yani Allah kendisine nasıl ibadet edilmesini öğretti ise, o şekilde ibadet etmek ve Allah'ın razı olduğu dininin bütün insanlığa mal olması için gücünün son damlasına kadar çalışmaktır. Şirkten ve bu kelimeyi bozacak her çeşit inanç, söz ve amellerden uzak durmaktır.

Kelime-i Tevhid'in daha iyi anlaşılması için *"İlah"* kelimesini çok iyi kavramak gerekir.

İlah, kendisine hakkıyla ibadet edilen ve sadece yardım kendisinden beklenilen varlık demektir. إِيَّاكَ نَعْبُدُ وَإِيَّاكَ نَسْتَعِينُ = *"(Rabbimiz!) Ancak sana kulluk ederiz ve yalnız senden medet umarız."*[32] ayetinde olduğu gibi. Bu cümleyi söyleyen birisi, "ben sadece Allah'a ibadet ederim ve O'na yönelirim" demek ister.

İlah, hüküm koyan ve konulan hükme uygun yaşanılması lüzumlu olan varlık-güç demektir.

كَانَ النَّاسُ أُمَّةً وَاحِدَةً فَبَعَثَ اللَّهُ النَّبِيِّينَ مُبَشِّرِينَ وَمُنْذِرِينَ وَأَنْزَلَ مَعَهُمُ الْكِتَابَ بِالْحَقِّ لِيَحْكُمَ بَيْنَ النَّاسِ فِيمَا اخْتَلَفُوا فِيهِ وَمَا اخْتَلَفَ فِيهِ إِلَّا الَّذِينَ أُوتُوهُ مِنْ بَعْدِ مَا جَاءَتْهُمُ الْبَيِّنَاتُ بَغْيًا بَيْنَهُمْ فَهَدَى اللَّهُ الَّذِينَ آمَنُوا لِمَا اخْتَلَفُوا فِيهِ مِنَ الْحَقِّ بِإِذْنِهِ وَاللَّهُ يَهْدِي مَنْ يَشَاءُ إِلَى صِرَاطٍ مُسْتَقِيمٍ

"İnsanlar bir tek ümmet idi. Sonra Allah, müjdeleyici ve uyarıcı olarak peygamberleri gönderdi. İnsanlar arasında, anlaşmazlığa düştükleri hususlarda hüküm vermeleri için, onlarla beraber hak yolu gösteren kitapları da gönderdi. Ancak kendilerine kitap verilenler, apaçık deliller geldikten sonra, aralarındaki kıskançlıktan ötürü dinde anlaşmazlığa düştüler. Bunun üzerine Allah iman edenlere, üzerinde ihtilafa düştükleri gerçeği izniyle gösterdi. Allah dilediğini doğru yola iletir."[33]

---

32 Fatiha; 1: 5
33 Bakara; 2: 213

İlah, rızası alınacak yegane varlık ve güç demektir. Rızası alınacak yegane güç ise Allah'tır. Kelime-i tevhidi söyleyen insan ben sadece Allah'ı razı etmek için kulluk ederim demek istemektedir.

قَالَ اللَّهُ هَذَا يَوْمُ يَنْفَعُ الصَّادِقِينَ صِدْقُهُمْ لَهُمْ جَنَّاتٌ تَجْرِي مِنْ تَحْتِهَا الْأَنْهَارُ خَالِدِينَ فِيهَا أَبَدًا رَضِيَ اللَّهُ عَنْهُمْ وَرَضُوا عَنْهُ ذَلِكَ الْفَوْزُ الْعَظِيمُ

"(Bu konuşmadan sonra) Allah şöyle buyuracaktır: Bu, doğrulara, doğruluklarının fayda vereceği gündür. Onlara, içinde ebedi kalacakları, zemininden ırmaklar akan cennetler vardır. Allah onlardan razı olmuştur, onlar da O'ndan razı olmuşlardır. İşte büyük kurtuluş ve kazanç budur."[34]

Alınacak Dersler:

1. İman konusu dinin temelidir.
2. Bütün diğer ameller imana bağlı ve onun üzerine bina edilir.
3. Bir insanın mümin safında sayılması için en azından açıkça bir defa bile olsa "Kelime-i Tevhid" veya "Kelime-i Şehadet"i söylemelidir.
4. İmanı aslı, kalbi olarak inanılması gereken şeyleri kabullenmektir. Bunun dil ile söylenmesi ise, dünyevi hükümlerin geçerli olması için söylenmesidir.
5. İslâm'ın şartları özetle de olsa bilinmelidir.
6. Kader ve kaza esası çok önemlidir. Yakinen Allah'a ve O'nun sıfatlarına inanan insanın Kaza ve Kader konusunda şüphe etmesi mümkün değildir.
7. Kelime-i Tevhid'i "İlah" kelimesi bağlamında iyice anlamak ve kavramak gerekir.

---

34 Maide; 5: 119

3. SOHBET

ALLAH'A İMAN

Bu dersimizde İmanın Şartlarından birincisi ve en önemlisi olan Allah'a İman konusunu işleyeceğiz. Bu dersimizde Allah İnancı, Allah'ın varlığı, birliği, Allah'ın zati ve sübuti sıfatları ve Allah'ın varlığını ispat sadedinde bazı delillere yer vereceğiz.

a) Allah İnancı:

Kâinat dediğimiz ve içinde insanların da bulunduğu bütün varlıkları idare eden ve gerçek manada kendisine ibadet edilen tek ve en yüce varlık olan bir Allah'ın varlığına inanmak iman esaslarının birincisi ve temelidir.

Geçmiş bütün ilâhî dinlerde de Allah'ın varlığı ve birliği (tevhid) en başta gelen iman esasıdır. Çünkü diğer bütün imanın şartları Allah'ın varlığına ve birliğine inanma esasına dayanır.

"Allah" kelimesi, kendisine hakkıyla ibadet edilen yüce varlığın özel ismidir. İslam âlimleri, Allah'ı şöyle tarif etmişlerdir: *"Allah, varlığı zorunlu olan ve bütün övgülere lâyık bulunan yüce varlığın adıdır"*. Tarifteki **varlığı zorunlu olan** demek, Allah'ın yokluğunun düşünülemeyeceği, var olması için başka bir varlığın O'nu var etmesine ve desteğine muhtaç olmadığını, bu itibarla da Allah'ın, bütün kâinatın yaratıcısı ve yöneticisidir, demektir. **"Bütün övgülere lâyık bulunan"** demek ise, noksansız sıfat ve isimlerle muttasıftır demektir. Dolayısı ile, Allah'a iman, Allah'ın var ve bir olduğuna, bütün üstünlük sıfatlarıyla sıfatlanmış ve noksan sıfatlardan uzak ve yüce olduğuna inanmaktır. Allah'a inanmak, ergenlik çağına erişmiş, akıllı her insanın ilk ve asıl sorumluluğudur.

Aslında her insan mutlak ve üstün bir güce inanma duygusu ile yaratılmıştır. Onun içindir ki, Peygamber Efendimiz (s.a.v),

كُلُّ مَوْلُودٍ يُولَدُ عَلَى الْفِطْرَةِ فَأَبَوَاهُ يُهَوِّدَانِهِ أَوْ يُنَصِّرَانِهِ أَوْ يُمَجِّسَانِهِ

Her doğan çocuk İslâm fıtratı üzerine doğar. Sonra anne ile babası ya Yahudi, ya Hristiyan ya Mecusi yapar"[35] buyurmuştur.

---

35 Buhari; Cenaiz 80, 92 Kader 3. Müslim; Kader 25 .

Hadis-i şerifte de görüldüğü gibi, Allah inancı insanda fıtrî (yaratılıştan) olduğundan, normal şartlarda ve çevreden olumsuz bir şekilde etkilenmemiş, akl-ı selim sahibi bir kişinin Allah'ın varlığını ve birliğini kabullenmemesi mümkün değildir. Bundan dolayıdır ki, Kur'an ayetleri Allah'ın varlığında şüphe olamayacağı için, daha çok Allah'ın sıfatları konusuna daha çok ağırlık vermiştir. Kur'an'da tevhid inancı üzerinde durulmuş, Allah'ın ortağı ve benzeri olmadığı ısrarla vurgulanmıştır. Nitekim bir ayet-i kerime şöyledir:

$$\text{أَفِي اللهِ شَكٌّ فَاطِرِ السَّمَاوَاتِ وَالْأَرْضِ}$$

"Yerin ve göklerin yaratıcısı Allah'ın varlığında şüphe mi var?"[36]

İslam akaidine göre, Allah birdir ve tektir. Allah'ın bir ve tek oluşu, sayı yönüyle bir **"bir"**lik değildir. Çünkü sayı bölünebilir ve katlanabilir. Allah böyle olmaktan yücedir. O'nun bir oluşu, zâtında, sıfatlarında, isimlerinde ve fiillerinde, rabb oluşunda ve hâkimiyetinde eşi ve benzeri olmaması itibariyledir. İhlas sûresi bunu bize gayet güzel açıklamaktadır:

$$\text{قُلْ هُوَ اللهُ أَحَدٌ اللهُ الصَّمَدُ لَمْ يَلِدْ وَلَمْ يُولَدْ وَلَمْ يَكُنْ لَهُ كُفُوًا أَحَدٌ}$$

De ki: O, Allah birdir. Allah sameddir. O, doğurmamış ve doğmamıştır. Onun hiçbir dengi yoktur."[37]

Şu âyet-i kerimede de aynı gerçeğe işaret buyurulmaktadır:

$$\text{مَا اتَّخَذَ اللهُ مِنْ وَلَدٍ وَمَا كَانَ مَعَهُ مِنْ إِلَهٍ إِذًا لَذَهَبَ كُلُّ إِلَهٍ بِمَا خَلَقَ}$$
$$\text{وَلَعَلَا بَعْضُهُمْ عَلَى بَعْضٍ سُبْحَانَ اللهِ عَمَّا يَصِفُونَ}$$

"Allah evlat edinmemiştir; O'nunla beraber hiçbir tanrı da yoktur. Aksi takdirde her tanrı kendi yarattığını sevk ve idare eder ve mutlaka onlardan biri diğerine galebe çalardı. Allah, onların (müşriklerin) yakıştırdıkları şeylerden münezzehtir."[38]

Enbiya sûresindeki şu âyette de Rabbimiz (c.c.), insanlığı, kendisinin tek olduğu yönünde düşünmeye sevkediyor:

$$\text{لَوْ كَانَ فِيهِمَا آلِهَةٌ إِلَّا اللهُ لَفَسَدَتَا فَسُبْحَانَ اللهِ}$$
$$\text{رَبِّ الْعَرْشِ عَمَّا يَصِفُونَ}$$

---

36 İbrahim; 14: 10
37 İhlas; 112: 1-4
38 Mü'minun; 23: 91

24

"Eğer yerde ve gökte Allah'tan başka tanrılar bulunsaydı, yer ve gök, (bunların nizamı) kesinlikle bozulup gitmişti. Demek ki Arş'ın Rabbi olan Allah, onların yakıştırdıkları sıfatlardan münezzehtir."[39]

b) Allah'ın İsimleri:

Bir müminin Allah'ı tanıması gayesiyle "ilâhî zâtı" anlatan kavramlar vardır ki, bunlara isim veya sıfatlar denilir. Hay (diri), alîm (bilen), hâlik (yaratan) gibi. Bu kavramların bir kısmı, sıfat kalıbındadır. Bunlara Allah'ın isimleri denir. Diğer bir kısım kavramlar da var ki onlara da Allah'ın sıfatları denilir.

1. **"Allah"** kelimesine **"Lafza-i celâl"** de denir. Kendisine ibadet edilen yüce varlığın özel ismidir. Özel isimler diğer dillere tercüme edilmezler. Hatta Arapça olan bir başka kelime dahi onun yerini tutamaz. Dolayısı ile, İslâm âlimleri fikir birliği içinde, ister Arapça olsun, ister diğer herhangi bir dilden olsun, bir başka kelime **"Allah"** isminin yerini tutamayacağını ifade etmişlerdir. Fakat Kur'an-ı Kerim'de, **"Allah"** kelimesinin işaret ettiği yüce zât için **"ilâh"**, **"mevlâ"**, **"rabb"** gibi isimler de kullanılmıştır. Bu sebepledir ki, Farsça'daki Hüda ve Yezdân, Türkçe'deki Tanrı ve Çalab... gibi isimler **"Allah"** özel isminin yerinde kullanılamaz ama ilâh, mevlâ, rab gibi âyet ve hadislerde geçen Allah'ın diğer isimlerinin yerine kullanılabilir.

2. Kur'an-ı Kerim ve Hadis-i Şerif'lerde Allah'ın güzel isimlerinin (El-Esma-ü'l Hüsnâ) olduğundan bahsedilir. Bu tabir Allah'ın bütün isimleri için kullanılır. Bu anlamdaki bazı âyetler şunlardır:

هُوَ اللَّهُ الْخَالِقُ الْبَارِئُ الْمُصَوِّرُ لَهُ الْأَسْمَاءُ الْحُسْنَى يُسَبِّحُ لَهُ مَا فِي السَّمَاوَاتِ وَالْأَرْضِ وَهُوَ الْعَزِيزُ الْحَكِيمُ

O, yaratan, var eden, şekil veren Allah'tır. En güzel isimler O'nundur. Göklerde ve yerde olanlar O'nun şânını yüceltmektedirler. O, galiptir, hikmet sahibidir."[40]

وَلِلَّهِ الْأَسْمَاءُ الْحُسْنَى فَادْعُوهُ بِهَا وَذَرُوا الَّذِينَ يُلْحِدُونَ فِي أَسْمَائِهِ سَيُجْزَوْنَ مَا كَانُوا يَعْمَلُونَ

"En güzel isimler (el-esmaü'l-hüsna) Allah'ındır. O halde O'na o güzel isimlerle dua edin. Onun isimleri hakkında eğri yola gidenleri bırakın. Onlar yapmakta olduklarının cezasına çarptırılacaklardır."[41] Hz. Peygamber Efendimiz (s.a.v) buyuruyor:

39 Enbiya; 21: 22
40 Haşr; 59: 24
41 A'raf; 7: 180

$$\text{إِنَّ لِلَّهِ تِسْعَةً وَتِسْعِينَ اسْمًا مِائَةً إِلاَّ وَاحِدًا مَنْ أَحْصَاهَا دَخَلَ الْجَنَّةَ}$$

"Allah'ın 99 (yüzden bir eksik) ismi var. Kim bunları sayarsa cennete girer"[42] Hadis-i şerifte geçen "ahsa=saymak"dan maksat Allah'ı güzel isimleriyle tanımak ve O'na iman, ibadet ve itaat etmek demektir. Ancak hadiste geçen 99 sayısı, Allah'ın isimlerinin sınırlanması değildir. Bu isimlerin en meşhur isimlerden olması sebebiyledir.

c) Allah'ın Sıfatları:

Allah'a iman etmek demek, O'nun yüce varlığı hakkında vâcip ve zorunlu olan kemal ve yetkinlik sıfatlarıyla, câiz sıfatlarını bilip, öylece inanmak, zâtını noksan sıfatlardan yüce ve uzak tutmaktır. Allah, şânına lâyık olan bütün kemal sıfatlara sahip, noksan sıfatlardan tertemizdir. Allah'ın sıfatları ezelî ve ebedîdir. Onların başlangıcı ve sonu yoktur. Allah'ın sıfatları, yarattıklarının sıfatlarına asla benzemez.

Allah'ın sıfatları iki kısımdır: Zâtî sıfatlar, sübûtî sıfatlar.

a) Zâtî sıfatlar: Sadece Allah'ın zâtına mahsus olan, yarattıklarından hiçbirine verilmesi câiz ve mümkün olmayan sıfatlardır.

1. Vücûd: "Var olmak" demektir. Allah vardır, varlığı başkasından değil, zâtının gereğidir, varlığı zorunludur. Vücûdun zıddı olan yokluk Allah hakkında düşünülemez. Kur'an-ı Kerim Vücûd sıfatına şöyle işaret buyuruyor:

$$\text{أَفِي اللهِ شَكٌّ فَاطِرِ السَّمَاوَاتِ وَالْأَرْضِ يَدْعُوكُمْ لِيَغْفِرَ لَكُمْ مِنْ ذُنُوبِكُمْ}$$

"Yerin ve göklerin yaratıcısı Allah'ın varlığında şüphe mi var?"[43] buyurur Rabbimiz. $\text{هُوَ الْأَوَّلُ وَالْآخِرُ وَالظَّاهِرُ وَالْبَاطِنُ وَهُوَ بِكُلِّ شَيْءٍ عَلِيمٌ}$ *"Her şeyin evveli O, sonu O. Sıfatlarıyla her şeyde görünen O, zatıyla gözlerden gizli olan O. O her şeyi bilendir"*[44]

$$\text{شَهِدَ اللهُ أَنَّهُ لَا إِلَهَ إِلَّا هُوَ وَالْمَلَائِكَةُ وَأُولُو الْعِلْمِ قَائِمًا بِالْقِسْطِ لَا إِلَهَ إِلَّا هُوَ الْعَزِيزُ الْحَكِيمُ}$$

"Allah, adaleti ayakta tutarak (delilleriyle) şu hususu açıklamıştır ki, kendisinden başka ilah yoktur. Melekler ve ilim sahipleri de (bunu ikrar etmişlerdir. Evet) mutlak güç ve hikmet sahibi Allah'tan başka ilah yoktur."[45]

2. Kıdem: "Ezelî olmak, başlangıcı olmamak" demektir. Allah'ın henüz var olmadığı hiçbir zaman düşünülemez. Çünkü zaman denilen nesneyi de O yaratmıştır.

---

42 Tirmizi; Kitabu't Daavat, Bab 83, H. No: 3506
43 İbrahim; 14: 10
44 Hadid; 57: 3
45 Ali İmran; 3: 18

Ne kadar geriye gidersek gidelim O'nun var olmadığı bir zaman düşünülemez ve bulunamaz. Allah sonradan meydana gelmiş bir varlık değil; ezelî (kadîm) varlıktır. Bu sıfatın zıddı olan sonradan olma (hudûs) Allah hakkında düşünülemez.

3. Beka: "Varlığının sonu olmamak, ebedî olmak" demektir. Allah'ın sonu yoktur. Ezelî olanın ebedî olması da zorunludur. Bekanın zıddı olan sonu olmak (fenâ) Allah hakkında düşünülemez. Ne kadar ileriye gidilirse gidilsin, Allah'ın olmayacağı bir an düşünülemez. Kur'ân-ı Kerîm'de şöyle buyurulur:

هُوَ الْأَوَّلُ وَالْآخِرُ وَالظَّاهِرُ وَالْبَاطِنُ وَهُوَ بِكُلِّ شَيْءٍ عَلِيمٌ

"O ilktir, sondur, zahirdir, batındır. O, her şeyi bilendir."[46]

وَلَا تَدْعُ مَعَ اللَّهِ إِلَهًا آخَرَ لَا إِلَهَ إِلَّا هُوَ كُلُّ شَيْءٍ هَالِكٌ إِلَّا وَجْهَهُ لَهُ الْحُكْمُ وَإِلَيْهِ تُرْجَعُونَ

"Allah ile birlikte başka bir tanrıya tapıp yalvarma! O'ndan başka tanrı yoktur. O'nun zatından başka her şey yok olacaktır. Hüküm O'nundur ve siz ancak O'na döndürüleceksiniz."[47]

4. Muhâlefetün li'l-havâdis: "Sonradan olan şeylere benzememek" demektir. Allah, sonradan olan şeylerin hiçbirisine hiçbir yönden benzemez. Bu sıfatın zıddı olan, sonradan olana benzemek ve denklik (müşâbehet ve mümâselet) Allah hakkında düşünülemez. Kur'an, şöyle buyurur:

فَاطِرُ السَّمَاوَاتِ وَالْأَرْضِ جَعَلَ لَكُمْ مِنْ أَنْفُسِكُمْ أَزْوَاجًا وَمِنَ الْأَنْعَامِ أَزْوَاجًا يَذْرَؤُكُمْ فِيهِ لَيْسَ كَمِثْلِهِ شَيْءٌ وَهُوَ السَّمِيعُ الْبَصِيرُ

"O, gökleri ve yeri yoktan yaratandır. Size kendinizden eşler, hayvanlardan da (kendilerine) eşler yaratmıştır. Bu suretle çoğalmanızı sağlamıştır. O'nun benzeri hiçbir şey yoktur. O işitendir, görendir."[48]

5. Vahdâniyyet: "Allah'ın zâtında, sıfatlarında ve fiillerinde bir ve tek olması, eşi, benzeri ve ortağının bulunmaması" demektir. "Birlik" sıfatının zıddı olan "çokluk" fazla olmak (taaddüd), Allah hakkında düşünülmesi imkânsız olan sıfatlardandır. İslâm'a göre Allah'tan başka ilâh, yaratıcı, tapılacak, sığınılacak, hüküm ve otorite sahibi bir başka varlık yoktur. Yukarda geçen İhlâs sûresinde ve pek çok âyette anlatıldığı gibi:

---

46 Hadid; 57: 3
47 Kasas; 28: 88
48 Şura; 42: 11

لَوْ أَرَادَ اللَّهُ أَنْ يَتَّخِذَ وَلَدًا لَاصْطَفَى مِمَّا يَخْلُقُ مَا يَشَاءُ سُبْحَانَهُ
هُوَ اللَّهُ الْوَاحِدُ الْقَهَّارُ

"Eğer Allah bir evlat edinmek isteseydi, elbette yarattıklarından dilediğini seçerdi. O yücedir. O, tek ve kahhar olan Allah'tır."[49]

6. Kıyâm bi-nefsihî: "Varlığı kendiliğinden olmak, var olmak için bir başka varlığa ihtiyaç duymamak" demektir. Allah vardır ve var olmak için bir var ediciye, yaratıcıya ve bir sebebe muhtaç değildir. Kur'ân-ı Kerîm'de şöyle buyurulur: "قُلْ هُوَ اللَّهُ أَحَدٌ اللَّهُ الصَّمَدُ" *De ki: O Allah birdir. O, sameddir (başkasına ihtiyaç duymayandır)"*[50]

يَا أَيُّهَا النَّاسُ أَنْتُمُ الْفُقَرَاءُ إِلَى اللَّهِ وَاللَّهُ هُوَ الْغَنِيُّ الْحَمِيدُ

"Ey insanlar! Allah'a muhtaç olan sizsiniz. Zengin ve övülmeye layık olan ancak O'dur."[51]

b) Sübûtî Sıfatlar: Varlığı zorunlu ve tam bir kemal ifade eden sıfatlardır. Bu sıfatların zıddı olan özellikler Allah (c.c.) hakkında düşünülemez. Bu sıfatlar da diğer sıfatlar gibi ezelî ve ebedîdir. Yaratılmışların sıfatları gibi sonradan meydana gelmiş değillerdir. Bu sıfatların sayısı 8 tanedir.

1. Hayat: "Allah'ın diri ve canlı olması" demektir. Allah, ezelî ve ebedî bir hayata sahiptir. Hayat sıfatının zıddı "ölü veya ölümlü" olmaktır ki, bu durum Allah için düşünülemez. Her şey canlılık vasfını ondan alır. Kur'an-ı Kerim'de şöyle buyurulur:

وَتَوَكَّلْ عَلَى الْحَيِّ الَّذِي لَا يَمُوتُ وَسَبِّحْ بِحَمْدِهِ وَكَفَى بِهِ
بِذُنُوبِ عِبَادِهِ خَبِيرًا

"Ölümsüz ve daima diri olan Allah'a güvenip dayan. O'nu hamd ile tesbih et. Kullarının günahlarını O'nun bilmesi yeter."[52]

وَعَنَتِ الْوُجُوهُ لِلْحَيِّ الْقَيُّومِ وَقَدْ خَابَ مَنْ حَمَلَ ظُلْمًا

"Bütün yüzler (insanlar), diri ve her şeye hakim olan Allah için eğilip boyun bükmüştür. Zulüm yüklenen ise, gerçekten perişan olmuştur."[53]

---

49 Zümer; 39: 4
50 İhlas; 112: 1-2
51 Fatır; 35: 15
52 Furkan; 25: 58
53 Taha; 20: 111

2. İlim: "Allah'ın her şeyi bilmesi" demektir. Yani olmuş, el'an olan, olacak, gelmiş, geçmiş, gizli, açık ne varsa hepsi Allah'ın bilgisi dahilindedir ve O'nun bilgisinde artma ve eksilme olmaz. Allah her şeyi ezelî ilmiyle olacağı için bilir. Yoksa O bildiği için o iş olmuyor. İlim (bilmek) sıfatının zıddı olan cehl (bilgisizlik)dir ki, Allah hakkında düşünülemez. Onlarca âyetten iki tanesi şöyledir:

وَعِنْدَهُ مَفَاتِحُ الْغَيْبِ لَا يَعْلَمُهَا إِلَّا هُوَ وَيَعْلَمُ مَا فِي الْبَرِّ وَالْبَحْرِ وَمَا تَسْقُطُ مِنْ وَرَقَةٍ إِلَّا يَعْلَمُهَا وَلَا حَبَّةٍ فِي ظُلُمَاتِ الْأَرْضِ وَلَا رَطْبٍ وَلَا يَابِسٍ إِلَّا فِي كِتَابٍ مُبِينٍ

"Gaybın anahtarları Allah'ın yanındadır; onları O'ndan başkası bilmez. O, karada ve denizde ne varsa bilir; O'nun ilmi dışında bir yaprak bile düşmez. O yerin karanlıkları içindeki tek bir taneyi dahi bilir. Yaş ve kuru ne varsa hepsi apaçık bir kitaptadır."[54]

أَلَمْ تَرَ أَنَّ اللهَ يَعْلَمُ مَا فِي السَّمَاوَاتِ وَمَا فِي الْأَرْضِ مَا يَكُونُ مِنْ نَجْوَى ثَلَاثَةٍ إِلَّا هُوَ رَابِعُهُمْ وَلَا خَمْسَةٍ إِلَّا هُوَ سَادِسُهُمْ وَلَا أَدْنَى مِنْ ذَلِكَ وَلَا أَكْثَرَ إِلَّا هُوَ مَعَهُمْ أَيْنَ مَا كَانُوا ثُمَّ يُنَبِّئُهُمْ بِمَا عَمِلُوا يَوْمَ الْقِيَامَةِ إِنَّ اللهَ بِكُلِّ شَيْءٍ عَلِيمٌ

"Göklerde ve yerde olanları Allah'ın bildiğini görmüyor musun? Üç kişinin gizli konuştuğu yerde dördüncüsü mutlaka O'dur. Beş kişinin gizli konuştuğu yerde altıncısı mutlaka O'dur. Bunlardan az veya çok olsunlar ve nerede bulunurlarsa bulunsunlar mutlaka O, onlarla beraberdir. Sonra kıyamet günü onlara yaptıklarını haber verecektir. Doğrusu Allah, her şeyi bilendir."[55]

3. Semi': "Allah'ın işitmesi" demektir. Allah, gizli, açık, fısıltı veya yüksek sesle ne söylenirse mutlaka işitir. O'nun bir şeyi duyması, o anda ikinci bir şeyi işitmesine engel değildir. İşitmemek ve sağırlık Allah (c.c.) hakkında düşünülemez. Âyet ve hadislerde Allah'ın işitici olduğu şöylece beyan edilmiştir: وَهُوَ السَّمِيعُ الْبَصِيرُ *"O her şeyi görendir."*[56]

أَمْ يَحْسَبُونَ أَنَّا لَا نَسْمَعُ سِرَّهُمْ وَنَجْوَاهُمْ بَلَى وَرُسُلُنَا لَدَيْهِمْ يَكْتُبُونَ

---

54 En'am; 6: 59
55 Mücadele; 58: 7
56 Şura; 42: 11

"Yoksa onlar, bizim kendilerinin sırlarını ve gizli konuşmalarını işitmediğimizi mi sanıyorlar? Hayır, öyle değil; yanlarındaki elçilerimiz (hafaza melekleri de) yazmaktadırlar."[57]

4. Basar: "Allah'ın görmesi" demektir. Yüce Allah her şeyi görür. O'nun göremeyeceği hiçbir şey olamaz ve gizli kalamaz. Allah hakkında görmemek (âmâlık) asla düşünülemez. Allah'ın işitici ve görücü olduğuna dair pek çok âyet ve hadis vardır. Bunlardan bazıları şöyledir: لَا تُدْرِكُهُ الْأَبْصَارُ وَهُوَ يُدْرِكُ الْأَبْصَارَ وَهُوَ اللَّطِيفُ الْخَبِيرُ *"Gözler O'nu göremez; halbuki O, gözleri görür. O, eşyayı pek iyi bilen, her şeyden haberdar olandır."*[58] Peygamber Efendimiz (s.a.v), İhsanı tarif ederken اَلْإِحْسَانُ: أَنْ تَعْبُدَ اللهَ كَأَنَّكَ تَرَاهُ ، فَإِنْ لَمْ تَكُنْ تَرَاهُ فَإِنَّهُ يَرَاكَ *"İhsan, Allah'ı görür gibi ibadet yapmandır. Her ne kadar sen onu göremiyorsan da o seni görüyor"*[59]

5. İrade: "Allah'ın dilemesi" demektir. Herşey Allah'ın dilemesi ile olur. Allah'ın dilediği olur, dilemediği olmaz. İrade sıfatının zıddı iradesizlik ve zorunda olmaktır ki, Allah hakkında asla düşünülemez. Kur'an-ı Kerim'deki,

قُلِ اللَّهُمَّ مَالِكَ الْمُلْكِ تُؤْتِي الْمُلْكَ مَنْ تَشَاءُ وَتَنْزِعُ الْمُلْكَ مِمَّنْ تَشَاءُ وَتُعِزُّ مَنْ تَشَاءُ وَتُذِلُّ مَنْ تَشَاءُ بِيَدِكَ الْخَيْرُ إِنَّكَ عَلَى كُلِّ شَيْءٍ قَدِيرٌ

"(Resulüm!) De ki: Mülkün gerçek sahibi olan Allah'ım! Sen mülkü dilediğine verirsin ve mülkü dilediğinden geri alırsın. Dilediğini yüceltir, dilediğini de alçaltırsın. Her türlü iyilik senin elindedir. Gerçekten sen her şeye kadirsin."[60]

لِلَّهِ مُلْكُ السَّمَاوَاتِ وَالْأَرْضِ يَخْلُقُ مَا يَشَاءُ يَهَبُ لِمَنْ يَشَاءُ إِنَاثًا وَيَهَبُ لِمَنْ يَشَاءُ الذُّكُورَ

"Göklerin ve yerin mülkü Allah'ındır. Dilediğini yaratır; dilediğine kız çocukları, dilediğine de erkek çocukları bahşeder."[61] Bir şey olmadan önce Allah'ın onun olmasını dilemesidir. إِنَّمَا قَوْلُنَا لِشَيْءٍ "إِنَّ رَبَّكَ فَعَّالٌ لِمَا يُرِيدُ" *Rabbin dilediğini yapar."*[62] إِذَا أَرَدْنَاهُ أَنْ نَقُولَ لَهُ كُنْ فَيَكُونُ *"Bir şeyin olmasını dilediği zaman da ona "ol" demesiyle*

57 Zuhruf; 43: 80
58 En'am; 6: 103
59 Müslim; Bab-u Beyan'il İman ve'l-İslâm ve'l-İhsan, 9.
60 Al-i İmran; 3: 26
61 Şura; 42: 49
62 Hud; 11: 107

hemen oluverir.'[63] " اِنَّمَا اَمْرُهُ اِذَا اَرَادَ شَيْئًا اَنْ يَقُولَ لَهُ كُنْ فَيَكُونُ " *Bir şey yaratmak istediği zaman O'nun yaptığı "Ol" demekten ibarettir. Hemen oluverir.*'[64]

Allah'ın iki çeşit iradesi vardır:

Tekvînî (yapma ve yaratma) İrâde: Bu irade bütün yaratıkları kapsar. Allah, tekvînî iradesini hangi şeye yöneltirse o şey anında ve derhal meydana gelir. Yukarda geçen *"Biz bir şeyin olmasını istediğimiz zaman ona sözümüz sadece "ol" dememizdir. Hemen oluverir"*[65] âyetinde olduğu gibi.

Teşrîî (yasama ile ilgili) İrade: "Yüce Allah'ın bir şeyi sevmesi ve ondan hoşnut olması," onu emretmesi demektir. Allah'ın bu mânadaki bir irade ile bir şeyi dilemiş olması, o şeyin meydana gelmesini gerekli kılmaz.

إِنَّ اللهَ يَأْمُرُ بِالْعَدْلِ وَالْإِحْسَانِ وَإِيتَاءِ ذِي الْقُرْبَى وَيَنْهَى عَنِ
الْفَحْشَاءِ وَالْمُنْكَرِ وَالْبَغْيِ يَعِظُكُمْ لَعَلَّكُمْ تَذَكَّرُونَ

Muhakkak ki Allah, adaleti, iyiliği, akrabaya yardım etmeyi emreder, çirkin işleri, fenalık ve azgınlığı da yasaklar. O, düşünüp tutasınız diye size öğüt veriyor.'[66] Âyetindeki irade bu çeşit bir iradedir. Allah'ın tekvînî iradesi hayra da şerre de, iyiliğe de kötülüğe de yönelik olarak gerçekleştiği halde teşrîî iradesi, sadece hayra ve iyiliğe yönelik olarak gerçekleşir. Allah, hayrı da şerri de hem irade eder hem de yaratır. Ancak O'nun şerre rızâsı yoktur, şerri emretmez ve şerden hoşlanmaz.

6. Kudret: "Allah'ın her şeye gücünün yetmesi" demektir. Kudret sıfatının zıddı, acizlik ve güç yetirememektir ki, Allah hakkında asla düşünülemez. Kâinattaki her şey Allah'ın güç ve kudretiyle olur. Yıldızlar, galaksiler, bütün uzay, canlı-cansız tüm varlıklar Allah'ın kudretinin açık delilidir. Kur'an-ı Kerim, Allah'ın kudretinin bazı örneklerini şu âyet-i kerimede şöylece haber verir:

يُقَلِّبُ اللهُ اللَّيْلَ وَالنَّهَارَ إِنَّ فِي ذٰلِكَ لَعِبْرَةً لِأُولِي الْأَبْصَارِ وَاللهُ خَلَقَ كُلَّ دَابَّةٍ
مِنْ مَاءٍ فَمِنْهُمْ مَنْ يَمْشِي عَلَى بَطْنِهِ وَمِنْهُمْ مَنْ يَمْشِي عَلَى رِجْلَيْنِ وَمِنْهُمْ مَنْ
يَمْشِي عَلَى أَرْبَعٍ يَخْلُقُ اللهُ مَا يَشَاءُ إِنَّ اللهَ عَلَى كُلِّ شَيْءٍ قَدِيرٌ

"Allah, gece ile gündüzü birbirine çeviriyor. Şüphesiz bunda basiret sahipleri için mutlak bir ibret vardır. Allah, her canlıyı sudan yarattı. İşte bunlardan kimi karnı

---

63 Nahl; 16: 40
64 Yasin; 36: 82
65 Nahl; 16: 40
66 Nahl; 16: 90

üstünde sürünür, kimi iki ayağı üstünde yürür, kimi dört ayağı üstünde yürür... Allah dilediğini yaratır; şüphesiz Allah her şeye kadirdir.[67]

7. Kelâm: "Allah'ın söylemesi ve konuşması" demektir. Allah'ın konuşması ses ve harflerle olmaz. Mahiyetini biz kavrayamayız. Fakat Allah, bu sıfatı ile peygamberlerine kitaplar indirmiş ve bazı peygamberler ile de konuşmuştur. Kelâm sıfatının zıddı olan konuşmamak ve dilsizlik, Allah hakkında düşünülemez. Allah kelâm sıfatıyla emreder, yasaklar ve haber verir. Şu âyetler kelam sıfatının varlığını bize bildirmektedir:

وَلَمَّا جَاءَ مُوسَى لِمِيقَاتِنَا وَكَلَّمَهُ رَبُّهُ قَالَ رَبِّ أَرِنِي أَنْظُرْ إِلَيْكَ قَالَ لَنْ تَرَانِي وَلَكِنِ انْظُرْ إِلَى الْجَبَلِ فَإِنِ اسْتَقَرَّ مَكَانَهُ فَسَوْفَ تَرَانِي فَلَمَّا تَجَلَّى رَبُّهُ لِلْجَبَلِ جَعَلَهُ دَكًّا وَخَرَّ مُوسَى صَعِقًا فَلَمَّا أَفَاقَ قَالَ سُبْحَانَكَ تُبْتُ إِلَيْكَ وَأَنَا أَوَّلُ الْمُؤْمِنِينَ

"Musa tayin ettiğimiz vakitte (Tur'a) gelip de Rabbi onunla konuşunca "Rabbim! Bana (kendini) göster; seni göreyim!" dedi. (Rabbi): "Sen beni asla göremezsin. Fakat şu dağa bak, eğer o yerinde durabilirse sen de beni göreceksin!" buyurdu. Rabbi o dağa tecelli edince onu paramparça etti, Musa da baygın düştü. Ayılınca dedi ki: Seni noksan sıfatlardan tenzih ederim, sana tevbe ettim. Ben inananların ilkiyim.[68]

قُلْ لَوْ كَانَ الْبَحْرُ مِدَادًا لِكَلِمَاتِ رَبِّي لَنَفِدَ الْبَحْرُ قَبْلَ أَنْ تَنْفَدَ كَلِمَاتُ رَبِّي وَلَوْ جِئْنَا بِمِثْلِهِ مَدَدًا

"De ki: Rabbimin sözleri için derya mürekkep olsa ve bir o kadar da ilave getirsek dahi, Rabbimin sözleri bitmeden önce deniz tükenecektir.[69]

8. Tekvîn: "Allah'ın yaratması, yok olanı yokluktan varlığa çıkarması" demektir. Yüce Allah yegâne yaratan ve varedendir. O, ezelî ilmiyle bilip dilediği her şeyi sonsuz güç ve kudretiyle yaratır. Yaratmak, rızık vermek, diriltmek, öldürmek, nimet vermek, azap etmek ve şekil vermek gibi her şey tekvîn sıfatının sonucudur. Tekvin sıfatını anlatan bir âyet-i kerime şöyledir:

اللَّهُ خَالِقُ كُلِّ شَيْءٍ وَهُوَ عَلَى كُلِّ شَيْءٍ وَكِيلٌ

"Allah her şeyin yaratıcısıdır. O, her şeye vekildir.[70]

---

67 Nur; 24: 44-45
68 A'raf; 7: 143
69 Kehf; 18: 109
70 Zümer; 39: 62

d) Allah'ın Varlığının İspatı Hakkında Bazı Örnekler:

Asıl itibariyle Allah'ın varlığı hakkında delil aramaya ihtiyaç yoktur. Çünkü Allah'ın varlığı güneş gibi ispatı gerektirmeyecek kadar açık ve bellidir. Buna rağmen kavrama noktasında insanları düşünmeye sevkedecek bazı hususları dile getirmek istiyoruz.

Her şeyden etkilenen akıla fazla güvenmemek gerektiğini, kirletilmiş aklının çizdiği yollarda yürüyen, sonunda yolun yanlış olduğunu anlayıp doğru yolu arayan bir şair şöyle der:

Yıllar geçmiş akılla yoldaş
Oldum sanarak zekaya sırdaş
Aslında akıl nedir? Zeka ne?
Aldanmak için birer bahane.

dedikten sonra, inkarcılığın da sonunun olmadığını ve sapık bir mantık oyunu olduğunu şöyle ifade eder:

Zaten yoksa nedir bu inkar
İnkar edenin içinde ikrar.[71]

Bir başka şair de:

Ben aklımdan isterim delalet
Aklım bana gösterir dalalet (sapıklık)

diyerek, doğru yolu göstermesi istenen akıl, kirlenince insana eğri yolları gösterdiğini ifade eder.

1. Evimizin aydınlanması için evimize elektrik aldığımız gibi, bizi aydınlatan elektriği hayatta gören olmamıştır. Gayemiz, elektriktir. Ama o elektriği taşıyan kabloların ve tavanımızdaki avizelerin güzel olmasını isteriz. Elektrik gözle görülmediği, elle tutulmadığı için inanmıyorum diyemeyiz. Çünkü açıkta duran bakır tele elini değdirecek olursa "**inanmam**" deme zamanı da olmayacaktır. Görmediğimiz halde varlığını eserinden anlıyoruz. Bir yerde ışık oluyor, bir yerde ısı oluyor, bir başka yerde ağır yükler kaldırıyor. Ama gözle görülmüyor. Tıpkı mıknatıs gibi. Gözle görülmüyor ama varlığını eserinden anlıyoruz. Can var iken gözler pırıl pırıl yanar; can gidiverince cereyanı kesilmiş ampul gibi kalıveriyor. Dolayısı ile biz de Allah'ın varlığını eserlerinden anlıyoruz.

2. "**Ben ateistim hiçbir tanrıya inanmam**" diyen insanın, kendine tapındığını haber verir Rabbimiz:

---

71 Allah Bir, H. Ali Yücel; Türk Tarih Kurumu Basımevi, Ankara 1961

أَرَأَيْتَ مَنِ اتَّخَذَ إِلَهَهُ هَوَاهُ أَفَأَنْتَ تَكُونُ عَلَيْهِ وَكِيلًا

"Kötü duygularını kendisine tanrı edinen kimseyi gördün mü? Sen (Resulüm!) ona koruyucu olabilir misin?"[72] Kendine tapınan bu insan birgün kendinin de öleceğini, kendisini bu dünyaya getiren gücün mutlaka onu götüreceğini görünce, kendinden daha güçlü birine inanma ihtiyacını hissetti. Nuh (as)'ın oğlu gibi koca koca dağlara sığınmaya:

قَالَ سَآوِي إِلَى جَبَلٍ يَعْصِمُنِي مِنَ الْمَاءِ قَالَ لَا عَاصِمَ الْيَوْمَ مِنْ أَمْرِ اللَّهِ إِلَّا مَنْ رَحِمَ وَحَالَ بَيْنَهُمَا الْمَوْجُ فَكَانَ مِنَ الْمُغْرَقِينَ

"Oğlu: Beni sudan koruyacak bir dağa sığınacağım, dedi. (Nuh): "Bugün Allah'ın emrinden (azabından), merhamet sahibi Allah'tan başka koruyacak kimse yoktur" dedi. Aralarına dalga girdi, böylece o da boğulanlardan oldu."[73] tabiata iman etmeye başladı:

وَقَالُوا مَا هِيَ إِلَّا حَيَاتُنَا الدُّنْيَا نَمُوتُ وَنَحْيَا وَمَا يُهْلِكُنَا إِلَّا الدَّهْرُ وَمَا لَهُمْ بِذَلِكَ مِنْ عِلْمٍ إِنْ هُمْ إِلَّا يَظُنُّونَ

"Dediler ki: Hayat ancak bu dünyada yaşadığımızdır. Ölürüz ve yaşarız. Bizi ancak zaman helak eder. Bu hususta onların hiçbir bilgisi de yoktur. Onlar sadece zanna göre hüküm veriyorlar."[74]

3. Varın ispatı, yokun ispatından her zaman daha kolaydır. Bir elma cinsinin yeryüzünde bulunduğunu, bir tek elmayı göstermekle ispat edebiliriz. Halbuki yokluğunu iddia eden kimse bütün yeryüzünü, hatta kainatı dolaşıp, ancak ondan sonra onun yokluğunu ispat edebilir. Bu ise, imkansızlık çapında bir zorluk demektir. Öyleyse diyebiliriz ki; yok, hiçbir zaman ispat edilemez.

Bir sarayın kapılarından 999'u açık, biri kapalı olsa, kimse o saraya girilemeyeceğini iddia edemez. İşte inkarcı, devamlı surette kapalı olan o bir tek kapıyı nazara verip onu göstermek ister. Aslında o kapı da, o inkarcı ve onun gibi olanların gözlerine çekilmiş perde sebebiyle onların ruh dünyalarına kapalıdır. Mümin için kapalı kapı yoktur. Yeter ki gözlerini yummasın! Zaten 999'u herkese açıktır. Hem de ardına kadar.

---

72 Furkan; 25: 43
73 Hud; 11: 43
74 Casiye; 45: 24

Allah'ı ispat delillerinden bir kaç tanesi:

a) İmkân Delili: İmkân, birşeyin olması ile olmamasının eşit ihtimale sahip olması demektir. Günlük konuşmalarımızda da mümkün derken olabilir de olmayabilir de manasını kast ederiz. Yaratılmış olan her varlık, benim varlığımla yokluğum eşit idi; şu an ben varsam, var olmamı tercih eden biri var demektir; o ise ancak Allah'tır, diye haykırır.

b) Hudus delili: Hudus, sonradan olma demektir. Her varlığın bir ilk noktası vardır. O noktadan önce o şey varlık sahasında yoktu. Yok olan var olmayı kendi kendine irade edemeyeceğine ve buna güç yetiremeyeceğine göre bu var oluş Allah'ın yaratmasıyla gerçekleşmiş demektir. Maddenin, termodinamik kanununa göre sürekli yokluğa doğru kayması, kainatın durmadan genişlemesi, güneşin süratle tükenişe doğru yol alması gibi hadiseler, bu varlık aleminin bir başlangıcı olduğunu gösteriyor.

c) Sanat delili: Atomdan insana, hücreden galaksilere kadar bütün kainat, ince ve baş döndürücü bir sanatla var edilmiştir. Kainattaki her eser:

· Büyük sanat değeri taşır.

· Çok kıymetlidir.

· Çok kısa zamanda ve çok kolay yapılmaktadır.

· Çok sayıda olmaktadır.

· Karışık ve çeşit çeşittir.

· Devamlıdır.

Halbuki, kısa zamanda, çok sayıda, kolay ve karışık yapılan işlerde san'at ve kıymet olmaması gerekir. Ancak yapan Allah (c.c.) olursa, o zaman her şey değişir ve zıtlar bir araya gelebilir!..

d) Hikmet ve gaye delili: Her varlıkta kendisine mahsus bir gaye, bir maksat, bir fayda vardır. Hiçbir şey gayesiz, maksatsız ve manasız değildir. Hâlbuki, ne madde aleminde, ne bitki ve hayvanat dünyasında ne de eşya ve hadiselerde şuur ve idrak mevcut değildir. Buna rağmen bir gayeler silsilesi söz konusudur. İşte bu kainattaki şuurlu işleyiş ve bu hikmet ancak Allah'ın yaratması ile mümkündür.

e) Temizlik delili: Kainattaki nezafet ve temizlik, başlı başına Allah'ın varlığına bir delildir. Şöyleki, toprağı temizleyen bakteriler, böcekler, karıncalar ve nice yırtıcı kuşlar; rüzgar, yağmur ve kar; denizlerde buzullar ve balıklar; gezegenimizde atmosfer, uzayda kara delikler; bünyemizde kanımızı temizleyen oksijen ve ruhumuzu sıkıntılardan kurtaran manevi esintiler, hep Allah'ın varlığının birer alametidir.

f) Simalar delili: Herhangi bir insanın siması, en ince teferruatına kadar kendisinden evvel geçmiş milyarlarca insandan hiçbirisine birebir benzemez. Bu durum, sonradan gelecekler için de aynıdır. Bir cihetten birbirinin aynı, diğer cihetten birbirinden farklı milyarlarca resmi küçücük bir alanda çizip, sonra da kendileri gibi olması mümkün, milyarlarca resimden ayırmak ve her şeyi sonsuz ihtimal yolları içinde bir yola ve bir şekle sokmak, elbette ve elbette yarattığı her varlığı, hem de hiç kapalı bir yanı kalmamak üzere bilen ve o varlığa istediği şekli vermeye gücü ve ilmi yeten güç sahibi Cenab-ı Hakk'tan başkası olamaz.

Alınacak Dersler:

1. Allah'a iman, imanın en önemli şartıdır. Çünkü diğer iman esaslarının tamamı bu esasa dayanır.

2. Allah, vardır ve birdir, eşi ve benzeri yoktur.

3. Allah zati ve sübuti olmak üzere kamil (noksansız) sıfatlara sahiptir.

4. Allah'ın zati sıfatları 6, sübuti sıfatları 8 tanedir.

5. Allah'ın 99 ismi var; özel ismi "Allah" lafza-i celalidir.

6. Allah'ın varlığı, ispata ihtiyaç hissettirmeyecek kadar açıktır. Ancak gaflet ehli insanları uyarmak için de bazı metodlarla hareket etmek gerekir.

4. SOHBET

HZ. EBU BEKİR ES-SIDDÎK (RA) (571-634)

1. HAYATI:

Hz. Muhammed (s.a.v)'in İslâm'ı tebliğe başladığı daha ilk günlerde iman eden hür erkeklerin birincisidir. Bu özelliği sebebiyledir ki, "aşere-i mübeşşere"nin de il-kidir. Ayrıca "raşit halifeler" denilen dört büyük sahabenin de ilkidir. Kendisi "Câ-miu'l Kur'an, es-Siddîk, el-Atik" lakaplarıyla da anılan ashab-ı kiramın en üstünü-dür. Hakkında Kur'an-ı Kerim'de **"...Mağarada bulunan iki kişiden ikincisi..."**[75] buyurulan büyük sahabidir.

Asıl adı, Abdülkâbe idi. Müslüman olduktan sonra Rasûlullah (s.a.v)'in bu ismi Abdullah ismi ile değiştirdiği rivayet edilir. Cehennem azabından azad olunmuş an-lamında "atik", dürüst, sadık, emin ve iffetli olduğundan dolayı da "sıddîk" laka-bıyla yadedilirdi. Ancak "deve yavrusunun babası" manasına gelen Ebû Bekir kün-yesi ile meşhur olmuştur. Aslen Teym Oğulları kabilesinden olan Ebu Bekir (ra) Mürre b. Kâ'b'da Efendimiz (s.a.v)'ın nesebi ile birleşir. Anasının adı Ümmü'l-Hayr Selma hanım, babasının adı ise Ebû Kuhafe Osman (ra)'dir. Bütün ailesi müslü-man olmuştur. Hz. Ebû Bekir (ra) Efendimizin, Peygamber Efendimiz (s.a.v)'dan yaş itibariyle daha küçük olduğu bilinmektedir.

Hz. Ebu Bekir (ra), müslüman olmadan önce de saygın, dürüst, şahsiyetli, evinde put bulundurmaz, asla puta tapmazdı. "Hanif" inancına sahipti. Ticaretle meşgul olurdu. Efendimiz (s.a.v) vefat edinceye kadar onun yanından asla ayrılmadı. Bü-tün kazanç ve servetini, İslâm için harcamış, kendisi gayet sade bir hayat yaşamış-tır. Hz. Ebû Bekir (ra), Fil yılından bir kaç sene önce 571'de Mekke'de dünyaya gelmiş, güzel özellikleri ile tanınmış ve iffetiyle şöhret bulmuştur. Sarhoş edici içki içmek o dönemde çok yaygın olmasına rağmen, o hiç bir zaman içki içmemiştir.

İslam'dan önce de Mekke'nin ileri gelen ve sözüne itibar edilenlerdendi, nesep ve tarih ilimlerinde meşhur idi. Kumaş ve konfeksiyon ticareti yapar; kırk bin dir-hemden ziyade olan servetinin büyük bir kısmını İslâm'ın yayılması için harcamıştı.

Allah Rasûlünün davetine evet diyen Hz. Ebu Bekir (ra), hemen kendisi de İs-lâmı insanlara anlatmaya başlamış, Osman b. Affân, Zübeyr b. Avvâm, Abdurrah-man b. Avf, Sa'd b. Ebî Vakkas ve Talha b. Ubeydullah gibi İslam'ın yayılmasında

---

ve yücelmesinde çok büyük emekleri olan ilk müslümanların hemen bir çoğu İslâm'ı onun dâvetiyle kabul etmişlerdir.

Yukarda da ifade edildiği gibi, o, daha çocukluk yıllarından itibaren hayatı boyunca Rasûlullah (s.a.v)'in yanından ayrılmamış, aralarında büyük bir dostluk kurulmuştu. Allah Rasulü (s.a.v), birçok hususta ona sorar ve onun re'yini tercih ederdi.[76] İslam'dan önce de Peygamber Efendimiz (s.a.v)'la sık sık buluşurlar, Allah'ın birliği, Mekke müşriklerinin durumu, ticaret konularında müşavere ederler; her ikisi de câhiliye kültürüne karşı idiler. İnsanlığın düştüğü inanç çıkmazı üzerine tefekkür ederlerdi.

2. İSLAM'A GİRİŞİ:

Hira mağarasında **"Allah'ın Elçisi"** olduğu haberini alan Peygamber Efendimiz (s.a.v), karşılaştığı Hz. Ebu Bekir (ra)'e "Allah'ın elçisi" olduğunu söyleyip "Yaratan Rabbinin adıyla oku!"[77] ayetini okuduğu zaman, hemen oracıkta: "Allah'ın birliğine ve senin O'nun Rasûlü olduğuna iman ettim" demiştir. Hz. Hatice (ra)'den sonra Allah'ın Rasulüne ilk iman eden odur. Hz. Peygamber (s.a.v)'i ilk defa dinleyenler en azından az da olsa bir tereddüt geçirmiş; ancak Hz. Ebû Bekir (ra), şeksiz ve en küçük bir tereddüt geçirmeden hemen kabul etmiştir. Bundan dolayıdır ki, Hz. Peygamber (s.a.v), "Bütün insanların imanı tartılsa, Ebû Bekir'in imanı daha ağır basardı"[78] diye latif bir benzetme yapmıştır.

Hz. Ebû Bekir (ra), kendisi İslam'ı kabul ettiği gibi, güçlü kabile reislerini de İslam'a kazandırma manasında çok büyük uğraşlar verdi. Bir taraftan da müşriklerin zulümlerine maruz kalan güşsüz ve köle müslümanları korudu. Servetini eziyet edilen kölelerin hür bırakılması için ortaya koydu. Nitekim Bilâl, Habbab, Lübeyne, Ebû Fukayhe, Amir, Zinnire, Nahdiye, Ümmü Ubeys gibi ilk sahabiler bunlardandır. Kurşeyş'in İslam'a daveti engellediği günlerde gizli gizli İslam'a daveti sürdürürdü. Müşrikler, eziyeti artırınca Peygamber Efendimiz (s.a.v), onun da Habeşistan'a hicret etmesini söyledi. O da yola çıktı. Ancak Berku'l Gımad denilen yerde karşılaştığı İbn Dugunne ona Mekke'den gitmemesini ve kendisinin himayesine girmesini teklif etti. Onunla birlikte tekrar Mekke'ye döndü. Ancak bu himaye, açıktan ibadet yapılmaması ve dinini yaymaması şartıyla olmuştu. Hz. Ebu Bekier (ra) evinin avlusuna bina ettiği mescidinde açıktan açığa Kur'an okumaya, namaz kılmaya ve dinini yayma faaliyetine devam edince İbn Dugunne buna itiraz etti. Bunun üzerine Hz. Ebu Bekir (ra), onun himayesine ihtiyacının olmadığını,

---

76 İbn Haldun; Mukaddime, 206
77 Alak; 96: 1
78 Keşfu'l Hafa, 2/166

zaten kendisine söz de vermediğini ifade etti ve "Senin himayeni sana iâde ediyorum. Bana Allah'ın himayesi yeter" dedi. Her türlü baskı ve zulme direnerek 13 yıl boyunca Mekke'de Pygamberimizin yanından ayrılmadı. Rasûlullah (s.a.v), hicret emrini alınca Hz. Ebû Bekir (ra)'e geldi ve beraber hicret edeceklerini söyledi. Bunun üzerine Hz. Ebû Bekir (ra) sevincinden ağladı.[79]

İsra ve Mirâc mucizesini haber verdiklerinde "O dediyse doğrudur" diye tasdik ettiği günden itibaren "ihlâslı, asla yalan söylemeyen, özü doğru, itikadında şüphe olmayan" anlamında, "Sıddîk" lâkabı ile lakaplandırıldı. Kur'an tâbiriyle, "O, ne iyi arkadaştı"[80] denilebilir.

Hicret yolculuğuna Efendimiz (s.a.v)'la bereber çıktılar. Hicret yolculuğunda da Hz. Ebu Bekir (ra), hem canını, hem malını hem de oğlu ve kızının Allah Rasulünün salimen Medine'ye varması için seferber eyledi. Sevr mağarasında bir ara düşmanların çok yaklaştığını, Peygamberimize bir zarar verebilecekleri endişesi ile telaşlandığında Cenab-ı Hak onun gönlünü rahat ettirecek ve tedirginliğini yok edecek şu hitab-ı ilahisini inzal buyurdu: **"Eğer siz ona (Resûlullah'a) yardım etmezseniz (bu önemli değil); ona Allah yardım etmiştir: Hani, kâfirler onu, iki kişiden biri olarak (Ebu Bekir ile birlikte Mekke'den) çıkarmışlardı; hani onlar mağaradaydı; o, arkadaşına. Üzülme, çünkü Allah bizimle beraberdir, diyordu."[81]**

Hicret yolunda Kuba ve Mescid-i Nebevi'nin inşasında bizzat bulunan Hz. Ebu Bekir (ra), Mescid-i Nebevî'nin inşa masraflarının bir kısmını kendisi karşıladı. Medine'de kardeşlik tesis edildiğinde Hz. Ebû Bekir (ra)'in kardeşliği Harise b. Zeyd (ra) oldu.

Medine'de tebliğ ve davet çalışmalarında, küçük seriyye gruplarında ve üç büyük savaşta hep Peygamberimiz (s.a.v)'ın yanında hazır bulundu. Tebük seferine gitmek üzere hazırlanan orduya malının tamamını bağışladı. İlk defa yapılan hac ibadetinde hac emiri oldu.

3. HALİFELİĞİ:

Rasûlullah (s.a.v) Efendimizin 632 tarihinde vefatının ardından Hz. Ömer (ra)'in teklifi ve biatı ile müslümanların başına halife olarak seçildi. Beni Saide sofasında bulunan diğer sahabeler de biat ettiler. Bu özel bey'attan sonra ertesi gün Mescid-i Nebevî'de bütün halka bir hutbe okudu ve resmen ona bey'at edildi. Hz. Ali (ra) rivâyetlere göre, el-Bey'atül-Kübrâ'ya bey'at edildiği haberini alır almaz, el-bisesini yarım yamalak giydiği halde evden fırlamış ve gidip Hz. Ebû Bekir (ra)'e

79 İbn Hişam; Sire, II/485
80 Nisâ; 4: 69
81 Tevbe; 9: 40

bey'at etmiştir.[82] Onun aylarca Hz. Ebû Bekir (ra)'e bey'at etmediği haberleri gerçeğe uygun olmasa gerektir. Çünkü onun Ebû Bekir (ra)'in üstünlüğünü bildiği, onun hakkında yaptığı konuşmalar ve tarihin akışı diğer rivâyetlere aykırıdır.

Hz. Ebû Bekir (ra), "Rasûlullah'ın Halifesi" seçildikten sonra Mescid'de yaptığı konuşmada, *"Sizin en hayırlınız değilim, ama başınıza geçtim; görevimi hakkıyle yaparsam bana yardım ediniz, yanılırsam doğru yolu gösteriniz; ben Allah ve Rasûlü'ne itaat ettiğim müddetçe siz de bana itaat ediniz, ben isyan edersem itaatiniz gerekmez..."* demiştir.[83]

Rasûlullah (s.a.v), vefat edince, Mekke ve Medine dışındaki bazı arap kabileleri dinden dönme eğilimi gösterdiler. "Namaz kılarız, ama zekât vermeyiz" diyenler oldu. Esvedu'l-Ansi, Müseylemetü'l-Kezzâb, Secah, Tuleyha gibi peygamber olduğunu iddia ederek ortaya çıkan yalancılar ve etrafına taktıkları gürûhlar ortaya çıktı. Hz. Ebu Bekir (ra), tereddüt etmeden onların üzerine asker gönderdi ve onları yok etti; isyanları bastırdı ve zekâtı yeniden toplayarak Beytü'l-Mal'e koydu ve hak sahiplerine dağıtmaya başladı. Rasûlullah'ın hazırladığı ve vefâtı sebebiyle yola çıkamıyan Üsâme ordusunu Ürdün'e yolladı. Bahreyn, Umman, Yemen, Mühre isyanlarını bastırdı. İçerde bu isyanlarla uğraşırken dışarda da İran ve Bizans orduları ile mücadele etmek zorunda kaldı. Galip İslam orduları Irak ve Suriye'yi İslam topraklarına kattı. Ordularına verdiği öğütlerde şunlar vardı: "Kadın, çocuk ve yaşlılara dokunmayın, yemiş veren ağaçları kesmeyin, ma'mur bir yeri tahrip etmeyin, haddi aşmayın, korkmayın."

Bilhassa adına Ridde harpleri dediğimiz irtica ve irtidat olaylarının bastırılması sırasında çok sayıda vahiy katibi kurra hafız sahabiler şehid oldu. Hz. Ömer (ra)'in teklifi ile Kur'an-ı Kerim'in cem edilerek bir mushaf haline getirilmesi Hz. Ebu Bekir (ra) zamanında olmuştur. Bu Mushaf Hz. Ebû Bekir (ra)'den Hz. Ömer (ra)'e, ondan da kızı Hafsa validemize geçti. Hz. Osman (ra) zamanında çoğaltılarak eyalet ve vilayetlere dağıtıldı.

Hz. Ebu Bekir (ra)'in halifeliği iki sene üç ay gibi çok kısa bir zaman sürmesine rağmen, İslâm devleti büyük bir gelişme gösterdi. Hz. Ebû Bekir (ra) Hicretin 13. Yılında yakalandığı bir hastalık neticesinde 63 yaşında vefat etti. Vefat etmeden önce Hz. Ömer (ra)'e namazları kıldırmasını söyledi. Sahabenin ileri gelenleriyle de onu yerine halife tayin etme noktasında istişarelerde bulundu. Neticede ufak tefek itirazlar oldu ise de onları ikna etti ve hilâfet ahitnamesini Hz. Osman (ra)'a yazdırdı.

Hz. Ebu Bekir (ra), tüccarlık yapardı. Bu nedenle de hem ticarette hem de insan tanımada geniş bir kültüre sahip idi. Dürüst ve takva sahibi idi. Sahabenin bir

---

82 Taberî; Târih, III, 207

83 İbn Hişâm; es-Sire, IV, 340-341; Taberî; Târih, III, 203

numarası idi. Yumuşak huylu, çok düşünür çok az konuşur, son derece mütevazı davranırdı. Beyaz yüzlü, zayıf, uzun boylu, doğan burunlu, sakin bir insan idi.[84] Kızı Hz. Âişe (ra)'nin anlattığına göre, "Gözü yaşlı, gönlü hüzünlü, sesini kısarak konuşan biri idi." Câhiliye döneminde dahi müşrikler ona güvenir, diyet ve borç-alacak ilişkilerinde onu hakem tayin ederlerdi. Allah Rasulünün en sadık dostuydu. Sahabenin cömertlikte de ondan üstünü yoktu. Bütün malını, mülkünü İslam için harcamış, vasiyetinde, halifeliği müddetince aldığı maaşların, arazilerinin satılarak iâde edilmesini istemiş ve geride bir deve, bir köleden başka birşey bırakmamıştır. Dört eşinden altı çocuğu olan Hz. Ebû Bekir (ra), kızı Hz. Aişe (ra)'yi Allah'ın Rasulü ile evlendirmiştir.[85]

Allah'ın Rasulünden sonra ümmetin en hayırlısı Hz. Ebû Bekir (ra)'dir. Hz. Peygamber'in veziri, fetvâlarda en yakınıydı. Rasûlullah (s.a.v), onun hakkında "İnsanlardan dost edinseydim, Ebû Bekir'i edinirdim" ve "Herkeste iyiliklerimin bir karşılığı vardır, Ebû Bekir hariç"[86] buyurmuş; Mescid-i Nebevî'ye açılan bütün kapıları kapattırmış, sadece Hz. Ebû Bekir (ra)'in kapısını açık bırakmıştır. Hz. Ebû Bekir (ra)'in nasslara aykırı hiçbir görüşü bize ulaşmamıştır, çünkü böyle bir reyi yoktur. Nâsih sünneti çok iyi biliyordu, çünkü Peygamber Efendimizi herkesten çok daha çok iyi tanıyordu.[87] Onun zamanında ihtilâf veya ihtilâflarda çözümsüzlük, bid'atler yaşanmamıştır. **"Üzülme, Allah bizimle beraberdir"[88]** buyurmuş olan Rasûlullah (s.a.v)'in haberi sanki lafızda ve manada Hz. Ebû Bekir (ra)'de zâhir olmuştur.[89]

"Ben ancak Rasûlullah (s.a.v)'a tâbiyim, bir takım esaslar koyucu değilim" diyerek karar verirken son derece titiz davranırdı.[90] Bir meseleyi hallederken önce Kur'ân'a bakar, bulamazsa Sünnet'te araştırır, orada da bulamazsa sahabe ile istişare eder ve ictihad ederdi. Bir defasında elde edilen ganimetin paylaşımında Muhâcir-Ensâr eşitliği konusunda bir ihtilaf oluştu. Hz. Ömer (ra), Muhâcirlere daha çok pay verilmesini savundu. Buna rağmen o, ganimeti bütün sahabe arasında eşit olarak paylaştırdı. Bundan dolayı da hilâfetinde huzursuzluk çıkmadı. Rasûlullah ve kendisi, bir mecliste bir anda verilen üç talâkı bir talâk saymışlar, daha sonra "maslahat gereği" diye yapılan değişiklik gibi üç talâk sayılmıştır. Hz. Ebû Bekir (ra), Rasûlullah'ın bütün uygulamalarını aynı şekilde tatbik etmek istemiştir. Müslümanlar henüz otuzsekiz kişiyken Mekke'de Mescid-i Haram'da İslâm'i tebliğ eden ve müş-

84 İbnü'l Esir; el-Kâmil fi't-Târih, II, 419-420
85 Tabakat-ı İbn Sa'd; VI, 130 vd. İbnu'l-Esir; II, 115 vd.
86 Buhâri; Salât, 80. Müslim; Mesâcid, 38. İbn Mâce; Mukaddime, II
87 Buhâri; Fedâilü'l-Ashâbi'n-Nebî, 3
88 Tevbe; 9: 40
89 İbn Teymiye; Külliyat Tercümesi, İstanbul 1988, IV, 329
90 Taberî; IV, 1845. İbn Sa'd, III, 183

rikler tarafından öldürülesiye dövülen Hz. Ebû Bekir (ra)'e hilâfetinde "Halifet-u Rasûlillah" denilmştir. Daha sonra gelen halifelere ise "Emîrü'l-Mü'minîn" sıfatı verilmiştir. Mâlî işlerini Ebû Ubeyde, hukuki işlerini Hz. Ömer, kâtipliklerini Zeyd b. Sâbit ve Hz. Ebû Bekir (ra), "Mukillîn" denilen az hadis rivâyet eden sahabeden sayılır. Yanılır da yanlış bir şey söylerim korkusuyla yalnızca yüz kırk iki hadis rivâyet etmiş veya ondan bize bu kadar hadis rivâyeti nakledilmiştir. Hutbe ve öğütlerinden bazıları şöyledir:

"Rasûlullah vahiy ile korunuyordu. Benim ise beni yalnız bırakmayan bir şeytanım vardır. Hayır işlerinde acele edin, çünkü arkanızdan acele gelen eceliniz vardır. Allah için söylenmeyen bir sözde hayır yoktur. Herhangi bir yericinin yermesinden korktuğu için hakkı söylemekten çekinen kimsede hayır yoktur. Amelin sırrı sabırdır. Hiç kimseye imandan sonra sağlıktan daha üstün bir nimet verilmemiştir. Hesaba çekilmeden kendinizi hesaba çekiniz."[91]

4. HZ. EBU BEKİR (RA)'İN FAZİLETLERİ

1. İbn Ömer (ra)'den, şöyle demiştir: "Nebî (s.a.v) zamanında, Ebu Bekir (r.a.) üzerine hiç kimseyi üstün tutmazdık. Sonra Ömer'i, Osman'ı sayardık. Sonra da ashâb arasında tefrik yapmazdık"[92]

2. Ömer (r.a.)'dan: Rasûlullah bize tasadduk etmemizi emretti, ben de buna mal ile katıldım. Dedim ki "bugün tasaddukta Ebu Bekir'i geçeyim. Ve malımın yarısını getirip Resûlullah (s.a.v)'a verdim. Resûlullah "Ehline ne bıraktın?" dedi. Ben de "Geri kalan yarısını" cevabını verdim. Ebu Bekir ise, malının hepsini getirip vermişti. Resûlullah (s.a.v), ona şöyle dedi: "Ey Ebu Bekir, ehline ne bıraktın?" O da "Onlara Allah ve Rasûlün'ü bıraktım ya Resûlallah!" dedi. Artık ben kendi kendime şöyle dedim: "O'nu hiç bir şeyde ebediyyen geçemem"[93]

3. Hz. Ebu Bekir'in ölümünde Hz. Ali, şu sözleri söyledi: "... Sen, fırtınaların ve en şiddetli kasırgaların kımıldatamadığı bir dağ idin. Resûlullah'ın dediği gibi sen bedeninde zayıf, Allah'ın dininde kuvvetli, gönlünde mütevazı, Allah'ın katında ve yer yüzünde makamı yüce, mü'minlerin nazarında büyük idin. Sende hiç kimsenin kini, hiç kimsenin değersiz bulduğu bir taraf yoktu; senin katında kuvvetli, ondan hak alıncaya kadar zayıf; zayıf da hakkını alıncaya kadar kuvvetli idi. Allah (c.c.) senin sevabından bizi mahrum etmesin, senden sonra bizi saptırmasın"[94]

---

91 Ebû Nuaym, Hilye, l
92 Sahih-i Buharî; Tecrid Ter. IX, 331
93 Timizi; Menakib, 16/3675
94 İkdu'l Ferid; I, 44, 232. Süyuti; Tarihu'l Hulefâ, 27 vd.

Alınacak Dersler:

1. Ön yargısız ve şüphe etmeden iman insanı yüceltir.
2. İnanan, inandığı davaya fedakârlıkta bulunmalıdır.
3. Doğruluk, dürüstlük ve samimiyet insanı faziletli kılar.
4. Allah ve Rasûlüne itaat eden dünyada da ahirette de mesut ve bahtiyar olur.
5. Biz de imanda sadık, güzel amelleri işlemede samimi ve ihlaslı, haram ve yasaklardan kaçınmada Hz. Ebu Bekir (r.a.) gibi olma azminde olalım.

5. SOHBET

MELEKLERE İMAN

A) Meleklerin Mahiyeti

İmanın şartlarından biri de Allah'ın melek diye bilinen varlıklarının olduğuna inanmaktır. Melekler nurdan, cinler ateşten ve insan topraktan yaratılmıştır. Melekler insanlardan önce yaratılmıştır. Kur'an-ı Kerim, buna şu şekilde işaret buyurur:

وَإِذْ قَالَ رَبُّكَ لِلْمَلَائِكَةِ إِنِّي جَاعِلٌ فِي الْأَرْضِ خَلِيفَةً قَالُوا
أَتَجْعَلُ فِيهَا مَنْ يُفْسِدُ فِيهَا وَيَسْفِكُ الدِّمَاءَ وَنَحْنُ نُسَبِّحُ
بِحَمْدِكَ وَنُقَدِّسُ لَكَ قَالَ إِنِّي أَعْلَمُ مَا لَا تَعْلَمُونَ

"Hatırla ki Rabbin meleklere: Ben yeryüzünde bir halife yaratacağım, dedi. Onlar: Bizler hamdinle seni tesbih ve seni takdis edip dururken, yeryüzünde fesat çıkaracak, orada kan dökecek insanı mı halife kılıyorsun? dediler. Allah da onlara: Sizin bilemiyeceğinizi herhalde ben bilirim, dedi."[95]

Allah, vahyi peygamberlerine melekleri vasıtasıyla gönderdiği için meleklere iman peygamberlere imandan önce gelir. Bu sıraya Kur'an-ı Kerim'de de işaret buyurulur:

آمَنَ الرَّسُولُ بِمَا أُنْزِلَ إِلَيْهِ مِنْ رَبِّهِ وَالْمُؤْمِنُونَ كُلٌّ آمَنَ بِاللَّهِ
وَمَلَائِكَتِهِ وَكُتُبِهِ وَرُسُلِهِ لَا نُفَرِّقُ بَيْنَ أَحَدٍ مِنْ رُسُلِهِ وَقَالُوا
سَمِعْنَا وَأَطَعْنَا غُفْرَانَكَ رَبَّنَا وَإِلَيْكَ الْمَصِيرُ

"Peygamber, Rabbi tarafından kendisine indirilene iman etti, müminler de (iman ettiler). Her biri Allah'a, meleklerine, kitaplarına, peygamberlerine iman ettiler. "Allah'ın peygamberlerinden hiçbiri arasında ayırım yapmayız. İşittik, itaat ettik. Ey Rabbimiz, affına sığındık! Dönüş sanadır" dediler."[96]

Melekler semada bulunurlar ve Allah'ın emri ile zaman zaman çeşitli görevler için yeryüzüne inerler. Kur'an-ı Kerim'de şöyle buyurulur:

---

95 Bakara; 2: 30
96 Bakara; 2: 285

$$وَمَا نَتَنَزَّلُ إِلَّا بِأَمْرِ رَبِّكَ لَهُ مَا بَيْنَ أَيْدِينَا وَمَا خَلْفَنَا وَمَا بَيْنَ ذَلِكَ وَمَا كَانَ رَبُّكَ نَسِيًّا$$

"Biz ancak Rabbinin emri ile ineriz. Önümüzde, arkamızda ve bunlar arasında olan her şey O'na aittir. Senin Rabbin unutkan değildir."[97]

Melekler nûranî ve latîf varlıklardır. Bundan dolayı da gözle görülmezler. Vücutları cisim olmadığı için de duyu organlarıyla hissedilmezler. Onlar fizik ötesi varlıklardır. Gerçek niteliklerini ancak Allah (c.c.) bilir. Kur'an ve Sünnet'te onların özellikleri ve görevleri ile alakalı olarak sınırlı bilgiler verilmiştir. Öğrendiğimiz kadarıyla, onlar günah işlemezler, nefsanî ve şehevanî duygulara sahip değildirler, erkeklik ve dişilikleri yoktur; yemezler, içmezler ve uyumazlar. Nuranî varlıklar oldukları için değişik sûretlerde görünebilirler. Örneğin, insan şekline girebilirler. Kur'an-ı Kerim, Hz. Meryem'e Cebrail (a.s.)'ın Hz. İbrahim (a.s.)'a bir melekler topluluğunun insan sûretinde geldiğini bildirir. Şu âyetlerde olduğu gibi:

$$وَاذْكُرْ فِي الْكِتَابِ مَرْيَمَ إِذِ انْتَبَذَتْ مِنْ أَهْلِهَا مَكَانًا شَرْقِيًّا فَاتَّخَذَتْ مِنْ دُونِهِمْ حِجَابًا فَأَرْسَلْنَا إِلَيْهَا رُوحَنَا فَتَمَثَّلَ لَهَا بَشَرًا سَوِيًّا$$

"(Resulüm!) Kitap'ta Meryem'i de an. Hani o, ailesinden ayrılarak doğu tarafında bir yere çekilmişti. Meryem, onlarla kendi arasına bir perde çekmişti. Derken, biz ona ruhumuzu gönderdik de o, kendisine tastamam bir insan şeklinde göründü."[98]

Diğer yandan Hz. Peygamber (s.a.s)'e Cebrail (a.s.)'ın insan sûretinde geldiği ve sahabenin bir kısmının onu gördükleri sahih hadislerle sabittir. Cibril (a.s.) hadisinde olduğu gibi:

$$عَنْ عُمَرَ بْنِ الْخَطَّابِ رَضِيَ اللهُ عَنهُ قَالَ: بَيْنَمَا نَحْنُ جُلُوسٌ عِنْدَ رَسُولِ اللهِ ذَاتَ يَوْمٍ إِذْ طَلَعَ عَلَيْنَا رَجُلٌ شَدِيدُ بَيَاضِ الثِّيَابِ شَدِيدُ سَوَادِ الشَّعَرِ لَا يُرَى عَلَيْهِ أَثَرُ السَّفَرِ وَلَا يَعْرِفُهُ مِنَّا أَحَدٌ حَتَّى جَلَسَ إِلَى النَّبِيِّ فَأَسْنَدَ رُكْبَتَيْهِ إِلَى رُكْبَتَيْهِ وَوَضَعَ كَفَّيْهِ عَلَى فَخِذَيْهِ وَقَالَ: يَا مُحَمَّدُ أَخْبِرْنِي عَنِ الْإِسْلَامِ فَقَالَ رَسُولُ اللهِ: الْإِسْلَامُ أَنْ تَشْهَدَ أَنْ لَا إِلَهَ إِلَّا اللهُ وَأَنَّ مُحَمَّدًا رَسُولُ اللهِ وَتُقِيمَ الصَّلَاةَ وَتُؤْتِيَ الزَّكَاةَ وَتَصُومَ رَمَضَانَ وَتَحُجَّ الْبَيْتَ إِنِ اسْتَطَعْتَ$$

---

97 Meryem; 19: 64
98 Meryem; 19: 16-17

إِلَيْهِ سَبِيلًا قَالَ: صَدَقْتَ، قَالَ: فَعَجِبْنَا لَهُ يَسْأَلُهُ وَيُصَدِّقُهُ قَالَ: فَأَخْبِرْنِي عَنْ
الْإِيمَانِ قَالَ:أَنْ تُؤْمِنَ بِاللهِ وَمَلَائِكَتِهِ وَكُتُبِهِ وَرُسُلِهِ وَالْيَوْمِ الْآخِرِ وَتُؤْمِنَ بِالْقَدَرِ
خَيْرِهِ وَشَرِّهِ قَالَ: صَدَقْتَ قَالَ: فَأَخْبِرْنِي عَنِ الْإِحْسَانِ قَالَ: أَنْ تَعْبُدَ اللهَ كَأَنَّكَ
تَرَاهُ فَإِنْ لَمْ تَكُنْ تَرَاهُ فَإِنَّهُ يَرَاكَ قَالَ : فَأَخْبِرْنِي عَنِ السَّاعَةِ قَالَ: مَا الْمَسْؤُولُ
عَنْهَا بِأَعْلَمَ مِنَ السَّائِلِ قَالَ: فَأَخْبِرْنِي عَنْ أَمَارَتِهَا قَالَ: أَنْ تَلِدَ الْأَمَةُ رَبَّتَهَا ،
وَأَنْ تَرَى الْحُفَاةَ الْعُرَاةَ الْعَالَةَ رِعَاءَ الشَّاءِ يَتَطَاوَلُونَ فِي الْبُنْيَانِ قَالَ: ثُمَّ انْطَلَقَ
فَلَبِثْتُ مَلِيًّا ثُمَّ قَالَ لِي: يَا عُمَرُ أَتَدْرِي مَنِ السَّائِلُ قُلْتُ: اللهُ وَرَسُولُهُ أَعْلَمُ
قَالَ: فَإِنَّهُ جِبْرِيلُ أَتَاكُمْ يُعَلِّمُكُمْ دِينَكُمْ.

Hz. Ömer (ra)'den:

"Bir gün Rasûlullah (s.a.v)'in yanında bulunduğumuz sırada âniden yanımıza, elbisesi bembeyaz, saçı simsiyah bir zat çıkageldi. Üzerinde yolculuk eseri görülmüyor, bizden de kendisini kimse tanımıyordu. Doğru Peygamber (s.a.v)'in yanına oturdu ve dizlerini onun dizlerine dayadı. Ellerini de uylukları üzerine koydu. Ve: *"Ya Muhammed! Bana İslâm'in ne olduğunu söyle"* dedi. Rasûlullah (s.a.v): *"İslâm; Allah'tan başka ilâh olmadığına, Muhammed'in de Allah'ın Rasûlü olduğuna şehadet etmen, namazı dosdoğru kılman, zekâtı vermen, Ramazan orucunu tutman ve gücün yeterse Beyt'i hac etmendir"* buyurdu. O zat: *"Doğru söyledin"* dedi. Biz buna hayret ettik. Zira hem soruyor, hem de tasdik ediyordu. *"Bana imandan haber ver"* dedi. Rasûlullah (s.a.v): *"Âllah'a, Allah'ın meleklerine, kitaplarına, peygamberlerine ve ahiret gününe inanman, bir de kadere, hayrına şerrine inanmandır"* buyurdu. O zât yine: *"Doğru söyledin"* dedi. Bu sefer: *"Bana ihsandan haber ver"* dedi. Rasûlullah (s.a.v): *"Allah'a O'nu görüyormuşsun gibi ibadet etmendir. Çünkü her ne kadar sen onu görmüyorsan da, o seni muhakkak görür"* buyurdu. O zat: *"Bana kıyametten haber ver"* dedi. Rasûlullah (s.a.v) *"Bu meselede kendisine sorulan, sorandan daha çok bilgi sahibi değildir"* buyurdular. *"O halde bana alâmetlerinden haber ver"* dedi. Peygamber (s.a.v): *"Câriyenin kendi sahibesini doğurması ve yalın ayak, çıplak, yoksul koyun çobanlarının bina yapmakta birbirleriyle yarış ettiklerini görmendir"* buyurdu. Bundan sonra o zat gitti. Ben bir süre bekledim. Sonunda Allah Rasûlü bana: *"Ya Ömer! O soru soran zatın kim olduğunu biliyor musun?"*dedi. *"Allah ve Rasûlü bilir"* dedi. *"O Cibrîl'di. Size dininizi öğretmeye gelmişti"* buyurdular.[99]

---

99 Buhârî; İman 1. Müslim; İman 1.

Melekler, aslî şekilleriyle insanlar içinden sadece peygamberler tarafından görülebilirler.

B) Meleklerin Görevleri

Melekler, Allah (c.c.)'a ibadet ve itaat ederler. İsyan etmezler ve kendilerine emrolunan şeyleri yerine getirirler. Her zaman iyinin ve iyiliğin yanında ve destekçisi olurlar. Daima Allah'tan korkarlar. Melekler, görevlerine göre çeşitli kısımlara ayrılırlar. Bilhassa dört büyük melek vardır ki, şunlardır:

1- Cebrail (a.s): "Seyyidü'l Melâike=Meleklerin Efendisi" de denilen Cebrail (a.s.), Kur'an-ı Kerim'de "Ruhu'l-Emin", "Ruhu'l-Kudus" ve "Ruh" gibi isimlerle de anılmıştır. نَزَلَ بِهِ الرُّوحُ الْأَمِينُ *(Resulüm!) Onu Ruhu'l-emin (Cebrail) indirdi."[100]*

قُلْ نَزَّلَهُ رُوحُ الْقُدُسِ مِنْ رَبِّكَ بِالْحَقِّ لِيُثَبِّتَ الَّذِينَ آمَنُوا وَهُدًى وَبُشْرَى لِلْمُسْلِمِينَ

"De ki: Onu, Mukaddes Ruh (Cebrail), iman edenlere sebat vermek, müslümanları doğru yola iletmek ve onlara müjde vermek için, Rabbin katından hak olarak indirdi."[101]

يَوْمَ يَقُومُ الرُّوحُ وَالْمَلَائِكَةُ صَفًّا لَا يَتَكَلَّمُونَ إِلَّا مَنْ أَذِنَ لَهُ الرَّحْمَنُ وَقَالَ صَوَابًا

"Ruh (Cebrail) ve melekler saf saf olup durduğu gün, Rahman'ın izin verdiklerinden başkaları konuşmazlar; konuşan da doğruyu söyler."[102]

Cebrail (a.s.), Allah ile peygamberleri arasında elçilik görevi yapar. Yani peygamberlere vahiy getiren melektir. Onun bu görevlerine işaret eden âyetlerden iki tanesi şu şekildedir:

قُلْ نَزَّلَهُ رُوحُ الْقُدُسِ مِنْ رَبِّكَ بِالْحَقِّ لِيُثَبِّتَ الَّذِينَ آمَنُوا وَهُدًى وَبُشْرَى لِلْمُسْلِمِينَ

"De ki: Onu, Mukaddes Ruh (Cebrail), iman edenlere sebat vermek, müslümanları doğru yola iletmek ve onlara müjde vermek için, Rabbin katından hak olarak indirdi."[103]

---

100 Şuara; 26: 193
101 Nahl; 16: 102
102 Nebe'; 78: 38
103 Nahl; 16: 102

وَآتَيْنَا عِيسَى ابْنَ مَرْيَمَ الْبَيِّنَاتِ وَأَيَّدْنَاهُ بِرُوحِ الْقُدُسِ

"Meryem oğlu İsa'ya da mucizeler verdik. Ve onu, Ruhu'l-Kudüs (Cebrail) ile destekledik."[104]

2- Azrâil (a.s):

Azrail (a.s.), Kur'an-ı Kerim'de bu isimle anılmaz. Ona **"melekü'l-mevt=ölüm meleği"** denilir. Azrâil (a.s.), ölüm vakti (eceli) gelenlerin yine Allah (c.c.)'un izni ve emri ile ruhlarını almakla görevlidir. O'nun bu görevine Kur'an-ı Kerim şu şekilde işaret buyurur: قُلْ يَتَوَفَّاكُمْ مَلَكُ الْمَوْتِ الَّذِي وُكِّلَ بِكُمْ ثُمَّ إِلَى رَبِّكُمْ تُرْجَعُونَ *"De ki: Size vekil kılınan (bu konuda görevlendirilen) ölüm meleği canınızı alacak, sonra Rabbinize döndürüleceksiniz."*[105]

3- İsrâfil (a.s):

İsrafil (a.s.), önce kıyametin kopması sonra da yeniden diriliş için olmak iki defa sûr denilen bir şeye üfürmekle görevlidir. Sûrun birinci defa üfürülmesinde bütün canlılar ölür, ikinci defa üfürülmesinde bütün canlılar tekrar dirilir. Kur'an-ı Kerim, bu olayı şöyle tasvir buyurur:

وَنُفِخَ فِي الصُّورِ فَصَعِقَ مَنْ فِي السَّمَاوَاتِ وَمَنْ فِي الْأَرْضِ إِلَّا مَنْ شَاءَ اللهُ
ثُمَّ نُفِخَ فِيهِ أُخْرَى فَإِذَا هُمْ قِيَامٌ يَنْظُرُونَ

"Sûr'a üflenince, Allah'ın diledikleri müstesna olmak üzere göklerde ve yerde ne varsa hepsi ölecektir. Sonra ona bir daha üflenince, bir de ne göresin, onlar ayağa kalkmış bakıyorlar!"[106]

4- Mikâil (a.s):

Dört büyük melekten birisi olan Mikâil (a.s.) kâinattaki bir kısım fizikî olayların; örneğin, yağmur ve kar gibi, rüzgâr gibi tabiî olayların cereyanı, ekinlerin yetişmesi, ormanların oluşması gibi bütün bu fizikî olayların oluşumu ile görevli bir melektir. Mikâil (a.s) hakkında Kur'an-ı Kerim'de Rabbimiz şöyle buyurur:

مَنْ كَانَ عَدُوًّا لِلَّهِ وَمَلَائِكَتِهِ وَرُسُلِهِ وَجِبْرِيلَ وَمِيكَالَ فَإِنَّ اللهَ عَدُوٌّ لِلْكَافِرِينَ

---

104 Bakara; 2: 87
105 Secde; 32: 11
106 Zümer; 39: 68

"Kim, Allah'a, meleklerine, peygamberlerine, Cebrail'e ve Mikail'e düşman olursa bilsin ki Allah da inkarcı kafirlerin düşmanıdır."[107] فَالْمُدَبِّرَاتِ أَمْرًا *"Derken iş düzenleyenlere."[108]*

Bu dört büyük meleğin dışında çeşitli ibadet ve işlerle görevli daha bir çok melek vardır. Örneğin:

1- Savaşlarda müminlere yardım eden melekler:

إِذْ تَسْتَغِيثُونَ رَبَّكُمْ فَاسْتَجَابَ لَكُمْ أَنِّي مُمِدُّكُمْ بِأَلْفٍ مِنَ الْمَلَائِكَةِ مُرْدِفِينَ

"Hatırlayın ki, siz Rabbinizden yardım istiyordunuz. O da, ben peşpeşe gelen bin melek ile size yardım edeceğim, diyerek duanızı kabul buyurdu."[109]

2- İnsanların amellerini yazan melekler:

إِذْ يَتَلَقَّى الْمُتَلَقِّيَانِ عَنِ الْيَمِينِ وَعَنِ الشِّمَالِ قَعِيدٌ *"İki melek (insanın) sağında ve solunda oturarak yaptıklarını yazmaktadırlar."[110]*

وَإِنَّ عَلَيْكُمْ لَحَافِظِينَ كِرَامًا كَاتِبِينَ

"Şunu iyi bilin ki üzerinizde bekçiler var. Değerli yazıcılar var,"[111]

3- İnsanları gözeten melekler:

وَلِلَّهِ يَسْجُدُ مَا فِي السَّمَاوَاتِ وَمَا فِي الْأَرْضِ مِنْ دَابَّةٍ وَالْمَلَائِكَةُ وَهُمْ لَا يَسْتَكْبِرُونَ يَخَافُونَ رَبَّهُمْ مِنْ فَوْقِهِمْ وَيَفْعَلُونَ مَا يُؤْمَرُونَ

"Göklerde bulunanlar, yerdeki canlılar ve bütün melekler, büyüklük taslamadan Allah'a secde ederler. Onlar, üstlerindeki Rablerinden korkarlar ve kendilerine ne emrolunursa onu yaparlar."[112]

---

107 Bakara; 2: 98
108 Naziat; 79: 5
109 Enfal; 8: 9
110 Kaf; 50: 17
111 İnfitar; 82: 10-11
112 Nahl; 16: 49-50

4- Allah'ı zikir ve tesbih eden melekler:

الَّذِينَ يَحْمِلُونَ الْعَرْشَ وَمَنْ حَوْلَهُ يُسَبِّحُونَ بِحَمْدِ رَبِّهِمْ وَيُؤْمِنُونَ بِهِ وَيَسْتَغْفِرُونَ لِلَّذِينَ آمَنُوا رَبَّنَا وَسِعْتَ كُلَّ شَيْءٍ رَحْمَةً وَعِلْمًا فَاغْفِرْ لِلَّذِينَ تَابُوا وَاتَّبَعُوا سَبِيلَكَ وَقِهِمْ عَذَابَ الْجَحِيمِ

"Arş'ı yüklenen ve bir de onun çevresinde bulunanlar (melekler), Rablerini hamd ile tesbih ederler, O'na iman ederler. Müminlerin de bağışlanmasını isterler: Ey Rabbimiz! Senin rahmet ve ilmin her şeyi kuşatmıştır. O halde tevbe eden ve senin yoluna gidenleri bağışla, onları cehennem azabından koru! (derler)."[113]

5- Peygamberlere salavât getiren melekler:

إِنَّ اللَّهَ وَمَلَائِكَتَهُ يُصَلُّونَ عَلَى النَّبِيِّ يَا أَيُّهَا الَّذِينَ آمَنُوا صَلُّوا عَلَيْهِ وَسَلِّمُوا تَسْلِيمًا

"Allah ve melekleri, Peygamber'e çok salevat getirirler. Ey müminler! Siz de ona salevat getirin ve tam bir teslimiyetle selam verin."[114]

Bu görevleri yapan meleklere çeşitli isimler verilmiştir. "İlliyyûn-Mukarrabûn", "Hafaza", "Münker ve Nekir", "Hazene-i Cennet ve Hazene-i Cehennem", "Kiramen Katibîn" gibi. Yukardaki âyette de görüldüğü bu son melekler insanın hayatta iken tüm hareket, davranış, söz ve işlerini yazar ve adına amel defteri denilen kitaba tescil ederler: كِرَامًا كَاتِبِينَ يَعْلَمُونَ مَا تَفْعَلُونَ *"Değerli yazıcılar var, Onlar, yapmakta olduklarınızı bilirler."[115]*

Bütün peygamberler ve semavî kitaplar melek diye bilinen varlıkların varlığını haber vermişlerdir. Ancak onların bizim tarafımızdan görülememesi, gözlerimizin onları görebilecek güçte ve yetenekte olmamasıdır. Nitekim biz ruh, akıl ve nefis gibi fizik olarak görülemeyen, varlıkları da göremeyiz, ama varlıklarını kabul ederiz. Örneğin, mikropları da normal şartlarda göremeyiz, ama gelişmiş âletlerle (mikroskopla) görülebilirler. Mikrop ve virüslerin keşfedilmediği dönemlerde onlar da kabul edilmiyordu. Ancak bugün bütün bu gözle görülmeyen küçük varlıklar görülebiliyor ve inkârı da mümkün değildir. Bu yüzdendir ki, baştaki gözün göremediği bazı manevi varlıklar basiret, manevi göz veya kalb gözü açık olan kimseler tarafından görülebilirler.

---

113 Mü'min; 40: 7
114 Ahzab; 33: 56
115 İnfitar; 82: 11-12

C) Cinler:

Meleklerden ayrı olarak, latîf varlıklardan olan ve adına cin denen varlıkların mevcut olduklarına dair Kur'an-ı Kerim'de ve Sünnet-i seniyyede âyetler ve hadisler vardır.

Cinler de melekler gibi, çeşitli şekillere girmeye elverişlidirler, ateşten yaratılmışlardır. وَخَلَقَ الْجَانَّ مِنْ مَارِجٍ مِنْ نَارٍ "Cinleri öz ateşten yarattı."[116] âyetinde olduğu gibi.

Cinler de insanlar gibi yeryüzünde yaşarlar. Onların da erkek ve dişi olanları vardır. Evlenirler, çoğalırlar, yerler ve içerler. Yaşlanır ve ölürler. Mükellef varlıklardır ve müminleri ve kâfirleri vardır. Onlara da peygamberler gönderilmiştir. Kur'an-ı Kerim'de şöyle buyurulur:

يَا مَعْشَرَ الْجِنِّ وَالْإِنْسِ أَلَمْ يَأْتِكُمْ رُسُلٌ مِنْكُمْ يَقُصُّونَ عَلَيْكُمْ آيَاتِي وَيُنْذِرُونَكُمْ لِقَاءَ يَوْمِكُمْ هَذَا قَالُوا شَهِدْنَا عَلَى أَنْفُسِنَا وَغَرَّتْهُمُ الْحَيَاةُ الدُّنْيَا وَشَهِدُوا عَلَى أَنْفُسِهِمْ أَنَّهُمْ كَانُوا كَافِرِينَ

"Ey cin ve insan topluluğu! İçinizden size ayetlerimi anlatan ve bu günle karşılaşacağınıza dair sizi uyaran peygamberler gelmedi mi! Derler ki: "Kendi aleyhimize şahitlik ederiz." Dünya hayatı onları aldattı ve kafir olduklarına dair kendi aleyhlerine şahitlik ettiler."[117]

Onlar da insanlar gibi, imtihan için yaratılmışlardır.

وَمَا خَلَقْتُ الْجِنَّ وَالْإِنْسَ إِلَّا لِيَعْبُدُونِ

"Ben cinleri ve insanları, ancak bana kulluk etsinler diye yarattım."[118]

Hz. Peygamber (s.a.v), Ukaz panayırına giderken Nahle denilen yerde cemaate sabah namazını kıldırırken, bir grup cin gelip Kur'an dinlemiş ve müslüman olmuşlardır. Kur'an-ı Kerim bu olayı şöyle beyan ediyor:

قُلْ أُوحِيَ إِلَيَّ أَنَّهُ اسْتَمَعَ نَفَرٌ مِنَ الْجِنِّ فَقَالُوا إِنَّا سَمِعْنَا قُرْآنًا عَجَبًا يَهْدِي إِلَى الرُّشْدِ فَآمَنَّا بِهِ وَلَنْ نُشْرِكَ بِرَبِّنَا أَحَدًا

"(Resulüm!) De ki: Cinlerden bir topluluğun (benim okuduğum Kur'an'ı) dinleyip de şöyle söyledikleri bana vahyolunmuştur: Gerçekten biz, harikulade güzel bir

---

116 Rahman; 55: 15
117 En'am; 6: 130
118 Zariyat; 51: 56

Kur'an dinledik. Doğru yola iletiyor, ona iman ettik. (Artık) kimseyi Rabbimize asla ortak koşmayacağız."[119]

Cinler de gaybı bilmezler. Gaybı sadece Allah bilir. Buna rağmen insanların bilmedikleri bazı şeyleri cinler bilebilir. Bu bilgiler, gayb bilgiler değil, mevcut olan şeylerle alakalıdır. Yalnız insanlar o anda onu bilmemektedirler. Kur'an-ı Kerim, Süleyman (a.s.)'ın ölümünü cinlerin bilemediklerini âyette haber verir:

فَلَمَّا قَضَيْنَا عَلَيْهِ الْمَوْتَ مَا دَلَّهُمْ عَلَى مَوْتِهِ إِلَّا دَابَّةُ الْأَرْضِ تَأْكُلُ مِنْسَأَتَهُ فَلَمَّا خَرَّ تَبَيَّنَتِ الْجِنُّ أَنْ لَوْ كَانُوا يَعْلَمُونَ الْغَيْبَ مَا لَبِثُوا فِي الْعَذَابِ الْمُهِينِ

"Süleyman'ın ölümüne hükmettiğimiz zaman, onun öldüğünü, ancak değneğini yiyen bir ağaç kurdu gösterdi. (Sonunda yere) yıkılınca anlaşıldı ki cinler gaybı bilselerdi, o küçük düşürücü azap içinde kalmazlardı."[120]

D) Şeytan (İblis):

Şeytan (İblis) cinlerden olup, şerrin, kötülüğün, dalâletin temsilcisidir. Allah (c.c.), Hz. Adem'e secde etmesi için şeytanların babası olan İblis'e emrettiğinde kendisinin ateşten, Adem'in ise topraktan yaratıldığını ileri sürmüş ve Allah'a isyan etmiştir. Kendisini büyük görmüş; gurura kapılmış ve kâfirlerden olmuştur.

وَإِذْ قُلْنَا لِلْمَلَائِكَةِ اسْجُدُوا لِآدَمَ فَسَجَدُوا إِلَّا إِبْلِيسَ أَبَى وَاسْتَكْبَرَ وَكَانَ مِنَ الْكَافِرِينَ

"Hani biz meleklere (ve cinlere): Âdem'e secde edin, demiştik. İblis hariç hepsi secde ettiler. O yüz çevirdi ve büyüklük tasladı, böylece kafirlerden oldu."[121]

İblis ve onun zürriyetinden gelen şeytanlar Allah'ın rahmetinden kovulmuş, insanları doğru yoldan ayırmak ve onları kötülüğe sevketmek için kıyamete kadar mühlet verilmiştir.

Kur'an ve Sünnetten çıkarılan neticelere göre şeytanın kendisine biçtiği görevleri altı maddede toplanabilir:

---

119 Cin; 71: 1-2
120 Sebe'; 34: 14
121 Bakara; 2: 34

1) Küfür, şirk, Allah ve Rasülüne isyan ettirme,

2) Bid'ata sevketmek,

3) Büyük günah işletmek,

4) Küçük günahlarla meşgul etmek,

5) Mübahlarla fazla uğraştırmak,

6) Fazileti az olan amellerle oyalamak.

Bundan dolayıdır ki, Allah (c.c.) şeytana karşı mü'minleri uyarmış, ona uymamalarını istemiştir:

إِنَّ الشَّيْطَانَ لَكُمْ عَدُوٌّ فَاتَّخِذُوهُ عَدُوًّا إِنَّمَا يَدْعُو حِزْبَهُ لِيَكُونُوا مِنْ أَصْحَابِ السَّعِيرِ

"Çünkü şeytan, sizin düşmanınızdır, siz de onu düşman sayın. O, kendi taraftarlarını ancak ateş ehlinden olmaya çağırır."[122]

Şeytan, ihlas ve ihsan ehli gerçek müminler üzerinde bir etki ve nüfuza sahip olamaz. Bunu ifade eden şu âyetler bizim için çok önemlidir. Biz de bu âyetlerde anlatılan müminlerden olabilirsek şeytanın şerrinden kurtulabiliriz:

إِنَّهُ لَيْسَ لَهُ سُلْطَانٌ عَلَى الَّذِينَ آمَنُوا وَعَلَى رَبِّهِمْ يَتَوَكَّلُونَ إِنَّمَا سُلْطَانُهُ عَلَى الَّذِينَ يَتَوَلَّوْنَهُ وَالَّذِينَ هُمْ بِهِ مُشْرِكُونَ

"Gerçek şu ki: İman edip de yalnız Rablerine tevekkül edenler üzerinde onun (şeytanın) bir hakimiyeti yoktur. Onun hakimiyeti, ancak onu dost edinenlere ve onu Allah'a ortak koşanlaradır."[123]

Ancak şu bir gerçektir ki, yeryüzünde iyi ile kötü, hayırla şer, imanla küfür arasındaki mücadele kıyamete kadar devam edecektir. Daima iyiliğin yanında melek, kötülüğün arkasında ise şeytan vardır. İnsan, Cenâb-ı Hakk'ın verdiği irade gücünü iyi yönde kullanmaya karar verir ve azmederse bu konuda Allah'ın yardımı tecelli eder. O hayırlı ameli işlemek için kendisinde güç ve kuvvet bulur. Buna karşılık eğer şer ve kötülük yönünde karar verirse, şeytanın desteğini arkasında bulur.

---

122 Fatır; 35: 6
123 Nahl; 16: 99-100

Alınacak Dersler:

1. Meleklere iman, bizi Allah'a ulaştıran güzel amelleri işleme noktasından yardımcı olur.

2. Melekler itaata, şeytan isyana davet ediyor. Biz meleklerin davetine uymalıyız.

3. Melekler, isyan etmeyen varlıklardır. İnsan da isyandan uzaklaşırsa melekleşir. Aksi takdirde şeytanlaşır.

4. Cinlerin varlığına inanmak da gereklidir. İnancın kısımlarından birisi de odur. Her ne kadar zaman zaman inkar eden insanlar olsa da...

6. SOHBET

KİTAPLARA İMAN

a) Kitaplara Topyekün İman

İmanın şartlarından bir tanesi de Allah'ın insanlara yine insanlar arasından seçtiği peygamberleri vasıtasıyla kitaplar gönderdiğine iman etmektir. Bu kitaplara Allah tarafından indirilmiş olmaları sebebiyle, Kütüb-ü İlâhiyye, Kütüb-ü Münzele veya Münezzele ve Kütüb-ü Semâviye de denir. Bu kitaplar Allah'ın gönderdiği vahiylerden oluşur ve Allah'ın kendi emirlerini ve yasaklarını içerir, ibadet şekillerini öğretir. Bu kitapların bir kısmı "Suhuf=Sayfalar" adını alır. Bunlar birkaç sayfalık kitapçıklardır. Diğer bir kısmı da kitaplardır ki, bunların sayısı dörttür. Bu sayfa ve kitapların inişleri sırasıyla şöyledir:

Hz. Adem (as)'a On sayfa, Hz. Şit (as)'a elli sayfa, Hz. İdris (as)'a otuz sayfa, Hz. İbrahim (as)'a on sayfa. Hz. Musa (as)'a Tevrat, Hz. Davut (as)'a Zebur, Hz. İsa (as)'a İncil, bizim Peygamberimiz Hz. Muhammed (s.a.v)'e de Kur'an-ı Kerim verilmiştir.

Bu kitaplar vahiy yoluyla Peygamberlere verilmiştir. Nitekim Kur'an-ı Kerim bunu şu şekilde ifade buyurmuştur:

كَانَ النَّاسُ أُمَّةً وَاحِدَةً فَبَعَثَ اللهُ النَّبِيِّينَ مُبَشِّرِينَ وَمُنْذِرِينَ وَأَنْزَلَ مَعَهُمُ الْكِتَابَ بِالْحَقِّ لِيَحْكُمَ بَيْنَ النَّاسِ فِيمَا اخْتَلَفُوا فِيهِ

"İnsanlar bir tek ümmet idi. Sonra Allah, müjdeleyici ve uyarıcı olarak peygamberleri gönderdi. İnsanlar arasında, anlaşmazlığa düştükleri hususlarda hüküm vermeleri için, onlarla beraber hak yolu gösteren kitapları da gönderdi."[124]

Allah'ın bütün kitaplarına inanmak her müslüman üzerine bir farzdır. Bunu ifade eden Kur'an âyetlerinden bazıları şöyledir:

قُولُوا آمَنَّا بِاللهِ وَمَا أُنْزِلَ إِلَيْنَا وَمَا أُنْزِلَ إِلَى إِبْرَاهِيمَ وَإِسْمَاعِيلَ وَإِسْحَاقَ وَيَعْقُوبَ وَالْأَسْبَاطِ وَمَا أُوتِيَ مُوسَى وَعِيسَى وَمَا أُوتِيَ النَّبِيُّونَ مِنْ رَبِّهِمْ لَا نُفَرِّقُ بَيْنَ أَحَدٍ مِنْهُمْ وَنَحْنُ لَهُ مُسْلِمُونَ

---

124 Bakara; 2: 213

"Biz, Allah'a ve bize indirilene; İbrahim, İsmail, İshak, Ya'kub ve torunlarına indirilene, Musa ve İsa'ya verilenlerle Rableri tarafından diğer peygamberlere verilenlere, onlardan hiçbiri arasında fark gözetmeksizin inandık ve biz sadece Allah'a teslim olduk" deyin."[125]

يَا أَيُّهَا الَّذِينَ آمَنُوا آمِنُوا بِاللَّهِ وَرَسُولِهِ وَالْكِتَابِ الَّذِي نَزَّلَ عَلَى رَسُولِهِ وَالْكِتَابِ الَّذِي أَنْزَلَ مِن قَبْلُ وَمَن يَكْفُرْ بِاللَّهِ وَمَلَائِكَتِهِ وَكُتُبِهِ وَرُسُلِهِ وَالْيَوْمِ الْآخِرِ فَقَدْ ضَلَّ ضَلَالًا بَعِيدًا

"Ey iman edenler! Allah'a, Peygamberine, Peygamberine indirdiği Kitab'a ve daha önce indirdiği kitaba iman (da sebat) ediniz. Kim Allah'ı, meleklerini, kitaplarını, peygamberlerini ve kıyamet gününü inkar ederse tam manasıyla sapıtmıştır."[126]

آمَنَ الرَّسُولُ بِمَا أُنْزِلَ إِلَيْهِ مِن رَبِّهِ وَالْمُؤْمِنُونَ كُلٌّ آمَنَ بِاللَّهِ وَمَلَائِكَتِهِ وَكُتُبِهِ وَرُسُلِهِ

"Peygamber, Rabbi tarafından kendisine indirilene iman etti, müminler de (iman ettiler). Her biri Allah a, meleklerine, kitaplarına, peygamberlerine iman ettiler."[127]

Kitaplara inanmak Allah'a, meleklerine ve peygamberlerine inanmanın bir zarûrî sonucudur. Allah'a inanmakla birlikte meleklere, vahye inanmayan ve peygamberlik kurumuna karşı çıkan insan, İslâm'ın belirlediği inanç bütünlüğünden uzak düşmüş olur. Çünkü kitaplar yeryüzünde ilahi düzenin gerçekleştirilmesi görevinin nasıl yerine getirileceğini gösteren, talimatlar, emir ve yasaklar toplamıdır. Bunlar insan hayatını en güzel bir şekilde düzene koyacak, inanç esaslarını, ibadet biçimlerini, yapılması veya yapılmaması gereken davranış ve fiilleri, güzel ahlâk ilkelerini, siyasal ve toplumsal hayatı tanzim edecek temel ilke ve kuralları içerir. Bu nedenle kitaplara iman etmek, insanın inanç ve düşünce dünyasını, bireysel ve toplumsal hayatını Kitabın öngördüğü biçimde yönlendirme ve düzenlemeyi kabul etmek anlamına gelir.

İlâhî kitaplar kaynakları itibarı ile, Allah kelamıdır, gerçektir ve gerçeği bildirir. Hepsi Allah'ın birliğini, yalnız O'na kulluk edilmesi gereğini bildirir.

وَمَا أَرْسَلْنَا مِن قَبْلِكَ مِن رَسُولٍ إِلَّا نُوحِي إِلَيْهِ أَنَّهُ لَا إِلَهَ إِلَّا أَنَا فَاعْبُدُونِ

---

125 Bakara; 2: 136
126 Nisa; 4: 136
127 Bakara; 2: 285

"Senden önce hiçbir resul göndermedik ki ona: "Benden başka İlah yoktur; şu halde bana kulluk edin" diye vahyetmiş olmayalım."[128]

شَرَعَ لَكُمْ مِنَ الدِّينِ مَا وَصَّى بِهِ نُوحًا وَالَّذِي أَوْحَيْنَا إِلَيْكَ وَمَا وَصَّيْنَا بِهِ إِبْرَاهِيمَ وَمُوسَى وَعِيسَى أَنْ أَقِيمُوا الدِّينَ وَلَا تَتَفَرَّقُوا فِيهِ كَبُرَ عَلَى الْمُشْرِكِينَ مَا تَدْعُوهُمْ إِلَيْهِ اللَّهُ يَجْتَبِي إِلَيْهِ مَنْ يَشَاءُ وَيَهْدِي إِلَيْهِ مَنْ يُنِيبُ

"Dini ayakta tutun ve onda ayrılığa düşmeyin" diye Nuh'a tavsiye ettiğini, sana vahyettiğimizi, İbrahim'e, Musa'ya ve İsa'ya tavsiye ettiğimizi Allah size de din kıldı. Fakat kendilerini çağırdığın bu (din), Allah'a ortak koşanlara ağır geldi. Allah dilediğini kendisine (peygamber) seçer ve kendisine yöneleni de doğru yola iletir."[129]

b) Kitapların Tamamı Günümüze Gelmiş midir?

Kur'an-ı Kerim'de indiği haber verilen "Suhuflar=Sayfalar" zamanımıza kadar gelememiştir. Tevrat, Zebur ve İncil kitapları ise, zamanımıza kadar gelmiş, ama asılları tahrif ve tağyir edilmiş olarak. Bugün Kitab-ı Mukaddes diye bilinen bu kitaplardan, Tevrat Ahd-i Atik; İncil Ahd-i Cedid, Zebur ise Mezmurlar ismiyle Ahd-i Atik içinde bulunur. Ancak sadece Kur'an-ı Kerim aslını muhafaza ederek zamanımıza kadar ulaşmıştır.

Önceki kitapların nasıl tahrif edildiğine Kur'an şu şekilde işaret eder:

أَفَتَطْمَعُونَ أَنْ يُؤْمِنُوا لَكُمْ وَقَدْ كَانَ فَرِيقٌ مِنْهُمْ يَسْمَعُونَ كَلَامَ اللَّهِ ثُمَّ يُحَرِّفُونَهُ مِنْ بَعْدِ مَا عَقَلُوهُ وَهُمْ يَعْلَمُونَ

"Şimdi (ey müminler!) onların size inanacaklarını mı umuyorsunuz? Oysa ki onlardan bir zümre, Allah'ın kelamını işitirler de iyice anladıktan sonra, bile bile onu tahrif ederlerdi."[130]

فَوَيْلٌ لِلَّذِينَ يَكْتُبُونَ الْكِتَابَ بِأَيْدِيهِمْ ثُمَّ يَقُولُونَ هَذَا مِنْ عِنْدِ اللَّهِ لِيَشْتَرُوا بِهِ ثَمَنًا قَلِيلًا فَوَيْلٌ لَهُمْ مِمَّا كَتَبَتْ أَيْدِيهِمْ وَوَيْلٌ لَهُمْ مِمَّا يَكْسِبُونَ

"Elleriyle (bir) Kitap yazıp sonra onu az bir bedel karşılığında satmak için "Bu Allah katındandır" diyenlere yazıklar olsun! Elleriyle yazdıklarından ötürü vay haline onların! Ve kazandıklarından ötürü vay haline onların!"[131]

---

128 Enbiya; 21: 25
129 Şura; 42: 13
130 Bakara; 2: 75
131 Bakara; 2: 79

Bütün bunlara karşılık bugün Kur'an bozulmaktan ve değiştirilmekten korunmuş, vahyin tek ve gerçek ifadesidir. Bu özelliğiyledir ki, önceki kitapların içerdiği, tahrif edilmiş biçimlerindeki bulunan yanlışları düzeltmekte, onların eksik yanlarını tamamlamakta ve eklemeleri ortadan kaldırmaktadır. Dolayısı ile biz, Allah'ın Peygamberlerine göndermiş olduğu kitapların aslına iman ederiz. Çünkü Kur'an sahibi tarafından korunmuştur:

$$\text{إِنَّا نَحْنُ نَزَّلْنَا الذِّكْرَ وَإِنَّا لَهُ لَحَافِظُونَ}$$

"Kur an'ı kesinlikle biz indirdik; elbette onu yine biz koruyacağız."[132]

Kur'an, Ashab-ı Kiram tarafından, Hz. Peygamber (s.a.v)'in sağlığında bütün olarak yazılmış, ezberlenmiş ve tatbik edilmiştir. Hz. Ebu Bekir (ra), zamanında "Mushaf" olarak bir araya getirilmiş, Hz. Osman (ra), zamanında da bu Mushaf çoğaltılarak yedi nüsha halinde o zamanın önemli merkezlerine gönderilmiştir.

c) Semavî Kitaplara Olan İhtiyaç?

Gönderilmekle insanlığı şereflendirmiş olan Peygamberler, son derece önemli olan risalet ve peygamberlik görevini yerine getirebilmeleri için, kendilerine Yüce Allah'ın talimatlarının olması gerekir. Allah (cc), işte bu talimatlarını, Peygamberlerine Semavi kitapları vasıtasıyla vermiştir.

Bu ilahî kitablar, Yüce Allah'ın kulları üzerinde uygulayacağı birer kutsal kanunudur. Allah, kullarına var olan haklarını ve görevlerini bu kanunlar yolu ile bildirmiştir. Çünkü Peygamberler de birer insandırlar ve bu dünyadaki hayatları da geçicidir. Ancak ilahî hükümlerin devamı ve gelecek kuşaklara da yol göstermesi, ancak bu kitaplar sayesinde mümkün olabilmiştir. Eğer bu kitaplar indirilmemiş olsaydı, insanlar var ediliş sebeplerini ve hikmetlerini, üzerlerine düşen görevlerini, âhirette kavuşacakları nimetleri veya karşılaşabilecekleri felaketleri öğrenemezlerdi. Hayatlarını düzene sokacakları İlahî prensiplerden mahrum kalırlardı. Özellikle kutsal âyetleri okuma, onlarla ibadet etme, onlardan öğüt alma ve onlarla gerçeği anlayarak tehlikeli görüşlerden kurtulma şerefinden ve mutluluğundan uzak kalmış olurlardı. İşte Semavi kitaplar taşımış oldukları bu yüksek gaye ve hikmetler sebebiyledir ki, insanlık alemi için tam bir htiyaç olmuştur. Bu ihtiyacı karşılamak için de, Allah (cc), bu kutsal kitapları insanlara ihsan buyurmuştur.

d) Ebedî Hidayet Kaynağı Kur'an-ı Kerim

Allah (cc)'ın insanlığa gönderdiği en son dînin mukaddes kitabı Kur'an-ı Kerim'dir. Kur'an, Arapça **"karae"** fiilinin mastarıdır ve Allâh'ın son kitabının özel adıdır. Kelime anlamı itibariyle; okumak, toplamak, bir araya getirmek demektir.

---

132 Hicr; 15: 9

Kur'ân-ı Kerim'i âlimlerimiz şöyle tarif etmişlerdir: Allah (cc) tarafından Hz. Muhammed (s.a.v)'e Arapça olarak indirilmiş, bize kadar tevatür yoluyla nakledilmiş, mushaflarda yazılı, Fatiha Sûresi ile başlayıp Nâs Sûresi ile sona eren Allah kelâmıdır. İslam hukukunda Kur'an için genellikle **"el-Kitap"** ismi kullanılır. Kur'an'ın hem manası hem de lafzı Allah'tandır. Cebrail (as) aracılığı ile vahiy yoluyla indirilmiştir. Kur'an, manası ile amel edilen müslümanların değişmeyen kanunudur. Lafzı da bir ibadet olarak okunur ve sevap kazanılır. Bu lafızlar sayesinde Kur'an anlaşılır ve ruhlara tesir eder.

Kur'an-ı Kerîm hiç bir kitaba benzemediği gibi, manası da değiştirilemez, lafızlarının yerine bir başka söz konamaz ve hiç bir tercüme Kur'an hükmünü alamaz. Kur'an-ı Kerîm Peygamber Efendimiz (s.a.v)'e verilmiş ve değişmeyecek ebedî bir mucizedir. Onun edebî inceliklerine, güzel ifadelerine ve taşıdığı anlamlara bir son yoktur. Bütün insanlar ve cinler bir araya gelse ve bilgilerini bir araya toplasa, onun en kısa bir sûresinin bir benzerini meydana getiremezler.

وَإِنْ كُنْتُمْ فِي رَيْبٍ مِمَّا نَزَّلْنَا عَلَى عَبْدِنَا فَأْتُوا بِسُورَةٍ مِنْ مِثْلِهِ وَادْعُوا شُهَدَاءَكُمْ مِنْ دُونِ اللّٰهِ إِنْ كُنْتُمْ صَادِقِينَ فَإِنْ لَمْ تَفْعَلُوا وَلَنْ تَفْعَلُوا فَاتَّقُوا النَّارَ الَّتِي وَقُودُهَا النَّاسُ وَالْحِجَارَةُ أُعِدَّتْ لِلْكَافِرِينَ

"Eğer kulumuza indirdiklerimizden herhangi bir şüpheye düşüyorsanız, haydi onun benzeri bir sure getirin, eğer iddianızda doğru iseniz Allah'tan gayri şahitlerinizi (yardımcılarınızı) da çağırın. Bunu yapamazsanız -ki elbette yapamayacaksınız- yakıtı, insan ve taş olan cehennem ateşinden sakının. Çünkü o ateş kafirler için hazırlanmıştır."[133]

Bundan dolayıdır ki, Kur'an-ı Kerîm, ilk günden bu tarafa bir benzerinin getirilmesi noktasında aleme meydan okumaya devam etmektedir. Bu da Kur'an'ın en büyük mucize olduğunun delilidir.

e) Kur'an'ın Bildirdiği Emirler, Yasaklar, Hikmetler ve Gerçekler

Kur'an, insanlara bir çok emir ve yasak getirmiş, yine bir çok hikmet ve gerçek beyan etmiştir. Bunları şu şekilde özetleyebiliriz:

1) Kur'an-ı Kerim, insanlara Yüce Allah'ın varlığını, birliğini, büyüklüğünü ve hikmetlerini bildirir.

إِنَّ فِي خَلْقِ السَّمَاوَاتِ وَالْأَرْضِ وَاخْتِلَافِ اللَّيْلِ وَالنَّهَارِ لَآيَاتٍ لِأُولِي الْأَلْبَابِ الَّذِينَ يَذْكُرُونَ اللّٰهَ قِيَامًا وَقُعُودًا وَعَلَى جُنُوبِهِمْ

---

133 Bakara; 2: 23-24

وَيَتَفَكَّرُونَ فِي خَلْقِ السَّمَاوَاتِ وَالْأَرْضِ رَبَّنَا مَا خَلَقْتَ هَذَا بَاطِلًا سُبْحَانَكَ فَقِنَا عَذَابَ النَّارِ

"Göklerin ve yerin yaratılışında, gece ile gündüzün birbiri ardınca gelip gidişinde aklıselim sahipleri için gerçekten açık ibretler vardır. Onlar, ayakta dururken, otururken, yanları üzerine yatarken (her vakit) Allah'ı anarlar, göklerin ve yerin yaratılışı hakkında derin derin düşünürler (ve şöyle derler:) Rabbimiz! Sen bunu boşuna yaratmadın. Seni tesbih ederiz. Bizi cehennem azabından koru!"[134]

2) Kur'an-ı Kerim, insanları ilim ve irfana, alemi gaflet içinde seyretmeyip, ibretle bakıp düşünmeye çağırır.

وَلَقَدْ بَعَثْنَا فِي كُلِّ أُمَّةٍ رَسُولًا أَنِ اعْبُدُوا اللَّهَ وَاجْتَنِبُوا الطَّاغُوتَ فَمِنْهُمْ مَنْ هَدَى اللَّهُ وَمِنْهُمْ مَنْ حَقَّتْ عَلَيْهِ الضَّلَالَةُ فَسِيرُوا فِي الْأَرْضِ فَانْظُرُوا كَيْفَ كَانَ عَاقِبَةُ الْمُكَذِّبِينَ

"Andolsun ki biz, "Allah'a kulluk edin ve Tağut'tan sakının" diye (emretmeleri için) her ümmete bir peygamber gönderdik. Allah, onlardan bir kısmını doğru yola iletti. Onlardan bir kısmı da sapıklığı hak ettiler. Yeryüzünde gezin de görün, inkar edenlerin sonu nasıl olmuştur!"[135]

3) Kur'an-ı Kerim, önceki devirlere ve peygamberlerin bir kısmına dair bilgiler verir. Onların genellikle mutlu sonla biten mücadelelerini anlatır. Peygamberlere karşı gelerek asi olan milletlerin korkunç akıbetlerinden sahneler sunar. Bütün insanların son Peygamber Hz. Muhammed (s.a.v)'e uyarlarsa dünya ahiret saadetine ereceklerini haber verir.

إِنَّ هَذَا الْقُرْآنَ يَهْدِي لِلَّتِي هِيَ أَقْوَمُ وَيُبَشِّرُ الْمُؤْمِنِينَ الَّذِينَ يَعْمَلُونَ الصَّالِحَاتِ أَنَّ لَهُمْ أَجْرًا كَبِيرًا

"Şüphesiz ki bu Kur'an en doğru yola iletir; iyi davranışlarda bulunan müminlere, kendileri için büyük bir mükafat olduğunu müjdeler."[136]

4) Kur'an-ı Kerim, insanlara Hak'dan gafil olmamalarını; nefislerine aldanmamalarını; dünyanın maddi yarar ve zevklerine dalarak, manevî hazlardan ve âhiret nimetlerinden mahrum kalmanın büyük bir felaket olacağını beyan eder.

---

134 Al-i İmran; 3: 190-191
135 Nahl; 16: 36
136 İsra; 17: 9

$$\text{زُيِّنَ لِلنَّاسِ حُبُّ الشَّهَوَاتِ مِنَ النِّسَاءِ وَالْبَنِينَ وَالْقَنَاطِيرِ الْمُقَنْطَرَةِ مِنَ}$$

$$\text{الذَّهَبِ وَالْفِضَّةِ وَالْخَيْلِ الْمُسَوَّمَةِ وَالْأَنْعَامِ وَالْحَرْثِ ذَلِكَ مَتَاعُ الْحَيَاةِ}$$

$$\text{الدُّنْيَا وَاللَّهُ عِنْدَهُ حُسْنُ الْمَآبِ}$$

"Nefsani arzulara, (özellikle) kadınlara, oğullara, yığın yığın biriktirilmiş altın ve gümüşe, salma atlara, sağmal hayvanlara ve ekinlere karşı düşkünlük insanlara çekici kılındı. Bunlar, dünya hayatının geçici menfaatleridir. Halbuki varılacak güzel yer, Allah'ın katındadır."[137]

5) Kur'an-ı Kerim, müslümanlara, dinlerine sımsıkı sarılmalarını ve daima hakkı savunmalarını öğütler. Düşmanlarına karşı da, daima kuvvetli bulunmalarını, her türlü korunma vasıtalarını hazırlamak için çalışmalarını hatırlatır. Din ve namuslarını, yurtlarını, maddi ve manevi varlıklarını hem canları hem de malları ile korumalarını emreder.

$$\text{وَأَعِدُّوا لَهُمْ مَا اسْتَطَعْتُمْ مِنْ قُوَّةٍ وَمِنْ رِبَاطِ الْخَيْلِ تُرْهِبُونَ بِهِ عَدُوَّ اللَّهِ}$$

$$\text{وَعَدُوَّكُمْ وَآخَرِينَ مِنْ دُونِهِمْ لَا تَعْلَمُونَهُمُ اللَّهُ يَعْلَمُهُمْ وَمَا تُنْفِقُوا مِنْ شَيْءٍ}$$

$$\text{فِي سَبِيلِ اللَّهِ يُوَفَّ إِلَيْكُمْ وَأَنْتُمْ لَا تُظْلَمُونَ}$$

"Onlara (düşmanlara) karşı gücünüz yettiği kadar kuvvet ve cihad için bağlanıp beslenen atlar hazırlayın, onunla Allah'ın düşmanını, sizin düşmanınızı ve onlardan başka sizin bilmediğiniz, Allah'ın bildiği (düşman) kimseleri korkutursunuz. Allah yolunda ne harcarsanız size eksiksiz ödenir, siz asla haksızlığa uğratılmazsınız."[138]

6) Kur'an-ı Kerim, medeni ve sosyal hayatın düzenini sağlayacak ve toplumun huzur içinde yaşamasına vesile olacak esasları belirler; insanların haklarına sahip olmalarını ve görevlerini korumalarını ve gözetmelerini ister.

$$\text{كَانَ النَّاسُ أُمَّةً وَاحِدَةً فَبَعَثَ اللَّهُ النَّبِيِّينَ مُبَشِّرِينَ وَمُنْذِرِينَ وَأَنْزَلَ مَعَهُمُ}$$

$$\text{الْكِتَابَ بِالْحَقِّ لِيَحْكُمَ بَيْنَ النَّاسِ فِيمَا اخْتَلَفُوا فِيهِ وَمَا اخْتَلَفَ فِيهِ إِلَّا الَّذِينَ}$$

$$\text{أُوتُوهُ مِنْ بَعْدِ مَا جَاءَتْهُمُ الْبَيِّنَاتُ بَغْيًا بَيْنَهُمْ فَهَدَى اللَّهُ الَّذِينَ آمَنُوا لِمَا اخْتَلَفُوا}$$

$$\text{فِيهِ مِنَ الْحَقِّ بِإِذْنِهِ وَاللَّهُ يَهْدِي مَنْ يَشَاءُ إِلَى صِرَاطٍ مُسْتَقِيمٍ}$$

---

137 Al-i İmran; 3: 14
138 Enfal; 8: 60

"İnsanlar bir tek ümmet idi. Sonra Allah, müjdeleyici ve uyarıcı olarak peygamberleri gönderdi. İnsanlar arasında, anlaşmazlığa düştükleri hususlarda hüküm vermeleri için, onlarla beraber hak yolu gösteren kitapları da gönderdi. Ancak kendilerine kitap verilenler, apaçık deliller geldikten sonra, aralarındaki kıskançlıktan ötürü dinde anlaşmazlığa düştüler. Bunun üzerine Allah iman edenlere, üzerinde ihtilafa düştükleri gerçeği izniyle gösterdi. Allah dilediğini doğru yola iletir."[139]

7) Kur'an-ı Kerim, hem fertlere, hem de topluma selamet içinde olmaları için adaleti, doğruluğu, mütevazı olmayı, sevgiyi, merhameti, iyilik etmeyi, bağışlamayı, edebli olmayı ve eşitlik gibi, yüce huyları öğütler. Bu güzel huyların zıddı olan çirkinlikleri de yasaklar. Çirkin söz ve işlerden, içki ve kumar gibi zararlı şeylerden uzak olunmasını emreder.

إِنَّ اللَّهَ يَأْمُرُ بِالْعَدْلِ وَالْإِحْسَانِ وَإِيتَاءِ ذِي الْقُرْبَى وَيَنْهَى عَنِ الْفَحْشَاءِ وَالْمُنْكَرِ وَالْبَغْيِ يَعِظُكُمْ لَعَلَّكُمْ تَذَكَّرُونَ

"Muhakkak ki Allah, adaleti, iyiliği, akrabaya yardım etmeyi emreder, çirkin işleri, fenalık ve azgınlığı da yasaklar. O, düşünüp tutasınız diye size öğüt veriyor."[140]

وَعِبَادُ الرَّحْمَنِ الَّذِينَ يَمْشُونَ عَلَى الْأَرْضِ هَوْنًا وَإِذَا خَاطَبَهُمُ الْجَاهِلُونَ قَالُوا سَلَامًا

"Rahman'ın (has) kulları onlardır ki, yeryüzünde tevazu ile yürürler ve kendini bilmez kimseler onlara laf attığında (incitmeksizin) "Selam!" derler (geçerler);"[141]

ثُمَّ كَانَ مِنَ الَّذِينَ آمَنُوا وَتَوَاصَوْا بِالصَّبْرِ وَتَوَاصَوْا بِالْمَرْحَمَةِ أُولَئِكَ أَصْحَابُ الْمَيْمَنَةِ

"Sonra iman edenlerden, birbirlerine sabrı tavsiye edenlerden ve birbirlerine acımayı öğütleyenlerden olmaktır. İşte onlar Ahiret mutluluğuna erenlerdir."[142]

Kur'an-ı Kerim, Allah (cc)'nun kâinat için koymuş olduğu tabiî kanunların değişmeyeceğini ve herkesin bu kanunlara uygun yaşamalarına işaret eder. İnsanlar için sadece çalışmalarının karşılığı olduğunu, dolayısı ile insanların çalışıp çabalamalarına teşvik eder.

---

139 Bakara; 2: 213
140 Nahl; 16: 90
141 Furkan; 25: 63
142 Beled; 90: 17-18

فَلَنْ تَجِدَ لِسُنَّتِ اللهِ تَبْدِيلًا وَلَنْ تَجِدَ لِسُنَّتِ اللهِ تَحْوِيلًا

"Allah'ın kanununda asla bir değişme bulamazsın, Allah'ın kanununda kesinlikle bir sapma da bulamazsın."[143]

سُنَّةَ اللهِ فِي الَّذِينَ خَلَوْا مِن قَبْلُ وَلَنْ تَجِدَ لِسُنَّةِ اللهِ تَبْدِيلًا

"Allah'ın önceden geçenler hakkındaki kanunu budur. Allah'ın kanununda asla bir değişiklik bulamazsın."[144]

وَأَنْ لَيْسَ لِلْإِنسَانِ إِلَّا مَا سَعَى وَأَنَّ سَعْيَهُ سَوْفَ يُرَى

"Bilsin ki insan için kendi çalışmasından başka bir şey yoktur. Ve çalışması da ileride görülecektir."[145]

8) Kur'an-ı Kerim, Allah (cc)'ın emirlerine ve yasaklarına karşı duyarlıklı olan müminler için verilecek dünya ve ahiret nimetlerini ve elde edecekleri başarıları müjdeler. Buna karşılık iman etmeyenler için Allah (cc) tarafından hazırlanan kötü akıbetlerini ve Cehennem azabının şekillerini hatırlatır.

إِنَّ لِلْمُتَّقِينَ عِندَ رَبِّهِمْ جَنَّاتِ النَّعِيمِ

"Şu da muhakkak ki, takva sahipleri için Rableri katında nimetleri bol cennetler vardır."[146]

إِنَّ الَّذِينَ آمَنُوا وَعَمِلُوا الصَّالِحَاتِ لَهُمْ جَنَّاتُ النَّعِيمِ

"Şüphesiz, iman edip de güzel davranışlarda bulunanlar için, nimetleri bol cennetler vardır."[147]

وَأَمَّا الَّذِينَ فَسَقُوا فَمَأْوَاهُمُ النَّارُ كُلَّمَا أَرَادُوا أَن يَخْرُجُوا مِنْهَا أُعِيدُوا فِيهَا وَقِيلَ لَهُمْ ذُوقُوا عَذَابَ النَّارِ الَّذِي كُنتُم بِهِ تُكَذِّبُونَ

"Yoldan çıkanlar ise, onların varacakları yer ateştir. Oradan her çıkmak istediklerinde geri çevrilirler ve kendilerine: Yalandır deyip durduğunuz cehennem azabını tadın! denir."[148]

---

143 Fatır; 35: 43
144 Ahzab; 33: 62
145 Necm; 53: 40
146 Kalem; 68: 34
147 Lokman; 31: 8
148 Secde; 32: 20

Kur'an, bunlara benzer daha nice hikmet ve gerçekleri içinde toplamıştır. İnsanlık hiç bir zaman Kur'an'ın bu talimatlarının dışında kalamaz. Kur'an'ın koyduğu bu prensiplere aykırı davranışlar ise, yükselme değil, sadece bir alçalmadır.

Alınacak Dersler:

1. Allah (cc), kullarına merhameti nedeniyle peygamberler ve onlarla kitaplar göndermiştir.

2. Peygamberlerin getirmiş olduğu kitaplar arasından tahrifsiz olarak sadece Kur'an-ı Kerim zamanımıza ulaşmıştır.

3. Kur'an, ezeli ve ebedi Allah kelamıdır. İnsanlık için yegane saadet kaynağıdır.

4. Biz önceden gelip geçmiş olan peygamberlerin getirmiş olduğu kitapların aslına inanırız.

5. Kur'an iman, ibadet, ahlâk ve insanlar arası muamelelerin tamamına cevap verebilecek bir ilahî kitaptır.

7. SOHBET

PEYGAMBERLERE İMAN

A) Peygamber (Resûl-Nebî) Ne Demektir?

"**Peygamber**" kelimesi dilimize Farsça'dan geçmiş bir kelimedir. "**Pey**" "haber", "**ber**" de "getiren" demektir. İkisi birden "**haber getiren**" demektir. Dinimizde ise, *"Allah (cc)'un, emir, yasak ve diğer hükümlerini kullarına bildirsin için yine insanlar arasından seçip görevlendirdiği elçi"* demektir. Şu âyet-i kerimelerde bunu görüyoruz.

يَا أَيُّهَا الرَّسُولُ بَلِّغْ مَا أُنْزِلَ إِلَيْكَ مِنْ رَبِّكَ وَإِنْ لَمْ تَفْعَلْ فَمَا بَلَّغْتَ رِسَالَتَهُ وَاللَّهُ يَعْصِمُكَ مِنَ النَّاسِ إِنَّ اللَّهَ لَا يَهْدِي الْقَوْمَ الْكَافِرِينَ

"Ey Resul! Rabbinden sana indirileni tebliğ et. Eğer bunu yapmazsan O'nun elçiliğini yapmamış olursun. Allah seni insanlardan koruyacaktır. Doğrusu Allah, kafirler topluluğuna rehberlik etmez."[149]

رُسُلًا مُبَشِّرِينَ وَمُنْذِرِينَ لِئَلَّا يَكُونَ لِلنَّاسِ عَلَى اللَّهِ حُجَّةٌ بَعْدَ الرُّسُلِ وَكَانَ اللَّهُ عَزِيزًا حَكِيمً

"(Yerine göre) müjdeleyici ve sakındırıcı olarak peygamberler gönderdik ki insanların peygamberlerden sonra Allah'a karşı bir bahaneleri olmasın! Allah izzet ve hikmet sahibidir."[150]

Kur'an-ı Kerîm, "**peygamber**" kelimesinin karşılığı olarak bazen Resûl, bazen da Nebî kelimesini kullanır. Bu iki kelime de "**elçi**" ve "**haber**" getiren demektir.

Peygamberlere inanmak da imanın şartlarından birisidir. Tarifte de görüldüğü gibi, peygamberler, Allah'ın seçtiği, eğittiği ve yetiştirdiği insanlardır. İnsan, okumak, öğrenmek ve çalışmak suretiyle bir çok şey elde edebilir; alim olabilir. Fakat kendi çabaları ile, eğitim ve öğretim yoluyla peygamber olamaz. Peygamberlik, Allah tarafından ve Allah'ın dilediğine verilir. İlk peygamber Hz. Adem (as), son peygamber de bizim peygamberimiz Hz. Muhammet (s.a.v)'dir. Bu iki peygamber

---

149 Maide; 5: 67
150 Nisa; 4: 165

arasında da sayısını Allah'ın bildiği kadar peygamber gelip geçmiştir. Bunların tamamına inanmak farzdır.

وَلَقَدْ أَرْسَلْنَا رُسُلًا مِنْ قَبْلِكَ مِنْهُمْ مَنْ قَصَصْنَا عَلَيْكَ وَمِنْهُمْ مَنْ لَمْ نَقْصُصْ عَلَيْكَ وَمَا كَانَ لِرَسُولٍ أَنْ يَأْتِيَ بِآيَةٍ إِلَّا بِإِذْنِ اللّٰهِ فَإِذَا جَاءَ أَمْرُ اللّٰهِ قُضِيَ بِالْحَقِّ وَخَسِرَ هُنَالِكَ الْمُبْطِلُونَ

"Andolsun, senden önce de peygamberler gönderdik. Onlardan sana kıssalarını anlattığımız kimseler de var, durumlarını sana bildirmediğimiz kimseler de var. Hiçbir peygamber Allah'ın izni olmaksızın herhangi bir ayeti kendiliğinden getiremez. Allah'ın emri gelince de hak uygulanır ve o zaman batılı seçenler hüsrana uğrayacaklardır."[151]

إِنَّا أَوْحَيْنَا إِلَيْكَ كَمَا أَوْحَيْنَا إِلَى نُوحٍ وَالنَّبِيّينَ مِنْ بَعْدِهِ وَأَوْحَيْنَا إِلَى إِبْرَاهِيمَ وَإِسْمَاعِيلَ وَإِسْحَاقَ وَيَعْقُوبَ وَالْأَسْبَاطِ وَعِيسَى وَأَيُّوبَ وَيُونُسَ وَهَارُونَ وَسُلَيْمَانَ وَآتَيْنَا دَاوُودَ زَبُورًا وَرُسُلًا قَدْ قَصَصْنَاهُمْ عَلَيْكَ مِنْ قَبْلُ وَرُسُلًا لَمْ نَقْصُصْهُمْ عَلَيْكَ وَكَلَّمَ اللّٰهُ مُوسَى تَكْلِيمًا رُسُلًا مُبَشِّرِينَ وَمُنْذِرِينَ لِئَلَّا يَكُونَ لِلنَّاسِ عَلَى اللّٰهِ حُجَّةٌ بَعْدَ الرُّسُلِ وَكَانَ اللّٰهُ عَزِيزًا حَكِيمًا

"Biz Nuh'a ve ondan sonraki peygamberlere vahyettiğimiz gibi sana da vahyettik. Ve (nitekim) İbrahim'e, İsmail'e, İshak'a, Yakub'a, esbata (torunlara), İsa'ya, Eyyub'a, Yunus'a, Harun'a ve Süleyman'a vahyettik. Davud'a da Zebur'u verdik. Bir kısım peygamberleri sana daha önce anlattık, bir kısmını ise sana anlatmadık. Ve Allah Musa ile gerçekten konuştu. (Yerine göre) müjdeleyici ve sakındırıcı olarak peygamberler gönderdik ki insanların peygamberlerden sonra Allah'a karşı bir bahaneleri olmasın! Allah izzet ve hikmet sahibidir."[152]

Peygamberlerin bir kısmına müstakil kitaplar verilmiş, diğer bir kısmına ise vahyedildiği halde kitap verilmemiş, daha önceki bir peygamberin getirmiş olduğu şeriatı hatırlatma veya yenileme görevi verilmiştir.

وَلَقَدْ بَعَثْنَا فِي كُلِّ أُمَّةٍ رَسُولًا أَنِ اعْبُدُوا اللّٰهَ وَاجْتَنِبُوا الطَّاغُوتَ فَمِنْهُمْ مَنْ هَدَى اللّٰهُ وَمِنْهُمْ مَنْ حَقَّتْ عَلَيْهِ الضَّلَالَةُ فَسِيرُوا فِي الْأَرْضِ فَانْظُرُوا كَيْفَ كَانَ عَاقِبَةُ الْمُكَذِّبِينَ

---

151 Mü'min (Gafir); 40: 78
152 Nisa; 4: 163-165

"Andolsun ki biz, "Allah'a kulluk edin ve Tağut'tan sakının" diye (emretmeleri için) her ümmete bir peygamber gönderdik. Allah, onlardan bir kısmını doğru yola iletti. Onlardan bir kısmı da sapıklığı hak ettiler. Yeryüzünde gezin de görün, inkar edenlerin sonu nasıl olmuştur!"[153]

Peygamberler, beşer (insan) oldukları için, rububiyyet (rablık) ve uluhiyyet (ilahlık) gibi sıfatları yoktur. İnsanların neye ihtiyaçları varsa onların da aynı şeylere ihtiyacı vardır. Onlar da hastalanırlar, ölürler, yemeye, içmeye ihtiyaçları vardır. Evlenirler, çoluk çocukları olur. İnsanların nefretlerine sebep olacak bir nitelikleri olamaz. Onlar insanların, en doğruları, en güvenilirleri, en cesaretlileri, en ikram severleri, en merhametlileri ve Allah'tan en çok korkanlarıdır. Günah ve isyan olan hiç bir şeye bulaşmazlar.

قُلْ لَا أَمْلِكُ لِنَفْسِي نَفْعًا وَلَا ضَرًّا إِلَّا مَا شَاءَ اللهُ وَلَوْ كُنْتُ أَعْلَمُ الْغَيْبَ لَاسْتَكْثَرْتُ مِنَ الْخَيْرِ وَمَا مَسَّنِيَ السُّوءُ إِنْ أَنَا إِلَّا نَذِيرٌ وَبَشِيرٌ لِقَوْمٍ يُؤْمِنُونَ

"De ki: "Ben, Allah'ın dilediğinden başka kendime herhangi bir fayda veya zarar verecek güce sahip değilim. Eğer ben gaybı bilseydim elbette daha çok hayır yapmak isterdim ve bana hiçbir fenalık dokunmazdı. Ben sadece inanan bir kavim için bir uyarıcı ve müjdeleyiciyim."[154]

Peygamberler arasında fark gözetmeden tamamına inanmak gerekir, bir tanesinin bile kabul edilmemesi insanı küfre götürür.

إِنَّ الَّذِينَ يَكْفُرُونَ بِاللهِ وَرُسُلِهِ وَيُرِيدُونَ أَنْ يُفَرِّقُوا بَيْنَ اللهِ وَرُسُلِهِ وَيَقُولُونَ نُؤْمِنُ بِبَعْضٍ وَنَكْفُرُ بِبَعْضٍ وَيُرِيدُونَ أَنْ يَتَّخِذُوا بَيْنَ ذَلِكَ سَبِيلًا أُولَئِكَ هُمُ الْكَافِرُونَ حَقًّا وَأَعْتَدْنَا لِلْكَافِرِينَ عَذَابًا مُهِينًا وَالَّذِينَ آمَنُوا بِاللهِ وَرُسُلِهِ وَلَمْ يُفَرِّقُوا بَيْنَ أَحَدٍ مِنْهُمْ أُولَئِكَ سَوْفَ يُؤْتِيهِمْ أُجُورَهُمْ وَكَانَ اللهُ غَفُورًا رَحِيمًا

"Allah'ı ve peygamberlerini inkar edenler ve (inanma hususunda) Allah ile peygamberlerini birbirinden ayırmak isteyip "Bir kısmına iman ederiz ama bir kısmına inanmayız" diyenler ve bunlar (iman ile küfür) arasında bir yol tutmak isteyenler yok mu; İşte gerçekten kafirler bunlardır. Ve biz kafirlere alçaltıcı bir azap hazırlamışızdır. Allah'a ve peygamberlerine iman eden ve onlardan hiçbirini diğerlerinden ayırmayanlara

---

153 Nahl; 16: 36
154 A'raf; 7: 188

(gelince) işte Allah onlara bir gün mükafatlarını verecektir. Allah çok bağışlayıcı ve esirgeyicidir."[155]

Peygamberler ve Mucizeleri

Bir insanın peygamber olduğu, onun göstereceği mucizelerden anlaşılır. Mucize, Arapça bir kelimedir ve karşıdakini aciz bırakan, herhangi bir insan tarafından yapılması, meydana getirilmesi mümkün olmayan ve insan gücünün üstünde olan şey anlamına gelir.

Dinî bir kelime olarak ise, peygamberlik iddiasında bulunan kişinin, bu iddiasını güçlendirmek ve onun doğruluğunu tasdik etmek için Allah'ın yardımı ile bilinen tabiat kanunlarının dışında meydana gelen harikulâde bir hadisedir. Dolayısı ile mucizenin asıl sahibi Allah'tır ve elçi olarak gönderdiği peygamberinin doğruluğunu ispat için onun elinde meydana getirmektedir. Zaman zaman zamanımızdaki basit bir çok olaya da insanların mucize kelimesini ifade etmeleri asla doğru değildir. Bu kelimenin peygamberler dışında bir başkasına nisbet edilmesi caiz değildir.

Mucize, ancak peygamber olan zattan sadır olur. Mucizede peygamberin meydan okuması vardır. Yalan yere peygamberlik iddia edenlerin mucize göstermeleri imkânsızdır. Mucize, taklit edilemez ve aynısı şu veya bu şekilde yapılamaz. İstek üzerine vuku bulur. "Bu mucizenin bir benzerini getiriniz" denildiğinde hiç kimse buna güç yetiremez. Kur'an-ı Kerim mucizesi bunu en güzel örneğidir.

وَإِنْ كُنْتُمْ فِي رَيْبٍ مِمَّا نَزَّلْنَا عَلَى عَبْدِنَا فَأْتُوا بِسُورَةٍ مِنْ مِثْلِهِ وَادْعُوا شُهَدَاءَكُمْ مِنْ دُونِ اللّٰهِ إِنْ كُنْتُمْ صَادِقِينَ

"Eğer kulumuza indirdiklerimizden herhangi bir şüpheye düşüyorsanız, haydi onun benzeri bir sure getirin, eğer iddianızda doğru iseniz Allah'tan gayri şahitlerinizi (yardımcılarınızı) da çağırın."[156]

İnsanların bazıları tarafından görülen bazı olağanüstü olaylar var ki bunların bir kısmı hayra alamet, bir kısmı şerre işaret sayılmıştır. Örneğin, **irhasat,** peygamber olması mukadder olan bir kişinin peygamber olmadan önce bazı olağanüstü şeylere şahit olunmasıdır. Nitekim Peygamber Efendimiz (s.a.v)'a bazı ağaçların ve taşların selam vermesi; Hz. İsa (as)'ın beşikte iken konuşmasıdır.

Diğer bir harikulâde olay da keramettir. Bu ise, Allah'ın veli kullarında görülen olağanüstü hallerdir ki, o velinin tabi olduğu Peygamberinin büyüklüğünü ifade ettiği gibi, bu insanın o peygambere samimi bir şekilde uymasının işareti olarak da

---

155 Nisa; 4: 150-152
156 Bakara; 2: 23

kabul edilir. Biz evliyanın kerametinin hak olduğuna inanırız. Keramet, istenildiği zaman değil, Allah, dilediği zaman meydana gelir.

Sihir ve büyü olağanüstü bir olay sayılmaz. Belirli bir teknik ve bilgi ile yapılır. Allah dilemedikçe hiç kimseye etki etmez. Dinimiz, haram kılmış ve en büyük günahlardan saymıştır.

B) İnsanlar Peygamberlere Muhtaçtır

İnsan, kendisine ihsan edilen akıl nimeti sayesinde Allah (cc)'ın varlığını ve birliğini anlayabilir. Fakat ona nasıl kulluk ve ibadet edileceğini, âhiret hayatı ile ilgili bilgileri, orada elde edilecek ödüller ve karşılaşılacak cezaların nasıl olacağına dair bilgilere ulaşamazlar. Haram-helal çizgisini ayıramazlar. İşte bu ve bunlara benzeyen ihtilâçların karşılanması sadedinde Allah (c.c.), peygamberler göndermiş ve onlara her şeyi bildirmiştir. Bu sûretle insanların doğru yolu bulmalarına vesile olunmuştur. Hakikati göstermek ve öğretmek için gönderilmiş olan bu peygamberler, aynı zamanda güzel ahlâkı yaygınlaştırmak ve olgun hale getirmek için de güzel birer örnek olmuşlardır. Dolayısı ile takdim etmiş oldukları inanç esaslarını, ibadet şekillerini, güzel ve çirkin, faydalı ve zararlı, doğru ve yanlış, iyi ve kötü şeyleri ayrı ayrı anlatmakla kalmazlar, bizzat kendi şahsiyetlerinde de onu izhar ederler. İnsanların işte bu esaslar içinde kalabilmeleri için peygamberlerin önderliğine ihtiyaçları vardır.

D) Vahiy Nedir?

Allah (cc), insanlara mesajlarını peygamberleri vasıtasıyla yapar. Bunu ise adına vahiy dediğimiz bir yolla yapar. Vahiy, kelime olarak, işaret etmek, yazı yazmak, yazılmış nâme ve kitâbe, elçi göndermek, ilham etmek ve gizlice söz söylemek gibi anlamlara gelir. Dinî bir terim olarak ise, Allah (c.c.)'ın peygamberlerine dinî bir hükmü bildirmesi, onu kalbine nakşetmesidir. Vahyin geliş şekilleri ise şu şekilde özetlenebilir:

1. Sadık (doğru, gerçek) rüyalar. Peygamber Efendimiz (s.a.v), peygamber olmadan önce zaman zaman rüyalar görürdü. Gördüğü rüyaların tamamı olduğu gibi gerçekleşirdi.

2. Cebrail (a.s) görülmeksizin, çok net bir ses halinde gelen vahiydir. Bu sesin çan sesine benzer olduğu Peygamberimiz (s.a.v) tarafından belirtilmiştir.

3. Direkt olarak Cebrail (a.s.) vasıtasıyla gelen ve peygamberin kalbine üflenen vahiydir.

4. Cebrail (a.s.)'ın insan sûretinde gelerek peygambere vahiy getirmesidir. Örneğin Cebrail (a.s.), Peygamber Efendimiz (s.a.v)'e Dıhye (ra) sûretinde gelirdi. Vahyin en kolayı da bu yolla gelen vahiydi.

5. Peygamberin uyanık iken Cenab-ı Hak ile konuşması şekliyle vuku bulan vahidir. Peygamber Efendimiz (s.a.v)'ın Mirac gecesinde almış olduğu vahiy gibi.

6. Cebrail (a.s.)'ın kendi aslî şekli üzere görünerek vahiy getirmesidir. Bu şekildeki vahiy, Peygamberimiz (s.a.v)'a yalnız iki defa vuku bulmuştur.

E) Peygamberlerde Bulunması Gereken Sıfatlar

Peygamberlerin tebliğ, davet ve önderliklerinde etkili olabilmeleri için bütün insanlar katında kabul gören iyi ve yüksek vasıflara sahip olmaları gerekiyor. Peygamberliğin şanına layık olmayan her türlü çirkin hal ve noksanlıklardan uzak olmaları gerekir. Dolayısı ile peygamberlerin şu sıfatlara sahip olmaları gerekir:

1) İsmet (Günahsızlık): Peygamberler, her çeşit günah işlerden ve günaha delâlet edecek hareketlerden uzak olurlar. Onlar hakkında ma'siyet (günahkâr olmak) asla düşünülemez. Zelle (küçük hata ve sürçme) denilen bazı hususlarda ise anında uyarılırlar.

2) Emanet (Güvenilir olmak): Peygamberler her yönden emin insanlardır. Hem dinî vazifelerinde hem de dünya işlerinde onlardan "hıyanet" görülmez.

3) Sıdk (Doğru olmak): Peygamberler her hallerinde doğru insanlardır. Onların dillerinden şakadan bile olsa asla yalan çıkmaz.

4) Fetânet (Zeki ve uyanık olmak): Peygamberler, insanların en uyanık, en zekî ve en akıllı olanlarıdır. Onlar hakkında -haşa- gafillik ve geri zekâlılık düşünülemez.

5) Tebliğ: Peygamberler, Allah (c.c.)'tan kendilerine gönderilen her şeyi en küçük ayrıntısına kadar insanlara ulaştırırlar. Onlar asla dinî emirleri gizlemezler.

6) Adaletli olmak: Peygamberler, tavizsiz bir şekilde hak ve adaleti tatbik ederler. Onlar düşmanları da olsa, zulüm ve haksızlık yapmazlar.

F) Peygamberler Arasında Derece Farklılıkları Var mıdır?

Aslında bütün peygamberler, peygamber olmaları yönüyle eşittirler. Fakat dînî tebliğ ederken vermiş oldukları mücadelede karşılaştıkları zorluklar derecesinde bazan birbirlerinden üstün kılındıkları olmuştur. Kur'an-ı Kerim'de buna işaret edilmiştir:

$$ تِلْكَ الرُّسُلُ فَضَّلْنَا بَعْضَهُمْ عَلَى بَعْضٍ مِنْهُمْ مَنْ كَلَّمَ اللهُ $$
$$ وَرَفَعَ بَعْضَهُمْ دَرَجَاتٍ $$

"O peygamberlerin bir kısmını diğerlerinden üstün kıldık. Allah onlardan bir kısmı ile konuşmuş, bazılarını da derece derece yükseltmiştir."[157]

---

157 Bakara; 2: 253

Bu üstün kılınan peygamberlere **"Ulu'l Azm"** peygamberler dendiğini de yine Kur'an-ı Kerim bize haber veriyor:

$$\text{فَاصْبِرْ كَمَا صَبَرَ أُولُو الْعَزْمِ مِنَ الرُّسُلِ}$$

"O halde (Resulum), peygamberlerden azim sahibi olanların sabrettiği gibi sen de sabret."[158]

Ulu'l Azm peygamberler, Hz. Nuh (a.s.), Hz. İbrahim (a.s.), Hz. Musa (a.s.), Hz. İsa (a.s.) ve Hz. Muhammed Mustafa (s.a.v)'dir.

F) Kur'an-ı Kerim'de İsmi Geçen Peygamberler

Peygamberlerin sayısının ne kadar olduğunu ancak Allah (c.c.) bilir. Kur'an-ı Kerim, onların 25'ini sayar. Bunlar şunlardır: Adem, İdris, Nuh, Hud, Salih, İbrahim, Lut, İsmail, İshak, Yakub, Yûsuf, Eyyûb, Şuayb, Mûsa, Harûn, Dâvud, Süleyman, İlyas, Elyesa, Zülkifl, Yûnus, Zekeriyya, Yahya, İsa ve Muhammed (s.a.v). Bunların dışında Kur'an-ı Kerim'de Uzeyr, Lokman ve Zülkarneyn (a.s.)'ların da isimleri geçer. Ancak bunların peygamber oldukları ihtilaflıdır. Kur'an-ı Kerim'de Cenab-ı Hak,

$$\text{وَرُسُلًا قَدْ قَصَصْنَاهُمْ عَلَيْكَ مِنْ قَبْلُ وَرُسُلًا لَمْ نَقْصُصْهُمْ}$$
$$\text{عَلَيْكَ وَكَلَّمَ اللهُ مُوسَى تَكْلِيمًا}$$

"Bir kısım peygamberleri sana daha önce anlattık, bir kısmını ise sana anlatmadık. Ve Allah Musa ile gerçekten konuştu."[159] âyetinde peygamberlerin tamamını bildirmediğini bize haber veriyor. Ancak sayılarının 124 bin olduğunu, bunların 313 tanesinin Rasûl olduğunu Peygamber Efendimiz (s.a.v) bize haber veriyor.[160]

G) Son Peygamber Hz. Muhammed (s.a.v)

Allah-u Teâlâ, Hz. Adem (a.s.) ile başlayan peygamberler zincirini Hz. Muhammed Mustafa (s.a.v) ile nihayete erdirmiştir. Bundan sonra ne bir başka din, ne de bir başka peygamber gelmeyecektir. Artık kıyamete kadar bütün dünyada İslâm dîni geçerli olacaktır. Allah (c.c.), Peygamber Efendimiz (s.a.v)'ı bütün insanlığa peygamber olarak gönderdigini şu âyetlerde belirtiyor:

---

158 Ahkaf; 46: 35
159 Nisa; 4: 164
160 Abdulkahir el- Bağdadî; Usulü'd-Dîn, s. 157

قُلْ يَا أَيُّهَا النَّاسُ إِنِّي رَسُولُ اللهِ إِلَيْكُمْ جَمِيعًا الَّذِي لَهُ مُلْكُ السَّمَاوَاتِ وَالْأَرْضِ لَا إِلَهَ إِلَّا هُوَ يُحْيِي وَيُمِيتُ فَآمِنُوا بِاللهِ وَرَسُولِهِ النَّبِيِّ الْأُمِّيِّ الَّذِي يُؤْمِنُ بِاللهِ وَكَلِمَاتِهِ وَاتَّبِعُوهُ لَعَلَّكُمْ تَهْتَدُونَ

"De ki: Ey insanlar! Gerçekten ben sizin hepinize, göklerin ve yerin sahibi olan Allah'ın elçisiyim. Ondan başka tanrı yoktur, O diriltir ve öldürür. Öyle ise Allah'a ve ümmi Peygamber olan Resulüne -ki o, Allah'a ve onun sözlerine inanır iman edin ve O'na uyun ki doğru yolu bulasınız."[161]

وَمَا أَرْسَلْنَاكَ إِلَّا كَافَّةً لِّلنَّاسِ بَشِيرًا وَنَذِيرًا وَلَكِنَّ أَكْثَرَ النَّاسِ لَا يَعْلَمُونَ

"Biz seni bütün insanlara ancak müjdeleyici ve uyarıcı olarak gönderdik; fakat insanların çoğu bunu bilmezler."[162]

Cenab-ı Hak, İslâm dîninin son din olduğunu da şu âyette haber vermektedir:

الْيَوْمَ أَكْمَلْتُ لَكُمْ دِينَكُمْ وَأَتْمَمْتُ عَلَيْكُمْ نِعْمَتِي وَرَضِيتُ لَكُمُ الْإِسْلَامَ دِينًا

"Bugün size dininizi ikmal ettim, üzerinize nimetimi tamamladım ve sizin için din olarak İslâm'ı beğendim."[163] Yine Rabb'imiz Kur'an'ında Efendimiz (s.a.v)'ın son peygamber olduğunu ve ondan başka peygamber gelmeyeceğini şu âyet-i kerimede ilân ediyor:

مَا كَانَ مُحَمَّدٌ أَبَا أَحَدٍ مِّن رِّجَالِكُمْ وَلَكِن رَّسُولَ اللهِ وَخَاتَمَ النَّبِيِّينَ وَكَانَ اللهُ بِكُلِّ شَيْءٍ عَلِيمًا

"Muhammed, sizin erkeklerinizden hiçbirinin babası değildir. Fakat o, Allah'ın Resulü ve peygamberlerin sonuncusudur. Allah her şeyi hakkıyla bilendir."[164]

Alınacak Dersler:

1. Dîni ancak peygamberlerden öğrenebiliriz.
2. Peygamberler Allah'ın insanlığa gönderdiği elçilerdir.
3. Peygamberler özel olarak Allah'ın eğittiği insanlardır.
4. Peygamberler arasında tefrik yapamayız.
5. Peygamberler, doğru, güvenilir, zeki, masum insanlardır. Biz de kendimizi onların bu sıfatlarıyla sıfatlandırmalıyız.

---

161 A'ra; 7: 158
162 Sebe'; 34: 28
163 Maide; 5: 3
164 Ahzab; 33: 40

8. SOHBET

HZ. ÖMER B. HATTAB (RA)

Raşit Halifelerin 2.sidir. İslâm'ı yeryüzüne yerleştirip, hakim kılmak için Resûlullah (s.a.v)'in verdigi tevhid mücadelesinde O'na en yakın olan sahabeden biridir. Hz. Ömer (ra), Fil Olayından on üç sene sonra Mekke'de doğmuştur. Büyük Ficar savaşından dört yıl sonra dünyaya geldiği de söylenmiştir.[165] Babası, Hattab b. Nüfeyl olup, nesebi Ka'b'da Resûlullah (s.a.v) ile birleşmektedir. Kureyş'in Adiy boyuna mensup olup, annesi, Ebu Cehil'in kardeşi veya amcasının kızı olan Hanteme'dir.[166]

Hz. Ömer (ra), küçük yaşlarda iken babasının sürülerine çobanlık etmiş, daha sonra da ticarete başlamıştır. Suriye taraflarına giden ticaret kervanlarına iştirak ederdi.[167] Kureyş'in ileri gelenlerindendi. Sefaret (elçilik) görevi onda idi. Bir savaş çıkması durumunda elçi olarak o gönderilirdi. Dönüşünde verdigi bilgi ve görüşlere göre hareket edilirdi. Ayrıca kabileler arasında çıkan anlaşmazlıkların çözümünde etkin rol alırdı. Verdiği kararlar bağlayıcı olurdu.[168]

İslam'a Girişi

Hz. Ömer (ra), sert mizaçlı idi. İslâm'a karşı da aşırı tepki verenlerdendi. Sonunda dedelerinin dinini inkâr eden ve tapındıkları putlara hakaret ederek insanları onlardan yüz çevirmeye çağıran Muhammed (s.a.v)'i öldürmeye karar vermişti. Kılıcını kuşandı; Peygamberi öldürmek için harekete geçti. Resûlullah (s.a.v)'i öldürmek için onun bulunduğu yere doğru giderken, yolda Nuaym b. Abdullah ile karşılaştı. Nuaym ona, böyle öfkeli nereye gittiğini sorduğunda o, Muhammed (s.a.v)'i öldürmeye gittiğini söyledi. Nuaym, Ömer'in ne yapmak istediğini öğrenince ona, kız kardeşi ve eniştesinin de yeni dine girmiş olduğunu söyledi ve önce kendi ailesi ile uğraşması gerektiğini bildirdi. Bunu öğrenen Ömer (ra), öfkeyle eniştesinin evine yöneldi. Kapıya geldiğinde içerde Kur'an okunuyordu. Kapıyı çalınca, içerdekiler okumayı kestiler ve Kur'an sayfalarını sakladılar. İçeri giren Ömer (ra), eniştesini dövmeye başladı; araya giren kız kardeşi de bir darbe aldı ve burnu kanadı. Kız kardeşinin ona, ne yaparsa yapsın dinlerinden dönmeyeceklerini söyleyerek kararlılığını

---

165 İbnül-Esîr; Üsdül-gâbe, Kahire 1970, IV, 146
166 A.g.e., Aynı yer, shf. 138
167 H. İbrahim Hasan; Tarihu'l İslam, Mısır 1979, 1/210
168 Süyuti; Tarihu'l Hulefa, Beyrut 1986, 123; Üsdü'l Gabe, IV/138

bildirmesi üzerine, ona karşı merhamet duyguları kabardı ve okuduklarını görmek istediğini söyledi. Kendisine verilen sahifelerden Kur'an ayetlerini okuyan Ömer (ra), hemen orada imân etti ve Resûlullah (s.a.v)'in nerede olduğunu sordu. O sıralarda müslümanlar, Safa tepesinin yanında bulunan Erkam (ra)'in evinde gizlice toplanıp ibadet ediyorlardı. Resûlullah (s.a.v)'in Daru'l-Erkam'da olduğunu öğrenen Ömer (ra), doğruca oraya gitti. Kapıyı çaldığında gelenin Ömer olduğunu öğrenen sahabiler endişelenmeye başladılar. Zira Ömer silahlarını kuşanmış olduğu halde kapının önünde duruyordu. Hz. Hamza, **"Bu Ömer'dir. İyi bir niyetle geldiyse mesele yok. Eğer kötü bir düşüncesi varsa, onu öldürmek bizim için kolaydır"** diyerek kapıyı açtırdı. Resûlullah (s.a.v), Ömer (ra)'in iki yakasını tutarak, **"Müslüman ol ya İbn Hattab! Allahm ona hidayet ver!"** dediğinde, Ömer (ra), hemen Kelime-i Şehadet getirerek imân ettiğini açıkladı.[169]

Hz. Ömer (ra), müslüman olmadan önce Rasulullah (s.a.v) şöyle dua buyurmuştu: "Allahım! İslâm'ı Ömer b. el-Hattab veya Amr b. Hişam (Ebû Cehil) ile yücelt."[170] Bu dua bereketiyle hidayet Hz. Ömer (ra)'e nasip olmuştur. Hz. Ömer (ra)'in İslam'a dahil olması peygamberliğin 6. senesidir. O İslam'a girdiği zaman sahabenin sayısı -rivayetler muhtelif olmakla beraber 39 erkek 21 kadar hanımdan müteşekkildi.[171] Peygamber Efendimiz (s.a.v), onun hakkında, **"Allah, hakkı onun dili ve kalbine uygun kıldı. O "Faruk"tur. Allah hakla batılın arasını onunla ayırdı."**[172] Bir başka duasında şöyle buyurmuştur: **"Allah'ım İslam'ı Ömer b. El-Hattap ile güçlendir."**[173] Onun hakkında İbn Mes'ud (ra) şunları söylemişti: **"Ömer'in müslümanlığı fetih, hicreti nusret (yardım), devlet başkanlığı rahmetti. O müslüman oluncaya kadar biz evimizde dahi namaz kılamazdık. O müslüman olunca, müşriklerle mücadele etti, müşrikler bizi bıraktı, biz de rahat bir şekilde namazlarımızı kılmaya başladık."**[174] Huzeyfe (ra) de şunları ifade etmişti: **"Ömer'in İslam'a girmesi devamlı yaklaşan bir adım gibi idi. Ömer öldürülünce devamlı uzaklaşan ve tersine giden bir adım gibi oldu."**[175] Müslümanlığını açıkça ilan eden kişi Hz. Ömer (ra) olmuştur.[176]

169 İbn Sa'd; Tabakatü'l Kübra, II, 268-269. Üsdül-gâbe; IV, 148-149. Suyûtî; Tarihu'l-Hulefa, Beyrut 1986, 124 vd.

170 İbnu'l-Hacer el-Askalânî; el-İsâbe fi Temyîzi's-Sahâbe, Bağdat t.y., II, 518. İbn Sa'd; aynı yer. Suyûtî; a.g.e., 125

171 İbn Sa'd; aynı yer

172 Tirmizi; Sünen, Kitabu'l Menakıb, Bab 50/18, H. No: 3682, 5/607. Kenzu'l Ummal; H. No: 32714, 32717

173 Kenzu'l Ummal; H. No: 32768, 32773, 32774, 35840, 35881

174 Üsdü'l Gabe; IV/144

175 A.g.e.; Aynı yer.

176 Süyuti; a.g.e. 129

Halifeliği

Hz. Ömer (ra), Müslüman olduktan sonra sürekli Resûlullah (s.a.v)'in yanında bulunmuş, onu korumak için elinden gelen her gayreti göstermiştir. İslâm tebliğinin yeni bir yön kazanması için Medine'ye hicret emrolunduğu zaman müslümanlar Mekke'den Medine'ye gizlice göç etmeye başladıklarında Hz. Ömer, gizlenme ihtiyacı duymadan açıktan yola çıkmıştı. Hz. Ali (ra) onun hicretini şu şekilde anlatmaktadır: "Ömer'den başka gizlenmeden hicret eden hiç bir kimseyi bilmiyorum. O, hicrete hazırlandığında kılıcını kuşandı, yayını omuzuna taktı, eline oklarını aldı ve Kâ'be'ye gitti. Kureyş'in ileri gelenleri Kâ'be'nin avlusunda oturmakta idiler. Kâ'be'yi yedi defa tavaf ettikten sonra, Makâm-ı İbrahim'de iki rek'at namaz kıldı. Halka halka oturan müşrikleri tek tek dolaştı ve onlara; "Yüzler çirkinleşti. Kim anasını evlatsız, çocuklarını yetim, karısını dul bırakmak istiyorsa şu vadide beni takip etsin" dedi. Onlardan hiç biri onu engellemeye cesaret edemedi.[177] Bunun içindir ki İbn Mes'ud (ra); *"Onun hicreti bir zaferdi"*[178] demiştir.

Hz. Ömer (ra), Bedir, Uhud, Hendek, Hayber vb. gazvelerin hepsine ve çok sayıda seriyyeye katılmış, bunların bazısında komutanlık yapmıştır. O, bütün meselelerde net ve tavizsiz tavır koyardı.

Hz. Ebû Bekir'in halife seçilmesinde Hz. Ömer büyük rol oynamış ve Hz. Ebu Bekir (ra)'in en büyük yardımcısı o olmuştur. Hz. Ebû Bekir (ra), vefat edeceğini anlayınca, Hz. Ömer'i kendisine halef tayin etmeyi düşünmüş, sahabenin bazı ileri gelenleri ile istişare etmiş, bir kısmının itiraz etmesine rağmen, "Allah'ın kullarının en iyisini halife yaptım" diyerek vasiyetini yazdırmış ve yerine Hz. Ömer (ra)'i halife nasbetmiştir.[179]

Hz. Ömer (ra), halife olduktan sonra daha önceki devlet siyasetini, yani fetih politikasını devam ettirdi. Suriye'ye ve İran'a ordular sevketti. Kısa sürede, İran, Azerbaycan ve Ermenistan gibi ülkeler fethedildi. Daha sonra Kudüs kuşatıldı ve barış yoluyla bizzat halife tarafından teslim alındı. Amr b. El-As (ra) komutasındaki ordular Mısır'ı fethettiler.[180]

Hz. Ömer, bir taraftan fetih çalışmalarına hız verirken, bir taraftan da devleti teşkilatlandırmaya çalıştı. Bu anlamda gelir ve giderlerin tesbit edildiği "divan" teşkilatını kurdu. Yargı işlerini düzenleyecek müstakil "kadı" tayinleri yapıldı.

---

177 Süyuti; a.g.e. 130
178 İbn Sa'd; aynı yer; Üsdül-gâbe, IV, 153
179 Üsdül'l-gâbe; IV, 168-199; İbn Sad; a.g.e., III, 274 vd.; Suyûtî; a.g.e., 92-94
180 Şibli Numanî; Bütün Yönleriyle Hz. Ömer ve Devlet İdaresi, Terc. Talip Yaşar Alp, istanbul t.y., I, 285-286

Hz. Ömer (ra), adelet prensibini tavizsiz uygulamaya gayret etti. Muhtaç ve yoksul kimselere her hangi bir ayırım yapmadan devlet hazinesinden maaş bağladı. Fethedilen bölgelerde okullar açtı, müderrisler tayin etti. Devletin her tarafında mescidler inşa ettirdi. Bunların sayısı dört bini geçiyordu. İlk defa bu dönemde takvim kullanılmaya başladı.[181] İlk defa hicri 17'de para bastırmak suretiyle piyasaya sürdü.[182] Dış tehlikelere karşı ordugah şehirler kurdu ki Basra, Kufe ve Fustat bu şehirlerden bazıları idi.

Hz. Ömer (ra), toplumun işlerini halletme noktasında kamuoyu yoklamasını ve istişareyi yaygın olarak yapardı. İdarede görevlendirdiği memurlarına karşı sert davranır, onların haksızlık yapmalarına asla göz yummazdı. Halka karşı ise son derece şefkatli davranırdı. *"Fırat kıyısında bir deve helak olsa, Allah bunu Ömer'den sorar diye korkarım"* derdi. Hz. Ömer (ra), merkezden uzak bölgelerde halkın durumunu yakından görmek için seyahatler yapmış, insanların dertlerini daha yakından dinlemek ve öğrenmek istemiştir. Hz. Ömer (ra), İslâm tarihinde adâletin timsali olarak yerini almıştır.

Alınacak Dersler:

1. İman insanı ahsen-i takvim mertebesine çıkarır. Bunu Hz. Ömer (r.a.) Efendimizin hayatında görüyoruz.

2. Yakini iman insanı cesaretli kılar. Bunu Hz. Ömer (r.a.) Efendimizin kız kardeşi Fatıma (ra)'da ve Hz. Ömer (ra) Efendimizin ilk müslüman olduğu günde Ashab-ı Kiramı Ka'be'ye götürmesinde görüyoruz.

3. Hz. Ömer (ra) Efendimiz adalet ve ferasetin kaynağıdır.

4. Adalet idarenin temelidir.

5. Toplumun kurumsallaşması hizmetlerin yaygın hale gelmesi için lüzumludur.

---

181 Ahmed en-Nedvi; Asr-ı Saadet, Terc. Ali Genceli, İstanbul 1985, I, 317
182 Hassan Hallâk; Dirâsât fî Tarihi'l-Hadâretil-İslamiye, Beyrut 1979, 13-15

9. SOHBET

KIYAMET ALÂMETLERİ VE AHİRET HAYATININ DEVRELERİ (1)

Bir önceki derste de ifade edildiği gibi, kıyametin ne zaman kopacağını sadece Allah (c.c.) bilir. Nitekim Cibril hadisi diye bilinen şu hadis-i şerifte de bu gerçeği görüyoruz:

قَالَ عُمَرُ بْنُ الْخَطَّابِ: بَيْنَمَا نَحْنُ عِنْدَ رَسُولِ اللهِ صلى الله عليه وسلم ذَاتَ يَوْمٍ ، إِذْ طَلَعَ عَلَيْنَا رَجُلٌ شَدِيدُ بَيَاضِ الثِّيَابِ ، شَدِيدُ سَوَادِ الشَّعَرِ ، لاَ يُرَى عَلَيْهِ أَثَرُ السَّفَرِ ، وَلاَ يَعْرِفُهُ مِنَّا أَحَدٌ ، حَتَّى جَلَسَ إِلَى النَّبِيِّ صلى الله عليه وسلم ، فَأَسْنَدَ رُكْبَتَيْهِ إِلَى رُكْبَتَيْهِ ، وَوَضَعَ كَفَّيْهِ عَلَى فَخِذَيْهِ ، وَقَالَ : يَا مُحَمَّدُ ، أَخْبِرْنِي عَنِ الإِسْلاَمِ ، فَقَالَ رَسُولُ اللهِ صلى الله عليه وسلم : الإِسْلاَمُ أَنْ تَشْهَدَ أَنْ لاَ إِلَهَ إِلاَّ اللهُ ، وَأَنَّ مُحَمَّدًا رَسُولُ اللهِ صلى الله عليه وسلم ، وَتُقِيمَ الصَّلاَةَ ، وَتُؤْتِيَ الزَّكَاةَ ، وَتَصُومَ رَمَضَانَ ، وَتَحُجَّ الْبَيْتَ ، إِنِ اسْتَطَعْتَ إِلَيْهِ سَبِيلاً ، قَالَ : صَدَقْتَ ، قَالَ : فَعَجِبْنَا لَهُ يَسْأَلُهُ وَيُصَدِّقُهُ ، قَالَ : فَأَخْبِرْنِي عَنِ الإِيمَانِ ، قَالَ : أَنْ تُؤْمِنَ بِاللهِ ، وَمَلاَئِكَتِهِ ، وَكُتُبِهِ ، وَرُسُلِهِ ، وَالْيَوْمِ الآخِرِ ، وَتُؤْمِنَ بِالْقَدَرِ خَيْرِهِ وَشَرِّهِ ، قَالَ : صَدَقْتَ ، قَالَ : فَأَخْبِرْنِي عَنِ الإِحْسَانِ ، قَالَ : أَنْ تَعْبُدَ اللهَ كَأَنَّكَ تَرَاهُ ، فَإِنْ لَمْ تَكُنْ تَرَاهُ فَإِنَّهُ يَرَاكَ ، قَالَ : فَأَخْبِرْنِي عَنِ السَّاعَةِ ، قَالَ : مَا الْمَسْؤُولُ عَنْهَا بِأَعْلَمَ مِنَ السَّائِلِ ، قَالَ : فَأَخْبِرْنِي عَنْ أَمَارَتِهَا ، قَالَ : أَنْ تَلِدَ الأَمَةُ رَبَّتَهَا ، وَأَنْ تَرَى الْحُفَاةَ الْعُرَاةَ ، الْعَالَةَ ، رِعَاءَ الشَّاءِ ، يَتَطَاوَلُونَ فِي الْبُنْيَانِ ، قَالَ : ثُمَّ انْطَلَقَ ، فَلَبِثْتُ مَلِيًّا ، ثُمَّ قَالَ لِي : يَا عُمَرُ ، أَتَدْرِي مَنِ السَّائِلُ ؟ قُلْتُ : اللهُ وَرَسُولُهُ أَعْلَمُ ، قَالَ : فَإِنَّهُ جِبْرِيلُ ، أَتَاكُمْ يُعَلِّمُكُمْ دِينَكُمْ.

Hz. Ömer (ra) Efendimiz anlatıyor:

"Bir gün Rasûlullah (s.a.v)'in yanında bulunduğumuz sırada âniden yanımıza, elbisesi bembeyaz, saçı simsiyah bir zat çıkageldi. Üzerinde yolculuk eseri görülmüyor, bizden de kendisini kimse tanımıyordu. Doğru Peygamber (s.a.v)'in yanına oturdu ve dizlerini onun dizlerine dayadı. Ellerini de uylukları üzerine koydu. Ve: "Ya Muhammed! Bana İslâm'in ne olduğunu söyle" dedi. Rasûlullah (s.a.v): "İslâm; Allah'tan başka ilâh olmadığına, Muhammed'in de Allah'in Rasulü olduğuna şehadet etmen, namazı dosdoğru kılman, zekâtı vermen, Ramazan orucunu tutman ve gücün yeterse Beyt'i hac etmendir" buyurdu. O zat: "Doğru söyledin" dedi. Babam dedi ki: "Biz buna hayret ettik. Zira hem soruyor, hem de tasdik ediyordu." "Bana imandan haber ver" dedi. Rasûlullah (s.a.v): Allah a, Allah'in meleklerine, kitaplarına, peygamberlerine ve ahiret gününe inanman, bir de kadere, hayrına ve şerrine inanmandır" buyurdu. O zât yine: "Doğru söyledin" dedi. Bu sefer: "Bana ihsandan haber ver" dedi. Rasûlullah (s.a.v): "Allah'a O'nu görüyormuşsun gibi ibadet etmendir. Çünkü her ne kadar sen onu görmüyorsan da, o seni muhakkak görür" buyurdu. O zat: "Bana kıyametten haber ver" dedi. Rasûlullah (s.a.v) "Bu meselede kendisine sorulan, sorandan daha çok bilgi sahibi değildir" buyurdular. "O halde bana alâmetlerinden haber ver" dedi. Peygamber (s.a.v): "Câriyenin kendi sahibesini doğurması ve yalın ayak, çıplak, yoksul koyun çobanlarının bina yapmakta birbirleriyle yarış ettiklerini görmendir" buyurdu. Babam dedi ki: "Bundan sonra o zat gitti. Ben bir süre bekledim. Sonunda Allah Rasûlü bana: "Ya Ömer! O soru soran zatın kim olduğunu biliyor musun?" dedi. "Allah ve Rasûlü bilir" dedim. "O Cibrîl'di. Size dininizi öğretmeye gelmişti" buyurdular.[183]

Peygamber Efendimiz (s.a.v)'ın buyurduğu gibi, biz de sadece kıyametin alâmetlerinden bahsedeceğiz; daha sonra da âhiret hayatının devreleri hakkında kısaca bilgiler sunacağız.

A) Kıyamet Alâmetleri (Eşratu's sâat) Kıyamet alâmetleri iki kısımdır:

1. Küçük Alâmetler:

Dinî emirlerin ihmal edilmesi ve ahlâkın bozulması gibi insanların iradeleri neticesinde meydana gelecek olumsuz olaylardır. Aslında Peygamber Efendimiz (s.a.v)'ın gönderilmesi ve onunla peygamberliğin sona ermesi de bir kıyamet alâmetidir. İlmin ortadan kalkıp bilgisizliğin artması, sarhoş edici içkilerin içmesi ve zina fiilinin alenî olarak işlenmesi, ehliyetsiz insanların idarede söz sahibi olmaları, insan öldürme olaylarının çoğalması, zenginliğin artması, zekât verecek fakirin bulunmaması gibi olaylar kıyametin küçük alâmetlerinden bazılarıdır. Şu hadis-i şerif bunlardan bir tanesidir:

---

183 Buhârî; İman 1. Müslim; İman 1

عَنْ أَبِي هُرَيْرَةَ قَالَ النَّبِيُّ صَلَّى اللهُ عَلَيْهِ وَسَلَّمَ قَالَ فَإِذَا ضُيِّعَتْ الْأَمَانَةُ فَانْتَظِرِ السَّاعَةَ قَالَ كَيْفَ إِضَاعَتُهَا قَالَ إِذَا وُسِّدَ الْأَمْرُ إِلَى غَيْرِ أَهْلِهِ فَانْتَظِرْ السَّاعَةَ

Ebu Hureyre (ra)'den: Peygamber Efendimiz (s.a.v) şöyle buyurdu: *"Emanet zayi edildiğinde kıyametin kopmasını bekleyin."* "Ya Resulallah, emanetin zayi edilmesi nasıl olur?" denince, Peygamberimiz, *"İşler ehlinden başkasına verildiği zaman kıyameti bekleyiniz"* buyurdu.[184]

2. Büyük Alâmetler:

Kıyamet kopmadan hemen önce meydana gelecek ve peşi peşine olacak olaylardır. Bu alâmetler öyle olaylardır ki, tabiat kanunlarını aşar ve insan iradesinin dışında gerçekleşir. Peygamber Efendimiz (s.a.v), bir hadis-i şerifte şöyle buyurmuştur:

عَنْ حُذَيْفَةَ بْنِ أَسِيدٍ الْغِفَارِيِّ قَالَ: كُنَّا قُعُودًا نَتَحَدَّثُ فِي ظِلِّ غُرْفَةٍ لِرَسُولِ اللهِ صَلَّى اللهُ عَلَيْهِ وَسَلَّمَ فَذَكَرْنَا السَّاعَةَ فَارْتَفَعَتْ أَصْوَاتُنَا فَقَالَ رَسُولُ اللهِ صَلَّى اللهُ عَلَيْهِ وَسَلَّمَ لَنْ تَكُونَ أَوْ لَنْ تَقُومَ السَّاعَةُ حَتَّى يَكُونَ قَبْلَهَا عَشْرُ آيَاتٍ طُلُوعُ الشَّمْسِ مِنْ مَغْرِبِهَا وَخُرُوجُ الدَّابَّةِ وَخُرُوجُ يَأْجُوجَ وَمَأْجُوجَ وَالدَّجَّالُ وَعِيسَى ابْنُ مَرْيَمَ وَالدُّخَانُ وَثَلَاثَةُ خُسُوفٍ خَسْفٌ بِالْمَغْرِبِ وَخَسْفٌ بِالْمَشْرِقِ وَخَسْفٌ بِجَزِيرَةِ الْعَرَبِ وَآخِرُ ذَلِكَ تَخْرُجُ نَارٌ مِنَ الْيَمَنِ مِنْ قَعْرِ عَدَنٍ تَسُوقُ النَّاسَ إِلَى الْمَحْشَرِ

"On büyük alâmet görülmeyince, kıyâmet kopmaz: Duman, Deccâl, Dâbbetülarz, güneşin batıdan doğması, Îsâ (a.s.)'ın gökten inmesi, Ye'cüc ve Me'cücün çıkması, doğuda-batıda ve Arabistan'da çökmelerin olması, bunlardan sonra Yemen'den bir ateş çıkıp halkı bir yere toplaması."[185] Görülecek bu kıyamet alâmetlerinden,

Duman: Müminleri nezleye tutulmuşa, kâfirleri sarhoş olmuş hâle getirecek ve bütün yeryüzünü kaplayacaktır.

Deccal: Bu isimde bir şahıs çıkacak, -hâşa- ilahlık iddiasında bulunacaktır. Adına istidrac denilen bazı olağanüstü şeyler gösterecek; neticede Hz. Îsâ (a.s.) tarafından öldürülecektir.[186]

---

184 Buhari; c. 1, shf. 103, H. No: 57

185 Müslim; Fiten, 39. İbn Mace; Fiten, 28

186 **İstidrac;** Allah'a isyanda çok ileri giden insanların, Allah'ın kendilerine verdiği mal, başarı ve sıhhat gibi nimetlerle isyanlarını daha da artırmaları ve sonuçta helâk olmalarıdır.

Dâbbetü'l-arz: Bu isimde bir canlı çıkacak, yanında Hz. Mûsâ (a.s.)'ın asâsı ve Hz. Süleyman'ın mührü bulunacak, asâ ile müminin yüzünü aydınlatacak, mühür ile kâfirin burnunu kıracak, böylelikle müminlerin ve kâfirlerin tanınmaları sağlanmış olacaktır.

Güneşin Batıdan Doğması: Kıyametin kopmasına yakın, güneş Allah'ın emri ile batıdan doğacak ve tekrar batıdan batacak. Bu olaydan sonra iman edecek insanların imanları kendilerine fayda vermeyecektir.

Ye'cûc ve Me'cûc'ün Çıkması: Bu isimde iki topluluğun yeryüzüne dağılarak bir süre bozgunculuk yapacaklar ve kıyımlarda bulunacaklardır.

Hz. Îsâ'nın Gökten İnmesi: Hz. Îsâ (a.s.), gökten inecek, insanlar arasında Peygamberimiz (s.a.v)'ın dini üzere amel edecek, tam bir adil düzen kuracak, deccali öldürecek ve sonra kendisi de ölecektir.

Yer Çöküntüsü: Biri doğuda, biri batıda, biri de Arap yarımadasında olmak üzere üç büyük yer çöküntüsü olacaktır.

Ateş Çıkması: Yemen-Aden tarafında bir büyük ateş çıkacak, her tarafı aydınlatacak ve insanları bir yere toplayacaktır.

Kıyamet alâmetleriyle ve âhiret hayatıyla ilgili olarak bir çok hadis-i şerif rivayet edilmiştir. Ancak bu verilen haberlerin gerçek anlamlarını Allah (c.c.) bilir. Bazı yorumlar yapılabilir.

Bu alâmetler görüldükten sonra adına sûr denilen bir aleti İsrafil (a.s.) üfürür ve kıyamet kopar, bütün canlılar ölür.

3. Sûr ve Sûra Üfürüş

Sûr, seslenmek, boru veya üflenince ses çıkaran boynuz demektir. Dinimizde ise, yukarda da ifade edildiği gibi, "kıyametin kopmasını belirtmek ve sonra bütün canlıların dirilerek mahşer yerine toplanması için İsrâfil (a.s.)'ın üfüreceği borudur. Şu hadis-i şerif bize sûru tarif ediyor:

عَنْ عَبْدِ اللهِ بْنِ عَمْرِو بْنِ الْعَاصِ قَالَ: جَاءَ أَعْرَابِيٌّ إِلَى النَّبِيِّ صَلَّى اللهُ عَلَيْهِ وَسَلَّمَ قَالَ مَا الصُّورُ قَالَ قَرْنٌ يُنْفَخُ فِيهِ

Abdullah b. Amr b. el-Âs (r.a.)'den: "Bir a'rabî Peygamberimiz (s.a.v)'e geldi ve sûr nedir? diye sordu. Efendimiz (s.a.v), *"Kendisine üfürülen bir borudur"*[187] buyurdular.

Kur'an-ı Kerim'de hem birinci hem de ikinci sûra işaret edilerek şöyle buyurulmuştur:

---

187 Tirmizi; Kıyamet, 8, H. No: 2354

وَنُفِخَ فِي الصُّورِ فَصَعِقَ مَنْ فِي السَّمَاوَاتِ وَمَنْ فِي الْأَرْضِ إِلَّا مَنْ شَاءَ اللهُ
ثُمَّ نُفِخَ فِيهِ أُخْرَى فَإِذَا هُمْ قِيَامٌ يَنْظُرُونَ

"Sur'a üflenince, Allah'ın diledikleri müstesna olmak üzere göklerde ve yerde ne varsa hepsi ölecektir. Sonra ona bir daha üfleninçe, bir de ne göresin, onlar ayağa kalkmış bakıyorlar!"[188]

وَنُفِخَ فِي الصُّورِ فَإِذَا هُمْ مِنَ الْأَجْدَاثِ إِلَى رَبِّهِمْ يَنْسِلُونَ

Nihayet Sur'a üfürülecek. Bir de bakarsın ki onlar kabirlerinden kalkıp koşarak Rablerine giderler."[189]

İki sûr arasındaki zamanın da yine ne kadar olacağına dair bilgi Allah (c.c.)'ın katındadır.

4. Yeniden Dirilme (Ba'sü Ba'del Mevt) ve Âhiret Halleri

Ba's, "öldükten sonra tekrar dirilmek" demektir. Âhiret hayatının en önemli devrelerinden birisidir. İsrâfil (a.s.)'ın sûra ikinci defa üfürmesinin ardından tekrar bütün mahlûkat dirilecektir.

Ehl-i sünnet inancına göre, yeniden diriliş, hem ruh hem de ceset ile olacaktır. Çürüyen ve yok olan cesetler tekrar toplanarak dirilecek, ruh yeniden bedene dahil olacaktır. Yeniden dirilişi şu âyetler bize anlatmaktadır.

وَنُفِخَ فِي الصُّورِ فَإِذَا هُمْ مِنَ الْأَجْدَاثِ إِلَى رَبِّهِمْ يَنْسِلُونَ قَالُوا يَا وَيْلَنَا مَنْ
بَعَثَنَا مِنْ مَرْقَدِنَا هَذَا مَا وَعَدَ الرَّحْمَنُ وَصَدَقَ الْمُرْسَلُونَ إِنْ كَانَتْ إِلَّا صَيْحَةً
وَاحِدَةً فَإِذَا هُمْ جَمِيعٌ لَدَيْنَا مُحْضَرُونَ

"Nihayet Sur'a üfürülecek. Bir de bakarsın ki onlar kabirlerinden kalkıp koşarak Rablerine giderler. (İşte o zaman:) Eyvah, eyvah! Bizi kabrimizden kim kaldırdı? Bu, Rahman'ın vadettiğidir. Peygamberler gerçekten doğru söylemişler! derler. Olan müthiş bir sesten ibarettir. Bunun üzerine onların hepsi hemen huzurumuzda hazır bulunurlar."[190]

وَضَرَبَ لَنَا مَثَلًا وَنَسِيَ خَلْقَهُ قَالَ مَنْ يُحْيِي الْعِظَامَ وَهِيَ رَمِيمٌ قُلْ يُحْيِيهَا
الَّذِي أَنْشَأَهَا أَوَّلَ مَرَّةٍ وَهُوَ بِكُلِّ خَلْقٍ عَلِيمٌ

---

188 Zümer; 39: 68
189 Yasîn; 36: 51
190 Yasîn; 36: 51-53

"Kendi yaratılışını unutarak bize karşı misal getirmeye kalkışıyor ve: "Şu çürümüş kemikleri kim diriltecek?" diyor. De ki: Onları ilk defa yaratmış olan diriltecek. Çünkü O, her türlü yaratmayı gayet iyi bilir."[191]

Çünkü bir şeyi yoktan var eden, o şeyi yeniden yaratabilir. Yaratılışı zor olan bir şeyi yaratan yaratılışı kolay olan bir şeyi çok daha kolay yaratabilir. Örneğin yerlerin ve göklerin yaratılması, bir insanın yaratılmasından daha zordur. Kaldı ki, Allah (c.c.) için -haşa- zorluk diye bir şey söz konusu değildir. Her yıl ölen yeryüzünü Allah (c.c.) her bahar ayında yeniden diriltir. Yemyeşil ağaçtan onun tam zıddı olan ateşi halkeder, suyu ateşe çevirebilir, ateşi yakmaz hale getirebilir. Şu âyetler bize bunları anlatmaktadır:

يَا أَيُّهَا النَّاسُ إِنْ كُنْتُمْ فِي رَيْبٍ مِنَ الْبَعْثِ فَإِنَّا خَلَقْنَاكُمْ مِنْ تُرَابٍ ثُمَّ مِنْ نُطْفَةٍ ثُمَّ مِنْ عَلَقَةٍ ثُمَّ مِنْ مُضْغَةٍ مُخَلَّقَةٍ وَغَيْرِ مُخَلَّقَةٍ لِنُبَيِّنَ لَكُمْ وَنُقِرُّ فِي الْأَرْحَامِ مَا نَشَاءُ إِلَى أَجَلٍ مُسَمًّى ثُمَّ نُخْرِجُكُمْ طِفْلًا ثُمَّ لِتَبْلُغُوا أَشُدَّكُمْ وَمِنْكُمْ مَنْ يُتَوَفَّى وَمِنْكُمْ مَنْ يُرَدُّ إِلَى أَرْذَلِ الْعُمُرِ لِكَيْلَا يَعْلَمَ مِنْ بَعْدِ عِلْمٍ شَيْئًا وَتَرَى الْأَرْضَ هَامِدَةً فَإِذَا أَنْزَلْنَا عَلَيْهَا الْمَاءَ اهْتَزَّتْ وَرَبَتْ وَأَنْبَتَتْ مِنْ كُلِّ زَوْجٍ بَهِيجٍ

"Ey insanlar! Eğer yeniden dirilmekten şüphede iseniz, şunu bilin ki, biz sizi topraktan, sonra nutfeden, sonra alakadan (aşılanmış yumurtadan), sonra uzuvları (önce) belirsiz, (sonra) belirlenmiş canlı et parçasından (uzuvları zamanla oluşan ceninden) yarattık ki size (kudretimizi) gösterelim. Ve dilediğimizi, belirlenmiş bir süreye kadar rahimlerde bekletiriz; sonra sizi bir bebek olarak dışarı çıkarırız. Sonra güçlü çağınıza ulaşmanız için (sizi büyütürüz). İçinizden kimi vefat eder; yine içinizden kimi de ömrün en verimsiz çağına kadar götürülür; ta ki bilen bir kimse olduktan sonra bir şey bilmez hale gelsin. Sen, yeryüzünü de kupkuru ve ölü bir halde görürsün; fakat biz, üzerine yağmur indirdiğimizde o, kıpırdanır, kabarır ve her çeşitten (veya çiftten) iç açıcı bitkiler verir."[192]

أَوَلَمْ يَرَوْا أَنَّ اللهَ الَّذِي خَلَقَ السَّمَاوَاتِ وَالْأَرْضَ وَلَمْ يَعْيَ بِخَلْقِهِنَّ بِقَادِرٍ عَلَى أَنْ يُحْيِيَ الْمَوْتَى بَلَى إِنَّهُ عَلَى كُلِّ شَيْءٍ قَدِيرٌ

---

191 Yasin; 36: 78-79
192 Hac; 22: 5

"Gökleri ve yeri yaratan, bunları yaratmakla yorulmayan Allah'ın, ölüleri diriltmeye de gücünün yeteceğini düşünmezler mi? Evet O, her şeye kadirdir."[193]

وَهُوَ الَّذِي يَبْدَأُ الْخَلْقَ ثُمَّ يُعِيدُهُ وَهُوَ أَهْوَنُ عَلَيْهِ وَلَهُ الْمَثَلُ الْأَعْلَى فِي السَّمَاوَاتِ وَالْأَرْضِ وَهُوَ الْعَزِيزُ الْحَكِيمُ

"İlkin mahlukunu yaratıp (ölümden) sonra bunu (yaratmayı) tekrarlayan O'dur, ki bu, O'nun için pek kolaydır. Göklerde ve yerde (tecelli eden) en yüce sıfat O'nundur. O, mutlak güç ve hikmet sahibidir."[194]

Peygamber Efendimiz (s.a.v) de şöyle buyurdu:

عَنْ أَبِي هُرَيْرَةَ قَالَ قَالَ رَسُولُ اللَّهِ صلى الله عليه وسلم وَلَيْسَ مِنَ الْإِنْسَانِ شَيْءٌ إِلاَّ يَبْلَى إِلاَّ عَظْمًا وَاحِدًا وَهُوَ عَجْبُ الذَّنَبِ وَمِنْهُ يُرَكَّبُ الْخَلْقُ يَوْمَ الْقِيَامَةِ

"İnsanın kuyruk sokumu kemiği (acbü'z-zeneb) dışındaki her şeyi, ölümünden sonra çürüyüp yok olacaktır. Kıyamet günü tekrar diriltme bu çürümeyen parçadan olacaktır."[195]

5. Haşir ve Mahşer

Haşir, sözlükte "toplanmak, bir araya gelmek" demektir. Istılah olarak ise, Allah Teâlâ'nın insanları tekrar diriltildikten sonra hesaba çekmek için bir araya toplamasıdır ki, toplanma yerine de **"mahşer"** veya **"arasat"** denir. Haşir gününü anlatan âyetlerden birisi olan şu âyette bunu görüyoruz:

وَيَوْمَ يَحْشُرُهُمْ كَأَنْ لَمْ يَلْبَثُوا إِلَّا سَاعَةً مِنَ النَّهَارِ يَتَعَارَفُونَ بَيْنَهُمْ قَدْ خَسِرَ الَّذِينَ كَذَّبُوا بِلِقَاءِ اللَّهِ وَمَا كَانُوا مُهْتَدِينَ

"Allah'ın onları, sanki günün ancak bir saati kadar kaldıklarını zanneder vaziyette yeniden diriltip toplayacağı gün aralarında birbirleriyle tanışırlar. Allah'ın huzuruna varmayı yalanlayanlar elbette zarara uğramışlardır. Zira onlar doğru yola gitmemişlerdi."[196]

---

193 Ahkaf; 46: 33
194 Rum; 30: 27
195 Müslim; Fiten, Babu ma beyne'n-Nefhateyn, H. No: 7603
196 Yunus; 10: 45

Haşirle ilgili olarak Peygamber Efendimiz (s.a.v) da şöyle buyurdu:

عَنْ ابْنِ عَبَّاسٍ قَالَ قَالَ رَسُولُ اللهِ صَلَّى اللهُ عَلَيْهِ وَسَلَّمَ يُحْشَرُ النَّاسُ يَوْمَ الْقِيَامَةِ حُفَاةً عُرَاةً غُرْلًا كَمَا خُلِقُوا

İbn Abbas (ra)'dan: Peygamber Efendimiz (s.a.v) buyurdu ki; *"İnsanlar kıyamet günü yaratıldıkları günkü gibi, yalın ayak, başı açık ve çıplak olarak haşrolunur."*[197]

6. Amel Defterlerinin Dağıtılması

İnsanlar, haşir meydanına toplanınca, dünyada yapmış oldukları amellerinin içinde bulunduğu defterleri kendilerine verilir ve kendi kendilerini muhakeme etmeleri istenir. Bu defterler dünyadaki defterlere benzemez. Kirâmen Kâtibîn meleklerinin yazdığı bu defterler hakkında Kur'an-ı Kerim'de şu ifadeler vardır:

وَوُضِعَ الْكِتَابُ فَتَرَى الْمُجْرِمِينَ مُشْفِقِينَ مِمَّا فِيهِ وَيَقُولُونَ يَا وَيْلَتَنَا هَذَا الْكِتَابِ لَا يُغَادِرُ صَغِيرَةً وَلَا كَبِيرَةً إِلَّا أَحْصَاهَا وَوَجَدُوا مَا عَمِلُوا حَاضِرًا وَلَا يَظْلِمُ رَبُّكَ أَحَدًا

"Kitap ortaya konmuştur: Suçluların, onda yazılı olanlardan korkmuş olduklarını görürsün. "Vay halimize! derler, bu nasıl kitapmış! Küçük büyük hiçbir şey bırakmaksızın (yaptıklarımızın) hepsini sayıp dökmüş!" Böylece yaptıklarını karşılarında bulmuşlardır. Senin Rabbin hiç kimseye zulmetmez."[198] اقْرَأْ كِتَابَكَ كَفَى بِنَفْسِكَ الْيَوْمَ عَلَيْكَ حَسِيبًا *"Kitabını oku! Bugün sana hesap sorucu olarak kendi nefsin yeter."*[199]

Amel defterleri cennetlik olanlara sağ taraflarından, cehennemliklere ise sol taraflarından veya arkalarından verilir. Defteri sağdan alanlara "ashâb-ı yemîn", soldan veya arkadan alanlara da "ashâb-ı şimâl" denilir. Defteri sağdan almak, müjdeye, soldan almak ise azaba haber olarak kabul edilir.

Alınacak Dersler:

1. İman, İslam ve İhsan ölçülerinde bir mümin olmak gerekir.

---

197 Tirmizi; Mâ-câe fî şe'ni'l Haşr, H. No: 2347
198 Kehf; 18: 49
199 İsra; 17: 14

2. Zamanımızda çoğalmış olan kıyamet alametleri karşısında yapacağımız en akıllı iş, hem kendimizin hem de neslimizin kurtuluşu için gayret etmek olmalıdır.

3. Kıyamet yaklaşmış olsa bile kendi kıyametimiz kopmadan önce hazırlıklar yapmalıyız.

4. Kabir sualine cevap verebilmek için, imanımızı devamlı kontrol etmeliyiz.

5. Âhiret hayatını aklen kavramasak bile, bizim anlayışımız kafi gelmediğine hükmedip, teslim olmalıyız.

10. SOHBET

KIYAMET ALÂMETLERİ VE AHİRET HAYATININ DEVRELERİ (2)

7. Hesap ve Sual

İnsanlara defterleri takdim edildiğinde görecekler ki, yazılmamış hiç bir amellerinin kalmadığını görecekler. Bundan sonra da bu amellerinin hesabı sorulacaktır. Bu durum Kur'an-ı Kerim'de şöyle anlatılmaktadır:

$$وَوُضِعَ الْكِتَابُ فَتَرَى الْمُجْرِمِينَ مُشْفِقِينَ مِمَّا فِيهِ وَيَقُولُونَ يَا وَيْلَتَنَا مَالِ هٰذَا الْكِتَابِ لَا يُغَادِرُ صَغِيرَةً وَلَا كَبِيرَةً إِلَّا أَحْصَاهَا وَوَجَدُوا مَا عَمِلُوا حَاضِرًا وَلَا يَظْلِمُ رَبُّكَ أَحَدًا$$

"Kitap ortaya konmuştur: Suçluların, onda yazılı olanlardan korkmuş olduklarını görürsün. "Vay halimize! derler, bu nasıl kitapmış! Küçük büyük hiçbir şey bırakmaksızın (yaptıklarımızın) hepsini sayıp dökmüş!" Böylece yaptıklarını karşılarında bulmuşlardır. Senin Rabbin hiç kimseye zulmetmez."[200]

Hesap gününde amel defterlerinin dışında insanların kendi azaları da konuşturulacaktır. Âyet-i Kerîme'de buna şu şekilde işaret buyurulmaktadır:

$$الْيَوْمَ نَخْتِمُ عَلَى أَفْوَاهِهِمْ وَتُكَلِّمُنَا أَيْدِيهِمْ وَتَشْهَدُ أَرْجُلُهُمْ بِمَا كَانُوا يَكْسِبُونَ$$

"O gün onların ağızlarını mühürleriz; yaptıklarını bize elleri anlatır, ayakları da şahitlik eder."[201]

Zerre kadar hayır işleyenin mükâfatı, kötülük işleyenin de cezası tesbit edilecek bu günde hiçbir adaletsizlik olmayacaktır.

$$فَمَنْ يَعْمَلْ مِثْقَالَ ذَرَّةٍ خَيْرًا يَرَهُ وَمَنْ يَعْمَلْ مِثْقَالَ ذَرَّةٍ شَرًّا يَرَهُ$$

---

200 Kehf; 18: 49
201 Yasîn; 36: 65

"Kim zerre miktarı hayır yapmışsa onu görür. Kim de zerre miktarı şer işlemişse onu görür."[202]

Bu sorgu ve sual gününde insana şu beş şey sorulacaktır:

عَنْ أَبِي بَرْزَةَ الْأَسْلَمِيِّ قَالَ قَالَ رَسُولُ اللهِ صَلَّى اللهُ عَلَيْهِ وَسَلَّمَ لَا تَزُولُ قَدَمَا عَبْدٍ يَوْمَ الْقِيَامَةِ حَتَّى يُسْأَلَ عَنْ عُمُرِهِ فِيمَا أَفْنَاهُ وَعَنْ عِلْمِهِ فِيمَ فَعَلَ وَعَنْ مَالِهِ مِنْ أَيْنَ اكْتَسَبَهُ وَفِيمَ أَنْفَقَهُ وَعَنْ جِسْمِهِ فِيمَ أَبْلَاهُ

Ebu Berze el-Eslemî (r.a.)'den: Peygamber Efendimiz (s.a.v) buyuruyor ki; *"Ömrünü nerede tükettiğinden, ilmiyle nasıl amel ettiğinden, malını nereden kazanıp nereye harcadığından, bedenini nerede yaşlandırdığından soruluncaya kadar kulun ayağı hesap yerinden ayrılamaz."* [203]

Allah (c.c.), insanları aracısız olarak sorgulayacak ve hesaba çekecektir. Müminler bu sorulara kolayca cevap verirken, kâfirler elbette cevap veremeyeceklerdir.

8. Mizan:

Mizan, sözlükte "terazi" anlamına gelir. Dinimizde ise, âhirette hesaptan sonra herkesin amellerinin tartılacağı ve mahiyeti Allah tarafından bilinen ilâhî adalet ölçüsüdür. Tartıda iyilikleri kötülüklerinden ağır gelenler kurtuluşa erecekler, hafif gelenler ise cezaya çarptırılacaklardır. Cezaya çarptırılacakların içinde bulunan müminler, işledikleri suçun karşılığı olan cezalarını çektikten sonra cennete gireceklerdir. Mizan anlatan Kur'an âyetlerinden biri şöyledir:

وَنَضَعُ الْمَوَازِينَ الْقِسْطَ لِيَوْمِ الْقِيَامَةِ فَلَا تُظْلَمُ نَفْسٌ شَيْئًا وَإِن كَانَ مِثْقَالَ حَبَّةٍ مِنْ خَرْدَلٍ أَتَيْنَا بِهَا وَكَفَى بِنَا حَاسِبِينَ

"Biz, kıyamet günü için adalet terazileri kurarız. Artık kimseye, hiçbir şekilde haksızlık edilmez. (Yapılan iş,) bir hardal tanesi kadar dahi olsa, onu (adalet terazisine) getiririz. Hesap gören olarak biz (herkese) yeteriz."[204]

Yüksek uçan gönül yorulur birgün
Mizan terazisi kurulur birgün
Herkesin ettiği sorulur birgün
Döner mi Yarabbi dil yavaş yavaş

(Aşık Meslekî)

---

202 Zilzal; 99: 7-8
203 Tirmizî; Hesap, 8/443, H. No: 2341
204 Enbiya; 21: 47

9. Sırat:

Sırat cehennemin üzerine uzatılmış bir yoldur. Herkes bu yoldan geçecektir. İnsanlar dünyadaki amellerine göre bu yolu katedecekler. Müminler de hayırlı amllerinin derecesine göre, sür'atle, yürüyerek veya sürünerek geçecekler. Ama inanmayanlar bir şekilde ayakları sürçecek ve cehenneme düşeceklerdir.

عَنِ الْمُغِيرَةِ بْنِ شُعْبَةَ قَالَ قَالَ رَسُولُ اللهِ صَلَّى اللهُ عَلَيْهِ وَسَلَّمَ شِعَارُ الْمُؤْمِنِ عَلَى الصِّرَاطِ رَبِّ سَلِّمْ سَلِّمْ

Mugîre b. Şu'be (r.a.)'den: Peygamber Efendimiz (s.a.v) buyurduki: *"Sırat köprüsündeki müminin duası hep "Rabbim beni selamete erdir" olacaktır."*[205]

Sırat kıldan incedir

Kılıçtan keskincedir

Varıp anın üstüne

Evler yapasım gelir

(Yunus Emre)

10. Havuz:

Kıyamet gününde müminlerin tatlı ve berrak sularından içeceği ve peygamberlere Allah tarafından ihsan edileceği bildirilen havuzlar olacaktır. Örneğin Peygamber Efendimiz (s.a.v)'a verilecek havuzun "Kevser" olduğunu Kur'an-ı Kerim'den öğreniyoruz:

إِنَّا أَعْطَيْنَاكَ الْكَوْثَرَ

"(Resulum!) Kuşkusuz biz sana Kevser'i verdik."[206]

عَنْ أَنَسِ بْنِ مَالِكٍ أَنَّ رَسُولَ اللهِ صَلَّى اللهُ عَلَيْهِ وَسَلَّمَ قَالَ إِنَّ فِي حَوْضِي مِنَ الْأَبَارِيقِ بِعَدَدِ نُجُومِ السَّمَاءِ

Enes b. Malik (ra)'den: Peygamber Efendimiz (s.a.v) buyurdu ki: *"Benim havuzumun başında gökteki yıldızların sayısınca ibrik olacaktır."*[207]

---

205 Tirmizî; Sırat, H. No: 2356
206 Kevser; 108: 1
207 Tirmizî; Havuz, H. No: 2366

عَنْ سَمُرَةَ قَالَ قَالَ رَسُولُ اللهِ صَلَّى اللهُ عَلَيْهِ وَسَلَّمَ إِنَّ لِكُلِّ نَبِيٍّ حَوْضًا وَإِنَّهُمْ يَتَبَاهَوْنَ أَيُّهُمْ أَكْثَرُ وَارِدَةً وَإِنِّي أَرْجُو أَنْ أَكُونَ أَكْثَرَهُمْ وَارِدَةً

Semüre (ra)'den: Peygamber Efendimiz (s.a.v) şöyle buyurdu: *"Her peygamberin bir havuzu vardır ve herkes bu havuzlardan içenlerin çokluğu ile övünür. Ben benim havuzumdan içenlerin daha çok olacağını umuyorum."*[208]

11. Şefaat:

Ehl-i sünnet inancına göre, Allah'ın izni ile âhirette peygamberler şefaat edeceklerdir. Şefaat, günahı olan müminlerin affedilmeleri, günahı olmayanların da daha yüce makamlara erişmeleri için, peygamberlerin veya Allah katında derecesi yüksek olanların Allah'a yalvarmaları ve dua etmeleri demektir. Dolayısı ile kâfir ve münafıklara şefaat söz konusu olmayacaktır. Şefaatin varlığı hakkında şu âyetler ve hadis-i şerif bize bir fikir vermektedir:

مَنْ ذَا الَّذِي يَشْفَعُ عِنْدَهُ إِلَّا بِإِذْنِهِ

"İzni olmadan O'nun katında kim şefaat edebilir?"[209]

يَعْلَمُ مَا بَيْنَ أَيْدِيهِمْ وَمَا خَلْفَهُمْ وَلَا يَشْفَعُونَ إِلَّا لِمَنِ ارْتَضَى وَهُمْ مِنْ خَشْيَتِهِ مُشْفِقُونَ

"Allah, onların önlerindekini de, arkalarındakini de (yaptıklarını da, yapacaklarını da) bilir. Allah rızasına ulaşmış olanlardan başkasına şefaat etmezler. Onlar, Allah korkusundan titrerler!"[210]

عَنْ أَنَسِ بْنِ مَالِكٍ عَنِ النَّبِيِّ صَلَّى اللهُ عَلَيْهِ وَسَلَّمَ قَالَ شَفَاعَتِي لِأَهْلِ الْكَبَائِرِ مِنْ أُمَّتِي

"Şefaatim, ümmetimden büyük günah işleyenler içindir."[211]

Bu genel şefaatin dışında bir de Peygamber Efendimiz (s.a.v)'ın adına *"şefaat-i uzma/en büyük şefaat"*ı vardır ki, Kur'an-ı Kerim'deki *"Makam-ı Mahmûd"* şefaatidir:

208 Tirmizî; Havuz, H.No: 2367
209 Bakara; 2: 255
210 Enbiya; 21: 28
211 Ebû Dâvûd; "Sünnet", 21, H. No: 4114

وَمِنَ اللَّيْلِ فَتَهَجَّدْ بِهِ نَافِلَةً لَكَ عَسَى أَنْ يَبْعَثَكَ رَبُّكَ مَقَامًا مَّحْمُودًا

"Gecenin bir kısmında uyanarak, sana mahsus bir nafile olmak üzere namaz kıl. (Böylece) Rabbinin, seni, övgüye değer bir makama göndereceğini umabilirsin."[212]

Ancak müslümanlar şefaate güvenerek dinin gereklerini terketmemeli, şefaate lâyık olmak için çalışıp çabalamalıdırlar.

12. A'raf:

A'raf, dağ ve tepenin zirve kısımları anlamına gelir. Dinimizde ise, cennetle cehennemin arasında bulunan sûrun ve yüksek kısmın adıdır. A'raf ve ve a'rafta kalacak insanlarla alakalı olarak âlimlerimizin farklı görüşleri vardır.

a) Herhangi bir peygamberin tebliğ ve davetini duymadan ölen insanlarla, müşriklerin mükellef olmadan ölen çocukları.

b) İyi ve kötü amelleri eşit olan müminlerdir. Bunlar cennete girmeden önce cennetle cehennem arasında bir süre bekletilecekler; sonra Allah'ın lütfu ile cennete gireceklerdir. Şu âyetler bize bu sahneleri anlatmaktadır:

وَبَيْنَهُمَا حِجَابٌ وَعَلَى الْأَعْرَافِ رِجَالٌ يَعْرِفُونَ كُلًّا بِسِيمَاهُمْ وَنَادَوْا أَصْحَابَ الْجَنَّةِ أَنْ سَلَامٌ عَلَيْكُمْ لَمْ يَدْخُلُوهَا وَهُمْ يَطْمَعُونَ وَإِذَا صُرِفَتْ أَبْصَارُهُمْ تِلْقَاءَ أَصْحَابِ النَّارِ قَالُوا رَبَّنَا لَا تَجْعَلْنَا مَعَ الْقَوْمِ الظَّالِمِينَ

"İki taraf (cennetlikler ve cehennemlikler) arasında bir perde ve A'raf üzerinde de herkesi simalarından tanıyan adamlar vardır ki, bunlar henüz cennete giremedikleri halde (girmeyi) umarak cennet ehline: "Selam size!" diye seslenirler. Gözleri cehennem ehli tarafına döndürülünce de: Ey Rabbimiz! Bizi zalimler topluluğu ile beraber bulundurma! derler."[213]

13. Cehennem:

Cehennem kelimesi sözlükte "derin kuyu" manasına gelir. Dinimiz literatüründe ise, âhirette kâfirlerin süresiz ve ebedî, günahkâr müminlerin de günahları nisbetinde cezalarını çekmek üzere girip kalacakları azap yeridir. Kur'an-ı Kerim'de cehennem anlamında bir çok kelime kullanılmıştır: Cehennem (derin kuyu), nâr (ateş), cahîm (son derece büyük, alevleri kat kat yükselen ateş), hâviye (düşenlerin çoğunun geri dönmediği uçurum), saîr (çılgın ateş ve alev), lezâ (dumansız ve katıksız alev), sakar (ateş), hutame (obur ve kızgın ateş) gibi.

Cehennemin dehşeti ile ilgili Kur'an'da bir çok tasvirler gelmiştir:

---

212 İsra; 17: 79. Buhari; Sûre-i Benî İsrail; Bab, 209, H. 79
213 A'raf; 7: 46-47

Suçlular cehenneme vardıklarında, cehennem onlara büyük kıvılcımlar saçar:

إِنَّهَا تَرْمِي بِشَرَرٍ كَالْقَصْرِ كَأَنَّهُ جِمَالَتٌ صُفْرٌ "O, saray gibi kocaman kıvılcım saçar. Her bir kıvılcım, sanki birer sarı deve gibidir.["214]

Uzaktan gözüktüğünde kaynaması ve uğultusu işitilir:

إِذَا رَأَتْهُمْ مِنْ مَكَانٍ بَعِيدٍ سَمِعُوا لَهَا تَغَيُّظًا وَزَفِيرًا

"Cehennem ateşi uzak bir mesafeden kendilerini görünce, onun öfkelenişini (müthiş kaynamasını) ve uğultusunu işitirler.["215]

Zindan olduğu anlatılan cehennem:

عَسَى رَبُّكُمْ أَنْ يَرْحَمَكُمْ وَإِنْ عُدْتُمْ عُدْنَا وَجَعَلْنَا جَهَنَّمَ لِلْكَافِرِينَ حَصِيرًا

"Belki Rabbiniz size merhamet eder; fakat siz eğer yine (fesatçılığa) dönerseniz, biz de sizi yine cezalandırırız. Biz cehennemi kafirler için bir hapishane yaptık.["216]

Ateşten örtü ve yatakları olan cehennem:

لَهُمْ مِنْ جَهَنَّمَ مِهَادٌ وَمِنْ فَوْقِهِمْ غَوَاشٍ وَكَذَلِكَ نَجْزِي الظَّالِمِينَ

"Onlar için cehennem ateşinden döşekler, üstlerine de örtüler vardır. İşte zalimleri böyle cezalandırırız!["217]

Yüzleri dağlayan ve yakan cehennem:

سَرَابِيلُهُمْ مِنْ قَطِرَانٍ وَتَغْشَى وُجُوهَهُمُ النَّارُ

"Onların gömlekleri katrandandır, yüzlerini de ateş bürümektedir.["218]

تَلْفَحُ وُجُوهَهُمُ النَّارُ وَهُمْ فِيهَا كَالِحُونَ "Ateş yüzlerini yakar; orada suratları çirkin ve gülünç bir halde bulunurlar.["219]

Deriyi soyup kavuran cehennem: نَزَّاعَةً لِلشَّوَى "Derileri kavurup soyar.["220]

---

214 Mürselat; 77: 32-33
215 Furkan; 25: 12
216 İsra; 17: 8
217 A'raf; 7: 41
218 İbrahim; 14: 50
219 Mü'minûn; 23: 104
220 Mearic; 70: 16

Yüreklere çöken cehennem: الَّتِي تَطَّلِعُ عَلَى الْأَفْئِدَةِ (*Yandıkça*) *tırmanıp kalplerin ta üstüne çıkar.*"[221]

Kızgın ateş dolu bir çukur olan cehennem:

$$فَأُمُّهُ هَاوِيَةٌ وَمَا أَدْرَاكَ مَا هِيَهْ نَارٌ حَامِيَةٌ$$

"İşte onun anası (yeri, yurdu) Haviye'dir. Nedir o (Haviye) bilir misin? Kızgın ateş!"[222]

Yakıtı insanlarla taşlar olan cehennem:

$$يَا أَيُّهَا الَّذِينَ آمَنُوا قُوا أَنْفُسَكُمْ وَأَهْلِيكُمْ نَارًا وَقُودُهَا النَّاسُ$$

$$وَالْحِجَارَةُ عَلَيْهَا مَلَائِكَةٌ غِلَاظٌ شِدَادٌ لَا يَعْصُونَ اللَّهَ مَا أَمَرَهُمْ$$

$$وَيَفْعَلُونَ مَا يُؤْمَرُونَ$$

"Ey inananlar! Kendinizi ve ailenizi, yakıtı insanlar ve taşlar olan ateşten koruyun. Onun başında, acımasız, güçlü, Allah'ın kendilerine buyurduğuna karşı gelmeyen ve emredildiklerini yapan melekler vardır."[223]

İnsanın içine işleyen bir sıcaklık ve kaynar su içinde, serin ve hoş olmayan bir kara dumanın gölgesinde bulunacak cehennem: فِي سَمُومٍ وَحَمِيمٍ وَظِلٍّ مِنْ يَحْمُومٍ لَا بَارِدٍ وَلَا كَرِيمٍ *"İçlerine işleyen bir ateş ve kaynar su içinde, kapkara dumandan bir gölge altındadırlar; serin ve hoş olmayan."*[224]

Derileri yakan, her yanışında, azabı tatmaları için başka deri ile değiştiren cehennem:

$$إِنَّ الَّذِينَ كَفَرُوا بِآيَاتِنَا سَوْفَ نُصْلِيهِمْ نَارًا كُلَّمَا نَضِجَتْ جُلُودُهُمْ بَدَّلْنَاهُمْ$$

$$جُلُودًا غَيْرَهَا لِيَذُوقُوا الْعَذَابَ إِنَّ اللَّهَ كَانَ عَزِيزًا حَكِيمًا$$

"Şüphesiz ayetlerimizi inkar edenleri gün gelecek bir ateşe sokacağız; onların derileri pişip acı duymaz hale geldikçe, derilerini başka derilerle değiştiririz ki acıyı duysunlar! Allah daima üstün ve hakimdir."[225]

Yiyeceği zakkum ağacı, içecekleri kaynar su ve irin olan cehennem:

---

221 Hümeze; 104: 7
222 Karia; 101: 9-11
223 Tahrim; 66: 6
224 Vâkıa; 56: 42-44
225 Nisa; 4: 56

لَاكِلُونَ مِن شَجَرٍ مِن زَقُّومٍ *"Elbette bir ağaçtan, zakkum ağacından yiyeceksiniz."*[226]

فَشَارِبُونَ عَلَيْهِ مِنَ الْحَمِيمِ *"Üstüne de kaynar sudan içeceksiniz."*[227]

Allah'ı dünyada tanımayan inkârcılar Allah'ın merhametinden mahrum kalacaklardır. Günahkâr müminler ise, azaplarını çektikten sonra cennete gireceklerdir. Şu âyet ve hadis-i şerifte olduğu gibi:

إِنَّ الَّذِينَ كَفَرُوا وَظَلَمُوا لَمْ يَكُنِ اللّٰهُ لِيَغْفِرَ لَهُمْ وَلَا لِيَهْدِيَهُمْ طَرِيقًا *"İnkar edip zulmedenleri Allah asla bağışlayacak değildir. Onları (başka) bir yola iletecek de değildir."*[228]

يَخْرُجُ قَوْمٌ مِنَ النَّارِ بَعْدَ مَا مَسَّهُمْ مِنْهَا سَفْعٌ، فَيَدْخُلُونَ الجَنَّةَ،
فَيُسَمِّيهِمْ أَهْلُ الجَنَّةِ: الجَهَنَّمِيِّينَ.

"İnsanların bir kısmı cehennemde bir miktar kaldıktan sonra çıkacaklar ve cennete gireceklerdir. Cennet ehli bunları "cehennemîler" diye isimlendireceklerdir."[229]

Âhiret hayatının her devresinde olduğu gibi insan, cehennem azabını hem ruh hem de bedeni ile birlikte çekecektir. Ancak cehennem hayatında anlatılan, acılar, ıstıraplar, azaplar ve ateşler bu dünyadakilerin aynısı değildir. Bunların da iç yüzünü sadece Allah bilir; insanlar bilemezler.

14. Cennet:

Cennet kelimesi, "bahçe, bitki ve sık ağaçlarla örtülü yer" anlamına gelir. Dinimizde ise, "çeşitli nimetlerle bezenmiş olan ve müminlerin içinde ebedî olarak kalacakları âhiret yurdu"nun adıdır. Cennet ve cennetteki hayat sonsuzdur.

Kur'an-ı Kerim'de cenneti anlatan bir çok kelime zikredilmiştir. Bunlar cennetin katları veya içinde bulunan nimetleri anlatan tabirlerdir. Şöyle ki: Cennetü'l-me'vâ (şehid ve müminlerin barınağı ve konağı olan cennet), cennet-i adn (ikamet ve ebedîlik cenneti), dârü'l-huld (ebedîlik yurdu), firdevs (her şeyi kapsayan cennet bahçesi), dârü's-selâm (esenlik yurdu), dârü'l-mukâme (ebedî kalınacak yer), cennâtü'n-naîm (nimetlerle dolu cennetler), el-makâmü'l-emîn (güvenli makam).

Cenneti anlatan âyetler, onun bazı özelliklerini bize takdim ediyor:

Genişliği göklerle yer kadar olan cennet:

---

226 Vakıa; 56: 52
227 Vakıa; 56: 54
228 Nisa; 4: 168
229 Buhari; Sıfatu'l Cenneti ve'n-Nâr, H. No: 6074

$$\text{وَسَارِعُوا إِلَى مَغْفِرَةٍ مِنْ رَبِّكُمْ وَجَنَّةٍ عَرْضُهَا السَّمَاوَاتُ وَالْأَرْضُ أُعِدَّتْ لِلْمُتَّقِينَ}$$

"Rabbinizin bağışına ve takva sahipleri için hazırlanmış olup genişliği gökler ve yer kadar olan cennete koşun!"[230]

Yakıcı sıcağın da dondurucu soğuğun da görülmeyeceği bir yer:

$$\text{مُتَّكِئِينَ فِيهَا عَلَى الْأَرَائِكِ لَا يَرَوْنَ فِيهَا شَمْسًا وَلَا زَمْهَرِيرًا}$$

"Orada koltuklara kurulmuş olarak bulunurlar; ne yakıcı sıcak görülür orada, ne de dondurucu soğuk."[231]

Temiz su, tadı bozulmayan süt ve süzme bal ırmaklarının yer aldığı cennet:

$$\text{مَثَلُ الْجَنَّةِ الَّتِي وُعِدَ الْمُتَّقُونَ فِيهَا أَنْهَارٌ مِنْ مَاءٍ غَيْرِ آسِنٍ وَأَنْهَارٌ مِنْ لَبَنٍ لَمْ يَتَغَيَّرْ طَعْمُهُ وَأَنْهَارٌ مِنْ خَمْرٍ لَذَّةٍ لِلشَّارِبِينَ وَأَنْهَارٌ مِنْ عَسَلٍ مُصَفًّى وَلَهُمْ فِيهَا مِنْ كُلِّ الثَّمَرَاتِ وَمَغْفِرَةٌ مِنْ رَبِّهِمْ كَمَنْ هُوَ خَالِدٌ فِي النَّارِ وَسُقُوا مَاءً حَمِيمًا فَقَطَّعَ أَمْعَاءَهُمْ}$$

"Müttakilere vadolunan cennetin durumu şöyledir: İçinde bozulmayan sudan ırmaklar, tadı değişmeyen sütten ırmaklar, içenlere lezzet veren şaraptan ırmaklar ve süzme baldan ırmaklar vardır. Orada meyvelerin her çeşidi onlarındır. Rablerinden de bağışlama vardır. Hiç bu, ateşte ebedi kalan ve bağırsaklarını parça parça edecek kaynar su içirilen kimselerin durumu gibi olur mu?"[232]

Suyu zencefille kokulandırılmış tatlı su pınarı (selsebîl):

$$\text{عَيْنًا فِيهَا تُسَمَّى سَلْسَبِيلًا}$$

"(Bu şarap) orada bir pınardandır ki adına Selsebil denir."[233]

Sonu misk kokusu bırakan bir içecek olan cennet:

$$\text{يُسْقَوْنَ مِنْ رَحِيقٍ مَخْتُومٍ خِتَامُهُ مِسْكٌ وَفِي ذَلِكَ فَلْيَتَنَافَسِ الْمُتَنَافِسُونَ}$$

---

230 Al-i İmran; 3: 133
231 İnsan; 76: 13
232 Muhammed; 47: 15
233 İnsan; 76: 18

"Kendilerine mühürlü halis bir içki sunulur. Onun içiminin sonunda misk kokusu vardır. İşte yarışanlar ancak onda yarışsınlar.''[234]

İçeceği baş ağrıtmayan, sarhoş etmeyen, içenlere zevk veren ve bembeyaz bir kaynaktan çıkan cennet:

$$يُطَافُ عَلَيْهِمْ بِكَأْسٍ مِنْ مَعِينٍ بَيْضَاءَ لَذَّةٍ لِلشَّارِبِينَ لَا فِيهَا غَوْلٌ وَلَا هُمْ عَنْهَا يُنْزَفُونَ$$

"Onlara pınardan (doldurulmuş) kadehler dolaştırılır. Berraktır, içenlere lezzet verir. O içkide ne sersemletme vardır ne de onunla sarhoş olurlar.''[235]

İçildiği zaman sarhoş etmediği gibi ne baş dönmesi yapar, ne günah işlemeye iter, ne de saçmalatır: لَا يُصَدَّعُونَ عَنْهَا وَلَا يُنْزَفُونَ *"Bu şaraptan ne başları ağrıtılır, ne de akılları giderilir.''*[236]

$$يَتَنَازَعُونَ فِيهَا كَأْسًا لَا لَغْوٌ فِيهَا وَلَا تَأْثِيمٌ$$

"Orada karşılıklı kadeh tokuştururlar, ama burada (içki yüzünden) ne saçmalama vardır ne de günaha girme.''[237]

Türlü meyveler, hurmalıklar, nar ağaçları, bağlar, dikensiz sedir ağaçları, salkımları sarkmış muz ağaçları ve çeşit çeşit kut etleri bulunan cennetler: فِيهِمَا فَاكِهَةٌ وَنَخْلٌ *"İkisinde de her türlü meyveler, hurma ve nar vardır.''*[238] حَدَائِقَ وَأَعْنَابًا *"Bahçeler, bağlar,''*[239] وَرُمَّانٌ فِي سِدْرٍ مَخْضُودٍ وَطَلْحٍ مَنْضُودٍ *"Düzgün kiraz ağacı, meyveleri salkım salkım dizili muz ağaçları,''*[240] وَلَحْمِ طَيْرٍ مِمَّا يَشْتَهُونَ *"Canlarının çektiği kuş etleri..''*[241]

İçindekilerin elbiselerinin ince ve kalın halis ipekten olduğu cennetler:

$$أُولَئِكَ لَهُمْ جَنَّاتُ عَدْنٍ تَجْرِي مِنْ تَحْتِهِمُ الْأَنْهَارُ يُحَلَّوْنَ فِيهَا مِنْ أَسَاوِرَ مِنْ ذَهَبٍ وَيَلْبَسُونَ ثِيَابًا خُضْرًا مِنْ سُنْدُسٍ وَإِسْتَبْرَقٍ مُتَّكِئِينَ فِيهَا عَلَى الْأَرَائِكِ نِعْمَ الثَّوَابُ وَحَسُنَتْ مُرْتَفَقًا$$

234 Mutaffifîn; 83: 25-26
235 Sâffât; 37: 45-47
236 Vakıa; 56: 19
237 Tûr; 52: 23
238 Rahmân; 55: 68
239 Nebe'; 78: 32
240 Vakıa; 56: 28-29
241 Vakıa; 56: 21

"İşte onlara, alt taraflarından ırmaklar akan Adn cennetleri vardır. Onlar Adn cennetlerinde tahtlar üzerine kurularak orada altın bileziklerle bezenecekler; ince ve kalın dibadan yeşil elbiseler giyecekler. Ne güzel karşılık ve ne güzel kalma yeri!"[242]

عَالِيَهُمْ ثِيَابُ سُندُسٍ خُضْرٌ وَإِسْتَبْرَقٌ وَحُلُّوا أَسَاوِرَ مِن فِضَّةٍ
وَسَقَاهُمْ رَبُّهُمْ شَرَابًا طَهُورًا

"Üzerlerinde yeşil ipekten ince ve kalın elbiseler vardır; gümüş bilezikler takınmışlardır. Rableri onlara tertemiz bir içki içirir."[243]

Altlarından ırmaklar akan, üst üste bina edilmiş köşklerle dolu cennetler:

لَكِنِ الَّذِينَ اتَّقَوْا رَبَّهُمْ لَهُمْ غُرَفٌ مِّن فَوْقِهَا غُرَفٌ مَّبْنِيَّةٌ تَجْرِي مِن تَحْتِهَا
الْأَنْهَارُ وَعْدَ اللَّهِ لَا يُخْلِفُ اللَّهُ الْمِيعَادَ

"Fakat Rablerinden sakınanlara, üstüste yapılmış, altlarından ırmaklar akan köşkler vardır. Bu, Allah'ın verdiği sözdür. Allah, verdiği sözden caymaz."[244]

Cennetliklerin hem kendileri hem de eşleri cennetin gölgelerinde tahtları üzerine kurulup otururlar:

هُمْ وَأَزْوَاجُهُمْ فِي ظِلَالٍ عَلَى الْأَرَائِكِ مُتَّكِئُونَ

"Onlar ve eşleri gölgeler altında tahtlara kurulurlar."[245]

Allah tarafından kalplerinden kin sökülüp atılmış olan cennetlikler, kardeşler halinde, karşı karşıya tahtları üzerinde otururlar. Orada bunlara hiçbir yorgunluk ve zahmet yoktur:

وَنَزَعْنَا مَا فِي صُدُورِهِم مِّنْ غِلٍّ إِخْوَانًا عَلَى سُرُرٍ مُّتَقَابِلِينَ لَا يَمَسُّهُمْ فِيهَا
نَصَبٌ وَمَا هُم مِّنْهَا بِمُخْرَجِينَ

"Biz, onların gönüllerindeki kini söküp attık; onlar artık köşkler üzerinde karşı karşıya oturan kardeşler olacaklar. Onlara orada hiçbir yorgunluk gelmeyecek ve onlar, oradan çıkarılmayacaklardır."[246]

---

242 Kehf; 18: 31
243 İnsan; 76: 21
244 Zümer; 39: 20
245 Yasîn; 36: 56
246 Hicr; 15: 47-48

Cennet nimetlerinin insan akıl ve hayalinin alamayacağı güzellikte olduğunu Hz. Peygamber bir hadis-i kutsîde şöyle beyan buyurmuştur:

عَنْ أَبِي هُرَيْرَةَ عَنِ النَّبِيِّ صَلَّى اللَّهُ عَلَيْهِ وَسَلَّمَ قَالَ قَالَ اللَّهُ عَزَّ وَجَلَّ أَعْدَدْتُ لِعِبَادِي الصَّالِحِينَ مَا لَا عَيْنٌ رَأَتْ وَلَا أُذُنٌ سَمِعَتْ وَلَا خَطَرَ عَلَى قَلْبِ بَشَرٍ

"Cenâb-ı Hak buyuruyor ki: *Sâlih kullarım için ben, cennette hiçbir gözün görmediği, hiçbir kulağın işitmediği ve insanın kalbinden bile geçmeyen nice nimetler hazırladım."*[247]

Cennet nimetlerinin en büyüğü Allah'ın hoşnutluğunu kazanmak ve Allah'ı görmektir. Kur'an-ı Kerim'de şöyle buyurulmuştur:

وَعَدَ اللَّهُ الْمُؤْمِنِينَ وَالْمُؤْمِنَاتِ جَنَّاتٍ تَجْرِي مِن تَحْتِهَا الْأَنْهَارُ خَالِدِينَ فِيهَا وَمَسَاكِنَ طَيِّبَةً فِي جَنَّاتِ عَدْنٍ وَرِضْوَانٌ مِنَ اللَّهِ أَكْبَرُ ذَلِكَ هُوَ الْفَوْزُ الْعَظِيمُ

"*Allah, mümin erkeklere ve mümin kadınlara, içinde ebedi kalmak üzere altından ırmaklar akan cennetler ve Adn cennetlerinde güzel meskenler vadetti. Allah'ın rızası ise hepsinden büyüktür. İşte büyük kurtuluş da budur."*[248]

Allah'ın âhirette görülmesi olayı önemlidir. Bizim inancımız, müminler âhirette cennete girdikten sonra Allah'ı göreceklerdir. Bu görmenin mahiyeti bilinmemekle beraber, Allah'ı görmek için dünyadaki varlıkları görmeyi sağlayacak zorunlu şartlara ihtiyaç olmayacaktır. Kur'an-ı Kerim'de, وُجُوهٌ يَوْمَئِذٍ نَاضِرَةٌ إِلَى رَبِّهَا نَاظِرَةٌ *"Yüzler vardır ki, o gün ışıl ışıl parıldayacaktır. Rablerine bakacaklardır (O'nu göreceklerdir)."*[249] buyurulmuş ve âhirette müminlerin Allah'ı görecekleri haberi verilmiştir.

عَنْ جَرِيرِ بْنِ عَبْدِ اللَّهِ قَالَ كُنَّا عِنْدَ رَسُولِ اللَّهِ صَلَّى اللَّهُ عَلَيْهِ وَسَلَّمَ فَنَظَرَ إِلَى الْقَمَرِ لَيْلَةَ الْبَدْرِ فَقَالَ لَنَا إِنَّكُمْ سَتَرَوْنَ رَبَّكُمْ كَمَا تَرَوْنَ هَذَا لَا تُضَامُونَ فِي رُؤْيَتِهِ

Cerir b. Abdullah el-Becelî (ra) anlatıyor: "Biz Peygamber Efendimiz (s.a.v)'la beraberdik. Efendimiz (s.a.v) bir ara dolunay halindeki aya baktı, sonra da şöyle buyurdu: *"Muhakkak ki siz şu ayı görüşünüz gibi, Rabbinizi de göreceksiniz. Ve o sırada izdihamdan ötürü birbirinize zarar vermiş de olmayacaksınız."*[250]

---

247 Müslim; "Cennet", 1, H. No: 5050
248 Tevbe; 9: 72
249 Kıyame; 75: 22-23
250 Tirmizî; Cennet, 15, H. No: 2474

عَنْ أَبِي سَعِيدٍ الْخُدْرِيِّ قَالَ قَالَ رَسُولُ اللهِ صَلَّى اللهُ عَلَيْهِ وَسَلَّمَ إِنَّ اللهَ يَقُولُ
لِأَهْلِ الْجَنَّةِ يَا أَهْلَ الْجَنَّةِ فَيَقُولُونَ لَبَّيْكَ رَبَّنَا وَسَعْدَيْكَ فَيَقُولُ هَلْ رَضِيتُمْ
فَيَقُولُونَ مَا لَنَا لَا نَرْضَى وَقَدْ أَعْطَيْتَنَا مَا لَمْ تُعْطِ أَحَدًا مِنْ خَلْقِكَ فَيَقُولُ أَنَا
أُعْطِيكُمْ أَفْضَلَ مِنْ ذَلِكَ قَالُوا أَيُّ شَيْءٍ أَفْضَلُ مِنْ ذَلِكَ قَالَ أُحِلُّ عَلَيْكُمْ
رِضْوَانِي فَلَا أَسْخَطُ عَلَيْكُمْ أَبَدًا

Ebu Said el-Hudri (ra)'den: Peygamber Efendimiz (s.a.v) buyurdular ki, "Allah (c.c.), cennet ehline, *"Ey cennet ahalisi"* diye nida buyurur. Cennette yaşayanlar, hep bir ağızdan "Buyur ya Rabbbi" diye mukabelede bulunurlar. Bunun üzerine Cenab-ı Hak, *"Benden razı mısınız?"* diye sorarlar. Onlar, *"Nasıl razı olmayız, mahlûkattan hiçbirine vermediğin şeyleri bize ihsan buyurdun"* derler. Devamında Allah-u Teâlâ, *"Size bundan daha efdalini vereceğim"* buyurur. Cennetlikler, *"Bundan daha efdal olan şey ne olabilir?"* diye sorarlar. Cenab-ı Hak, *"Sizden razı olacağım ve bir daha size kızmayacağım"* buyurdu."[251]

Alınacak Dersler:

1. Gayba imanın en önemli şartlarından biri de şüphesiz âhiretin varlığına ve oradaki hallere iman etmektir.
2. Elbette bir hesap ve terazi olmalı ki, zalimler hesaplarını versinler.
3. Cennetin nimetleri ve zevkleri sonsuz, ancak Allah'ı temaşa eylemek ve O'nun rızasına kavuşmak zevklerin en zirvesidir.
4. Bu kısacık dünya hayatı da son derece önemlidir. Çünkü ebedi azap veya nimetler yurdu bu az sermaye ile elde edilecektir.
5. Şefaati ve Allah'ı görmeyi kabul etmemek, her halde onlardan mahrum kalmaya sebep olabilir, akıllı olmak gerekir.

---

251 Tirmizî; Cennet, 16, H. No: 2478

11. SOHBET

HZ. OSMAN B. AFFÂN (RA)

Hayatı ve İslam'a Girişi

Osman b. Affân (ra), Raşid Halifelerin üçüncüsüdür. Ümeyye oğullarındandır. Nesebi, Abdi Menaf'ta Resûlullah (s.a.v) ile birleşir. Fil olayından altı sene sonra Mekke'de doğmuştur. Annesi, Erva binti Küreyz'dir. Büyükannesi, Resûlullah (s.a.v)'in halası Beyda'dır. Künyesi, Ebû Abdullah'tır.[252]

Hz. Osman (ra), Hz. Ebu Bekir (ra)'in daveti ile müslüman olanlardandır. O zaman otuz dört yaşlarında idi ve ilk iman edenlerdendi.[253] İslam'a girdiğinden haberdar olan amcası Hakem b. Ebil-Âs ona şiddetli baskı yaptı. O tarihte Peygamberimiz (s.a.v)'in kızı Rukayye ile evli idi. Mekkeli müşriklerin baskı ve işkenceleri yoğunlaşınca Habeşistan'a hicret etti.[254] Peygamberimiz (s.a.v) Medine'ye hicret edince o da Medine'ye hicret etti.[255]

Resûlullah (s.a.v)'in "Rume kuyusunu kim açarsa, ona Cennet vardır" müjdesi üzerine bir yahudinin mülkiyetinde olan Rume kuyusunu yirmi bin dirheme satın aldı, müslümanların istifadesine sundu.[256]

Hz. Rukayye ağır hasta olduğu için Bedir savaşından geri kaldı. Hz. Rukayye ordu Bedir'de iken vefat etti, zafer müjdesinin geldiği gün defnedildi. Fiili olarak Bedir'de bulunmamış olmasına rağmen Bedir'e katılanlardan sayılmış ve ganimetten ona da pay ayrılmıştır.[257] Bedir'den sonraki bütün gazalara katılmıştır. Daha sonra Allah'ın Rasulü, onu diğer kızı Ümmü Külsüm ile evlendirmiştir.

Hicretin 9. senesinde Ümmü Külsüm vefat edince Resûlullah (s.a.v), *"Eğer kırk tane kızım olsaydı bir tane kalmayıncaya kadar onları Osman'la evlendirirdim"*; bir başka rivayette ise Hz. Osman (ra)'a *"Üçüncü bir kızım olsaydı muhakkak ki seninle evlendirirdim"* buyurmuştu.[258] Resûlullah (s.a.v)'in iki kızıyla evlenmiş olması sebe-

252 İbn Hacer el-Askalânî; el-İsabe fi Temyîzi's-Sahabe, Bağdat t.y., II, 462. İbnül Esîr; Üsdül-gâbe, III, 584-585. Celaleddin es-Suyûtî; Târihul-Hulefâ, Beyrut 1986, 165

253 Siretu İbn İshak; İstanbul 1981, 121. Üsdü'l-Gâbe; aynı yer. Askalanî; aynı yer

254 İbn Sa'd; Tabakatül-Kübra, Beyrut t.y., I, 207

255 İbnül-Esîr; Üsdül-Gâbe, 585; İbn Sa'd; a.g.e., 55-56

256 Buhari; Fezailü'l-Ashab, 47

257 Üsdül-Gâbe; III, 586. Suyuti; a.g.e., 165; H.İ.Hasan; Tarihu'l-İslâm, I, 256

258 Üsdül-Gâbe; aynı yer

biyle "iki nûr sahibi" anlamında, *"Zi'n-Nureyn"* diye lakap verilmişti. Zatü'r-Rika ve Gatafan seferlerinde Resûlullah (s.a.v), onu Medine'de kendi yerine vekil bırakmıştı.[259] Hz. Osman (ra)'ın Hz. Rukayye'den doğan oğlu Abdullah, altı yaşında iken Medine'ye hicretin dördüncü yılında bir horozun yüzünü gözünü tırmalaması sonucunda hastalandı ve vefat etti.[260]

Rasulullah (s.a.v), Hudeybiye anlaşması öncesi müşriklere elçi olarak Hz. Osman (ra)'i gönderdi. Gönerirken de şunları ifade buyurdu: "Git ve Kureyş'e haber ver ki, biz buraya hiç kimse ile savaşmaya gelmedik. Sadece şu Beyt'i ziyaret ve onun haremliğine saygı göstermek için geldik ve getirdiğimiz kurbanlık develeri kesip döneceğiz". Hz. Osman (ra), Mekke'ye gitti ve onlara bu hususları bildirdi. Ancak onlar; "Bu asla olmaz. Mekke'ye giremezsiniz" dediler. Onların bu red cevabı Hz. Osman (ra)'in öldürüldüğü şeklinde ulaştı. Bunun üzerine bey'at alındı ki bu bey'ata Rıdvan Bey'atı denilir. Bu durumdan korkan müşrikler, anlaşma yolunu tercih ettiler.[261] Müşrikler, Osman (ra)'a isterse Kâ'be'yi tavaf edebileceğini bildirmişler. Fakat o, **"Allah'ın Rasulü (s.a.v) tavaf etmeden, ben tavaf etmem"** cevabını vermişti. Hudeybiye'de bulunan sahabiler ise Resûlullah (s.a.v)'a: **"Osman Beytullah'a kavuştu, onu tavaf etti; ne mutlu ona"** dediklerinde Resûlullah (s.a.v); **"Beytullah'ı biz tavaf etmedikçe, Osman da tavaf etmez"** buyurmuştur".[262]

Hz. Osman (ra), varlıklı biri idi. İslam'a ve müslümanlara gereken her türlü yardımı esirgemedi. Ceyşu'l Usre (zorluk ordusu) diye bilinen Peygamber ordusunun üçte birini teçhiz etmiş olduğu bildirilmiştir ki, bu ordunun sayısı otuz bin idi.[263] Onun bu davranışından çok memnun olan Allah'ın Rasulü (s.a.v); "Ey Allah'ım! Ben Osman'dan razıyım. Sen de razı ol"[264] diyerek dua etmiş, devamında "Bundan sonra Osman'a işledikleri için bir sorumluluk yoktur"[265] buyurmuştur.

Hilafeti

Hz. Ömer (r.a), yaralanınca hilâfete geçecek kimsenin tayin edilmesi için altı kişiden oluşan bir şura oluşturmuştu. İstişareler sonunda Hz. Osman halifeliğe getirildi.[266] İlk biat eden Abdurrahman b. Avf (ra) olmuş; ikinci biat eden ise Hz. Ali (ra) olmuştur.[267]

259 Suyuti; a.g.e., 165
260 İbn Sa'd; a.g.e., III, 53, 54
261 İbn Sa'd; II, 96, 97
262 Vakidî'den naklen; A. Köksal, a.g.e., 178-179
263 Asım Köksal; IX/162
264 İbn Hişam; Sîre, IV,161
265 Suyûti; a.g.e.,169
266 Suyuti; a.g.e.,171, 172. İbn Hacer; a.g.e., 463. H.i.Hasan; a.g.e., I, 258, 261
267 İbn Sa'd; a.g.e., III, 62

Hz. Osman (ra), İslâm tebliğinin girmiş olduğu yayılma sürecini aynı hızla devam ettirmeye çalıştı. O, Kuzey Afrika ve Kıbrıs'ı fethetmiş, İran'daki ayaklanmaları bastırarak merkezî yönetimin nüfuzunu yeniden tesis etmiştir. İlk defa İslam ordularının deniz savaşları yapmasına müsaade etmiştir. İslam, doğuda Çin sınırına, batıda Atlas okyanusuna, kuzeyde Anadolu içlerine kadar yayıldı.

Hz. Osman (ra), Mescid-i Nebi'nin genişletilmesine ihtiyaç duydu. Mescidi yeniden süslü taşlarla inşa etti. Taş sütunlar dikerek tavanını sac (bir cins ağaç) ile kapattı. Uzunluğunu yüz altmış, genişliğini de yüz elli zira'a çıkarttı.[268]

Hz. Osman (ra), İmam nüsha olan Mushafı çoğaltarak değişik eyaletlere gönderdi.[269]

Hz. Osman (ra), hilafetinin altıncı yılında Resûlullah (s.a.v)'a ait olan; Hz. Ebû Bekir ve Hz. Ömer'den sonra kendisine intikal eden mührü Medine'deki Arîs kuyusuna düşürdü. Onu bulacak olana büyük miktarda para vadinde bulunmuş, ancak bütün aramalara rağmen bu mühür bulunamadı. Hz. Osman (ra), buna çok üzüldü.[270]

Hz. Osman (ra), on iki sene hilâfet makamında kalmıştır. Bunun ilk altı senesi huzur ve güven içerisinde geçti. Yönetimden şikayet söz konusu olmadı. Kureyş, onun yumuşak ve toleranslı idaresini çok iyi karşılamıştı. Onun bu yumuşak huyluluğundan istifade eden bazı valiler sorumsuz davranışlar sergilemeye başlamışlardı. Bu da yavaş yavaş bir fitne ve kargaşa ortamının oluşmasına zemin hazırlamıştı. Tarihte bilinen fitne ve fesatlar nedeni ile Hz. Osman (ra) Efendimiz, zulmen şehid edildi. Yaşı 82-90 arasında idi. Cenazesi gece Cennetü'l Baki', mezarlığına defnedildi. Namazını Cübeyr b. Mut'im, Hakîm b. Hizam veya el-Misver b. Mahreme'nin kıldırdığı rivayet edilmiştir.[271]

Hz. Osman (ra), cennetle müjdelenen on sahabeden biri idi. Peygamberimiz (s.a.v), onun hakkında *"Her peygamberin cennette bir arkadaşı vardır. Benim refikim ise Osman'dır".*[272] Bir başka hadis-i şerifte ise, *"Mazlum olarak öldürüleceksin, kanından bir damla Bakara suresi, 137. Ayette geçen* الله فَسَيَكْفِيكَهُمُ *ayeti üzerine dökülür"* buyurulmuştur. Gerçekten de şehid edildiği sırada Kur'an-ı Kerim okumaktaydı.[273]

---

268 Süyuti; a.g.e., III/173
269 İbnül-Esîr; a.g.e., III,111-112; H.i. Nasen, a.g.e., I, 510-513
270 İbnül-Esîr; III, 133
271 Üsdü'l Gabe; III/586
272 Üsdü'l Gabe; III/582
273 Üsdü'l Gabe; III/586

Alınacak Dersler:

1. Hz. Osman (r.a.) Efendimiz, hayanın ve cömertliğin timsalidir.
2. Haya öyle bir sıfattır ki, melekler bile haya sahibine gıbta ederler.
3. Aşere-i mübeşşerenin ulularından olan Hz. Osman (r.a.)'a dil uzatmak büyük vebaldir.
4. Peygambere sadakatle bağlı olma noktasında Hz. Osman (r.a.) Efendimizin Hudeybiye gününde Ka'be'deki tutumu tam bir güzel örnektir. İbret almalıyız.

12. SOHBET

KADER VE KAZAYA İMAN (1)

İmanın şartlarının 6.sı Kaza ve Kadere inanmaktır. Kader ne demektir? Kaza ne demektir? Önce kısaca bunların tarifini yapacağız, sonra da konuyu anlamaya çalışacağız.

a) Kader ve Kaza'nın Anlamları:

Kader kelime olarak "ölçü, miktar, bir şeyi belirli ölçüye göre yapmak ve belirlemek" anlamlarına gelir. Dinimizdeki manası ise, "Allah'ın, ezelden ebede kadar olacak bütün şeylerin zaman ve yerini, özellik ve niteliklerini, ezelî ilmiyle bilip sınırlaması ve takdir etmesi" demektir. Kader, Allah'ın ilim ve irade sıfatlarının bir tezahürüdür. Kaza ise, sözlükte "emir, hüküm, bitirme ve yaratma" anlamlarına gelir. Dinimizde ise, Cenâb-ı Hakk'ın ezelde irade ettiği ve takdir buyurduğu şeylerin zamanı gelince, her birisini ezelî ilim, irade ve takdirine uygun biçimde meydana getirmesi ve yaratmasıdır. Kaza, Allah'ın tekvîn sıfatının tecellisidir. Şu âyetler ve hadis-i şerifte olduğu gibi: اِنَّا كُلَّ شَيْءٍ خَلَقْنَاهُ بِقَدَرٍ "*Şüphesiz biz (yaratılan) her şeyi bir kadere (ölçüye) göre yaratmışızdır.*"[274] وَخَلَقَ كُلَّ شَيْءٍ فَقَدَّرَهُ تَقْدِيرًا "*(Allah) her şeyi yaratmış, ona ölçü, biçim ve düzen vermiştir.*"[275]

قَالَ رَسُولُ اللهِ صَلَّى اللهُ عَلَيْهِ وَسَلَّمَ لَمَّا قَضَى اللهُ الْخَلْقَ كَتَبَ فِي كِتَابِهِ فَهُوَ عِنْدَهُ فَوْقَ الْعَرْشِ إِنَّ رَحْمَتِي غَلَبَتْ غَضَبِي

"*Allah'ın Rasulü (s.a.v) buyurdu ki: "Allah mahlukatı yarattığı ve her şeyi Arş'ta yanında bulunan kitaba yazdı ki: Rahmetim gadabıma (öfkeme) galip gelmiştir.*"[276]

Allah'ın ilim, irade, kudret ve tekvîn sıfatlarına hakkıyla inanmak, kader ve kazaya inanmak demektir. Buna göre kader ve kazaya inanmak demek, hayır ve şer, iyi ve kötü, acı ve tatlı, canlı ve cansız, faydalı ve faydasız her ne varsa hepsinin Allah'ın bilmesi, dilemesi, kudreti, takdiri ve yaratması ile olduğuna, Allah'tan başka yaratıcı bulunmadığına inanmak demektir.

Kader ve kazaya iman dört mertebede cereyan eder:

---

274 Kamer; 54: 49
275 Furkan; 25: 2
276 Buhari; Bed-ül-Halk, Hadis 3/36. Müslim; Kader, Hadis No: 2955

1. Mertebe: İlim Mertebesi: Yani Allah'ın her şeyi ilmi ile ihata ettiğine tam bir iman ile inanmaktır. Allah'ın bilgisi, hem geçmişi, hem bugünü hem de geleceği kuşatır. İster bu bilgi kendi fiilleriyle alakalı olsun, isterse kullarının fiilleriyle alakalı olsun farketmez. Allah'ın ilmi, ezelî ve ebedî olarak her bir şeyin en ince hudutlarına kadar kuşatır ve içine alır. Kur'an-ı Kerim bunu bize şöylece beyan buyurur: إِنَّ اللَّهَ لَا يَخْفَى عَلَيْهِ شَيْءٌ فِي الْأَرْضِ وَلَا فِي السَّمَاءِ "*Şüphesiz ki ne yerde ne de gökte hiçbir şey Allah'a gizli kalmaz.*"[277]

وَعِنْدَهُ مَفَاتِحُ الْغَيْبِ لَا يَعْلَمُهَا إِلَّا هُوَ وَيَعْلَمُ مَا فِي الْبَرِّ وَالْبَحْرِ وَمَا تَسْقُطُ مِنْ وَرَقَةٍ إِلَّا يَعْلَمُهَا وَلَا حَبَّةٍ فِي ظُلُمَاتِ الْأَرْضِ وَلَا رَطْبٍ وَلَا يَابِسٍ إِلَّا فِي كِتَابٍ مُبِينٍ

"*Gaybın anahtarları Allah'ın yanındadır; onları O'ndan başkası bilmez. O, karada ve denizde ne varsa bilir; O'nun ilmi dışında bir yaprak bile düşmez. O yerin karanlıkları içindeki tek bir taneyi dahi bilir. Yaş ve kuru ne varsa hepsi apaçık bir kitaptadır.*"[278]

وَلَقَدْ خَلَقْنَا الْإِنْسَانَ وَنَعْلَمُ مَا تُوَسْوِسُ بِهِ نَفْسُهُ وَنَحْنُ أَقْرَبُ إِلَيْهِ مِنْ حَبْلِ الْوَرِيدِ

"*Andolsun, insanı biz yarattık ve nefsinin kendisine fısıldadıklarını biliriz ve biz ona şah damarından daha yakınız.*"[279]

Allah'ın her şeyi bilmesi konusunda en küçük bir şek ve şüphe insanı küfre sevkeder. Çünkü Allah'ın her şeyi bildiğinde şüphe etmek, ya Allah'ın -haşa- cahil olduğunu veya unutkanlığını kabul etmek demektir, ki Allah'a noksan sıfat yakıştırmak olur. Nitekim Kur'an-ı Kerim'de şöyle buyurulmuştur:

قَالَ فَمَا بَالُ الْقُرُونِ الْأُولَى قَالَ عِلْمُهَا عِنْدَ رَبِّي فِي كِتَابٍ لَا يَضِلُّ رَبِّي وَلَا يَنْسَى

"*Firavun: Öyle ise, önceki milletlerin hali ne olacak? dedi. Musa: Onlar hakkındaki bilgi, Rabbimin yanında bir kitapta bulunur. Rabbim, ne yanılır ne de unutur, dedi.*"[280]

2. Mertebe: Allah'ın kıyamet gününe kadar gelecek her şeyi belirleyip takdir ettiğine inanmaktır. Allah (c.c.), "levh-i mahfuz" denilen ve her bir şeyin kendisinde

---

277 Al-i İmran; 3: 5
278 En'am; 6: 59
279 Kaf; 50: 16
280 Taha; 20: 51-52

kaydı bulunan ana kütük defterine bütün olacak ve bitecek şeyleri yazmıştır. Bunun böyle olduğuna yakinen iman etmek gerekir. Allah (c.c.) buyuruyor ki:

$$أَلَمْ تَعْلَمْ أَنَّ اللهَ يَعْلَمُ مَا فِي السَّمَاءِ وَالْأَرْضِ إِنَّ ذَلِكَ فِي كِتَابٍ إِنَّ ذَلِكَ عَلَى اللهِ يَسِيرٌ$$

"Bilmez misin ki, Allah, yerde ve gökte ne varsa bilir? Bu, bir kitapta (levh-i mahfuzda) mevcuttur. Bu (eşya ve olayların bilgisine sahip olmak), Allah için çok kolaydır."[281]

$$عَنْ عَبْدِ اللهِ بْنِ عَمْرِو بْنِ الْعَاصِ رَضِيَ اللهُ عَنْهُمَا قَالَ سَمِعْتُ رَسُولَ اللهِ صَلَّى اللهُ عَلَيْهِ وَسَلَّمَ يَقُولُ : كَتَبَ اللهُ مَقَادِيرَ الْخَلَائِقِ قَبْلَ أَنْ يَخْلُقَ السَّمَاوَاتِ وَالْأَرْضَ بِخَمْسِينَ أَلْفَ سَنَةٍ وَقَالَ النَّبِيُّ صَلَّى اللهُ عَلَيْهِ وَسَلَّمَ إِنَّ أَوَّلَ مَا خَلَقَ اللهُ الْقَلَمَ فَقَالَ لَهُ اكْتُبْ قَالَ رَبِّ وَمَاذَا أَكْتُبُ قَالَ اكْتُبْ مَقَادِيرَ كُلِّ شَيْءٍ حَتَّى تَقُومَ السَّاعَةُ$$

Abdullah b. Amr b. el-Âs (ra) anlatıyor: Allah'ın Rasûlü (s.a.v)'i şöyle derken dinledim: *"Allah (c.c.), gökleri ve yeri yaratmadan elli bin sene önce bütün mahlûkâtı belirledi ve önce kalemi yarattı. Ona "yaz!" diye emretti. Kalem, "Ya Rabbî neyi yazayım?" diye sorunca Cenab-ı Hak, "Kıyamete kadar gelecek her şeyi yaz!" buyurdu.*[282]

3. Mertebe: Kainatta var olan her şeyin Allah'ın dilemesi ile olduğuna inanmaktır. Mahlûkatın yaptığı ve yapacağı herşey Allah dilerse olur; dilemezse olmaz.

$$يُثَبِّتُ اللهُ الَّذِينَ آمَنُوا بِالْقَوْلِ الثَّابِتِ فِي الْحَيَاةِ الدُّنْيَا وَفِي الْآخِرَةِ وَيُضِلُّ اللهُ الظَّالِمِينَ وَيَفْعَلُ اللهُ مَا يَشَاءُ$$

"Allah Teala sağlam sözle iman edenleri hem dünya hayatında hem de ahirette sapasağlam tutar. Zalimleri ise Allah saptırır. Allah dilediğini yapar."[283]

$$أَلَمْ تَرَ أَنَّ اللهَ خَلَقَ السَّمَاوَاتِ وَالْأَرْضَ بِالْحَقِّ إِنْ يَشَأْ يُذْهِبْكُمْ وَيَأْتِ بِخَلْقٍ جَدِيدٍ$$

---

281 Hac; 22: 70
282 Sahih-i Müslim; H. No: 2653. Ebu Davut; H. No: 4700
283 İbrahim; 14: 27

"Allah'ın gökleri ve yeri hak ile yarattığını görmedin mi? O dilerse sizi ortadan kaldırıp yepyeni bir halk getirir."[284]

وَلَوْ شَاءَ اللّٰهُ مَا اقْتَتَلَ الَّذِينَ مِنْ بَعْدِهِمْ مِنْ بَعْدِ مَا جَاءَتْهُمُ الْبَيِّنَاتُ وَلٰكِنِ اخْتَلَفُوا فَمِنْهُمْ مَنْ آمَنَ وَمِنْهُمْ مَنْ كَفَرَ وَلَوْ شَاءَ اللّٰهُ مَا اقْتَتَلُوا وَلٰكِنَّ اللّٰهَ يَفْعَلُ مَا يُرِيدُ

"Allah dileseydi o peygamberlerden sonra gelen milletler, kendilerine açık deliller geldikten sonra birbirleriyle savaşmazlardı. Fakat onlar ihtilafa düştüler de içlerinden kimi iman etti, kimi de inkar etti. Allah dileseydi onlar savaşmazlardı; lakin Allah dilediğini yapar."[285]

4. Mertebe: Allah'ın bütün mahlûkatı yarattığına iman etmektir. Her şeyi yaratan Allah'tır. O'nun dışındaki her mahlûktur (yaratılandır). Dolayısı ile mahlûkâttan sâdır olan fiil olsun, söz olsun bunlar da mahlûktur. Yani Allah Teâla (c.c.) tarafından yaratılmaktadır.

وَاللّٰهُ خَلَقَكُمْ وَمَا تَعْمَلُونَ

"Oysa ki sizi ve yapmakta olduklarınızı Allah yarattı, dedi."[286]

Kadere inanmak sebeplere sarılmaya engel değildir. Var olan sebeplere sarılarak ulaşılan şeyler de kaderle elde edilen şeylerdir. Veba hastalığı başgösteren Şam'a gitmekten vazgeçen Hz. Ömer (ra) Efendimize Ubeyde b. El-Cerrah (ra), *"Allah'ın kaderinden mi kaçıyorsun?"* demesi üzerine; Hz. Ömer (r.a.) Efendimiz (ra):

نَعَمْ نَفِرُّ مِنْ قَدَرِ اللّٰهِ إِلَى قَدَرِ اللّٰهِ

"Evet, Allah'ın kaderinden yine Allah'ın kaderine kaçıyoruz"[287] buyurmuştur.

İnsanlardan meydana gelen fiillerin Allah'ın ilmi, dilemesi, takdiri ve yaratması ile olmasının anlamı şudur:

Yüce Allah, insanları hür iradeleriyle seçecekleri şeylerin nerede ve ne şekilde seçileceğini ezelî yani zamanla sınırlı olmayan mutlak ilmiyle bilir ve bu bilgisine göre diler, yine Allah bu dilemesine göre takdir buyurup zamanı gelince kulun seçimi doğrultusunda yaratır. Bu durumda Allah'ın ilmi, kulun seçimine bağlı olup, Allah'ın ezelî mânada bir şeyi bilmesinin, kulun irade ve seçimi üzerinde zorlayıcı

---

284 İbrahim; 14: 19
285 Bakara; 2: 253
286 Saffat; 37: 96
287 Riyazu's Salihin, Bab, 361, H. No: 1791

bir etkisi yoktur. Çünkü insan, kendisi hakkında Allah'ın katında bulunan bilgiden haberdar değildir. Dolayısı ile pratik hayatta insan, Allah'ın katında olan bu bilgilerin etkisi altında kalmadan kendi iradesiyle hareket eder. Bir başka ifadeyle insan yaptığı işi, Allah'ın bildiği için yapmaz. İnsanın yaptığı bu işlerin bilgisi Allah katında ezelî ve mutlak anlamda bulunmaktadır. Allah, kulunu seçici ve bu seçme özelliğinden dolayı, mükellef (sorumlu) kılmış; emir ve yasaklara muhatap yapmıştır.

Kader, iç yüzünü sadece Allah'ın bildiği, mutlak ve kesin bir şekilde çözümlenemeyen ilâhi bir sırdır. İnsan aklı, zaman ve mekân kavramlarıyla sınırlıdır. Allah'ın ilmi ise, zaman ve mekân boyutlarının ötesindedir. Kader konusunu kesin biçimde çözmeye uğraşmak, insan kapasitesinin üstündedir ve imkânsıza talip olmaktır.

İnsan, kadere imanı bahane ederek, kendini sorumluluktan kurtaramaz; "Allah böyle yazmış, alın yazım buymuş, bu şekilde takdir etmiş, ben ne yapayım?" diyerek günah işleyip, daha sonra da kendisini suçsuz gösteremez ve kaderi mazeret olarak ileri süremez. Çünkü yapılan işler, insanın kendi tercihine uygun yaratılmıştır. Bundan dolayıdır ki, kader ve kazaya güvenerek çalışmayı bırakmak, hayırlı işin elde edilmesi, şerli işin de önlenmesi için gereken sebeplere sarılmamak ve tedbirleri almamak, İslâm'ın kader ve kaza inancı ile uyuşmaz.

Allah her şeyi birtakım sebeplere bağlı olarak yaratmıştır. Sebeplere sarılan insanın beklediği neticeyi de Allah yaratacaktır. Bu da Allah'ın koyduğu bir kanundur ve de bir kaderdir.

b) Kader Konusunda Bazı Nükteler:

· Gözlerimizi gökyüzüne çevirsek, ışıklı levhalar halinde kaderi görürüz. Hilalin on beş günde dolunaya dönüşmesi, on beş gün sonra tekrar hilale dönüşmesi bir kaderdir.

· Çekirdeğin çatlaması, dala, çiçeğe ve meyveye dönüşmesi, Rabbimizin koyduğu kanuna tabidir. İşte **Kader,** o konulan kanundur.

· Bize ait olan bütün fiillerimiz, Rabbimizin küllî iradesi içinde cereyan eder. Biz gemide giden insan gibiyiz veya değirmen taşı üzerindeki karınca gibiyiz. Geminin veya değirmen taşının rotasına göre gitmek mecburiyetindeyiz. Ama geminin içinde kendi irademizle hareket etme özgürlüğümüz var.

· Kişi gemide kendi kamarasında kalması gerekirken, başkasının kamarasında zorla kalmaya kalkarsa, kendi parasını değil de çaldığı parayı harcamaya kalkarsa, gemi üzerinde istediği gibi kullanması için verilen iradeyi kötüye kullanmış olur.

· İyi veya kötü davranışlarımız bizim kaderimizdir. Bu kaderimizi biz istediğimiz için Rabbimiz yaratmıştır. Ama Rabbimiz her istediğimizi de yaratmamaktadır.

Eğer her istediğimizi yaratsaydı, yeryüzünde adam kalmazdı. Rabbimiz, Kur'an-ı Kerim'inde:

وَمَا أَصَابَكُمْ مِنْ مُصِيبَةٍ فَبِمَا كَسَبَتْ أَيْدِيكُمْ وَيَعْفُو عَنْ كَثِيرٍ

"Başınıza gelen herhangi bir musibet, kendi ellerinizle işledikleriniz yüzündendir. (Bununla beraber) Allah çoğunu affeder."[288]

· Biz önümüzü iyi görürüz. On kilometre ilerisini biraz daha zayıf görürüz. Arka tarafımızı ise hiç göremeyiz. Ama bizim tam tepemizdeki uçaktan bakan birisi hem bizi, hem önümüzü, hem arka tarafımızı görür. İşte bizim için zamanı ve mekanı yaratan Rabbimiz, zaman ve mekandan yüce ve münezzeh olduğundan onun görmediği ve bilmediği zaman ve mekan yoktur.

Alınacak Dersler:

1. Kader ve kazaya iman etmek en önemli iman esaslarından birisidir.

2. Kader ve kaza konusunu anlamaya çalışmak yerine teslim olmak gerekir.

3. İnsanların büyük bir kısmı kendi sorumluluğunu unutarak, -haşa- suçu Allah'a yüklemeye çalışıyorlar. Bundan uzak durmak gerekir.

4. Sorumlu bir varlık olarak, hayır ve şer yollarını Kur'an ve Sünnet'ten devşirerek iyilikleri isteyen birer güzel kul olmaya gayret edelim.

---

288 Şura; 42: 30

13. SOHBET

KADER VE KAZAYA İMAN (II)

Kader ve Kaza konusu ile yakından ilgisi olan bazı hususlar var ki, bunların da yakinen bilinmesi gerekir. Bunlar, İrade, Tevekkül, Hayır ve Şer, Rızık ve Ecel konularıdır.

1) İrade

İrade, sözlükte "seçmek, istemek, yönelmek, tercih etmek ve karar vermek" demektir. Dinimizde ise, *"Allah'ın veya insanın ilgili seçeneklerden birini seçip belirlemesi, tayin ve tahsis etmesi"* anlamına gelir. İki kısımdır: Küllî (sınırsız) İrade, Cüz'î (sınırlı) İrade.

Küllî İrade: Allah'ın iradesidir ki, ezelîdir, sonsuzdur, sınırsızdır, herhangi bir şeyle bağlantılı değil ve mutlaktır.

Cüz'î İrade: İnsanın iradesidir ki, sonlu, sınırlı, zaman, mekân vb. şeylerle ilintilidir.

Kainatta meydana gelen her olay ve varlık, Allah'ın iradesi ile meydana gelir. İnsanlar da Allah'ın kendilerine tanıdığı sınırlar içinde fiillerini seçerler. Kul, iradesini kullanırken, herhangi bir baskı altında kalmadan bunu yapar, bu da onun hayır veya şer yönünde irade kullanmasına imkân tanır.

İnsanlar, gerçek bir irade hürriyetine sahip olarak yaratılmışlardır. Bu sebeple de kendi istek ve iradeleriyle bir şey yapıp yapmama gücüne sahiptirler. İki seçenekten birini seçebilirler. İşte insanın sevabı veya cezayı hak etmesi, yapıp ettiklerinden sorumlu olması bundan dolayıdır. İnsanlardan sadır olan fiillerin meydana gelişinde kulun bu hür iradesinin etkileri söz konusudur. Fakat fiillerin hakikatte yaratıcısı Allah-u Teâlâ'dır. Allah, kullarının iradeye bağlı fiillerini, yine onların iradeleri doğrultusunda yaratır. Allah, bunu yaparken bir mecburiyetten dolayı değil, âdetullah ve sünnetullah gereği, bunu yapar. Burada fiili tercih ve seçmek (kesb) kuldan, fiili yaratmak (halk) Allah (c.c.)'tandır. Kul iyi veya kötü hangi yolu seçer veya yönelirse, Allah onu yaratır. Fiili seçme serbestliğine sahip olduğu için de insan sorumludur. Hayır işlemişse mükâfatını, şer işlemişse cezasını görecektir. Şu âyetlerde olduğu gibi:

وَنَفْسٍ وَمَا سَوَّاهَا فَأَلْهَمَهَا فُجُورَهَا وَتَقْوَاهَا

"Nefse ve ona birtakım kabiliyetler verene, sonra da ona iyilik ve kötülükleri il-ham edene yemin ederim ki,"[289]

إِنَّا هَدَيْنَاهُ السَّبِيلَ إِمَّا شَاكِرًا وَإِمَّا كَفُورًا

"Şüphesiz biz ona (doğru) yolu gösterdik. İster şükredici olsun ister nankör."[290]

مَنْ عَمِلَ صَالِحًا فَلِنَفْسِهِ وَمَنْ أَسَاءَ فَعَلَيْهَا وَمَا رَبُّكَ بِظَلَّامٍ لِلْعَبِيدِ

"Kim iyi bir iş yaparsa, bu kendi lehinedir. Kim de kötülük yaparsa aleyhinedir. Rabbin kullara zulmedici değildir."[291]

Bundan dolayıdır ki, insan Allah'ın kulu olarak sorumluluğunu bilip doğru, iyi, güzel, hayırlı şeyleri işleyip, yanlış, kötü, çirkin ve şer davranışlardan uzaklaşmalı ve âhirette güzel karşılıklara ve mükâfatlara ulaşmaya çalışmalıdır.

2) Tevekkül

Tevekkül, kelime manası ile "güvenmek, dayanmak, işi başkasına havale et-mek" gibi manalara gelir. Dinimizde ise, maddî ve manevî sebeplere sarıldıktan ve insan olarak elden gelen her şeyi yerine getirdikten sonra, elde edilecek şeyin ol-ması için Allah'a dayanıp güvenmek ve gerisini Allah'a bırakmak demektir. Örne-ğin bir çiftçi zamanında tarlasını sürerek ekime hazırlayacak, tohumu atacak, su-layacak, zararlı bitkilerden arındırıp ilaçlayacak, gübresini verecek, ondan sonra da iyi ürün vermesi için Allah'a güvenip dayanacak ve sonucu O'ndan bekleyecektir. Fakat bunlardan hiçbirini yapmaksızın "Kader ne ise o olur; Allah bunları yapma-dan da bana gereken hasadı versin!" tarzında bir anlayışla tembellik ederse, işte bu İslâm'ın tevekkül anlayışı olamaz.

Tevekkül, kadere inancın tabiî bir neticesidir. Tevekkül eden kimse kayıtsız şartsız Allah'a teslim ve kaderine razı olmuş bir kimsedir. Ancak kadere iman da tevekkül de tembellik, gerilik ve miskinlik demek değildir; çalışma ve ilerlemeye engel olamaz. Çünkü her mümin olayların, Allah'ın koyduğu ilâhî düzen ve ka-nunlar çerçevesinde ve sebep-sonuç ilişkisi dahilinde olup bittiğine inanır. Yani to-hum ekilmeden ürüne kavuşulamayacağını; ilaç olmadan tedavi olunamayacağını; salih ameller işlenmedikçe Allah rızâsının kazanılmayacağını ve dolayısıyla cennete girilmeyeceğini her müslüman bilir.

---

289 Şems; 91: 7-8
290 İnsan; 76: 3
291 Fussilet; 41: 46

Öyle ise tevekkül, çalışıp çabalamak, çalışıp çabalarken de Allah'ın bizimle olduğunu unutmamak ve neticeyi Allah'a bırakmaktır.

Kur'an-ı Kerim'de Rabbimiz şöyle buyurmaktadır:

$$\text{فَإِذَا عَزَمْتَ فَتَوَكَّلْ عَلَى اللَّهِ إِنَّ اللَّهَ يُحِبُّ الْمُتَوَكِّلِينَ}$$

"Kararını verdiğin zaman da artık Allah'a dayanıp güven. Çünkü Allah, kendisine dayanıp güvenenleri sever."[292]

$$\text{وَاتَّقُوا اللَّهَ وَعَلَى اللَّهِ فَلْيَتَوَكَّلِ الْمُؤْمِنُونَ}$$

"Allah'tan korkun ve müminler yalnızca Allah'a güvensinler."[293]

$$\text{وَيَرْزُقْهُ مِنْ حَيْثُ لَا يَحْتَسِبُ وَمَنْ يَتَوَكَّلْ عَلَى اللَّهِ فَهُوَ حَسْبُهُ إِنَّ اللَّهَ بَالِغُ أَمْرِهِ}$$
$$\text{قَدْ جَعَلَ اللَّهُ لِكُلِّ شَيْءٍ قَدْرًا}$$

"Ve ona beklemediği yerden rızık verir. Kim Allah'a güvenirse O, ona yeter. Şüphesiz Allah, emrini yerine getirendir. Allah her şey için bir ölçü koymuştur."[294]

Hz. Peygamber (s.a.v) de **"Devemi bağlıyayım da öyle mi tevekkül edeyim, yoksa serbest bırakıp da mı tevekkül edeyim?"** diyen sahabeye, "اعْقِلْهَا وَتَوَكَّلْ= *Önce deveni bağla, Allah'a öyle tevekkül et"*[295] buyurarak tevekkülden önce tedbirin alınması için uyarıda bulunmuştur.

3) Hayır ve Şer

Hayır, kelime olarak "iyilik, iyi, faydalı iş ve fayda" anlamlarına gelir. Dinimizde Allah'ın emrettiği, sevdiği ve hoşnut olduğu davranışların genel ismidir. Şer ise, hayır'ın zıddı olarak, "kötülük, fenalık ve kötü iş" manasına gelir. Dinimizde Allah'ın hoşnut olmadığı, sevmediği, meşru olmayan, işlenmesi durumunda kişinin ceza ve yergiye müstehak olacağı davranışlar anlamındadır.

Âmentü diye bilinen ve iman esaslarının özetlendiği ibarede de ifade edildiği gibi her müslüman kadere, hayır ve şerrin Allah'tan geldiğine inanır. Yani Allah (c.c.) hayrı da şerri de kendisi irade eder ve yaratır. Çünkü kâinatta her şey O'nun irade, takdir ve kudreti altındadır; O'ndan başka gerçek mülk ve kudret sahibi, tasarruf yetkisi olan bir başka varlık da yoktur.

---

292 Âl-i İmran; 3: 159
293 Maide; 5: 11
294 Talak; 65: 3
295 Tirmizi; Kıyamet, Hadis No: 2517

İnsan, kendisinde var olan cüz'î iradesiyle hayrı da şerri de kendisi kazanır. Hayırlı olan şeylere Allah'ın rızası vardır. Fakat şerli işlerden hoşnut değildir. Hayrı seçen insan, mükâfatı, şerri seçen de cezayı hak edecektir. Şerrin Allah'tan gelmesi demek, kulun fiilinin meydana gelmesi için Allah'ın tekvînî iradesinin ve yaratmasının devreye girmesi demektir. Yoksa Allah kullarının kötü fiiler işlemesinden hoşnut olmaz.

Ehl-i sünnet inancına göre, Allah'ın şerri irade etmesi ve yaratması kötü ve çirkin değildir. Fakat insanın şerri işlemesi, kazanması, tercih etmesi ve şerli olarak nitelenmesi kötü ve çirkindir. Bunu bir örnekle izah etmeye çalışırsak şunları ifade edebiliriz. Bir usta ressam, sanatının bütün inceliklerini uygulayarak bir çirkin adam resmi yapsa; ressamı "ne güzel resim yapmış" diye takdir ederiz. Fakat böyle sanatkârane çizilmiş resimdeki çirkin adamın çirkinliği kendine aittir. Yoksa o resmi yapan ressama ait değildir. Resim güzel ama, içindeki çirkindir. Allah (c.c.), mutlak manada hikmetli ve en güzeli yaratan tek varlıktır. O'nun şerri yaratmasında birtakım gizli ve açık hikmet söz konusudur. Nitekim canlı ölüden, iyi kötüden, hayır şerden ayırt edilsin için, Allah eşyayı zıtlarıyla birlikte yaratmıştır.

Allah (c.c.) buyuruyor:

كُلُّ نَفْسٍ ذَائِقَةُ الْمَوْتِ وَنَبْلُوكُمْ بِالشَّرِّ وَالْخَيْرِ فِتْنَةً وَإِلَيْنَا تُرْجَعُونَ

"Her canlı, ölümü tadar. Bir deneme olarak sizi hayırla da, şerle de imtihan ederiz. Ve siz, ancak bize döndürüleceksiniz."[296]

مَا أَصَابَكَ مِنْ حَسَنَةٍ فَمِنَ اللهِ وَمَا أَصَابَكَ مِنْ سَيِّئَةٍ فَمِنْ نَفْسِكَ وَأَرْسَلْنَاكَ لِلنَّاسِ رَسُولًا وَكَفَى بِاللهِ شَهِيدًا

"Sana gelen iyilik Allah'tandır. Başına gelen kötülük ise nefsindendir. Seni insanlara elçi gönderdik; şahit olarak da Allah yeter."[297]

وَمَا أَصَابَكُمْ مِنْ مُصِيبَةٍ فَبِمَا كَسَبَتْ أَيْدِيكُمْ وَيَعْفُو عَنْ كَثِيرٍ

"Başınıza gelen herhangi bir musibet, kendi ellerinizle işledikleriniz yüzündendir. (Bununla beraber) Allah çoğunu affeder."[298]

وَعَسَى أَنْ تَكْرَهُوا شَيْئًا وَهُوَ خَيْرٌ لَكُمْ وَعَسَى أَنْ تُحِبُّوا شَيْئًا وَهُوَ شَرٌّ لَكُمْ وَاللهُ يَعْلَمُ وَأَنْتُمْ لَا تَعْلَمُونَ

---

296 Enbiya; 21: 35
297 Nisa; 4: 79
298 Şura; 42: 30

"Sizin için daha hayırlı olduğu halde bir şeyi sevmemeniz mümkündür. Sizin için daha kötü olduğu halde bir şeyi sevmeniz de mümkündür. Allah bilir, siz bilmezsiniz."[299]

Ayrıca Allah (c.c.), insana şer ve kötü şeylerden korunma yollarını göstermiş, şerden sakınma güç ve kudretini de vermiştir:

وَهَدَيْنَاهُ النَّجْدَيْنِ *"Ona iki yolu (doğru ve eğriyi) gösterdik."[300]*

أُولَئِكَ الَّذِينَ اشْتَرَوُا الضَّلاَلَةَ بِالْهُدَى وَالْعَذَابَ بِالْمَغْفِرَةِ فَمَا أَصْبَرَهُمْ عَلَى النَّارِ

"Onlar doğru yol karşılığında sapıklığı, mağfirete bedel olarak da azabı satın almış kimselerdir. Onlar ateşe karşı ne kadar dayanıklıdırlar?"[301]

Dünyada şer olmasa hayrın mânası anlaşılamaz ve bu dünyanın bir imtihan yeri olmasındaki hikmet gerçekleşemezdi. Dolayısı ile Allah'ın adalet ve hikmeti gereği veya kendisinden sonra gelecek bir hayra vasıta ve aracı olmak ya da daha kötü ve zor bir kötülüğü defetmek için şer yaratılmıştır.

4) Rızık

Rızık kelime olarak "azık, yenilen, içilen ve faydalanılan şey" manalarına gelir. Dinî ıstılahta ise, "Allah'ın, canlılara yiyip içmek ve yararlanmak için verdiği maddî ve manevî her şey"dir. Bu tarife göre helâl olan şeyler de haram olan şeyler de rızık tanımının altına girer.

Rızık konusunda Ehl-i Sünnet bazı prensipler benimsemiştir. Şöyle ki:

1. Herkese rızık veren (rezzâk-ı âlem) sadece Allah (c.c.)'tır. Şu âyet-i celile bunu bize gayet güzel anlatmaktadır.

وَمَا مِنْ دَابَّةٍ فِي الْأَرْضِ إِلَّا عَلَى اللَّهِ رِزْقُهَا وَيَعْلَمُ مُسْتَقَرَّهَا وَمُسْتَوْدَعَهَا كُلٌّ فِي كِتَابٍ مُبِينٍ

"Yeryüzünde yürüyen her canlının rızkı, yalnızca Allah'ın üzerinedir. Allah o canlının durduğu yeri ve sonunda bırakılacağı mekanı bilir. (Bunların) hepsi açık bir kitapta (levh-i mahfuz'da)dır."[302]

Şu âyet-i kerîme de rızkın Allah'ın elinde olduğunu işaret etmektedir:

---

299 Bakara; 2: 216
300 Beled; 90: 10
301 Bakara; 2: 175
302 Hud; 11: 6

لَهُ مَقَالِيدُ السَّمَاوَاتِ وَالْأَرْضِ يَبْسُطُ الرِّزْقَ لِمَن يَشَاءُ وَيَقْدِرُ
إِنَّهُ بِكُلِّ شَيْءٍ عَلِيمٌ

"Göklerin ve yerin anahtarları O'nundur. Dilediğine rızkı bol verir, dilediğinden de kısar. O, her şeyi bilendir."[303]

2. Rızkı yaratan ve veren Allah (c.c.)'tır. Ancak kul, Allah'ın kâinatta geçerli kıldığı tabii kanunlarına riayet ederek çalışıp çabalamalı, sebeplere sarılmalı ve rızkı kazanmak için tercihlerde bulunmalıdır. İşte kulun bu tercihine uygun olarak Allah onun rızkını yaratır. Rızkın Allah (c.c.) tarafından verilmiş olması, insanın tembellik yapmasına, çalışmamaya ve yanlış bir tevekkül anlayışına sahip olmasını gerektirmez. Kazanç için gerekli girişimde bulunmak kuldan, rızkı yaratmak ise Allah'tandır.

فَنَادَاهَا مِن تَحْتِهَا أَلَّا تَحْزَنِي قَدْ جَعَلَ رَبُّكِ تَحْتَكِ سَرِيًّا وَهُزِّي إِلَيْكِ بِجِذْعِ
النَّخْلَةِ تُسَاقِطْ عَلَيْكِ رُطَبًا جَنِيًّا

"Aşağısından (İsa yahut melek) ona şöyle seslendi: Tasalanma! Rabbin senin alt yanında bir su arkı vücuda getirmiştir. Hurma dalını kendine doğru silkele ki, üzerine taze, olgun hurma dökülsün."[304]

Ayet-i kerîmede Allah (c.c.), su arkını Hz. Meryem'e yakın yaratıyor, hurmayı başının üzerinde meyve verecek şekle getiriyor. Ancak hurmayı silkeleme işini Hz. Meryem validemizden istiyor.

3. Haram yoldan elde edilen şeyler de rızıktır. Fakat haram olan rızkı kulun kazanmasına Allah (c.c.)'ın rızası yoktur. Bir âyet-i kerîme'de Cenab-ı Hak şöyle buyurmuştur:

فَكُلُوا مِمَّا رَزَقَكُمُ اللَّهُ حَلَالًا طَيِّبًا وَاشْكُرُوا نِعْمَتَ اللَّهِ إِن كُنتُمْ
إِيَّاهُ تَعْبُدُونَ

"Artık, Allah'ın size verdiği rızıktan helal ve temiz olarak yeyin, eğer (gerçekten) yalnız Allah'a ibadet ediyorsanız, onun nimetine şükredin."[305]

4. Herkes kendi rızkını yer. Bir kimse başkasının rızkını yiyemeyeceği gibi, başka biri de onun rızkını yiyemez.

---

303 Şura; 42: 12
304 Meryem; 19: 24-25
305 Nahl; 16: 114

وَإِنْ يَمْسَسْكَ اللَّهُ بِضُرٍّ فَلَا كَاشِفَ لَهُ إِلَّا هُوَ وَإِنْ يُرِدْكَ بِخَيْرٍ فَلَا رَادَّ لِفَضْلِهِ يُصِيبُ بِهِ مَنْ يَشَاءُ مِنْ عِبَادِهِ وَهُوَ الْغَفُورُ الرَّحِيمُ

"Eğer Allah sana bir zarar dokundurursa, onu yine O'ndan başka giderecek yoktur. Eğer sana bir hayır dilerse, O'nun keremini geri çevirecek de yoktur. O, hayrını kullarından dilediğine eriştirir. Ve O bağışlayandır, esirgeyendir."[306]

قُلِ اللَّهُمَّ مَالِكَ الْمُلْكِ تُؤْتِي الْمُلْكَ مَنْ تَشَاءُ وَتَنْزِعُ الْمُلْكَ مِمَّنْ تَشَاءُ وَتُعِزُّ مَنْ تَشَاءُ وَتُذِلُّ مَنْ تَشَاءُ بِيَدِكَ الْخَيْرُ إِنَّكَ عَلَى كُلِّ شَيْءٍ قَدِيرٌ

"(Resulüm!) De ki: Mülkün gerçek sahibi olan Allah'ım! Sen mülkü dilediğine verirsin ve mülkü dilediğinden geri alırsın. Dilediğini yüceltir, dilediğini de alçaltırsın. Her türlü iyilik senin elindedir. Gerçekten sen her şeye kadirsin."[307]

5) Ecel

Kader ve Kaza konusunda önemli olan hususlardan bir tanesi de ecel konusudur. Ecel, sözlükte *"önceden tesbit edilmiş zaman ve süre"* anlamına gelir. Dini terim olarak *"insan hayatı ve diğer canlılar için belirlenmiş süreyi ve bu sürenin sona ermesi, yani ölüm zamanı"* demektir.

Her canlının süreceği bir hayat programı ve bu programın sona erdiği bir tarih vardır ki, bu ecel zamanıdır ve değişmez. Bu da Allah'ın elindedir. İnsanlara hayatı ve rızkını veren, sonunda da öldüren Allah olunca eceli de belirleyen O'dur.

نَحْنُ قَدَّرْنَا بَيْنَكُمُ الْمَوْتَ وَمَا نَحْنُ بِمَسْبُوقِينَ

"Aranızda ölümü takdir eden biziz. Ve biz, önüne geçilebileceklerden değiliz."[308] âyeti bu hususu anlatmaktadır.

Şu âyetler de ecel konusunu beyan etmektedirler:

وَلِكُلِّ أُمَّةٍ أَجَلٌ فَإِذَا جَاءَ أَجَلُهُمْ لَا يَسْتَأْخِرُونَ سَاعَةً وَلَا يَسْتَقْدِمُونَ

"Her ümmetin bir eceli vardır. Ecelleri gelince ne bir an geri kalırlar ne de bir an ileri gidebilirler."[309]

---

306 Yunus; 10: 107
307 Âl-i İmran; 3: 26
308 Vakıa; 56: 60
309 A'raf; 7: 34

وَلَنْ يُؤَخِّرَ اللَّهُ نَفْسًا إِذَا جَاءَ أَجَلُهَا وَاللَّهُ خَبِيرٌ بِمَا تَعْمَلُونَ

"Allah, eceli geldiğinde hiç kimseyi (ölümünü) ertelemez. Allah, yaptıklarınızdan haberdardır."[310]

Âyetlerde de görüldüğü gibi, ecel hiçbir sebeple değişmez. Hadis-i şeriflerde bazı ibadetlerin ve güzel amellerin ömrü artıracağına dair beyanlar vardır. *"Sadaka ömrü uzatır"*[311] hadisi bunlardan biridir ki, bunlar insanları hayırlı ve güzel işlere teşvik etmeyi amaçlayan hadislerdir. Bunlar şu anlamda yorumlanmışlardır:

1. Ömrün artması demek, elem ve kederden uzak, huzur ve mutluluk dolu, sağlıklı, güçlü ve kuvvetli bir şekilde ömrünü tamamlamaktır.

2. Allah (c.c.), bu gibi kimselerin bu hayırlı işleri yapacağını bildiği için ömürlerini buna göre uzun planlamıştır.

Ehl-i Sünnet inancına göre, öldürülen şahıs da (maktul) eceliyle ölmüştür. Şayet bu öldürülen insan, öldürülmemiş de olsa o anda tabii veya bir başka biçimde ölecekti. Bundan dolayıdır ki, katil öldürdüğü kişinin ecelini öne çekmemiştir. Öyle ise katil neden cezayı hak ediyor? diye sorulursa, şunu ifade edebiliriz. Katilin cezayı hak etmesinin sebebi, Allah'ın

وَلَا تَقْرَبُوا الْفَوَاحِشَ مَا ظَهَرَ مِنْهَا وَمَا بَطَنَ وَلَا تَقْتُلُوا النَّفْسَ الَّتِي حَرَّمَ اللَّهُ إِلَّا بِالْحَقِّ ذَٰلِكُمْ وَصَّاكُمْ بِهِ لَعَلَّكُمْ تَعْقِلُونَ

"De ki: Gelin Rabbinizin size neleri haram kıldığını okuyayım: O'na hiçbir şeyi ortak koşmayın, ana-babaya iyilik edin, fakirlik korkusuyla çocuklarınızı öldürmeyin -sizin de onların da rızkını biz veririz-; kötülüklerin açığına da gizlisine de yaklaşmayın ve Allah'ın yasakladığı cana haksız yere kıymayın! İşte bunlar Allah'ın size emrettikleridir. Umulur ki düşünüp anlarsınız."[312] âyetinde gerçeğini bulan yasakladığı şeyi işlemiş olması ve kul olarak Allah'ın kendine verdiği gücü kullanma hususunda haram kılınan bir davranışı isteme ve yapma yönünde seçim yapmış olmasıdır. İnsanın bu seçimi üzerine de sünnetullah diye ifade edilen tabii kanun sebebiyle Allah, ölümü yaratmıştır. Allah'ın bu durumu ezelî ilmiyle biliyor olması ise, kulun iradesinin elinden alınmış olması anlamına gelmez.

Alınacak Dersler:

1. İnsan iradeli bir varlıktır. Onu kullanırken Allah'ın razı olacağı şekilde ve yerde kullanmalıdır.

---

310 Münafikûn; 63: 11
311 El-Camiu's Sağir; H. No: 5146
312 En'am; 6: 151

116

2. Tevekkül, tembellik değil, insan olarak bütün bir şeyi elde etme yollarına sarıldıktan sonra, neticeyi yaratması için sonucu Allah'a havale etmektir.

3. Rızık Allah'tandır, ama sebeplerine sarılmak gerekir. Ancak sebepleri Allah'ın yerine ikame etmemek gerekir. Yani kazanç temin edilen mesleği veya kazanç kapısını **"rezzâk"** gibi görmemek gerekir.

4. Ecelin geleceği hak olduğuna göre, hazırlıklı olmak gerekir. Hakkı savunurken ecelden korkarak geri durmak, ömrü uzatmaz.

5. Ömrün bereketi ve mutlu yaşamak için hayır yollarına ağırlık vermek gerekir.

14. SOHBET

İSLAM'A GİRİŞ

Bundan önceki derslerimizde İman ve İmanın şartları ile alakalı bilgileri içeren dersler hazırladık ve kardeşlerimizle buluşturduk. Bundan sonraki derslerimizde ise, İslam ve İslam'ın Şartları konusunda bir silsile dahilinde bilgiler aktarmaya çalışacağız. Bu ilk dersimizde özetle İslam ve onu oluşturan konular hakkında kısa bir özetleme yapacağız, daha sonra da diğer derslerimizde detaylara yer vereceğiz.

Ruh ve cesetten oluşan muhteşem varlık olan insan mahlukatın en üstünüdür.

وَلَقَدْ كَرَّمْنَا بَنِي آدَمَ وَحَمَلْنَاهُمْ فِي الْبَرِّ وَالْبَحْرِ وَرَزَقْنَاهُمْ مِنَ الطَّيِّبَاتِ وَفَضَّلْنَاهُمْ عَلَى كَثِيرٍ مِمَّنْ خَلَقْنَا تَفْضِيلًا

"Biz, hakikaten insanoğlunu şan ve şeref sahibi kıldık. Onları, (çeşitli nakil vasıtaları ile) karada ve denizde taşıdık; kendilerine güzel güzel rızıklar verdik; yine onları, yarattıklarımızın birçoğundan cidden üstün kıldık."[313]

Dış görünüşünün güzelliği ile ruhundaki incelik ve derinlikleriyle de müstesnadır. لَقَدْ خَلَقْنَا الْإِنْسَانَ فِي أَحْسَنِ تَقْوِيمٍ *"Biz insanı en güzel biçimde yarattık."*[314] Ayrıca, kendisine akıl ve düşünebilme yeteneği de verilmiş olması sebebiyle de insan, bütün yaratılmışların gözbebeği ve alemlerin özüdür. Sayısız nimet ve güzellikleriyle bu dünya insanın hizmetine tahsis edilmiştir. Buna karşılık olarak yaratıcısını tanımak, O'na inanmak ve ibadet etmek gibi sorumluluklar yüklenmiş ve ondan söz alınmıştır.

وَاذْكُرُوا نِعْمَةَ اللَّهِ عَلَيْكُمْ وَمِيثَاقَهُ الَّذِي وَاثَقَكُمْ بِهِ إِذْ قُلْتُمْ سَمِعْنَا وَأَطَعْنَا وَاتَّقُوا اللَّهَ إِنَّ اللَّهَ عَلِيمٌ بِذَاتِ الصُّدُورِ

"Allah'ın size olan nimetini, "Duyduk ve kabul ettik" dediğiniz zaman sizi bununla bağladığı (O'na verdiğiniz) sözü hatırlayın ve Allah'tan korkun. Şüphesiz Allah, kalblerin içindekini bilmektedir."[315]

---

313 İsra; 17: 70
314 Tin; 95: 4
315 Maide; 5: 7

$$\text{وَإِذْ أَخَذَ رَبُّكَ مِنْ بَنِي آدَمَ مِنْ ظُهُورِهِمْ ذُرِّيَّتَهُمْ وَأَشْهَدَهُمْ}$$

$$\text{عَلَى أَنْفُسِهِمْ أَلَسْتُ بِرَبِّكُمْ قَالُوا بَلَى شَهِدْنَا أَنْ تَقُولُوا يَوْمَ}$$

$$\text{الْقِيَامَةِ إِنَّا كُنَّا عَنْ هَذَا غَافِلِينَ}$$

"Kıyamet gününde, biz bundan habersizdik demeyesiniz diye Rabbin Adem oğullarından, onların bellerinden zürriyetlerini çıkardı, onları kendilerine şahit tuttu ve dedi ki: Ben sizin Rabbiniz değil miyim? (Onlar da), Evet (buna) şahit olduk, dediler."[316]

$$\text{وَمَا خَلَقْتُ الْجِنَّ وَالْإِنْسَ إِلَّا لِيَعْبُدُونِ}$$

"Ben cinleri ve insanları, ancak bana kulluk etsinler diye yarattım."[317]

Bu geçici dünya hayatında, ebedi âlem dediğimiz âhiret yurdunda arzulanan mutluluğu elde edebilmek ise, işte bu söze bağlı kalmakla mümkün olacaktır. Bunu ise, ancak bir hak dine inanmak ve o dinin temellerine uygun ibadet etmekle elde etme imkânı vardır ki, bu din İslâm dinidir.

$$\text{إِنَّ الدِّينَ عِنْدَ اللهِ الْإِسْلَامُ وَمَا اخْتَلَفَ الَّذِينَ أُوتُوا الْكِتَابَ إِلَّا}$$

$$\text{مِنْ بَعْدِ مَا جَاءَهُمُ الْعِلْمُ بَغْيًا بَيْنَهُمْ وَمَنْ يَكْفُرْ بِآيَاتِ اللهِ فَإِنَّ}$$

$$\text{اللهَ سَرِيعُ الْحِسَابِ}$$

"Allah nezdinde hak din İslam'dır. Kitap verilenler, kendilerine ilim geldikten sonradır ki, aralarındaki kıskançlık yüzünden ayrılığa düştüler. Allah'ın ayetlerini inkar edenler bilmelidirler ki Allah'ın hesabı çok çabuktur."[318]

Bir dine inanma düşüncesi insanlık tarihi ile denktir. İnsanlık var olduğu sürece de devam edecektir. İnsan fıtratında, kendisini yoktan var edeni bilme, O'na inanma, bağlanma gibi duygular vardır. Fıtratı bozulmamış her insanın ruhu buna ihtiyaç duyar. Aynen yeme, içme, uyuma ve benzeri bir kısım biyolojik ihtiyaçların hissedilmesi gibi. Ancak ruh ve akıl yolu ile hissedilen bu dinin insanı tatmin edebilmesi ve gereği gibi Rabbine ibadet etmesi için bir yol göstericiye de ihtiyaç vardır. Bunlar ise, insanların arasından seçilmiş olan peygamberlerdir.

---

316 A'raf; 7: 172
317 Zariyât; 51: 56
318 Bakara; 3: 19

كَذَلِكَ أَرْسَلْنَاكَ فِي أُمَّةٍ قَدْ خَلَتْ مِنْ قَبْلِهَا أُمَمٌ لِتَتْلُوَ عَلَيْهِمُ الَّذِي أَوْحَيْنَا إِلَيْكَ وَهُمْ يَكْفُرُونَ بِالرَّحْمَنِ قُلْ هُوَ رَبِّي لَا إِلَهَ إِلَّا هُوَ عَلَيْهِ تَوَكَّلْتُ وَإِلَيْهِ مَتَابِ

"(Ey Muhammed!) Böylece seni, kendilerinden önce nice ümmetlerin gelip geçtiği bir ümmete gönderdik ki, sana vahyettiğimizi onlara okuyasın. Onlar Rahman'ı inkar ediyorlar. De ki: O benim Rabbimdir. O'ndan başka tanrı yoktur. Sadece O'na tevekkül ettim ve dönüş sadece O'nadır."[319]

Dinî kuralları koyan Yüce Allah'ın kendisidir. Peygamberler de dahil hiç bir insanın din kurma yetkisi yoktur. Peygamberler, dinî hükümleri tebliğ ederler; bizzat uygularlar ve örnek olurlar.

وَمَا أَنْزَلْنَا عَلَيْكَ الْكِتَابَ إِلَّا لِتُبَيِّنَ لَهُمُ الَّذِي اخْتَلَفُوا فِيهِ وَهُدًى وَرَحْمَةً لِقَوْمٍ يُؤْمِنُونَ

"Biz bu Kitab'ı sana sırf hakkında ihtilafa düştükleri şeyi insanlara açıklayasın ve iman eden bir topluma da hidayet ve rahmet olsun diye indirdik."[320]

Yukarda da ifade edildiği gibi, din fikri, ilk insan ve ilk peygamber Hz. Adem (as)'la başlamıştır. Peygamberlerin getirmiş oldukları dinlerdeki temel prensipler değişmez. Ancak zamanın, mekanın, sosyal şartların değişmesi ve gelişmesine bağlı olarak bazı hükümler tekâmül ederek değişebilir. Son hak din olan İslâm, kemal noktasına ulaşmış olmakla kıyamet gününe kadar insanlığın tabi olacağı hak din olarak devam edecektir.

الْيَوْمَ أَكْمَلْتُ لَكُمْ دِينَكُمْ وَأَتْمَمْتُ عَلَيْكُمْ نِعْمَتِي وَرَضِيتُ لَكُمُ الْإِسْلَامَ دِينًا فَمَنِ اضْطُرَّ فِي مَخْمَصَةٍ غَيْرَ مُتَجَانِفٍ لِإِثْمٍ فَإِنَّ اللَّهَ غَفُورٌ رَحِيمٌ

"Bugün size dininizi ikmal ettim, üzerinize nimetimi tamamladım ve sizin için din olarak İslam'ı beğendim. Kim, gönülden günaha yönelmiş olmamak üzere açlık halinde dara düşerse (haram etlerden yiyebilir). Çünkü Allah çok bağışlayıcı ve esirgeyicidir."[321]

---

319 Ra'd; 13: 30
320 Nahl; 16: 64
321 Maide; 5: 3

İslâm'a giriş, imanla gerçekleşir. İman, Allah Teâlâ'nın son peygamber Hz. Muhammed (s.a.v)'e indirdiği, O'nun da tebliğ ettiği şeylerin tümüne tereddütsüz inanmak demektir. İman ve imanın şartları konularını daha önceki derslerimizde anlattık.

Bu dersimizden itibaren İslâm ve İslâm'ın şartları konusuna dair dersler yapacağız.

İSLÂM NEDİR?

İslâm, lügat olarak teslim olmak ve boyun eğmek demektir. Dinî ıstılah olarak ise, İslâm dinine girmek anlamına geldiği gibi, İslam dininin kendisine de İslam denilir. Ayrıca, Hz. Muhammed (s.a.v)'in getirmiş olduğu dine kelime-i şehadeti söyleyip, kalp ile inandıktan sonra, gerekli amelleri yapmak üzere teslim olmaya da İslâm denir. İslâm Dininin kurallarına uyan, İslâm'ın kurallarını hayata geçiren kimseye de müslüman denir.

İslâm denince ilk olarak yerine getirilmesi gerekli olan ibadetler aklımıza gelir. Bunlar, beş vakit namaz kılmak, zekât vermek, ramazan ayının orucunu tutmak, ömürde bir defa haccetmek, cihad etmek gibi ibadetlerdir.

İslâm dininin Ümmet-i Muhammed'e tahsis edilmesinin bir sebebi de tevhid inancının bayrağı olan Hz. İbrahim (a.s.) zamanından bu tarafa Allah'ın müslümanları bu isimle isimlendirmiş olmasıdır:

هُوَ سَمَّاكُمُ الْمُسْلِمِينَ مِنْ قَبْلُ وَفِي هَذَا لِيَكُونَ الرَّسُولُ شَهِيدًا عَلَيْكُمْ وَتَكُونُوا شُهَدَاءَ عَلَى النَّاسِ فَأَقِيمُوا الصَّلَاةَ وَآتُوا الزَّكَاةَ وَاعْتَصِمُوا بِاللَّهِ هُوَ مَوْلَاكُمْ فَنِعْمَ الْمَوْلَى وَنِعْمَ النَّصِيرُ

"Peygamberin size şahit olması, sizin de insanlara şahit olmanız için, O, gerek daha önce (gelmiş kitaplarda), gerekse bunda (Kur'an'da) size "müslümanlar" adını verdi. Öyle ise namazı kılın; zekatı verin ve Allah'a sımsıkı sarılın. O, sizin mevlanızdır. Ne güzel mevladır, ne güzel yardımcıdır!"[322]

رَبَّنَا وَاجْعَلْنَا مُسْلِمَيْنِ لَكَ وَمِنْ ذُرِّيَّتِنَا أُمَّةً مُسْلِمَةً لَكَ وَأَرِنَا مَنَاسِكَنَا وَتُبْ عَلَيْنَا إِنَّكَ أَنْتَ التَّوَّابُ الرَّحِيمُ

"Ey Rabbimiz! Bizi sana boyun eğenlerden kıl, neslimizden de sana itaat eden bir ümmet çıkar, bize ibadet usullerimizi göster, tevbemizi kabul et; zira, tevbeleri çokça kabul eden, çok merhametli olan ancak Sensin."[323]

---

322 Hac; 22: 78
323 Bakara; 2: 128

İSLÂM'IN ŞARTLARI

Bir insanın müslüman olduğunun işareti sayılan ibadetlere İslâm dininin şartları denir.

Bunların başında kelime-i şehadet ve kelime-i tevhid gelir. Şu âyet buna delalet eder:

وَمَا أَرْسَلْنَا مِن قَبْلِكَ مِنْ رَسُولٍ إِلَّا نُوحِي إِلَيْهِ أَنَّهُ لَا إِلَهَ إِلَّا أَنَا فَاعْبُدُونِ

"Senden önce hiçbir resul göndermedik ki ona: "Benden başka İlah yoktur; şu halde bana kulluk edin" diye vahyetmiş olmayalım."[324]

Peygamber Efendimiz (s.a.v) de aynı anlamda şunu ifade buyurur: مَنْ كَانَ آخِرُ كَلَامِهِ لاَ إِلَهَ إِلاَّ اللهُ دَخَلَ الْجَنَّةَ *"Kimin son sözü "la ilâhe illallah" olursa o cennete girer."*[325]

İslam'ın şartlarından diğerleri ise topluca şu hadis-i şerifte sayılmıştır:

بُنِيَ الْإِسْلَامُ عَلَى خَمْسٍ شَهَادَةِ أَنْ لاَ إِلَهَ إِلاَّ اللهُ وَأَنَّ مُحَمَّدًا رَسُولُ اللهِ
وَإِقَامِ الصَّلَاةِ وَإِيتَاءِ الزَّكَاةِ وَالْحَجِّ وَصَوْمِ رَمَضَانَ

"İslâm beş temel üzerine bina edilmiştir: 1) Kelime-i Şehadet (Allah'tan başka ilah olmadığına; Hz. Muhammed (s.a.v)'in Allah'ın elçisi olduğuna şehadet etmek), 2) Namaz kılmak, 3) Zekat vermek, 4) Hacca gitmek, 5) Ramazan ayı orucunu tutmak."[326]

Kelime-i şehadet ve kelime-i tevhid konularında iman konusu anlatılırken genişçe durulduğu için bir daha tekrarlamak istemiyoruz. Bunun dışındaki İslâm'ın şartları hakkında bu dersimizde kısa bir özetleme yapacağız, daha sonra da detaylarına ineceğiz.

1. Namaz ibadeti:

Namaz, her müslümanın günlük olarak yapması gerekli olan ibadetidir. İslam dini dairesine giren bir insanın yerine getirmekle yükümlü olduğu ilk ibadettir. Haftada bir eda edilen Cuma namazı da farz bir ibadettir. Namazın farziyyetini ifade eden âyetlerden birisi şöyledir: إِنَّ الصَّلَاةَ كَانَتْ عَلَى الْمُؤْمِنِينَ كِتَابًا مَوْقُوتًا

".. Çünkü namaz müminler üzerine vakitleri belli bir farzdır."[327] سُئِلَ صَلَّى اللهُ

عَلَيْهِ وَسَلَّمَ أَيُّ الْأَعْمَالِ أَفْضَلُ فَقَالَ الصَّلَاةُ لِمَوَاقِيتِهَاPeygamber Efendimiz (s.a.v)'e

---

324 Hac; 21: 25
325 Sünen-i Ebi Davut, 3: 486
326 Camiu'l Usul fi- Ehadis-ir-Rasul; 1/207-208, Mektebetü'l Hulvani baskısı, H. 1389
327 Nisa; 4: 103

"Hangi amel daha faziletlidir?" diye sorulduğunda; Peygamber Efendimiz (s.a.v): "Vaktinde kılınan namazdır"[328] buyurmuştur.

2. Zekat İbadeti:

Zekat, dinî ölçülere göre zengin kabul edilen ve erginlik çağına gelmiş akıl sahibi bir müslümanın, mallarından belli bir miktarını ki, bu genellikle kırkta bir veya % 2,5 şeklinde ifade edilir, Kur'an-ı Kerim'de belirtilen ihtiyaç yerlerine vermesidir.

Zekat, lügat olarak temizlik ve artma manasına gelir. Çünkü zekât insanı günahlardan temizler; zekâtı ödenen malın da bereketlenmesine sebep olur:

$$ خُذْ مِنْ أَمْوَالِهِمْ صَدَقَةً تُطَهِّرُهُمْ وَتُزَكِّيهِمْ بِهَا وَصَلِّ عَلَيْهِمْ إِنَّ صَلَاتَكَ سَكَنٌ لَهُمْ وَاللهُ سَمِيعٌ عَلِيمٌ $$

"Onların mallarından sadaka al; bununla onları (günahlardan) temizlersin, onları arıtıp yüceltirsin. Ve onlar için dua et. Çünkü senin duan onlar için sükunettir (onları yatıştırır). Allah işitendir, bilendir."[329]

Muhtaçlara yardım etme işi, müslümanın kendi keyfine bırakılmamıştır. Bizzat Allah'ın emri gereği zorunlu olmuştur. Çünkü malın gerçek sahibi Allah'tır; insan onun emanetçisidir.

$$ الَّذِي لَهُ مُلْكُ السَّمَاوَاتِ وَالْأَرْضِ وَلَمْ يَتَّخِذْ وَلَدًا وَلَمْ يَكُنْ لَهُ شَرِيكٌ فِي الْمُلْكِ وَخَلَقَ كُلَّ شَيْءٍ فَقَدَّرَهُ تَقْدِيرًا $$

"Göklerin ve yerin mülkü O'nundur. O bir çocuk edinmemiştir, mülkünde ortağı yoktur. Her şeyi yaratmış, ona ölçü, biçim ve düzen vermiştir."[330]

$$ وَأَنْفِقُوا فِي سَبِيلِ اللهِ وَلَا تُلْقُوا بِأَيْدِيكُمْ إِلَى التَّهْلُكَةِ وَأَحْسِنُوا إِنَّ اللهَ يُحِبُّ الْمُحْسِنِينَ $$

"Allah yolunda harcayın. Kendi ellerinizle kendinizi tehlikeye atmayın. Her türlü hareketinizde dürüst davranın. Çünkü Allah dürüstleri sever."[331] وَفِي أَمْوَالِهِمْ حَقٌّ لِلسَّائِلِ وَالْمَحْرُومِ "Mallarında, muhtaç ve yoksullar için bir hak vardı."[332]

328 Taberani; Mu'cem, 8/333, H. No: 9697 (Mektebetu Şamile)
329 Tevbe; 9: 103
330 Furkan; 25: 2
331 Bakara; 2: 195
332 Zariyat; 51: 19

Zekat, kendisinin ihsan buyurduğu mal ile Allah'ın rızasını kazandırır. Malı gaye olmaktan çıkarır. Allah'ın rızasını kazandırma vesilesi olur. İnsanın başkalarını düşünmesine ve merhamet etmesine zemin hazırlar. Toplumsal barışın oluşmasında etkin olur.

3. Oruç İbadeti:

İbadet niyetiyle, tan yerinin ağarmaya başlamasından itibaren, akşamleyin güneş tamamen batıncaya kadar yeme, içme ve cinsel ilişkiden uzak kalınarak eda edilen ibadettir. Dinî, ahlâkî, sosyal ve sağlık açısından insana bir çok yararı vardır.

$$\text{يَا أَيُّهَا الَّذِينَ آمَنُوا كُتِبَ عَلَيْكُمُ الصِّيَامُ كَمَا كُتِبَ عَلَى الَّذِينَ مِنْ قَبْلِكُمْ لَعَلَّكُمْ تَتَّقُونَ}$$

"Ey iman edenler! Oruç sizden önce gelip geçmiş ümmetlere farz kılındığı gibi size de farz kılındı. Umulur ki korunursunuz."[333]

Oruç, sabrı, meşakkate göğüs germeyi ve en önemlisi nefse hakim olma melekesini kazandırır ve iradeyi güçlendirir. Oruç tutan insan, aç, muhtaç ve bi-ilaç insanların durumunu daha iyi anlar. Elindeki nimetlerin kıymetini bilir, israftan sakınmayı öğrenir.

4. Hac İbadeti:

İslâm'ın şartlarından birisi de şartlarını bünyesinde toplamış olan bir müslümanın ömründe bir defa Ka'be'yi ve diğer kutsal mekanları usulünce ziyaret etmek olan Hac ibadetidir. İslâm'da farz olan ibadetlerden birisidir. Cenab-ı Hak, Kur'an-ı Kerim'de hac ibadetinin farz oluşu hakkında şöyle buyurmuştur:

$$\text{وَلِلّهِ عَلَى النَّاسِ حِجُّ الْبَيْتِ مَنِ اسْتَطَاعَ إِلَيْهِ سَبِيلًا}$$

"Yoluna gücü yetenlerin o evi haccetmesi, Allah'ın insanlar üzerinde bir hakkıdır."[334] $\text{وَأَتِمُّوا الْحَجَّ وَالْعُمْرَةَ لِلّهِ}$ *"Haccı ve umreyi Allah için tam yapın."*[335]

Haccın farz bir ibadet oluşu hakkında Peygamber Efendimiz (s.a.v) ise, şöyle buyurmuştur: $\text{إِنَّ اللهَ فَرَضَ عَلَيْكُمُ الْحَجَّ فَحُجُّوا}$ *"Allah hac ibadetini size farz kıldı; öyle ise haccediniz."*[336]

Hac öyle bir ibadettir ki, her yıl, dilleri, renkleri, ülkeleri, kültürleri farklı, fakat hedef ve gayeleri aynı olan milyonlarca müslümanı bir araya getirir, hep birden

---

333 Bakara; 2: 183
334 Al-i İmran; 3: 97
335 Bakara; 2: 196
336 Mu'cemü'l Müfehres li- Elfaz-ı'l Ehadis, C. 2; shf. 975

onları Allah'a yöneltir, birbirleri ile tanışıp kaynaşmalarını sağlar, birbirlerinin dertlerini paylaştırır, ortak çareler üzerinde düşünmelerine zemin hazırlar. Hele günlük giysilerinden soyunarak beyaz kefen bezlerine bürünen müslümanlar, ölmeden önce ölmenin eğitimini alırlar; varlıkla, makamla ve mevki ile gurura kapılmanın yersizliğini öğrenirler. İnsanlar arasında fark gözetmemeyi, eşitliği tatbik ederek dünyaya ilan ederler. Ölüm ve ölümden sonraki hayatı unutmamayı fiilen yaşar ve öğrenirler.

Alınacak Dersler:

1. İnsan fıtratı dışardan etkilenmelerle bozulmaz ise, Hakk'ı kabul eder. Elbette Allah (c.c.)'ın nasip etmesi de gerekir.

2. İnsanın yaratılış gayesi Allah'a inanmak ve O'na kulluk etmektir.

3. Silim kökünden gelen İslam'a inanan insanların, ellerinden ve dillerinden hiç bir canlı zarar görmez.

4. İslam'ın kelime-i şehadet, namaz kılmak, zekât vermek, oruç tutmak ve hacca gitmek gibi temel ibadetlerin yanında, daha bir çok ibadetler de söz konusudur.

5. Namaz ve oruç bedenle eda edilen ibadetlerin, zekat mal ile yerine getirilen ibadetlerin, hac ise hem beden hem de mal ile ifa edilen ibadetlerin temsilcileridir.

15. SOHBET

HZ. ALİ B. EBU TÂLİP (RA)

Hayatı ve İslam'a Girişi

Resûlullah (s.a.v)'in amcasının oğlu, damadı, aşere-i mübeşşereden dördüncüsü ve dördüncü halifedir. Babası Ebû Talib, annesi Kureyş'ten Fâtıma binti Esed, dedesi Abdulmuttalip'tir. Künyesi Ebu'l Hasan ve Ebû Tûrab (toprağın babası), lâkabı Haydar; ünvanı Emîru'l-Mü'minin'dir. Ayrıca 'Esedullah=Allah'ın Aslanı' ünvanıyla da anılır.

Hz. Ali (ra), küçük yaştan itibaren Peygamber (s.a.v)'in yanında büyüdü. On yaşında İslâm'ı kabul ettiği bilinmektedir. Hz. Hatice'den sonra müslümanlığı ilk kabul eden odur. Hatta ilk müslümanlığı kabul edenin de o olduğu rivayet edilmiştir.[337] Peygamber Efendimiz (s.a.v)'ın omuzuna çıkarak Ka'be'nin üzerindeki putu kırmıştı.[338] Haşim Oğullarını davet eden Peygamberimize bir tek Hz. Ali olumlu cevabı vermiş, Peygamberimiz (s.a.v) da onu **"Kardeşimsin ve vezirimsin"** diyerek taltif buyurmuştu.

Medine'ye hicret etti, Bedir, Uhud, Hendek, Bey'at-ı Rıdvan ve Tebük seferinin dışında bütün gazalarda hazır oldu. Hicret gecesinde Peygamberimizin yatağına yatarak büyük bir tehlikeyi göze almış ve müşrikleri şaşırtmıştır.

Hz. Ali (ra), Bedir savaşından sonra Hz. Fâtıma ile evlendi. Nikâhlarını bizzat Hz. Peygamber (s.a.v) kıydı. Hz. Ali'nin, Hz. Fâtıma'dan üç oğlu, iki kızı dünyaya geldi.

Hz. Ali (ra), Mekke'nin fethi sırasında sancaktarlık yaptı. Hz. Peygamber ile birlikte Kâbe'deki bütün putların kırılmasında yardımcı oldu.

Tebük seferine çıkılırken Hz. Ali'yi ehl-i beytin muhafazası için Medine'de bıraktı. O, bu sefere katılamadığı için müteessir oldu. Bunun üzerine Resûlullah (s.a.v), *"Musa'ya göre Harun ne ise, sen de bana karşı o olmak istemez misin?"* dedi. Hz. Ali, bu iltifattan çok memnun oldu.

Yemen'in İslam'a daveti için Peygamber Efendimiz (s.a.v), Hz. Ali'yi Yemen'e gönderdi. Hz. Ali (ra), "Ya Rasulallah bu çok güç bir iş" dedi. Bunun üzerine Efendimiz (s.a.v), "Ya Rabb, Ali'nin dili tercümanı, kalbi hidayet nurunun membaı

---

337 Üsdü'l Gabe, IV/88
338 Ahmed b. Hanbel; Müsned, I, 384

olsun" diye dua buyurdu. Hz. Ali (ra), Yemen'e gitti, kısa süren irşadları sayesinde Yemen'in bütün Hemedan kabilesi müslüman oldu.

Hz. Peygamber (s.a.v)'in vefatı sırasında hücre-i saadette bulunanların başında idi. Hz. Ebu Bekir (ra), halife seçildiği sırada Hz. Ali (ra), Resûlullah'ın hücresinde tekfin ile meşgul idi.

Hz. Ömer (ra) döneminde devletin baş kadısı olarak görev yaptı. Hz. Osman (ra) zamanında ise, idarî tutumdan pek memnun olmamakla birlikte gelen şikayetleri zamanında Hz. Osman'a bildirdi ve hal çareleri teklif etti. Hz. Osman'ı muhasara edenleri uzlaştırmak için elinden gelen her türlü gayreti sarfetti.

Hilafeti

Hz. Osman (ra)'in şehâdetinden sonra ona bey'at edildi. Ancak o, son derece karışık bir dönemde halife oldu. Halledilmesi gereken bir çok problemle karşı karşıya idi. Bu problemler Cemel ve Siffin gibi iç savaşları doğurdu. Çıkan ihtilâfları giderme noktasında çok çalıştı. Nihayet, Kûfe'de 40/661 yılında bir Hârici olan Abdurrahman b. Mülcem tarafından sabah namazına giderken yaralandı ve bu yaranın etkisiyle şehid oldu.

Hz. Ali (ra), Hz. Peygamber (s.a.v)'in hep yanında olduğu için Tefsir, Hadîs ve Fıkıh ilimlerinde sahabenin en önünde idi. Onun hakkında Resûlullah (s.a.v), **"İlim beldesinin kapısı"** demişti. Hilâfet dönemi iç karışıklıklarla dopdolu olmasına rağmen İslâm'ın öğretilmesi ve öğrenilmesi konusunda büyük katkıları olmuştu. Medine'de duruma hakim olunca, eğitim ve öğretim için okul açtırdı. Burada dini ilimlerin yanı sıra dil ve dünyevi ilimler de okutuldu. Devlet yönetimi ve hizmetlerini; maliye, ordu, tesrî ve kaza gibi bölümlere ayırarak yürüttü. Malî işleri, toplama ve dağıtma diye iki kısma ayırdı. Ümmetin malında ümmet adına tasarruf ederken, son derece titiz davranırdı. Kendisi en az ile iktifa etmeye çalışırdı. Kufe'de kışın soğuğunda ince bir elbise ile camiye gittiği rivayet edilmişti. Çağdaş devlet idarecilerine de örnek olabilecek şekilde bir nizamname hazırlatmış ve valilerine göndermişti. Vefat ettiği zaman geride bıraktığı serveti sadece altıyüz dirhem para idi; onu da hizmetçisine vermek için geri bırakmıştı.[339] Bakara suresinin 207. ayetinin onun hakkında indiği rivayet edilmiştir.[340] Halifeliği 5 seneden biraz fazla sürmüş idi. Vefat ettiğinde yaşı altmış üç civarında idi.[341]

Hz. Ali (ra)'in faziletleri hakkında anlatılan şu rivayet, onun yüceliği hakkında yeterli ip uçları vermektedir:

---

339 Üsdu'l Gabe; IV/97
340 A.g.e; IV/98
341 A.g.e; IV/115

Bir gün Hz. Muaviye (ra), Sa'd b. Ebi Vakkas (ra)'a "Seni Ebu Turab'ın (Hz. Ali) aleyhinde konuşmaya engel olan şey nedir? diye sordu. Hz. Sa'd (ra) şöyle cevap verdi: "Rasulullah'ın söylediği üç şeyi hatırlamaz mısın? Asla Ali'ye kötü söz söylemeyeceğim. Çünkü o üç şeyden bir tanesi bile bana söylenmiş olsaydı, kırmızı tüylü develerimin olmasından daha sevimli gelirdi. Peygamber Efendimiz (s.a.v), seferlerinden birinde (Tebük Seferi), Ali'yi Medine'de bırakmıştı. Bunun üzerine Ali, "beni çocuklarla kadınların başındamı bırakıyorsun Ya Rasullallah" dedi. Allah'ır Rasulü (s.a.v): *"Sen bana, Musa'ya nisbetle Harun gibi olmak istemez misin? Şu var ki benden sonra peygamberlik yoktur"* buyurdu. Yine Peygamberimiz (s.a.v)'i Hayber Gazasında şöyle derken duydum: *"Bayrağı öyle birine vereceğim ki, o, Allah'ı ve Rasulünü sever, Allah ce Rasulü de onu sever".* Hepimiz o geceyi acaba biz miyiz? diye geçirdik. Sabah olunca Peygamberimiz *"Bana Ali'yi çağırınız"* buyurdu. Onu getirdiler ama gözü ağrıyordu. Peygamberimiz (s.a.v), tükürüğü ile onun gözünü meshetti, arkasından da bayrağı ona teslim etti. Allah (cc) da fethi ona müyesser kıldı. Al-i İmran suresinin 61. Ayeti olan, *"Sana (gerekli) bilgi geldikten sonra artık kim bu konuda seninle tartışacak olursa, de ki: "Gelin, oğullarımızı ve oğullarınızı, kadınlarımızı ve kadınlarınızı, kendimizi ve kendinizi çağıralım, sonra da lanetleşelim; Allah'ın lanetinin yalancılara olmasını dileyelim"* indiğinde, Peygamber Efendimiz (s.a.v), Ali'yi, Fatıma'yı, Hasan ve Hüseyin'i çağırdı ve şöyle buyurdu: *"Allah'ım bunlar benim ehlimdir"* buyurdu.[342]

Hz. Ali (ra) Efendimizin merkez idarecilerine ve valilerine gönderdiği devlet nizamnamesini özetleyerek almak istiyoruz:

1. Halka karşı daima içinizde sevgi ve nezaket besleyiniz. Onlara bir canavar gibi davranmayınız ve onları azarlamayınız.

2. Müslüman olsun olmasın herkese aynı davranınız. Müslümanlar kardeşleriniz, müslüman olmayanlar ise sizin gibi bir insandır.

3. Affetmekten utanmayınız. Cezalandırmada acele etmeyiniz. Emriniz altında bulunanların hataları karşısında hemen öfkelenip kendinizi kaybetmeyiniz.

4. Taraf tutmayınız, bazı insanları kayırmayınız. Bu tür davranışlar sizi zulme ve despotluğa çeker.

5. Memurlarınızı seçerken zalim yöneticilere hizmet etmemiş ve devletin suçlarından ve zulümlerinden sorumlu olmamış bulunmalarına dikkat ediniz.

6. Doğru, dürüst ve nazik kişileri seçin ve çıkar ummadan ve korkmadan acı gerçekleri söyleyebilenleri tercih ediniz.

7. Atamalarda araştırma yapmayı ihmal etmeyiniz.

---

342 A.g.e; IV/99

8. Haksız kazanç ve ahlâksızlıklara düşmemeleri için memurlarınıza yeterince maaş ödeyiniz.

9. Memurlarınızın hareketlerini kontrol ediniz ve bunun için güvendiğiniz samimi kişileri kullanınız.

10. Mektuplar ve müracaatlara bizzat kendiniz cevap veriniz.

11. Halkın güvenini kazanın ve onların iyiliğini istediğinize kendilerini inandırınız.

12. Hiç bir zaman vaadinizden ve sözünüzden dönmeyiniz.

13. Esnaf ve tüccara dikkat ediniz; onlara gereken önemi veriniz, fakat ihtikâr karaborsa ve mal yığmalarına izin vermeyiniz.

14. El işlerine yardım ediniz; çünkü bu yoksulluğu azaltır, hayat standardını artırır.

15. Tarımla uğraşanlar devletin servet kaynağıdır ve bir servet gibi korunmalıdır.

16. Kutsal görevinizin yoksul, sakat ve yetimlere bakmak olduğunu hiç aklınızdan çıkarmayınız. Memurlarınız onları incitmesin, onlara kötü davranmasın. Onlara yardım ediniz, koruyunuz ve yardımınıza ihtiyaç duydukları her zaman huzurunuza çıkmalarına engel olmayınız.

17. Kan dökmekten kaçınınız, İslâm'ın hükümlerine göre öldürülmesi gerekmeyen kimseleri öldürmeyiniz.

Alınacak Dersler:

1. Hz. Ali (ra) Efendimiz, ilk müslüman olan çocuktur.

2. Hz. Ali (ra) Efendimiz aynı zamanda cesaret ve kahramanlığın sembolüdür.

3. O, bütün bunların yanında sahabenin en büyük âlimlerinden birisidir.

4. Feragatin, aynı zamanda da sadakatin bayraklarından birisidir.

5. En büyük fitne ile imtihan olmasına rağmen, hiç bir zaman adaletsiz davranarak hududu tecavüz edecek hiç bir şey yapmamıştır.

6. Hz. Ali (ra) Efendimizin ilim deryasından hangi vecizesini alsak, yolumuzu aydınlatır.

16. SOHBET

TAHARET (MADDÎ-MANEVÎ TEMİZLİK)

Bir önceki dersimizde İslâm'ın Şartları konusuna başlamıştık. İslâm'ın Şartlarını özetledik ve ibadetler konusuna geçeceğimizi ifade etmiştik. İbadetler konusuna geçmeden önce de bütün Fıkıh âlimlerinin yaptığı gibi Taharet konusunu ele almayı uygun bulduk.

Taharet: Zahirî (görülebilen) ve manevî pisliklerden temiz olmak, temizlenmek demektir.

Taharet iki kısma ayrılır:

a) Dış Temizlik: Abdest veya gusülle temizlemekle olur. Elbise, beden ve bulunulan yerin temizlenmesi de bu kabildendir.

b) İç Temizlik: Kalbi küfürden, şirkten, kibirden, ucubtan (kendini beğenmek), yalan, haset, münafıklık ve riya gibi kötü sıfatlardan temzileyip, bunların yerine iman, tevhid, doğruluk (sıdk), ihlas, ve tevekkül gibi güzel sıfatlarla doldurmakla olur.

Allah (c.c.), insanı beden ve ruhtan ibaret yaratmıştır.

Beden iki yönden kirlenir:

1) Damarlarda olan kan ve bağırsaklarda olan pisliklerle içerden;

2) Toz, toprak ve benzerî şeylerle dışardan kirlenir.

Bedenin sağlıklı olması için zaman zaman temizlenmesi gerekir.

Ruh da iki yönden kirlenir:

1) Hased ve kibir gibi manevî hastalıklarla içerden;

2) Zulüm ve zina gibi, insanın kazandığı günahlarla dışardan kirlenir.

Ruhun sağlıklı olması için ise, tevbe ve istiğfarı çoğaltmak gerekir.

Çünkü bunları yapan insanları Allah (c.c.) sever:

$$إِنَّ اللَّهَ يُحِبُّ التَّوَّابِينَ وَيُحِبُّ الْمُتَطَهِّرِينَ$$

"Şunu iyi bilin ki, Allah tevbe edenleri de sever, temizlenenleri de sever."[343]

---

343 Bakara; 2: 222

Taharetin Hikmeti

İnsan dışını su ile, içini tevhit ve iman ile temizlerse; bunu tövbe ve istiğfar ile tekmil ederse, ruhu saflaşır; nefsi temiz olur; kalbi sükunet bulur.. Bunun sonunda da içiyle dışıyla en güzel bir şekilde Rabbine münacata, ibadete ve duaya hazır hale gelmiş olur.

Temiz bir beden, tertemiz bir kalp, pirupak bir elbise, tertemiz bir mekân... Edebin, saygının, tazimin ve âlemlerin Rabbi olan Allah'ı yüceltmenin en yüce mertebesi işte budur.

Bundan dolayıdır ki, Peygamber Efendimiz (s.a.v) temizlik (taharet) hakkında, الطُّهُورُ شَطْرُ الإِيمَانِ وَالْحَمْدُ لله تَمْلأُ الْمِيزَانَ *"Taharet (temizlik) imanın parçasıdır; 'el-Hamdü lillah' mizanı doldurur.* [344]

Fıtrat (Yaratılış Gereği) Yapılması Gerekli Olan Temizlikler:

1. Misvak Kullanmak (Dişleri Yıkamak):

Misvak, arak ağacının kök ve dallarından yapılan ağız ve diş temizliğinde kullanılan bir ağız temizleme âletidir. Ağzı temizler, Allah'ı razı eder denilmiştir. Abdest alırken, namaza başlarken, eve girerken, Kur'an okumaya başlarken, gece namazına başlarken, ağzın kötü kokusunu gidermek gibi zamanlarda misvak kullanmak sünnettir.

Peygamber Efendimiz (s.a.v) misvak hakkında şöyle buyurmuştur:

لَوْلَا أَنْ أَشُقَّ عَلَى أُمَّتِي أَوْ عَلَى النَّاسِ لأَمَرْتُهُمْ بِالسِّوَاكِ مَعَ كُلِّ صَلاةٍ

"Ümmetime (veya insanlara) meşakkat olacağını düşünmeseydim; her namaz için misvak kullanmalarını emrederdim. [345]

Diş ve ağız temizliğinde misvak yerine diş fırçası ve diş macunu kullanmak da caizdir. Ancak bununla beraber misvak da kullanılırsa daha efdal olur. Çünkü Peygamber Efendimiz (s.a.v) misvak kullanırdı.

2. Bıyığı Kısaltmak; Sakalı Uzatmak:

Sünnette bıyığı ağza gitmeyecek kadar kısaltmak, sakalı ise tamamen kesmemek sünnettir. Sakalı tamamen kazımak ise, mekruh sayılmıştır. Peygamber Efendimiz (s.a.v):

خَالِفُوا الْمُشْرِكِينَ وَقِّرُوا اللِّحَى، وَأَحْفُوا الشَّوَارِبَ

---

344 Müslim; H. No: 223
345 Buhari; H. No: 887. Müslim; H. No: 252

"Müşriklere muhalefet ediniz; sakalı bırakınız, bıyıkları kısaltınız."[346]

3. Etek traşı olmak, koltuk altı kıllarını almak, tırnakları kesmek:

Peygamber Efendimiz (s.a.v) bütün bunlar hakkında şunları ifade buyurmuştur:

خَمْسٌ مِنَ الْفِطْرَةِ الْخِتَانُ، وَالاسْتِحْدَادُ، وَنَتْفُ الإِبِطِ، وَتَقْلِيمُ الأَظْفَارِ، وَقَصُّ الشَّارِبِ

"Beş şey fıtrattandır: Hitan (sünnet olmak), ustura kullanarak traş olmak, koltuk altını temizlemek, tırnak kesmek ve bıyığı kısaltmak."[347]

وَعَنْ أَنَسِ بْنِ مَالِكٍ رَضِيَ اللهُ عَنْهُ قَالَ: وُقِّتَ لَنَا فِي قَصِّ الشَّارِبِ، وَتَقْلِيمِ الأَظْفَارِ، وَنَتْفِ الإِبِطِ، وَحَلْقِ الْعَانَةِ، أَنْ لا نَتْرُكَ أَكْثَرَ مِنْ أَرْبَعِينَ لَيْلَةً

Enes b. Malik (ra), *"Bıyıkların kısaltılması, tırnakların kesilmesi, koltuk altı ve etek traşı olmamızı kırk geceden fazla uzatmama itibariyle bize vakit verildi."*[348] buyurmuştur.

4. Misk ve benzeri güzel kokular sürünmek:

عَنْ عَائِشَةَ رَضِيَ اللهُ عَنْهَا قَالَتْ: كُنْتُ أُطَيِّبُ النَّبِيَّ – صلى الله عليه وسلم بِأَطْيَبِ مَا يَجِدُ، حَتَّى أَجِدَ وَبِيصَ الطِّيبِ فِي رَأْسِهِ وَلِحْيَتِهِ

Hz. Aişe (ra) buyuruyor ki, *"Bulunabilen kokularla Peygamberimiz kokuluyordum. Baş ve sakalına sürdüğüm kokuyu halen hissediyorum."*[349]

Temizlik Temiz Su ile Yapılır

Hükümleri itibariyle sular iki kısma ayrılır:

1. Temiz Sular: Saf hali ile bulunan ve içinde bozucu ve kirletici etkenler olmayan sulardır. Yağmur suyu, deniz suyu, nehir suyu, kaynak suları gibi. Böyle sularla temizlenmek caizdir.

2. Pis Sular: İçine katılan harici etkenler nedeniyle az veya çok rengi, tadı ve kokusu değişen sulardır.

Zahiri olan pis şeyler iki kısımdır:

---

346 Buharî; H. No: 5892. Müslim; H. No: 259
347 Buharî; H. No: 5889. Müslim; H. No: 259
348 Müslim; H. No: 258
349 Buharî; H. No: 5923. Müslim; H. No: 1190

1. Aslı pis olan şeylerdir: İnsan pislikleri, akan kan, hayız ve nifas kanları, mezi ve vedi, köpek, domuz, helal kesim yoluyla öldürülmemiş ölü hayvanlar, eti yenmeyen hayvanların pislikleri bu kabil pisliklerdir. Bunların bizatihi kendilerinin temiz bir madde ile temizlenmeleri mümkün değildir. Çünkü bunlar bizatihi pis maddelerdir.

2. Hükmî Pis Olan Şeyler: Temiz olan bir azanın ya da elbisenin pis bir şeyle kirlenmesiyle temiz eşyanın pis sayılmasıdır. Sidik bulaşmış elbisenin, aslında temiz iken pis hale gelmesi gibi. Hükmen pis sayılan şeyler çeşitli temizleme yolları ile temizlenebilir. Çünkü onların aslı temizdir; pis şeyler sonradan gelmiştir; dolayısı ile tekrar temizlenebilir.

Dinimizde Necis (Pis) Sayılan Şeyler Üç Çeşittir:

1. Hafif Pislikler: Süt emen ve henüz yemek verilmeyen çocuğun pisliği bu kabildendir. Elbise ve benzeri yerlere isabet ederse, üzerinden su gezdirilmesi yeterlidir. Süt emmesine rağmen yemek de yiyen bir çocuğun bevil ve kakasının isabet ettiği malzemenin yıkanması gerekir.

2. Orta (Mutavassıt) Pislikler: İnsan bevil ve dışkıları, hayız ve nifas kanları bu kabil pisliklerdendir. Bu pislikler yok oluncaya kadar yıkamak gerekir. Yıkadıktan sonra renk kalırsa bunun bir zararı olmaz.

عَنِ ابْنِ عَبَّاسٍ رَضِيَ اللهُ عَنْهُمَا عَنِ النَّبِيِّ – صلى الله عليه وسلم – أَنَّهُ مَرَّ بِقَبْرَيْنِ يُعَذَّبَانِ، فَقَالَ:إِنَّهُمَا لَيُعَذَّبَانِ، وَمَا يُعَذَّبَانِ فِي كَبِيرٍ، أَمَّا أَحَدُهُمَا فَكَانَ لاَ يَسْتَتِرُ مِنَ الْبَوْلِ، وَأَمَّا الآخَرُ فَكَانَ يَمْشِي بِالنَّمِيمَةِ». ثُمَّ أَخَذَ جَرِيدَةً رَطْبَةً فَشَقَّهَا بِنِصْفَيْنِ، ثُمَّ غَرَزَ فِي كُلِّ قَبْرٍ وَاحِدَةً، فَقَالُوا: يَا رَسُولَ اللهِ، لِمَ صَنَعْتَ هَذَا؟ فَقَالَ: «لَعَلَّهُ أَنْ يُخَفَّفَ عَنْهُمَا مَا لَمْ يَيْبَسَا»

İbn Abbas (ra)'den: Peygamber Efendimiz (s.a.v) kabir azabı çeken iki kabrin başında durdu. *"Bu iki kabirdekiler azap çekiyorlar. Buna sebep de çok büyük işlemiş olmaları değildi. Onlardan bir tanesi küçük abdest sıçrantılarından sakınmaz; diğeri de söz taşırdı"* buyurdu. Arkasından yaş bir ağaç dalı aldı ve ikiye ayırdı, birer birer bu dalları bu iki mezara dikti. Sahabe, "Ey Allah'ın Rasûlü bunu neden yaptın? diye sorunca; Peygamber Efendimiz (s.a.v) *"Bu dallar kurumadığı sürece onların azapları hafifler"*[350] buyurdu.

---

350 Buhari; H. No:1361. Müslim; H. No: 292

Ağır (Galiz) Pislikler: Köpek ve benzeri necisü'l ayn olan hayvanların yalamış olduğu kap ve diğer malzemeler. Böyle kapların temizlenmesi için ilki toprakla olmak üzere yedi defa su ile yıkamak gerekir.

عَنْ أَبِي هُرَيْرَةَ قَالَ: قَالَ رَسُولُ اللهِ - صلى الله عليه وسلم طَهُورُ إِنَاءِ أَحَدِكُمْ إِذَا وَلَغَ فِيهِ الْكَلْبُ أَنْ يَغْسِلَهُ سَبْعَ مَرَّاتٍ أُولَاهُنَّ التُّرَابِ

Ebu Hureyre (r.a.)'den: Allah'ın Rasûlü (s.a.v) buyuruyor ki, *"Birinizin kabını köpek yalarsa onu birincisi toprakla olmak üzere yedi defa yıkamaktır."*[351]

Buraya kadar anlatılan şeyler zahiri temizlikler idi. Manevî olarak da yapılması gerekli olan temizliklerimiz vardır. Dersin başında bunların bazılarına işaret edilmişti. Bunlara ilaveten müslümanın kalbini nifaktan (münafıklıklıktan), dilini yalandan, kulağını haram olan tegannidenden (müzik), gözünü hain ve haram bakışlardan, midesini haram yiyeceklerden, ırzını zina ve fuhuştan, diğer azalarını günah ve isyandan, konuşmalarını boş sözlerden, amellerini riyadan, kazancını haram kazanç yollarından, evini günah ve isyan işlenen mekanlar olmaktan, nefsini şirk ve zulümden ve bedenini ve elbisesini necasetten (görünen pisliklerden) temizlemektir.

Cenab-ı Hak (c.c.) buyuruyor ki: إِنَّ اللهَ يُحِبُّ التَّوَّابِينَ وَيُحِبُّ الْمُتَطَهِّرِينَ

"Şunu iyi bilin ki, Allah tevbe edenleri de sever, temizlenenleri de sever."[352]

Bazı şeyler var ki, temiz midir, pis midir? bilinemez bu gibi durumlarda en güzeli ondan uzak durmaktır. Peygamber Efendimiz (s.a.v) bunu şöyle ifade buyuruyor:

عَنِ النُّعْمَانِ بِنِ بَشِيرٍ رَضِيَ اللهُ عَنْهُ قَالَ سَمِعْتُ رَسُولَ اللهِ صلى الله عليه وسلم يَقُولُ وَأَهْوَى النُّعْمَانُ بِإِصْبَعَيْهِ إِلَى أُذُنَيْهِ- «إِنَّ الْحَلَالَ بَيِّنٌ وَإِنَّ الْحَرَامَ بَيِّنٌ وَبَيْنَهُمَا مُشْتَبِهَاتٌ لَا يَعْلَمُهُنَّ كَثِيرٌ مِنَ النَّاسِ، فَمَنِ اتَّقَى الشُّبُهَاتِ اسْتَبْرَأَ لِدِينِهِ وَعِرْضِهِ، وَمَنْ وَقَعَ فِي الشُّبُهَاتِ وَقَعَ فِي الْحَرَامِ، كَالرَّاعِي يَرْعَى حَوْلَ الْحِمَى، يُوشِكُ أَنْ يَرْتَعَ فِيهِ، أَلَا وَإِنَّ لِكُلِّ مَلِكٍ حِمًى، أَلَا وَإِنَّ حِمَى اللهِ مَحَارِمُهُ، أَلَا وَإِنَّ فِي الْجَسَدِ مُضْغَةً، إِذَا صَلَحَتْ صَلَحَ الْجَسَدُ كُلُّهُ وَإِذَا فَسَدَتْ فَسَدَ الْجَسَدُ كُلُّهُ، أَلَا وَهِيَ الْقَلْبُ

Numan b. Beşir (r.a.)'den: -Parmaklarını kulaklarına götürerek- Allah'ın Rasûlü (s.a.v)'i şöyle söylerken işittim: *"Şurası muhakkak ki, haramlar apaçık bellidir, helaller*

---

351 Buhari; H. No: 172. Müslim; H. No: 279
352 Bakara; 2: 222

de apaçık bellidir. Bu ikisi arasında (haram veya helal olduğu) şüpheli olanlar vardır. İnsanlardan çoğu bunları bilmez. Bu durumda, kim şüpheli şeylerden kaçınırsa, dinini de, ırzını da tebrie etmiş olur. Kim de şüpheli şeylere düşerse harama düşmüş olur, tıpkı koruluğun etrafında sürüsünü otlatan çoban gibi ki, her an koruluğa düşebilecek durumdadır. Haberiniz olsun, her melikin bir koruluğu vardır, Allah'ın koruluğu da haramlarıdır. Haberiniz olsun, cesette bir et parçası var ki, eğer o sağlıklı olursa cesedin tamamı sağlıklı olur, eğer o bozulursa, cesedin tamamı bozulur. Haberiniz olsun bu et parçası kalptir."[353]

Nükteler:

Her şeye bir intizam getiren dinimiz, hatta tuvalete girip çıkma edebine bile nizam koymuştur:

· Tuvalete girerken sol ayakla girilmeli, çıkarken de sağ ayakla çıkılmalıdır. Her ikisi de sünnettir.

· **Tuvalete girerken:**

$$اللَّهُمَّ إِنِّي أَعُوذُ بِكَ مِنَ الْخُبْثِ وَالْخَبَائِثِ$$

"Allah'ım pisliğin her çeşidinden sana sığınırım."[354] diye dua etmeli, sol ayakla içeri girilmelidir.

· **Tuvaletten çıkarken de sağ ayak atılmalı ve;**

«غُفْرَانَكَ» "Allahım beni bağışla, mağfiret buyur" diye dua etmeli.

Tuvalet içinde de tatbik edilmesi gerekli bazı edepler vardır:

· Tuvalette de setr-i avrete (örtülmesi farz olan yerleri örtmek), bedenine ve elbisesine pislik bulaşmamasına, dikkat etmek lüzumludur.

· Tuvalette kaza-i hacet yaparken ön ve arkayı Kıble'ye dönmemek gerekir.

$$عَنْ أَبِي أَيُّوبَ الْأَنْصَارِيِّ رَضِيَ اللهُ عَنْهُ أَنَّ النَّبِيَّ صلى الله عليه وسلم قَالَ إِذَا أَتَيْتُمُ الْغَائِطَ، فَلَا تَسْتَقْبِلُوا الْقِبْلَةَ وَلَا تَسْتَدْبِرُوهَا، وَلَكِنْ شَرِّقُوا أَوْ غَرِّبُوا قَالَ أَبُو أَيُّوبَ: فَقَدِمْنَا الشَّامَ، فَوَجَدْنَا مَرَاحِيضَ بُنِيَتْ قِبَلَ الْقِبْلَةِ، فَنَنْحَرِفُ، وَنَسْتَغْفِرُ اللهَ تَعَالَى$$

Ebu Eyyûp el-Ensârî (ra)'den: Peygamber Efendimiz (s.a.v) şöyle buyurmuştur: "Tuvalete girdiğiniz zaman, Kıble'ye ön ve arkanızı dönmeyiniz; doğu veya batıya

---

353 Buhari; H. No: 2051. Müslim; H. No: 1599
354 Buhari; H. No: 142. Müslim; H. No: 375

(yani Kıble'ye denk gelmeyen bir tarafa) dönünüz." Ebu Eyyûp el-Ensârî (r.a.) devamla, *"Şam'a vardığımızda, tuvaletlerin Kıble cihetine doğru yapıldığını gördük; onların yönünü Kıble cihetinden çevirir, tövbe ve istiğfar ediyorduk"* demiştir.[355]

· Tuvalette iken selam almak mekruhtur.

· Tuvaletten çıkıp, abdest aldıktan sonra verilen selamı kaza ederek alır.

· İnsanların gelip geçtiği yerlere, gölgeliklere, sokaklara vs. yerlere bevletmek haramdır.

عَنْ أَبِي هُرَيْرَةَ رَضِيَ اللهُ عَنْهُ أَنَّ رَسُولَ اللهِ - صلى الله عليه وسلم - قَالَ: «اتَّقُوا اللَّعَّانَيْنِ». قَالُوا: وَمَا اللَّعَّانَانِ يَا رَسُولَ اللهِ؟ قال: «الَّذِي يَتَخَلَّى فِي طَرِيقِ النَّاسِ أَوْ فِي ظِلِّهِمْ

Ebu Hüreyre (r.a.)'den, Allah'ın Rasûlü (s.a.v) şöyle buyurdu: *"İki lanetliden sakınınız".* Sahabe-i kiram (ra), iki lanetli kimdir? diye, sorduğunda; Peygamber Efendimiz (s.a.v): *"İnsanların yollarını ve gölgeliklerini tuvalete çevirenlerdir"* buyurdu.[356]

Alınacak Dersler:

1. Bedenin de ruhun da temizlenmeye ihtiyacı vardır. Beden su ile, ruh iman ve gerekleri ile temizlenir.

2. İslâm temizlik ve nezahet dinidir.

3. Fıtratı bozan şeylerden uzak kalmalıyız. Her birisi ayrı bir sünnet olan fıtri şeylere bedenimizde yer vermeliyiz.

4. Bizi hayatımızın hiç bir anında yalnız bırakmayan bir dine sahip olduğumuz için Cenab-ı Hakk'a hamdederiz.

---

355 Buhari; H. No: 394. Müslim; H. No: 264
356 Müslim; H. No: 269

17. SOHBET

HADESTEN TAHARET
(MANEVÎ PİSLİKLERDEN TEMİZLENMEK)

Bir önceki dersimizde ibadet konularından Namaz konusuna geçeceğimizi; ancak Namaza başlamadan önce bazı işlemlerin yapılmasından hareketle Taharet konusuna başlamış ve önce gözle görülen hakiki pisliklerden temizlenme konusunu ele almıştık. Bu dersimizde ise manevi temizlik dediğimiz manevi kirlerlerden temizlenme konusu üzerinde duracağız. Önce abdest konusuna, daha sonra gusül (boy abdesti) konusuna, sonunda kısaca teyemmüm konusuna temas edeceğiz. Bu dersimizde konuları Fıkhî boyutlarından ziyade hikmetleri itibariyle ele almaya gayret edeceğiz.

I. ABDEST:

Tarifi:

Abdest, sözlükte güzellik (hüsn) ve temizlik (nezafet) anlamlarına gelir. Şeriatımızda ise, "Belli azaların yıkanması ve meshedilmesi ile yapılan temizliktir."[357] Bu azalar, dirseklere kadar eller, yüz ve ayaklarla baştır. İlk üçü yıkanır, son aza ise meshedilir.

Abdest, cünüb, hayız ve nifas olmayan bir insanın namaz ve benzeri bedeni ibadetleri yerine getirmek için farz olan bir temizlenme şeklidir. Abdestle hades-i asgar (küçük manevi pislik) dediğimiz manen pislik ortadan kaldırılmış olur. Biz buna **'abdestsizlik hali'**nin giderilmesi deriz. Abdest, namazın farz oluşu ile birlikte Mekke'de farz kılınmıştır. Cenab-ı Hak şöyle buyuruyor:

$$\text{يَا أَيُّهَا الَّذِينَ آمَنُوا إِذَا قُمْتُمْ إِلَى الصَّلَاةِ فَاغْسِلُوا وُجُوهَكُمْ وَأَيْدِيَكُمْ إِلَى الْمَرَافِقِ وَامْسَحُوا بِرُءُوسِكُمْ وَأَرْجُلَكُمْ إِلَى الْكَعْبَيْنِ}$$

"Ey iman edenler! Namaz kılmaya kalktığınız zaman yüzlerinizi, dirseklerinize kadar ellerinizi, başlarınızı meshedip, topuklara kadar ayaklarınızı yıkayın. Eğer cünüp

---

357 Mavsılî; El-İhtiyar li Ta'li'l Muhtar, 1/7

*oldunuz ise, boy abdesti alın.**[358]* Ayet, abdestin farz olduğuna delildir. Dolayısı ile namaz kılmak için abdestin farz olduğunu inkâr eden insan -Allah korusun- küfre girer.

Peygamber Efendimiz (s.a.v) de abdest almadan namaz kıldığı vaki olmamıştır ve şöyle buyurmuştur:

$$لاَ تُقْبَل صَلاَةُ مَنْ أَحْدَثَ حَتَّى يَتَوَضَّأَ$$

"Abdest bozan birinin namazı (su ile) abdest almadıkça makbul olmaz."[359]

Abdest, geçmiş peygamberlerin şeriatlarında da var olan ve aynen bugünkü gibi olan bir temizliktir.

Peygamber Efendimiz (s.a.v), bir defasında su istediler. Getirilen su ile azalarını üçer defa yıkayarak abdest aldılar. Sonra da şöyle buyurdular: هَذَا وُضُوئِي وَوُضُوءُ الأَنْبِيَاءِ قَبْلِي *"Bu benim ve benden önceki peygamberlerin abdestidir."[360]*

Fakat Abdest, kıyamet günü Ümmet-i Muhammed'i diğerlerinden ayıracak bir güzel ameldir ki, bu hususta da Efendimiz (s.a.v) şöyle buyurmuşlardır:

$$لَكُمْ سِيمَا لَيْسَتْ لِأَحَدٍ مِنَ الأُمَمِ ، تَرِدُونَ عَلَيَّ غُرًّا$$
$$مُحَجَّلِينَ مِنْ آثَارِ الْوُضُوء$$

"Diğer hiçbir ümmette olmayan bir simanız olacaktır. Sizler bana alnınızdaki abdest sebebiyle meydana gelmiş beyazlarınızla (nurunuzla) geleceksiniz."[361]

Abdest Almanın Hükmü Amellerin Durumuna Göre Farklılık Arzeder:

a. Abdestin Farz Olduğu Yerler:

1) Namaz Kılmak İçin:

İster farz namazlar olsun isterse nafile namazlar olsun abdest almadan namaz kılınmaz. Tilavet secdesi için de abdest almak farzdır. Yukardaki âyet ve hadis-i şerifte olduğu gibi.

2) Tavaf Yapmak İçin:

Tavaf yapmak için de abdest almak lüzumludur. İster farz olsun, isterse nafile olsun. Efendimiz (s.a.v) buyuruyor:

---

358 Maide; 5: 6
359 Buhari; 1/234. Müslim; 1/204
360 Beyhaki; 1/80, Baskı: Dairetü'l Maarif
361 Müslim; 1/17, Ebu Hüreyre (ra)'den

الطَّوَافُ حَوْلَ الْبَيْتِ مِثْلُ الصَّلاَةِ إِلاَّ أَنَّكُمْ تَتَكَلَّمُونَ فِيهِ فَمَنْ تَكَلَّمَ فِيهِ فَلاَ يَتَكَلَّمَنَّ إِلاَّ بِخَيْرٍ

"Ka'be'nin etrafında tavaf yapmak namaz kılmak gibidir. Ancak tavafta konuşmanız mümkündür. Kim tavaf yaparken konuşacaksa hayırlı olan şeyden başkasını konuşmasın."[362]

3) Kur'an-ı Kerim'i Ele Almak İçin:

Kur'an-ı Kerim'e dokunma hususunda abdest almanın farziyyetinde fıkıhçılar arasında ihtilaf olsa da cumhur-u fukaha'ya göre Kur'an-ı Kerim'e dokunmak için abdest almak farzdır. Allah (c.c.) buyuruyor ki: لاَ يَمَسُّهُ إِلَّا الْمُطَهَّرُونَ *"Ona ancak temizlenenler dokunabilir."[363]*

b. Abdest Almanın Sünnet Olduğu Yer:
Uykudan Önce Abdest Almak Sünnettir.

Cumhur-u ulema'ya göre, uyku için yatmadan önce abdest almak sünnettir. Allah'ın Rasûlü (s.a.v) buyuruyor ki:

إِذَا أَتَيْتَ مَضْجَعَكَ فَتَوَضَّأْ وُضُوءَكَ لِلصَّلاَةِ ثُمَّ اضْطَجِعْ عَلَى شِقِّكَ الْأَيْمَنِ

"Yatağına yatacağın zaman, namaz abdesti gibi abdest al; sonra sağ tarafına yat."[364]

c. Abdest Almanın Mendup Olduğu Yerler:

Abdestli yapılması şart olmayan, ancak abdestle yapılırsa daha mükemmel olacak amellerin yerine getirilmesinde abdest almak menduptur. Bunlar şunlardır: Kur'an-ı Kerim okumak, Allah'ı zikretmek, ezan okumak, kamet getirmek, hutbe okumak, şer'î ilimlerde ders yapmak, Arafat'ta vakfe yapmak, Safa ve Merve arasında sa'yetmek, Peygamberimizin kabrinin ziyaret etmek, abdestli iken yeni abdest almak vs.

Nükte: Kendisi ile her hangi bir ibadet yapılmamış abdest üstüne abdest almak Maliki mezhebi ulemasına göre, yasaktır. Çünkü israf söz konusudur.

II. Abdestin Faziletleri:

Abdestin faziletleri ve abdest sebebiyle hataların yok oluşu ile ilgili bir çok hadis-i şerif varit olmuştur. Bunlardan bazıları şunlardır: الطُّهُورُ شَطْرُ الْإِيمَانِ *"Temizlik imanın bir parçasıdır."[365]*

---

362 Tirmizî; 3/284; Telhis, 1/358-359
363 Vakıa; 56:79
364 Buhari; Fethu'l Bari, 11/109. Müslim; Sahih, 4/2081
365 Müslim; 1/203

مَنْ تَوَضَّأَ هٰكَذَا غُفِرَ لَهُ مَا تَقَدَّمَ مِنْ ذَنْبِهِ

"Kim böylece abdest alırsa geçmiş günahları affedilir."[366]

مَنْ تَوَضَّأَ فَأَحْسَنَ الْوُضُوءَ خَرَجَتْ خَطَايَاهُ حَتَّى تَخْرُجَ مِنْ تَحْتِ أَظْفَارِهِ

"Kim güzelce abdest alırsa, hataları tırnaklarının ucuna varıncaya kadar dışarı çıkar."[367]

مَا مِنْكُمْ مِنْ أَحَدٍ يَتَوَضَّأُ فَيُبْلِغُ ، أَوْ فَيُسْبِغُ الْوُضُوءَ ، ثُمَّ يَقُول : أَشْهَدُ أَنْ لَا إِلٰهَ إِلَّا اللهُ ، وَأَشْهَدُ أَنَّ مُحَمَّدًا عَبْدُ اللهِ وَرَسُولُهُ ، إِلَّا فُتِحَتْ لَهُ أَبْوَابُ الْجَنَّةِ الثَّمَانِيَةُ يَدْخُلُ مِنْ أَيِّهَا شَاءَ

"Sizden biriniz, abdestini güzelce aldıktan sonra, şehadet kelimesini okursa yani أَشْهَدُ أَنْ لَا إِلٰهَ إِلَّا اللهُ ، وَأَشْهَدُ أَنَّ مُحَمَّدًا عَبْدُ اللهِ وَرَسُولُهُ *derse, cennetin sekiz kapısı ona açılır da dilediğinden oraya girer."*[368]

إِنَّ أُمَّتِي يُدْعَوْنَ يَوْمَ الْقِيَامَةِ غُرًّا مُحَجَّلِينَ مِنْ آثَارِ الْوُضُوءِ ، فَمَنِ اسْتَطَاعَ مِنْكُمْ أَنْ يُطِيلَ غُرَّتَهُ فَلْيَفْعَل

"Kıyamet günü ümmetim, abdestten kaynaklanan alınlarındaki beyazları olduğu için çağırılırlar. Gücü yetenleriniz bu beyazlığı uzatabildikleri kadar uzatsın."[369]

III. GUSÜL

Gusül, sözlükte temizlemek (tathir) demektir. Dinimizde ise, belli şartlar dahilinde temiz olan suyu bedenin tamamında temizlik için kullanmaktır.

Gusül, Kitap ve Sünnetle sabit olmuştur; meşru kılınmıştır. Kur'an-ı Kerim'de şöyle buyurulmuştur:

يَا أَيُّهَا الَّذِينَ آمَنُوا إِذَا قُمْتُمْ إِلَى الصَّلَاةِ فَاغْسِلُوا وُجُوهَكُمْ وَأَيْدِيَكُمْ إِلَى الْمَرَافِقِ وَامْسَحُوا بِرُءُوسِكُمْ وَأَرْجُلَكُمْ إِلَى الْكَعْبَيْنِ وَإِنْ كُنْتُمْ جُنُبًا فَاطَّهَّرُوا وَإِنْ كُنْتُمْ مَرْضَى أَوْ عَلَى سَفَرٍ أَوْ جَاءَ أَحَدٌ مِنْكُمْ مِنَ الْغَائِطِ أَوْ لَامَسْتُمُ

---

366 Müslim; 1/207
367 Müslim; 1/216
368 Müslim; 1/210
369 Buhari; Fethu'l Bari, 1/235. Müslim; 1/216

النِّسَاءَ فَلَمْ تَجِدُوا مَاءً فَتَيَمَّمُوا صَعِيدًا طَيِّبًا فَامْسَحُوا بِوُجُوهِكُمْ وَأَيْدِيكُمْ مِنْهُ مَا يُرِيدُ اللَّهُ لِيَجْعَلَ عَلَيْكُمْ مِنْ حَرَجٍ وَلَكِنْ يُرِيدُ لِيُطَهِّرَكُمْ وَلِيُتِمَّ نِعْمَتَهُ عَلَيْكُمْ لَعَلَّكُمْ تَشْكُرُونَ

"Ey iman edenler! Namaz kılmaya kalktığınız zaman yüzlerinizi, dirseklerinize kadar ellerinizi, başlarınızı meshedip, topuklara kadar ayaklarınızı yıkayın. Eğer cünüp oldunuz ise, boy abdesti alın. Hasta, yahut yolculuk halinde bulunursanız, yahut biriniz tuvaletten gelirse, yahut da kadınlara dokunmuşsanız (cinsi birleşme yapmışsanız) ve bu hallerde su bulamamışsanız temiz toprakla teyemmüm edin de yüzünüzü ve (dirseklere kadar) ellerinizi onunla meshedin. Allah size herhangi bir güçlük çıkarmak istemez; fakat sizi tertemiz kılmak ve size (ihsan ettiği) nimetini tamamlamak ister; umulur ki şükredersiniz."[370] قُلْ هُوَ أَذًى فَاعْتَزِلُوا النِّسَاءَ فِي الْمَحِيضِ وَلَا تَقْرَبُوهُنَّ حَتَّى يَطْهُرْنَ *"Bu sebeple ay halinde olan kadınlardan uzak durun. Temizleninceye kadar onlara yaklaşmayın.*

إِذَا جَلَسَ بَيْنَ شُعَبِهَا الْأَرْبَعِ وَمَسَّ الْخِتَانُ الْخِتَانَ فَقَدْ وَجَبَ الْغُسْلُ[371]

"Kadın erkek bir araya geldiğinde sünnet mahalleri birbirine değdiğinde gusül yapmak vacip olur."[372]

· Cünüplükten, hayız ve nifastan temizlenme gibi hallerde gusletmek farzdır. Cuma ve Bayram namazlarına iştirak gibi durumlarda gusletmek sünnettir.[373]

· **Gusül (Boy Abdesti) Alınmadan Yapılamayacak Şeyler:**

1. Namaz kılmak ve Tilavet (Okuma) secdesi yapmak: Bu namaz ister farz olsun isterse nafile olsun farketmez. Cenaze namazı da buraya dahildir.

2. Ka'be'nin etrafında tavaf yapmak: Çünkü Peygamber Efendimiz (s.a.v), *"Ka'be'yi tavaf etmek namazdır"*[374] buyurmuştur.

3. Kur'an-ı Kerim'e dokunmak: Çünkü Cenab-ı Hak,

لَا يَمَسُّهُ إِلَّا الْمُطَهَّرُونَ

---

370 Maide, 5: 6
371 Bakara; 2: 222
372 Müslim; 1/272
373 Nevevi; El-Mecmu', 2/130 ve 201. İbn Kudame; El-Mugnî, 1/199, 2/345 ve 370
374 Neylü'l Evtar, 1/207

"Ona ancak temizlenenler dokunabilir."[375] buyuruyor. Peygamber Efendimiz (s.a.v) de: لَا يَمَسُّ الْقُرْآنَ إِلَّا طَاهِرٌ *"Kur'an'a sadece temiz olan dokunabilir"*[376] buyuruyor.

4. Kur'an-ı Kerim'i kıraat niyetiyle okumak: Tilaveti, dua, Allah'ı sena (övme), birine öğretme, Allah'a sığınma (istiaze) ve zikir niyeti ile okumak haram olmaz. Dolayısı ile, besmele çekmek, elhamdulillah demek, Fatiha ve İhlas sûrelerini ve Âyet'el-kürsi'yi zikir niyetiyle okumak caizdir. Hz. Aişe (ra) da Peygamberimizi böyle anlatmıştı şöyle buyurarak: كَانَ النَّبِيُّ صَلَّى اللَّهُ عَلَيْهِ وَسَلَّمَ يَذْكُرُ اللَّهَ عَلَى كُلِّ أَحْيَانِهِ *"Nebi (s.a.v) her halinde Allah'ı zikrederdi."*[377]

5. Mescidde itikafa girmek: Hz. Aişe (ra) anlatıyor: "İlk günlerde sahabenin evlerinin kapısı mescide açılıyordu. Peygamberimiz (s.a.v),

فَإِنِّي لَا أُحِلُّ الْمَسْجِدَ لِحَائِضٍ وَلَا جُنُبٍ

"Evlerin yönünü mescidden çeviriniz. Çünkü ben hayızlı ve cünüp olanlara mescidi helal görmüyorum"[378] buyurdular.

IV. TEYEMMÜM:

Teyemmüm, bir şeye yönelmek ve bir şeyi kastetmek demektir. Dinimizde ise, niyet ederek temiz toprakla yüz ve kolları meshederek temizlenmek demektir. Teyemmüm'de hangi amel işlenecekse ona niyet etmek gerekir. Niyetten sonra temiz toprak veya toprak cinsinden bir maddeye elleri bir defa vurarak önce yüzünü, sonra da iki elini dirseklerine kadar mesheder. Su kullanmaya imkân buluncaya kadar, onunla niyet ettiği ibadetlerini yerine getirmeye devam eder.

Teyemmüm, abdestin, cünüplükten, hayızdan ve nifastan temizlenme yerine kaim olur. Âyet-i kerime'de Cenab-ı Hak bunu şöylece izah buyuruyor:

فَلَمْ تَجِدُوا مَاءً فَتَيَمَّمُوا صَعِيدًا طَيِّبًا فَامْسَحُوا بِوُجُوهِكُمْ وَأَيْدِيكُمْ مِنْهُ

"... Ve bu hallerde su bulamamışsanız temiz toprakla teyemmüm edin de yüzünüzü ve (dirseklere kadar) ellerinizi onunla meshedin."[379]

Teyemmümle, farz ve nafile namazlar, Kur'an'a dokunmak ve okumak, tilavet ve şükür secdesi yapmak, mescidde eylenmek gibi abdestli olarak yapılabilecek bütün ibadetler yapılabilir.

375 Vakıa; 56: 79
376 Beyhaki; Şuabu'l İman, 3/446, H. No: 1935
377 Müslim; 1/194, H. No: 852
378 Ebu Davut; Sünen, 1/294, H. No: 201
379 Maide; 5: 6

الصَّعِيدُ الطَّيِّبُ وَضُوءُ الْمُسْلِمِ وَإِنْ لَمْ يَجِدِ الْمَاءَ عَشْرَ سِنِينَ

"Temiz toprak, müslümanın temizlenme malzemesidir. Suyu on sene bulamasa bile.."[380]

Manevî temizlenme yollarından kısaca bahsettiğimiz bu dersimizde şu nükteleri de ifade ederek dersimizi tamamlamak istiyoruz.

Abdest alırken avret mahallini örtülü tutmalı, güneşte beklemiş suyu kullanmamalı. Abdesti, özellikle soğuk zamanda erkânına uygun olarak güzelce almalı. Çünkü kış mevsiminde abdest almak, azimetle (ruhsatın karşılığı) hareket etmekten sayılmıştır. Abdest alırken sınırları aşmamak da faziletlerdendir. Abdest alırken sınırı aşmaya örnek olarak, abdest azalarını, üç defadan fazla yıkamak gösterilebilir.

Abdest üstüne abdest almak, övülmüş ve nur olduğu bildirilmiştir. Bu ise, her namaz için, abdestini bozmadan abdest alma şeklinde olur. Böyle yapan birinin, aldığı her abdest için on hasenat verilir.

Kişi tek abdestle beş vakit namaz kılabilir. Allah Resulü (s.a.v) bunu bazan yapmıştır. Şu hadis-i şerifte olduğu gibi:

عَنْ سُلَيْمَانَ بْنِ بُرَيْدَةَ عَنْ أَبِيهِ قَالَ قَالَ رَسُولُ اللهِ صَلَّى اللهُ عَلَيْهِ وَسَلَّمَ يَوْمَ الْفَتْحِ خَمْسَ صَلَوَاتٍ بِوُضُوءٍ وَاحِدٍ وَمَسَحَ عَلَى خُفَّيْهِ فَقَالَ لَهُ عُمَرُ إِنِّي رَأَيْتُكَ صَنَعْتَ الْيَوْمَ شَيْئًا لَمْ تَكُنْ تَصْنَعُهُ قَالَ عَمْدًا صَنَعْتُهُ

Süleyman b. Büreyde, o da babasından rivayet ederek şöyle anlattı: Peygamber Efendimiz (s.a.v), Mekke'yi fethettiği gün beş vakit namazı bir abdest ile kıldı. Mestleri üzerine meshetti. Hz. Ömer (r.a.), Peygamberimiz (s.a.v)'e *"Bu gün seni bu güne kadar yapmadığın bir şey yaparken gördüm"* dedi. Efendimiz (s.a.v), *"Bunu bile bile ve kasden yaptım"* buyurdu.[381]

Eğer zorluk olmayacaksa, her bozulan abdestten hemen abdest alınması güzeldir. Her alınan abdestten sonra iki rekat namaz kılınması ve abdest esnasında Allah'ı zikretmek müstehap; boş şeyleri konuşmak mekruhtur.

Alınacak Dersler:

1. İslâm temizlik dinidir.
2. Namaz kılmak için temiz olmak gerekir. Allah temizdir ve temiz olan şeyleri sever.

---

380 Darakutnî; Sünen, 2/302, H. No: 736
381 Ebu Davut; Sünen, Taharet, H. No: 147

3. İslâm Dîni, kolaylık dinidir.

4. İbadet etmeye engel yoktur. Su olmazsa toprak devreye girer. Yeter ki, kul olmaya talip olalım.

5. Edebi her yerde gözetmek gerekir. Toplum içinde de, tek başına olunduğunda da... Çünkü Allah'ın görmediği ve bilmediği bir şey söz konusu değildir.

18. SOHBET

İSLAM'DA HELALLER VE HARAMLAR

Bütün dinlerde, hukuk ve ahlâk sistemlerinde yasaklar, çirkin kabul edilen şeyler ve hoş görülmeyen davranışlar vardır. İlâhî-semavî dinlerin sonuncusu ve mükemmeli olan İslam dîni de fert ve cemiyet hayatını düzenleyecek bir takım sorumluluklar getirmiştir. Bu sorumlulukların içinde emirler-helaller olduğu gibi, haram ve yasaklar da vardır. Haram ve yasak olan bu mükellefiyetler menfî şeylerdir; yapılmaması istenen kurallardır.

Bu sorumluluklar, insan üzerine yüklenmiş olan emanetlerdir ki, Kur'an-ı Kerim onların göklere ve yeryüzüne teklif edildiğini, ancak onların yüklenemediğini haber verdiği imtihan vasıtalarıdır. Yüce Allah şöyle buyuruyor:

$$\text{إِنَّا عَرَضْنَا الْأَمَانَةَ عَلَى السَّمَاوَاتِ وَالْأَرْضِ وَالْجِبَالِ فَأَبَيْنَ أَن يَحْمِلْنَهَا}$$
$$\text{وَأَشْفَقْنَ مِنْهَا وَحَمَلَهَا الْإِنسَانُ إِنَّهُ كَانَ ظَلُوماً جَهُولاً}$$

"Biz emaneti, göklere, yere ve dağlara teklif ettik de onlar bunu yüklenmekten çekindiler, (sorumluluğundan) korktular. Onu insan yüklendi. Doğrusu o çok zalim, çok cahildir."[382]

Bu yönü iledir ki insan cansız varlıklardan kendisi dışındaki canlılardan farklıdır ve saygıya lâyıktır. Melek de değildir. Ancak emanete riayet edecek olursa, melekleri bile geçer ve onları kendisine hayran bırakır. Fakat nefsine ve kötü arzularına boyun eğecek olursa, olması gereken mevkiinin altına düşer. Bu gerçeği Yüce Yaratıcımız şöyle haber veriyor:

$$\text{فَأَلْهَمَهَا فُجُورَهَا وَتَقْوَاهَا قَدْ أَفْلَحَ مَن زَكَّاهَا وَقَدْ خَابَ مَن دَسَّاهَا}$$

"Sonra da ona iyilik ve kötülükleri ilham edene yemin ederim ki, Nefsini kötülüklerden arındıran kurtuluşa ermiştir, Onu kötülüklere gömen de ziyan etmiştir."[383]

Müslümanın üzerinde bulunan bu sorumluluklara uygun hareket eden insan, bunlara tabi olmakla dünya ve âhiret nimetlerine nail olur. Hatta böyle insanlardan oluşan toplum sayesinde bütün insanlık huzur ve sükûnu elde eder.

---

382 Ahzab sûresi; 33: 72
383 Şems sûresi; 91: 8-10

Yüce Allah'ın kulunu bir nevi terbiye vesilesi kıldığı, helâl ve haramın içeriği, insanlığın olgunlaşma seyrine göre değişikliklere uğramış ve son dinde son şeklini almıştır. Onlar da rahmet, kolaylık ve orta yolu temsil eden bir anlayışı getirmiştir. Bütün bunlara şu âyetler kaynaklık etmiştir:

وَاكْتُبْ لَنَا فِي هٰذِهِ الدُّنْيَا حَسَنَةً وَفِي الْاٰخِرَةِ إِنَّا هُدْنَا إِلَيْكَ قَالَ عَذَابِي أُصِيبُ بِهِ مَنْ أَشَاءُ وَرَحْمَتِي وَسِعَتْ كُلَّ شَيْءٍ فَسَأَكْتُبُهَا لِلَّذِينَ يَتَّقُونَ وَيُؤْتُونَ الزَّكَاةَ وَالَّذِينَ هُمْ بِاٰيَاتِنَا يُؤْمِنُونَ الَّذِينَ يَتَّبِعُونَ الرَّسُولَ النَّبِيَّ الْأُمِّيَّ الَّذِي يَجِدُونَهُ مَكْتُوبًا عِنْدَهُمْ فِي التَّوْرَاةِ وَالْإِنْجِيلِ يَأْمُرُهُمْ بِالْمَعْرُوفِ وَيَنْهَاهُمْ عَنِ الْمُنْكَرِ وَيُحِلُّ لَهُمُ الطَّيِّبَاتِ وَيُحَرِّمُ عَلَيْهِمُ الْخَبَائِثَ وَيَضَعُ عَنْهُمْ إِصْرَهُمْ وَالْأَغْلَالَ الَّتِي كَانَتْ عَلَيْهِمْ فَالَّذِينَ اٰمَنُوا بِهِ وَعَزَّرُوهُ وَنَصَرُوهُ وَاتَّبَعُوا النُّورَ الَّذِي أُنْزِلَ مَعَهُ أُولٰئِكَ هُمُ الْمُفْلِحُونَ

"Bize, bu dünyada da iyilik yaz ahirette de." Şüphesiz biz sana döndük." Allah buyurdu ki: Kimi dilersem onu azabıma uğratırım; rahmetim ise her şeyi kuşatır. Onu, sakınanlara, zekatı verenlere ve ayetlerimize inananlara yazacağım. Yanlarındaki Tevrat ve İncil'de yazılı buldukları o elçiye, o ümmi Peygamber'e uyanlar (var ya), işte o Peygamber onlara iyiliği emreder, onları kötülükten meneder, onlara temiz şeyleri helal, pis şeyleri haram kılar. Ağırlıklarını ve üzerlerindeki zincirleri indirir. O Peygamber'e inanıp ona saygı gösteren, ona yardım eden ve onunla birlikte gönderilen nur'a (Kur'an'a) uyanlar var ya, işte kurtuluşa erenler onlardır."[384]

قُلْ مَنْ حَرَّمَ زِينَةَ اللّٰهِ الَّتِي أَخْرَجَ لِعِبَادِهِ وَالطَّيِّبَاتِ مِنَ الرِّزْقِ قُلْ هِيَ لِلَّذِينَ اٰمَنُوا فِي الْحَيَاةِ الدُّنْيَا خَالِصَةً يَوْمَ الْقِيَامَةِ كَذٰلِكَ نُفَصِّلُ الْاٰيَاتِ لِقَوْمٍ يَعْلَمُونَ قُلْ إِنَّمَا حَرَّمَ رَبِّيَ الْفَوَاحِشَ مَا ظَهَرَ مِنْهَا وَمَا بَطَنَ وَالْإِثْمَ وَالْبَغْيَ بِغَيْرِ الْحَقِّ وَأَنْ تُشْرِكُوا بِاللّٰهِ مَا لَمْ يُنَزِّلْ بِهِ سُلْطَانًا وَأَنْ تَقُولُوا عَلَى اللّٰهِ مَا لَا تَعْلَمُونَ

"De ki: Allah'ın kulları için yarattığı süsü ve temiz rızıkları kim haram kıldı? De ki: Onlar, dünya hayatında, özellikle kıyamet gününde müminlerindir. İşte bilen bir topluluk için ayetleri böyle açıklıyoruz. De ki: Rabbim ancak açık ve gizli kötülükleri,

---

384 A'raf Sûresi; 7: 156-157

günahı ve haksız yere sınırı aşmayı, hakkında hiçbir delil indirmediği bir şeyi, Allah'a ortak koşmanızı ve Allah hakkında bilmediğiniz şeyleri söylemenizi haram kılmıştır.[385]

Yapılması yasak olmayan şeylere helâl denir. Yapana sevap, yapmayana günah olmayan mükellefiyet dediğimiz mübahtan başlayarak, sırasıyla müstehab, vacib ve farz kısımlarına ayrılır.

Yapılması yasaklanan şeylere ise haram denir. Ancak haram sınırına ulaşmamakla birlikte, yasak sınırına dahil olan bazı hükümler vardır ki, bunlara mekruh denir. Bunların ikisi de Allah tarafından yapılmaması istenen şeylerdir. Ancak mekruhta kesinlik yoktur, haramda ise kesinlik vardır; haram ve mekruh işleyen dünyada kınanır, bazı cezalara müstehak olur, ahirette ise azaba uğrar.

Haram olan şeyin kendisi mizacı sebebiyle haram kılınmışsa, buna "li-aynihi haram" denir. Domuz ve şarap gibi. Kendi tabiatından değil de kazanılma yönü gibi harici bir sebeple haram kılınmış ise bir şey, buna "li-gayrihi haram" denilir. Çalınmış veya gasbedilmiş bir mal gibi.

Helal ve haram konularında önemli olan bazı temel ve genel kurallar vardır. Bunlar, karşımıza çıkan bir şeyin helâl veya haram olup olmadığının işaretlerini elde etmiş oluruz. Şöyle ki:

1. Yasaklandığına dair bir delil bulunmayan her şey mübah ve helâldir.

"Eşyada aslolan mübah olmasıdır" fıkıh kuralına göre, aksine bir delil bulunmadığı sürece her hangi bir şey hakkında haram hükmü söz konusu olamaz. Yüce Allah, yerde ve gökte ne varsa hepsini insanın emrine vermiştir:

أَلَمْ تَرَوْا أَنَّ اللهَ سَخَّرَ لَكُمْ مَا فِي السَّمَاوَاتِ وَمَا فِي الْأَرْضِ وَأَسْبَغَ عَلَيْكُمْ نِعَمَهُ ظَاهِرَةً وَبَاطِنَةً وَمِنَ النَّاسِ مَنْ يُجَادِلُ فِي اللهِ بِغَيْرِ عِلْمٍ وَلَا هُدًى وَلَا كِتَابٍ مُنِيرٍ

"Allah'ın, göklerde ve yerdeki (nice varlık ve imkanları) sizin emrinize verdiğini, nimetlerini açık ve gizli olarak size bolca ihsan ettiğini görmediniz mi? Yine de, insanlar içinde, -bilgisi, rehberi ve aydınlatıcı bir kitabı yokken- Allah hakkında tartışan kimseler vardır.[386]

---

385 A'raf Sûresi; 7: 32-33
386 Lokman; 31: 20

عَنْ سَلْمَانَ الْفَارِسِيِّ قَالَ سُئِلَ رَسُولُ اللَّهِ (ص) عَنِ السَّمْنِ وَالْجُبْنِ

وَالْفِرَاءِ قَالَ:الْحَلَالُ مَا أَحَلَّ اللَّهُ فِي كِتَابِهِ وَالْحَرَامُ مَا حَرَّمَ اللَّهُ فِي

كِتَابِهِ وَمَا سَكَتَ عَنْهُ فَهُوَ مِمَّا عَفَا عَنْهُ

Selman-ı Farisi (ra)'den rivayet edildiğine göre Rasulullah (s.a.v)'den, yağ, peynir ve yabani eşek etinin hükmü soruldu. Allah'ın Rasûlü (s.a.v) şöyle buyurmuştur: *"Helal, Allah'ın kitabında helal kıldığı, haram da Allah'ın kitabında haram kıldığıdır; hakkında bir şey söylemedikleri ise sizin için affedip serbest bıraktıklarıdır."*[387]

2. Bir şeyi Allah helâl kılar; Allah haram kılar:

Bunu ifade eden şu hadis-i şerifte Peygamber Efendimiz (s.a.v) şöyle buyurmuştur:

عَنِ ابْنِ عَبَّاسٍ أَنَّ رَجُلًا أَتَى النَّبِيَّ صَلَّى اللَّهُ عَلَيْهِ وَسَلَّمَ فَقَالَ يَا رَسُولَ اللَّهِ

إِنِّي إِذَا أَصَبْتُ اللَّحْمَ انْتَشَرْتُ لِلنِّسَاءِ وَأَخَذَتْنِي شَهْوَتِي فَحَرَّمْتُ عَلَيَّ اللَّحْمَ

فَأَنْزَلَ اللَّهُ يَا أَيُّهَا الَّذِينَ آمَنُوا لَا تُحَرِّمُوا طَيِّبَاتِ مَا أَحَلَّ اللَّهُ لَكُمْ وَلَا تَعْتَدُوا

إِنَّ اللَّهَ لَا يُحِبُّ الْمُعْتَدِينَ وَكُلُوا مِمَّا رَزَقَكُمُ اللَّهُ حَلَالًا طَيِّبًا

İbnu Abbas (ra)'den: Bir adam Resûlullah (s.a.v)'e gelerek: *"Ben et yediğim zaman kadınlara karşı zaafım artıyor ve bende şehvet galebe çalıyor. Bu sebeple et yemeyi nefsime haram ettim"* dedi. Bunun üzerine şu âyet indi: *"Ey iman edenler! Allah'ın size helal ettiği temiz şeyleri haram kılmayın, hududu da aşmayın. Doğrusu Allah, aşırı gidenleri sevmez. Allah'ın size verdiği rızıktan temiz ve helal olarak yiyin. İnandığınız Allah'tan sakının"*[388]

Hadis-i şerifte, gâyet mâsum ve mâkul görünen bir niyet görüyoruz. Ancak olay üzerine inen âyet-i kerime, masum gibi görünseler de bunun İslâmî olmadığına işaret ediyor.

3. Haramların sayısı azdır; helallerin sınırı ise gayet çoktur. Dolayısı ile, helâl dairesinde ihtiyaçları karşılamak; nefse hoş gelse de haramdan uzak durmak gerekir. Helâller aynı zamanda temiz ve bizim faydamızdır. Âyet-i kerime bunu şu şekilde beyan buyuruyor: يَسْأَلُونَكَ مَاذَا أُحِلَّ لَهُمْ قُلْ أُحِلَّ لَكُمُ الطَّيِّبَاتُ*"Kendileri için nelerin helal kılındığını sana soruyorlar; de ki: Bütün iyi ve temiz şeyler size helal kılınmıştır."*[389]

---

387 İbn Mace; Et'ıme, 60, H. No: 3358

388 Maide; 5: 87-88. Tirmizî; Tefsir 6, H. No: 2980

389 Maide sûresi; 5: 4

4. Harama götüren sebepler ve yollar da haramdır:

İslâm, harama sürükleyen sebepleri ve vasıtaları da yok etme yolunu benimsemiştir. Sivri sineklerle mücadeleyi bataklığı kurutarak yapar. Misal olarak zinanın haram kılınmasında direkt olarak zinanın haram kılınmasından önce zinaya götürecek bütün vesilelerin önü kapatılmıştır. Yani haram suçunun işlenmemesi için tedbirler alınmıştır. Bundan dolayıdır ki, dinimizde bir taraftan evlenme kolaylaştırılmış, gerektiğinde boşanma yoluna imkân tanınmış, açıklık saçıklık, yabancı erkek ve kadının başbaşa kalması, çıplaklık, tahrik edici resim, müzik ve yayınlar yasaklanmış, haram kılınmıştır. Tesettürle ilgili şu âyetlerde ve kadın erkek beraberliğinde ölçü koyan şu hadis-i şerifte olduğu gibi:

قُلْ لِلْمُؤْمِنِينَ يَغُضُّوا مِنْ اَبْصَارِهِمْ وَيَحْفَظُوا فُرُوجَهُمْ ذٰلِكَ اَزْكٰى لَهُمْ اِنَّ اللّٰهَ خَبِيرٌ بِمَا يَصْنَعُونَ وَقُلْ لِلْمُؤْمِنَاتِ يَغْضُضْنَ مِنْ اَبْصَارِهِنَّ وَيَحْفَظْنَ فُرُوجَهُنَّ وَلَا يُبْدِينَ زِينَتَهُنَّ اِلَّا مَا ظَهَرَ مِنْهَا وَلْيَضْرِبْنَ بِخُمُرِهِنَّ عَلٰى جُيُوبِهِنَّ وَلَا يُبْدِينَ زِينَتَهُنَّ اِلَّا لِبُعُولَتِهِنَّ اَوْ اٰبَائِهِنَّ اَوْ اٰبَاءِ بُعُولَتِهِنَّ اَوْ اَبْنَائِهِنَّ اَوْ اَبْنَاءِ بُعُولَتِهِنَّ اَوْ اِخْوَانِهِنَّ اَوْ بَنِى اِخْوَانِهِنَّ اَوْ بَنِى اَخَوَاتِهِنَّ اَوْ نِسَائِهِنَّ اَوْ مَا مَلَكَتْ اَيْمَانُهُنَّ اَوِ التَّابِعِينَ غَيْرِ اُولِى الْاِرْبَةِ مِنَ الرِّجَالِ اَوِ الطِّفْلِ الَّذِينَ لَمْ يَظْهَرُوا عَلٰى عَوْرَاتِ النِّسَاءِ وَلَا يَضْرِبْنَ بِاَرْجُلِهِنَّ لِيُعْلَمَ مَا يُخْفِينَ مِنْ زِينَتِهِنَّ وَتُوبُوا اِلَى اللّٰهِ جَمِيعًا اَيُّهَ الْمُؤْمِنُونَ لَعَلَّكُمْ تُفْلِحُونَ

"(Resulüm!) Mümin erkeklere, gözlerini (harama) dikmemelerini, ırzlarını da korumalarını söyle. Çünkü bu, kendileri için daha temiz bir davranıştır. Şüphesiz Allah, onların yapmakta olduklarından haberdardır. Mümin kadınlara da söyle: Gözlerini (harama bakmaktan) korusunlar; namus ve iffetlerini esirgesinler. Görünen kısımları müstesna olmak üzere, zinetlerini teşhir etmesinler. Başörtülerini, yakalarının üzerine (kadar) örtsünler. Kocaları, babaları, kocalarının babaları, kendi oğulları, kocalarının oğulları, erkek kardeşleri, erkek kardeşlerinin oğulları, kız kardeşlerinin oğulları, kendi kadınları (mümin kadınlar), ellerinin altında bulunanlar (köleleri), erkeklerden, ailenin kadınına şehvet duymayan hizmetçi vb. tabi kimseler, yahut henüz kadınların gizli kadınlık hususiyetlerinin farkında olmayan çocuklardan başkasına zinetlerini göstermesinler. Gizlemekte oldukları zinetleri anlaşılsın diye ayaklarını yere vurmasınlar (Dikkatleri üzerine çekecek tarzda yürümesinler). Ey müminler! Hep birden Allah'a tevbe ediniz ki kurtuluşa eresiniz."[390]

---

390 Nur sûresi; 24: 30-31

عن ابن عباس (ر) قال: قال رَسُولُ اللهِ: لا يَخْلُوَنَّ رَجُلٌ بِامْرَأةٍ

إلا مَعَ ذِي مَحْرَمٍ

İbnu Abbas (ra)'dan: "Rasulullah (s.a.v) buyurdular ki: *"Sakın bir erkek, yanında mahremi olmadıkça yabancı bir kadınla yalnız kalmasın."[391]*

5. Haram konusunda hile de haramdır:

Haram olan bir şey, adının değişmesi ile helâl olmaz. İnsan sadece kendisini kandırmış olur. Allah'ın Rasûlü (s.a.v) şöyle buyuruyor:

لَيَكُونَنَّ مِنْ أُمَّتِي أَقْوَامٌ يَسْتَحِلُّونَ الْحِرَ وَالْحَرِيرَ وَالْخَمْرَ وَالْمَعَازِفَ

"Yemin olsun, ümmetimden muhakkak birtakım kavimler meydana gelecektir. Bunlar ferci (yani zina etmeyi), ipek elbiseler giymeyi, şarap içmeyi, çalgı âletleri çalıp eğlenmeyi helâl ve mübah sayacaklar."[392]

Bazı akl-ı evvellerin haram olan **"faiz"** değil "riba"dır, rakı-şarap değil "hamr"dır gibi.

Cenab-ı Hak da Kur'an-ı Kerim'inde kendi kendimize şu helâldir, bu haramdır demenin doğru olmadığını şöyle buyurarak beyan buyuruyor:

وَلاَ تَقُولُواْ لِمَا تَصِفُ أَلْسِنَتُكُمُ الْكَذِبَ هَذَا حَلاَلٌ وَهَذَا حَرَامٌ لِتَفْتَرُوا عَلَى اللّهِ الْكَذِبَ إِنَّ الَّذِينَ يَفْتَرُونَ عَلَى اللّهِ الْكَذِبَ لاَ يُفْلِحُونَ

Dillerinizin uydurduğu yalana dayanarak "Bu helaldir, şu da haramdır" demeyin, çünkü Allah'a karşı yalan uydurmuş oluyorsunuz. Kuşkusuz Allah'a karşı yalan uyduranlar kurtuluşa eremezler.[393]

6. İyi niyetli olmak da haramı helâl ve meşru kılmaz; vasıtalar da gayeler gibi helâl ve meşru olmalıdır. Hayır hizmetinde bulunmak üzere birinin malını gasbetmek gibi.

7. Haram belli helal de bellidir.

Ancak bir de haramlığı ve helâlliği belli olmayan şeyler var ki, bunlardan da sakınmak gerekir. Allah'ın Rasûlü (s.a.v) buyuruyor ki,

---

391 Buhârî; 16, 258, H. No: 4832
392 Buhârî; 7/138, H. No: 5590
393 Nahl; 16: 116

إِنَّ الْحَلَالَ بَيِّنٌ وَإِنَّ الْحَرَامَ بَيِّنٌ وَبَيْنَهُمَا مُشْتَبِهَاتٌ لاَ يَعْلَمُهُنَّ كَثِيرٌ مِنَ النَّاسِ فَمَنِ اتَّقَى الشُّبُهَاتِ اسْتَبْرَأَ لِدِينِهِ وَعِرْضِهِ وَمَنْ وَقَعَ فِي الشُّبُهَاتِ وَقَعَ فِي الْحَرَامِ كَالرَّاعِي يَرْعَى حَوْلَ الْحِمَى يُوشِكُ أَنْ يَرْتَعَ فِيهِ أَلاَ وَإِنَّ لِكُلِّ مَلِكٍ حِمًى أَلاَ وَإِنَّ حِمَى اللهِ مَحَارِمُهُ أَلاَ وَإِنَّ فِي الْجَسَدِ مُضْغَةً إِذَا صَلَحَتْ صَلَحَ الْجَسَدُ كُلُّهُ وَإِذَا فَسَدَتْ فَسَدَ الْجَسَدُ كُلُّهُ أَلاَ وَهِيَ الْقَلْبُ

"Muhakkak helal belli, haram da bellidir. İkisi arasında bir takım şüpheli şeyler vardır ki, çok kimse bunları bilemez. Şüpheli şeylerden sakınan, dinini ve namusunu korumuş olur. Şüpheli şeylere dalan kişi ise, harama düşer. Nitekim (içine girmek yasak olan) koru etrafında (davarlarını) otlatan çobanın hayvanları da her an bu yasak sahaya girebilir. Haberiniz olsun, her hükümdarın (kendisine mahsus) bir korusu olur. Dikkat edin, Allah'ın korusu da haram kıldığı şeylerdir. Uyanık olunuz! Bedenin içinde bir lokmacık et vardır ki, o iyi olursa bütün beden iyi olur, bozuk olursa da bütün vücut bozulur. Dikkat edin! İşte o kalptir."[394]

8. Bazen zarurî sebeplerle haramlar şartları dahilinde, miktarınca ve geçici bir zaman dahilinde mübah olur. Normal şartlarda yine haram olur. Kullarına merhameti sonsuz olan Yüce Rabbimiz şöyle buyuruyor:

إِنَّمَا حَرَّمَ عَلَيْكُمُ الْمَيْتَةَ وَالدَّمَ وَلَحْمَ الْخِنْزِيرِ وَمَا أُهِلَّ بِهِ لِغَيْرِ اللهِ فَمَنِ اضْطُرَّ غَيْرَ بَاغٍ وَلاَ عَادٍ فَلاَ إِثْمَ عَلَيْهِ إِنَّ اللهَ غَفُورٌ رَحِيمٌ

"Allah size ancak ölüyü (leşi), kanı, domuz etini ve Allah'tan başkası adına kesileni haram kıldı. Her kim bunlardan yemeye mecbur kalırsa, başkasının hakkına saldırmadan ve haddi aşmadan bir miktar yemesinde günah yoktur. Şüphe yok ki Allah çokça bağışlayan çokça esirgeyendir."[395]

9. Haram ve helallere özen gösterilmediği zamanlar olduğunda müslümanlar olarak hırslarımıza yenik düşmeden helâllerle kanaat etmek durumundayız. Böyle zamanlarda hırsa kapılarak hata eden insanları kınayan Peygamber Efendimiz (s.a.v) şöyle buyurmaktadır:

عَنْ أَبِي هُرَيْرَةَ رَضِيَ اللهُ عَنْهُ عَنِ النَّبِيِّ صَلَّى اللهُ عَلَيْهِ وَسَلَّمَ قَالَ يَأْتِي عَلَى النَّاسِ زَمَانٌ لَا يُبَالِي الْمَرْءُ مَا أَخَذَ مِنْهُ أَمِنَ الْحَلَالِ أَمْ مِنَ الْحَرَامِ

---

394 Müslim; 5/50; H. No: 4178
395 Bakara sûresi; 2: 173

Ebu Hüreyre (r.a.)'den; Rasulullah (s.a.v) şöyle buyurmuştur: *"Öyle bir zaman gelecek ki kişi aldığının helal mi haram mı olduğuna dikkat etmeyecektir."*[396]

Alınacak Dersler:

1. Helal ve haram konusundaki hassasiyet imanın sınandığı yerlerdendir.

2. İbadetlerimiz haramlardan uzaklaştırıp helallere sevkediyorsa, işlevini görüyor demektir.

3. Haram ve helal çizgisinin ve dengesinin iyi oluşturulduğu toplumlarda huzur ve güven olur.

4. Nefis terbiyesinin en güzel ortaya çıktığı saha haram helal dengesindeki karne notunun yüksekliğinde gizlidir.

5. İnsanı ibadet çizgisinde de denemek gerekir. Ancak en büyük imtihan nefsin de hoşuna giden haramları terkte aramak gerekir.

6. İyi niyet haramı helal yapmaz.

7. Kendi aklımızla hareket ederek, şüpheli olan şeylere dalmak, harama giden kapıyı aralamış olur.

---

396 Buhârî; Büyû, 7

19. SOHBET

KONU: HZ. TALHA B. UBEYDULLAH (RA)

İslam'a girenlerin ilklerindendir. Hayatta iken cennetle müjdelenen on sahabeden (aşer-i mübeşşere) birisidir. Baba tarafından Hz. Ebu Bekir (r.a.)'in akrabasıdır ve uzaktan da olsa amcazadesidir. Çünkü dedesi, Ebû Bekr-i Sıddîkın dedesinin kardeşidir. Büyük Bedir gazâsının dışında bütün gazalarda Peygamber Efendimiz (s.a.v)'le beraber olmuştur. Bedir Gazasında ise, bir görev sebebiyle Şam'da bulunması sebebiyle hazır olamamıştı. Onun hakkında Peygamber Efendimiz (s.a.v), "Talha ile Zübeyr, Cennette komşularımdır" buyurmuştu. Çok büyük bir servete sahipti ve zaman zaman Allah yolunda harcamalarda bulunurdu. Cemel Savaşında Hz. Aişe (r.a.) ile beraberdi. Atılan bir ok sebebiyle şehîd oldu. Durumdan haberdar olan Hz. Ali (r.a.) Efendimiz son derece üzüldü ve ağladı. Kumlara belenmiş saklındaki kumları elleri ile silerek temizledi. Cenaze namazını bizzat kendisi kıldırdı.

Hz. Talha (r.a.)'in adı, Talha b. Ubeydullah b. Osman b. Amr b. Kâ'b'dır. Künyesi Ebû Muhammed, lakabı Feyyaz ve Hayyir (çok hayır işleyen)'dir. Hicretten yirmidört yıl önce Mekke'de doğdu. Soyu, Hazreti Ebû Bekir ve daha yukarda Peygamber Efendimiz (s.a.v)'la birleşmektedir. Babası Ubeydullah hayatta iken Talha, İslâm'ı kabul etti. Hz. Ebu Bekir (r.a.) Efendimizin daveti ile İslâm'a girenlerdendir. Sekizinci müslümandır.

Hz. Talha (r.a.) bir kaç defa evlenmiş, onu erkek, dördü kız olmak üzere ondört çocuğu olmuştur. Hz. Ebu Bekir (r.a.) Efendimizin kızı Ümmü Gülsüm ile de evlenmiş olmakla ona damat ve Efendimiz (s.a.v)'a bacanak idi.

Hz. Talha, İslâm'dan önce de ticâretle meşgul olduğu için zaman zaman Mekke dışına çıkardı. Bu ticarî seyahatlerin birinde Busra'da kurulan bir fuarda bulunmuştu. Bir rahib, "Mekke'den gelen var mı?" diye yüksek sesle nida etti. Bunun üzerine Hz. Talha (r.a.), "Ben Mekkeliyim" dedi. Rahib; "Ahmed (s.a.v) zuhur etti mi!" diye sordu. Hz. Talha, "Ahmed kimdir?" diye sorunca, rahip, "Abdullah b. Abdülmuttalibin oğludur. O'nun zuhur edeceği şehir Mekke'dir. O, peygamberlerin sonuncusudur. Kendisi Harem-i şerîften çıkarılacak, hurmalık, taşlık ve çorak bir yere hicret edecektir." dedi.

Rahibin bu sözleri Hz. Talha'ya tesir etti. İşlerini bitirerek Mekke'ye geldiği zaman, hemen çevreyi kolaçan eyledi. Soruşturduğu insanlar, "Evet Abdullah'ın oğlu Muhammed-ül-Emin peygamberliğini ilan etti. Ebû Kuhafe'nin oğlu Ebû Bekir de ona uydu" dediler. Bunun üzerine Talha (r.a.), hemen Hz. Ebû Bekir'e gitti. Onun da müslüman olduğunu öğrenince, Hz. Ebû Bekir (r.a.)'e rahibin söylediklerini anlattı. Sonra birlikte Allah'ın Resûlüne (s.a.v)'e gittiler. Oracıkta müslüman olarak İslâm'a dahil oldu.

Talha b. Ubeydullah (r.a.) İslâm'a ilk giren diğer müslümanlar gibi, müşriklerden pek çok eza ve cefa gördü. Rivâyet edildiğine göre, Nevfel b. Huveylid ki, kendisine "Kureyşin aslanı" derlerdi, adamları ile birlikte Hz. Ebû Bekir ile Hz. Talha'yı yakaladı, onları iple bağladı ve işkence yaptı. Kendi kabileleri olan Temimoğulları da onlara sahip çıkmadı. Bu hadise sebebiyle Hz. Ebû Bekir ve Hz. Talha'ya (r.a.) birbiri ile bitişikler mânâsına gelen "karînân" lakabı verildi. Bunu namaz kılmasınlar ve dinlerini yaşamasınlar diye yapıyorlardı. Ancak onlar bunlara kulak asmıyorlar ve sabrediyorlardı.

Peygamberimiz (s.a.v), Talha'yı Mekke'de Hz. Zübeyr'le kardeş yaptı. Medine'ye hicret ettiğinde de Ebu Eyyup el-Ensarî (r.a.) ile kardeş kıldı.[397]

Sahabeden birisi şöyle anlatıyor: Safa ile Merve arasında dolaşırken; elleri boynuna bağlı ve kalabalık bir grup tarafından takib edilen bir delikanlı gördüm. Etrâfındakilere bu gencin suçunun ne olduğunu sorduğumda bana, bu Talha b. Ubeydullah'tır. Atâlarının yolundan saptı, diye cevap verdiler. Gencin peşi sıra çirkin sözler söyleyerek onu takib eden bir de kadın vardı. Onun kim olduğunu sordum. Bu gencin annesidir dediler. Fakat Talha (r.a.) bütün bu akıl almaz işkencelere göğüs geriyor. Beni öldürseniz de dînimden dönmem diye karşılık veriyordu.

Talha ve Saîd bin Zeyd (r.a.), Peygamberimiz (s.a.v) tarafından bir istihbarat çalışması için Medine dışına gönderildikleri için, Bedir Gazâsından haberdar olamadılar ve Bedir Gazâsına katılamadılar. Fakat vazîfeli olarak gönderildikleri için Bedir ehlinin ecrine ortak olmuşlar hem de ganîmetlerden kendilerine hisse verilmiştir.[398]

Hz. Talha (r.a.), Uhud savaşında hazır bulundu ve o gün destanlar yazdı. Zira o gün canını Peygamber Efendimizi korumak için tehlikeden tehlikeye attı. Uhud'un o zor saatlerinde; sahabenin bir kısmının ye'se düştüğü anlarda yine sahabenin bir kısmı, Peygamberimiz (s.a.v)'ın, etrâfında toplanmış ve canlarını siper etmişlerdi. Onlardan bir tanesi de Hz. Talha b. Ubeydullah idi. Peygamberimiz (s.a.v), Talha

397 İbn el-Esir; Üsdü'l Gabe, C. 3, Shf. 84-85
398 İbn el-Esir; Üsdü'l Gabe, C. 3, Shf. 85

b. Ubeydullah (r.a.)'in de içinde bulunduğu onüç sahâbî ile bir köşeye çekilmiş idi. O saatleri Hz. Talha (r.a.) şöyle anlatacaktı:

"Gördüm ki, Eshâb-ı Kiram dağıldı. Müşrikler hücum ettiler ve Resûlullahı (s.a.v) her taraftan kuşattılar. Resûlullahın (s.a.v)'ın önünden mi, arkasından mı, sağından mı, yoksa solundan mı gelen taarruzlara karşı duracağımı bilemiyordum. Bir önden gelenlere bir arkadan gelenlere koştum onları uzaklaştırdım. Nihâyet dağıldılar.[399]

Sa'd bin Ebî Vakkas (r.a.), o günü anlatırken, "Biz Resûlullahın (s.a.v) yanına döndüğümüz zamanlar Hz. Talha (r.a.)'ı hep O'nun etrâfında dönerek çarpıştığını ve kendisini Resûlullaha (s.a.v) kalkan yapıp koruduğunu gördüm." buyurmuştur.

Bir ara bayılmış; uyandığında ilk sözü, "Resûlullah ne yapıyor?" olmuştur. Böylece sevgi ve bağlılığın en güzelini göstermiştir. Yaralarını mübarek elleri ile mesheden Peygamberimiz (s.a.v), bir yandan da ona şöyle dua buyurmuştu: "Allahım ona şifâ ver, ona kuvvet ver".

Peygamber Efendimiz (s.a.v),

مِنَ الْمُؤْمِنِينَ رِجَالٌ صَدَقُوا مَا عَاهَدُوا اللَّهَ عَلَيْهِ فَمِنْهُمْ مَنْ قَضَى نَحْبَهُ وَمِنْهُمْ مَنْ يَنْتَظِرُ وَمَا بَدَّلُوا تَبْدِيلًا

"Müminler içinde Allah'a verdikleri sözde duran nice erler var. İşte onlardan kimi, sözünü yerine getirip o yolda canını vermiştir; kimi de (şehitliği) beklemektedir. Onlar hiçbir şekilde (sözlerini) değiştirmemişlerdir."[400] âyet-i kerimesinde kastedilen insanların kimler olduğu sorulduğunda, Hz. Talha (r.a.)'ı göstererek ***"İşte bu şehîd olmayı bekleyen kişilerdendir."*** buyurdu.[401]

Hz. Talha (r.a.), Uhud Harbi'nden Mekke'nin Fethine kadar geçen süre içinde yapılan bütün gazvelere katıldı. Hudeybiye'de yapılan Rıdvan Biât'ında da hazır oldu. Mekke'nin Fethinden sonra Huneyn Gazvesinde yerinde sebat edenlerdendi. Tebük Gazvesi için yapılan hazırlık infakında bütün varlığını ortaya koymuş; bundan dolayı da "Feyyaz" lakabını almıştır. Bu cömertlikleri sebebiyle ayrıca "Talhat-ül-Cûd=Cömert Talha" diye de anılmıştır.

Resûlullah (s.a.v)'ın yapmış olduğu ilk ve son haccı olan Veda Haccı'nda da bulunmuş, Veda Hutbesini dinlemiştir. Hazreti Ebû Bekir'in halife seçildiğini görünce hemen ona bîat etmiştir. Hz. Ebû Bekir (r.a.) hastalandığında, yerine kimin halife olmasını Hz. Talha (r.a.) ile istişâre etmiş ve Hz. Ömer (r.a.)'i uygun görmüş, "Ömer bu makama en çok lâyık olan zâttır. Cenâb-ı Hak sana müslümanların

399 İbn el-Esir; Üsdü'l Gabe, C. 3, Shf. 84-86
400 Ahzab; 33:23
401 İbn Kesir; Ahzab suresi 23. âyetinin tefsiri

işini kime terk ettin; derse açık bir alınla ve müsterih olarak, Ömer'e bıraktım dersin" buyurmuşlardır.

Hz. Ömer zamanında şûra meclisi üyeliğinde bulunmuştur. Hz. Ömer (r.a.) her husûsta onun reyine müracaat ederdi. Hz. Ömer (r.a.), vefât etmeden önce halife seçilmek üzere altı kişiyi namzet gösterdiğinde, onlardan bir tanesinin de Hz. Talha (r.a.) olduğunu görüyoruz. Ancak o, kendi namzetliğinden Hz. Osman (r.a.)'in lehine vazgeçti. Hz. Osman seçilince onu canı gönülden destekledi.

Hz. Osman (r.a.)'in evi âsiler tarafından muhasara edilince Hz. Talha da oğullarıyla beraber onu korumak üzere harekete geçti ve günlerce Hz. Osman (r.a.)'ı savundu. Hz. Osman Efendimiz şehîd edilince Hz. Talha çok üzüldü. Hz. Ali (r.a.), halife seçilince O'na bîat etti. Ancak Hz. Osman'ı şehîd edenlerin derhal cezalarının verilmesini ve kısas yapılmasını istedi. Fakat o günkü şartlarda bu mümkün olmayınca önce Mekke'ye Hz. Âişe vâlidemizin yanına daha sonra da Basra'ya gitti. Ancak kaderin cilvesi Cemel savaşında Hz. Aişe validemizin yanında, Hz. Ali Efendimizin de karşısında yer aldı.

Fakat Hz. Ali (r.a.) Efendimiz hem Hz. Talha hem de Hz. Zübeyr'le özel olarak görüştükten sonra savaş meydanından uzaklaşmak istemiştir. Mervan b. el-Hakem'in atmış olduğu bir ok ile şehid düşmüştür.

Bu konuşma enteresan olduğu için kısaca işaret etmekte fayda mülahaza ediyoruz. Şöyle ki:

"Hz. Aşe (r.a.) validemizin ordusunun içinde Hz. Talha ve Hz. Zübeyr (r.a.) efendilerimizi gören Hz. Ali (r.a.) Efendimiz, onlara seslenerek öne çıkmalarını söyledi. İkisi de öne çıkınca, ince Hz. Talha'ya, "Ey Talha, sen kendi gelinini evde bıraktın da Allah'ın Rasulünün gelini ile savaşmaya mı geldin?" dedi. Hz. Zübeyr (r.a.)'e de, "Ey Zübeyr, Allah adına rica ediyorum hele bir hatırla hele, biz falanca mekanda idik Allah'ın Rasûlü (s.a.v) uğramış ve bir ara sana "Ey Talha, Ali'yi seviyor musun? diye sormuştu. Sen de "Ali'yi nasıl sevmem, o benim amca ve dayı oğlum ayrıca da din kardeşim" diye cevap vermiştin. Allah'ın Rasûlü bunun üzerine sana, "Vallahi sen haksız olduğun halde Ali ile savaşacaksın" buyurmuştu". Hz. Zübeyr (r.a.) bunun üzerine, "Evet şimdi hatırladım, unutmuştum, vallahi seninle savaşmayacağım" dedi. Arkasından da her ikisi de harp meydanından ayrıldılar. Ancak fitneciler tarafından şehit edildiler. Hz. Zübeyr (r.a.)'i Amr b. Cürmüz, Hz. Talha (r.a.)'ı da Mervan b. El-Hakem şehit etti.

Cenaze namazlarını kıldırdıktan sonra onlara dua etti ve ben, Talha ve Zübeyr inşaallah Allah'ın şu âyetinde anlattığı insanlardan oluruz buyurdu ve âyeti okudu:

وَنَزَعْنَا مَا فِي صُدُورِهِمْ مِنْ غِلٍّ إِخْوَانًا عَلَى سُرُرٍ مُتَقَابِلِينَ

"Biz, onların gönüllerindeki kini söküp attık; onlar artık köşkler üzerinde karşı karşıya oturan kardeşler olacaklar."[402] Sonra da "Şu kulaklarım işitti ki, Peygamberimiz (s.a.v), şöyle buyurdu: **"Talha ve Zübeyr cennette benim komşularım olacaklardır."**[403]

Hz. Ali (r.a.) Efendimiz harp meydanını gezerken Hz. Talha'yı maktuller (ölenler) arasında görünce çok üzülmüş ve ağlamış, kucağına almış, yüzündeki toprakları silmiş ve şöyle söylemişti: *"Ey Ebû Muhammed (Talha) semânın yıldızları altında seni toprağın üzerinde serilmiş olarak görmek bana pek ağır geldi, beni kalbimden vurdu. Keşke yirmi yıl önce öleydim."*

Vefâtından yirmi yıl sonra kızı Âişe bir gece rüyasında Hazreti Talha'yı görür. Ona "Yâ Aişe kabrimin bir tarafından sızan su bana eziyet veriyor, beni buradan çıkar da başka yere defnet", der. Bunun üzerine kızı Âişe çok üzülür. Akrabalarından bazılarını alarak kabrini açarlar. Sızan sudan dolayı vücûdunun bir tarafı hafif yeşillenmiş ise de, diğer yerleri yeni defnedilmiş ve bir kılına dahi zarar gelmemiş olduğu halde bulurlar. Buradan alarak bir başka kabre naklederler.[404]

Hz. Talha (ra), ahlâk, edeb ve fazîlet bakımından çok yüksek idi. Kalbi Allah-u Teâlâ'nın korkusuyla ve Resûlünün muhabbetiyle doluydu. "Talhatu'l Cûd=Cömert Talha" lakabına lâyık olmuş bir insan idi. Susuzluk Arabistan yarım adasında hep problem idi. Onun için de su kuyuları açmak önemli idi. Hz. Talha bu konuda da önde idi. Tebük Gazvesi için yapılan hazırlıklarda malının tamamını Peygamber ordusunun iaşesine sarfetti. Günlük gelirinin bin altın civarında olduğu bilinmektedir. Bu serveti ile öksüzleri gözetir; fakîrlerin ihtiyâçlarını görür, biçarelere yardım eder, paraya ihtiyâcı olanlara destek verirdi. Kabilesi olan Teym oğullarının bütün muhtaçları, onun yardımları altında idi. Onların bekârlarını evlendirir, borçlularının borçlarını öderdi. Peygamberimizin vefatından sonra servetini "Ezvac-ı Tahirat"ın (Peygamberimizin eşleri) emirlerine amade kılmıştı. Medine'ye gelenler onun evinde misâfir edilirdi. Kendisinden bir şey beklendiğinde onu yerine getirmediği görülmemiştir.

Hz. Talha (ra), son derece sevimli bir insandı. Orta boylu, geniş göğüslü, yakışıklı idi. İsrâf ve aşırılığa kaçmadan iyi giyinirdi. Onun güzel ahlâk sahibi olduğunun bir misâli şudur: Eshâb-ı Kiramdan bir çoğu Ümmî Ebân hatunla evlenmek

---

402 Hicr sûresi; 15: 47
403 Halid Muhammed Halid; Ricalün Havle'r Rasûl, 226-227
404 İbn el-Esir; Üsdü'l Gabe, C. 3, Shf. 88

istemiş; fakat o, hiç biri ile evlenmeyi kabul etmemişti. Hz. Talha (ra), evlenme teklifinde bulununca, onun teklifini kabul etti. Sebebi sorulunca da şunları söyledi: "Onun ahlâkını bilirim. Evine girerken güler yüzle girer, evinden çıkarken mütebessim olarak çıkar. Kendisinden istenildiğinde verir, kendisine bir iyilik yapıldığı zaman teşekkür eder. Bir kusur görünce affeder."

عَنْ سَهْلِ بْنِ يُوسُفَ بْنِ سَهْلِ بْنِ مَالِكٍ الْأَنْصَارِيِّ ، عَنْ أَبِيهِ ، عَنْ جَدِّهِ ، رَضِيَ اللَّهُ عَنْهُ ، قَالَ : '' لَمَّا قَدِمَ رَسُولُ اللَّهِ صَلَّى اللَّهُ عَلَيْهِ وَسَلَّمَ مِنْ حَجَّةِ الْوَدَاعِ صَعِدَ الْمِنْبَرِ ، فَحَمِدَ اللَّهَ تَعَالَى وَأَثْنَى عَلَيْهِ ، ثُمَّ قَالَ : يَا أَيُّهَا النَّاسُ إِنَّ أَبَا بَكْرٍ لَمْ يَسُؤْنِي قَطُّ ، فَاعْرِفُوا ذَلِكَ لَهُ ، يَا أَيُّهَا النَّاسُ إِنِّي رَاضٍ عَنْ عُمَرَ بْنِ الْخَطَّابِ ، وَعُثْمَانَ بْنِ عَفَّانَ ، وَعَلِيِّ بْنِ أَبِي طَالِبٍ ، وَطَلْحَةَ بْنِ عُبَيْدِ اللَّهِ ، وَالزُّبَيْرِ بْنِ الْعَوَّامِ ، وَسَعْدِ بْنِ مَالِكٍ ، وَعَبْدِ الرَّحْمَنِ بْنِ عَوْفٍ ، وَالْمُهَاجِرِينَ الْأَوَّلِينَ ، فَاعْرِفُوا ذَلِكَ لَهُمْ ، يَا أَيُّهَا النَّاسُ ، إِنَّ اللَّهَ تَبَارَكَ وَتَعَالَى قَدْ غَفَرَ لِأَهْلِ بَدْرٍ وَالْحُدَيْبِيَةِ ، يَا أَيُّهَا النَّاسُ احْفَظُونِي فِي أَخْتَانِي وَأَصْهَارِي ، وَفِي أَصْحَابِي ، لَا يُطَالِبَنَّكُمُ اللَّهُ بِمَظْلَمَةِ أَحَدٍ مِنْهُمْ ، فَإِنَّهَا لَيْسَتْ تَذْهَبُ ، يَا أَيُّهَا النَّاسُ ارْفَعُوا أَلْسِنَتَكُمْ عَنِ الْمُسْلِمِينَ ، وَإِذَا مَاتَ الرَّجُلُ فَلَا تَقُولُوا إِلَّا خَيْرًا '' . ثُمَّ نَزَلَ صَلَّى اللَّهُ عَلَيْهِ وَسَلَّمَ .

Sehl b. Yusuf b. Malik el-Ensârî (r.a.) babasından, o da dedesinden rivayet ederek şunları söylemiştir: Peygamberimiz (s.a.v) Veda haccından döndükten sonra minbere çıktı; hamd-ü senadan sonra sözlerine şöyle devam buyurdu: "Ey insanlar şunu şöylece bilesiniz ki, Ebu Bekir bana asla kötülük yapmaz. (Ben ondan razıyım). Bunu ona bildiriniz. Ey insanlar ben Ömer, Ali, Osman, Talha, Zübeyr, Sa'd, Sa'id ve Abdurrahmân bin Avf'dan râzıyım. Bunu onlara bildirin. Ey insanlar Allah-ü Teâlâ Bedr ehlini ve Hudeybiye ehlini bağışladı. Ey insanlar Eshâbım kayınpederlerim (Hazreti Ebû Bekir ve Ömer) ve dâmâdlarım (Hazreti Osman ve Ali) Hakkında bana riâyet ediniz. Hiç biriniz onlardan hak taleb etmesin. Çünkü o haklar öyle haklardır ki, yarın kıyâmet günü bağışlanmazlar. Ey insanlar, dillerinizi müslümanlara kötü sözler söylemekten alıkoyunuz. Bir insan ölünce onun hakkında hayırdan başka söz söylemeyiniz". Peygamberimiz (s.a.v) sonra minberden indi."[405]

Cenab-ı Hak onların hepsinden razı olsun, şefaatlarına nail eylesin.

---

405 Taberanî; el-Mu'cemü'l Kebir, 2/5, shf. 365, H. No: 5509-5512

Alınacak Dersler:

1. Cennete giden yol; iman, salih amel ve ölünceye kadar bu vasıfta yaşamaya bağlıdır.

2. Fitne büyük bir beladır. Cennetle müjdelenmiş insanlar bile olsa etkisi altında kalabilir.

3. Zenginlik tevazu ve cömertlikle birleşirse insanın cennete kavuşması kolaylaşır.

20. SOHBET

NAMAZ VE ÖNEMİ

Arapça'da "Salat" kelimesi ile ifade edilen en büyük bedenî ibadet olan Namaz, bir hadis-i şerifte de zikredildiği gibi dinimizin direğidir. Peygamber Efendimiz (s.a.v) şöyle buyuruyor:

رَأْسُ الْأَمْرِ اَلْإِسْلَامُ وَعَمُودُهُ الصَّلَاة

"İşin başı İslâm, direği ise namazdır."[406]

Bizim Namaz diye bildiğimiz "salat" kelimesi "dua, hayırla dua" anlamlarına gelir. Dinimizde ise, tekbir ile başlayıp selâm ile son bulan, belli fiil ve sözleri içine alan bir ibadet; Allah'a karşı tesbîh, ta'zîm ve şükrün ifadesidir. Farz bir ibadettir. Farz oluşu Kur'an-ı Kerim, Peygamberimizin sünneti ve müslümanların icmaı (söz birliği) ile sabittir. Hicretten önce Mirac gecesinde farz olmuştur. Onlarca âyette Namaz ibadetinden bahsedilmiştir. O âyetlerden bazıları şöyledir:

حَافِظُوا عَلَى الصَّلَوَاتِ وَالصَّلَوةِ الْوُسْطَى وَقُومُوا لِلّٰهِ قَانِتِينَ

"Bütün namazları ve orta namazı muhafaza edin ve Allah için boyun eğerek kalkıp namaza durun."[407]

اِنَّ الصَّلَوةَ كَانَتْ عَلَى الْمُؤْمِنِينَ كِتَابًا مَوْقُوتًا

"Şüphesiz namaz, müminlere, vakitle belirlenmiş olarak farz kılınmıştır."[408]

وَمَا أُمِرُوا اِلَّا لِيَعْبُدُوا اللّٰهَ مُخْلِصِينَ لَهُ الدِّينَ حُنَفَاءَ وَيُقِيمُوا
الصَّلَوةَ وَيُؤْتُوا الزَّكٰوةَ وَذٰلِكَ دِينُ الْقَيِّمَةِ

"Oysa onlar, tevhid inancına yönelerek, dini yalnız Allah'a tahsis ederek O'na kulluk etmek, namazı kılmak ve zekatı vermekle emr olunmuşlardır. İşte doğru din budur."[409]

---

406 Tirmizi; H. No:2616. İbn Mace; H. No: 3973
407 Bakara; 2: 238
408 Nisa; 4: 103
409 Beyyine; 98: 5

$$\text{فَاَقٖيمُوا الصَّلٰوةَ وَاٰتُوا الزَّكٰوةَ وَاعْتَصِمُوا بِاللّٰهِ هُوَ مَوْلٰيكُمْ فَنِعْمَ الْمَوْلٰى وَنِعْمَ النَّصٖيرُ}$$

"Namazı kılın, zekâtı verin ve Allah'a samimiyetle bağlanın. O, sizin mevlânız-dır. O, ne güzel Mevlâ ve ne güzel yardımcıdır."[410]

Namaz hakkında ifade buyurulan hadis-i şeriflerden bazıları da şunlardır:

$$\text{وَعَنْ اَنَسٍ رَضِيَ اللّٰهُ عَنْهُ قَالَ: فُرِضَتْ عَلَى النَّبِيِّ لَيْلَةَ اُسْرِيَ بِهِ الصَّلَاةُ}$$
$$\text{خَمْسٖينَ، ثُمَّ نَقَصَتْ حَتّٰى جُعِلَتْ خَمْساً، ثُمَّ نُودِيَ يَا مُحَمَّدُ: اِنَّهُ لَا يُبَدَّلُ}$$
$$\text{الْقَوْلُ لَدَيَّ، وَاِنَّ لَكَ بِهٰذِهِ الْخَمْسِ خَمْسٖينَ.}$$

Hz. Enes (r.a) anlatıyor: "Rasûlullah (s.a.v)'a Mi'râc'a çıktığı gece elli vakit na-maz farz kılındı. Sonra bu azaltılarak beşe indirildi. Sonra da şöyle hitap edildi: *"Ey Muhammed! Artık, nezdimde (hüküm kesinleşmiştir), bu söz değiştirilmez. Bu beş vakit, (Rabbinin bir lütfu olarak on misliyle kabul edilerek) senin için elli vakit sayılacaktır."[411]*

Hz. Ömer (r.a.) anlatıyor:

$$\text{عَنْ عُمَرَ بْنِ الْخَطَّابِ قَالَ بَيْنَمَا نَحْنُ عِنْدَ رَسُولِ اللّٰهِ صَلَّى اللّٰهُ عَلَيْهِ وَسَلَّمَ}$$
$$\text{ذَاتَ يَوْمٍ اِذْ طَلَعَ عَلَيْنَا رَجُلٌ شَدٖيدُ بَيَاضِ الثِّيَابِ شَدٖيدُ سَوَادِ الشَّعَرِ لَا يُرٰى}$$
$$\text{عَلَيْهِ اَثَرُ السَّفَرِ وَلَا يَعْرِفُهُ مِنَّا اَحَدٌ حَتّٰى جَلَسَ اِلَى النَّبِيِّ صَلَّى اللّٰهُ عَلَيْهِ وَسَلَّمَ}$$
$$\text{فَاَسْنَدَ رُكْبَتَيْهِ اِلٰى رُكْبَتَيْهِ وَوَضَعَ كَفَّيْهِ عَلٰى فَخِذَيْهِ وَقَالَ يَا مُحَمَّدُ اَخْبِرْنٖي عَنِ}$$
$$\text{الْاِسْلَامِ فَقَالَ رَسُولُ اللّٰهِ صَلَّى اللّٰهُ عَلَيْهِ وَسَلَّمَ الْاِسْلَامُ اَنْ تَشْهَدَ اَنْ لَا اِلٰهَ اِلَّا}$$
$$\text{اللّٰهُ وَاَنَّ مُحَمَّدًا رَسُولُ اللّٰهِ صَلَّى اللّٰهُ عَلَيْهِ وَسَلَّمَ وَتُقٖيمَ الصَّلَاةَ وَتُؤْتِيَ الزَّكَاةَ}$$
$$\text{وَتَصُومَ رَمَضَانَ وَتَحُجَّ الْبَيْتَ اِنِ اسْتَطَعْتَ اِلَيْهِ سَبٖيلًا}$$

"Bir gün Allah'ın Resulü'nün yanında idik. Beyaz elbiseli, siyah saçlı bir adam çıkageldi. Üzerinde yolculuk izi yoktu, ama hiçbirimiz kendisini tanımıyorduk. Hz. Peygamber'in önünde diz çöküp oturdu. Dizlerini onun dizlerine dayadı. Ellerini de Allah'ın Resulü'nün dizlerinin üzerine koyup sordu: **"İslâm nedir? Bana anlat"** Allah'ın Resulu cevap verdi: *"İslâm Allah'tan başka ilâh olmadığına, Muhammed'in,*

---

410 Hacc; 22: 78

411 Buhârî; Bed'ül-Halk 6, Enbiya; 22, 43, Menâkıbu'l-Ensâr; 42. Müslim; Îman 259, H. No: 162. Tir-mizî; Salât 159, H. No: 213. Nesâî; Salât 1, H. No: 1, 217-223

Allah'ın elçisi olduğuna inanman, namaz kılman, zekât vermen, Ramazan orucunu tutman, gücün yeterse Hacca gitmendir.[412]

عن عبدالله بن عمر بن الخطاب (ر عنهما)، وقال لّه رجلٌ: اَلاَ تَغْزُوْ؟
فقال: إنى سمِعْتُ رسُولَ اللهِ يَقُولُ إنّ الاسلامَ بُنِىَ عَلَى خمسٍ: شَهادَةِ
أَنْ لاَ إلَهَ إلاَّ اللهُ، وَأَنّ مُحمّداً عَبْدُهُ وَرَسُولُّه، وإقَامِ الصّلاَةِ، وإيتاءِ الزّكاةِ،
وَحجّ البَيْتِ، وصَوْمِ رَمَضانَ

Abdullah İbn Ömer İbni'l-Hattâb (r.a)'ın anlattığına göre, bir adam kendisine: Gazveye çıkmıyor musun?" diye sorar. Abdullah şu cevabı verir: "Ben Hz. Peygamber (s.a.v)'i işittim, şöyle buyurmuştu: *İslâm beş esas üzerine bina edilmiştir: Allah'tan başka ilâh olmadığına ve Muhammed'in O'nun kulu ve elçisi olduğuna şehâdet etmek, namaz kılmak, oruç tutmak, Kâbe'yi haccetmek, Ramazan orucu tutmak*[413]

Namaz, bütün semavî dinlerde ve bütün peygamberlerden de istenen bir ibadettir. Nitekim Kur'an-ı Kerim bunlardan bahsetmiştir ki, bazıları şöyledir:

1. Lokman (a.s.), oğluna namazı emreder;

يَا بُنَىّ أَقِمِ الصّلوةَ وَأْمُرْ بِالْمَعْرُوفِ وَانْهَ عَنِ الْمُنْكَرِ وَاصْبِرْ
عَلَى مَا أَصَابَكَ إِنَّ ذلِكَ مِنْ عَزْمِ الْأُمُورِ

"Ey Oğulcuğum! Namaz kıl, iyiyi emredip kötüden sakındır, başına gelene sabret; doğrusu bunlar azmedilmeye değer işlerdir."[414]

2. Hz. İbrahim (a.s.), duasında namazdan bahseder;

رَبَّنَا إِنّى أَسْكَنْتُ مِنْ ذُرّيَّتى بِوَادٍ غَيْرِ ذى زَرْعٍ عِنْدَ بَيْتِكَ الْمُحَرّمِ رَبَّنَا
لِيُقِيمُواالصّلوةَ فَاجْعَلْ أَفْئِدَةً مِنَ النّاسِ تَهْوى إِلَيْهِمْ وَارْزُقْهُمْ مِنَ الثَّمَرَاتِ
لَعَلّهُمْ يَشْكُرُونَ

"Rabbimiz! Ben çocuklarımdan bir kısmını namazı dosdoğru kılmaları için, senin Beyt-i Haram'ının yanında, ekinsiz bir vadiye yerleştirdim. Artık sen de insanlardan bir kısmını onlara meylettir. Ve onları bazı meyvelerle rızıklandır ki şükretsinler."[415]

---

412 Müslim; Sahih, 1/87, H. No: 9 (Mektebetu Şamile)
413 Buhârî; İman 1. Müslim; İman 22. Nesâî; İman 13, H. No: 9, 107-108. Tirmizî; İman 3, H. No: 2612
414 Lokman; 31: 17
415 İbrahim; 14: 37

Allâh (c.c.), Hz. Mûsa (a.s.)'dan namaz kılmasını ister;

اِنَّنِى اَنَا اللّٰهُ لَا اِلٰهَ اِلَّا اَنَا فَاعْبُدْنِى وَاَقِمِ الصَّلٰوةَ لِذِكْرِى

"Şüphe yok ki ben, ben Allah'ım, benden başka ilâh yoktur. O halde Bana ibadette bulun ve Beni anmak için namaz kıl."[416]

3. Cenab-ı Hak, Peygamber Efendimiz (s.a.v)'dan da namaz kılmasını istemektedir:

اُتْلُ مَا اُوحِيَ اِلَيْكَ مِنَ الْكِتَابِ وَاَقِمِ الصَّلٰوةَ اِنَّ الصَّلٰوةَ تَنْهٰى عَنِ الْفَحْشَاءِ وَالْمُنْكَرِ وَلَذِكْرُ اللّٰهِ اَكْبَرُ وَاللّٰهُ يَعْلَمُ مَا تَصْنَعُونَ

"Sana vahyedilen Kitabı oku ve namazı kıl. Muhakkak ki namaz hayasızlıktan ve kötülükten alıkoyar. Allah'ı anmak elbette en büyük ibadettir. Allah yaptıklarınızı bilir."[417]

Yukarda zikri geçen hadislerden Cibril hadisi diye bilinen hadiste Rasülullah (s.a.v), İslam'ın şartlarını sayarken ilk önce kelime-i şehadeti sonra namazı sayıyor. Buradan anlıyoruz ki namazsız bir Müslüman olamaz. Bundan dolayıdır ki, Fıkıh kitaplarımızda şu ifadeler yer almıştır: "Eğer bir kişi sabah Müslüman olmuşsa öğle namazına kadar namazı öğrenmek zorundadır. İslâm ile şereflenen bir kişi vakit geçirmeden namazı öğrenmeli kurtuluşa, felaha çağıran ezanın çağrısına hemen cevap vermelidir. Çünkü kişinin namazı onun Müslümanlığının ispatıdır. Bir insan hayata veda ettiğinde eğer cami cemaatine devam eden biriyse onun Müslüman olduğuna şehadet edilir.

Namaz, namaz kılan insanı yüceltir, onu adeta melekleştirir. Çünkü namaz, bütün yaratıkların muhtelif ibadet şekillerini içinde toplar. Dolayısı ile kainatın ibadet modelini oluşturur.

Kainatın süsü güneş, ay ve yıldızlar daima hareket ederler ve bu hareketlerini sürdürürler. Müslümanlar da namazlarıyla bu hareketi tekrar ederler. Dağlar ayakta dururlar; müslüman da namaza ayakta dikilerek başlar. Buna kıyam denir. Hayvanlar daimi olarak eğilmiş durumdadırlar; namazın ikinci hareketi, eğilmektir; yani rüku'. Ağaçlar ve diğer bitkiler besinlerini ağız vazifesi gören kökleriyle alırlar, bir bakıma daimi secde halindedirler. Namaz kılan müslümanın üçüncü hareketi şerefli alnını yere koymaktır; yani secde. Çaylar, ırmaklar ve nehirler geçtiği yerleri yıkarlar, tertemiz ederler. Müslümanlar ise, namazdan önce abdest alırlar veya guslederler. Hem maddi hem de manevi olarak tertemiz olurlar.

---

416 Taha; 20: 14
417 Ankebut; 29: 45

اَلَمْ تَرَ اَنَّ اللهَ يُسَبِّحُ لَهُ مَنْ فِى السَّمَوَاتِ وَالْاَرْضِ وَالطَّيْرُ صَافَّاتٍ كُلٌّ قَدْ عَلِمَ صَلَاتَهُ وَتَسْبِيحَهُ وَاللهُ عَلِيمٌ بِمَا يَفْعَلُونَ

"Görmez misin ki, göklerde ve yerde bulunanlarla dizi dizi kanat çırpıp uçan kuş-ların Allah'ı tesbih ettiklerini? Her biri kendi tesbihini ve duâsını bilmiştir. Allah, onla-rın yapmakta olduklarını hakkıyla bilir."[418] âyetinde olduğu gibi gökyüzünde uçuşan kuşlar nasıl Allah'ı tesbih ederlerse namaz kılan müslümanlar da öyle Allah'ı tesbih etmiş olurlar. Bu gün yeryüzünün dört bir yanında hiçbir saat yoktur ki, Allah'a ibadet edilmemiş olsun. Bundan dolayıdır ki, cemaatle namazların kılınması daha efdaldir. Hem de sevabı katbekat ziyadedir. İbn Ömer (r.a.) anlatıyor:

وَعَنِ ابْنِ عُمَرَ رَضِيَ اللهُ عَنْهُما قال: قَالَ رَسُولُ اللهِ: صَلَاةُ الْجَمَاعَةِ أَفْضَلُ مِنْ صَلَاةِ الْفَذِّ بِسَبْعٍ وَعِشْرِينَ دَرَجَةً، وَرُوِيَ بِخَمْسٍ وَعِشْرِينَ.

"Rasûlullah (s.a.v) buyurdular ki: "Cemaatle kılınan namaz münferid kılınan namazdan yirmi yedi derece üstündür." -"Yirmi beş derece" diye de rivayet edildi."[419]

Cisimlerin gölgeleri Allah'a hususi bir teslimiyet ve ibadet tarzı olarak her gün nasıl uzanıp kısalırsa ibadet eden insan da namazda kıyam, rüku, secde ve ka'de ya-parken uzanıp kısalır.

Büyük sufi **Şah Veliyyullah ed-Dihlevi** namazın sırlarından bahsederken şöyle der: "Bil ki, insan bazen, bir şimşek gibi kısa bir an içinde mukaddes bir makama (ilahi huzur) götürülür ve kendini mümkün olan en büyük bağlılıkla Allah Teala'nın eşiğine girmiş bulur. Orada bu insan üzerinde Allah'ın kudret ve sırrı görülür (te-celli). Bu tecelliler onun ruhuna hakim olurlar. Orada beşer lisanının ifade etmek-ten aciz kalacağı şeyleri görür ve hisseder. Şimşek gibi gelip geçen bu hali müteakip, insan önceki haline döner ve vecd halinin kaybolmasından dolayı kendi kendine elem duyar. Bunun üzerine kendinden kaçmış bu hale tekrar erişmeye gayret eder."[420]

Bilindiği gibi beş vakit namaz, müslümanlara Hz. Peygamber'in miraç hediye-sidir. **Süleyman Çelebi** de Mevlid'inde buna şöylece işaret eder:

"Sen ki, mirac eyleyüb ettin niyaz,

Ümmetin miracını kıldım namaz"

---

418 Nur; 24: 41

419 Buharî; Ezan 30, 31. Müslim; Mesacid 249, H. No: 650. Tirmizî; Salat 161, H. No: 215. Nesâî; İmamet 42

420 Kandehlevi; Huccetullahi'l Baliga

Bunlar boş sözler değildir. Namaz kılan müslümanın hareketlerine bakalım: Önce ayakta durur, ellerini kaldırır ve اللهُ أَكْبَرُ (Allah en büyük) der. Böylece Allah'tan başka her şeyden vazgeçer ve O'nun iradesine boyun eğer. Rabbinin azametine hamdu senada bulunduktan sonra, ilâhî azamet karşısında kendisini o kadar mütevazı hisseder ki, eğilir ve hürmet ifadesi olarak başını indirerek " سُبْحَانَ رَبِّىَ الْعَظِيم Yegane azamet sahibi olan Rabbimin şanını yüceltirim" der. Sonra kalkar ve kendisini hidayete eriştirdiği için Allah'a hamd ederek سَمِعَ اللهُ لِمَنْ حَمِدَهُ اللَّهُمَّ رَبَّنَا لَكَ الْحَمْدُ *"Allah kendisine hamd edenin hamdini işitir. Allahım hamdim sanadır"* der ve bir an tefekkür eder, Allah'ın büyüklüğü ve kendi benliğinin küçüklüğü karşısında müteessir olur; o derece ki secdeye kapanır ve kemal-i tevazu ile başını yere koyar ve: سُبْحَانَ رَبِّىَ الْأَعْلَى *"Yegane yüce olan Rabbimin şanını yüceltirim"* der.

Sonra bu hareketleri tekrar ederek, Allah'ın huzurunu, O'nunla doğrudan doğruya ve şahsen karşılaşmak için O'nun yardımını diler. İki varlık karşılaştığı zaman, daima bir selam alış-verişi vardır. Müslüman bizzat Hz. Peygamberin miraçta Allah ile arasında geçmiş olan karşılıklı selamlaşma tabirlerini kullanır (Tahiyyat duasını okur). İbnu Mes'ud (r.a.) anlatıyor:

وَعَنِ ابْنِ مَسْعُودٍ رَضِيَ اللهُ عَنْهُ قَالَ: عَلَّمَنِى رَسُولُ اللهِ التَّشَهُّدَ، كَفِّى بَيْنَ كَفَّيْهِ كَمَا يُعَلِّمُنِى السُّورَةَ مِنَ الْقُرْآنِ: التَّحِيَّاتُ لِلهِ وَالصَّلَوَاتُ وَالطَّيِّبَاتُ، السَّلاَمُ عَلَيْكَ أَيُّهَا النَّبِى وَرَحْمَةُ اللهِ وبَرَكَاتُهُ، السَّلاَمُ عَلَيْنَا وَعَلَى عِبَادِ اللهِ الصَّالِحِينَ، أَشْهَدُ أَنْ لاَ إِلَهَ إِلاَّ اللهُ وَأَشْهَدُ أَنَّ مُحَمَّداً رَسُولُ اللهِ.

"Rasûlullah (s.a.v) bana, avucum avuçlarının içinde olduğu halde, Kur' ân'dan sûre öğretir gibi teşehhüd'ü öğretti: "Dil, beden ve mal ile yapılan bütün ibadetler Allah'a mahsustur. (et-Tahiyyât, kavlî ibadetlerdir; es-Salavât ise fiilî ibadetlerdir, et-Tayyibât da mâlî sadakalardır). Ey Nebi, selam, Allah'ın rahmet ve bereketleri senin üzerine olsun. Selam bizim üzerimize ve Allah'ın sâlih kulları üzerine de olsun. Şehadet ederim ki, Allah'tan başka ilah yoktur. Yine şehadet ederim ki Muhammed (s.a.v) Allah'ın Resulüdür."

İşte İslam'da insanın en fazla yükselişi, hem de günde beş defa olmak üzere, Cenab-ı Hakk'ın huzurunda oluşu ve Hz. Muhammed (s.a.v)'in miracının hatırası olarak Allah tarafından mü'minlere hediye edilen namaz budur.[421]

---

421 Doç. Dr. Vecdi Akyüz; İbadetler İlmihali, C.1, s.89-91

Allah dostlarından birine sordular:

"–Bir kul, namazda nasıl huşûa erer?" "Dört şeyle", buyurdu ve şunları beyân etti: Helâl lokma, abdest sırasında gafletten uzak durmakla, ilk tekbîri alırken kendini huzûrda bilmekle, Namaz dışında da Hakk'ı aslâ unutmamak, yâni namazdaki huzûr, sükûn ve mâsiyetten uzakta durma hâlini namazdan sonra da devâm ettirebilmekle."

Anlatılır ki, Hz. Ömer (r.a.) Efendimiz yaralanmış sonra da bayılmıştı. Bir ara gözlerini açınca, sahabe-i kiram güneş doğmak üzere sabah namazını kılmayacak mısın? diye sordular. İnsanlar namazı kıldılar mı dedi. Evet kıldılar denildi. Kendisi alelacele

$$لَا حَظَّ فِي الْإِسْلَامِ لِمَنْ تَرَكَ الصَّلَاة$$

Namazı terkedenin İslam'dan hiçbir nasibi yoktur" buyurdu ve namaza durdu. Halen yaraları kanamaya devam ediyordu.[422]

Namazın bazı yararlarına işaret etmek istiyoruz:

1. Namaz Allah'ı Hatırlatır:

$$فَاذْكُرُونِي أَذْكُرْكُمْ وَاشْكُرُوا لِي وَلَا تَكْفُرُونِ$$

"O halde beni anın, ben de sizi anayım. Bana şükredin de nankörlük etmeyin."[423]

2. Namaz Dinin Direğidir: الصَّلَاةُ عِمَادُ الدِّينِ Efendimiz (s.a.v); ***"Namaz dinin direğidir."***[424] buyurdu.

3. Namaz Verilen Nimetlere Karşı Allah'a Bir Teşekkürdür: لَئِنْ شَكَرْتُمْ لَأَزِيدَنَّكُمْ وَلَئِنْ كَفَرْتُمْ إِنَّ عَذَابِي لَشَدِيدٌ *"Eğer şükrederseniz, elbette (nimetlerimi) artıracağım."*[425]

4. Namaz Vaktin Kıymetini Öğretir

5. Namaz İnsanların Eşit Olduğunu Hatırlatır

Namaz; zengini fakiri, âmiri memuru ve her seviyedeki insanı camide yanyana getirir ve insan olarak Allah katında eşit olduklarını, aralarında insan olmak bakımından bir fark olmadığını öğretir.

6. Namaz Müminin Mîracıdır

7. Namaz Sağlığı Olumlu Şekilde Etkiler

İslâm dini temizliğe büyük önem vermiş, namazın sahih olabilmesi için beden, elbise ve namaz kılınacak yerin temiz olmasını şart koşmuştur.

---

422 İbn Sa'd; Tabakat, 3/350, Sahih senetle
423 Bakara; 2: 152
424 Deylemî; 2/404, H. No. 3795
425 İbrahim; 14: 7

8. Kıyamet Günü İlk Soru Namazdan Olacaktır

İnsanlar öldükten sonra dirilecekler ve Allah'ın huzurunda dünyada yaptıklarının hesabını vereceklerdir. O gün ibadetlerden ilk sorgulama namazdan olacaktır. Nitekim Peygamberimiz şöyle buyurmuştur:

إِنَّ أَوَّلَ مَا يُحَاسَبُ بِهِ الْعَبْدُ يَوْمَ الْقِيَامَةِ مِنْ عَمَلِهِ صَلَاتُهُ فَإِنْ صَلُحَتْ فَقَدْ أَفْلَحَ وَأَنْجَحَ وَإِنْ فَسَدَتْ فَقَدْ خَابَ وَخَسِرَ

"Kulun kıyamet gününde, hesabı ilk önce sorulacak ameli namazdır. Eğer namazı dürüst çıkarsa kurtulmuş ve kazanmıştır. Eğer namazı düzgün çıkmazsa kaybetmiştir."[426]

9. Namaz Günahlara Kefarettir

Namaz öyle faziletli bir ibadettir ki, iki namaz arasında işlenen günahların silinmesine vesile olur.

Peygamberimiz (s.a.v) bu konuda buyuruyor ki;

عَنْ أَبِى هُرَيْرَةَ أَنَّ رَسُولَ اللّٰهِ (صعلم) قَالَ: الصَّلَاةُ الْخَمْسُ وَالْجُمْعَةُ إِلَى الْجُمْعَةِ كَفَّارَةٌ لِمَا بَيْنَهُنَّ مَا لَمْ تُغْشَ الْكَبَائِرُ

"Beş vakit namaz ve Cuma namazından her birisi kendi aralarındaki küçük günahlara keffarettir; yeter ki büyük günahlardan uzak durulmuş olsun."[427]

Rahmet Peygamberi (s.a.v)'e ümmetini nasıl tanıyacağı soruldu: "Ümmetinden henüz gelmemiş olanları nasıl tanıyacaksın ey Allâh'ın Rasûlü?"

Peygamber Efendimiz (s.a.v):

"-Bir adamın alnı ve ayakları ak olan bir atı olduğunu düşünün. Adam bu atını, hepsi de simsiyah olan bir at sürüsü içinde tanıyamaz mı?" diye sordu.

Sahâbe:

"Evet, tanır, ey Allâh'ın Rasûlü!" dediler. Bunun üzerine Rasûl-i Ekrem (s.a.v) şöyle buyurdu:

"İşte onlar da abdestten dolayı yüzleri nurlu, el ve ayakları parlak olarak geleceklerdir."[428] Efendimiz (s.a.v) bununla beş vakit namaz kılan ümmetini kastetmiştir.

Aklı başında her Müslüman Peygamber (s.a.v)'ın kıyamet günü kendisini tanımasını ister. Aksi taktirde Müslüman bir insan için en büyük ceza bu olur.

426 Tirmizî; Salât, 305, 2/189, H. No: 378
427 Müslim; 1/144, H.No: 572
428 Müslim; Tahâret 39, Fedâil 26

10. Sıkıntıya Düşen Müslümanın En Büyük Manevi Desteği Namazdır

Rabbimiz, ne zaman bir sıkıntıya uğrarsak hemen namaza sığınmamızı ve ondan yardım istememizi beyan etmektedir.

يَا أَيُّهَا الَّذِينَ آمَنُوا اسْتَعِينُوا بِالصَّبْرِ وَالصَّلَاةِ إِنَّ اللَّهَ مَعَ الصَّابِرِينَ

"Ey iman edenler! Sabır ve namaz ile Allah'tan yardım isteyin. Çünkü Allah muhakkak sabredenlerle beraberdir."[429]

11. Namaz kılan insanları Allah Teâlâ kötülüklerden muhafaza eder: Yüce Yaratıcımız (cc) şöyle buyurur:

اُتْلُ مَا أُوحِيَ إِلَيْكَ مِنَ الْكِتَابِ وَأَقِمِ الصَّلَاةَ إِنَّ الصَّلَاةَ تَنْهَى عَنِ الْفَحْشَاءِ
وَالْمُنْكَرِ وَلَذِكْرُ اللَّهِ أَكْبَرُ وَاللَّهُ يَعْلَمُ مَا تَصْنَعُونَ

"(Resulüm!) Sana vahyedilen Kitab'ı oku ve namazı kıl. Muhakkak ki, namaz, hayasızlıktan ve kötülükten alıkoyar. Allah'ı anmak elbette (ibadetlerin) en büyüğüdür. Allah yaptıklarınızı bilir."[430]

Günümüzde namaz ibadeti sanki isteğe bağlı bir ibadetmiş gibi algılanıyor. Sanki **"Namaz kılarsan iyi olur. Kılmasan da pek bir şey olmaz"** denilmek isteniyor. Hâlbuki Rasülullah (s.a.v) zamanında Müslüman olup da O'nun **"Sen namazdan muafsın"** dediği hiç kimse olmamıştır. Rasulullah (s.a.v) zamanında münafıklar bile namaz kılıyordu. Çünkü namaz Müslüman olanla olmayanı birbirinden ayıran en önemli göstergeydi. Onlar bile Müslüman gibi görünmek için namaz kılıyorlardı. Bu gün namazı terkedenler acaba kime benzemek için namazı terkediyorlar? Cenab-ı Hakk'a sığınırız ki, bizi

أَفَرَأَيْتَ مَنِ اتَّخَذَ إِلَهَهُ هَوَاهُ وَأَضَلَّهُ اللَّهُ عَلَى عِلْمٍ وَخَتَمَ عَلَى سَمْعِهِ وَقَلْبِهِ
وَجَعَلَ عَلَى بَصَرِهِ غِشَاوَةً فَمَنْ يَهْدِيهِ مِنْ بَعْدِ اللَّهِ أَفَلَا تَذَكَّرُونَ

"Heva ve hevesini tanrı edinen ve Allah'ın (kendi katındaki) bir bilgiye göre saptırdığı, kulağını ve kalbini mühürlediği, gözünün üstüne de perde çektiği kimseyi gördün mü? Şimdi onu Allah'tan başka kim doğru yola eriştirebilir? Hala ibret almayacak mısınız?"[431] âyetinde haber vermiş olduğu insanlardan kılmaz.

Son olarak namazın ehemmiyetini bize anlatan bir hadis-i şerif ile sohbetimizi tamamlayalım:

429 Bakara; 2: 153
430 Ankebut; 29: 45
431 Casiye; 45: 23

Rasülullah (s.a.v) buyuruyor ki:

إِنَّ أَوَّلَ مَا يُحَاسَبُ بِهِ الْعَبْدُ يَوْمَ الْقِيَامَةِ مِنْ عَمَلِهِ صَلَاتُهُ فَإِنْ صَلُحَتْ فَقَدْ أَفْلَحَ وَأَنْجَحَ وَإِنْ فَسَدَتْ فَقَدْ خَابَ وَخَسِرَ

"Kulun, Kıyamet gününde hesaba çekileceği ilk şey namazıdır. Eğer namazı düzgünse kurtulmuş olur. Yok, namaz hesabı fasit ve bozuk olursa zarar eder ve sonu hüsran olur."[432]

Alınacak Dersler:

1. İmandan sonra ilk yerine getirilecek ibadet namazdır.
2. Binada direk ne anlama geliyorsa, dinde de Namaz o manaya gelir.,
3. Su maddi temizlik maddesi, Namaz da manevi temizlik ibadetidir.
4. Allah'ın nimetlerinden 24 saat yararlanan insanın günde beş vakit namaz kılmamasına şaşmak gerekir.
5. Kıldığımız namazımız bizi haram ve yasaklardan alıkoymuyorsa, namazımızı gözden geçirelim. Namazımızı, bizi çirkinliklerden uzaklaştıracak şekle getirelim.
6. Evimizde bulunan aile efradımızın da namaz kılmaları konusunda uyarılarımızı yapmaya devam edelim. Örneğin, çocuklarımıza derslerinden evvel o günün namazlarını kılıp kılmadıklarını soralım.
7. Namazdan zevk almak için, yiyecek ve içeceklerimizin helal olmasına gayret edelim.

---

432 Tirmizi; Sünen, 2: 189, H. No: 378

21. SOHBET

İSLAM'DA TEVAZU

Önce tevazu nedir? Tarifi ile söze başlamak istiyorum. Tevâzu alçak gönüllü olmak demektir. Daha geniş mânasıyla söyleyecek olursak, tevâzu, hakkı kabul edip ona boyun eğmektir. Hak ve doğru olan bir şey, yaşça büyük veya küçük, insanlar arasındaki itibarı bakımından değerli veya değersiz her kim tarafından ortaya konulursa konulsun, itiraz etmeden kabul etmektir. Hakikate böylesine teslim olan kimselere de mütevâzi insan denir.

Tevazu'nun ziddi ise, gurur ve kibirdir. Gurur, büyüklenme, kendini beğenme, Hakkı çiğneme, diğer insanları küçük görme, kendini yüksek ve değerli tutma başkalarını ise aşağı görme hastalığıdır. Kibir ise gururla aynı anlamlara gelmekle beraber büyüklenmek, büyüklük taslamak, ululuk iddia etmek, kendini başkalarından yüksek görerek onları aşağılamak anlamındadır. Gurur ve kibir şeytanın iki özelliğidir.

Mütevâzi insan kimseye haksızlık etmez. Zira haksız olan kimse; zâlim, kendinden başkasını beğenmeyen, burnu yukarılarda olduğu için de önündeki değerleri göremeyen basiretsiz bir kimsedir. Aşırı gururu sebebiyle hakikatin her yerde ve herkesin eliyle ortaya çıkabileceğini kabul edemez.

Tevazu sahibi olmak, Kur'an ve Sünnet'te övülmüş, gurur ve kibirli olmak ise alabildiğine yerilmiştir. Gurur ve kibirden bahsedilirken de mutlaka iblis en başta zikredilen isim olmuştur. İblise benzeyen insanlar da iblisin askerleri olarak anılagelmiştir.

Tevazu sahibi olmayı teşvik eden ayet ve hadislerden bazılarını dikkatlerinize sunmak istiyorum:

يَا أَيُّهَا الَّذِينَ آمَنُوا مَنْ يَرْتَدَّ مِنْكُمْ عَنْ دِينِهِ فَسَوْفَ يَأْتِي اللَّهُ بِقَوْمٍ يُحِبُّهُمْ وَيُحِبُّونَهُ أَذِلَّةٍ عَلَى الْمُؤْمِنِينَ أَعِزَّةٍ عَلَى الْكَافِرِينَ يُجَاهِدُونَ فِي سَبِيلِ اللَّهِ وَلَا يَخَافُونَ لَوْمَةَ لَائِمٍ ذَلِكَ فَضْلُ اللَّهِ يُؤْتِيهِ مَنْ يَشَاءُ وَاللَّهُ وَاسِعٌ عَلِيمٌ

"Ey iman edenler! Sizden biriniz dinden dönerse, şunu iyi bilsin ki, Allah o şahsın yerine, kendisinin sevdiği ve kendisini seven insanlar getirir. Bunlar müminlere karşı alçak gönüllü, kâfirlere karşı zorlu kimselerdir."[433]

Ayette Allah'ımız direkt olarak biz müminlere, müslümanlara sesleniyor ve bizi muhatap alarak tenbihlerde bulunuyor. Sizden dininden dönecekler olursa bu bizim Rabliğimize bir zarar vermez, ama dönenler kendileri kaybederler. Allah onların yerine başkalarını getirir, bu defa onlar Allah'ın emirlerine uygun hareket ederler. Nitekim İslam tarihinde dinden dönme hadiseleri olmuştur.

Dinden dönme olaylarının üçü Hz. Peygamber zamanında, yedisi Hz. Ebû Bekir devrinde, biri de Hz. Ömer'in hilâfetinde meydana gelmiştir.

Bunlardan Esvedü'l-Ansî, Müseylimetü'l-Kezzâb ve Tulayha İbni Huveylid Resûlullah Efendimiz zamanında ortaya çıkarak peygamber olduklarını iddia etmişler; ilk ikisi müslümanlar tarafından telef edilmiş, üçüncüsü ise tekrar İslâm'a dönerek kendisini kurtarmıştır. Hz. Ebû Bekir devrinde dinden dönenlerin (irtidâd edenlerin) tamamı yok edilmiş, Hz. Ömer devrinde dinden dönen Cebele İbni Eyhem ise Bizans'a kaçıp canını kurtarmıştır.

Burada şunu iyi bilmek gerekir ki, dinden dönme hadisesinde onları yeniden zor kullanarak İslam'a döndürme veya cezalandırma işlemi devlet eliyle ve devlet gücüyle olmuştur. İslâm'dan dönme olayları daha sonraki dönemlerde de meydana gelmiştir. Bugün misyonerlerin tesiriyle, az da olsa dininden dönenler görülmektedir. Muhtemelen bu olaylar yarın da görülecektir. Şüphesiz bu gibi olaylar, ebedî saâdeti yakalamışken onu elinden kaçıran ve kendisini ebedî bir karanlığa bırakan zavallılardan başkasına zarar vermez. Ancak böyle insanları zor kullanarak, şiddete başvurarak tabiri caiz ise hizaya getirme işini biz yapamayız. Sadece elimiz erişir ve dilimiz dönerse güzellik ve tatlılıkla iknaya çalışırız. Rabbimizden yeniden hidayet nasip etmesi için dualar ederiz. İnanırız ki Allah, onların yerine yeni inananları getirir. Bu gelecek olanların da -ayette belirtildiği gibi- kalbleri şefkat dolu mü'minler olurlar ve din ve din kardeşlerine değer verirler. Onları severler. Onlar adına hiçbir fedakârlıktan kaçınmazlar. Böylece kardeşleriyle birlikte Allah'ın rızâsını kazanmaya çalışırlar.

وَلَا تَمْشِ فِي الْأَرْضِ مَرَحًا إِنَّكَ لَنْ تَخْرِقَ الْأَرْضَ وَلَنْ تَبْلُغَ
الْجِبَالَ طُولًا

---

433 Mâide; 5: 54

"Yeryüzünde böbürlenerek dolaşma. Çünkü sen (ağırlık ve azametinle) ne yeri ya-rabilir ne de dağlarla ululuk yarışına girebilirsin."[434]

وَلَا تُصَعِّرْ خَدَّكَ لِلنَّاسِ وَلَا تَمْشِ فِي الْأَرْضِ مَرَحًاإِنَّ اللَّهَ لَا
يُحِبُّ كُلَّ مُخْتَالٍ فَخُورٍ

"Kibirlenip de insanlardan yüz çevirme ve yeryüzünde böbürlenerek yürüme! Zira Allah, kendini beğenmiş övünüp duran kimseleri asla sevmez."[435]

İnsanlar, malları ile, servetleri ile, güzellikleri ile öğünürler. Halbuki insanların hayran kalıp alkışladığı her varlığın bir emânet olduğunu düşünemezler ve yanılırlar. Bu göz alıcı imkânları sanki kendi gayret ve güçleriyle elde ettiklerini düşünürler. Bunları kendilerine ihsan eden gücün çok rahatlıkla dilediği zaman çekip alabile-ceğini hesaba katmazlar. Hep aynı durumda kalacaklarını hayal ederler ve kendile-rini üstün görmeye başlarlar. Sadece kendileri gibi olanlarla düşüp kalkarlar. Ken-dileri gibi olmayanları küçük, seviyesiz ve önemsiz bulurlar. İşte tevazu bu noktada gerekir. Böyle yapmayınca yegâne kudret ve kuvvet sahibi, kâinattaki her şeyin tek sahibi olan Allah Teâlâ'yı gazaba getirir de bazan verdiklerini daha bu dünyada geri alır. Aslında bu ceza şekli, eğer değerlendirebilirse insanın kendine gelmesi için çok iyi bir fırsattır. Fakat ibret alamazsa hüsran ebediyyen devam eder gider. Zaten gu-rur ve kibir sahibi olan insanlar bu şımarıklığı ve sarhoşluğu ile ölürse hem dünya-sını hem de ahiretini perişan ederler.

Bu noktada Karunun -ki mali zulüm ve haksızlığın simgesidir- kıssasını anla-tan ayetler ne kadar manidardır:

إِنَّ قَارُونَ كَانَ مِنْ قَوْمِ مُوسَى فَبَغَى عَلَيْهِمْ وَآتَيْنَاهُ مِنَ الْكُنُوزِ مَا إِنَّ مَفَاتِحَهُ
لَتَنُوءُ بِالْعُصْبَةِ أُولِي الْقُوَّةِ إِذْ قَالَ لَهُ قَوْمُهُ لَا تَفْرَحْ إِنَّ اللَّهَ لَا يُحِبُّ الْفَرِحِينَ
وَابْتَغِ فِيمَا آتَاكَ اللَّهُ الدَّارَ الْآخِرَةَ وَلَا تَنْسَ نَصِيبَكَ مِنَ الدُّنْيَا وَأَحْسِنْ كَمَا
أَحْسَنَ اللَّهُ إِلَيْكَ وَلَا تَبْغِ الْفَسَادَ فِي الْأَرْضِ إِنَّ اللَّهَ لَا يُحِبُّ الْمُفْسِدِينَ قَالَ
إِنَّمَا أُوتِيتُهُ عَلَى عِلْمٍ عِنْدِي أَوَلَمْ يَعْلَمْ أَنَّ اللَّهَ قَدْ أَهْلَكَ مِنْ قَبْلِهِ مِنَ الْقُرُونِ
مَنْ هُوَ أَشَدُّ مِنْهُ قُوَّةً وَأَكْثَرُ جَمْعًا وَلَا يُسْأَلُ عَنْ ذُنُوبِهِمُ الْمُجْرِمُونَ فَخَرَجَ
عَلَى قَوْمِهِ فِي زِينَتِهِ قَالَ الَّذِينَ يُرِيدُونَ الْحَيَاةَ الدُّنْيَا يَا لَيْتَ لَنَا مِثْلَ مَا أُوتِيَ
قَارُونُ إِنَّهُ لَذُو حَظٍّ عَظِيمٍ وَقَالَ الَّذِينَ أُوتُوا الْعِلْمَ وَيْلَكُمْ ثَوَابُ اللَّهِ خَيْرٌ لِمَنْ

---

434 İsra; 17: 37
435 Lokman; 37: 18

$$ \text{آمَنَ وَعَمِلَ صَالِحًا وَلَا يُلَقَّاهَا إِلَّا الصَّابِرُونَ فَخَسَفْنَا بِهِ وَبِدَارِهِ الْأَرْضَ فَمَا} $$

$$ \text{كَانَ لَهُ مِنْ فِئَةٍ يَنْصُرُونَهُ مِنْ دُونِ اللَّهِ وَمَا كَانَ مِنَ الْمُنْتَصِرِينَ} $$

"Kârûn Mûsâ'nın kavminden idi. Kavmine karşı böbürlenerek onlara zulmetmişti. Biz ona öyle hazineler vermiştik ki, anahtarlarını güçlü kuvvetli bir topluluk zor taşırdı. Onun kibirlendiğini gören kavmi kendisine şöyle demişti: - Şımarma! Allah şımaranları sevmez! Allah'ın sana verdiği bu servetle âhiret yurdunu kazanmaya çalış. Dünyadaki nasibini de unutma. Allah sana nasıl iyilik ettiyse, sen de başkalarına iyilik et. Yeryüzünde fesat çıkarmaya çalışma. Allah fesatçıları sevmez. Karun da cevaben: -Ben o serveti kendi bilgimle kazandım, dedi. Kârûn bilmiyor mu ki, Allah daha önceki zamanlarda kendinden daha güçlü, taraftarı daha fazla nice nesilleri helâk etti. (Neler yaptıkları bilindiği için) günahkârlardan günahları sorulmaz bile. Bir gün Kârûn bütün debdebesiyle kavminin karşısına çıktı. Dünya hayatını arzulayanlar: -Kârûn'a verilen keşke bize de verilseydi! Doğrusu o çok şanslı adam, dediler. İlmi olanlar ise: -Yazıklar olsun size! İmân edip iyi işler yapanlara Allah'ın vereceği sevap daha değerlidir. Bu mükâfata ise ancak sabredenler kavuşur, dediler. Sonunda biz onu da, sarayını da yerin dibine geçirdik. Allah'a karşı ona yardım edecek bir kimse bulunamadı. Kendisi de kendini savunup kurtaracak durumda değildi."[436]

Demek ki, dünyada saadet ve mutluluğu, âhirette Allah Teâlâ'nın hoşnut olacağı kullarına ikram edeceği cenneti, kazanabilmek yeryüzünde böbürlenmek ve bozgunculuk yapmak suretiyle elde edilemez. Ancak Allah'a iman etmekten kaçmamak, O'na kafa tutmamak, büyüklük taslamamak, kendisine verdiği malı kötü yolda kullanmamakla elde edilebilir.

Raşid halifelerin 5.si olarak kabul edilen Ömer İbni Abdülazîz'in vefât edeceği zamana kadar tekrar tekrar okuduğu şu âyet, bizim için de başucu ayeti olmalı diye düşünüyorum: Cenab-ı Hak buyuruyor ki:

$$ \text{تِلْكَ الدَّارُ الْآخِرَةُ نَجْعَلُهَا لِلَّذِينَ لَا يُرِيدُونَ عُلُوًّا فِي الْأَرْضِ} $$

$$ \text{وَلَا فَسَادًا وَالْعَاقِبَةُ لِلْمُتَّقِينَ} $$

"İşte âhiret yurdu! Biz onu yeryüzünde böbürlenmeyi ve bozgunculuk yapmayı istemeyenlere nasib ederiz. Sonunda kazançlı çıkanlar, fenalıktan sakınanlardır."[437]

Allah'ın biz kullarına vermiş olduğu nimetlere körü körüne sahip çıkarak, kendi gücümüzle elde etmiş gibi bencilleşerek ve adeta Karunlaşarak şımarma yerine insanlara, cinlere, kurtlara, kuşlara hükmeden Süleyman (as) gibi olmalıyız. O, Belkıs'ın

---

436 Kasas; 28: 76-81
437 Kasas; 28: 83

tahtını göz açıp kapayıncaya kadar kısa bir zamanda Yemen'den Kudüs'e getirme gücünü bahşeden Allah'a teslim olduğunu şöylece ilan etmişti:

قَالَ الَّذِي عِنْدَهُ عِلْمٌ مِنَ الْكِتَابِ أَنَا آتِيكَ بِهِ قَبْلَ أَنْ يَرْتَدَّ إِلَيْكَ طَرْفُكَ فَلَمَّا رَآهُ مُسْتَقِرًّا عِنْدَهُ قَالَ هٰذَا مِنْ فَضْلِ رَبِّي لِيَبْلُوَنِي أَأَشْكُرُ أَمْ أَكْفُرُ وَمَنْ شَكَرَ فَإِنَّمَا يَشْكُرُ لِنَفْسِهِ وَمَنْ كَفَرَ فَإِنَّ رَبِّي غَنِيٌّ كَرِيمٌ

"Kitaptan (Allah tarafından verilmiş) bir ilmi olan kimse ise: Gözünü açıp kapamadan ben onu sana getiririm, dedi. (Süleyman) onu (melikenin tahtını) yanıbaşına yerleşmiş olarak görünce: Bu, dedi, şükür mü edeceğim, yoksa nankörlük mü edeceğim diye beni sınamak üzere Rabbimin (gösterdiği) lütfundandır. Şükreden ancak kendisi için şükretmiş olur, nankörlük edene gelince, o bilsin ki, Rabbimin hiçbir şeye ihtiyacı yoktur, çok kerem sahibidir."[438]

Tevazu hakkında Peygamber Efendimiz (s.a.v) de şu uyarılarda bulunmaktadır:

عَنْ عِيَاضِ بْنِ حِمَارٍ عَنِ النَّبِيِّ صَلَّى اللهُ عَلَيْهِ وَسَلَّمَ أَنَّهُ خَطَبَهُمْ فَقَالَ إِنَّ اللهَ عَزَّ وَجَلَّ أَوْحَى إِلَيَّ أَنْ تَوَاضَعُوا حَتَّى لَا يَفْخَرَ أَحَدٌ عَلَى أَحَدٍ

İyâz İbni Himâr (ra)'den rivayet edildiğine göre Resûlullah (s.a.v) şöyle buyurdu: *"Allah Teâlâ bana: O kadar mütevâzi olun ki, kimse kimseye böbürlenmesin; kimse kimseye zulmetmesin, diye bildirdi."*[439]

وَعَنْ أَبِي هُرَيْرَةَ رَضِيَ اللهُ عَنْهُ أَنَّ رَسُولَ اللهِ صَلَّى اللهُ عَلَيْهِ وَسَلَّم قَالَ مَا نَقَصَتْ صَدَقَةٌ مِنْ مَالٍ وَمَا زَادَ اللهُ عَبْداً بِعَفْوٍ إِلاَّ عِزًّا وَمَا تَوَاضَعَ أَحَدٌ لِلهِ إِلاَّ رَفَعَهُ اللهُ

Ebû Hüreyre (ra)'den rivayet edildiğine göre Resûlullah (s.a.v) şöyle buyurdu: *"Sadaka vermekle mal eksilmez. Allah Teâlâ affeden kulunun değerini artırır. Allah rızâsı için alçak gönüllü olanı Allah yüceltir."*[440]

---

438 Neml; 27: 40
439 Müslim; Cennet 64. Ayrıca bk. Ebû Dâvûd; Edeb 40; İbni Mâce; Zühd 16, 23
440 Müslim; Birr 69. Ayrıca bk. Tirmizî; Birr 82

وعنه قال : إِنْ كَانَتِ الْأَمَةُ مِنْ إِمَاءِ الْمَدِينَةِ لَتَأْخُذُ بِيَدِ النبيِّ صلَّى اللهُ عَلَيْهِ وسَلَّم ، فَتَنْطَلِقُ بِهِ حَيْثُ شَاءَتْ

Yine Enes (ra) şöyle dedi: *"Medineli bir adamın hizmetçisi Peygamber (s.a.v)'in elinden tutar, onu istediği yere kadar götürürdü."*[441]

وعن أبِي رِفَاعَةَ تَمِيمَ بن أُسَيدٍ رضيَ اللهُ عنه قال : انْتَهَيْتُ إلى رسولِ اللهِ صلَّى اللهُ عَلَيْهِ وسَلَّم وهو يَخْطُبُ . فقلتُ : يا رسولَ اللهِ ، رجُلٌ غَرِيبٌ جَاءَ يَسْأَلُ عن دِينِهِ لا يدري ما دِينُهُ ؟ فَأَقْبَلَ عَلَيَّ رسولُ اللهِ صلَّى اللهُ عَلَيْهِ وسَلَّم وترَكَ خُطْبَتَهُ حتى انتَهَى إِلَيَّ، فأتى بِكُرْسِيٍّ، فَقَعَدَ عَلَيْهِ ، وجَعَلَ يُعَلِّمُنِي مِمَّا عَلَّمَهُ اللهُ ، ثم أَتَى خُطْبَتَهُ ، فَأَتَمَّ آخِرَهَا

Ebû Rifâ'a Temîm İbni Üseyd (ra) şöyle dedi: Resûlullah (s.a.v) hutbe okurken yanına vardım ve: "Yâ Resûlallah! Dinini bilmeyen bir garip geldi. Dinini sorup öğrenmek istiyor" dedim. Resûlullah (s.a.v) bana dönüp baktı. Hutbeyi kesip yanıma geldi. Hemen ona bir oturak getirdiler. Üzerine oturdu ve Allah Teâlâ'nın kendisine öğrettiği bazı şeyleri bana öğretmeye başladı. Sonra tekrar hutbesine dönerek konuşmasını tamamladı."[442]

وعن عبدِ اللهِ بن مسعودٍ رضيَ اللهُ عنه ، عن النبيِّ صلَّى اللهُ عَلَيْهِ وسَلَّم قال لا يَدْخُلُ الْجَنَّةَ مَنْ كَانَ في قَلْبِهِ مِثْقَالُ ذَرَّةٍ مِنْ كِبْرٍ فقال رَجُلٌ : إِنَّ الرَّجُلَ يُحِبُّ أَنْ يَكُونَ ثَوْبُهُ حسناً ، ونعلُهُ حسنا قال إِنَّ اللهَ جَمِيلٌ يُحِبُّ الْجَمَالَ الْكِبْرُ بَطَرُ الْحَقِّ وغَمْطُ النَّاسِ

Abdullah İbni Mes'ûd (ra)'den rivayet edildiğine göre Peygamber (s.a.v) şöyle buyurdu: -*"Kalbinde zerre kadar kibir olan kimse cennete giremez."*

Sahâbînin biri: "İnsan elbise ve ayakkabısının güzel olmasını arzu eder," deyince şunları söyledi: *"Allah güzeldir, güzeli sever. Kibir ise hakkı kabul etmemek ve insanları küçümsemektir."*[443]

---

441 Buhârî; Edeb 61. Ayrıca bk. İbni Mâce; Zühd 16
442 Müslim; Cum'a 60. Ayrıca bk. Nesâî; Zînet 122
443 Müslim; İmân 147. Ayrıca bk. Ebû Dâvûd; Libâs 26; Tirmizî; Birr 61

وعن سلمةَ بنِ الأكوع رضي اللهُ عنه أن رجلاً أَكَلَ عِنْدَ رسولِ اللهِ صَلَّى اللهُ
عَلَيْهِ وسَلَّمَ بِشِمالِهِ فقال كُلْ بِيَمِينِكَ قالَ لاَ أَسْتَطِيعُ قال لا اسْتَطَعْتَ مَا مَنَعَهُ
إلاَّ الكِبْرُ قال فما رَفَعَها إِلى فِيهِ

Seleme İbni Ekva' (ra) şöyle dedi:

Adamın biri Resûlullah (s.a.v)'in yanında sol eliyle yemek yiyordu. Resûl-i Ekrem ona: **"Sağ elinle ye!"** buyurdu. Adam: Yapamıyorum, diye cevap verdi. Resûlullah (s.a.v) adama: **"Yapamaz ol!"** buyurdu. Seleme'nin dediğine göre adam kibirinden dolayı böyle söylemişti. Resûlullah'ın bedduasını alınca, elini ağzına götüremez oldu.[444]

وعن حَارِثَةَ بنِ وهبٍ رضي اللهُ عنه قال سَمِعْتُ رسُولَ اللهِ صَلَّى اللهُ عَلَيْهِ
وسَلَّمَ يقولُ أَلاَ أُخْبِرُكُمْ بِأَهْلِ النَّارِ كُلُّ عُتُلٍّ جَوَّاظٍ مُسْتَكْبِرٍ

Hârise İbni Vehb (ra) Resûlullah (s.a.v)'i şöyle buyururken dinledim, dedi: *"Size cehennemliklerin kimler olduğunu söyleyeyim mi? Katı kalbli, kaba, cimri ve kurularak yürüyen kibirli kimselerdir."*[445]

Bu hadis-i şeriflere baktığımız zaman şu dersleri çıkarabilmemiz mümkündür:

1) Allah Teâlâ birbirimize karşı mütevazi olmamızı emretmektedir.

2) Kullarının küçümsenmesini, horlanmasını, onlara haksızlık edilmesini uygun görmemektedir.

3) Sadaka malı eksiltmez.

4) İnsanları bağışlayan kimsenin değerini Allah Teâlâ artırır.

5) Allah rızâsı için tevâzu gösteren kimse, Cenâb-ı Hakk'ın yardımıyla insanların yanında değerli ve itibarlı bir mü'min olur.

6) Toplumda önemli bir yere sahip olmasalar bile, insanlara Resûlullah Efendimiz gibi anlayışlı ve mütevâzi davranmalıdır.

7) Allah'ın kulu olmak bakımından herkes aynı seviyededir. İnsanlara insan oldukları için değer vermelidir.

8) Resûlullah Efendimiz herkese yardım etmeyi, kendisiyle bitecek işlerini halletmeyi pek severdi.

9) Peygamber Efendimiz mü'minleri çok sever, onlara karşı pek anlayışlı davranırdı. Mü'minlere duyduğu şefkat, merhamet ve tevâzu her davranışında sezilirdi.

444 Müslim; Eşribe 107
445 Buhârî; Eymân 9, Tefsîru sûre (68), 1, Edeb 61. Müslim; Cennet 47. Ayrıca bk. Tirmizî; Cehennem
    13. İbni Mâce; Zühd 4.

10) Dini öğrenmek isteyenlere hemen koşmalı, lüzumlu bilgiler zaman kaybetmeden kendilerine öğretilmelidir.

11) Peygamber Efendimiz'in hutbeyi bırakıp önce iman esaslarını öğretmesi, işlerin önem sırasına göre yapılması gerektiğini ortaya koyuyor.

12) Kibir, Allah'a saygısızlık çizgisine varıp dayanmışsa, kibirlenen kimse, cennete girme şansını yitirir.

13) Kendini büyük, başkalarını küçük görüp böbürlenen kimseler büyük günah işlemiş olurlar.

14) Gurura kapılmamak şartıyla insan güzel giyinebilir.

15) Sağ elle yemek, Peygamber Efendimiz'in sünnetidir. Peygamber sünnetine uygun yaşamak, bir müslümanın en başta gelen görevidir. Sağ elin rahatsızlığı veya kesilmiş olması sebebiyle sol elle yenilebilir.

16) Kibir, âyet ve hadislerle yasaklanan çirkin bir huydur.

17) Dinin buyruklarına bile bile karşı gelen birine beddua edilebilir.

18) Katı kalplilik, kabalık, cimrilik ve kibirlilik cehennemliklerin özellikleridir.

19) Genellikle bütün insanlara, özellikle de müslümanlara alçak gönüllü davranılmalıdır.

Bir de İslam büyüklerinin tevazu ile ilgili ölçü ve değerlendirmelerine kulak verelim:

İnsanın mânevî dünyasını perişan eden kibirlilik hastalığına yakalanmamak için tevâzuu Hasan-ı Basrî hazretleri gibi anlamak gerekir.

Tâbiîn neslinin bu büyük âlimine göre tevâzu, **"evinden çıkıp giderken yolda rastladığın her müslümanın senden üstün olduğunu kabul etmektir."**

Aynı anlayışa sahip büyük sûfi Fudayl İbni İyâz, Kâbe'yi tavaf ederken, kendisi gibi zâhid ve muhaddis olan Şuayb İbni Harb'e şöyle demişti:

"Şuayb! Eğer bu yılki hacca seninle benden daha kötü bir kimse katılmıştır diye düşünüyorsan, bil ki, bu çok fena bir zandır."

Hz. Ömer'in adaleti, hakka kayıtsız şartsız teslim olmaktan kaynaklanır. Onun bu yönünü dikkate değer bir misâlle belirtelim.

Hz. Ömer halife olduğu yıllarda bir gün ashâb-ı kirâmdan Cârûd İbni Muallâ ile yolda giderken karşılarına Havle Binti Sa'lebe çıktı. Artık yaşlanmış olan Havle, Hz. Peygamber zamanında genç bir hanımdı. Yaşlı kocasıyla arasında geçen bir olayı Resûlullah (s.a.v)'e şikâyet etmiş, meselesini halletmek üzere Mücâdele sûresinin ilk âyetleri nâzil olmuştu. İşte bu hanım sahâbî: Ömer! diye seslendi. Hz. Ömer durunca Havle ona şunları söyledi: *"Biz seni bir hayli zaman "Ömercik" diye bilirdik. Sonra büyüdün "delikanlı Ömer" oldun. Daha sonra da sana "Mü'min-lerin Emîri Ömer" dedik. Allah'tan kork ve insanların işleriyle ilgilen. Zira Allah'ın azabından korkan kimseye uzaklar yakın olur. Ölümden korkan, fırsatı kaçırmaktan da korkar."* Bu sözler üzerine Hz. Ömer duygulandı ve ağlamaya başladı. Onun bu haline üzülen Cârûd, Havle'ye dönerek: *"Yeter be kadın! Mü'minlerin Emîri'ni ra-hatsız ettin,"* dedi. Hz. Ömer arkadaşına şunları söyledi: *"Bırak onu istediğini söyle-sin! Sen bu kadının kim olduğunu biliyor musun? Bu, şikâyetini Allah Teâlâ'nın arş-ı a'lâdan duyup değer verdiği Havle'dir. Vallahi beni geceye kadar burada tutmak istese, namazımı kılıp gelir yine onu dinlerdim."*

Yukarıdan beri anlatmaya çalıştığımız tevâzu işte budur. Hak karşısında böyle-sine boyun bükenler, Cenâb-ı Hak katında aziz olurlar.

Bu hadis-i şerifler içinde bendenizi en çok duygulandıran hadis, bir hizmetçi kızcağızın Peygamberimizin elini tutarak istediği yere götürmesi hadisidir. Bu ha-diste onun kölelere karşı da alçak gönüllü olduğunu görmekteyiz. Bu çok önemli bir hadisedir. Çünkü Peygamber Efendimiz'in yaşadığı devirde kadınlara değer ve-rilmezdi. Hele câriye dediğimiz hizmetçiler, insan yerine konulmazdı. Basit bir hiz-metçinin bir peygamberin elinden tutmaya cesaret etmesi ve hele Allah'ın elçisini istediği yere çekip götürmesi olacak şey değildi.

Bir hizmetçinin Peygamber Efendimiz'in elinden tutması demek, Resûlullah'ın ona itiraz etmemesi anlamına gelir. Biat esnasında bile kadınların elini tutmayan Allah'ın Resûlü, aynı titizliği başka zamanlarda da göstermiştir. Şayet buradaki el tutma gerçek mânada elini eline almak ise, o günün şartlarına göre hiç olmayacak böyle bir işi yapmış olan bir kadıncağızın elinden Resûl-i Ekrem Efendimiz'in elini çekip kurtarması, **"hizmetçi parçası"** diye horlanan bir zavallıyı elbette incitecekti.

Hz. Hatice'nin kuaförü diyebileceğimiz Ümmü Züfer adında aklî dengesi pek yerinde olmayan bir kadın vardı. Bir gün Resûl-i Ekrem'e gelerek: Yâ Resûlallah! Seninle bitecek bir işim var, dedi. O da: *"Pekâlâ, nerede görüşmemizi istiyorsan gö-rüşüp derdini halledelim"* dedi. Kadınla yolun kenarına çekilip meselesini halledene kadar görüştüler.[446]

Günlük hayatımızda da gördüğümüz gibi, önemli kişiler, önemsiz gördükleri kişilere pek zaman ayırmazlar. Yapacak çok işleri olduğunu söyleyerek böyle kim-selerden yakalarını kurtarmaya çalışırlar. Resûlullah Efendimiz'in, vahyin ışığıyla aydınlanmış mübarek gönlünde kibirin zerresi bulunmadığını gösteren bu hadîs-i şerîfler, onun hayat felsefesine de ışık tutmaktadır. Buna göre, bir kimsenin işi ve mesleği ne kadar önemli olursa olsun, onun asıl vazifesi, insanlara faydalı olmaktır. En hayırlı İnsanın bize öğrettiği hayat görüşü işte budur.

---

446 Müslim; Fezâil 76. Ebû Dâvûd; Edeb 12.

Tevazu gösterip din kardeşlerimize kol kanat germe noktasında hem bu hadisler bizim için yol gösterici olmalı hem de şu ayet-i kerime rehberimiz olmalı. Cenab-ı Hak buyuruyor ki:

$$\text{وَاخْفِضْ جَنَاحَكَ لِمَنِ اتَّبَعَكَ مِنَ الْمُؤْمِنِينَ}$$

"Sana uyan müminlere alçak gönüllü davran!"[447]

Ayette Allah Teâlâ İslâmiyet'e gönül veren kullarını Resûlullah Efendimiz'e emanet ediyor. Onlara karşı mütevazi davranmasını, yardıma ve korunmaya muhtaç olanları himaye etmesini tavsiye buyuruyor.

Bu durum sadece Resûl-i Ekrem (s.a.v)'e değil, onun şahsında bütün mü'minlere yapılmış bir tavsiyedir. Zira Yüce Rabbimiz mü'minleri birbirine kardeş yapmış, sonra da onlara birbirinin derdiyle ilgilenmeyi, birbirinin yarasına merhem olmayı ve kardeşlerinin sıkıntılarını gidermeyi emretmiştir.

Şu halde, mü'minler, kardeş olduklarını hiçbir zaman unutmayacak, birbirlerine asla kaba davranmayacak, kendilerini diğer kardeşlerinden üstün görmeyecek, onları küçümsemeyecek, onlara kardeş gözüyle bakacak, onlardan bir kabalık görünce hemen yüz çevirmeyecek, insan tabiatı böyledir diyerek, kardeşlerine karşı anlayışlı olacaktır.

İyi bir mü'minin diğer mü'min kardeşlerine karşı alçak gönüllü ve merhametli, kâfirlere karşı ise onurlu ve zorlu olması gerektiğini yukarda geçen Mâide sûresinin 54. ayetinde görmüştük.

Allah Teâlâ hepimizi gurur ve kibirden muhafaza eylesin, mütevazi kulları arasına ilhak buyursun, din kardeşlerine sahip çıkan, onlara kol ve kanat geren mü'minlerden eylesin.

$$\text{إِنَّمَا الْمُؤْمِنُونَ إِخْوَةٌ فَأَصْلِحُوا بَيْنَ أَخَوَيْكُمْ وَاتَّقُوا اللهَ لَعَلَّكُمْ تُرْحَمُونَ}$$

"Müminler ancak kardeştirler. Öyleyse kardeşlerinizin arasını düzeltin ve Allah'tan korkun ki esirgenesiniz."[448] ayetini bize unutturmasın. Amin.

Alınacak Dersler:

1. Tevazu, Peygamberlerin sıfatı, gurur şeytanın sıfatıdır. Tevazuya sarılıp, gururdan uzak olalım.

2. Kibir ve gurur cehenneme, tevazu ise kişiyi cennete götürür.

---

447 Şuarâ; 26: 215
448 Hucurat; 49: 10

3. Müslümanlar, birbirlerine karşı mütevazi olmalı, birbirlerine rahmetle yaklaşmalıdırlar.

4. Karşılaşılan insan kim olursa olsun, küçük görmek caiz değildir. Çünkü herkes Allah'ın kuludur ve mahlukudur.

5. Müminleri çok sevmeli, onların sıkıntılarını kendi sıkıntısı bilip, elinden gelen her çareyi mümin kardeşinin önüne sermelidir.

22. SOHBET

MEKKE-İ MÜKERREME'NİN FETHİ

İslâm tarihinin en önemli olaylarından birisi de Mekke-i Mükerreme'nin fethedilmesidir.

Peygamberimiz (s.a.v)'in hicretinin sekizinci yılında ve Ramazan ayında bu önemli olay gerçekleşti.

Hudeybiye Antlaşması yapılmış, meydana sulh hakim olmuş, **"Feth-i Mübîn"** vakti yaklaşmıştı. Çünkü Cenab-ı Hak, Hudeybiye Antlaşmasının hemen arkasından اِنَّا فَتَحْنَا لَكَ فَتْحًا مُبِينًا *"Biz sana doğrusu apaçık bir fetih ihsan ettik."*[449]âyetini inzal buyurmuş ve Mekke'nin fethedileceğini haber vermişti.

Hudeybiye Antlaşması yapılırken, antlaşma sadece müslümanlarla Mekkeli müşrikler arasında olmamış; ekstra bazı maddeler de antlaşmaya dahil edilmişti. Buna göre Huzaa kabilesinin Müslümanların müttefiki; Beni Bekir kabilesinin de müşriklerin taraftarı olması kabul edilmişti.

Bir müddet sonra Benî Bekir kabilesinden bir grup Mekke'de Kureyşli müşriklerin ileri gelenleriyle gizlice görüşmüşler ve kendilerine Müslümanların müttefiki olan Huzâa kabilesine karşı silâh ve asker yardımında bulunmalarını istemişlerdi. Mekkeli müşrikler buna olumlu karşılık vermişler ve Müslümanlarla yapmış oldukları antlaşmaya muhalefet etmişlerdi. Hatta ileri gelen müşriklerden bir grup kendilerini gizleyerek onlara yardım etmişlerdi. Gafil avlanan Huzâalılar, yirmi ölü verdiler. Bu olaydan sonra Huzâalılar durumu Efendimiz (s.a.v)'a haber verdiler. Huzaa kabilesinden gelen bu heyetin başkanı olayı anlatınca Efendimiz (s.a.v) hem üzüldüler hem de hiddetlendiler. Bir taraftan acele ile cübbesini giyerken bir taraftan da şöyle hitap buyurdular: *"Benî Kâab'a (Huzaalılara) yardım etmezsem, yardımsız kalayım. Hem de kendime ve yakınlarıma yardım eder gibi."* Devamla *"Şu bulutun yağdırdığı gibi yardım edeceğim!"*[450] Arkasından da hareket yönünü gizleyerek, hazırlık yapılmasını emir buyurdular. Kureyş'in haberdar olmaması için de Allah'a

---

449 Fetih; 48: 1

450 El-Muntazam fi-Tarih, 1/384. İbn Sa'd; Tabakatu'l Kübra, 2/134. İbn Kesîr; El-Bidaye ve'n Nihaye, 4/310

şöyle dua buyurdu: *"Yâ Rab, beni, Kureyş'in gözünden sakla, gözlerini kör et. Ancak bizi, iş olup bittikten sonra görsünler!"*[451]

Mekkeli müşrikler ise, yaptıkları yanlışın sonunun vehametini anladılar. Onun için de bir bakıma devlet başkanı olan Ebu Süfyan'ı anlaşmayı yenilemesi düşüncesi ile Medine'ye gönderdiler. Medine'ye gelen Ebu Süfyan, Peygamber Efendimiz (s.a.v)'dan yüz bulamadı. Hz. Ebû Bekir (ra), Hz. Ömer (ra) ve Hz. Ali (ra)'a aracı olmaları için başvurdu. Bilhassa Hz. Ömer (ra), son derece hiddet içinde "Ben mi Resûlullah (s.a.v)'e gidip sizin için şefaatçilik yapacağım? Vallahi hiçbir şey değil, bir karınca yavrusu bulunsa onunla size karşı savaşırım" diye cevab verdi. Ebû Süfyân pişmanlık içinde yenilmiş olarak Mekke'ye döndü.

Peygamber Efendimiz (s.a.v), ordugâhını kurdu. Her ne kadar niyet gizli tutulsa da Bedir gazilerinden Hâtıb b. Beltaa (ra), Mekke'deki akrabalarına hareketi anlatan bir mektup yazdı ve bir kadınla Mekke'ye gönderdi.

Cibril-i Emin vasıtasıyla mektuptan haberdar olan Peygamberimiz (s.a.v), mektubu kadın casustan almak üzere Hz. Ali, Hz. Zübeyr ve Mikdat (ra)'ları gönderdi.

Hz. Ali (ra) diyor ki; sür'atle gittik Hah bahçesi denilen yere vardık. Kadını bulduk, mektubu istedik. Kadın inkâr etti. Mektubu çıkar, aksi takdirde elbiseni soyar ve ararız dedik. Bunun üzerine saç örgülerinin arasından mektubu çıkardı. Mektubu yazanın Habib b. Beltaa olduğu ortaya çıkınca; Allah'ın Rasûlü (s.a.v), onu sorguladı ve *"Bu ne oluyor Hâtıb?"* diye sordu. Hatip (r.a.), *"Yâ Resûlâllah (s.a.v)! Beni cezalandırmada acele etme, anlatayım"* dedi ve devam etti: *"Ben Kureyş asıllı değil, onlara sonradan katılmış, yâni kölelikten gelme biriyim. Halbuki, sizin çevrenizdeki öbür muhacirlerin herbirinin Kureyş arasında akrabaları var. Orada ailesi v.s. bulunanları o akrabaları hep himaye eder, mallarını korur. Benim ise orada bir yakınım yok ki, orada bulunan ev halkımı korusun. Bunu yapmakla, onlar nezdinde, yakınlarımı korumaları için bir ihtar yapmış olacağımı umdum. Yoksa ben bunu yapmakla hâşâ dinimden dönmüş değilim. İslâm'dan sonra da asla küfre rıza göstermem."*

Bunun üzerine Peygamber Efendimiz (s.a.v), yanındakilere, *"o doğru söyledi"* buyurdu. Ancak Hz. Ömer (r.a.), öfke ile "Yâ Resûlâllah, bırak da şu münafıkın boynunu vurayım", diye çıkışınca, Efendimiz şöyle buyurdu: *"O Bedir'de bulunmuş bir kişidir. Ne bilirsin, belki de Allah, Bedir mücâhidlerini tamamen serbest bırakmış; sizi tamamen affettim, istediğinizi yapın demiştir?"* buyurdu. Bu olay üzerine şu âyet-i kerimeler indirildi:

---

451 İbn İshak; İbn Sa'd (Mekke'nin Fethi Konusunda)

يَا أَيُّهَا الَّذِينَ آمَنُوا لَا تَتَّخِذُوا عَدُوِّي وَعَدُوَّكُمْ أَوْلِيَاءَ تُلْقُونَ إِلَيْهِم
بِالْمَوَدَّةِ وَقَدْ كَفَرُوا بِمَا جَاءَكُم مِنَ الْحَقِّ يُخْرِجُونَ الرَّسُولَ وَإِيَّاكُمْ أَنْ
تُؤْمِنُوا بِاللَّهِ رَبِّكُمْ إِن كُنتُمْ خَرَجْتُمْ جِهَادًا فِي سَبِيلِي وَابْتِغَاءَ مَرْضَاتِي
تُسِرُّونَ إِلَيْهِم بِالْمَوَدَّةِ وَأَنَا أَعْلَمُ بِمَا أَخْفَيْتُمْ وَمَا أَعْلَنتُمْ وَمَن يَفْعَلْهُ
مِنكُمْ فَقَدْ ضَلَّ سَوَاءَ السَّبِيلِ

*"Ey iman edenler! Eğer benim yolumda savaşmak ve rızamı kazanmak için çık-
mışsanız, benim de düşmanım, sizin de düşmanınız olanlara sevgi göstererek, gizli mu-
habbet besleyerek onları dost edinmeyin. Oysa onlar, size gelen gerçeği inkar etmişlerdir.
Rabbiniz Allah'a inandığınızdan dolayı Peygamber'i de sizi de yurdunuzdan çıkarıyor-
lar. Ben, sizin saklı tuttuğunuzu da, açığa vurduğunuzu da en iyi bilenim. Sizden kim
bunu yaparsa (onları dost edinirse) doğru yoldan sapmış olur."*[452]

Resûlullah (s.a.v), Ramazan ayının onuncu günü ikindi namazından sonra Mek-
ke'ye doğru hareket etti. Çevre kabilelere gözcüler ve elçiler gönderdi. Çevredeki
müttefik kabileler de orduya katıldılar. Müslümanların sayısı onbin kadardı. Mek-
keli müşriklerin hiçbir şeyden haberi yoktu. Ancak, Ebû Süfyân, bir şeyler olabile-
ceği kuşkusuyla kendisiyle birlikte bir heyetle etrafı kolaçan etmek üzere çıktılar. Bu
heyet, Merrizzahran denilen yere varınca, muazzam bir ateş gördüler. O ara Resû-
lullah'ın ileri gözcüleri onları yakaladılar ve Allah Resûlü'nün huzuruna çıkardılar.
Ebû Süfyân orada müslüman oldu.[453]

Hz. Abbas (ra), Ebû Süfyân'ın İslâm'a girişini şöyle anlatıyor: "Sabah olunca, onu
alıp Resûlullah'a götürdüm. Resûlullah (s.a.v) onu görünce, *"Yazık sana, Allah'tan
başka ilâhın olmadığını anlaman için zaman gelmedi mi?"* buyurdu. O da, *"Vallahi
galiba öyle. Çünkü Ondan başka ilâh bulunsa beni birtakım zararlardan korur, fayda
verirdi"* dedi. Resûlullah (s.a.v) yine, *"Yazık sana Ebû Süfyân, hâlâ benim Allah el-
çisi olduğumu kavrayamadın mı?"* buyurdu. O bu defa şöyle cevab verdi: *"Anam,
babam sana feda olsun, senden daha merhametli, güzel huylu ve akrabasını gözeten
birini tanımadım. Ama ne var ki, benim içimde hâlâ ufak da olsa bir tereddüt var."*
Hz. Abbas (ra) devamla şunları anlatır. Bunun üzerine ona çıkıştım ve *"Yazık be,
başın vurulmadan önce müslüman ol, şehâdet getir"* dedim. O da müslüman oldu.[454]

Hz. Abbas (ra), Peygamberimiz (s.a.v)'e "Yâ Resûlâllah, Ebû Süfyân taltifi se-
ver, ona iltifat buyur" dedi. Bunun üzerine Efendimiz (s.a.v), *"Mekkelilerden kim*

---

452 Mümtehine; 60: 1; Buharî, 5/184-185
453 Buharî; 5/184-185
454 İbn İshak; Mekke'nin Fethi

Ebû Süfyân'ın evine sığınırsa, kim evine kapanırsa, kim Ka'be'ye sığınırsa emniyettedir" diye ilan yaptırdı.

Peygamber ordusu, Mekke'ye doğru harekete geçince Peygamberimiz (s.a.v), amcası Hz. Abbas (r.a.)'a, *"Ebû Süfyân'ı götür ana geçidin ağzında durdur. Allah'ın ordusu önünden geçerken seyretsin"* buyurdu. Peygamber amcası anlatıyor: "Onu aldım, vadinin dar boğazında durdurdum. Kabileler bölük bölük bayraklarıyla geçmeye başladılar. Geçen her kabileyi kabile isimleriyle tanıtıyordum. Böyle geçiş devam etti. Sonunda Rasûlullah (s.a.v), Ensâr ve Muhacirlerin başında olduğu halde geçti. Alay çelik zırhlar içinde idi. Ebû Süfyan, hayret içinde *"Sübhânallah! Ey Abbas, kim bunlar?"* diyordu. Ben o Resûlullahtır, dedim. Ebu Süfyan, *"Ey Ebâ Fadl (Hz. Abbas'ın lâkabı), yeğenin çok büyük melik (sultan) olmuş"* deyince onu uyardım ve *"Ey Ebâ Süfyân, bu meliklik değil, nübüvvettir, peygamberliktir"* dedim. O, *"Evet, tabii öyle"* diye cevap verdi."[455]

Hz. Abbas (ra) devamla diyor ki: "Ebu Süfyan'a *"Git ve kavmini kurtar"* dedim. Bunun üzerine Ebu Süfyan koşarak Mekke'ye ulaşıyor ve halkı şöylece uyarıyordu: *"Hey Kureyşliler, işte gelen Muhammed'dir. Öyle bir güçle geliyor ki karşı koymaya imkânımız yok. Kim Ebu Süfyan'ın evine sığınırsa emin olacaltır."* Karısı Hind, onu hiddetle karşıladı; onu sakalından tutttu ve *"şu kocamış alçak bunak herifi öldürün"* diye bağırdı. Ebû Süfyan ise, halkı uyarmaya devam etti.[456] Bunun üzerine halkın bir kısmı, kendi evlerine, Ebu Süfyan'ın evine ve Ka'be'ye sığındı.

Ordu boğazı geçerken Sa'd İbn Ubâde (ra) bir ara Ebû Sûfyân'a *"Bugün destan günü. Bugün Kabe'nin helâl olduğu gün"* gibi bir şeyler söyledi. Haberdar olan Efendimiz (s.a.v) hemen Sa'd'ı uyardı ve *"Bugün aksine rahmet günü, bugün Kabe'nin şerefini Allah'ın yücelttiği gündür!"* buyurdu. Arkasından da birlik komutanlarına karşı duranların haricinde, kimse ile savaşılmaması konusunda kesin emir verdi."[457]

Fakat altı erkekle dört kadının kanlarını heder olduğunu emretti. Bunların arasında İkrime b. Ebî Cehl ile Ebu Süfyan'ın eşi Hint de vardı.

Fetih sırasında uzun boylu bir savaş olmadı. Sadece Hâlid b. Velid (ra)'a rastlayan İkrime b. Ebî Cehl ve Safvan İbn Ümeyye grubu çatışmaya tutuştu. Kureyş'ten yirmi dört kişi, Huzeyl kabilesinden de dört kişi öldü. Kılıçların parıltısını uzaktan gören Peygamber Efendimiz (s.a.v) *"Allah'ın takdirinde bir hayır vardır elbette."*[458]

Resûlullah (s.a.v) Zituva denilen yere gelince, bineği üzerinde, başında da Yemen işi bir sarığı vardı. Başını Allah'ın huzurunda öne eğmiş, Fethi nasib ettiği için

---

455 İbn Sa'd; Tabakat
456 İbn İshak
457 Buhari; İbn İshak
458 İbn Hişam; Fethu'l Bâri, 8/8-9

minnet ve şükranını arzediyordu. Öyle ki, tevazuundan neredeyse sakalı hayvanın ye-
lesine değiyordu. Bir taraftan da Fetih suresini okuyordu. Mekke'ye girince doğruca
Kabe'ye yöneldi. Ka'be ve çevresinde 360 kadar put vardı. Elindeki asâsıyla putlara
dokunuyor onlar da yüzüstü, sırtüstü düşüyorlardı. Her düşen putun arkasından

$$ وَقُلْ جَاءَ الْحَقُّ وَزَهَقَ الْبَاطِلُ إِنَّ الْبَاطِلَ كَانَ زَهُوقًا $$

"Yine de ki: Hak geldi; batıl yıkılıp gitti. Zaten batıl yıkılmaya mahkumdur."[459] âye-
tini okuyordu.[460] Ka'be'nin içini ve dışını putlardan temizledikten sonra, Ka'be'nin
içine girdi. Ancak namaz kılmadı. Tekbirler ve tehiller getirdi. Ka'be anahtarlarını
tekrar Ka'be'nin hâcibi (görevlisi) olan Osman bin Talha'ya teslim etti ve şöyle bu-
yurdu: *"Alın ebediyyen sâhib olun. Ama bunu ben vermiyorum size; fakat Allah-u
Teâlâ veriyor. Onu bundan sonra zâlimlerin dışında kimse alamaz."* Bu sözüyle de
Cenâb-ı Hakk'ın:

$$ إِنَّ اللهَ يَأْمُرُكُمْ أَنْ تُؤَدُّوا الْأَمَانَاتِ إِلَى أَهْلِهَا وَإِذَا حَكَمْتُمْ بَيْنَ النَّاسِ أَنْ
تَحْكُمُوا إِنَّ اللهَ نِعِمَّا يَعِظُكُمْ بِهِ إِنَّ اللهَ كَانَ سَمِيعًا بَصِيرًا $$

*"Allah size, mutlaka emanetleri ehli olanlara vermenizi ve insanlar arasında hük-
mettiğiniz zaman adaletle hükmetmenizi emreder. Allah size ne kadar güzel öğütler ve-
riyor! Şüphesiz Allah her şeyi işitici, her şeyi görücüdür."*[461] âyetine işaret buyuruyordu.

Fethin sembolü olmak üzere Peygamberimiz (s.a.v), Hz. Bilâl (ra)'i yanına ça-
ğırdı ve Ka'be'nin üstüne çıktı ve ezan okudu. Mekkeliler ve civar kabilelerden bölük
bölük insanlar geliyor ve Allah'ın dinine giriyordu. İnsanlar bir beklenti içindeydiler.
Yıllarca Peygamber ve arkadaşlarına yapılmış olan kötülüklere karşı kendilerine ne
yapılacağını merak ediyorlardı. Beklenen açıklama Allah'ın Resûlü (s.a.v)'den geldi.
Ka'be kapısının iki sövesine tutunarak ayakta duran Peygamber Efendimiz (s.a.v),
toplanan halka şöyle hitap etti:

*"Allah'tan başka ilâh yok. O birdir ve ortağı yoktur. Vadini yerine getirip, kulunu
zafere erdirdi. Tek başına bütün kabileleri yendirdi. Dikkat edin, câhiliyyeden kalma
övünülen, her kan dâvası ve mal dâvası şu iki ayağımın altındadır. Sadece beyt'in per-
dedârlığı ve hacılara su verme hariç.*

*Ey Kureyşliler! Allah sizden câhiliyye gururunu ve atalara ta'zim alışkanlığını gi-
derdi. Bütün insanlar Âdem'dendir, Âdem ise topraktandır."* Ardından şu âyet-i keri-
meyi okudu: *"Ey insanlar! Biz sizi bir erkek ve bir dişiden yaratıp, millet ve kabilelere*

---

459 İsra, 17: 81
460 Buhari, Müslim, Feth-i Mekke
461 Nisa, 4: 54

ayırdık ki, her birinize âit değişik kabiliyetler açığa çıksın, birbirinizi kıymetiyle tanıyasınız. Allah nezdinde en değerliniz ise şüphesiz dininde en samimî olanınızdır."[462] Efendimiz (s.a.v) sözlerini şöylece sürdürdü: *"Kureyşliler! Size ne yapmamı tahmin ediyorsunuz?"* Onlar da: *"Hayır bekleriz. Sen kerim bir kardeş, kerim bir kardeş oğlusun"* dediler. O da, *"O halde gidin, hepinizi bağışladım."*[463] buyurdu.

Önce erkekler, sonra da kadınlar Resûlullah (s.a.v)'a, itaat etmek üzere söz verip bey'at ettiler.

Kadınların biatı alınırken enteresan bir olay yaşandı.

Kanı heder edilen; yani nerede görülürse öldürüleceği ilan edilenlerden birisi de Utbe'nin Kızı ve Ebu Süfyan'ın eşi Hint idi. Bey'ata gelen kadınlar arasına girmiş, yüzünü de kapatmış kendisini kamufle etmişti. Diğer taraftan da Hz. Hamza (ra)'a yaptıklarından utanıyordu. Bey'at sırası ona yaklaşınca Resûlullah (s.a.v): *"Allah'a hiçbir şeyi ortak koşmamak üzere bana bey'at edeceksiniz"* dedi. Hint: *"Sen bize, erkeklere yüklemediğini yükledin. Ama biz onu yapacağız"* dedi. Resûlullah (s.a.v): *"Hırsızlık da yapmayacaksınız"* buyurdu. Hint: *"Yâ Resûlâllah, Ebû Süfyân pinti ve cimri bir adamdır. Ben onun malından haberi olmadan birşeyler alırdım"* dedi. *"Bilmem ki, bu bana helâl mı olur, haram mı?"* Bu konuşmaları orada dinleyenlerden birisi de Ebu Süfyân'dı. *"Senin geçmişte çaldıkların tarihe karıştı"* dedi.

Bunun üzerine Resûlullah (s.a.v): *"Sen demek Utbe'nin kızı Hind misin?"* deyince, *"Evet ben Hind binti Utbe'yim"* diye cevab verdi. Devamında ise, *"Geçmiş hâllerimi bağışla ki, Allah da seni bağışlasın"* dedi. Yine Resûlullah (s.a.v): *"Zina da etmeyeceksiniz"*, buyurdu. Hind: *"Hür kadın zina eder mi?"* diye cevab verdi. Resûlullah (s.a.v): **"Evlâdlarmızı da öldürmeyeceksiniz",** dedi. Hind: *"Biz onları küçükken büyüttük, eğittik; biliyorsun, onları büyümüşken sen Bedir'de öldürdün."* dedi. Bu sözü orada duyan Hz. Ömer (ra), bu söze öyle güldü; öyle güldü ki, az kalsın sırtüstü düşecekti. Devamla Resûlullah (s.a.v): *"İftira da etmiyeceksiniz; yâni asılsız şeyi uydurmayacaksınız"* buyurdu. Hind ise; *"İftira gerçekten çirkin birşey, tecâvüzlerden daha beterdir"* diye mukabelede bulundu.

Kanı heder edilenlerden bir kısmı da gelerek müslüman oldular ve aff-ı şahaneye mazhar oldular. Bunlar arasından çok güzel müslümanlar ve İslam komutanları çıktı. Abdullah ibn Sa'd İbn Ebî Şerh; İkrime b. Ebi Cehl ve Hibbân bunların bir kısmıdır.

Buhâri'nin İbn Abbas'tan nakline göre Resûlullah (s.a.v), Mekke'de ondokuz gün kaldı. Namazlarını kısaltarak kılıyordu.

---

462 Hucurat; 49: 13
463 Beyhaki; Sünenü'l Kübra, H. No: 16809

MEKKE-İ MÜKERREME'NİN FETHİNDEN ALACAĞIMIZ İBRETLER VE ÖĞÜTLER

Mekke'nin Fethi, bütün zahmetlerin, bütün mücadelelerin, bütün mahrumiyetlerin sona erdiği, en büyük mucizelerden birinin gerçekleştiği, neticesi itibariyle kıyamete kadar gelecek galip devletlere fetih sonrasında verilecek en büyük derslerin elde edildiği muazzam bir olaydır. "Feth-i Mübin" olmayı hak eden en büyük zaferin adı, Mekke'nin Fethi'dir.

Tam bir galibiyetin ve tam bir teslim oluşun yaşandığı bir günde, bir kısım kanı heder edilmişlerin bile affa mazhar oldukları insanlık tarihinin ender zaferlerinden birisidir Mekke'nin Fethi.

Gerçek manada İslâm yaşanmadıkça bu anlamda zafer olmaz; Allah'a kulluk olmadan İslam olmaz; fedakarlık olmadan da kulluktan söz edilemezdi. Başta Alemlere Rahmet Hz. Muhammed (s.a.v), sonra da bütün sahabe-i kiram kulluk potasında kaynadılar ve Mekke'nin fethine nail oldular. اِنَّا فَتَحْنَا لَكَ فَتْحاً مُبِيناً "*Şüphesiz biz sana apaçık bir fetih verdik.*"[464]

Hicret öncesi günleri hatırlarsak, Allah'ın Rasûlü (s.a.v), öz vatanından gizlice çıkmak durumunda kalıyor; bir avuç ezilmiş, horlanmış sahabesi de aynı kaderi paylaşmış; onlar da yurtlarını, mallarını, ailelerini geride bırakmak zorunda kalmışlardı.

Dün, az iken çoğalanlar, zayıf iken kuvvetlenenler, mağlup iken galip olanlar, yeniden yurtlarına dönüyorlardı. Dün kovanlar, bu gün onları yenilmiş ve boyun eğmiş olarak karşılıyorlardı.

Mekke halkı bölük bölük müslüman oluyor; bir zamanlar Mekke'nin kızgın kumlarında işkence altında inim inim inleyen Habeşli siyah Bilal de dönüp gelmiş, mübarek Ka'be'nin damında yüce sesiyle Ezan-ı Muhammedi'yi haykırıyor: *"Allahü Ekber - Allahü Ekber."* Herkes boynu bükük onu saygıyla dinliyordu. Bu hadise, dünyada ikinci bir örneği olmayan tek gerçektir. İşte bu İslam'dır.

Mekke'nin fethi hadisesi tam bir destandır. Onu tam manasıyla kavramak için cildler dolusu kitaplar yazılsa az gelir.

Yapılan anlaşmalara en çok değer veren müslümanlar, müttefiki olan herkesi nefsinden yeğ görür; yapılan bir muameleyi kendi nefsine yapılmış kabul eder, onların yanında olur. Huzaalılara verilen destek bunun en bariz örneğidir. Çünkü onlar,

---

464 Fetih; 48: 1

وَالَّذِينَ هُمْ لِاَمَانَاتِهِمْ وَعَهْدِهِمْ رَاعُونَ

"*Yine onlar ki, emanetlerine ve verdikleri sözlere riâyet ederler.*"[465] ayetine tam manasıyla inanıyorlardı.

Hatip b. Beltea (r.a.)'in konumundan da alınacak dersler vardır. Bir müslüman haklı sebeplerle de olsa, İslam'a ve müslümanlara karşı düşmanlığı hat safhada olanlara karşı muhabbet beslememelidir. Müslümanlar da birbirlerini affedebilmelidirler.

Muzaffer bir komutanın ve muzaffer bir ordunun fethettiği topraklara giriş tarzının en güzel örneğini, en insani misalini yine Efendimiz (s.a.v)'de ve ashabında görüyoruz.

Dilinde Kur'an, tevazuunda zirve ki, devesi üstünde adeta kaybolmuş, bir Peygamber; tek bir insanın dahi, canına, malına, ırzına ve namusuna zarar vermeyen, halel getirmeyen bir ordu. Bunun dünya tarihinde muzaffer İslam ordularının dışında kaç tane örneği bulunabilir?

Alınacak Dersler:

1. Tamamen teslim olmuş bir topluluğa adalet gereği, ceza verilebilirdi;
2. Sürgün edilebilirdi,
3. Malları müsadere edilerek, esirleştirilebilirdi.
4. Tarih boyunca galip güçlerin yaptığı gibi, yağmalar, vurgunlar, kıyımlar, insan hakkı ihlalleri, zulümler, işkenceler yapılabilirdi.
5. Bunların hiç birisi gerçekleşmedi.
6. Aftan yararlanmak istemeyip, sulha sırt çevirenlerin dışında herkes affedildi.

---

465 Mü'minun; 23: 8

23. SOHBET

---◆◆◆---

PEYGAMBER EFENDİMİZ (AS)'IN
DOĞUMU VE ALEMLERE RAHMET OLUŞU

Bu sohbetimizde Efendimiz (s.a.v)'ın dünyayı şereflendirmesi, Arabistan ve dünyanın durumu, Efendimiz (s.a.v)'ın topyekün insanlığa rahmet oluşu konularını ele alacağız.

A) PEYGAMBER EFENDİMİZ (s.a.v)'İN DÜNYAYA TEŞRİF ETMESİ

Yerleşim bölgelerinin anası olan Mekke-i Mükerreme'yi ve yeryüzünde kurulan ilk mescid Ka'be'yi inşa eden Hz. İbrahim (a.s.) ve oğlu İsmail (a.s.) Cenab-ı Hakk'a yönelerek şu duayı yapmışlardı:

رَبَّنَا وَابْعَثْ فِيهِمْ رَسُولًا مِنْهُمْ يَتْلُو عَلَيْهِمْ آيَاتِكَ وَيُعَلِّمُهُمُ الْكِتَابَ وَالْحِكْمَةَ وَيُزَكِّيهِمْ إِنَّكَ أَنْتَ الْعَزِيزُ الْحَكِيمُ

"Ey Rabbimiz! Onlara, içlerinden senin ayetlerini kendilerine okuyacak, onlara kitap ve hikmeti öğretecek, onları temizleyecek bir peygamber gönder. Çünkü üstün gelen, her şeyi yerli yerince yapan yalnız sensin."[466] İşte bu duanın gerçekleşme zamanı gelmişti. Yıl Fil vak'asının cereyan ettiği yıl idi. Rebiulevvel ayının 12. günü; miladi takvimle 20 Nisan 571 idi. Asırlar öncesinde hazırlanmış olan ilahi plan artık gerçekleşmeli ve dünyayı, insanlığa rahmet, bütün peygamberlerin en büyüğü, insanlığın en büyük lideri ve önderi teşrif etmeliydi. O öyle bir lider, öyle bir şahsiyetti ki, O'nunla tarihin akışı değişecekti.

Peygamberler zincirinin sondan bir önceki halkası Hz. İsa (a.s.) gelmiş ve gitmiş; insanlık yeniden bir karanlık dehlize girmişti. Bu devreye biz *"Cahiliyye Dönemi=Bilgisizlik, gerçeği ve hakkı tanımama"* dönemi diyoruz.

Geniş anlamı ile cahiliyye, insanın Allah (c.c.)'u gereği gibi tanımaması, O'na kulluk etmekten uzaklaşması, kişinin kendi hevâ ve hevesine uymasıdır. Kur'an-ı Kerîm buna şu şekilde işaret buyurmuştur:

---

466 Bakara; 2: 129

189

أَفَحُكْمَ الْجَاهِلِيَّةِ يَبْغُونَ وَمَنْ أَحْسَنُ مِنَ اللَّهِ حُكْمًا لِقَوْمٍ يُوقِنُونَ

"Yoksa onlar (İslam öncesi) cahiliye idaresini mi arıyorlar? İyi anlayan bir topluma göre, hükümranlığı Allah'tan daha güzel kim vardır?"[467]

Burada o dönem insanlığının içinde bulunduğu bazı hususlar hakkında kısa kısa bilgiler sunmak istiyoruz.

1. İnsanlar, topyekün inançsızlık içinde değil idiler, ama gerçek ilah olan Allah inancı yerine aracılar koyuyorlar; putlara tapıyorlardı. Cenab-ı Hak bu dönemi şöyle anlatıyor:

أَلَا لِلَّهِ الدِّينُ الْخَالِصُ وَالَّذِينَ اتَّخَذُوا مِنْ دُونِهِ أَوْلِيَاءَ مَا نَعْبُدُهُمْ إِلَّا لِيُقَرِّبُونَا إِلَى اللَّهِ زُلْفَى إِنَّ اللَّهَ يَحْكُمُ بَيْنَهُمْ فِي مَا هُمْ فِيهِ يَخْتَلِفُونَ إِنَّ اللَّهَ لَا يَهْدِي مَنْ هُوَ كَاذِبٌ كَفَّارٌ

"Dikkat et, halis din yalnız Allah'ındır. O'nu bırakıp kendilerine bir takım dostlar edinenler: Onlara, bizi sadece Allah'a yaklaştırsınlar diye kulluk ediyoruz, derler. Doğrusu Allah, ayrılığa düştükleri şeylerde aralarında hüküm verecektir. Şüphesiz Allah, yalancı ve inkarcı kimseyi doğru yola iletmez."[468]

2. İnançta problem olunca diğer isyan ve haram olan şeylerin de işlenmesinin bir sakıncasını insanlar görmüyorlardı.

Dolayısı ile, şarap içme adeti çok yaygındı. Hatta Enes b. Mâlik (r.a.), içkinin haram kılındığı günü anlatırken şöyle diyor: *"İçki Mâide suresi'nin doksan ve doksanbirinci ayetleriyle kesin olarak haram kılındığı gün, Hz. Peygamber (s.a.v) tellal göndermek suretiyle sokaklarda içkinin haram kılındığını ilan ettirdi. O gün Medine sokaklarında sel gibi içki akmıştı."*[469]

Kumarın her çeşidi oynanırdı. Bununla övünürlerdi. Kumar meclislerine katılmamak ayıp sayılırdı.

İnsanlık içki ve kumarı yasaklayan Maide suresinin 90. ayetini bekliyordu:

يَا أَيُّهَا الَّذِينَ آمَنُوا إِنَّمَا الْخَمْرُ وَالْمَيْسِرُ وَالْأَنْصَابُ وَالْأَزْلَامُ رِجْسٌ مِنْ عَمَلِ الشَّيْطَانِ فَاجْتَنِبُوهُ لَعَلَّكُمْ تُفْلِحُونَ

467 Maide; 5: 50
468 Zümer; 39: 3
469 Müslim; Eşribe 3. İbn Kesir; Tefsir, C. 3, Shf. 182. Maide suresi; 90 ve 91. ayetlerin tefsiri

"Ey iman edenler! Şarap, kumar, dikili taşlar (putlar), fal ve şans okları birer şeytan işi pisliktir; bunlardan uzak durun ki kurtuluşa eresiniz."[470]

Tefecilik almış yürümüştü. Para ve benzeri şeyleri birbirlerine borç verirler; sonra da kat kat faiziyle alırlardı. Borç veren, alacağının vadesi dolunca borçluya gelir; "Borcunu ödeyecek misin, yoksa onu artırayım mı? derdi. Ödeme imkânı varsa öder, yoksa ikinci sene iki katına, üçüncü sene dört katına çıkarır ve artırırdı. Bu durum kat kat artar, bir müddet sonra malını, mülkünü ve bazan hürriyetini bile kaybederdi. Bunların hepsini yasaklayan Allah (c.c.),

يَا أَيُّهَا الَّذِينَ آمَنُوا لَا تَأْكُلُوا الرِّبَا أَضْعَافًا مُضَاعَفَةً وَاتَّقُوا اللهَ لَعَلَّكُمْ تُفْلِحُونَ

"Ey iman edenler! Kat kat arttırılmış olarak faiz yemeyin. Allah'tan sakının ki kurtuluşa eresiniz."[471] buyurmuş devamında da:

وَأَحَلَّ اللهُ الْبَيْعَ وَحَرَّمَ الرِّبَا

"Allah, alım-satımı helal, faizi haram kılmıştır."[472] buyurarak faizi kökten yasaklamıştı.

Cahiliyye insanının arasında fuhuş da yaygındı. Hizmetçilerini ve cariyelerini zorla fuhuşa sürükleyenler de vardı. Kur'an-ı Kerîm bu durumu şöyle haber veriyordu:

وَلَا تُكْرِهُوا فَتَيَاتِكُمْ عَلَى الْبِغَاءِ إِنْ أَرَدْنَ تَحَصُّنًا لِتَبْتَغُوا عَرَضَ الْحَيَاةِ الدُّنْيَا وَمَن يُكْرِههُّنَّ فَإِنَّ اللهَ مِن بَعْدِ إِكْرَاهِهِنَّ غَفُورٌ رَحِيمٌ

"Dünya hayatının geçici menfaatlerini elde edeceksiniz diye, namuslu kalmak isteyen cariyelerinizi fuhşa zorlamayın. Kim onları zor altında bırakırsa, bilinmelidir ki zorlanmalarından sonra Allah (onlar için) çok bağışlayıcı ve merhametlidir."[473]

Erkeğin birkaç metresi olurdu. Kadın da başkalarıyla görüşebilirdi. Bu toplumda nefrete sebep olmazdı. Bazıları eşinin bir başkasından hamile kalmasından gocunmaz, hatta bunu isteyen kocalar da olurdu. Bazen birden çok erkekle yatan kadın hamile kalınca yattığı erkeklerden birisini işaret eder, o erkek de o çocuğun babası olurdu. Bazı fuhuş yapan kadınlar, kapılarına bayrak asarlar; kapısında veya damında bin tane bayrak asılı kadınlar vardı.

Kadına değer verilmez, hak ve hukuku tanınmaz, herhangi bir eşya gibi kabul edilir; miras olarak alınabilirdi. Dilerse mehir vermeden evlenirdi. Yakınlarından

---

470 Maide; 5: 90
471 Al-i İmran; 3: 130
472 Bakara; 2: 275
473 Nur; 24: 33

vefat etmiş olan birisinin geride kalan karısına ait mirasına konmak onu evlenmekten menederdi. Rabbimiz Teala buna şöyle işaret buyuruyordu:

يَا أَيُّهَا الَّذِينَ آمَنُوا لَا يَحِلُّ لَكُمْ أَنْ تَرِثُوا النِّسَاءَ كَرْهًا

"Ey iman edenler! Kadınlara zorla varis olmanız size helal değildir."[474]

Dünyaya gelen çocuk kız olursa, baba üzülür; yas tutar bazan da diri diri götürür toprağa gömerdi. Bunu yaparken de namuslarını korumayı niyet ederlerdi. Kur'an-ı Kerîm bu kötü adeti de zemmederek şöyle buyuruyor:

وَإِذَا بُشِّرَ أَحَدُهُمْ بِمَا ضَرَبَ لِلرَّحْمَنِ مَثَلًا ظَلَّ وَجْهُهُ مُسْوَدًّا وَهُوَ كَظِيمٌ

"Onlardan biri, Rahman'a isnat ettiği kız çocuğuyla müjdelenince, hiddetlenerek yüzü simsiyah kesilir."[475]

وَكَذَلِكَ زَيَّنَ لِكَثِيرٍ مِنَ الْمُشْرِكِينَ قَتْلَ أَوْلَادِهِمْ شُرَكَاؤُهُمْ لِيُرْدُوهُمْ وَلِيَلْبِسُوا عَلَيْهِمْ دِينَهُمْ وَلَوْ شَاءَ اللَّهُ مَا فَعَلُوهُ فَذَرْهُمْ وَمَا يَفْتَرُونَ

"Bunun gibi ortakları, müşriklerden çoğuna çocuklarını (kızlarını) öldürmeyi hoş gösterdi ki, hem kendilerini mahvetsinler hem de dinlerini karıştırıp bozsunlar! Allah dileseydi bunu yapamazlardı. Öyle ise onları uydurdukları ile başbaşa bırak!"[476]

وَإِذَا الْمَوْءُودَةُ سُئِلَتْ بِأَيِّ ذَنْبٍ قُتِلَتْ

"Diri diri toprağa gömülen kıza, sorulduğunda, Hangi günah sebebiyle öldürüldün? diye."[477]

Ekip biçtiklerini ve hayvanlarını iki kısma ayırıyorlardı. Bir kısmını putlarına bir kısmını da Allah'ın hakkı diye ayırıyorlar; daha sonra da Allah'ın hakkı olarak ayırdıklarını putlarına ayırdıklarına katıyorlardı. Allah (c.c.) onların bu adetlerini şöyle anlatıyordu:

وَجَعَلُوا لِلَّهِ مِمَّا ذَرَأَ مِنَ الْحَرْثِ وَالْأَنْعَامِ نَصِيبًا فَقَالُوا هَذَا لِلَّهِ بِزَعْمِهِمْ وَهَذَا لِشُرَكَائِنَا فَمَا كَانَ لِشُرَكَائِهِمْ فَلَا يَصِلُ إِلَى اللَّهِ وَمَا كَانَ لِلَّهِ فَهُوَ يَصِلُ إِلَى شُرَكَائِهِمْ سَاءَ مَا يَحْكُمُونَ

474 Nisa, 4: 19
475 Zuhruf; 43: 17
476 En'am; 6: 137
477 Tekvir; 81: 8-9

"Allah'ın yarattığı ekinlerle hayvanlardan Allah'a pay ayırıp zanlarınca, bu Allah'a, bu da ortaklarımıza (putlarımıza) dediler. Ortakları için ayrılan Allah'a ulaşmıyor, fakat Allah için ayrılan ortaklarına ulaşıyor! Ne kötü hüküm veriyorlar?"[478]

Bir kısmına işaret ettiğimiz bu cahiliyye adetlerinin bir çoğunu -üzülerek ifade etmek gerekirse- kahir ekseriyeti müslüman olan ülkelerde de yeniden görmeye başlamış bulunmaktayız. Çare yine Rahmet Peygamberi'nin sünneti olacaktır.

Karanlıklara şafak olacak Hz. Muhammed (s.a.v)'in doğmasına yakın günlerde o fecrin işaretleri görülmeye başladı.

Sağlam rivâyetler bize anlatıyor ki, Hz. Amine validemiz hamileliği sırasında, rüyasında vücudundan bir ışığın çıktığını ve her tarafa yayıldığını; bu ışığın, Bizans'ın muhteşem saraylarını bile aydınlattığını görmüştü. Bir başka gün rüyasında hamile olduğu çocuğun müslümanların lideri olacağını görüyordu. Doğacak çocuğun adının da "Muhammed" olması emrediliyordu. İbn Sa'd'dan gelen bir rivâyette bebeğin adının "Ahmed" konması emrolunmuştu denilmektedir. Bundan dolayıdır ki, Hz. Peygamber (s.a.v)'ın adının hem *"Ahmed"* hem de *"Muhammed"* olduğuna dair hadisler söz konusudur.

Beyhakî ile İbn Abdil-Berr, Osman bin Ebi'l As es-Sekafî'nin annesinin Efendimiz (s.a.v)'ın doğumu sırasında Hz. Amine validemizin yanında olduğunu belirttirler. Bu muhterem hanımın anlattığına göre, doğum sırasında bir ışık ve parıltı meydana gelmiş ve gözlerinin görebildiği yerlere kadar bu parıltı yayılmıştı. Doğum, Hz. Abdurrahman bin Avfın annesi Şifâ hatunun ebeliği ile gerçekleşti.

Doğumdan sonraki 7. gün Efendimiz (s.a.v)'ın dedesi Abdulmuttalib, torununun akikasını yaptı ve Kureyşlilere bir ziyafet verdi. Kureyşlilerin, "şerefine bu ziyafeti verdiğiniz çocuğun ismi nedir?" sorusuna, dede Abdulmuttalib, torununa o güne kadar pek yaygın olmayan bir isim "Muhammed" adını koyduğunu ifade etti. Kureyşliler, *"Aileniz için bu isim garip ve değişiktir. Bunu niçin seçtiniz?"* diye sorunca Abdulmuttalib, *"Benim torunum gökte ve yerde methedilsin, övülsün diye bu ismi koydum"* demiştir.

Hz. Muhammed (s.a.v), yetim olarak çok da zengin olmayan bir ailede dünyaya geldi. Ancak Kureyş'in en şerefli ve saygı duyulan bir ailesinden geliyordu.

Babası Abdullah genç yaşta evlenmiş, ticarete henüz başlamışken yine genç yaşta ve doğumdan önce vefat etmiş, geride mal ve mülk bırakamamıştı.

Genç baba Abdullah, oğlu ve genç eşi Amine'ye sadece beş deve, küçük bir keçi sürüsü ve adı Ümmü Eymen olan bir zenci hizmetçi idi. Peygamberimiz (s.a.v)'ın bu mütevazı halini Kur'an-ı Kerim şöyle anlatmıştır:

---

478 En'am; 6: 136

وَوَجَدَكَ عَائِلًا فَأَغْنَى

"Seni fakir bulup zengin etmedi mi?"[479]

B) HZ. MUHAMMED (s.a.v)'in ALEMLERE RAHMET OLUŞU

Yüce Allah, O'nun alemlere rahmet olduğunu bizzat kendisi haber vermiş ve Kur'an-ı Kerim'de şöyle buyurmuştur:

وَمَا أَرْسَلْنَاكَ إِلَّا رَحْمَةً لِلْعَالَمِينَ

"(Resulüm!) Biz seni ancak alemlere rahmet olarak gönderdik."[480]

Ayette geçen rahmet, incelik, acıma, şefkat etme, merhamet etme, affetme ve mağfiret anlamına gelir. Alem ise, duyu ve akıl yoluyla kavranabilen veya mevcudiyyeti düşünülebilen, Allah'ın dışındaki varlık ve olayların tamamıdır.

Allah'ın Rasulü (s.a.v), hem dinde hem de dünyevi konularda rahmet olarak geldi.

Peygamber (s.a.v) geldiği zaman, insanlık genel anlamda koyu bir cahiliyye ve dalalet dönemini yaşıyordu. Ehl-i Kitap ise, araya fetret dönemi girmiş olması ve kendi kitaplarında ihtilafa düşmeleri sebebiyle onlar da şaşkınlık ve hayret içindeydiler. İşte Peygamberimiz (s.a.v) böyle bir dönemde gelmiş ve herkes için bir rahmet olmuştur. Çünkü yeni ve ebedi olacak bir peygamber olmadan, insanlık kurtuluşu ve doğruyu bulamazdı. O geldi ve insanları hakka davet etti, insanları adaletle idare edecek hükümleri koydu, helal ve haramı tayin etti. İnatlaşmadan ve kibirlenmeden O'nu dinleyenler hidayete erdi ve rahmete kavuşmuş oldu.

Milli Şairimiz Mehmet Akif Ersoy, "Bir Gece" adlı şiirinde Allah Rasulü'nün rahmet oluşunu şöyle dile getirir:

Âlemlere rahmetti, evet, şer'-i mübîni,

Şehbâlini (kanadını) adl isteyenin yurduna gerdi.

Dünya neye sahipse, onun vergisidir hep;

Medyûn (borçlu) ona cem'iyyeti, medyûn ona ferdi.

Medyûndur o Ma'sûm'a bütün bir beşeriyyet...

Yâ Rab, bizi mahşerde bu ikrâr ile haşret.

Abdullah b. Abbas (r.a.); alemlerden maksat, Rasulullah'ın kendilerine peygamber olarak gönderdiği bütün varlıklardır. Bunların mümin veya kafir olmaları farketmez.

---

479 Duha; 93: 8
480 Enbiya; 21: 107

Efendimiz (s.a.v)'ın rahmet oluşunu yukarda işaret ettiğimiz bütün zulüm ve haksızlıkların ortadan kaldırılmasında aramamız gerekir. Zira onun peygamberliğinden önce kuvvetliler zayıfları eziyor, kadınlar hakaretlere maruz kalıyorlar, kız çocukları diri diri toprağa gömülüyor, insanoğlu kendi eliyle yapmış olduğu putlara tapıyordu. Dünya küfür ve sapıklık içinde yüzüyordu. İşte Allah-u Teala, insanları bu haksızlıklardan kurtarıp özgürlüğe kavuşturmak, zayıfları korumak, ruhları vehim ve hurafelerin tutsaklığından kurtarmak için Hz. Muhammed Mustafa (s.a.v)'i göndermiştir.

Bu rahmet vesilesi iledir ki, küfür ve isyanları sebebiyle toptan cezalandırılan geçmiş milletlerin isyan ve küfürlerini işleyen milletlere aynı ceza verilmemektedir. Nitekim geçmiş günahkar toplumların bir kısmı maymuna dönüşmüş, bir kısmının üzerine gökten taş ve ateş yağmış öylece helak olmuşlardır. Çünkü Cenab-ı Hak,

وَمَا كَانَ اللَّهُ لِيُعَذِّبَهُمْ وَأَنْتَ فِيهِمْ وَمَا كَانَ اللَّهُ مُعَذِّبَهُمْ وَهُمْ يَسْتَغْفِرُونَ

"Halbuki sen onların içinde iken Allah, onlara azap edecek değildir. Ve onlar mağfiret dilerlerken de Allah onlara azap edici değildir."[481]

Burada Efendimiz (s.a.v)'ın engin şefkatinden ve sınırsız merhametinden örnekler sunalım:

1. Taiflileri İslam'a davet etmek üzere Taif'e giden Efendimiz (s.a.v) çok kötü bir muameleyle karşılaşmış; üstelik taşa tutulmuştu. Ayakkabıları kanla doldu. İşte bu sırada Cebrail (a.s.) geldi ve şöyle hitap etti: *"Ey Allah'ın Resulü, beni Rabbin gönderdi, emrindeyim, istersen bunları şehirleriyle birlikte tarumar edeyim."* Bunun üzerine Rahmet Peygamberi (s.a.v), *"Hayır, Ey Cebrail! Ben insanları helak etmek için değil, helaktan kurtarmak için geldim. Olur ki bunların neslinden zamanla bir tek de olsa Müslüman çıkar."* buyurdu. Arkasından da ellerini semaya kaldırarak şöyle dua buyurdu: *"Ey Rabbim! Sen bunlara hidayet eyle. Onlar bilmiyorlar, onun için böyle yapıyorlar."*[482]

Taiflilerden bir heyet hicretin dokuzuncu senesinde, Medine-i Münevver'ye gelerek Taif'in müslüman olduğunu bildirdiler. Hz. Peygamber (s.a.v) onları bizzat misafir eyledi ve kendi elleri ile onlara hizmet etti.

2. Uhud savaşında kendisinin dişi kırılmış, yüzü yara bere içinde kalmış, şehidler verilmiş, yaralanan bir çok sahabe-i kiram olmuştu. Canı yanan sahabe *"Sen dua et de Allah bunları kahretsin Ya Rasulallah!"* dediklerinde, O, *"Allah'ım Sen benim bu kavmime hidayet eyle. Çünkü onlar bilmiyorlar. Onun için böyle yapıyorlar."*

---

481 Enfal; 8: 33
482 Buharî; Enbiya, 54. Müslim; Cihad, 104, 105. Ahmed b.Hanbel; el-Müsned, I, 380.

buyurmuş ve *"Ben lanet eden bir peygamber değil, alemlere rahmet olarak gönderilen bir peygamberim."*[483] diye de eklemişti.

3. Mekke fethedilmiş, bütün Mekkeliler Haram-ı Şerif'e dolmuştu. Onlar ki yıllarca Peygamber ve arkadaşlarına yapmadıklarını bırakmamışlardı. Herkes ne olacağını endişe ile bekliyorlardı. Ka'be'nin kapısına yaslanan Efendimiz (s.a.v) onlara şöyle seslenmişti: *"Ey Kureyş! Size ne yapmamı beklersiniz?"* Onlar: *"Hayır umarız, zira Sen kerim olan bir kardeşsin ve kerem sahibi kardeşimizin de oğlusun."* Bunun üzerine o yüce insan şöyle buyurdu: *"Bugün hiçbiriniz, eski yaptıklarınızdan dolayı hesab çekilmeyeceksiniz. Haydi, gidiniz, hepiniz serbestsiniz. Bugün size kınama yoktur."*[484] O gün Mekkeliler bir misli daha görülmemiş bir af günü yaşadılar.

4. Himar isimli bir sahabe içki müptelasıdır. Bir çok defa bundan dolayı cezalandırılmıştır. Yine bir ceza tatbiki sırasında ona lanet okuyan birilerini gören Peygamberimiz (s.a.v), *"Öyle demeyin; Allah'ım ona merhamet et, kusurlarını affet, deyin. Vallahi, onun hakkında benim bildiğim şudur: O, Allah ve Rasulünü seviyor."* buyurarak arkadaşlarını uyarıyordu.

Onun Merhametinden Hayvanlar Bile Nasibini Alırdı

1. Bir defasında, bir kişi kesmek üzere bir koyunu bağlamış, bir taraftan da hayvanın gözünün önünde bıçağını biliyordu. Bunu gören Rahmet elçisi, *"Onu defalarca mı öldürmek istiyorsun?"* buyurdu ve onu azarladı.[485]

2. Peygamber Efendimiz (s.a.v), bir kişiden bahsederek şöyle buyuruyordu: "Çölde yol alan birisi iyice susamıştı. Sonunda bir kuyuya rastlar. Aşağıya inip kanasıya su içer. Kuyudan çıktığında, susuzluktan dili sarkmış, nerede ise ölmek üzere olan bir köpek görür. Hayvanın haline acır, tekrar kuyuya iner, ayakkabısı ile su çıkarıp içirir. Bu fiili ile Cenab-ı Hakk'ın rızasını kazanır."[486]

3. Bir defasında Mina'da sahabe taşların arasında bir yılan gördü. Öldürmek üzere hepsi birden saldırdı. Ancak yılan kaçarak kurtuldu. Bu manzarayı uzaktan seyreden Allah'ın Rasulü (s.a.v), *"O sizin, siz de onun şerrinden kurtuldunuz."* buyurmuştur.[487]

İnsanlık tarihi boyunca insanlığa hizmet etmiş bir çok lider ve önder gelip geçmiştir. Kişilik ve sıfatları ne olursa olsun hiçbir insan Hz. Muhammed Mustafa (s.a.v) kadar sevilmemiştir. Hiçbir insan vefatının üzerinden uzun zaman geçmesine

---

483 Buharî; Meğazî, 24. Müslim; Cihad, 100. İbn Hişâm; Sire, III, 84

484 İbn Hişâm; Sire, IV, 55. İbn Kesir; el-Bidaye, IV, 344. Azzam; age., s.82-83. Canan, İbrahim, Kütüb-i Sitte, XII, 240.

485 Hakim; Müstedrek, IV, 231-233

486 Buhari; Enbiya 54. Müslim; Selam 153

487 Nesai; Hac 114. Ahmed b. Hanbel; Müsned, 1/385

rağmen onun kadar diriliğini ve sevimliliğini kaybetmemiştir. Çünkü insanlığa en büyük değerleri o kazandırmıştır. İnsanlık son defa ve ebediyyen eskimeyecek evrensel mesajları ondan almıştır.

Alınacak Dersler:

Efendimiz (s.a.v)'ın hayatının her anı ders ve ibret dolu olduğu için, alınacak dersler konusunu kardeşlerimize havale ediyoruz.

24. SOHBET

HZ. ÂİŞE (RA)

Subhaneke la ilme lena illa ma allemtena inneke entel alimul hakim. Sadah-kallahul Azim. Rabbişrahli sadri ve yessirli emri vehlul ukteden min lisani yefgahu gavli. Amin bi hürmeti seyyidul mürselin.

Allah'u Teala İslam dinini insanlara lûtfetmek, Müslümanları cennetle müjdelemek, Müslümanca inanmayan ve yaşamayanları ise cehennemden uyarmak üzere peygamberleri elçi olarak vazifelendirmiştir. Alemlere rahmet olarak gönderilen ve peygamberlerin sonuncusu olan Peygamber Efendimiz Hz. Muhammed (s.a.v)'e kıyamete kadar korunacak olan Kur'an-ı Kerim nazil olmuştur. Peygamberlerin elçi olarak İslam dinini tebliğ etme noktasında en temel özelliği ise bizzat kendilerinin Müslümanca yaşıyor olmalarıdır. Bu bağlamda Rasulullah (s.a.v) إِنَّمَا بُعِثْتُ لِأُتَمِّمَ مَكَارِمَ الأَخْلَاقِ *"Ben güzel ahlakı tamamlamak üzere gönderildim"*[488] hadis-i şerifiyle peygamberlerin sonuncusu ve mührü olduğu kadar güzel ahlakın gerçek örneğini teşkil etmektedir. Hz. Peygamber (s.a.v)'in Allah katında bu özelliklerle lûtfedilmiş bir sevgili olmasından hiç şüphesiz hayat boyu ehl-i beyti (ailesi) ve ashabı (kendisini gören ve iman eden Müslüman dostları da nasibini almışlardır. Zira onun Allah'u Teala'ya olan imanı, teslimiyeti ve güzel ahlakına bizzat şahit olmak kendileri için Rablerinden erişilmez bir lûtuf olmuştur. Bilhassa *"müminlerin anneleri"* olarak nitelendirilen hanımları Peygamber Efendimiz (s.a.v)'in en yakınları olmuşlardır. Allah Resulü'nün hanımı olma özelliğini taşırken sıradan bir müslüman hanımdan çok daha öte bir vazife taşımaktaydılar. O da tüm müslüman hanımlara örnek olmaktır.

Rasulullah (s.a.v)'in en çok sevdiği eşi olduğunu bildiğimiz Hz. Âişe (r.a.), müminlerin annelerinin öncüsü idi. Zira kendisi İslam dininin tebliğ edilmesinde ilmî faaliyetlerle çok ciddi katkılarda bulunmuştur. Özellikle dini kendisinden öğrenme bakımından öncü bir şahsiyetti. Hz. Peygamber (s.a.v) kendisi hakkında *"Dininizin yarısını bu Hümeyra'dan alınız"* diyerek bu özelliğini teyid etmiştir ve kendisine Hûmeyra lakabını takmıştır.

Hz. Âişe annemiz Peygamber Efendimiz (s.a.v)'in en yakın ve sadık arkadaşı Hz. Ebu Bekir'in kızıdır. Çocukluğundan itibaren Allah'u Teala ve Resûlü'ne iman

---

488 Beyhaki; Es-Sünenü'l Kübra, 10/191, H. No: 21301 (Mektebetü Şamile)

eden ve Müslümanca yaşayan ailenin içinde yetişti. Zira kendilerini İslam'a adayan annesi Hz. Ümmü Rûman ve babası Hz. Ebu Bekir'in Hz. Âişe'yi yetiştirdiklerinden çok daha öte hemen hergün bir iki defa evlerini ziyaret eden Hz. Peygamber (s.a.v) tarafından tâlim ve terbiye edilmiştir.

Hz. Peygamber (s.a.v) gençliğinden beri kendisini himaye eden amcası Ebu Talib'i ve yirmi beş yıl birlikte yaşadığı, ilk Müslüman olarak Allah'a ve kendisine iman eden sevgili eşi Hz. Hatice annemizi ebedi aleme uğurlayınca çok derin üzüntü yaşamıştır. Bu sebeple vefat ettikleri bu yıla **"Hüzün Yılı"** denilmiştir. Kendisini daîma desteklemiş olan amcası ve özellikle hanımını kaybedince çok sıkıntılı ve üzgün günler geçirmiştir. Bu üzüntüsünü fark eden Hz. Osman b. Maz'un hanımı Hz. Havle binti Hâkim Peygamber Efendimize sorar *"Ey Allah'ın Resûlü, huzurunuza varınca Hatice'nin yokluğunu hissettim"*. Hz.Peygamber (s.a.v) onun sözünü tasdikleyerek ***"Evet, ya Havle. O çocuklarımın annesi, evin de görüp gözeticisi idi"*** buyurur. *"Evlenmek ister misiniz ey Allah'ın Resûlü?"* diye sorar Hz. Havle. Bunun üzerine Hz. Peygamber (s.a.v), ***"İsterim. Peki düşündüğünüz biri var mı?"*** diye cevap verir. Hz. Havle bir kız, bir de dul olduğunu söyler. Rasûlullah bunların kim olduğunu sorunca. Hz. Havle kız olanın en yakın arkadaşı ve din kardeşi Hz. Ebu Bekir'in kızı Âişe olduğunu söyler; dul olanın ise iman edip Habeşistan'a hicret ettikten sonra kocası Sekran b. Amr'in vefat etmesi ile dul kalan Hz. Sevde binti Zem'a olduğunu belirtir. Peygamber Efendimiz (s.a.v) Hz. Havle'den bu ikisi hakkında bilgi almasını ve gerekeni konuşmasını rica eder. Fakat şu da bir gerçekti ki Allah-u Teala kendisine rüyasında kiminle evleneceğini de bildiriyordu. Zira Hz. Âişe ile evlendikten sonra Peygamber Efendimiz (s.a.v) eşine şunu bildirir: *Ey Âişe! Sen, bana rüyamda iki kez gösterilmiştin. Ve bana "bu Senin müstakbel eşindir" denilmiştir."* Hz. Havle önce Hz. Ebu Bekir'in (ra) evine gider ve hanımı Hz. Ümmü Rûman ile konuşur. Allah Resûlu'nün kızı Âişe'yi nikahlamak istediğini duyan Hz. Ümmü Rûman sevinç duyar. Ardından kocası Hz. Ebu Bekir (ra) ile bu müjdeyi paylaşır. Büyük dostu ve din kardeşi olan Peygamber Efendimiz'e (s.a.v) akraba olma şerefi ve saadetine nail olmaya çok sevinen Hz. Ebu Bekir'in yalnız iki tereddüdü vardı. Birincisi, Âişe Rasulullah'ın kardeşinin kızı olur. O'na helal olur mu?" sorusu onu düşündürüyordu. İkincisi ise, Mekke'de hatırı sayılır biri olan Müt'im b. Adiy, Âişe'yi oğlu Cübeyr için istemiş ve aileden yarım bir söz de almıştı. Fakat bu tereddütleri de kısa bir zaman sonra kalmaz. Zira Hz. Peygamber (s.a.v) şu haberi yollar Hz. Ebu Bekir'e (r.a.): *"Seninle Benim kardeşliğimiz din kardeşliğidir. Süt ve nesep kardeşliği değildir. Senin kızın bana helaldir."* Ayrıca Hz. Ebu Bekir'in (ra) Müt'im b. Adiy'e verdiği yarım söz de bozulur. Zira Mütim b. Adiy ve karısı, Hz. Ebu Bekir'in (ra) ailesi müslüman olduğu için sözü kendileri bozarlar. Böylece Hz. Âişe ile Rasûlullah (s.a.v) nişanlanırlar. Üç yıl sonra hicretin birinci senesi içinde ise Medine'de evlenirler. Hz. Âişe Peygamber Efendimizle (s.a.v) evlendiği zaman dokuz veya on yaşında idi. Düğün için ne deve kesildi ne de koyun. Yalnız S'ad b. Ubâde Peygamber Efendimiz'e (s.a.v) büyük bir kapla yemek gönderdi.

Bir gün Amr bin As (r.a.) *"Ey Allah'ın Resûlu! İnsanların hangisi sana daha sevgili"* diye sorunca, *"Âişe!.."* demişti. Hz. Amr sorar *"Ya erkeklerden?"* *"Âişe'nin babası"* buyurmuştur. Bu sözler Peygamber Efendimiz (s.a.v)'in hanımı Hz. Âişe'yi ne kadar çok sevdiğinin bir delilidir. Yine bilinir ki, Hz. Âişe Peygamber Efendimiz'i (s.a.v) diğer hanımlarından zaman zaman kıskandığı olmuştur. Bu sebeple kadın olmanın getirdiği bir fıtrî gerçektir ki, sevildiğini işitmek istemiştir. Evli olduklarının ilk yıllarında Hz. Âişe Efendimize sorar *"Ya Rasûlullah, beni nasıl seviyorsun?"* Hz. Peygamber'in cevabı manidardır: *"Ya Âişe, kördüğüm gibi…"*. Bu cevaptan çok mutlu olan Hz. Âişe aynı sözü işitmek için zaman zaman sorardı *"Ey Allah'ın Resûlü! Kördüğüm ne alemde?"* Peygamber Efendimiz de *"İlk günkü gibi ey Âişe"* diye cevap verir.

Hz. Âişe çok zeki, araştıran, soru soran, bilgiye açık ve kişisel özgüveni çok yüksek, çok küçük yaştan itibaren okumayı, yazmayı öğrenen ve güçlü hafızasıyla Kur'an ayetlerini ve Rasûlullah'ın sözlerini asla unutmayan bir şahsiyet idi. Bilhassa Peygamberimizin vefatından sonra evi adeta bir okul olmuştur. Hz. Ömer'in hilafet yıllarında yetiştirmek üzere yanına aldığı çocuk ve gençlerin bakım ve terbiyesini üstleniyor, Hadis, Tefsir, Fıkıh konularında sağlam bir eğitimden geçmelerine yardımcı oluyordu. Hz. Ömer döneminde sadece Hz. Âişe'ye fetva verme izni verilmiştir. En çok hadis rivayet eden hanım olmuştur. Zira rivayet ettiği 2210 hadisle en çok hadis rivayet eden yedi sahabeden dördüncüsüdür. İlmi dirayetine dair Ebu Musa el Eşari der ki: *"Bizler, bir müşkül ile karşılaştığımızda gider Âişe'ye sorardık."* Ebu Seleme bin Abdurrahman bin Avf ise şunu belirtir: *"Allah Resûlu'nün sünnetini Hz. Âişe'den daha iyi bilen, dinde derinleşmiş, ayet-i kerimelerde bu derece vakıf ve nüzul sebeplerini bilen Feraiz ilminde mahir bir kimseyi görmedim."*. Hz. Âişe'nin ilk kez duyduğu bir sözü Peygamberle istişare ettiği, konu ile ilgili tam ikna olana dek soru sormayı bırakmadığı rivayet edilir. Hz. Âişe, Peygamberin sadece özel hayatını paylaşmamış, onunla sefere, savaşlara, görüşmelere katılmış, hayatın her aşamasını nasıl sevk ve idare ettiğine şahid olmuştur. Özellikle Hz. Âişe'nin Uhud savaşı esnasında orduya su ve yiyecek taşıdığı bilinmektedir. Ayrıca diğer hanım sahabeler ile birlikte yaralıları pansuman ederdi.

Hz. Âişe'nin yaşadığı en büyük sabır imtihanlardan biri "İfk Hadisesi" olmuştur. Bu hadisenin önemli bir boyutu iftiraya uğrayan ve uğrama ihtimali bulunan müslüman hanımlara ya da erkeklere bir örnek ve teselli niteliği taşımasıdır. Hicret'in 5. Yılında Hz. Peygamber (s.a.v) ordusuyla Beni Mustalık Gazasına çıkar. Bu sırada Hz. Âişe validemiz 14-15 yaşlarında idi. Gazadan sonra ordu hareket etmek üzereyken Hz. Âişe kaybettiği gerdanlığı aramak üzere geride kalmış oldu. Ordu ilerlemiş ve Hz. Âişe'yi unutmuşlardı. Fakat onu gören Safvan bin Muattal kendisine yardım eder ve atına bindirip Rasûlullah (s.a.v) ve diğerlerine yetişmeye çalışır. Safvan'ı ve atına bindirdiği Hz. Âişe'yi gören münafıklar fitne yaymaya başlarlar ve Hz. Âişe validemize son derece çirkin bir iftirada bulunurlar. Bu iftira Hz. Âişe'yi çok üzdüğü gibi Peygamber Efendimiz (s.a.v) son derece büyük üzüntü ve sıkıntı yaşadı. Bu fitnenin geçmesi ve hakikatin ortaya çıkması için hanımı Hz. Âişe'yi babası Hz. Ebu Bekir'in (ra) evine gönderir ve şunu belirtir: *"Ya Âişe, senin için bana şöyle şöyle söylendi. Eğer sen dedikleri gibi değilsen, Allah yakında senin doğruluğunu tasdik eder. Eğer bir günah işlediysen tevbe ve istiğfar eyle. Allah günahından dolayı tevbe edenlerin tevbesini kabul eder."* Hz. Âişe babasının evinde bir ay kaldıktan sonra Allah-u Teala Nur Sûresinin ilk on ayetini nazil eder ve onun masumiyetini su yüzüne çıkarır. Bu duruma çok sevinen Hz. Ebu Bekir (ra) Hz. Âişe'ye, kocası Rasûlullah'ın (s.a.v) evine gidip kendisine teşekkür etmesini rica eder. Fakat Hz. Âişe üstün feraset ve dirayet ile şunu belirtir: *"Hayır. Benim masum olduğumu açığa vuran Allah'u Teala'ya şükürler olsun."*[489]

Alınacak Dersler:

1) Müminlerin annelerinin yaşamları bütün müslüman hanımlara birer aynadır.

2) Yeryüzündeki bu yıldızlar bizlere gökteki yıldızlar kadar uzak değillerdir.

3) Hz. Âişe de müminlerin annelerinden olarak bizlere teslimiyet, salih amel, ilmî ve içtimaî faaliyetler ve sabır ve metanet konusunda en büyük örneği teşkil etmiştir.

---

489 **Kaynakça:** Ahmet Emin Temiz; 2007: "Hz. Âişe". İstanbul: Sevgi Yayınları. Asım Köksal: Hz. Peygamberimiz Muhammed (s.a.v)'ın Hayatı

25. SOHBET

İSLAM'DA AİLE VE HUKUKU

Bu dersimizde İslam'da aile ve aile hukukunu ele alacağız.

Allah'ın emri olan ve Peygamber Efendimiz (s.a.v)'in de birçok hadisinde bahsi geçen evliliğin önemini şu Hadis-i Şeriften öğrenmek mümkündür:

"Evleniniz, çoğalınız. Ben kıyamet gününde diğer ümmetlere karşı sizin çokluğunuzla övüneceğim." [490]

Peki evlilik çağına ulaşan ve kendi yuvasını kurma niyetinde olan bir Müslüman neye göre ve nasıl bir eş seçmelidir? Bu soruya da başka bir Hadis-i Şerifle cevap bulabiliriz:

Ebu Hureyre (ra) anlatıyor: *"Rasulullah (s.a.v) buyurdular ki: "Kadın dört hasleti için nikahlanır:*

1- Malı için,

2- Nesebi (asaleti) için,

3- Güzelliği için,

4- Dini için.

Sen dindar olanı seç de huzur bul."[491]

Takva sahibi olan bir eş, kocasının malını korur, israftan sakınır. Çocuk eğitiminde hassas olur ve terbiyesiyle ve kaliteli yetişmesiyle ilgilenir. Onları da dinlerine bağlı olarak yetiştirmeye çalışır. Bu ise kendi dört duvarının cennete dönüşmesine ve yuvasının huzur dolu olmasına vesile olur.

1. İslam'da Aile

İslam'da Aile kurumu çok mühim bir rol oynamaktadır. Aile, toplumun çekirdeği olduğu gibi aynı zamanda kültürel kimliğin, insani değerlerin ve insanlığın inşa edildiği ve ümmet birliğini ayakta tutan bir kurumdur. Aileler birleşerek toplumları meydana getirir. Dolayısıyla çocuk yetiştirirken yaratılışla ilgili gelişmelerden önce ahlak ve terbiyesini aileden alır. Sağlıklı nesiller sağlıklı ailelerde yetişir. Aile, kulların yer yüzünde barındıkları en güvenli mekan ve yeryüzündeki cennetleridir.

---

490 Ahmed b. Hanbel; I, 412
491 Buhari; Nikah 15. Müslim; Rada 53, (1466); Ebu Davud; Nikah 2, (2047)

"Allah, evlerinizi sizin için bir huzur ve sükûn yeri yaptı."[492]

İslam'da aile nikah akdi ile kurulur. Nikahın lügat manası, *"birleşmek ve bir araya toplanmak demektir"*[493]. Müslümanların nikahında, akıl ve baliğ iki hür müslüman erkeğin veya bir erkekle iki kadının şahid olarak bulunması şarttır. Bu akit, eşlere karşılıklı hak ve sorumluluklar yükler. Böylelikle de aile düzeni sağlanır ve ailenin korunması mümkün olur. Bakara Suresinde geçen bir ayette Allah şöyle buyurmaktadır: *"Erkeklerin kadınlar üzerinde hakları gibi kadınların da erkekler üzerinde birtakım iyi davranışa dayalı hakları vardır. Ancak erkekler, kadınlara göre bir derece üstünlüğe sahiptirler. Allah azizdir, hakimdir."*[494]

2. Kadının Erkek Üzerindeki Hakları

• Mehir:

Mehir, İslam hukukunda erkeğin evlenirken kadına ödediği veya ödeyeceği para veya mala denir. Mihir kadının hakkıdır. İstediği şekilde tasarruf eder ve harcayabilir. Bu konuya işaret eden ayette de belirtildiği üzere bağışlanabilinir de: *"Kadınlara mehirlerini (bir görev olarak) gönül hoşluğu ile verin. Eğer kendi istekleriyle o mehrin bir kısmını size bağışlarlarsa, onu da afiyetle yiyin."*[495]

• Nafaka

İslam hukukuna göre erkek, ailesine ve eşine bakmakla yükümlüdür. Onların helal yiyecek, giyecek ve konut giderlerini karşılamak, onun görevidir. Nikah tamamlandığında kadının nafakası kocaya aittir. Kur'an-ı Kerim'de Allah, Bakara suresinde bu mevzuya şöylece işaret buyurmuştur: *"Annelerin beslenmesi ve giyimi, uygun bir şekilde çocuk babasına aittir."*[496]

Bir Hadis-i Şerif'te ise şöyle buyurulur:

Hakîm İbnu Muâviye babası Muâviye (ra)'den anlatıyor: *"Ey Allah'ın Resûlü! dedim, bizden her biri üzerinde, zevcesinin hakkı nedir?"* *"Kendin yiyince ona da yedirmen, giydiğin zaman ona da giydirmen, yüzüne vurmaman, takbîh etmemen, evin içi hariç onu terk etmemen."*[497]

• Himaye

Bu konu hakkında, Peygamber Efendimizin (s.a.v) Veda Haccı'nda yapmış olduğu Veda Hutbesinde şöyle bahsedilmektedir: *"Ey insanlar! Kadınların haklarına riayet etmenizi ve bu hususta Allah'tan korkmanızı tavsiye ederim. Siz kadınları Allah*

492 Nahl; 80
493 A.Fikri Yavuz; İslam İlmihali, İslam Fıkhı ve Hukuku , S. 339
494 Bakara; 228
495 Nisa; 4
496 Bakara; 233
497 Ebu Davud; Nikah 42, (2142, 2143, 2144)

emaneti olarak aldınız. Onların iffet ve ismetlerini Allah adına söz vererek helal edindiniz. Sizin kadınlar üzerinde haklarınız, onların da sizin üzerinizde hakları vardır."[498]

Kadınlar, eşlerine Allah'ın emanetidir. Dolayısıyla onların adını lekeleyecek, saygınlığını zedeleyecek, açık saçık kıyafetlerden hatta şaibeli kadınlarla arkadaşlık etmekten korunmalılar. Koca, eşini himaye etmekle, ona zarar verecek maddi-manevi şeylerden korumakla yükümlüdür. Tahrim suresinde de geçtiği gibi daima haramdan uzak tutmak ve sürekli doğru yola iletmekle emr olunmuştur: *"Ey inananlar! Kendinizi ve ailenizi yakıtı insanlar ve taşlar olan ateşten koruyun."*[499]

• Eğitim

Koca, başta kendisini, sonra eşini ve son olarak çocuklarını eğitmekten sorumludur. Onlara Kur'an okumayı, farzları ve İslamiyet hakkında en azından temel bilgileri mutlaka öğretmelidir. Nefsi terbiye, ahlak, saygı ve haya olmayan yerde kavga ve gürültü hakim olur. Beraber cemaat halinde Namaz kılınmalı, nafile ibadetler yapılmalıdır. Allah Teala şöyle buyuruyor: *"Ailene namazı emret, kendin de ona devam et."*[500]

• İyi geçinme

Kadın, eşinin her döneminde yanındadır ve destekçisidir. Arkadaş, yoldaş, hayat ortağı, üzüntü ve sevinçte yanı başında olan dostudur. Sıkıntıda, bollukta hep yanındadır. Aynı duyguları paylaşır. Evin düzenini korumak, aileye bakmak, analık görevini yerine getirmek gibi ağır yükleri vardır. Dolayısıyla aile reisi ve evin direği olan erkek, onu hoşça tutmalıdır. Ona karşı cömert olmalı ve ihtiyaçlarını karşılamalıdır. Ona şefkatle ve nezaketle muamele etmelidir. Kocanın bu tavrı kadının yüreğine su serper, onun yükünü hafifletir ve rahatlatır. Kocasına sevgisini ve sadakatini arttırır. Hadis-i Şerifte de öyle buyurulmaz mı?

Hz. Ayşe anlatıyor: *"Hz Peygamber (s.a.v) buyurdular ki: "Sizin en hayırlınız, ailesine karşı hayırlı olandır. Ben aileme karşı hepinizden hayırlıyım. Arkadaşınız olduğu zaman kusurlarını zikretmeyi terkedin."*[501]

3. Erkeğin Kadın Üzerindeki Hakkları

• İtaat

Koca, aile reisi ve evin direğidir. Ailenin nafakasını temin edip, aileyi himayesi altına alan koca elbette ki itaat edilmeye layıktır. Dolayısıyla kadın, kocasına itaat etmeli, meşru isteklerine karşılık vermeli, kocasının rızası olmadan evin dışına çıkmamalıdır. Ayrıca malını dengeli harcamalı ve ev işlerini ihmal etmemelidir. Bir Hadis-i Şerifte, *"Kadınların en hayırlısı, kendisine baktığın zaman seni sevindiren,*

---

498 Veda Hutbesi
499 Tahrim; 6
500 Taha; 132
501 Tirmizi; Menakib 85, (3892)

emrettiğin zaman sana itaat eden ve senin yokluğunda kendisini ve senin malını koru-yan kadındır."[502] buyurulmuştur.

• Nezaket

Kocası eşine nasıl iyi davranmalı ise, kadın da kocasına öyle nazik ve iyi dav-ranmalıdır. Ruhsal ve bedensel rahatı için elinden geleni yaparak kocasını mem-nun etmeli; yumuşak huylu olmalıdır. Mahremiyetini ve masumiyetini korumalıdır. Eşini her zaman yüzünde tebessüm ile karşılamalıdır. Kocanın neye öfkeleneceğini, neyi sevip neden hoşlanmadığını bilmeli ve ona göre davranmalıdır. Özellikle za-manımızda kocayı ağır yükler altına sokan ve aile bütçesini zorlayan pahalı eşyaları aldıran hanımların bundan kaçınmaları en güzelidir. Allah Rasulü (s.a.v) öyle bu-yurmuştur: *"Bir kadın, kocası kendisinden razı olduğu halde ölürse, cennete girer."*[503]

• Sevgi

Bir kadın, kocasına sevgi ile bağlanmalı ve kadınlık görevini yerine getirmeli. Ailedeki mutluluk, karı ile koca arasındaki sevgi ve saygıya bağlıdır. Nitekim şöyle buyurulmuştur: *"Erkek hanımına sevgi ve şefkatle bakar, hanımı da ona sevgi ve şef-katle bakarsa Yüce Allah onlara rahmetiyle nazar eder. Erkek hanımının elini tutarsa parmaklarının arasından günahları dökülür."* [504]

• Ailesinin Onurunu, İffetini ve Şerefini Korumak

İtaat konusundaki hadiste de geçtiği üzere kadının görevlerinden biri de ko-casının onurunu korumaktır. Dolayısıyla bir kadın, eşinin hoşlanmadığı şeylerden kaçınmalıdır. İstemediği kişileri eve almamalı ve izinsiz dışarıya çıkmamalıdır. Ay-rıca evini, çocuklarını ve malını korumalıdır. Peygamber Efendimiz (s.a.v) bu konu hakkında şöyle buyurmaktadır: *"Sizin herbiriniz bir çobansınız ve herbiriniz güttü-ğünden sorumludur. İslam devlet başkanı bir çobandır, bir erkek aile fertlerinin ba-şında bir çobandır. Kadın kocasının evi ve çocukları üzerinde bir çobandır. Kısaca si-zin herbiriniz bir çobandır ve her çoban da güttüğünden sorumludur"*[505]

4. Ebeveynlerin Çocuklar Üzerindeki Hakları

• Saygı

Çocukların anne-babaya üzerinde hakkı olduğu gibi, anne babanın da çocuk-ları üzerinde hakkı vardır. Fakat anne babanın hakkı daha büyüktür. Hiçbir şekilde ödenemez. Anne babaya karşı saygı, hürmet ve hoşgörü Allah'ın aşağıdaki ayette de gördüğümüz gibi kesin emridir. Onlara "öf" bile denmemelidir. Hatta şirk koşmak

---

502 Ebu Davud; Zekat, 32. İbn Mace; Nikah 5/1847
503 İbn Mace; Nikah, 4. Tirmizi; Rada, 10
504 en-Nebhâni; el-Fethu'l-kebir, I, 276
505 Buhari; Cum'a, 11, Ahkam, 1, Cenaiz, 32, İstikraz, 20, Vesaya, 9. Müslim; İmare, 20. Ebu Davud; İmare, 1, 13

ile ebeveyne kötü davranmanın vebali birbirine yaklaştırılarak birçok ayette yan yana zikredilmiştir: *"Rabbin kesin olarak şunları emretti: Ancak kendisine ibadet edin, anne ve babaya iyilik edin. Onlardan biri veya her ikisi senin yanında yaşlanırsa, sakın onlara "öf" bile deme ve onları azarlama. İkisine de tatlı ve güzel söz söyle. İkisine de acıyarak tevazu kanatlarını indir. Ve şöyle de: "Ey Rabbim! Onların beni küçükten terbiye edip yetiştirdikleri gibi, sen de kendilerine merhamet et." [506]*

• İyilik

Anne ve babalarımız her ne pahasına olursa olsun bize sahip çıkmış, güvenmiş, hasta olduğumuzda başımızı beklemiş, derdimizle dertlenmiş, mutluluğumuzla mutlu olmuşlardır. Bu sebepten dolayı onlara en ufak bir şekilde kötü davranmamalı, kalplerini kırmaktan kaçınmalıdır. Yemek ve giyim ihtiyaçları giderilmeli, hizmet istediklerinde hizmet etmeli, saygılı ve yumuşak konuşmalıdır. Allah Teala buyuruyor ki: *"Biz, insana anne babasına iyi davranmayı emrettik. Annesi onu ne zahmetle karnında taşıdı ve ne zahmetle doğurdu! Onun taşınması ve sütten kesilme süresi otuz aydır. Nihayet olgunluk çağına gelip, kırk yaşına varınca şöyle der:" Bana ve anne babama verdiğin nimetlere şükretmemi, senin razı olacağın salih amel işlememi bana ilham et. Neslimi de salih kimseler yap. Şüphesiz ben sana döndüm. Muhakkak ki ben sana teslim olanlardanım."[507]*

Ayrıca hoş sohbette ve ihsanda bulunmakla alakalı annenin hakkı, babanın hakkından daha büyük olduğunu gösteren bir hadiste de şöyle buyurulmaktadır:

Ebu Hüreyre (r.a.) anlatıyor: *"Bir adam gelerek: "Ey Allah'ın Resûlü iyi davranıp hoş sohbette bulunmama en ziyâde kim hak sâhibidir?" diye sordu. Hz. Peygamber (s.a.v): "Annen!" diye cevap verdi. Adam: "Sonra kim?" dedi, Resûlullah (s.a.v) "Annen!" diye cevap verdi. Adam tekrar: "Sonra kim?" dedi Resûlullah (s.a.v) yine: "Annen!" diye cevap verdi. Adam tekrar sordu: "Sonra kim?" Resûlullah (s.a.v) bu dördüncüyü: "Baban!" diye cevapladı."[508]*

• Hizmet

Rasulullah (s.a.v) bir hadis-i şerifte, anne babaya hizmetin cihad olduğunu bildirmiştir. Ömür boyu çocuklara hizmet eden, nafakasını eksik etmeyen babaya, saçını süpürge eden bir anneye hizmet etmek, çocukların boyunlarının borcudur.

İbnu Amr (r.a.) anlatıyor: *"Bir adam, cihada iştirak etmek için Hz. Peygamber (s.a.v)'den izin istedi. Resûlullah (s.a.v), "Annen baban sağlar mı?" diye sordu. Adam:*

---

506 İsra; 23, 24
507 Ahkaf; 15
508 Buhari; Edeb 2. Müslim; Birr 1, (2548)

"Evet" deyince: "Onlara (hizmet de cihad sayılır), sen onlara hizmet ederek cihad yap" buyurdu.*"[509]*

· İtaat

Anne-babaya her konuda itaat etmek gerekir. Ancak İslam'a aykırı birşey iste-meleri müstesna. Senelerce onları şefkat ve muhabbetle kucaklayan, onların hayat-larına vesile olan anne-babaya, onların muhtaç oldukları zamanda yardıma koşma-yan evlat, hayırlı evlat olma şerefinden mahrum kalır. Allah-u Teala, anne babaya karşı gelmeyi haram kılmıştır: *"Gerçi biz insana, anasına ve babasına itaati de tav-siye ettik. Anası onu zayıflık üstüne zayıflıkla taşıdı. Onun sütten ayrılması da iki yıl içindedir. (Biz insana): "Bana, anana ve babana şükret" diye de tavsiye ettik. Dönüş, ancak banadır."[510]*

5. Çocukların Ebeveynlerin Üzerindeki Hakkları

Çocukların ebeveynleri üzerindeki haklarından bir kaçını şöyle özetleyebiliriz:

· Saliha bir anne seçimi

Babanın doğacak çocuğu ilerde annesiyle kötülenmemesi ve iyi bir eğitim ala-bilmesi için, evlatlarının annesi olacak kızı hassasiyet ile seçmelidir. Dersin başında nasıl bir eş seçimi yapılmasına dair bilgiler vermiştik.

· İsim

Çocuğa güzel ve anlamlı bir isim koymalı. *"Çocuğun baba üzerindeki hakkı, ona güzel isim koyması, onu iyi eğitmesi ve doğru bir işe koymasıdır."[511]*

· Terbiye ve eğitim

Çocuğa Peygamber ahlakı kazandırılmalı; terbiye ve haya sahibi olmasına dik-kat edilmelidir. Dini eğitimine özellikle hassasiyet gösterilmelidir. Anne babanın ço-cuklara karşı ilk görevi, Kur'an-ı Kerim okumayı öğretmek, onu anlama ve yaşama-sını sağlamaktır. Çocuklar nefis tezkiyesi ve tasfiyesiyle yetiştirilmelidir. Efendimiz (s.a.v) şöyle buyurmuştur: *"Bir kimsenin çocuğunu terbiye etmesi, bir ölçek sadaka vermesinden daha hayırlıdır."[512] "Hiçbir baba, çocuğuna güzel terbiyeden daha üstün bir hediye vermiş olamaz."[513]* Hz. Enes (ra) anlatıyor: *"Resûlullah (s.a.v) buyurdu ki:*

---

509 Buhârî; Cihâd 138, Edeb 3. Müslim; Birr 5, (2539). Ebu Dâvud; Cihad, 33, (2529). Nesâî; Cihad 5. Tirmizî: Cihad 2, (1671)
510 Lokman; 14
511 Bihar'ul-Envar; c. 17, s. 18
512 Tirmizi; Birr, 33
513 Tirmizi; Birr, 33

"Buluğa erinceye kadar kim iki kız evladı yetiştirirse -parmaklarını birleştirerek- kıyamet günü o ve ben şöyle beraber oluruz."[514]

• Şefkat

Çocuğa karşı şefkatli ve merhametli davranılmalıdır. Çocuklar geleceğin sigortasıdır. Evlatlar nasıl yetiştirilirse o şekilde ebeveyne geri döner. Peygamber Efendimiz (s.a.v)'in hayatında da birçok yerde çocuklarla çocuk olduğunu görürüz. Şöyle tavsiyede bulunurlardı: *"Çocuklarınızı çok öpün; çünkü her öpücüğünüz için (Allah katında) makamlar vardır."*[515]

• Helal gıda

Yukarıdaki hadis-i şerifte de bahsi geçtiği gibi, baba, hem eşini hem çocuklarını helal gıda ile beslemek, helal kazanç ile geçimini sağlamakla yükümlüdür.

• Adalet

Çocuklar arasındaki adalet sağlanmalıdır. Bir çocuğa gösterilen aşırı ilgi, diğer kardeşler arasında kıskançlığa sebep olabilir. Dolayısıyla ailede huzursuzluk ortaya çıkar.

Ebu Hureyre (ra) anlatıyor: *"Bir gün Nebi (s.a.v), Hz. Ali'nin oğlu Hasan'ı öpmüştü. Yanında Habis'in oğlu Akra vardı. O; benim on çocuğum var, hiç birini öpmedim dedi. Rasulullah (s.a.v) onun yüzüne baktı ve: "Merhamet etmeyene merhamet olunmaz."*[516] buyurdu.

Numân İbn Beşîr (ra)'in anlattığına göre: *"Babam bana malının bir kısmını bağışlamıştı. Annem Amrâ Binti Ravâha (ra); "Rasûlullah (s.a.v) buna şahitlik etmedikçe razı olmam" dedi. Babam Allah Rasûlü'nün yanına geldi. Onun bana verilene şahitlik etmesini istiyordu. Rasûlullah Efendimiz ona; "Bunu bütün çocuklarına yaptın mı?" diye sordu. Babam "Hayır" cevabını verdi. Allah Rasûlü (s.a.v); "Allah'tan korkun ve çocuklarınız arasında adaletli davranın!" buyurdu. Babam döndü ve verdiğini geri aldı."*[517]

Başka bir hadis-i şerifte Rasulullah (s.a.v) kız çocuklarıyla erkek çocuklarının arasında fark gözetmemek gerektiğini belirtmiştir: *"Kimin iki kızı olur da bunları öldürmez, alçaltmaz, oğlan çocuklarını bunlara tercih etmezse Allah onu cennete koyar."*[518]

---

514 Müslim; Birr 149, (2631). Tirmizi; Birr 13, (1917)
515 Bihar'ul Envar; c. 23, s.113
516 250 Hadis; 132/165 Buhari, Müslim
517 Sahih-i Buhârî; Hibe (11/ 47), Sahih-i Müslim; Hibe (3/ 1242-1243)
518 Ebu Davud; 5147

Alınacak dersler:

1. Eş seçiminde dikkat edilmesi gereken hususlar sadece güzellik veya mal ol-mamalı, ondan ziyade imanına ve takva sahibi olmasına dikkat edilmelidir. Bu huzurlu bir yuvanın var olması için gerekli olan en mühim noktadır.

2. Kocanın karısı üzerindeki ve kadının kocası üzerindeki haklarından bazı-ları, saygı, şefkat, itaat, sevgi ve Allah rızası için yapılan fedakarlıklardır.

3. Çocukların ebeveynlerine karşı tutumları ve saygı ilk sırada gelir.

26. SOHBET

ÖMER B. ABDÜLAZİZ (RHM)

DOĞUMU: MİLADÎ: 679 (HİCRÎ: 60)
VEFATI: MİLADÎ: 720 (HİCRÎ: 101)
HİLAFETİ: MİLADÎ: 717-720 (HİCRÎ: 99-101)

Allah'ın neyi nasıl takdir ettiğine/edeceğine akıl erdiremeyen insanoğlu bu takdirlerin hikmetini de bilmekten acizdir. İşte, din olarak, ahlak olarak, toplum olarak, ekonomik olarak bir bozulmuşluk, kokuşmuşluk ve fesâdlığın sürdüğü bir ortamda, İslam tarihinin en önemli şahsiyetlerinden birisi olan Ömer bin Abdulaziz'in iktidara gelişindeki takdir de böyle takdirlerden birisidir.

Aslında, Ömer b. Abdulaziz, Muaviye ile birlikte hanedan usulüne dönüşen melillik/krallık idaresinde iktidar sahibi olma imkanı olmayan bir gençtir. Fakat takdir-i ilahî ki, Ömer b. Abdulaziz, Müslümanlara büyük acılar çektiren, ırkçılığın her türlüsünü uygulayan bir yönetim içerisinde iktidar sahibi olacaktır. Bizzat kendi ifadesi ile, kendisi "hâkim (sahip, hüküm/karar verici olmamış,) infazcı (hükümleri yerine getiren kimse) olmuştur.

Ömer b. Abdulaziz'in tüm karakteri ve idaresinin özü buradaki hâkim ve infazcı kelimelerinde gizlidir. Her şeyden önce hâkim, Âlemlerin yaratıcısı Allah-u Teâlâ'dır. O'nun ne istediği de Kur'an'da beyan buyurulmuş, Peygamber Efendimiz Hz. Muhammed Mustafa (s.a.v) tarafından da en ince detaylarına kadar açıklanmıştır. Dolayısı ile bir Müslüman'ın hâkim olması mümkün değildir. Müslüman hâkim olduğunu söylüyorsa, Allah'a ve O'nun elçisine kafa tutuyor demektir. Ama aksine, bir Müslüman infazcıdır. Yani, Allah'ın ve Peygamberinin hükümlerini icra eder, infaz eder. İşte Ömer b. Abdulaziz böyle bir halifedir.

Tarihin garip cilvelerinden birisi de, Ömer b. Abdulaziz'in annesi vasıtasıyla İslam'ın ikinci halifesi Hz. Ömer (r.a.)'ın torunu olmasıdır. Ve, İbn Abdulaziz başında bulunduğu Emevî geleneği ile değil de anası tarafından dedesi olan Hz. Ömer'e yakınlığı ile tanınacaktır. Bu tanınmışlık sırf bir soy birliği değildir. Bu yakınlık, İslam'a, sünnete bağlılık; adaleti şaşmadan uygulamak ve tüm Müslümanları kardeş bilme yakınlığıdır.

Hilafeti döneminde iki buçuk senede, ekonomik olarak insanların yiyecek aş-ekmek bulamadıkları bir yerden, fitre ve zekat alabilecek yoksul bir kimsenin bulunamayacağı bir döneme gelinmiştir.

ÖMER BİN ABDULAZİZ'İN KİMLİĞİ

Ömer b. Abdulaziz'in babası Emevîlerin Mısır valilerinden Abdülaziz bin Mervan'dır. Abdulaziz de insaf ve merhamet sahibi bir validir. Abdulaziz, oğlu Ömer'in sünnete göre yetişmesi için Medine'de ilim tahsili yapmasını istemiş, oğul Ömer de gittiği Medine'de sünnete uygun bir hayat yaşamış ve Allah Resûlü'nün (s.a.v) ashabını tanıyanlara büyük hürmet göstermiştir.

Annesi, İkinci Râşid Halife Hz. Ömer'in oğlu olan Âsım'ın kızı Leyla'dır. Ömer b. Abdülaziz aynı zamanda Emevî halifelerinden Mervân'ın da torunudur.

Ömer b. Abdulaziz, Medine'de Enes b. Mâlik, Sâib b. Yezid, Yusuf b. Abdullah b. Selâm, Abdullah b. Ca'fer Tayyar ve tâbiundan Saîd b. Müseyyib gibi önde gelen ilim ehlinden ilim tahsil eder. Fıkıh, hadîs, edebiyat ve şiir dersleri almış, rivayetlere göre ictihad yapabilecek seviyeye gelmiştir. Zaten, halifeliği döneminde de alimler, onun yanında kendilerini ilim bakımından zayıf hissetmişlerdir. Fakat Ömer b. Abdulaziz ilimdeki bu seviyesini, tevazu ile saklamış, alimlerin de kendi görüş ve ictihadlarını ortaya koymalarına zemin hazırlamıştır.

Fıkıh alimlerinden Meymûn bin Mihrân, Ömer bin Abdülaziz hakkında: *"Alimler, Ömer bin Abdülaziz'in yanında talebeydi"* demiştir. Hocası meşhûr fıkıh alimlerinden Mücâhid de; *"Biz, Ömer bin Abdülazîz'e öğretmek için geldik. Hâlbuki daima ondan öğrenir olduk"* derdi.

Zühd ve takva sahibidir. Dünya malına itibar etmez bir şahsiyettir. Babası Abdulaziz vefat edince amcası Abdülmelik b. Mervan, Ömer'i Medine'den Şam'a getirmiş ve kızı Fatıma ile evlendirmişir. Emevî idaresinin başına kuzeni 1. Velid b. Abdülmelik geçince Velid, Ömer b. Abdülaziz'i Haremeyn'e (Mekke ve Medine) 25 yaşında iken vali olarak atamıştır. Valiliği dönemindeki adaleti ve halk ile içiçe oluşu sebebiyle başta alimler ve tüccarlar, özellikle Irak'daki zalim Haccac b. Yusuf'un idaresinden kaçıp Medine'ye yerleşmişlerdir.

Medine'ye geldiğinde Medine'nin önde gelen 10 alimini toplayıp onlara şöyle demiştir:

"Ey kardeşlerim. Ben Haremeyn'in valiliğine değil, hizmetçiliğine tayin olundum. Asıl mesleğimin adâlet yolundan ayrılmamak olduğunu bilmenizi isterim. Bunun için söz veririm. Gerek zorbalık yapanın, gerekse buna sebep olanın, yolsuzluk yapanın ve doğru yoldan ayrılanın yaptıklarını bana haber vermezseniz bunun mesuliyyeti size

aittir. Sizi ancak bana müşâvir ve muâvin olmak üzere çağırdım. Kendi re'yimle bir iş görmek istemem. Her hususta sizinle müşâvere yapacağım. Ayrıca memurlarımın da ahâliye iyi hizmet etmeleri için onları teftiş ederek, bana yardımcı olacaksınız." dedi. Bu alimler de onun bu isteklerinden memnun olup, kendisine yardımcı oldular.

HALİFELİĞİ

Emevî halifesi Süleyman bin Abdülmelik, kendisinden sonra oğullarının değil de Ömer bin Abdülaziz'in halife olmasını istedi. Vefat edince bu isteği yerine getirildi ve Ömer bin Abdülaziz halife oldu. Bunun üzerine Ömer bin Abdülaziz Allah'a hamd ve senâdan sonra şöyle ilan etti: *"Ey insanlar! Bizimle berâber olacak kimsede şu beş şartı istiyorum:* Bunlar:

1- Bize hâlini bildiremeyecek olan halkımın hâlini anlatmak,

2- Hayırlı işlerde bize yardım etmek,

3- Hayra öncülük etmek,

4- Hiç kimse hakkında gıybet etmemek ve

5- Boş şeyler ile meşgûl olmamak. Bunlar yoksa bize yaklaşmasın."

Ömer bin Abdülazîz halife olduğu sene Medine-i Münevvere'de bulunan, oğlu Abdülmelik'e şöyle yazdı:

"Şahsımdan sonra kendisine nasîhatte bulunup, gözetip, muhafaza etmek mecbûriyetinde olduğum, ilk insan sensin. Hamd, Allah-ü Teâlâ'ya mahsustur. Allah-ü Teâlâ bize çok lütuf ve ihsânda bulundu. O'ndan, ihsân ettiği nîmetlere karşı şükür yapabilme kuvveti vermesini dileriz. Allah-u Teâlâ'nın babana ve sana olan lütfunu hatırla. Kendine, gençliğine ve sıhhatine dikkat et. Eğer hamd (Elhamdülillah), tesbîh (Sübhânallah), tehlil (Lâ ilâhe illallah) diyerek, dilini zikirle meşgûl edebilirsen bunu yap."

Ömer bin Abdülaziz hilafet makâmına geçtiği gün, zamanının tanınmış fıkıh alimlerinden Sâlim bin Abdullah, Recâ bin Hayve ve Muhammed bin Ka'b Kurazî'yi dâvet edip, onlara şöyle sordu:

"Halk her ne kadar bir nîmet olarak görüyorsa da ben bu halîfelik makâmını; taşıyamayacağım bir yük ve çok ağır bir mesûliyet olarak görüyorum. Bu yükün altına girdim. Benim için çâre ve tedbir olarak nasîhatleriniz nedir?"

Onlardan biri dedi ki: *"Yârın kıyâmet günü kurtulmak istersen müslümanların ihtiyarlarını baban, gençlerini kardeşin ve küçüklerini evlâdın bil. O zaman bütün müslümanlara, kendi evindeki, ana-baba, kardeş ve evlâdın gibi muâmele etmiş olursun."*

Ömer bin Abdülaziz de bu nasihate uydu tüm Müslümanları kardeş bildi.

İLK İCRAATI

Bugün tüm Müslümanların hutbelerde dinlediği Nahl suresinin 90. ayeti Ömer bin Abdulaziz'in hilafete geldi andan itibaren hutbelerde mutlaka okunan ayet olmuştur. Bu ayette şöyle buyurulur:

إِنَّ اللَّهَ يَأْمُرُ بِالْعَدْلِ وَالْإِحْسَانِ وَإِيتَاءِ ذِي الْقُرْبَى وَيَنْهَى عَنِ الْفَحْشَاءِ وَالْمُنْكَرِ وَالْبَغْيِ يَعِظُكُمْ لَعَلَّكُمْ تَذَكَّرُونَ

"Şüphesiz ki Allah, size adaleti, iyilik yapmayı ve yakınlara bakmayı emreder; hayasızlıktan, fenalıktan ve azgınlıktan nehyeder. Öğüt almanız için size böyle öğüt verir."[519]

Bu ayet, Ömer b. Abdulaziz'in temel idare anlayışını yansıttığı kadar, Emevî Meliki Yezid tarafından hutbelerde Ehl-i Beyt'i kötüleyen cümlelerin yerine konulmuştur. Yani Ömer b. Abdulaziz kardeşlik anlayışını bu ayetle yerleştirmiş, Ehl-i Beyt'e sövmeyi men etmiştir.

Ömer bin Abdülaziz, dine sokulan bid'atleri ortadan kaldırıp, unutulmuş sünnetleri meydana çıkarmaya çalıştı. Hadîs-i şerîfleri toplatıp, kitap hâline getirdi. Mezhepler hakkında; *"Ashab-ı kirâmın ictihadları farklı olmasaydı, dinde ruhsat, kolaylık olmazdı."* şeklinde düşünürdü. Hazret-i Ali (ra) ile ictihad ayrılığından muharebe edenler için de: *"Allah-ü Teâlâ, ellerimizi bu kanlara bulaşmaktan koruduğu gibi, biz de dilimizi tutup, bulaştırmayalım!"* derdi. O dönemlerde Ehl-i Beyt ve Hz. Ali için böyle olumlu hükümlerde bulunmak tamamıyla yasaktı. Bu yüzdendir ki, Ömer b. Abdulaziz, Emevî baskısına rağmen hâlâ Ehl-i Beyti seven Müslümanları da kucaklayan çığırı açmıştır.

Öte yandan, Emevîler döneminde, Araplar haricindeki sonradan Müslüman olan herkesten cizye alınmaya başlanmış, Arap olmayan Müslümanlar ikinci sınıf muamelesi görmüştür. Ömer b. Abdulaziz bu uygulamayı da kaldırmış, tüm Müslümanları eşit ilan etmiştir.

Devletin gelirlerini artırmış ancak, kendisi başta olmak üzere, ailesine ve diğer Emevî mensuplarına hazineden yapılan yardımları kesmiş, bu yardımları Müslümanlara ve zaman zaman da gayr-ı Müslim tebaya dağıtmıştır. Adaleti herkesi sevindirmiş ülke huzurlu bir İslam beldesi hâline gelmiştir.

Rivayet edilir ki, devrinin âlim ve velîlerinden Mâlik bin Dinâr hazretleri anlatır: "Ömer bin Abdülaziz halîfe olduğunda bir çobanın şöyle dediği işitildi: *"Acaba bu temiz, âdil halife kimdir?"* Çobana; *"Böyle olduğunu nereden anladın?"* diye sorulduğunda; vazîfesi dağ bayır demeyip koyun otlatan, çeşitli yırtıcı hayvanların tehlikesini pek iyi bilen çoban, sâfiyetle bulduğu teşhisiyle şu cevâbı verdi: *"Âdil bir halife başa geçince, kurtlar kuzulara saldırmaz. Oradan anladım."*

---

519 Nahl suresi; 16: 90

ZÜHDÜ ve TAKVASI

Ömer b. Abdulaziz'in zühdü pek çok zahidi imrendirecek cinstendir. Halife olduğunda başta kendisine hizmet eden cariyeler, köleler ve hizmetçiler olmak üzere kendi hanımı Fatıma'ya: *"Üzerimize çok ağır bir yük yüklendi. Ve ben size halkın malından bir şey veremem. Hepiniz serbestsiniz!"* dedi. Hanımı Fatıma: *"Ben, senin seçtiğin hayatı seçtim"* diyerek yanından ayrılmadı. Hizmetçileri de yanında kaldı.

Anlatılır ki, bir Cuma namazını kıldırdıktan sonra, insanların arasında oturdu. Sırtındaki elbisenin iki tarafı da yamalı idi. Birisi kendisine; *"Ey müminlerin emîri! İmkânlarınız var. Daha kıymetli elbise giyseniz olmaz mı?"* dedi. Ömer bin Abdülaziz bir müddet düşündü ve başını kaldırıp; *"Varlıklı halde iken iktisad etmek ve hakkını almaya gücü yettiği halde affetmek, hakkını helâl etmek çok makbûl ve çok fazîletlidir"* diye cevap verdi..

Zamanın zahidlerinden Mâlik bin Dinâr Ömer b Abdulaziz hakkında: *"Dili dönen, zâhidim deyip duruyor. Zâhid, Ömer bin Abdülaziz gibi olur. Dünya onun ayağına geldiği halde hepsini reddeder."* demiştir.

Valilerine üç şeyi emrederdi: *"Peygamber'in sünnetini ihya etmek ve bid'ate meydan vermemek, zulmü kaldırmak, yoksullara dağıtmak."*

SÖZLERİNDEN BİRKAÇI

Bir valisine şöyle yazmıştı: *"Kûfe ehli belâ, şiddet ve kötü valilerin başlattığı pis muamelelere maruz kalmışlardır. Dinin kıvamı, özü, adalet ve ihsandır. Sana nefsinden daha mühim bir şey olmasın, çünkü günahın azı olmaz."*

Bir gün etrafındakiler Ömer bin Abdülaziz'e; *"İnsanların en ahmağı kimdir."* diye sorunca; *"Âhiretini dünyâ için satan, ahmaktır, âhiretini başkasının dünyâsı için satan daha da ahmaktır."* dedi.

Bir başka valisine şöyle yazdı: *"Ellerini müslümanların kanından, mideni malından, dilini ırzından uzak tut! Böyle yaparsan sana zeval yoktur."*

Büyük alimlerden Süfyân-ı Sevrî hazretleri ve İmâm-ı Şâfiî hazretleri; *"Halifeler beştir; Ebû Bekir, Ömer, Osman, Ali ve Ömer bin Abdülazîz'dir."* demişlerdir.

Ömer bin Abdulaziz, bir sultan, bir melik, bir hâkim olmamış, Müslümanca bir hayat yaşamıştır. Onun hayatı şu ayete göre şekillenmiş, ümmet de ona 5. Halifemiz diyerek şahitlik etmiştir:

الَّذِينَ إِن مَّكَّنَّاهُمْ فِي الْأَرْضِ أَقَامُوا الصَّلَاةَ وَآتَوُا الزَّكَاةَ وَأَمَرُوا بِالْمَعْرُوفِ وَنَهَوْا عَنِ الْمُنكَرِ وَلِلَّهِ عَاقِبَةُ الْأُمُورِ

"Onlar (o müminlerdir) ki, eğer kendilerini yeryüzünde iktidar mevkiine getirirsek namazı kılarlar, zekatı verirler, iyiliği emrederler ve fenalığı yasak ederler. Bütün işlerin sonu sırf Allah'a âittir."[520]

Alınacak Dersler:

1. Ömer bin Abdulaziz'e göre idarede görev alan kimselerin özelliği şöyle olmalıdır: *"Ey insanlar! Bizimle berâber olacak kimsede şu beş şartı istiyorum. Bunlar: Bize hâlini bildiremeyecek olan halkımın hâlini anlatmak, hayırlı işlerde bize yardım ve hayra delâlet eylemek, kimse hakkında gıybet etmemek ve boş şeyler ile meşgûl olmamak. Bunlar yoksa bize yaklaşmasın."*

2. Müslüman Müslümana: *"Yârın kıyâmet günü kurtulmak istersen müslümanların ihtiyarlarını baban, gençlerini kardeşin ve küçüklerini evlâdın bil. O zaman bütün müslümanlara, kendi evindeki, ana-baba, kardeş ve evlâdın gibi muâmele etmiş olursun"* ilkesine göre davranır.

3. Ömer bin Abdulaziz zühdü: *"Varlıklı halde iken iktisad etmek ve hakkını almaya gücü yettiği halde affetmek, hakkını helâl etmek çok makbûl ve çok fazîletlidir"* şeklinde anlamıştır.

---

520 Hac suresi; 22: 41

215

27. SOHBET

EMR-İ Bİ'L MA'RÛF NEHY-İANİ'L MÜNKER (I)

2) Emr-i bi'l-Ma'rûf ve Nehy-i Ani'l-Münker Farz-ı Kifâye'dir

İyiliği emretme ve kötülüğü yasaklayıp ondan alıkoyma, mü'minlere emredilen hususlardandır. Rabbimiz Âl-i İmrân suresinde bu hususu şöyle ferman buyurmaktadır:

وَلْتَكُنْ مِنْكُمْ أُمَّةٌ يَدْعُونَ إِلَى الْخَيْرِ وَيَأْمُرُونَ بِالْمَعْرُوفِ وَيَنْهَوْنَ عَنِ الْمُنْكَرِ وَأُولَٰئِكَ هُمُ الْمُفْلِحُونَ

"Sizden, hayra da'vet eden, emr-i bi'l-ma'rûf ve nehy-i ani'l-münker yapan (iyiliği emredip kötülüğü men eden) bir topluluk bulunsun. İşte onlar kurtuluşa erenlerdir." [521]

Bu âyetle ma'rûfun emredilmesi ve münkerden menedilmesi işi bütün İslâm ümmetine farz kılınmıştır. İslâm ulemâsı bu görevi ümmet içinden bir grubun yapmasıyla diğerlerinden sorumluluğun kalkacağını, ancak hiç kimsenin yapmaması halinde bütün Müslümanların sorumlu ve günahkâr olacağını söylemiştir. [522]

3) Emr-i Bi'l-Ma'rûf ve Nehy-i Ani'l-Münker; Anlamı

Üzerimize farz kılınan bu görevi îfâ edebilmemiz için, öncelikle emr-i bi'l-ma'rûf ve nehy-i ani'l-münker'den ne anlamamız gerektiği hususunu bilmemiz gerekir.

Ma'rûfu emretmek, iman ve itaate çağırmak; *Münkerden nehyetmek* de, küfür ve Allah'a başkaldırmaya karşı durmak demektir. [523]

Şöyle de diyebiliriz: *Emr-i bi'l-Ma'rûf ve Nehy-i Ani'l-Münker*, İyiliği emretme ve kötülüğü yasaklayıp ondan alıkoyma demektir.

Ma'rûf, şerîatın emrettiği; *münker* de, şerîatın yasakladığı şey demektir. Başka bir deyimle Kur'an ve sünnete uygun düşen şeye *ma'rûf*, Allah'ın râzı olmadığı, haram ve günah olan şeye de *münker* denilir. [524]

---

521 Âl-i İmrân suresi; 3: 104
522 M. Hamdi Yazır; Hak Dini Kur'an Dili, II/1155
523 Kadı Beydâvî; Envârü't-Tenzîl, 2/232
524 Râğıb el-İsfahânı; el-Müfredât, s.505

Kısaca, ma'ruf'tan maksat, Allah'ın emir ve tavsiye ettiği söz, fiil ve davranışlardır. Buna göre ma'ruf, farz, vâcip, nafile ve mendup hükmünde olan her ameli içine almaktadır. Mesela beş vakit namaz, zekat, sadaka, gibi belli ibadetler ile anne-babaya iyilik etmek, insanlarla iyi geçinmek de ma'ruf kapsamında yer alır. Kısaca, *ma'ruf*, hayrın, faziletin, hakkın ve adaletin kendisidir. Rasûlullah'ın emrettiği her şeydir. Dinde ve insanların adetlerinde kötü olmayan şey, nefsin kabul edip sükûn bulduğu, aklen ve dînen güzel olduğu kabul edilen söz ve davranış, iman, taat, insanların genel düşünce çerçevesinde aklın kabul edip reddetmediği şeylerdir.

Aynı şekilde, *münker* de, hırsızlık, zina, iftira, cana kıymak, gıybet ve dedikodu yapmak gibi açıkça yasaklanan işler ile, insan tabiatının hoş karşılamayacağı, toplumun ve bireylerin huzur ve sükununa zarar verecek her türlü söz, davranış ve işleri kapsamı içine alır.

Rasulullah Uyarıyor!

Efendimiz (s.a.v), böylesine önemli bir görev noktasında ihmalkâr ve gevşek kalmaya asla müsaade etmiyor ve bizleri ikaz edercesine buyuruyor ki:

عَنْ حُذَيْفَةَ بْنِ الْيَمَانِ، عَنِ النَّبِيِّ صلى الله عليه وسلم قَالَ وَالَّذِي نَفْسِي بِيَدِهِ لَتَأْمُرُنَّ بِالْمَعْرُوفِ وَلَتَنْهَوُنَّ عَنِ الْمُنْكَرِ أَوْ لَيُوشِكَنَّ اللهُ أَنْ يَبْعَثَ عَلَيْكُمْ عِقَابًا مِنْهُ ثُمَّ تَدْعُونَهُ فَلاَ يُسْتَجَابُ لَكُمْ

"Ya iyiliği emreder ve kötülükten alıkoymaya çalışırsınız veya Allah kendi katından sizin üzerinize bir azap gönderir de dua edersiniz ama duanız kabul edilmez"[525]

Meseleye bu zaviyeden bakılınca, duaların bile kabul edilmemesinin temelinde yatan şeyin, iyiliği emretmemek ve kötülüğe engel olmamak olduğunu görmek mümkündür.

Sevaptan ve Günahtan Pay Var

Hayra öncülük etmek, hayra çağırmak ve bu vesile ile bir kişinin hayırlar içerisinde olmasına vesile olmak, o kişi hayatta olduğu sürece sevap defterinin kapanmamasına sebeptir. Bunun tam zıddı da böyledir. Yani kötülüğe çağıran, bir kimsenin kötülük içerisinde olmasına sebep olan, kötülüğüne sebep olduğu şahıs kötülük işlediği müddetçe günah defteri kapanmayacaktır.

Nitekim Efendimiz (s.a.v) şöyle buyurmaktadır:

---
525 Ebu Davud; Melâhim, 16. Tirmizi; Fiten, 9

عَنْ أَبِي هُرَيْرَةَ، أَنَّ رَسُولَ اللهِ صلى الله عليه وسلم قَالَ: مَنْ دَعَا إِلَى هُدًى كَانَ لَهُ مِنَ الْأَجْرِ مِثْلُ أُجُورِ مَنْ تَبِعَهُ لَا يَنْقُصُ ذَلِكَ مِنْ أُجُورِهِمْ شَيْئًا وَمَنْ دَعَا إِلَى ضَلَالَةٍ كَانَ عَلَيْهِ مِنَ الْإِثْمِ مِثْلُ آثَامِ مَنْ تَبِعَهُ لَا يَنْقُصُ ذَلِكَ مِنْ آثَامِهِمْ شَيْئًا

"İnsanları doğru yola çağıran kimseye, kendisine uyanların sevabı gibi sevap verilir. Ona uyanların sevaplarından da hiçbir şey eksilmez. Başkalarını sapıklığa çağıran kimseye de, kendisine uyanların günahı gibi günah verilir. Ona uyanların günahlarından da hiçbir şey eksilmez."[526]

İnsanlık Helaktedir, İyiliği Emredenler Hariç

Kurtuluşa giden yolun rotası tarif edilirken, hakkın ve sabrın tavsiyesi omuzlarımıza yüklenen bir görev olarak karşımıza çıkıyor. Rabbimiz buyuruyor ki:

وَالْعَصْرِ إِنَّ الْإِنْسَانَ لَفِي خُسْرٍ إِلَّا الَّذِينَ آمَنُوا وَعَمِلُوا الصَّالِحَاتِ وَتَوَاصَوْا بِالْحَقِّ وَتَوَاصَوْا بِالصَّبْرِ

"Andolsun zamana ki, insan gerçekten ziyan içindedir. Ancak, iman edip de sâlih ameller işleyenler, birbirlerine hakkı tavsiye edenler, birbirlerine sabrı tavsiye edenler başka (Onlar ziyanda değillerdir)."[527]

Bu sure, yani Asr suresi, iyiliği emretmeyen kişinin, sadece amellerle helakten kurtulmasının mümkün olmayacağını haykırıyor adeta.

Emr-i bi'l-Ma'rûf ve Nehy-i Ani'l-Münker Bir İman Meselesidir

Mü'minler, dünyadaki en hayırlı toplumdur ve iyiliği emreden, kötülükten alıkoyan en güzel ahlâkla yetişmiş bir ümmettir. Bu toplumun korunması için dinin en önemli ilkeleri olan iyiliğe, doğruluğa, güzelliğe çağırmak emredilmiştir.

İslâm toplumunun sağlıklı bir yapıya kavuşup bu halinin devamını sağlamak için *"iyiliği emir ve kötülükten nehiy"* esasını getirmiştir. Bir İslâm toplumunda, Müslüman, daima iyi, güzel ve hayırlı olan işlerin yanındadır. Kötü, çirkin ve zararlı olan işlerin de tabii olarak karşısında bulunur. Böylece, İslâm toplumunda kendiliğinden iyilikler güç bulur ve yayılır. Kötülükler ise güçlenme imkânı bulamaz.

Mü'minlerin nitelikleri bir âyette şöyle belirleniyor:

---

526 Müslim; İlim 16
527 Asr suresi; 103: 1-3

وَالْمُؤْمِنُونَ وَالْمُؤْمِنَاتُ بَعْضُهُمْ أَوْلِيَاءُ بَعْضٍ يَأْمُرُونَ بِالْمَعْرُوفِ وَيَنْهَوْنَ
عَنِ الْمُنْكَرِ وَيُقِيمُونَ الصَّلَاةَ وَيُؤْتُونَ الزَّكَاةَ وَيُطِيعُونَ اللهَ وَرَسُولَهُ أُولَئِكَ
سَيَرْحَمُهُمُ اللهُ إِنَّ اللهَ عَزِيزٌ حَكِيمٌ

"İman eden erkek ve kadınlar birbirinin dostudurlar. Onlar iyiliği emreder, kötü-lükten ise nehyederler. Namazı kılarlar, zekâtı verirler. İşte Allah, onlara rahmet ede-cektir. Çünkü Allah azîzdir, hakîmdir."[528]

Müslüman Tavır Koymasını Bilmelidir

Kötülüğe engel olmada izlenecek yolu da Rasûlüllah (s.a.v.) şöyle belirlemiştir:

عَنْ أَبِي سَعِيدٍ الْخُدْرِيِّ رضي الله عنه قَالَ: سَمِعْتُ رَسُولَ اللهِ صلى الله عليه
وسلم يَقُولُ: مَنْ رَأَى مِنْكُمْ مُنْكَرًا فَلْيُغَيِّرْهُ بِيَدِهِ فَإِنْ لَمْ يَسْتَطِعْ فَبِلِسَانِهِ فَإِنْ لَمْ
يَسْتَطِعْ فَبِقَلْبِهِ وَذَلِكَ أَضْعَفُ الْإِيمَانِ

"Sizden kim bir kötülük görürse onu eliyle değiştirsin; buna gücü yetmezse diliyle onun kötülüğünü söylesin; buna da gücü yetmezse kalbiyle ona buğzetsin. Bu ise ima-nın en zayıf derecesidir."[529]

Peygamberimiz çirkin ve haksız bir işi gören Müslümanın, buna sessiz kalmaya-rak tavır koymasını öğütlüyor ve bu tavrın üç şekilde olabileceğini söylüyor: Gücü yetiyorsa onu eliyle men eder. Bu görev yöneticilere aittir. Böylece kötülük önlen-miş olur. Buna gücü yetmiyorsa nasihat eder. Kötülüğün zararlarından söz eder. Bunda başarılı olursa yine kötülük önlenmiş olur. Buna da gücü yetmiyorsa o işi onaylamadığını tavırlarıyla belli eder, destek vermez. Onun bu tavrı etkili olabilir ve kötülüğün yayılmasına engel olur.

Kötülüklere en azından kalben tavır koyamayanların, hele hele kötülüğe des-tek verip teşvik edenlerin imanî durumlarının ne olacağı bu hadisi şerifte çok net bir şekilde ifade edilmiştir. Rabbim imanımızı muhafaza buyursun.

Hz. Ali (ra)'ın şöyle dediği nakledilir:

"İlk yenik düşeceğiniz cihad, elinizle yapacağınız cihattır. Sonra dilinizle yapaca-ğınız cihad da yenik düşeceksiniz, sonra da kalbinizle yapacağınızda... Sonra kalb iyiyi iyi olarak bilmediği; kötüyü kötü görmediği zaman alçalır, alt üst olur."[530]

---

528 Tevbe; 9: 71
529 Müslim; İman 78. Tirmizî; Fiten 11
530 İhyâû Ulûmi'd Din; V, 345).

Kur'an'dan İbretli İkazlar

Kur'ân, geçmiş peygamberlerin uyarılarına kulak asmayan, emr-i bi'l-ma'ruf görevini dikkate almayan toplumların karşılaştıkları acı sonuçları, ibret tabloları halinde önümüze sermektedir.

لُعِنَ الَّذِينَ كَفَرُوا مِنْ بَنِي إِسْرَائِيلَ عَلَى لِسَانِ دَاوُودَ وَعِيسَى ابْنِ مَرْيَمَ ذَلِكَ بِمَا عَصَوْا وَكَانُوا يَعْتَدُونَ كَانُوا لَا يَتَنَاهَوْنَ عَنْ مُنْكَرٍ فَعَلُوهُ لَبِئْسَ مَا كَانُوا يَفْعَلُونَ

"İsrail oğullarından inkar edenler, Davud ve Meryem oğlu İsa'nın da dili ile lanetlendi. Bu, onların isyan etmeleri ve hadlerini aşıyor olmalarından ötürüydü. Onlar işledikleri herhangi bir fenalıktan birbirini vazgeçirmeye çalışmazlardı. Yapmakta oldukları şey ne kötü idi."[531]

İbn Mes'ud (ra) de, aynı konuyla alakalı şöyle bir hadiseyi naklediyor bizlere:

"Bir köy halkı isyana dalmıştı. Onların günahlarını, içlerinden ancak dört kişi hor görüyordu. İçlerinden biri kalkıp 'Siz şu şu günahları işliyorsunuz' dedi ve onları menedip yaptıklarının çirkinliğini onlara teker teker söyledi. Onlar da ona karşılık aynı şekilde cevap verdiler ve yaptıklarından vazgeçmediler. Bu zat onlara küfretti, onlar da buna küfrettiler. Bu zat onlarla kavga etti, onlar da karşılık verip mağlup ettiler. Bu kişi mağlup olduktan sonra tenhaya çekilip:

- Ya Rabbî! Ben onları menettim. Bana itaat etmediler. Onlara küfrettim, onlar da bana küfrettiler. Onlarla kavga ettim, beni mağlup ettiler' dedikten sonra çekip gitti.

O gittikten sonra başka biri kalktı. O milleti haram işlemekten alıkoymaya çalıştı. Ona da itaat etmediler. Küfredip karşılık verdiler, o da uzlete çekilip:

- Ey Allah'ım! Ben onları menettim bana itaat etmediler. Kendilerine küfrettim, bana karşılık verdiler. Eğer kavga etseydim beni mağlup edeceklerdi' dedikten sonra çekip gitti.

Bundan sonra üçüncüsü kalktı, Onları alıkoymaya çalıştı. Ona da itaat etmediler. Tenhaya çekildi ve:

- Ya Rabbî! Ben onları menettim, bana itaat etmediler. Eğer onlara küfretseydim muhakkak bana küfredeceklerdi. Eğer kavga etseydim beni mağlup edeceklerdi' dedikten sonra çekip gitti.

Sonra dördüncüsü kalkıp:

---

531 Maide suresi; 5: 78-79

- Ya Rabbî! Muhakkak eğer ben onları menetmeye çalışmaya kalksaydım isyan eder-lerdi. Küfretseydim bana küfrederlerdi. Eğer kavga etseydim beni mağlup ederlerdi' de-dikten sonra o da çekip gitti.

İbn Mes'ud (ra) sonunda şöyle der:

- Dördüncü kişi, derece bakımından onların en eksiğidir. Fakat sizin içinizde onun gibisi de azdır.

İbn Abbas (ra)'ın rivayetine göre Hz. Peygamber (s.a.v)'e şöyle sorulur: - Acaba köyde salih kimseler olduğu halde köy helâk olur mu? Efendimiz: Evet! dedi. Sahabe-ler: Neden? diye sorunca şu cevabı verdi:

O salih kişilerin gevşekliğinden, Allah'a karşı yapılan isyanlara ses çıkarmamala-rından dolayı helâk olurlar. [532]

Alınacak Dersler:

1) İyiliği emretmek, kötülüğü önlemek her Müslümanın üzerine düşen bir gö-revdir.

2) Allah ve Rasulü'ınün razı ve hoşnut olduğu her şey maruftur ve her Müslü-man onları hem yapmalı hem de duyurmalıdır.

3) Allah ve Rasulü'ınün razı ve hoşnut olmadığı her şey münkerdir ve her Müs-lüman ondan uzak durmalıdır.

4) Bu önemli görevin ihmali, diğer dini görevlerin tatbik edilmesine de engel olur.

5) Herkes bildiğinin alimi, bilmediğinin de talibidir. Bildiklerini anlatmak, bilmediklerini de öğrenme gayreti içinde olmak her Müslümanın mükel-lef olduğu şeydir.

---

[532] Bezzar, Taberânî,

28. SOHBET

EMR-İ Bİ'L MA'RÛF NEHY-İ ANİ'L MÜNKER (II)

Kötülük Virüsünün Yayılmasına Engel Olmak Gerek

Müslümanlar bu görevlerini yapmazlarsa kötülükler ve haksızlıklar alabildiğine yayılır. İlk anda o kötülüğün zararı sadece onu yapanda kalacağı sanılır ama öyle olmaz. Bulaşıcı bir hastalık gibi toplumu sarar ve o kötülükten toplum büyük zarar görür.

Peygamberimiz, kötülüğe karşı tavır koymanın topluma getireceği felaketi bir örnekle şöyle açıklar:

"Yolcular gemideki yerlerini kur'a ile belirlerler. Kur'a sonucu bir kısmı geminin üst katına, bir kısmı da alt katına yerleşir. Alt kata yerleşenler, burada su olmadığı için su ihtiyaçlarını görmek üzere üst kata çıkmak durumundadırlar. Su almak için üst kata çıktıkları vakit, üst kattakilerin yanından geçiyorlar. Bunun üzerine kendi aralarında konuşurlar: "Payımıza düşen alt katta bir delik açsak da, su ihtiyacımızı buradan görsek ve yukardakileri rahatsız etmesek iyi olur" derler ve geminin alt kısmında bir delik açmaya başlarlar. Şimdi üst kattakiler bunları gördükleri halde bu yaptıkları işe göz yumar, ses çıkarmayacak olurlarsa, açılan delikten içeriye su dolar ve gemi batar. Böylece sadece deliği açanlar değil, gemide olan hepsi boğulur. Eğer üst kattakiler onları bu işden men ederlerse kendileri de kurtulur, onları da kurtarmış olurlar."[533]

Emr-i bi'l-Ma'rûf ve Nehy-i Ani'l-Münker Sabrı Gerektirir

Kur'an'ın temel hedeflerinden biri de, insanları mutlu etmek, onlara düzenli, âhenkli bir toplumda yaşamalarını sağlamaktır. Bu amacın gerçekleşmesi yolunda iyiliği emredip kötülüğü engelleme görevinin ne derece önem taşıdığı açıktır.

Bu önemli görev yerine getirilirken, birtakım güçlüklerle karşılaşılacaktır, bu tabii bir şeydir. İşte Kur'an bu noktada da çıkış yolunu gözler önüne sermektedir. Nitekim Rabbimiz, Lokman (a.s.)'ın oğluna yaptığı nasihat üzerinden bize şu mesajı vermektedir:

---

533 Buhârî; Şirket, 6.

يَا بُنَيَّ أَقِمِ الصَّلَاةَ وَأْمُرْ بِالْمَعْرُوفِ وَانْهَ عَنِ الْمُنْكَرِ وَاصْبِرْ
عَلَى مَا أَصَابَكَ إِنَّ ذَلِكَ مِنْ عَزْمِ الْأُمُورِ

"Yavrum! Namaz kıl, iyiliği emret, kötülükten vazgeçir ve başına gelene sabret, bunlar yapılması gereken işlerdir."[534]

Bu âyet-i kerime ile iyiliği emredip kötülükten men edenlerin sıkıntıya düşebileceklerine işaret edilirken, sabırlı olmaları da ayrıca öğütlenmektedir.

Ayet-i kerimede üç temel esasa işaret edilmektedir. Bunlar: *Namaz kılmak, iyiliği emredip kötülükten sakındırmak ve başa geleceklere sabretmektir.*

Sabır, karşılaşılan her türlü güçlük ve engelin aşılmasında takınılacak temel tavırdır.

Sözü Yumuşak Söylemek Esastır

İman eden her insan, dünya hayatı boyunca sürekli güzellikleri, yani tevhid ve Allah'a itaatı, güzel ahlâkı anlatmakla, bizzat kendisi yaşamakla ve insanlara da güzellikleri tavsiye edip onları kötülüklerden sakındırmakla yükümlüdür. Bu dâveti yaparken birbirlerinin hevâlarını ve hoşnutluklarını değil; öncelikle Allah'ın rızâsını gözetmeleri ve hakkı açıkça söylemekten çekinmemeleridir. Bu, karşılarındaki kişinin nefsine ters düşecek bir konu da olsa, böyledir. Önemli olan, söyleyeceği şeyin o kişiye fayda vermesi, hatasını düzeltmesine, Allah'a yakınlaşmasına vesile olmasıdır. Ancak, bir kişinin Kur'an'a göre eksik ya da hatalı bir yönünü uyarmadan önce, nasıl söylerse daha etkili ve yapıcı olabileceğini, yani konuşmanın usûl ve üslûp yönüyle de güzel olmasını düşünmelidir.

Bu hususta Rabbimiz şöyle buyurur:

اذْهَبَا إِلَى فِرْعَوْنَ إِنَّهُ طَغَى فَقُولَا لَهُ قَوْلًا لَيِّنًا لَعَلَّهُ يَتَذَكَّرُ أَوْ يَخْشَى

"Firavun'a gidin. Çünkü o, iyiden iyiye azdı. Ona yumuşak söz söyleyin. Belki o, aklını başına alır veya korkar." [535]

İyiliği emretme ve kötülüğü yasaklamada dikkat etmemiz gereken hususlar vardır:

Her şeyden önce, ma'rufu ve münkeri çok iyi bilmemiz gerekir. Zan ve tahmine göre hareket etmemeliyiz. Zira yüce Allah:

يَا أَيُّهَا الَّذِينَ آمَنُوا اجْتَنِبُوا كَثِيرًا مِنَ الظَّنِّ إِنَّ بَعْضَ الظَّنِّ إِثْمٌ

---

534 Lokman suresi; 31: 17
535 Tâhâ suresi; 20: 43-44

"Ey iman edenler! Zandan sakının. Bazı zanlar günahtır"[536] buyuruyor. Ayrıca insanların gizli hallerini asla araştırılmamalıyız. Yüce Allah kitabında: وَلَا تَجَسَّسُوا *"Birbirinizin gizli hallerini gözetlemeyin ve araştırmayın!"*[537] diye ferman etmiştir. Emrettiğimiz ve nehyettiğimiz hususları öncelikle bizzat kendimiz yapmalı ve örnek olmalıyız. Nitekim yüce Allah:

$$أَتَأْمُرُونَ النَّاسَ بِالْبِرِّ وَتَنْسَوْنَ أَنْفُسَكُمْ وَأَنْتُمْ تَتْلُونَ الْكِتَابَ أَفَلَا تَعْقِلُونَ$$

"Siz başkalarına iyiliği tavsiye eder de kendi nefsinizi unutur musunuz? Aklınız yok mu?"[538] diye bizleri ikaz etmektedir.

Her zaman edebe uymamız gerektiği gibi *Emr-i bi'l-Ma'rûf ve Nehy-i Ani'l-Münker konusunda* da edebe riayet etmeniz gerekir. Bu nedenle *"Bî edeb mahrum bâşed, ez lutf-i Rab"* yani *"Edepsiz Allah'ın rahmetinden mahrum kalır"* denmiştir.

"Her Koyun Kendi Bacağından Asılır" Yanlışı

Müslüman duyarlı olmalı ve toplumda meydana gelen olaylara ilgisiz kalmamalı ve *"Bana ne! Her koyun kendi bacağından asılır"* dememelidir. Her koyun dünyada değil, ahirette kendi bacağından asılacaktır. Nitekim Kur'an-ı Kerim'de şöyle buyrulmaktadır:

$$وَاتَّقُوا فِتْنَةً لَا تُصِيبَنَّ الَّذِينَ ظَلَمُوا مِنْكُمْ خَاصَّةً وَاعْلَمُوا أَنَّ اللهَ شَدِيدُ الْعِقَابِ$$

"Öyle bir fitneden sakının ki o, içinizden sadece zulmedenlere erişmekle kalmaz (topluma sirayet eder ve hepsini perişan eder). Biliniz ki, Allah'ın azabı şiddetlidir."[539]

Öyle günah ve kötülükler var ki, sadece o günahı işleyenleri ve o kötülüğü yapanları etkilemekle kalmaz, o günahı işlememiş, o kötülüğe bulaşmamış olanlara da erişir. Bir çok suçsuzları da gelir bulur. Kurunun yanında yaş da yanar. Bugün toplumumuzda hepimizi rahatsız eden sosyal olayların kaynağında bu ihmalimiz vardır.

Sonuç olarak ayet ve hadislerin uyarılarına kulak verelim ve toplumun zararına olacak haksız tutum ve davranışlara kayıtsız kalmayalım. Peygamberimizin işaret buyurduğu ölçüler içerisinde görevlerimizi hakkıyla yapalım.

---

536 Hucurât suresi; 49: 12
537 Hucurât suresi; 49: 12
538 Bakara suresi; 2: 44
539 Enfal suresi; 8: 25

Alınacak Dersler:

1) İyilik yapılamıyorsa bile, kötülük yapmamak, güç yetirilebiliyorsa kötülüğe engel olmak gerekir.

2) İbadetleri yapmakta da haramlardan sakınmakta da sabra sarılmak gerekir.

3) Emrederken de yasaklarken de yumuşak davranmak gerekir. Kırıcı ve dağıtıcı üslup bir Müslümanın üslubu olamaz. *"Tatlı dil yılanı deliğinden çıkarır."*

4) Nemelazımcılığı terk etmemiz gerekir. Her ne kadar "her koyun kendi bacağından asılacak" olsa da kokusu bir mahalleyi çirkin kokuya boğabilir.

29. SOHBET

FARKLILIKLARIMIZ ALLAH (CC)'IN ESERİDİR; İBRET ALALIM

عَنْ أَنَسٍ رَضِيَ اللهُ عَنْهُ قَالَ كَانَ غُلاَمٌ يَهُودِيٌّ يَخْدُمُ النَّبِيَّ صَلَّى اللهُ عَلَيْهِ وَسَلَّمَ فَمَرِضَ فَأَتَاهُ النَّبِيُّ صَلَّى اللهُ عَلَيْهِ وَسَلَّمَ يَعُودُهُ فَقَعَدَ عِنْدَ رَأْسِهِ فَقَالَ لَهُ أَسْلِمْ فَنَظَرَ إِلَى أَبِيهِ وَهُوَ عِنْدَهُ فَقَالَ لَهُ أَطِعْ أَبَا الْقَاسِمِ صَلَّى اللهُ عَلَيْهِ وَسَلَّمَ فَأَسْلَمَ فَخَرَجَ النَّبِيُّ صَلَّى اللهُ عَلَيْهِ وَسَلَّمَ وَهُوَ يَقُولُ الْحَمْدُ لِلّهِ الَّذِي أَنْقَذَهُ مِنَ النَّارِ

Hz. Enes b. Malik (r.a.) anlatıyor: "Peygamberimiz Efendimiz (s.a.v)'ın hizmetinde bulunan Yahudi bir çocuk vardı. Bir gün hastalandı. Peygamberimiz, onu ziyarete gitti, başucuna oturdu ve ona, "Müslüman olmasını" teklif etti. Çocuk, düşüncesini öğrenmek için, yanında bulunan babasının yüzüne baktı. Babası: Ebü'l-Kâsım'ın çağrısına uy, deyince, çocuk da Müslüman oldu. Bunun üzerine Hz. Peygamber (sa.) *"Şu yavrucağı cehennemden kurtaran Allah'a hamdolsun."* buyurdular.[540]

Hadis-i şeriften anlıyoruz ki, Müslümanlarla Müslüman olmayan insanlar Medine-i Münevvere'de gayet uyumlu bir şekilde iç içe yaşıyorlar, aralarında müthiş bir müsamaha söz konusudur.

Farklılıklarla birlikte beraber yaşama pratiklerinden biri de en önemli hadis kaynaklarında geçen şu ibretimiz olaydır:

عَنْ جَابِرِ بْنِ عَبْدِ اللهِ رَضِيَ اللهُ عَنْهُمَا قَالَ مَرَّ بِنَا جَنَازَةٌ فَقَامَ لَهَا النَّبِيُّ صَلَّى اللهُ عَلَيْهِ وَسَلَّمَ وَقُمْنَا بِهِ فَقُلْنَا يَا رَسُولَ اللهِ إِنَّهَا جِنَازَةٌ يَهُودِيٍّ قَالَ إِذَا رَأَيْتُمُ الْجِنَازَةَ فَقُومُوا

---

540 Buhari; Sahih, Cenaiz, H. No: 1268

Cabir b. Abdullah (r.a.) anlatıyor: *"Yanımızdan bir cenaze alayı geçti. Peygamberimiz (sa.) ayağa kalktı; biz de kalktık. Sonra "Ey Allah'ın Resulü, cenaze bir Yahudi cenazesi idi, dedik." Peygamberimiz (sa.), "Cenaze gördünüz mü ayağa kalkınız" buyurdular."*[541]

Muhammed b. Cafer b. en-Nedî (r.a.)'in anlattığı şu konu da çok önemli diye düşünüyoruz. Sahabe anlatıyor:

عَنْ مُحَمَّدِ بْنِ جَعْفَرِ بْنِ النَّدِيّ، قَالَ:« لَمَّا قَدِمَ وَفْدُ نَجْرَانَ عَلَى رَسُولِ اللهِ صَلَّى اللهُ عَلَيْهِ وَسَلَّمَ دَخَلُوا عَلَيْهِ مَسْجِدَهُ بَعْدَ الْعَصْرِ، فَحَانَتْ صَلَاتُهُمْ، فَقَامُوا يُصَلُّونَ فِي مَسْجِدِهِ فَأَرَادَ النَّاسُ مَنَعَهُمْ فَقَالَ رَسُولُ اللهِ صَلَّى اللهُ عَلَيْهِ وَسَلَّمَ:» دَعُوهُمْ«، فَاسْتَقْبَلُوا الْمَشْرِقَ فَصَلُّوا صَلَاتَهُمْ

"Necran Heyeti (ki Hristiyan bir heyet idi) Peygamberimiz (s.a.v)'a geldiklerinde ikindi vakti idi. Mescide girdiler. Dua etme zamanları gelmişti. Kalktılar mescitte dua etmeye başladılar. Ashab-ı Kiramdan bir kısmı engel olmak istedi. Bunun üzerine Allah'ın Resulü (s.a.v), "Bırakınız, ilişmeyiniz" buyurdular. Onlar doğuya doğru yönelerek dualarını yaptılar."[542]

Bu örnekler bizzat bu dini ve İslam nizamını getiren ve uygulayan bir Peygamberin tatbikatlarıdır ki, bunlarda hem biz Müslümanlar için hem de bütün insanlık için en güzel ibretler söz konusudur.

Şu konulara dikkatinizi çekmek istiyoruz:

1. İçinde yaşadığımız Avrupa ülkelerinde, etnik kökenleri, düşünceleri ve inançları farklı da olsa, bütün insanlarla bir arada ve barış ve kardeşlik içinde yaşamamız esastır.

2. Bütün dünyanın, karşılıklı saygı ve hoşgörü içinde yaşamaları bir zarurettir.

3. Yüce Yaratıcının iradesiyle gerçekleşmiş olan ırk ve cinsiyet farklılıkları ile siyasal ve dini farklılıklar, aslında düşmanlık ve huzursuzluk sebebi olmamalı insanlık için kültürel zenginlik olarak kabul edilmelidir.

4. İnsan insanın canavarı olamaz

5. Her türlü farklılığın Allah nazarında bir değerinin bulunmadığı; asıl olanın, Allah'ın koymuş olduğu ilkelere uymada gösterilen hassasiyet olduğu bilinmelidir.

6. Avrupa'da Müslümanlar huzur ve güven teminatı olmalılar.

7. Avrupa'da Camiler insanlık sevgisi, huzur ve güven eken kalelerdir.

8. Faydalı insan, kamil insan, olgun insanı camiler yetiştirir.

---

541 Buhari; Cenaiz, H. No: 1228
542 Delailü'n Nübüvve; 5/482, H. No: 2123

9. *Müslümanlar dinlerini okullarda da öğrenmelidir.*

10. *Hz Muhammed (s.a.v) Efendimizi sadece Müslümanlar değil, Avrupalılarda öğrenmelidir ki ön yargılı maksatlı, huzur bozmaya çalışan odaklar islamafobia gerçekleştirmesin.*

11. *Peygamberimizin insana, topluma huzur veren sözleri ezberlenmelidir.*

12. *Peygamberimizin sözleri, şehirlerin kalabalık reklam panolarında, meşhur dergi ve gazetelerde çeşitli vesilelerle yayınlanmalıdır. Kişi tanımadığından korkar yada düşmanı olur.*

13. *Avrupa'da en çok konuşulan fakat en az bilinen insan Hz Muhammed (s.a.v) Efendimizdir. Başkalarının bizi tanımaya ihtiyacı yok ama bizim kendimizi tanıtma mecburiyetimiz vardır.*

14. *Peygamberimiz bütün alemlere rahmet olarak gönderilmiştir. Bütün alemlere rahmet olmak, hedef kitlenin bütün insanlık olduğunu gösterir.*

15. *Ehli Sünnet, İslam'ın esasıdır, kendisidir. Neslimize yeterli eğitim verilmelidir.*

16. *Şuna —buna uygun münasip bir din anlayışı, ılımlı, evcil, sulandırılmış yeni bir İslâm üretmek isteyen olabilir. Mümin kişi feraset sahibidir. Muktezayı hale mutabık hareket eder.*

17. *Kur'an'daki birtakım emir, yasak, farz ve haramları yürürlükten kaldırmak, dini inancı bozma, şekil vermeye çalışma yada yok etme, yerine yeni din ihdas etme, Peygamberimizi ve Sünnetini marjinal göstermek, Fıkıhsız ve Şeriatsız bir İslâm türetmek isteyenlerin varlığı yeni değildir. Din Allah'ındır, başarmaları mümkün değildir.*

18. *Gaye: İstikameti yani Kur'an ve Sünnet yolunu devam ettirmektir.*

19. *Geleceğin için, ebedi hayat için hangi yatırımı yapıyorsun.*

20. *Müslüman cemaatten kopmamalı. Cenabı Allah'ın yardımı ve rahmet eli cemaat ile beraberdir. Cemaaote rahmet, cemaatten ayrı olmada azap vardır.*

21. *Takvada yarışmalı. İyilikte ve takvada yardımlaşın. Kötülükte ve günahta yardımlaşmayın buyuruyor Rabbimiz.*

22. *Müminler ayakta ve koşan olmalı. Zaman seyirci olma zamanı değil, idareci üye cemaat, bütün Müslümanların meşgul olacağı bir hizmet mutlaka olmalıdır.*

23. *Çevre şartları ve akıntıya kapılmamalı. Dışardan etkilenen değil, etkileyen olunmalıdır.*

24. *Tembellik en büyük fitnedir. Oysa iki günü eşit geçen zarardadır diyor Peygamberimiz. Hayatınızı kendi ellerinizle tehlikeye atmayın.*

25. *Bütün zorluklara karşı indirilmiş kolaylıklar vardır. Cenab-ı Hak, inanların yardımcısıdır.*

Netice olarak ifade ederiz ki, farklılıklarımız Rabbimizin eseridir ve O'nun varlığının alametidir. Bu realiteyi inkâr mümkün olmadığı gibi, ortadan kaldırmak da ne insanın hakkıdır, ne de takatının yeteceği bir şey değildir. Bu nedenle de evvelemirde Müslümanlar, sonra da bütün insanlar inanç, düşünce, ırk ve renk ayrılığı gibi şeyleri mülahaza ederek ayrılık gayrılık içine dalmamalıdır. İnsanlık, tarihsel tecrübe ve birikimlerden de istifade ederek *"öteki"* olarak nitelendirilen birey ve toplumlarla barış, saygı ve hoşgörü içinde yaşamanın zaruretine inanmalı ve bu uğurda gayret sarf etmelidir.

Alınacak Dersler:

1. Bütün dünyanın, karşılıklı saygı ve hoşgörü içinde yaşamaları bir zarurettir.

2. Avrupa'da Müslümanlar huzur ve güven teminatı olmalılar.

3. İnsan insanın canavarı olamaz.

4. Bütün zorluklara karşı indirilmiş kolaylıklar vardır. Cenab-ı Hak, inananların yardımcısıdır.

5. Cemaatte rahmet, cemaatten ayrı olmada azap vardır.

30. SOHBET

HZ. HATİCE (RA) VALİDEMİZ

Bu dersimizde Hz. Hatice validemizin hayatı ve Peygamber Efendimiz (s.a.v)'a vermiş olduğu maddi-manevi destek ile İslam'a yapmış olduğu hizmetlerini öğreneceğiz.

Hz. Hatice validemizin lakabı Ümmü Kasım ve Ümmü Hint'tir. Adı Hatice binti Hüveylid b. Esed'dir. Asr-ı Saadet hanımlarının İlklerinin bir numarası olan Hz. Hatice validemiz, ilk hanım mü'mine ve ilk cemaat olarak Peygamber Efendimizin peşinde namaz kılan kadın Müslüman idi.

Kalbi Efendimiz (s.a.v)'ın sevgisiyle dolu olan Müminlerin annesi, "eşini tesellide hazır bir psikolog ve pedagog, tertemiz bir eş, Müslüman hanımların en büyüğü "Haticetu'l Kübra". Hem seven hem sevilen, Allah'ın (cc) selâmına mazhar, Efendimiz (s.a.v)'ın övgüsüne nail olmuş, yüce derece, fazilet ve şeref örneği kutlu hanım. Alemlere Rahmet Hz. Muhammed (s.a.v)'ın ilk eşi.

Hz. Hatice validemiz, milâdî takvime göre, 556 yılında Mekke'de dünyaya geldi. Soy olarak hem ana hem de baba tarafından Resul-i Ekrem Efendimizin soyu ile birleşir.

Hz. Hatice validemiz üstün iffet sahibi olması sebebiyle İslâmiyet'ten önce *"Tâhire"* lakabıyla anılırdı. *"Kübra"* lakabı ise, Resul-i Ekrem'in en büyük hanımı olması sebebiyle daha sonraki dönemlerden itibaren kullanılmıştır.

Hz. Peygamber ile evlenmeden önce iki evlilik yapan Hz. Hatice validemiz, ilk evliliğini Ebu Hâle Hint b. (Nebbâş b.) Zürâre et-Temimi ile yaptı. Bu evlilikten, Resul-i Ekrem'in şemailine dair rivayetiyle tanınan ve onun terbiyesinde yetişen Hint adlı oğlu doğdu. Ebu Hale'den bir de kızı olduğu söylenmektedir. (İbn İshak, s. 229).

Daha sonra Atik (Uteyyik) b. Abid (Âiz) el-Mahzûmî ile evlendi. Ondan da Hint (Ümmü Muhammed) adında bir kızı oldu.

İkinci kocasının ölümünden sonra Kureyş'in ileri gelenlerinden bazıları soylu, güzel ve zengin oluşu sebebiyle kendisiyle evlenmek istedi; ancak Hz. Hatice validemiz bu tekliflerin hiçbirini kabul etmedi ve geri çevirdi.

Peygamber Efendimiz (s.a.v)'ın Hz. Hatice Validemizle Evlenmesi

Akıllı, bilgili, görgülü, medeni, donanımlı, dirayet sahibi olma, okuma-yazma bilme, Hz. Hatice Annemizin dikkat çeken özelliklerden birkaç tanesidir. Mekke'nin sert hayat şartları altında bu bilgisi, sadakati ve örnek şahsiyetiyle bütün hanımlara örnek olmuştur.

Mekke eşrafından Hz. Hatice validemiz, güvenilir kişilerle kâr paylaşımı esasına dayanan sermaye ortaklığı (mudarebe) yapan, iş hayatına vakıf, doğruluğu ile bilinir dul bir kadındı. Validemiz hayatı boyunca hür ve şerefli yaşadı. İmanı tam, merhameti sonsuzdu. Hayatta iken Rasûlullah (s.a.v) onu sayar, ona ikram ve iltifat ederdi. Tanıdıklarının tavsiyesi üzerine, çevresinde üstün ahlâk sahibi ve güvenilir bir genç olarak bilinen Rasûlullah Efendimizle ortaklık yaptı.

Peygamberimiz Efendimiz (s.a.v)'la ortaklık yaptığı bu dönemde Efendimiz (s.a.v), ticaret için güney ve kuzeyde bulunan ülkelere seyahat ediyordu. Ticaret için yapmış olduğu bu seyahatlarından birisi olan Busra dönüşünden 2 ay 24-25 gün sonra idi ki, Hz. Hatice validemizle evlendi. O zaman Peygamberimiz (s.a.v) 25, Hz. Hatice validemiz ise, 40 yaşında idi.

Kutlu Evlenmenin Yapıldığı Ev

Peygamberimiz (s.a.v)'ın gerdeğe girdiği ev Hz. Hatice'nin evi olup, Safa ile Merve arasında bulunan Attarlar Çarşısının arkasında, Adiyy b. Hamraü's-Sakafî'nin evinin arkasında idi.

Hz. Hatice validemiz ve kızları, daima bu evde oturmuşlar, Hz. Hatice bütün çocuklarını bu evde dünyaya getirmiş, kendisi de bu evde vefat etmişti. Peygamberimiz (s.a.v), Medine'ye hicret edinceye kadar da, buradan ayrılmamıştı. Medine'ye hicret ettiği zaman, bu evi, amcası Ebu Talip'in oğlu Akil zapt etti. Hz. Muaviye b. Ebu Süfyan, halifeliği sırasında bu mübarek evi ondan satın aldı. Restore yaptırmak suretiyle içinde namaz kılınacak şekle getirdi ve orayı mescit yaptı.

Zeyd b. Hârise'nin Köle Olarak Satın Alınıp Azad ve Evlat Edinilişi

Zeyd b. Harise; sekiz yaşında bir çocukken, Beni Kayın atlıları tarafından yapılan baskında yakalanıp Ukâz panayırında satılırken, onu Hakîm b. Hizam halası Hz. Hatice için dört yüz dirheme satın aldı.

Peygamberimiz (s.a.v), onu görünce: ***"Bu köle benim olsaydı, muhakkak, onu hemen azat ederdim!"*** demişti. Hz. Hatice validemiz: *"Haydi, o senin olsun!"* diyerek Peygamberimiz (s.a.v)'e bağışlamış, Peygamberimiz (s.a.v) de onu hemen azat etmişti. Daha sonra da Peygamber Efendimiz (s.a.v), eski Arap adetlerine uygun olarak onu evlat edindi.

Peygamberimiz (s.a.v)'in Hz. Hatice'den Doğan Çocukları

Peygamberimiz (s.a.v)'in, Hz. Hatice'den, iki erkek, dört kız olmak üzere 6 çocuğu dünyaya geldi.

Hz. Hatice validemizden ilk doğan erkek çocuğu, Hz. Kasım'dı ve Peygamberimiz (s.a.v), ondan dolayı *"Ebu'l-Kasım=Kasım'ın Babası"* künyesini taşırdı.

Hz. Kasım, yürümeye başladığı günlerde vefat etti ki o zaman iki yaşı civarında idi.

Peygamberimiz (s.a.v)'ın bütün çocuklarının doğum ebesi, Safiye binti Abdulmuttalib'in cariyesi Selma Hatundu. Selma Hatun, Hz. Fâtıma'nın oğullarının da doğum ebesi idi.

Peygamberimiz (s.a.v)'ın bisetinden sonra yani peygamberliği döneminde Hz. Hatice'den ikinci erkek çocuğu olan, Abdullah dünyaya geldi. Hz. Abdullah, Tayyib ve Tahir diye de anılırdı.

Abdullah da uzun yaşamadan vefat edince Kureyş müşriklerinden Âs b. Vâil, Peygamberimiz için: *"Bırakınız onu! O, ebter, nesli devam etmeyecek bir adamdır! Ölünce, anılmaz olur! Siz de, artık ondan rahata kavuşursunuz!"* dedi. Bunun üzerine, Yüce Allah, Kevser süresini indirdi ve Efendimiz (s.a.v)'ın neslinin devam edeceğini, fakat o İslam düşmanının neslinin devam etmeyeceğini haber verdi:

$$\text{إِنَّا أَعْطَيْنَاكَ الْكَوْثَرَ فَصَلِّ لِرَبِّكَ وَانْحَرْ إِنَّ شَانِئَكَ هُوَ الْأَبْتَرُ}$$

"(Resulüm!) Kuşkusuz biz sana Kevser'i verdik. Şimdi sen Rabbine kulluk et ve kurban kes. Asıl sonu kesik olan, şüphesiz sana hınç besleyendir."[543] Surede geçen *"kevser"* kelimesi "nesil" anlamında tefsir edilmiştir.

Peygamber (s.a.v)'ın oğlu Hz. Kasım'dan sonra Hz. Hatice'den dünyaya gelen ilk kızı, Hz. Zeynep idi.

Hz. Zeynep Peygamberimiz (s.a.v)'ın kızlarının en büyüğü idi. Hz. Zeynep doğduğu zaman, Peygamberimiz (s.a.v) otuz yaşında bulunuyordu.

Peygamberimiz (s.a.v)'ın Hz. Zeynep'ten sonra, kızı Hz. Rukiye dünyaya geldi. Hz. Rukiye doğduğu zaman, Peygamberimiz (s.a.v) otuz üç yaşında idi.

Hz. Rukiye'den sonra, Hz. Ümmü Kulsum doğdu. Hz. Ümmü Kulsum'dan sonra, Hz. Fâtıma dünyaya geldi.

---

543 Kevser; 108: 1-3

Hz. Fâtıma'nın doğumu, Kureyşlilerin Kabe'yi yeniden yaptıkları yıla rastlar. Bu da, Peygamberimiz (s.a.v)'a Peygamberlik gelmeden beş yıl önce olup, o zaman Peygamberimiz (s.a.v) otuz beş yaşında bulunuyordu.[544]

Peygamberlik gelmeden önce Hz. Muhammed (s.a.v)'in şehirden uzakta, özellikle Hıra mağarasında tefekkür yoluyla ibadet ettiği günlerde Hz Hatice validemiz onunla hep meşgul olmuş, eve dönmesi geciktiği zaman hizmetkârları vasıtasıyla ona ulaşmıştır. Hz. Hatice'nin Resûlullah'ın hayatındaki en önemli rollerinden biri, peygamberlik geldiği zaman kendisine herkesten önce iman etmesi ve onu bütün varlığı ile desteklemesidir. Hz. Muhammed (s.a.v), Hıra mağarasında bulunduğu sırada daha önce hiç karşılaşmadığı Cebrail (as), ona peygamber olduğunu tebliğ ettiği ve vücudunu üç defa kucaklayıp kuvvetlice sıktıktan sonra Alak suresinin ilk beş ayetini öğrettiği zaman büyük bir heyecana kapıldı ve korkudan yüreği titreyerek evine döndü. Başına gelenleri anlattıktan sonra, *"Bana neler oluyor, Hatice?"* diyerek kendinden korktuğunu söyledi. Bunun üzerine Hz. Hatice (r.a), Resûlullah'ın korku ve endişelerini gideren şu sözleri söyledi: *"Öyle deme! Yemin ederim ki Allah (c.c) hiçbir zaman seni utandırıp üzmez. Çünkü sen akrabanı gözetirsin, doğru konuşursun, işini görmekten âciz kimselerin elinden tutarsın, yoksulları kayırırsın, misafirleri ağırlarsın, haksızlığa uğrayan kimselere yardım edersin"*[545] Hz. Hatice validemiz daha sonra Hz. Peygamber (s.a.v)'i alıp amcasının oğlu Varaka b. Nevfel'e götürdü. İbranice bilen, bu sebeple Tevrat ve İncil'i okuyan, daha önceleri Hıristiyanlığı kabul etmiş olan bu âlim, Resul-i Ekrem'i dinledikten sonra ona görünen meleğin bütün peygamberlere vahiy getiren melek olduğunu söyledi.[546]

Hz. Hatice validemiz de Resul-i Ekrem'e, *"Senin Allah'ın resulü olduğuna şehadet ederim"* diyerek Müslümanlığı kabul etti. Hz. Hatice, yeryüzünde sadece üç Müslümanın bulunduğu İslâmiyet'in ilk günlerinde Rasûlullah ve Hz. Ali (r.a) ile beraber bazen Kabe civarında, bazen evinde ibadet etti.[547]

Abdullah b. Mesut (r.a), Mekke'ye ticaret için gittiğinde onların üçünü bir arada Kabe'yi tavaf ederken gördüğünü, bu esnada Hz. Hatice'nin tesettüre riayet ettiğini söylemektedir.[548]

Hz. Hatice validemiz, müşriklerin zulmü ve haksızlığı karşısında Resûlullah'ı hiçbir zaman yalnız bırakmadı. Mekkeli müşrikler Şi'bü Ebî Talip'te Müslümanları kuşattığında kendisi de Hz. Peygamber (s.a.v) ile birlikte iki üç yıl boyunca muhasaraya göğüs gerdi. Servetini onun davası uğrunda harcamaktan geri durmadı.

544 Belâzürî; 1/405. İbn Abdülber; IV/1819; Mizzî, I/ 191
545 Buhari; Bed'ü'l-vahy, 3. Müslim; İman, 252
546 Buhari; Bed'ül vahiy, 3
547 Müsned; I, 209-210
548 Zehebî; A'lâmü'n-nübelâ', I/463

Müminlerin Anneleri

İslam'da Rasûlullah (s.a.v)'ın eşlerine *"Müminlerin Anneleri"* adı verilmiştir ve onlar, özellikle de Hz. Hatice, bu unvanı gerçekten hak etmiş hanımlardır. Kendisi sadece kocası için sevgili bir arkadaş olmakla kalmamış, aynı zamanda İslam uğruna çok önemli görevler yerine getirmiştir. Yaptığı hizmetler o denli önemli ve büyüktür ki, eğer o olmayacak olsaydı, Hz. Muhammed (s.a.v), kendisinden önceki birçok peygamber gibi, büyük bir başarı göstermeksizin göçüp gidebilirdi.

Hz. Hatice (r.a) validemiz, zengin bir insandı. Hem kendiliğinden hem de kocasının etkisiyle, İslam'dan önceki yıllarda bile servetini fakirlere yardım etmeye harcardı. Bu uğurda sağladığı saygı ve itibar, tüm gönlü ile bağlı olduğu İslamiyet uğruna yaptığı hizmetlerde bir azalmaya yol açmamıştır. Meleğin kendisine görünmesi, halkını doğru yola iletmek için yaptığı davete uyma gibi, kocasının anlattığı bütün şeylerin doğruluğuna ilk iman eden kimse odur. Daha önce de gördüğümüz gibi, ilk vahiyler sırasında Hz. Muhammed (s.a.v)'ın içine düştüğü çalkantılı ruh halinde onu yatıştıran da odur. Hıristiyan yeğeni Varaka'nın İslam'a olan meyli de Hz. Hatice (r.a)'nın çabalarının bir sonucuydu. Siyer bilginlerine göre Mekkeli bir başka Hıristiyan olan Addas'ın İslam'ı kabulü de aslında yine Hz. Hatice (ra)'nın ikna çabalarının bir sonucuydu. Evinde hizmet görmekte olan erkek ya da kadın tüm hizmetçilerine de İslam denilen bu yeni hareketi anlatmaktan geri durmamıştı. Şehirde Müslümanlar aleyhine başlatılan boykot hareketi sırasında, Hz. Hatice (r.a)'nın yeğenleri de zaman zaman kendilerini büyük tehlikelere atarak, kuşatma altındaki insanlara yiyecek taşımışlardı.[549]

Alınacak Dersler:

1. İş kadını Müslüman hanımların öncüsü Hz. Hatice (r.a) validemizdir.

2. Saliha hanım, eşinin en büyük destekçisidir.

3. Hz. Hatice validemizin teslimiyet ve İslam'a olan hizmetinden günümüz hanımlarının alacağı çok büyük dersler ve ibretler vardır.

4. Kadın dinini yaşar, ailenin saygınlığına halel getirmezse, ahlaki değerlerine sahip çıkarsa, Hz. Hatice (r.a) validemizde olduğu gibi, Allah (cc) ona daha dünyada selam gönderir. Ahiret hanımlarının efendisi olur.

---

549 Muhammed Hamidullah; İslam Peygamberi.

31. SOHBET

HZ. HATİCE VALİDEMİZİN ALLAH (CC) KATINDAKİ YERİ

Hz. Hatice (r.a.), Allah (cc)'ın selamına ve Rasûlullah (s.a.v)'in övgüsüne nail olacak derecede faziletli ve şerefli bir kadındı. O, imanda, sabırda, iffette, güzel ahlâkta, kısacası her yönü ile örnek olan bir anne idi. Rasûlullah (s.a.v); *"Hıristiyan kadınlarının en hayırlısı İmran'ın kızı Meryem, Müslüman kadınlarının en hayırlısı ise, Hüveylid'in kızı Hatice'dir"* buyurdu. Bu konudaki diğer bir hadisinin meali şöyledir: *"Dünya ve ahirette değerli dört kadın vardır. İmran'ın kızı Meryem; Firavun'un karısı Asiye, Hüveylid'in kızı Hatice ve Muhammed (s.a.v)'in kızı Fatıma'dır."*[550]

Bir gün Cebrail (a.s.) Rasûlullah (s.a.v)'e gelerek söyle buyurdu: *"Hatice'ye Allah'ın selamlarını söyle."* Rasûlullah (s.a.v): *"Ya Hatice, bu Cebrail'dir, sana Allah'tan selam getirdi"* deyince, Hz. Hatice, Allah'ın selamını büyük bir memnuniyetle kabul etti ve Cebrail'e de iade-i selâmda bulundu.[551]

Allah'ın rızasını, yuvasının mutluluğunu, dünya ve ahiretin huzur ve saadetini düşünen bütün anneler için en güzel örneği teşkil eden Hz. Hatice (r.a.), nübüvvetin onuncu yılında, Ramazan ayında vefat etti ve Mekke'deki Hacun kabristanına defnedildi.[552]

MÜCAHİDELER (CİHAD EDEN HANIMLAR)

İlk İslâm kadınları, Allah'ın emrinin gereği gibi ulaştırılması için; Mekke ve Medine'de ağır ve büyük hizmetleri yüklenmekten kaçınmamışlar, askerî ve siyasî işlerde erkeklere yardımcı olmuşlardır. Hemşirelik mesleğini ilk defa kurarak, yaralı mücahitleri tedavi etmek, su taşıyıp içirmek, yaralarını sarmak ve hatta yaralıları Medine'ye kadar taşımak gibi fedakârlıklarda bulunmuşlardır. Mücahitlerin yanında onlara destek ve cesaret veren bu hanımların kahramanlıkları halen dillere destandır. Elbette ki; İslâm'da erkekle kadın bir bütünün parçalarıdır. Biri diğeri için vazgeçilmez hayat arkadaşıdır.

---

550 İbn İshak; Shf. 228
551 İbn Hişâm; es-Sîre, I/257
552 M. Asım Köksal; İslam Tarihi, 302

Hz. Peygamber'e gelen vahye ilk inanan, dolayısıyla Müslüman olma şerefine ilk mazhar olan Hz. Hatice validemizdir. Hz. Hatice (r.a) evinin iç işlerinde ailesi için zaruri ihtiyaç arz eden hallerde, tam bir ev hanımı olmuştur. Eşinin aziz görevinin gerektirdiği bütün sorumlulukların ağırlığını onunla paylaşmış, Resûlullah'ın aziz görevinde onun dava arkadaşı olmuş, en zor günlerinde yanında olmuştur. Kısacası; her an onun en büyük yardımcısı olmuştur.

Bir kadının eşine karşı hissettiği sevgi ve muhabbetin en önemli örneği olmuş, hayatı onunla paylaşmıştır. Elbette ki; Peygamberimiz (s.a.v) için dünya hayatındaki en önemli varlığı, hayat arkadaşı olmuştur. Allah (cc)'ın insanlara mesaj olarak gönderdiği Kur'an-ı Kerim'inde ve Hadis-i Şeriflerde de sık sık vurgulandığı gibi dünya hayatındaki arkadaşlıkların en samimisi ve bağları en kuvvetli olanı eşlerin arkadaşlığıdır.

Hüzün Yılı

Müslümanlara yapılan boykotun çöküşünden altı ay sonra Hz. Muhammed (s.a.v)'in amcası Ebu Talip vefat etti. O yeğeni için sadakatli bir baba, kefil, koruyucu ve Kureyş'in müşrikleri önünde aşılmaz bir engeldi. Hz. Hatice (r.a), amca Ebu Talip'in matemine şahit olmadı. O, Resûlullah'ın evinde sevgili zevcinin durumunun düzeldiğine kanaat getirdikten sonra Rabbine kavuşmak arzusuyla yatağında dünyaya veda etme durumundaydı.

Bu esnada Rasûlullah (s.a.v) Efendimiz, Hz. Hatice'nin yanına ölüm ânının ağırlığının ona kolay gelmesi için dua ediyor ve Allah'ın onun için hazırladığı nimetleri müjdeliyordu.

Üç kızı; Zeynep, Ümmü Kulsum ve Fâtıma yatağının çevresine oturmuşlar, ahiret yolculuğundan önce doya doya annelerine bakıyorlardı. Hz. Hatice, Hâşim oğulları Ebu Talip mahallesinden çıktıktan ve Ebu Talip'in ölümünden üç gün sonra peygamberlik gelmesinin onuncu yılı Ramazanın onunda 65 yaşındayken vefat etti. Hacun kabristanına gömüldü. Onu kabrine Rasûlullah (s.a.v) mübarek elleriyle yerleştirdi. Sonra evlendikleri günden itibaren kendisine her konuda yardımcı olan ve son nefesine kadar yanı başında cihadına ortak olduğu sevgili zevcesine veda edip, keder içinde evinin yolunu tuttu. Kızları Ümmü Kulsum ve Fâtıma'yı bağrına bastı; onları hem teselli ediyor, hem de uğradıkları musibete karşı onlara destek olmaya çalışıyordu. Anladı ki, o andan itibaren Mekke'de yeri yoktur. Hz. Hatice'nin vefatından sonra burası kendisine oturulacak bir yer olmaktan çıkmıştı.

Kanunî Sultan Süleyman tarafından Hz. Hatice (ra)'nın kabri üzerinde yaptırılan türbe, Mekke'nin Suudi yönetimine geçmesi üzerine diğer türbelerle birlikte 1926 yılında yıktırılmıştır.[553]

Ebu Talip ve Hz. Hatice (r.a) ölünce Resûlullah'ın (s.a.v) başına felâketler peşpeşe gelmiş oldu. Hz. Hatice onun İslâm üzere olan sadık yardımcısı idi. Rasûlullah onu anmadan evinden çıkmazdı.

Resul-i Ekrem, Hz. Hatice (r.a)'nın vefatından sonra çeşitli hanımlarla evlendiği halde onu hiçbir zaman unutmamış, eşinin fedakârlığını ve dostluğunu her fırsatta anmış, evde koyun kesildiği zaman Hatice'nin eski dostlarına ondan birer parça göndermeyi ihmal etmemiştir. Bir defasında Hz. Hatice (r.a)'nın kız kardeşi Hale'nin içeri girmek üzere izin istediğini duyan Hz. Peygamber, onun sesini ve izin isteme tarzını Hatice'nin sesine ve tavrına benzeterek heyecanlanmış ve *"Allah'ım, bu Hüveylid'in kızı Hale'dir!"* demişti. Bu vefa duygusunu ve sevgiyi hazmedemeyen Resul-i Ekrem'in genç hanımı Hz. Âişe (r.a), bizzat itiraf ettiği gibi hayatında en çok Hatice'yi kıskanmış, ölüp gitmiş bir kadını ne diye hâlâ anıp durduğunu, üstelik Allah'ın kendisine ondan daha hayırlısını verdiğini söyleyerek bu duygusunu ifade etmiştir. Hz. Hatice'nin aleyhinde konuşulmasından rahatsız olan Resul-ü Ekrem, Hz. Âişe"nin kendisini ondan daha hayırlı görmesini tasvip etmemiş, davasına kimsenin inanmadığı günlerde onun inandığını, halkın kendisini yalanladığı sırada onun tasdik ettiğini, hiç kimsenin kendisine bir şey vermediği dönemde onun İslâm davasını malıyla desteklediğini, üstelik diğer eşlerinden çocuğu olmadığı halde Cenab-ı Hakk'ın kendisine ondan çocuk verdiğini söylemiştir. Ayrıca onun bu ümmetin kadınlarının en hayırlısı olduğunu belirtmiştir. Nitekim bir defasında Cebrail (as), Resûlullah'a gelerek Hz. Hatice'ye hem Cenab-ı Hakk'ın hem de kendisinin selâmını söylemesini ve ona içinde hiçbir gürültünün, çalışıp yorulmanın bulunmadığı oyulmuş inciden yapılma bir köşkün verileceğini müjdelemesini bildirmiştir.[554]

Hz. Hatice hayatta iken bir başka kadınla evlenmeyen Hz. Peygamber (s.a.v), Hz. Âişe'nin belirttiğine göre hâtıralarını yâd edip kendisi için istiğfarda bulunmaktan büyük haz duyardı. Resul-i Ekrem'in kızı Zeynep, kocası Ebu'l-Âs Bedir Gazvesinde Müslümanlara esir düştüğünde evlendiği gün annesinin kendisine hediye ettiği gerdanlığı onu kurtarmak üzere fidye olarak göndermişti. Hz. Peygamber (s.a.v), Hz. Hatice'nin gerdanlığını görünce duygulandı ve ashaptan gerdanlığın tekrar Zeynep'e gönderilmesini rica etti. Resulü Ekrem, Mâriye'den doğan İbrahim dışındaki bütün çocuklarının annesi olan Hz. Hatice'yi hayatı boyunca minnet ve sevgiyle anmıştır.

553 Türkiye Diyanet Vakfı İslam Ansiklopedisi, VII/388

554 Buhari; Umre, 11, Enbiya, 45, Menâkıbü'l-Ensâr; 20, Nikâh, 108, Edep, 23, Tevhit, 32. Müslim; Fezâilü'ş-Sahâbe, 69, 71-78

Hz. Hatice, hangi mezhebe bağlı olursa olsun bütün Müslümanlar tarafından çok sevilmiş ve sayılmış. Arap olan ve olmayan İslâm toplumlarında Hatice adı kız çocukları için yaygın bir isim haline gelmiştir. Hz. Hatice'nin hayatına dair çeşitli dillerde kaleme alınmış eserler bulunmaktadır.

Alınacak Dersler:

1. Hz. Hatice (ra) validemiz Cennetlik hanımların seyyidesi (efendisi)dir.
2. Hz. Hatice (r.a) validemiz, Allah'ın rızasını, yuvasının mutluluğunu, dünya ve ahiretin huzur ve saadetini düşünen bütün anneler için en güzel örneği teşkil etmiştir.
3. İlk İslâm kadınları, Allah'ın emrinin gereği gibi yaşanması ve gelecek kuşaklara ulaştırılması için; Mekke ve Medine'de ağır ve büyük hizmetleri yüklenmekten kaçınmamışlardır. Avrupalı Müslüman hanımlar da Din-i Mübin'i İslam için aynı hizmetlere talip olurlarsa aynı şerefe nail olurlar.
4. Yıllar sonra bile Hz. Hatice'nin kız kardeşinin sesini duyunca heyecanlanan Peygamber Efendimiz (s.a.v)'ın eşine karşı vefasındaki samimiyet Müslüman erkeklere ders ve ibret olmalıdır.

32. SOHBET

GÜZEL İNSANIN
GÜZEL SIFATLARINDAN BAZILARI

Güzel insan olmanın bazı kriterleri vardır. Bunların sayısı çoktur. Ancak biz bu dersimizde bunlardan bir kısmına işaret edeceğiz. Bunlar özetle ahde vefa, sırrı ifşa etmeyip saklama, gizlilikleri araştırmayıp onurları koruma, hüsnü zan etme ve sû-i zanna sebep olanları da ilan etmemedir. Zikrettiğimiz bu güzellikleri kısa kısa izah etmeye çalışacağız ki, zihinlerimizde yer edebilsin.

1. Ahde vefa

Allah Teâlâ, üç çeşit ahit almıştır:

1. Elest bezminde bütün kullardan aldığı ahit,

2. Allah'ın bütün peygamberlerden aldığı ahit

3. Âlimlerden aldığı ahit.

1) Elest bezminde bütün kullardan aldığı ahit, Allah'a kulluk edip isyan etmeyeceklerine ve şeytana itaat etmeyeceklerine dair alınan ahiddir.

2) Allah'ın bütün peygamberlerden aldığı ahit, Allah'ın peygamberlere verdiği kitap ve hikmeti tasdik edici bir peygamber gelince ona mutlaka iman edecek ve yardım edecek, özellikle Hz. Muhammed (s.a.v) gelince ümmetleri ile birlikte tasdik edip yardım edeceklerine dair aldığı ahiddir.

3) Âlimlerden aldığı ahit, emri bilma'rûf nehyi anilmünker yapacaklarına dair ahittir.

Müminlerin birbirlerine verdikleri ahitlerde esas olan, Allah ile yapılan ahitleşmeye yani sadece Allah'ı Rab ve İlah olarak tanıyıp iman etmek, o imana göre itaat etmeye ve şeytana isyan etmeye zıt olmamasıdır.

Bu ahitleşmeyi Allah Teâlâ, Kıyamet günü şöyle hatırlatacaktır:

أَلَمْ أَعْهَدْ إِلَيْكُمْ يَا بَنِي آدَمَ أَنْ لَا تَعْبُدُوا الشَّيْطَانَ إِنَّهُ لَكُمْ عَدُوٌّ مُبِينٌ وَأَنِ اعْبُدُونِي هَذَا صِرَاطٌ مُسْتَقِيمٌ وَلَقَدْ أَضَلَّ مِنْكُمْ جِبِلًّا كَثِيرًا أَفَلَمْ تَكُونُوا تَعْقِلُونَ

"Ey Âdemoğulları! Şeytana tapmayın, o size apaçık bir düşmandır ve bana kulluk edin, doğru yol budur, diye sizden ahit almadım mı? Böyle iken o sizden birçok nesilleri yoldan çıkardı. Ya o zaman düşünmüyor muydunuz?"[555]

Ashab-ı Kiram, Peygamber Efendimiz (s.a.v)'e iman edip İslam davasına yardım edeceklerine dair biat ettiler. Bu biat ve biati bozmakla ilgili Allah Teâlâ şöyle buyurmuştur:

إِنَّ الَّذِينَ يُبَايِعُونَكَ إِنَّمَا يُبَايِعُونَ اللَّهَ يَدُ اللَّهِ فَوْقَ أَيْدِيهِمْ فَمَنْ نَكَثَ فَإِنَّمَا يَنْكُثُ عَلَى نَفْسِهِ وَمَنْ أَوْفَى بِمَا عَاهَدَ عَلَيْهُ اللَّهَ فَسَيُؤْتِيهِ أَجْرًا عَظِيمًا

"Muhakkak sana biat edenler ancak Allah'a biat etmektedirler. Allah'ın eli onların ellerinin üzerindedir. Kim ahdi bozarsa ancak kendi aleyhine bozmuş olur. Kim de Allah'a verdiği ahde vefa gösterirse Allah ona büyük bir mükâfat verecektir."[556]

Müminlerin idarecisine verilen söz, yapılan biat; Allah ve Resulüne itaat ettikleri sürece uygulamayı ve ahde vefa göstermeyi gerektirir. Delil de şu hadis-i şeriflerdir:

مَنْ أَطَاعَنِي فَقَدْ أَطَاعَ اللَّهَ وَمَنْ عَصَانِي فَقَدْ عَصَى اللَّهَ وَمَنْ يُطِعِ الْأَمِيرَ فَقَدْ أَطَاعَنِي وَمَنْ يَعْصِ الْأَمِيرَ فَقَدْ عَصَانِي

"Kim bana itaat ederse Allah'a itaat etmiş; her kim bana isyan ederse Allah'a isyan etmiş olur. Kim emir/âmire itaat ederse bana itaat etmiş; kim emir/âmire isyan ederse bana isyan etmiş olur."[557]

عَلَيْكَ السَّمْعَ وَالطَّاعَةَ فِى عُسْرِكَ وَيُسْرِكَ وَمَنْشَطِكَ وَمَكْرَهِكَ وَأَثَرَةٍ عَلَيْكَ

"Zenginken, fakirken; neşeliyken ve kederliyken ve başkası sana tercih edilirken bile söz dinleyip itaat etmen gerekir."[558]

Müminler, kendi aralarında yaptıkları anlaşmalara da Allah'a ve Resulüne itaat ettikleri sürece yani uymaları gerekir. Çünkü bu konuda Allah Teâlâ şöyle emretmektedir: يَا أَيُّهَا الَّذِينَ آمَنُوا أَوْفُوا بِالْعُقُودِ *"Ey iman edenler! Akitleri(n gereğini) yerine getiriniz!"*[559]

---

555 Yasin; 36: 60-62
556 Fetih; 48: 10
557 Buhari; Cihat, 109, Ahkâm, 1. Müslim; İmâre, 32-33. Nesâî; Bey'at, 27. İbn Mâce; Mukaddime, 1, Cihat, 39
558 Müslim; İmâre, 35, 41-42. Buhari; Fiten, 2. Nesâî; Bey'at, 1-4. İbn Mâce; Cihat, 41
559 Maide; 5: 1

$$\text{وَأَوْفُوا بِالْعَهْدِ إِنَّ الْعَهْدَ كَانَ مَسْئُولًا}$$

"Verdiğiniz sözü ve yaptığınız antlaşmayı yerine getirin. Çünkü verilen söz, sorumluluğu gerektirir."[560]

2. Sırrı İfşa Etmeyip Saklamak

Sır bir emanettir. Sırrı ifşa etmek, emanete hıyanettir. Emanete riayet etmek, müminlik alameti, emanete hıyanet ise münafıklık alametidir. Bu sır, ister özel olsun, ister aile ile ilgili olsun ve isterse de toplumu ilgilendiren sır olsun.

Müslüman, müslümanlar arasında da gayrimüslim olanlar arasında da olsa antlaşmalara saygılı olmalı ve sırrı ifşa etmemelidir. Şu ayet-i kerime bu konu hakkında da kapsamlı bir delildir:

$$\text{وَأَوْفُوا بِالْعَهْدِ إِنَّ الْعَهْدَ كَانَ مَسْئُولًا}$$

"Verdiğiniz sözü ve yaptığınız antlaşmayı yerine getirin. Çünkü verilen söz, sorumluluğu gerektirir."[561]

Aile arasında olan sırra da aile mahremiyeti olarak bakmalı ve sırrı ifşa etmemelidir.

"Kıyamet gününde Allah Teâlâ'ya göre en şerli/kötü insan, hanımıyla mahremiyetini paylaştıktan sonra onun sırrını ifşa eden kimsedir." denilmiştir.

Hz. Ali (ra) şöyle demiştir: *"Sırrın senin esirindir. Eğer sırrını söylersen o sırrın esiri olursun."*

Sahabeden Sabit el-Bünânînin anlattığına göre Hz. Enes b. Mâlik ona şunları söylemiştir:

"Ben çocuklarla oynarken Rasûlullah (s.a.v) yanıma geldi; bize selâm verdi ve beni bir işe gönderdi. Bu sebeple annemin yanına geç döndüm. Eve varınca annem:

- Niye geç kaldın? diye sordu.

- Rasûlullah beni bir işe göndermişti; onun için geciktim, dedim.

Annem:

- Neymiş o iş? diye sorunca:

- Bu bir sırdır, dedim.

Bunun üzerine Annem:

- Resûlullah'ın sırrını kimseye söyleme, dedi.

Enes bu olayı anlattıktan sonra Sabit el-Bünânî'ye şunları söyledi:

---

560 İsra; 17: 34
561 İsra; 17: 34

- Şayet bu sırrı birine açacak olsaydım, vallahi sana söylerdim, Sabit!"[562]

Hasan-ı Basri (rhm) şöyle demiştir: *"Arkadaşının sırrını söylemen hainliktir."*

Rivayet ediliyor ki Muaviye, kardeşi Utbe'nin oğlu Veli'de bir sırrını söyledi Velid, babasına dedi ki:

- Ey babacığım! Emîr'ul-Mü'minîn bana bir sırrını söyledi. Ben, emîr'ul-mü'minîn'in başkasından gizlediklerini senden gizlemediğini görüyorum. (Sana o sırrı söyleyeyim mi?)

- (Ey oğul!) O sırrı bana söyleme! Çünkü sırrı sakladığın müddetçe o senin elindedir. O sırrı açıklarsan artık o senin aleyhinde olur!

- Babacığım! Bu durum baba ile evlat arasına da girer mi?

- Hayır! Böyle bir şey evlât ile baba arasına girmez. Fakat ben senin dilini sırları söylemek suretiyle başıboşluğa alıştırmanı istemem!

Velid der ki: *"(Amcam) Muaviye'ye geldim ve ona bu durumu haber verdim. Bunun üzerine Muaviye bana şöyle dedi: 'Ey Velid! Kardeşim (baban) seni yanlışlığın köleliğinden azat etmiştir. Dolayısıyla sırrı açıklamak hainliktir."*

Hainlik şahısla ilgili olunca affedilebilir; milletle ilgili olursa devlet güçlü iken af edebilir, fakat zayıf iken af tehlikelidir. İşte bundan dolayı Bedir esirleri hakkında şu iki ayet-i kerime inmiştir:

مَا كَانَ لِنَبِيٍّ أَنْ يَكُونَ لَهُ أَسْرَى حَتَّى يُثْخِنَ فِي الْأَرْضِ تُرِيدُونَ عَرَضَ الدُّنْيَا وَاللَّهُ يُرِيدُ الْآخِرَةَ وَاللَّهُ عَزِيزٌ حَكِيمٌ لَوْلَا كِتَابٌ مِنَ اللَّهِ سَبَقَ لَمَسَّكُمْ فِيمَا أَخَذْتُمْ عَذَابٌ عَظِيمٌ

"Bir Peygambere (düşman kuvvetlerini bir daha toparlanamayacakları şekilde bozguna uğratıp) yeryüzünde tam olarak ağırlığını koymadan (fidye ve ganimet elde etme amacıyla) esirler almak yaraşmaz. Fakat siz (ganimet ve esirler peşinde koşarak) şu dünyanın (gelip geçici) menfaatini istiyordunuz, Allah ise (kararlılık ve fedakârlık göstererek) ahireti (kazanmanızı) istiyordu. Allah, sonsuz kudret ve hikmet sahibidir. Eğer Allah tarafından önceden verilmiş bir hüküm olmasaydı, aldığınız (bu fidye ve ganimet malların)dan ötürü size mutlaka başınıza büyük bir azap dokunurdu."[563]

Sırrı, herkese söylemek uygun değildir. Eğer sana bir sır emanet edilmişse; sakın emanete hıyanet etmeyesin. Abdullah b. Mübarek (ra) ne güzel söylemiş: *"Duyduğunu saklamaya ancak, nesebi sahih olanın gücü yeter."*

---

562 Müslim; Fezâilü's-Sahâbe, 145
563 Enfal; 8: 67-68

Amr b. As (ra): *"Kalpler, sırların saklandığı yerlerdir. Dudaklar, o yerlerin kilidi, diller de anahtarıdır. Şu halde her insan sırrının anahtarlarını saklamalıdır."*

Hz. Ali (ra): *"Sır saklamak bir irade imtihanıdır. Bu imtihanı kazanmayan, hayatta hiçbir imtihanı kazanamaz."*

3. Gizlilikleri Araştırmayıp Onurları Korumak

Gizlilikleri araştırmak, ahlâk zaafıdır. Ahlaklı insanlar, kendilerine yapılmasını istemediği şeyleri başkalarına da yapmazlar. Hiçbir kimse gizli hallerinin bilinmesini istemez. Bir şey ki Allah Teâlâ onu yasaklamış ise, o yasak olan şey, gerçekten insanlar için zararlıdır. Zararlı olan bir şeyi yapmak; bazen önce yapana zarar verir, bazen de karşıya zarar verir.

Gizlilikleri araştırmak, iyi niyetli insanların değil, kötü niyetli insanların huyudur. Allah Teâlâ bu çok kötü huyu şöyle yasaklamıştır: وَلَا تَجَسَّسُوا *"Birbirinizin gizli hallerini araştırmayınız!"[564]*

Rasûlullah (s.a.v) Efendimiz de şöyle buyurmuştur:

$$ لاَ تَحَاسَدُوا وَلاَ تَبَاغَضُوا وَلاَ تَجَسَّسُوا وَلاَ تَحَسَّسُوا وَلاَ \\ تَنَاجَشُوا وَكُونُوا عِبَادَ اللهِ إِخْوَانًا $$

"Birbirinize haset etmeyin, kin tutmayın. Başkalarının gizli hallerini araştırmayın, konuştuklarını dinlemeyin, müşteri kızıştırmayın. Ey Allah'ın kulları! Kardeş olunuz!"[565]

Bu hadisi şeriften şunları anlayabiliriz:

Haset ve kin; aşağılık, basitlik ve düşmanlık alametidir. Düşman olan, düşmanlık ettiği kimse hakkında aleyhte olacak malzeme toplar. Bu kişi düşman olduğu kimsenin gizli hallerini araştırır ve gizli veya açık konuşmalarını dinlemeye çalışır. Bu haller, kardeşliğe zıt olan ve kardeşlere zarar veren hallerdir. Çözümü İslâm kardeşliğidir. Kardeş, kendisine yapılmasından hoşlanmadığı şeyleri kardeşine yapmayan kimsedir.

Gizli halleri araştırmak, karşının ahlakının bozulmasına da itebilir. İşte bu konuda Hz. Peygamber (s.a.v) şöyle buyurmuştur:

$$ إِنَّكَ إِنِ اتَّبَعْتَ عَوْرَاتِ النَّاسِ أَفْسَدْتَهُمْ أَوْ كِدْتَ أَنْ تُفْسِدَهُمْ $$

"Müslümanların ayıplarının/gizli hallerinin peşine düşer (araştırmaya kalkışır) isen, onların ahlakını bozar veya onları buna zorlamış olursun."[566]

---

564 Hucurat; 49: 12
565 Müslim; Birr, 30
566 Ebu Davut; Sünen, Edep, 37

Sahabenin ilim ve irfanda, takvada zirve şahsiyetlerinden olan Abdullah b. Mesut (ra), bir gün kendisine bir adam getirilerek, *"Bu, sakalından şarap damlayan falanca kişidir"* denildiğini bunun üzerine kendisinin şu cevabı verdiğini görüyoruz:

إِنَّا قَدْ نُهِينَا عَنِ التَّجَسُّسِ وَلَكِنْ إِنْ يَظْهَرْ لَنَا شَيْءٌ نَأْخُذْ بِهِ

"Biz ayıp ve kusur araştırmaktan menedildik. Kendiliğinden bir kusur veya ayıp ortaya çıkarsa biz onun gereğini yaparız."[567]

Bir insanın ayıbını araştıranlar, o araştırdığı insanları ayıplamak için malzeme toplayanlardır. Belki önce işlediği bir günah sebebiyle belki daha sonra işlemediği günahı ona iftira ederek ayıplar. Hâlbuki o ayıplayan, ayıplanan kimsedir. İşte bu konuda Rasûlullah Efendimiz (s.a.v) şöyle buyurmuştur:

مَنْ عَيَّرَ أَخَاهُ بِذَنْبٍ لَمْ يَمُتْ حَتَّى يَعْمَلَهُ

"Kim kardeşini bir günah sebebiyle ayıplarsa o günahı işlemeden ölmez"[568]

Müslüman kardeşin ayıbını araştırmak değil örtmek gerekir. Ayıbı örten hakkında Hz. Peygamber şöyle buyurmuştur:

مَنْ سَتَرَ مُسْلِمًا سَتَرَهُ اللَّهُ فِي الدُّنْيَا وَالْآخِرَةِ

"Kim bir Müslümanın ayıbını örterse Allah da o kimsenin dünya ve ahiretteki ayıplarını örter."[569]

Hz. Peygamber Efendimiz (s.a.v), müminleri, birbirinin onurundan sorumlu tutarak şöyle buyurdu:

مَا مِنِ امْرِئٍ يَخْذُلُ امْرَأً مُسْلِمًا فِي مَوْضِعٍ تُنْتَهَكُ فِيهِ حُرْمَتُهُ وَيُنْتَقَصُ فِيهِ مِنْ عِرْضِهِ إِلَّا خَذَلَهُ اللَّهُ فِي مَوْطِنٍ يُحِبُّ فِيهِ نُصْرَتَهُ وَمَا مِنِ امْرِئٍ يَنْصُرُ مُسْلِمًا فِي مَوْضِعٍ يُنْتَقَصُ فِيهِ مِنْ عِرْضِهِ وَيُنْتَهَكُ فِيهِ مِنْ حُرْمَتِهِ إِلَّا نَصَرَهُ اللَّهُ فِي مَوْطِنٍ يُحِبُّ نُصْرَتَهُ

"Bir müminin dokunulmazlığına, şerefine dil uzatılan yerde bir mümini mahcup eden kimseyi Allah, en çok yardıma muhtaç olduğu bir anda perişan eder. Bir müminin

---

567 Ebu Davut; Sünen, Edep 37, H. No: 4246
568 Tirmizî; Kıyamet 54, H. No: 4229 (Mektebetu Şamile)
569 Müslim; Zikir, 38. İbn Mâce; Mukaddime, 17

şerefine dil uzatılan, dokunulmazlığı çiğnenen bir yerde mümine yardım edip onu savunan kimseye de Allah, en çok yardıma muhtaç olduğu bir sırada yardım eder."[570]

Abdullah b. Ömer bir gün Ka'be'ye bakarken ellerini ona doğru kaldırarak şöyle dedi: "Ey Kabe! Yücesin. Dokunulmazlığın da yücedir. Fakat Allah katında bir müminin dokunulmazlığı senin dokunulmazlığından daha büyüktür."[571]

Demek ki Yunus Emre bundan dolayı o meşhur şiirini söylemiş:

"Bir kez gönül yıktın ise,
Bu kıldığın namaz değil;
Yetmiş iki millet dahi
Elin yüzün yumaz değil"
"Ak sakallı bir koca
Bilinmez hâli nice
Emek vermesin hacca
Bir gönül yıkar ise."

4. Hüsn-ü Zan Etmek ve Sû-i Zanna Sebep Olanları da İlan Etmemek

Müslümana yakışan, sû-i zan değil, hüsn-ü zan etmektir. Güzel zan, güzel adama yakışan; kötü zan da kötü adama yakışandır.

Bir kişi hakkında "kötüdür" diyebilmek için delil lazımdır. Delil olmadan kötüdür demek, kişiye de kendisine de kötülük etmek demektir. Kötü olsa bile kötünün ilanı, kötülüğün yaygın hale gelmesine de sebep olduğundan dolayı caiz değildir.

Hüküm verme, kendisiyle ticari bir iş yapma, itimat gereken bir konuda rapor isteyen kimse dışında hüsn-ü zanda yanılmanın bir zararı yoktur. Ama sû-i zanda yanılmak, hem sû-i zan edene hem sû-i zan edilene zarar verir.

Sû-i zan ile ilgili ilâhî yasak şu ayet-i kerime ile sabittir:

يَا أَيُّهَا الَّذِينَ آمَنُوا اجْتَنِبُوا كَثِيرًا مِنَ الظَّنِّ إِنَّ بَعْضَ الظَّنِّ إِثْمٌ

"Ey iman edenler! Zannın çoğundan sakının. Çünkü zannın bir kısmı günahtır."[572]

---

570 Ebu Davud; Edep, 12, H. No: 4240
571 Tirmizî; Kıyamet 54
572 Hucurat; 49: 12

Sû-i zan, bir bakıma yalandır. Yalan ise haramdır. Demek ki sû-i zan haramdır. Bu konuda da söz sultanı Rasûlullah (s.a.v) şöyle buyurmuştur: إِيَّاكُمْ وَالظَّنَّ فَإِنَّ الظَّنَّ أَكْذَبُ الْحَدِيثِ *"Zandan sakının. Çünkü zan, sözlerin en yalan olanıdır."* [573]

Mü'minin makamı yüce olduğundan makamına layık tavır sergilemelidir ve konumuna uygun davranışta bulunmalıdır.

Sahabeden Ebu Cürey b. Süleym (ra), Hz. Peygamber (s.a.v)'e bana bir şeyler öğret, bana tavsiyede bulun deyince Rasûlullah Efendimiz:

"Hiç kimseye sövme!" buyurmuştur. Tavsiyelerinin sonunda şunu da buyurmuştur: *"Eğer bir kimse sana söver veya sende bulunduğunu bildiği bir şey sebebiyle seni ayıplarsa, sen o kimse hakkında bildiğin şeyler sebebiyle onu ayıplama. Onun bu (hareketinin) vebali/sorumluluğu kendisine aittir."* [574]

Büyüklerin büyüklüğünün bir alâmeti de hikmetli yani yerli yerince söz söylemeleri ve yerli yerince hareket etmeleridir. Hadis-i şerifteki bu tavsiye, kıyamete kadar adam olmak isteyen herkes için çok önemli bir tavsiyedir.

Adam olmak isteyen önce her konuda doğru-eğri, hak-bâtıl, hayır-şer, faydalı-zararlı olanı bilmesi ve bu bilgiye göre hakkı alıp batılı reddetmesi; doğruyu alıp eğriyi reddetmesi; hayrı alıp şerri reddetmesi; faydalıyı alıp zararlıyı reddetmesi gerekir.

Şeytanın görevi bizi birbirimize düşürmektir. Şeytan sendeki hatayı sana değil karşıdakine gösterir düşman olman için; karşıdakinin güzelliğini değil senin güzelliğini sana gösterir gurura kapılman için. Basiret ehli bir mümin, şeytanın oyununa gelmez. Karşının hatasını gördüğü gibi kendi hatasını da görür, kendisindeki Allah'ın lütfu olan güzelliği gördüğü gibi karşıdakinin de güzelliğini görür.

Daima aldandığımız bir husus da, karşının suçunu suç işlememize delil tutmamızdır. Bu ancak şeytanın, nefsi kullanması neticesidir. Zira şeytanın işini, nefis kolaylaştırmaktadır. Nefis terbiye olmayınca daima şeytan ve adamlarının oyununa gelir. Akıllı adam nefsini aklına, aklını da imanına yani Kur'an ve Sünnet gerçeklerine tabi kılar. Bize gereken, karşıdaki insan, hataya düşüp sendeki bir ayıpla seni ayıplayınca o oyuna gelmeyip onu ayıplamamaktır. Böylece hem kendini hem de karşıdakini yanlıştan kurtarmaya sebep olur. İşte Hz. Peygamber (s.a.v) bu geçeği gördüğünden dolayı olsa gerektir ki, adeta sen aynı hataya düşme, senin haklılığın seni haksızlığa düşürmesin demektedir.

Bir başka hadisi şerifte Hz. Peygamber (s.a.v) şöyle buyurmuştur: *"Kim, cehennemden uzaklaştırılıp cennete konulmayı isterse, ölümünü, Allah'a ve ahirete inanmış*

---

573 Buhari; Vasâyâ, 8, Nikâh, 45, Ferâiz 2, Edep, 57, 58. Müslim; Birr, 28. Tirmizî; Birr, 56
574 Ebu Davud; Libas, 24. Tirmizî; İstizan, 27

olarak karşılasın. Bir de başkalarına karşı, kendisine nasıl davranılmasından hoşlanıyorsa öyle davransın.[575]

İşte gerçek çözüm, ihlasla Hz. Peygamber (s.a.v)'i izleyerek amel edene! Ne mutlu ihlasla ve sünnete uyarak amel edenlere!

Alınacak Dersler:

1. İslam güzel insanı yetiştirmeyi hedeflemiştir.

2. Güzel insan, güzel Müslümandır.

3. Güzel Müslüman olmaya götürecek bazı şeyler ise şunlardır: Ahde vefa, sırrı ifşa etmeyip saklama, gizlilikleri araştırmayıp onurları koruma, hüsnü zan etme ve sû-i zandan uzak olmaktır.

4. Bu güzel ahlak örnekleriyle ahlakını süsleyen Müslümanlardan olmak bizim de gayemiz olmalıdır.

5. Müslümanın kemali ibadetlerinden ziyade ahlakı ile tamamlanır.

---

575 Müslim; İmâre, 46. Nesâî; Bey'at, 25. İbn Mâce; Fiten, 9

33. SOHBET

HZ. PEYGAMBER (S.A.V)'İN İBADETİ

Hz. Peygamber Efendimiz (s.a.v)'in ibadetini tetkik ettiğimiz zaman; farzlara önem verirdi, nafilelere de önem vermez değildi. Belki farzlara, daha çok değer, nafilelere ise değer verirdi. Değer vermeseydi, meselâ namazların evvelinde ve sonrasında sünnet namazlar dediğimiz namazları; bize göre nafile kendisine göre farz olan gece namazı, işrâk namazı, kuşluk namazı, evvâbîn namazı, öğlenin farzından sonraki iki rekâtı bazen dört rekât olarak kıldığı namazı, abdest namazı, tahıyyetü'l-mescid namazı gibi nafile namazları kılar mıydı? Farz orucun dışında, Pazartesi ve Perşembe; ayın evvelinde, ortasında ve sonunda; Şaban ayının nerdeyse tamamını oruç tutar mıydı? İnfakta fazla fazla verir miydi? Zikir konusunda en fazla zikreden olur muydu?

Bu konuda en güzel delil şu hadis-i kutsidir:

إِنَّ اللهَ تَعَالَى قَالَ: مَنْ عَادَى لِي وَلِيًّا فَقَدْ آذَنْتُهُ بِالْحَرْبِ وَمَا تَقَرَّبَ إِلَيَّ عَبْدِي بِشَيْءٍ أَحَبَّ إِلَيَّ مِمَّا افْتَرَضْتُ عَلَيْهِ وَمَا يَزَالُ عَبْدِي يَتَقَرَّبُ إِلَيَّ بِالنَّوَافِلِ حَتَّى أُحِبَّهُ فَإِذَا أَحْبَبْتُهُ كُنْتُ سَمْعَهُ الَّذِي يَسْمَعُ بِهِ وَبَصَرَهُ الَّذِي يُبْصِرُ بِهِ وَيَدَهُ الَّتِي يَبْطِشُ بِهَا وَرِجْلَهُ الَّتِي يَمْشِي بِهَاوَإِنْ سَأَلَنِي لَأُعْطِيَنَّهُ وَلَئِنِ اسْتَعَاذَنِي لَأُعِيذَنَّهُ. ''

Allah Teâlâ şöyle buyurdu: "Her kim bir velime düşmanlık ederse, ben de ona harp ilan ederim. Kulum kendisine farz kıldığım şeylerden daha sevimli herhangi bir şeyle bana yakınlık kazanamaz. Kulum bana (farzlara ilave olarak işlediği) nafile ibadetlerle durmadan yaklaşır, nihayet Ben onu severim. Kulumu sevince de (sanki) Ben onun işiten kulağı, gören gözü, tutan eli ve yürüyen ayağı olurum. Benden her ne isterse, onu mutlaka veririm; bana sığınırsa, mutlaka onu korurum."[576]

Bu hadiste dikkat edilirse, farzların Allah Teâlâ'ya en sevimli olduğu ve Allah'a en yaklaştırıcı olduğu; daha çok dikkat çeken kısmı ise farzlara ilave olarak yapılan nafile ibadetler olunca *"Ben onu severim"* buyurmasıdır. Bu ilaveleri bütün farzlar için düşünebiliriz. Çünkü fazla ücret, fazla mesai yapanlara verilir. Ayrıca bu hadisi

---

576 Buhari; Rikak 38

kutside, farz artı nafile olunca sevdiğini, sevince de bütün organlarında Allah'ın razı olduğu amelleri tecelli ettireceğini; ne istese mutlaka vereceğini ve Kendisine sığınınca da mutlaka koruyacağını ifade buyurmaktadır.

Bu hadisi kutside vaat edilenler, sadece namazlardaki nafileler değil bütün ibadetlerdeki farzlara ilave olarak yapılan nafilelerdir. Şu da bir gerçektir ki imandan sonra ilk farz olan amel namazdır. Elbette namazların nafileleri de diğer nafilelerden önce gelir. Şu da bir kaidedir ki ibadetlerin sevap derecesi, ibadetlerin sıkıntılarına katlanma derecesine, kalplerdeki ihlâs ve sünnete uygunluk derecesine göredir.

İbadetlerdeki nafilelerin önemini en güzel belirten hadisi-i şerif de şudur:

عَنْ أَبِي هُرَيْرَةَ رَضِيَ الله عنهُ قَالَ: قَالَ رَسُولُ الله صَلَّى اللهُ عَلَيْهِ وَسَلَّمَ : إِنَّ أَوَّلَ مَا يُحَاسَبُ بِهِ الْعَبْدُ يَوْمَ الْقِيَامَةِ مِنْ عَمَلِهِ صَلَاتُهُ، فَإِنْ صَلَحَتْ، فَقَدْ أَفْلَحَ وَأَنْجَحَ، وَإِنْ فَسَدَتْ، فَقَدْ خَابَ وَخَسِرَ، فَإِنِ انْتَقَصَ مِنْ فَرِيضَتِهِ شَيْئاً، قَالَ الرَّبُّ، عَزَّ رَجَلَّ: انْظُرُوا هَلْ لِعَبْدِي مِنْ تَطَوُّع، فَيُكَمَّلُ مِنها ما انْتَقَصَ مِنَ الْفَرِيضَةِ ؟ ثُمَّ يَكُونُ سَائِرُ أَعْمَالِهِ عَلَى هذا.

Ebu Hüreyre (ra)'den rivayet edildiğine göre, Rasûlullah (s.a.v) şöyle buyurdu: *"Kıyamet gününde kulun hesaba çekileceği ilk ameli onun namazıdır. Eğer namazı düzgün olursa, işi iyi gider ve kazançlı çıkar. Namazı düzgün olmazsa, kaybeder ve zararlı çıkar. Şayet farzlarından bir şey noksan çıkarsa, Aziz ve Celil olan Rabbi: "Kulumun nafile namazları var mı, bakınız? der. Farzların eksiği nafilelerle tamamlanır. Sonra diğer amellerinden de bu şekilde hesaba çekilir."*[577]

Bu hadisi-i şeriften şunu anlamış oluyoruz: Ahirette, namaz, oruç, zekât ve hac gibi nafile olan ibadetler, farzlar gibi iş görecek. Nafile olan ibadetlerimiz noksan kalan farz olan ibadetlerin yerine konacaktır. Demek ki nafile deyip geçmeyelim. Hele hele namazlardaki nafileler çok daha önemlidir.

Çünkü Peygamber Efendimiz, *"Kıyamet gününde kulun hesaba çekileceği ilk ameli onun namazıdır. Eğer namazı düzgün olursa, işi iyi gider ve kazançlı çıkar. Namazı düzgün olmazsa, kaybeder ve zararlı çıkar"*[578] buyurmuştur.

Bu nâfile namazlarla, özellikle sabah namazının sünneti hakkında rivayet edilen şu hadîs-i şerîf, çok dikkat çekicidir:

---

577 Tirmizî; Sünen, Mevâkît, 188. Ebu Davut; Sünen, Salât, 149. Nesâî; Sünen, Salât, 9. İbn Mâce; Sünen, İkamet, 202

578 Tirmizî; Sünen, Mevâkît, 188. Ebu Davut; Sünen, Salât, 149. Nesâî; Sünen, Salât, 9. İbn Mâce; Sünen, İkamet, 202

Rasûlullah (s.a.v)'in müezzini Ebu Abdullah Bilâl İbni Rebâh (r.a.)'den rivayet edildiğine göre, bir gün kendisi Rasûlullah (s.a.v)'e sabah namazı vaktinin girdiğini haber vermeye gelmişti. Hz. Âişe, Bilâl'e bazı şeyler sorarak onu ortalık iyice ağarıncaya kadar meşgul etti. Bunun üzerine Bilâl, Resûlullah'a namaz vaktinin girdiğini haber verdi. Hz. Peygamber (s.a.v) namaza çıkmayınca, Bilâl namaz vaktinin girdiğini ona bir kere daha haber verdi. Rasûlullah (s.a.v) mescide gelerek sabah namazını kıldırdı. O zaman Bilâl Resûlullah'a durumu anlattı. Kendisini Hz. Âişe'nin, sorduğu bir şey sebebiyle, ortalık ağarıncaya kadar meşgul ettiğini, Peygamber (s.a.v) namaza gelmeyince, ikinci defa haber verdiğini söyledi. O zaman Rasûlullah:

إِنِّي كُنْتُ رَكَعْتُ رَكْعَتَي الفَجْرِ *"Ben sabah namazının iki rek'at sünnetini kılıyordum"* buyurdu. Bilâl: (İyi ama) Yâ Rasûlallah! Namaza çok geç geldiniz, deyince Peygamber aleyhisselâm:

لَوْ أَصْبَحْتُ أَكْثَرَ مِمَّا أَصْبَحْتُ، لَرَكَعْتُهُمَا، وَأَحْسَنْتُهُمَا، وَأَجْمَلْتُهُمَا

"Şayet daha geç kalsaydım, yine de bu iki rek'at sünneti bütün gereklerini yerine getirerek mükemmel şekilde kılardım"[579] buyurdu.

Yine sabah namazının sünneti ile ilgili Hz. Âişe (ranha)'dan rivayete göre Resulü Ekrem (s.a.v) Efendimiz şöyle buyurmuşlardır:

رَكْعَتَا الفَجْرِ خَيْرٌ مِنَ الدُّنْيَا وَمَا فِيهَا وفي رواية لَهُمَا أَحَبُّ إِلَيَّ مِنَ الدُّنْيَا جَمِيعاً

"Sabah namazının iki rek'at sünneti, dünya ve dünyadaki her şeyden daha hayırlıdır."[580]

Yine Müslim'in bir rivayetine göre sabah namazının sünneti hakkında: *"O bana bütün dünyadan daha sevimli ve değerlidir"[581]* buyurdu.

Hatta bu durumu Hz. Âişe (ra) şöyle açıklamıştır:

"Peygamber (s.a.v) sabah namazının iki rekât sünnetine diğer nafile namazlardan daha fazla önem verirdi."[582]

Peygamber Efendimiz (s.a.v), ibadetlerde kulluk bilincinin diri tutulmasına önem vermiş; imanın anlam ve lezzetinin, ancak ibadet ve güzel davranışlarla desteklendiğinde yakalanabileceğini belirtmiştir. Bu ise, takva haliyle elde edilir. Takvaya ise,

579 Ebu Davut; Sünen, Tatavvu 3, H. No: 1066
580 Müslim; Sahih, Müsafirin 96, H. No: 1721
581 Müslim; Sahih, Müsafirin 97, H. No: 1722
582 Buhari; Teheccüd, 27. Müslim; Müsafirin, 94, H. No: 1719. Ebu Davut; Tatavvu 2

sürekli olarak Yüce Allah'a ibadet etmekle ulaşılır. Bunda da bize örnek olan Hz. Peygamber (s.a.v), ibadetlerine devam etmiş, ömrü boyunca hiçbir ibadetini bırakmamış ve bize de şöylece öğüt vermiştir:

$$\text{وَأَنَّ أَحَبَّ الْأَعْمَالِ إِلَى اللهِ أَدْوَمُهَا وَإِنْ قَلَّ}$$

"Allah'a en sevimli gelen amel az da olsa devamlı yapılanıdır."[583]

Hz. Peygamber (s.a.v)'in, ibadetlerde uyguladığı ve ümmetine tavsiye ettiği prensiplerden bir tanesi de kolaylık prensibidir. Bu sebeple, O'nun gönlü, hiçbir zaman kişilerin ibadet etme gayretiyle de olsa ağır yükler altına girmesine razı olmamıştır. Öyle ki O, ibadetin veya dini bir hükmün aslının korunması kaydıyla her konuda Müslümanlar için hep kolay olanı tercih etmiştir. Efendimiz (s.a.v)'ı anlatan Hz. Âişe (r.a.) validemiz şöyle buyurmuştur:

$$\text{مَا خُيِّرَ رَسُولُ اللهِ صَلَّى اللهُ عَلَيْهِ وَسَلَّمَ بَيْنَ أَمْرَيْنِ إِلَّا أَخَذَ أَيْسَرَهُمَا مَا لَمْ}$$
$$\text{يَكُنْ إِثْمًا فَإِنْ كَانَ إِثْمًا كَانَ أَبْعَدَ النَّاسِ مِنْهُ}$$

"Günah olmadığı sürece, iki şey arasında muhayyer bırakılan Peygamberimiz (s.a.v), hep kolay olanı tercih etmiştir. Eğer bir şey günah ise, günaha en uzak olan da o idi."[584]

Hz. Peygamber (s.a.v) gece ibadetine önem vermiştir. Özellikle Ramazan gecelerini ihya etmiş ve ramazanın son on gününü itikâfla geçirmiştir. Okuduğu ayetlerin derin anlamları üzerinde düşünmüş, namazların peşinden sık sık kısa ve özlü dualar yapmış, Yüce Allah'ı zikrederek, bol bol tövbe ve istiğfarda bulunmuştur. Kur'an okumayı ve başkasının okuduğu Kur'an'ı dinlemeyi çok seven Hz. Peygamber (s.a.v), Ramazan gecelerinde Cebrail (as) ile buluşarak Kur'an'ı mukabele usulü ile okumuş ve hatmetmiştir.

Hz. Peygamber (s.a.v), oruç tutmaya ehemmiyet vermiş; iftarda acele edilmesini, sahurda ise imsak vaktine kadar yenilmesini tavsiye emiş; sahur yemeğinde bereket olduğunu söylemiştir. Hz. Peygamber (s.a.v) Ramazan orucunun yanında, yılın belirli dönemlerinde daha yoğun olmak üzere nafile oruçlar tutmuştur. Her ayın ortasına denk gelen günlerde, Pazartesi ve Perşembe günlerinde, Muharrem ayının 9-10 veya 10-11. günlerinde, Şevval ayında altı gün oruç tuttuğu ve ümmetine tavsiye ettiği, Recep ve Şaban aylarında ise daha fazla oruç tuttuğu hadis kaynaklarında yer almaktadır. Örneğin Şaban ayının orucu ile alakalı olarak Hz. Aişe (ra) validemizden şöyle rivayet edilmiştir:

---

583 Buhari; Sahih, H. No: 5983; Mişkatu'l Mesabih; 1/276, H. No : 1242
584 Buhari; 11/395, H. No: 3296

عَنْ عَائِشَةَ رَضِيَ اللَّهُ عَنْهَا قَالَتْ كَانَ رَسُولُ اللَّهِ صَلَّى اللَّهُ عَلَيْهِ وَسَلَّمَ
يَصُومُ حَتَّى نَقُولَ لَا يُفْطِرُ وَيُفْطِرُ حَتَّى نَقُولَ لَا يَصُومُ فَمَا رَأَيْتُ
رَسُولَ اللَّهِ صَلَّى اللَّهُ عَلَيْهِ وَسَلَّمَ اسْتَكْمَلَ صِيَامَ شَهْرٍ إِلَّا رَمَضَانَ وَمَا
رَأَيْتُهُ أَكْثَرَ صِيَامًا مِنْهُ فِي شَعْبَانَ

Hz. Aişe (r.a.) validemiz şöyle buyuruyor: *"Peygamberimiz oruç tutardı. Biz galiba iftar etmeyecek derdik. Ramazan ayından başka bir ayı tam olarak oruçlu olarak geçirdiğini görmedim. Ramazan ayından sonra da en çok orucu Şaban ayında tutardır."585*

Hz. Peygamber (s.a.v), ihtiyacından fazla malını hiçbir zaman elinde tutmamış, komşularına ve ihtiyaç sahibi kimselere göndermiştir. İnsanların en cömerdi olan Hz. Peygamber (s.a.v), inananları zekatlarını vermeye ve zekatla da yetinmeyip onun dışında da ihtiyaç sahiplerine mali yardımda bulunmaya davet etmiştir. Zekatların biran evvel yerlerine ulaştırılmasına özen göstermiş, toplanan zekatları mümkün mertebe hiç bekletmeden dağıtmıştır. İşte bu anlamdaki bazı hadis-i şerifler:

كَانَ النَّبِيُّ صَلَّى اللَّهُ عَلَيْهِ وَسَلَّمَ أَجْوَدَ النَّاسِ وَأَجْوَدُ مَا يَكُونُ فِي
رَمَضَانَ حِينَ يَلْقَاهُ جِبْرِيلُ وَكَانَ جِبْرِيلُ عَلَيْهِ السَّلَام يَلْقَاهُ فِي كُلِّ لَيْلَةٍ
مِنْ رَمَضَانَ فَيُدَارِسُهُ الْقُرْآنَ فَلَرَسُولُ اللَّهِ صَلَّى اللَّهُ عَلَيْهِ وَسَلَّمَ أَجْوَدُ
بِالْخَيْرِ مِنَ الرِّيحِ الْمُرْسَلَةِ

"Peygamber Efendimiz (s.a.v), insanların en cömerdi idi. Ramazan ayında Cebrail (a.s.) ile karşılaştıklarında cömertliği daha da artardı. Ramazan ayının her gecesinde Cebrail (a.s) gelir ve karşılıklı olarak Kur'an-ı Kerim okurlardı. Peygamberimiz cömertlikte esen rüzgarlardan daha ileri idi."586

Hülasa her konuda Müslümanlara örnek olan Hz. Peygamber (s.a.v), hiç şüphesiz ibadet konusunda da en güzel örnektir. Her Müslüman'ın gücü nispetinde onu örnek alarak kendisine bir ibadet programı oluşturması gerekir.

---

585 Buhari; Sahih, 7/78, H. No: 1833
586 Buhari; Sahih, 11/389, H. No: 3290

Alınacak Dersler:

1. İzinden gidilecek yegane örnek olan Peygamber Efendimiz (s.a.v)'ın ibadet hayatından ne kadarına güç yetirebilirsek o kadarını yapmalıyız.

2. Peygamber Efendimiz (s.a.v), hem kendisi dengeli hem de bize denge örneği idi. Ümmetini zora sokacak hiçbir şeyi yapmazdı.

3. Bir Müslüman olarak O'nun yaptığı nafilelerle biz de ibadet hayatımızı süslemeliyiz.

4. Bedeni ibadetlerin yanında mali ibadetlerimizi takatimizi zorlayarak da olsa eda etmeliyiz.

5. Amellerin devamlı yapılanının makbul olması gerçeğinden hareketle, velev bir tek sünnet bile olsa devamlı yapalım. Örneğin hep abdestli olmayı deneyebiliriz.

34. SOHBET

NEFİS MUHASEBESİ

Nefis muhasebesi yapmak deyince, ne idik, ne olduk ve ne olmalıyız sorularına cevap vermek; o verilen cevapların da gereğini yerine getirmek akla gelir. Bu sorularla, eğer muhasebe yapacak kişi ise, ne idim, ne oldum ve ne olmam lazım diye soru sorup cevabının gereğini yerine getirmesi gerekir. Eğer bir kurumsa, bir topluluğu oluşturan bir cemaat ise elbette yukarıdaki gibi çoğul sığası ile sormak, kimler sorumlu ise beraberce muhasebe yapmak ve gerekli olan sorumlulukları yerine getirmek gerekir. Bunları şöylece sıralayabiliriz:

1) Başarıyı ve Nimetleri Allah'a; Hatalarımızı Nefsimize Nispet Etmek

Mü'min, Allah Teâlâ'yı, Hz. Peygamber (s.a.v)'i ve Hz. Peygamber'in Allah'tan getirdiklerini tasdik eden kimsedir. Hz. Peygamber'in getirdiği Kur'an-ı Kerîm'de Allah Teâlâ bu konuda şöyle buyurmuştur:

مَا أَصَابَكَ مِنْ حَسَنَةٍ فَمِنَ اللَّهِ وَمَا أَصَابَكَ مِن سَيِّئَةٍ فَمِنْ نَفْسِكَ

"Sana gelen her iyilik Allah'tandır; sana gelen her fenalık da kendi nefsindendir."[587]

Mü'min kişi, tevhit ehli yani rubûbiyeti ve ülûhiyeti Bir'e yani Allah'a nispet eden kişidir. İnsanı da insanın yaptığını da yaratan Allah'tır. İşte ayeti kerime: وَاللَّهُ خَلَقَكُمْ وَمَا تَعْمَلُونَ *"Sizi de Allah yarattı ve sizin yapıyor olduklarınızı da (Allah yaratıyor)."*[588]

İyilik de sıkıntı da; nimet de bela da; başarı da başarısızlık da imtihandır.

İyilikte imtihanı kazanmak, şükürledir. Kalbin şükrü, bütün nimetlerin Allah'ın olduğuna itikat etmek; dilin şükrü, bütün nimetlerin Allah'ın olduğunu *"elhamdülillâh"* diyerek itiraf etmek; bedenin şükrü de Allah'ın nimetleri ile Allah'a isyan etmeyip itaat etmektir.

Sıkıntıdaki imtihan, sabırladır.

"Sabır, kadere kızmaktan kalbi tutmak; dili, şikayet etmekten tutmak; beden organlarını da Allah'a isyandan tutmaktır."[589]

---

587 Nisa; 4: 79
588 Saffat; 37: 96
589 İbn-i Kayyım el-Cevzî

Başarıda imtihan, başarıyı Allah'a nispet etmek; başarısızlıkta imtihan, başarısızlığı kendi nefsimize nispet etmektir.

Hz. Peygamber (s.a.v) ne güzel buyurmuştur:

طُوبَى لِمَنْ شَغَلَهُ عَيْبُهُ عَنْ عُيُوبِ النَّاسِ

"Kendi ayıbı ile meşgul olması insanların ayıplarıyla meşgul olmasına engel olanlara ne mutlu!"[590]

Akıllı adam, başkalarının ayıbını görür, aynı ayıba düşmemek için, kendi ayıbını da görür ki bir daha aynı ayıbı işlememek için!..

Ahmak kişi, başarıyı sadece kendisine nispet eden; başarısızlığı da kendisine değil başkasına nispet eden kişidir. Başarıyı sadece kendisine nispet eden, başarısızlığı da kendisine değil başkasına nispet edenler, gurura kapılırlar, kusurlarını kabul etmediklerinden kusurları da yok etmeye yönelmezler ve neticede de hep kusurlu kalırlar.

"Yükseldik zannederler alçaldıkça tabana"

(Necip Fazıl Kısakürek)

Büyük adam; hata etmeyen değil, az hata eden, hata kendisine söylenmeden kendi hatasını görebilen, en azından hatası kendisine söylenince kabul eden kişidir.

2) Kontrol Edildiğimizi Düşünerek Kendimizi Daima Kontrol Etmek

Her konuda isabetli düşünebilmek için isabetli olan bilgiye sahip olmak gerekir. İsabetli bilgi, her şeyi yaratan Allah'ın bilgisi yani ilâhî bilgi olan vahiydir. İşte bu konuda her şeyi bilen Allah Teâlâ şöyle buyurmuştur: إِنَّ رَبَّكَ لَبِالْمِرْصَادِ *"Muhakkak Rabbin daima (her hal ve durumda) gözetlemektedir."*[591]

Şüphesiz kendisinin denetlendiğini bilen, kendisini denetler. Denetlendiğini ve her şeyi, ölçü ile ölçen, yanlışlarını görür. Yanlışlıklar ise gafletten doğar. Gaflet, ya cehaletten ya da günahlardan meydana gelir. Cehaletten doğan gafletin çaresi, ilim ve irfan ehli olan muttaki kişiden ölçüyü kazandıran ilim almakla; günahlardan doğan gafletin çaresi, nasuh tövbe ile zahir-bâtın yani kalple ve bedenle işlenen günahlardan tövbe etmekledir.

Kendisini kontrol eden insan, az hata eder. Hata edince de hemen farkına varır. Farkına varınca da hemen hatasını terk etmeye yönelir. Hatayı terk etmek, birinci basamak; ikinci basamak, doğrusunu görüp doğru olanı yapmaktır.

3) Ehil, Âdil, Doğru, Ciddî ve Verim Alınan Ekiple Hareket Etmek

Önce hedefe ulaşmada planı gerçekleştirecek ekibi tespit etmek, sonra ekibi yetiştirmek daha sonra da görev vermek, neticeyi de istemek gerekir.

590 Kenzu'l-Ummâl; H. no: 43444, Keşfu'l-Hafâ; II, 44; Münâvî; Feyzu'l-Kadîr, IV, 281
591 Fecr; 89: 14

Ekip, ortak amaçlar ve hedeflerle devamlı bir misyon üzerine birlikte çalışan bir insan gurubudur. Etkili olmak için, ekip üyeleri, ekip için iletişim, ekipteki rolleri ve fikir birliği oluşturma konularında eğitilmelidir. Ekip ruhu içinde çalışabilmeyi kazandırmak için, insanı, ferdî olarak çalışmaktan çok daha üstün olduğunu ikna etmek gerekir.

Lider, ekibiyle başarılı olabilir. Şüphesiz lider, ekibin lideri ise ekibindeki sayı kadar çarpılır. Ekip olmayınca, eldeki insanların değeri toplanan kadardır. Ama ekip varsa, elde bulunan insanların değeri, toplanan değil çarpılan kadardır.

Önce ehliyet aranmalıdır. Ama sadece ehliyet değil, ehil olan kişi, âdil, doğru, ciddî ve verim alınan kimseler arasından seçilmelidir. Yoksa ehliyet var da diğer özellikler yani adâlet, doğruluk, ciddiyet ve verimlilik yoksa işte bu kişi, bela kişidir.

Âdil kişi, şahsiyet sahibi olan; dostuna da düşmanına da aynı doğruyu yapan kişidir. Düşmanının düşmanlığı, ona adaleti terk ettirmeyi gerektirmez. Zira herkes kendisine yakışanı yapar. Müslümana yakışan, İslam'a söz getirmeyecek şekilde davranmasıdır. Karşımızdakine yakışanı değil, bize yakışanı yapmaktır. Ceza işine gelince; suçluya ceza vermek de adâlet, suçsuz olana ceza vermemek ve faydalıya da mükâfat vermek adâlettir. İşte ayet-i kerime:

وَلَا يَجْرِمَنَّكُمْ شَنَآنُ قَوْمٍ عَلَى أَلَّا تَعْدِلُوا اِعْدِلُوا هُوَ أَقْرَبُ لِلتَّقْوَى وَاتَّقُوا اللَّهَ إِنَّ اللَّهَ خَبِيرٌ بِمَا تَعْمَلُونَ

"Bir kavme/topluluğa olan kininiz, sizi adaletsizliğe sevk etmesin. Adaletli olun, çünkü o, takvaya daha yakın olandır. Allah'tan korkun. Şüphesiz Allah, bütün yaptıklarınızdan haberdardır."[592]

"Müslüman olsun olmasın herkese adaletli davranın. Müslümanlar kardeşleriniz, Müslüman olmayanlar ise sizin gibi birer insandır." Hz. Ali (ra.) *"Adâlet mülkün (otoritenin ve hâkimiyetin) temelidir."* Hz. Ömer (ra) *"Sevginin kurduğu devleti, adâlet devam ettirir."* Farabi (rhm), *"İki barışçı güç vardır: Adâlet ve ahlâk."* (Goethe) *"Kötülüğü adâletle; iyiliği de iyilikle karşılayın."* (Konfüçyüs) *"Abidin ibadeti nefsini; âdilin adâleti, âlemi ıslah eder."* (Arap Atasözü) *"Hükümdar, adaletli olursa, yeryüzünde Allah'ın; adâlet ve şefkatten uzak olursa, şeytanın halifesi olur."* İmam-ı Gazali (rhm) *"Sadık kimse, kendisine zarar getirecek bile olsa, doğruyu söyleyendir."* Cüneyd-i Bağdadi (rhm)

Ekip İçin Gerekli Olan Şeyler:

1. Ekip fertleri her şeye koşmalı.

---

592 Maide; 5: 8

Bu benim işim değil yerine, bu benim işim diyen fertler. Çalışanlar akan kanı durduracak tampon gibi olmalıdır. Nerede yardıma ihtiyaç varsa oraya koşmalıdır.

2. Ekipteki insanlar yaptıkları işlerde yetkili olmalıdır.

3. Ekip elemanlarınızı insanları sevenlerden oluşturun.

Çünkü hizmet anlayışı olmayan birisini işe alıp eğitmeye çalışmak bir kediye şarkı söylemeyi öğretmeye çalışmak gibidir. Bu sizin zamanınızı alırken kediye eziyet etmekten başka bir şeye yaramaz.

4. Ekip elemanlarınızda insana hizmet anlayışı olmalı.

5. Ekip elemanları bir aile gibi olmalıdır.

6. Ekip elemanlarının hepsi hizmette dakik olmalıdır.

7. Ekip elemanlarınız insanın mümkün olan en iyi hizmeti alması için yeterince esnek olabilmelidir.

8. Ekip elemanları iletişimi bilmelidir. Bu konuda yetiştirilmelidir.

9. Ekip elemanları güler yüzlü olmalıdır.

Yalnızca bakma, gör; yalnızca duyma, dinle; yalnızca konuşma, iletişim kur.

Eğer neyi yanlış yaptığımızı bize söylemezseniz, düzeltmek için de şansımız olmaz.

4) Yanlışları Bilip Gidermeye ve Noksanlıkları Görüp Tamamlamaya Çalışmak

Doğru bilinmeden eğri bilinmez; doğru adam bilinmeden de eğri adam bilinmez; tam adam bilinmeden de yarım adam bilinmez. Bu sahalarda önce ölçü insanları, sonra hayatta başarılı olmuş insanlarla kıyas ederek kendi liderimizin çapını, kendi ekibimizin seviyesini tanıyabiliriz.

Yanlışlarımızı ve noksanlıklarımızı görmek için şu üç şey gerekir: İlim, tecrübe ve basiret. Bunlardan birisi eksik olsa eksik olur. Bu üç ışıkla aydınlanma olunca her şeyimiz ortaya çıkar.

Elimizde bulunan insanlarımız, idealimizde olan insanlarımız değildirler. Eğer biz yanlışımızı ve noksanlığımızı gidermeyi dert edinirsek, yanlışımızı ve noksanlığımızı görmemiz mümkün olur. İdealimizde olan insanı bulamazsak, elimizde olanı eğiteceğiz, eğittikten sonra da plan ve programın gereğini isteyeceğiz. Yeter ki insanımız samimi olsun! Ekip ruhu içinde, ciddiyet ve gayret, belirlenen usul içinde olursa, gerisi arkasından gelir. Kendi eski elbisesini ve eski eşyalarını değiştiriyor da eski yanlışlarını, geçersiz eski fikirlerini değiştirmiyorsa, işte o zaman o insanları değiştirmek gerekir.

"Sırf kendi aklına dayanan, hatalardan kurtulamaz." Mansur bin Ammar (rhm)

"Şu beş özellik olmasaydı bütün insanlar salih/iyi insan olurlardı: *a) Cehalete kanaat etmek, b) Dünyaya haris olmak, c) Fazlalığa açgözlülük etmek, d) Amelde riyakârlık etmek, e) Sadece kendi görüşünü beğenmek."* Hz. Ali (ra)

"Başkasının yanlışını büyüten kimse, kendi hatasını unutur." Hz. Ali (ra)

"Bir hatayı iki defa tekrar etmeyen, en mükemmel insandır." (Albert Einstein)

"Hata, hatadır; onu, ister büyük adam işlesin, ister küçük." (Goethe)

Yanlış davranışın kaynağı, yanlış anlayıştır. Yanlış anlayışın kaynağı yanlış bilgi veya içtihada ehil olmayan kimsenin yanlış içtihadıdır.

5) Nefse Karşı Orta Yolu İzlemek

Orta yol yani sırat-ı müstakim İslâm'dır. Nefse karşı orta yolu izlemek, İslam'a göre hareket etmek demektir. Çünkü İslam, itikatta, ibadette, ahlakta ve ahkamda orta yoldur.

Bu konuda Hz. Peygamber Efendimiz şöyle buyurmuştur:

ثَلَاثٌ مُنْجِيَاتٌ فَتَقْوَى اللهِ فِي السِّرِّ وَالْعَلَانِيَةِ وَالْقَوْلُ بِالْحَقِّ فِي الرِّضَا وَالسُّخْطِ وَالْقَصْدُ فِي الْغِنَى وَالْفَقْرِ

"Şu üç şey kurtarıcıdır: Gizlide açıkta Allah'tan korkmak, fakirlikte ve zenginlikte orta yolu izlemek, rıza ve öfke halinde âdil olmaktır."[593]

6) Vaktin ve Kendi İnsanımızın Kıymetini Bilmek

Vakit de, kaliteli ve dürüst insan da sınırlıdır. Vaktin kıymetini bilmek, kıymetli işler yapmakla olur.

Vakit veya zaman, içinde bulunduğumuz andır. Mazi/geçmiş zaman, elimizden çıktı ama ibret alalım; istikbal/gelecek zaman, henüz elimizde değil ama hazırlıklı olalım. Esas zaman, içinde bulunduğumuz andır. İşte değerlendirmemiz gereken zaman, bizim sorumlu olduğumuz ve içinde ebedî cennet ömrünü barındıran kısa ve çok değerli olan anlardan oluşan ömrümüzdür. Zaman deyince eğer ömür kastedilirse, ömür, saatlerden, günlerden, haftalardan, aylardan ve senelerden ibarettir. Fakat ömrümüzün ne kadar olduğunu bilemediğimizden her an ölüm gelebilir düşüncesiyle ölüme, iman ve imana uygun amel ederek, hakkı ve sabrı tavsiye ederek hazır olmak gerekir.

Allah Teâlâ, Kur'an-ı Kerîm'de dünya ömrümüzü bugün, sonsuz olan cennet hayatını yarın diye isimlendirmiştir. İşte bununla ilgili ayet-i kerime şudur:

---

593 Münebbihât; İbn-i Hacer el-Askalânî, s. 5

يَا أَيُّهَا الَّذِينَ آمَنُوا اتَّقُوا اللَّهَ وَلْتَنْظُرْ نَفْسٌ مَا قَدَّمَتْ لِغَدٍ وَاتَّقُوا اللَّهَ إِنَّ اللَّهَ خَبِيرٌ بِمَا تَعْمَلُونَ

"Ey iman edenler! Allah'tan korkun ve herkes, yarına (ahirete) ne hazırladığına baksın. Allah'tan korkun, çünkü Allah, yaptıklarınızdan haberdardır."[594]

Bu ayet, insanın dünyada, dünya için değil, ahiret için var edildiğini ve ahirete yatırım için görevli olduğunu ortaya koymaktadır. Bugün, yarın içindir. Bugünde, yarın kazanılıyorsa bugün değerlendirilmiş olur.

Yolcu olduğunu idrak eden, yoldaki yolcunun hedefinin ahiret olması kaçınılmazdır. Hem ahirete mani olan dünyaya önem vermemek, hem de ölüme hazırlıklı olmak lazım.

Zamanı değerlendirmek, değerli işler yapmakla olur. Önce kıymetli, değerli ve değer verilen bir varlık olduğumuzu bilmek ve bu değerliliğin idrakinde olmak gerekir. Değerli olduğumuzun ispatı, her şeyin bizim için yaratılmış olmasıdır.

Zaman, hedefe ulaşmak ve sorumluluğumuzu yerine getirmek için, planlı ve programlı çalışılırsa değerlendirilmiş olur.

İnsan için zamanı değerlendirmek, insanın, mesul olduğu şeyle meşgul olmasıyla mümkün olur.

"Mes'ul olduğun şeyle meşgul ol!" Hz. Ömer (ra)

İnsanımızın kıymetini bilmek, kıymetli işlerde istihdam etmektir. İnsan için kıymetli olan iş, sahası ve kabiliyeti gözetilerek kişinin yapabileceği, hakkından geleceği iştir.

İnsanı, kabiliyetinin dışında istihdam etmek, hem insana hem kuruma zarar vermektir.

"Kullanılmayan maddî kaynaklar, kaybolmuş sayılmazlar. Fakat kullanılmayan insani kaynaklar, daima yok olmuş demektir." (Jerome Wiesner)

Bir gün Hz. Ömer (ra), büyük bir odada Ashab-ı Kiram'dan ileri gelenlerle oturmakta idi. Hz. Ömer, onlara, *"Bu ev dolusu ne olsun istersiniz?"* diye sordu. Kimisi, bu ev dolusu altınım olsa da Allah yoluna infak etsem, dedi. Kimisi, bu ev dolusu atım olsa da Allah yoluna koştursam, dedi. Onlardan birisi ise, "ya Ömer sen ne istersin?" diye sorunca. Hz. Ömer (r.a.) şöyle cevap verdi: *"Bu ev dolusu Ebu Ubeyde b. Cerrah gibiler olsa da her birini bir göreve atasam!"* diye cevap verdi.

İnsanın kıymetini ve değerini, ancak kıymetli ve değerli insan bilir.

---

594 Haşir; 59: 18

Bir gün Hz. Peygamber (s.a.v)'in bulunduğu bir meclise Hz. Abbas (ra) gelir. Kimse yer vermez. Rasûlullah Efendimiz üzülür. Hz. Ebu Bekir (ra), kalkar kendi yerini Hz. Abbas'a verir sonra da hemen yanına sıkışır. Hz. Peygamber Efendimiz memnun olur ve şöyle der: *"İnsanın kıymetini ancak büyük insan takdir eder."*

İnsan, yaratıkların en büyüğüdür. Mü'min, insanların büyüğü; muttaki mü'min ise mü'minin büyüğü; dava adamı mü'min de muttaki mü'minin büyüğüdür. Her birimiz bunlardan hangisi isek; altta isek bir üste çıkmayı ve bulunduğumuz konumun kıymetini bilmeyi dert edinelim.

Alınacak Dersler:

1. Nefis terbiyesi, insanı aslına döndürür.
2. Toplumun ıslahı kendini yetiştirmiş insan sayısının çoğalması ile mümkündür.
3. Teşkilatlar, insan nefisleri gibidir. İnsan nefsini nasıl temizlemek ve olgunlaştırmak gerekirse, teşkilatları da öyle ıslah etmek gerekir.
4. Elimizdeki değerleri iyi tespit edip yerinde değerlendirmemiz gerekir, ki başarılı olabilelim.
5. Kendi nefsinin eksikliğini görüp düzeltmek erdemdir.
6. Kemali başkalarında görüp, noksanı kendi nefsimizde aramalıyız.

35. SOHBET

KAMİL MÜSLÜMANIN ÖZELLİKLERİ (I)

İyi Müslüman, iyi niyetli; teslimiyeti tam ve sağlam; sünnete bağlı, yanlış anlayışlardan kendisini korur; İslâm'a göre güzelce yaşar; imanda, ibadette, hayırda ve hayra hizmette devamlıdır; üstün ahlâklı, zararsız, hassas ve duyarlıdır; bütün Müslümanları kardeş bilir ve kardeşçe davranır. Şimdi bunları kısa kısa izah etmeye çalışalım:

1. İyi Niyetlidir

Niyetin yeri kalptir. Kalpte niyet iyi olursa kalp iyi olur; eğer niyeti kötü ise kalp kötü olur. Kalp, iyi olunca dili ve bedeni de etkiler; iyi amelde bulunur; kalp kötü olursa dil ve bedende kötü amelde bulunur. Demek ki insanın iyi olması ve değişimi kalpteki niyetin iyi olması ile başlar.

İşte bundan dolayıdır ki Hz. Peygamber (s.a.v), dinin dört umde hadisinden birisi olan şu hadisi şerifinde şöyle buyurmuştur: *"Ameller, niyetlere göre değerlenir. Herkes yaptığı işin karşılığını niyetine göre alır. Kimin niyeti Allah'a ve Resulü'ne varmak, onlara hicret etmekse, eline geçecek sevap da Allah'a ve Resulüne hicret sevabıdır. Kim de elde edeceği bir dünyalığa veya evleneceği bir kadına kavuşmak için yola çıkmışsa, onun hicreti de hicret ettiği şeye göre değerlenir."*[595]

İnsanın niyeti, insandan daha kıymetli olmalıdır. İşte bu insanın niyeti, insana dünyayı veren ve ahirette ebedî cenneti hazırlamış olan Allah'ın rızasını kazanmak olmalıdır.

Niyet o kadar önemlidir ki; sevap işlemeye niyet edip azmetse işleyemese bile işlemiş gibi sevap kazanır; günah işlemeye niyet edip azmetse o günahı, gücü yetse, imkân bulsa işleyecekti, o günahı işlemiş gibi günah yazılır. İşte delili şu hadisi-i şeriftir:

$$\text{إِذَا الْتَقَى الْمُسْلِمَانِ بِسَيْفَيْهِمَا فَالْقَاتِلُ وَالْمَقْتُولُ فِي النَّارِ}$$

"İki Müslüman birbirine kılıç çektiği zaman, öldüren de, ölen de cehennemdedir." Bunun üzerine ben: Ya Resûlallah! Öldürenin durumu belli, ama ölen niçin

---

595 Buhârî; Bed'ü'l-Vahy, 1, İmân, 41

cehennemdedir? diye soruldu. Resulü-i Ekrem (s.a.v): إِنَّهُ أَرَادَ قَتْلَ صَاحِبِهِ *"Çünkü o, arkadaşını öldürmeye hırslı (azmetmiş) idi"*[596] buyurdu.

İşte bundan dolayı kalbi düzeltmek gerekir. Kalbin düzelmesi, kalbe iyi niyet ve iyi hedef koymakla olur. Kıyamet günü de kurtulanlar, iyi kalpli yani kalbi selim sahibi olan kimselerdir. İşte bunun delili şu ayet-i kerimedir:

$$\text{يَوْمَ لَا يَنْفَعُ مَالٌ وَلَا بَنُونَ إِلَّا مَنْ أَتَى اللهَ بِقَلْبٍ سَلِيمٍ}$$

"O gün, ne mal fayda verir ne de evlat; ancak Allah'a kalbi selim (temiz kalp) ile gelenler (o gün fayda bulur)."[597]

Niyet o kadar önemlidir ki, niyetinde ihlas olmadığı için riya ile hareket eden âlimin, zenginin ve mücahidin, ahirette cehenneme atılacağı haber verilmektedir.[598]

Yine bundan dolayıdır ki Allah Teâlâ, sadece dış görünüşe değil hem kalbe hem amele bakmaktadır:

$$\text{إِنَّ اللهَ لَا يَنْظُرُ إِلَى صُوَرِكُمْ وَأَمْوَالِكُمْ وَلَكِنْ يَنْظُرُ إِلَى قُلُوبِكُمْ وَأَعْمَالِكُمْ}$$

"Allah Teâlâ sizin yüzlerinize ve mallarınıza değil, kalplerinize ve amellerinize bakar."[599]

Kalpteki niyete bakmakta, ihlâs ne oranda diye; amele bakmakta, sünnete uygun mu değil mi diye. Çünkü niyetin iyi olması, ihlâs oranına göre; amelin iyi olması, sünnete uygunluğa göredir.

2. Teslimiyeti Tam ve Sağlamdır

İyi Müslüman, kalbini, anlayış olarak ilah ve rab olarak sadece Allah'ı kabule teslim eden; bedeni ile davranış olarak ibadet ve itaat ederek teslim olan; malı ile Allah için infak ederek teslim olan; canı ile Allah yolunda cihat ederek teslim olan kimsedir.

Müslüman, teslim olan; Hz. Peygamber (s.a.v)'in getirdiğine teslim olan demektir. Bunun delili şu hadisi şeriftir: *"Sizden birisi, hevasını getirdiğime tabi kılmadıkça iman etmiş olmaz."*[600]

Hz. Peygamber (s.a.v) iki şey getirmiştir: Usul yani îtikâdî konular; füru' yani ibadet, ahlâk ve ahkâmı içine alan amelî konulardır.

Bir kimse usule uyar da füra uymazsa fâsık olur; usule ve füra uymazsa net kâfir olur; usule uymaz da füra uyarsa münafık (yine kâfir) olur.

---

596 İbn Mace; Sünen, 11/459, H. No: 3954
597 Şuara; 26: 88-89
598 Müslim; Sahih, İmare, 152
599 Müslim; Sahih, 8/11, H. No: 6708
600 Tebrîzî; el-Hatip, Mişkâtü'l-Mesâbîh, I, 59, hadis no: 167

İyi Müslüman, hem usul hem füru konularına uyan yani hem tasdik hem tatbik eden kimsedir. Bu konudaki ilâhî ölçü şu ayet-i kerimedir:

لَا وَرَبِّكَ لَا يُؤْمِنُونَ حَتَّى يُحَكِّمُوكَ فِيمَا شَجَرَ بَيْنَهُمْ ثُمَّ لَا يَجِدُوا فِي أَنْفُسِهِمْ حَرَجًا مِمَّا قَضَيْتَ وَيُسَلِّمُوا تَسْلِيمًا

"Hayır, Rabbine yemin olsun ki aralarında çıkan anlaşmazlıklarda seni hakem yapıp sonra da verdiğin hükümden dolayı içlerinde sıkıntı duymadan, tam bir teslimiyetle teslim olmadıkça iman etmiş olmazlar."[601]

Bu ayet-i kerime, Müslümana şu üç şeyi bildirmektedir:

a) Her konuda Hz. Peygamber (s.a.v)"i hakem kabul edip müracaat etmek

b) Hz. Peygamber'in hükmünü, iman gereği kalp ile sıkıntı duymaksızın tasdik etmek

c) Hz. Peygamber'in hükmüne, kâmil iman gereği tatbik ederek teslim olmak

İyi Müslüman, İslâm'a göre İslâm'ın bütününü kabul ederek iyi Müslüman olandır:

يَا أَيُّهَا الَّذِينَ آمَنُوا ادْخُلُوا فِي السِّلْمِ كَافَّةً وَلَا تَتَّبِعُوا خُطُوَاتِ الشَّيْطَانِ إِنَّهُ لَكُمْ عَدُوٌّ مُبِينٌ

"Ey iman edenler! Hep birden silme (barış ve güvenliğe, İslâm'a, Allah'a itaate) girin. Şeytanın adımlarına uymayın. Gerçekten o sizin apaçık bir düşmanınızdır."[602]

İyi Müslüman olmaya iç engel, şeytan ve adamlarının işini kolaylaştıran nefsimiz ve hevamızdır. Hz. Ali (ra) şöyle demiştir: *"Hakkınızda iki şeyden endişe ederim: Heveslere uymak ve sonu gelmez emeller peşinde koşmak. Heveslere uymak, hakkı görmeyi ve hakka uymayı önler. Sonu gelmez emeller peşinde koşmak da size ahireti unutturur."*[603]

3. Sünnete Bağlıdır

Sünnet, Hz. Peygamber (s.a.v)'in sözleri, filleri ve tasvipleridir. Sünneti, Kur'an-ı Kerîm yani Allah Teâlâ tayin etmiştir. Hz. Peygamber (s.a.v), Kur'an-ı Kerîm'i beyan edici, ihtilâf edilen şeyleri açıklayıcı; özet olanı detaylandırıcı, genel olanı tahsis edici, müşkil olanı beyan edici, mutlak geleni sınırlandırıcı ve hakkında ayet olmayan konularda hüküm koyucu konumundadır. Çünkü kendisine gelen emri uygulayan bir beşer olması yanında kendisine vahyedilen olması çok önemli bir yönüdür.

---

601 Nisa; 4: 65
602 Bakara; 2: 208
603 Maverdi; Edebu'd Dünya ve'd Din, Shf. 13

بِالْبَيِّنَاتِ وَالزُّبُرِ وَأَنْزَلْنَا إِلَيْكَ الذِّكْرَ لِتُبَيِّنَ لِلنَّاسِ مَا نُزِّلَ إِلَيْهِمْ وَلَعَلَّهُمْ يَتَفَكَّرُونَ

"(Biz o peygamberleri) açık delillerle ve kitaplarla (gönderdik). Sana da bu zikri (Kur'an-ı Kerîm'i) indirdik ki, kendilerine indirileni insanlara açıklayasın ve onlar da böylece düşünüp öğüt alsınlar."[604]

قُلْ إِنَّمَا أَنَا بَشَرٌ مِثْلُكُمْ يُوحَى إِلَيَّ أَنَّمَا إِلَهُكُمْ إِلَهٌ وَاحِدٌ فَمَنْ كَانَ يَرْجُو لِقَاءَ رَبِّهِ فَلْيَعْمَلْ عَمَلًا صَالِحًا وَلَا يُشْرِكْ بِعِبَادَةِ رَبِّهِ أَحَدًا

"De ki: Ben de sizin gibi bir beşerim, ancak bana şöyle vahyolunuyor: İlâhınız ancak bir tek ilâhtır! Onun için her kim Rabbine kavuşmayı arzu ederse, salih amel (imana uygun amel, ihlâslı amel) işlesin ve Rabbinin ibadetine hiçbir şirk karıştırmasın."[605]

Bu ayetlerden anlıyoruz ki sünneti, Allah Teâlâ tayin etmiştir.

Allah'a itaat da ancak Hz. Peygamber (s.a.v)'e itaat etmekle gerçekleşir. Kur'an-ı Kerim'de öyle buyurulur:

مَنْ يُطِعِ الرَّسُولَ فَقَدْ أَطَاعَ اللَّهَ وَمَنْ تَوَلَّى فَمَا أَرْسَلْنَاكَ عَلَيْهِمْ حَفِيظًا

"Kim Resule itaat ederse muhakkak ki Allah'a itaat etmiş olur."[606]

Sünneti terk eden hakkında Hz. Peygamber (s.a.v) şöyle buyurmuştur: فَمَنْ رَغِبَ عن سُنَّتِي فَلَيْسَ مِنِّي *"Kim sünnetimden yüz çevirirse o kimse benden değildir."*[607]

Diğer bir hadis-i şerif şöyledir:

إِنَّ أَحْسَنَ الْحَدِيثِ كِتَابُ اللَّهِ وَأَحْسَنَ الْهَدْيِ هَدْيُ مُحَمَّدٍ صَلَّى اللَّهُ عَلَيْهِ وَسَلَّمَ

"Sözlerin en güzeli, Allah'ın kitabı; yolların en doğrusu, Muhammed'in yoludur."[608]

Niyetle sünnet yani anlayışla davranış, birbirine uymazsa amelî münafıklık olur. Bu konuda takiyye de asla caiz olmaz. Çünkü takiyye, mecbur olmadıkça ve ancak kâfirlere karşı yapılandır. Kendilerinin dışında başka bir Müslümanı Müslüman olarak tanımıyorsa bu da ancak sapıklık olur.

---

604 Nahl; 16: 44
605 Kehf; 16: 110
606 Nisa; 4: 80
607 Buhârî; Nikâh, 1. Müslim; Nikâh, 5. Nesâî; Nikâh, 4. Dârimî; Nikâh, 3.
608 Buhârî; Edep, 70. İ'tisâm; 2. Müslim; Cum'a, 43.

4. Yanlış Anlayışlardan Kendisini Korur

Yanlış bilgi, yanlış anlayış ve yanlış iman demektir. Doğru bilgi, doğru anlayış demektir. Çünkü insan, bildiğine göre inanır ve bildiğine göre amel eder. Eğer imanına göre amel etmiyorsa; ya niyeti bozuk ya da terbiye olmamış kimsedir.

İyi Müslüman, hakka göre, hak ile, hak için ve hak olan rehberi izleyerek amel eder. Bu konuda Allah Teâlâ şu ayetlerde şöyle buyurmuştur: اَلْحَقُّ مِنْ رَبِّكَ فَلَا تَكُونَنَّ مِنَ الْمُمْتَرِينَ *"Hak, Rabbinden (gelen)dir. O halde sakın şüphecilerden olma!"*[609]

فَذٰلِكُمُ اللهُ رَبُّكُمُ الْحَقُّ فَمَاذَا بَعْدَ الْحَقِّ إِلَّا الضَّلَالُ فَأَنّٰى تُصْرَفُونَ

"İşte gerçek Rabbiniz olan Allah budur. Artık Haktan sonra sapıklıktan başka ne var? O halde nasıl olur da döndürülüyorsunuz?"[610]

Eğer inanılan ve uygulanan hak değilse bâtıl demektir; ister anlayış olsun, ister davranış olsun.

İşte ölçü budur. Ölçüyü kavrayan ve ölçüye göre inanıp ölçüye göre hareket eden daima gelişir ve yükselir; ölçüyü kavramayan, ölçüye göre hareket etmeyen daima değişir ve geriler, belki de ileriye gittiğini zannedebilir.

Yanlıştan korunmak için İslâm, Müslümanlara iki kaynak bırakmıştır. Bu iki kaynaktan su içen, hem bu sudan doyar hem de başka suya ihtiyaç duymaz. İşte bunu bildiren hadis-i şerif:

إِنِّي قَدْ تَرَكْتُ فِيكُمْ شَيْئَيْنِ لَنْ تَضِلُّوا بَعْدَهُمَا : كِتَابَ اللهِ وَسُنَّتِي

"Size iki şey bıraktım; o ikisine sarıldığınız müddetçe asla sapıtmazsınız: Allah'ın Kitabı (Kur'ân-ı Kerîm) ve benim sünnetim."[611]

Başka bir hadisi şerifte de dinde olmayanı dinin yerine koymanın merdut olduğu bildirilmektedir:

مَنْ أَحْدَثَ فِي أَمْرِنَا هٰذَا مَا لَيْسَ مِنْهُ فَهُوَ رَدٌّ

"Kim bizim bu dinimizde ondan olmayan bir şey ortaya çıkarırsa, o şey kabul edilmez." Müslim'in bir rivayeti şöyledir: *"Kim bizim dinimizde olmayan bir şey yaparsa o merduttur, makbul değildir."*[612]

---

609 Bakara; 2: 147
610 Yunus; 10: 32
611 Muvatta; Kader, 3
612 Buhârî; Sulh, 5. Müslim; Akdiye, 17-18. İbn Mâce; Mukaddime, 2.

Bu ortaya konan dine uymayan ve dinin esaslarına ters olan şeyleri kabul veya uymak Müslümanları parçalar. Çünkü mutlak doğru kaybolunca herkes yanlışını doğru zannetmeye başlar. İnsanlar ancak kendilerinden üstün olanda birleşebilirler. İnsanı yaratan ve yaratanın öğretip eğittiği, vahiyle donattığı zat da elbette insanlardan üstündür. Öyle ise, Müslümanlar ancak Allah'ın Kitabı ve Resulünün Sünnetinde birleşmeliler; ancak bu iki kaynaktan kaynaklanan ölçüye uymalılar. İşte bu gerçeği şu ayet-i kerime ile ortaya konmuştur:

وَأَنَّ هٰذَا صِرَاطِي مُسْتَقِيمًا فَاتَّبِعُوهُ وَلَا تَتَّبِعُوا السُّبُلَ فَتَفَرَّقَ بِكُمْ عَنْ سَبِيلِهِ ذٰلِكُمْ وَصَّاكُمْ بِهِ لَعَلَّكُمْ تَتَّقُونَ

"İşte bu benim dosdoğru yolumdur, ona uyun. Sizi Allah yolundan ayırıp parçalayacak yollara uymayın." [613]

5. İslâm'a Göre Güzelce Yaşar

Güzel dini, güzelce yaşamak yakışır. İslâm'ı güzelce yaşamak için, güzelce bilmek, güzelce inanmak ve güzelce uygulamak gerekir.

Güzelce bilmek, kabul ettiğini delil ile kabul etmek, reddettiğini delil ile reddetmek, icma yolundan ayrılmamak, icmaya muhalif olmamakladır. İcmaya muhalif olmaz da delili de varsa farklı içtihada tabi olabilir. Güzelce inanmak, ihlâs ve teslimiyetledir. Güzelce uygulamak, ihsan derecesinde amel etmekledir.

Böyle İslâm'ı güzelce yaşayan Müslümana sevap da ona göre olur. Bu konuda Hz. Peygamber (s.a.v) şu iki hadisi şerifte şöyle buyurmuştur:

إِذَا أَحْسَنَ أَحَدُكُمْ إِسْلَامَهُ فَكُلُّ حَسَنَةٍ يَعْمَلُهَا تُكْتَبُ بِعَشْرِ أَمْثَالِهَا إِلَى سَبْعِمِائَةِ ضِعْفٍ وَكُلُّ سَيِّئَةٍ يَعْمَلُهَا تُكْتَبُ بِمِثْلِهَا حَتَّى يَلْقَى اللَّهَ

"Sizden biri, Müslümanlığını güzelce yaparsa, işlediği her hayır kendisine on mislinden yedi yüz kata kadar katlanmış olarak yazılır. Yaptığı her kötülük de ta Allah'a kavuşuncaya kadar misli ile (ceza) olmak üzere yazılır." [614]

إِذَا أَسْلَمَ الْعَبْدُ فَحَسُنَ إِسْلَامَهُ يُكَفِّرُ اللَّهُ عَنْهُ كُلَّ سَيِّئَةٍ كَانَ زَلَفَهَا

"Bir kul, Müslüman olursa, İslâm'ı da güzel tertemiz olursa, Allah Teâlâ, evvelce kendisinin yaşamış olduğu bütün kötülükleri örter." [615]

---

613 En'am; 6: 153
614 Müslim; İmân, 205. Buhârî; İmân, 31
615 Buhârî; İmân, 31

Riya olmaması ve ihlasla olması sureti ile insan haklarını da gözeterek İslâm'ı güzelce yaşayana Allah Teâlâ, çok cömert olduğu ve çalışanın kıymetini bilmesinden dolayı olsa gerek zayi etmeyeceğini ilan etmiştir:

اِنَّ الَّذِينَ آمَنُوا وَعَمِلُوا الصَّالِحَاتِ اِنَّا لَا نُضِيعُ اَجْرَ مَنْ اَحْسَنَ عَمَلًا

"İman edip de sâlih (imana uygun) amel işleyenler var ya, şüphe yok ki biz öyle güzel işler yapanların mükafatını zayi etmeyiz."[616]

Alınacak Dersler:

1. İyi Müslümanlık, sadece Müslümanım demekle olmaz; iyi Müslüman olmanın şartları vardır.

2. İyi Müslüman olmanın ilk şartı, niyeti düzgün hale getirmekle olur.

3. Samimi bir şekilde hayatı güzel amellerle süslemek de bir başka iyi Müslüman olmanın şartıdır.

4. İyi Müslümanın hayatı sünneti seniyye ile şekillenmelidir.

5. İyi Müslüman, hayatını İslam'ın güzel ahlak örnekleri ile zenginleştirir.

---

616 Kehf; 18: 30

36. SOHBET

KAMİL MÜSLÜMANIN ÖZELLİKLERİ (II)

6. İmanda, İbadette, Hayırda ve Hayra Hizmette Devamlıdır

Bir şeyi elde etmek önemli, elde edileni devam ettirmek daha önemlidir. Dünya ve ahiret mutluluğunu isteyen Müslümanın elbette öncelikle imanda, imanın gereği olan ibadette, sonra da Müslümanı kemale ulaştıran hayırda ve hayra hizmette devamlı olması yakışandır. İşte bundan dolayıdır ki, "Amellerin Allah'a en sevimli olanı hangisidir, sorusuna: وَأَنَّ أَحَبَّ الْأَعْمَالِ إِلَى اللهِ أَدْوَمُهَا وَإِنْ قَلَّ *Amellerin Allah'a en sevimli, olanı az da olsa devamlı olanıdır"*[617] buyurmuştur.

Şüphesiz bu hadis-i şerifte zikredilen ameller, nafile olan amellerdir. Zira farzlarda az-çok değil, ne emredilmişse odur.

Bu devamlılık ne zamana kadardır? İman, hava gibi daimîdir, ibadetin de niyeti daimîdir, uygulaması zamanı geldikçedir, hayırda ve hayra hizmette gücü yettikçedir. Bütün bunlara kulluk diyoruz. Kulluğun temeli imandır, kemali salih amellerdir, hakkı ve sabrı tavsiyedir. Bununla ilgili Rabbimiz şöyle buyurmuştur:

$$\text{وَاعْبُدْ رَبَّكَ حَتَّى يَأْتِيَكَ الْيَقِينُ}$$

"Rabbine, sana ölüm gelinceye kadar kulluk et!"[618]

Her yapılan, kalpte iman ve ihlas, bedende de sünnet, uygunluk içinde olursa makbul olur. Kıyamet günü makbul olan ameller, mizana konacaktır. Bu konuda Allah Teâlâ:

$$\text{فَمَنْ ثَقُلَتْ مَوَازِينُهُ فَأُولَئِكَ هُمُ الْمُفْلِحُونَ وَمَنْ خَفَّتْ مَوَازِينُهُ فَأُولَئِكَ الَّذِينَ}$$
$$\text{خَسِرُوا أَنْفُسَهُمْ فِي جَهَنَّمَ خَالِدُونَ}$$

"Böylece kimlerin tartıları ağır basarsa, işte asıl bunlar kurtuluşa erenlerdir. Kimlerin de tartıları hafif gelirse, artık bunlar da kendilerine yazık etmişlerdir; (çünkü onlar) ebedî cehennemdedirler."[619]

---

617 Buhârî; İmân, 32, Rikak, 18. Müslim; Müsafirin, 216-218
618 Hicr; 15: 99
619 Mü'minûn; 23: 102-103

En büyük hayır, inandığı ve imanına göre uyguladığı İslâm'a davet hizmetidir. Zaten davet hizmeti, bu ümmete Allah'ın verdiği bir görevdir. İşte ayet-i kerimeler:

وَلْتَكُنْ مِنْكُمْ أُمَّةٌ يَدْعُونَ إِلَى الْخَيْرِ وَيَأْمُرُونَ بِالْمَعْرُوفِ وَيَنْهَوْنَ عَنِ الْمُنْكَرِ وَأُولَئِكَ هُمُ الْمُفْلِحُونَ

"İçinizden hayra çağıran, iyiliği emredip kötülükten men eden bir topluluk bulunsun. İşte kurtuluşa eren onlardır."[620]

كُنْتُمْ خَيْرَ أُمَّةٍ أُخْرِجَتْ لِلنَّاسِ تَأْمُرُونَ بِالْمَعْرُوفِ وَتَنْهَوْنَ عَنِ الْمُنْكَرِ وَتُؤْمِنُونَ بِاللهِ وَلَوْ آمَنَ أَهْلُ الْكِتَابِ لَكَانَ خَيْرًا لَهُمْ مِنْهُمُ الْمُؤْمِنُونَ وَأَكْثَرُهُمُ الْفَاسِقُونَ

"Siz insanlar için çıkarılmış en hayırlı ümmetsiniz. İyiliği emreder, kötülükten vazgeçirmeğe çalışır ve Allah'a inanırsınız. Kitap ehli de inansaydı kendileri için elbette daha hayırlı olurdu. (Aslında) onlardan iman edenler olmakla birlikte onların çoğu (dinden çıkmış) fâsıklardır."[621]

Hayra doymayan mü'min, her gün hayır yapmalı ve hatta hayırda yarış yapmalıdır. Bu konuda Resul-i Ekrem Efendimiz (s.a.v) şöyle buyurmuştur: *"Kıyamet kopuyorken de olsa, elinde hurma fidan bulunan kimse-dikmeye gücü yetiyorsa- onu hemen dikiversin."*[622]

7. Üstün Ahlâklıdır

Müslüman, insanın üstünüdür. Üstün insan olan Müslümana da yakışan üstün ahlâktır. Kimin imanı kâmilse ahlâkı da kâmildir veya kimin ahlâkı kâmilse imanı da kâmildir. Bu konuda en güzel söz en güzelin sözüdür ki şöyle buyurmuştur:

أَكْمَلُ الْمُؤْمِنِينَ إِيمَانًا أَحْسَنُهُمْ خُلُقًا

"Müminlerin iman bakımından en kâmil olanı ahlâkça onların en kâmil olanıdır."[623] إِنَّمَا بُعِثْتُ لِأُتَمِّمَ مَكَارِمَ الْأَخْلَاقِ *"Ben ancak güzel ahlâkı tamamlamak için gönderildim."*[624]

---

620 Al-i İmran; 3: 104
621 Al-i İmran; 3: 110
622 Ahmed b. Hanbel; Müsned, III, 191
623 Dârimî; Rikak, 74. Buhârî; Edeb, 38-39. Ebû Davûd; Sünnet, 14.
624 Muvatta; Husnü'l-Hulk, 8

Ahlâkın üstünü, üstünün ahlâkıdır. En üstün insan, Peygamber Efendimiz (s.a.v) olduğuna göre ahlâkı da en üstün ahlâktır. Demek ki üstün ahlâk, peygamber ahlâkı ile ahlaklanmaktır.

Ahlak, eğer Kur'an-ı Kerîm'e ve Sünnet-i Seniyyeye uygun ise üstün ahlâktır.

Ahlâklı insan saygılı insandır. Ahlâk, önce Allah'a saygılı olmak sonra yaratıklara şefkatli olmaktır. Allah'a saygı, emirlerine çok önem verip emirleri yerine getirmek, yasaklarından son derece hassas olup yasaklarından uzak durmaktır. Yaratıklara şefkat, hem maddî huzurlarını sağlayacak imkânı sağlamak, hem de manevî huzurlarını sağlamak için iman etmelerine ve imanda sebat etmelerine sebep olmaya çalışmaktır.

8. Zararsızdır

İyi Müslümanın en alt derecelisi, kimseye kötülük etmeyen ve hiç bir kimseye zarar vermeyendir. Orta derecelisi, iyilik edendir; en yüksek derecelisi de kötülük edene bile iyilik edendir. Bu konuda en güzel tespit şu hadis-i şerifin belirttiği tespittir:

الْمُسْلِمُ مَنْ سَلِمَ الْمُسْلِمُونَ مِنْ لِسَانِهِ وَيَدِهِ وَالْمُجَاهِدُ مَنْ جَاهَدَ نَفْسَهُ فِي طَاعَةِ اللهِ وَالْمُهَاجِرُ مَنْ هَجَرَ الْخَطَايَا وَالذُّنُوبَ

"Müslüman, Müslümanların o kimsenin dilinden ve elinden salim olduğu kimsedir. Mücahit, Allah'a itaat etmede nefsi ile cihat edendir. Muhacir ise, Allah'ın yasaklarından hicret edendir."[625]

En çok hataya ve günaha düştüğümüz organımız dilimizdir. En çok günahı dilimizle işlemekteyiz. Dilini koruyan nerdeyse imanını da korur. Hadis-i şerifte buyurulduğu gibi: مَنْ صَمَتَ نَجَا *"Dilini tutan, kurtuldu."*[626]

Allah'a karşı edepli olmak isteyen, ahirette zarardan korunmak isteyen, ya hayır konuşacak ya da susacaktır:

وَمَنْ كَانَ يُؤْمِنُ بِاللهِ وَالْيَوْمِ الْآخِرِ فَلْيَقُلْ خَيْرًا أَوْ لِيَصْمُتْ

"Kim Allah'a ve Kıyamet gününe iman ediyorsa ya hayır konuşsun ya da sussun."[627]

9. Hassas ve Duyarlıdır

İyi Müslüman, bütün Müslümanları bir vücut gibi görür, her organı koruduğu ve her organına faydalı olduğu gibi bütün Müslümanlara da aynı şekilde bakar ve davranır. Bu anlayışın kaynağı şu hadis-i şeriftir:

625 Buhârî; Îmân, 4-5, Rikâk, 26. Müslim; Îmân, 64-65. Ebû Davûd; Cihâd, 2. Tirmizî; Kıyâmet, 52
626 Tirmizî; Kıyâmet, 50. Dârimî; Rikâk, 5. Ahmed b. Hanbel; Müsned, II, 159, 177
627 Buhârî; Edeb, 31, 58. Rikak, 23. Müslim; Îmân, 74

مَثَلُ الْمُؤْمِنِينَ فِى تَوَادِّهِمْ وَتَرَاحُمِهِمْ وَتَعَاطُفِهِمْ مَثَلُ الْجَسَدِ إِذَا اشْتَكَى مِنْهُ عُضْوٌ تَدَاعَى لَهُ سَائِرُ الْجَسَدِ بِالسَّهَرِ وَالْحُمَّى

"Müminler birbirlerini sevmekte, birbirlerine acımakta ve birbirlerini korumakta bir vücuda benzerler. Vücudun bir uzvu hasta olduğu zaman, diğer uzuvlar da bu sebeple uykusuzluğa ve ateşli hastalığa tutulurlar."[628]

İyi Müslüman, hem kendisine hem mü'min kardeşlerine de dua eder ve şöyle der:

وَالَّذِينَ جَاءُوا مِنْ بَعْدِهِمْ يَقُولُونَ رَبَّنَا اغْفِرْ لَنَا وَلِإِخْوَانِنَا الَّذِينَ سَبَقُونَا بِالْإِيمَانِ وَلَا تَجْعَلْ فِي قُلُوبِنَا غِلًّا لِلَّذِينَ آمَنُوا رَبَّنَا إِنَّكَ رَءُوفٌ رَحِيمٌ

"Onlardan sonra gelenler derler ki: "Rabbimiz, bizi ve bizden önce mü'min kardeşlerimizi bağışla, kalplerimizde inananlara karşı bir kin bırakma! Rabbimiz! Sen çok şefkatli, çok merhametlisin!"[629]

10. Bütün Müslümanları Kardeş Bilir ve Kardeşçe Davranır

Allah Teâlâ, müminleri kardeş olarak ilan etmiştir. Kardeşlere karşı kardeşlik hukuku geçerlidir. Problem çıkınca aramızı ıslah etmeye çalışacağız ve bu konuda Allah'tan korkacağız. İşte bu konuda Allah'ı ilah ve rab kabul eden bütün müminlere çağrı:

إِنَّمَا الْمُؤْمِنُونَ إِخْوَةٌ فَأَصْلِحُوا بَيْنَ أَخَوَيْكُمْ وَاتَّقُوا اللهَ لَعَلَّكُمْ تُرْحَمُونَ

"Müminler ancak kardeştirler. Öyleyse kardeşlerinizin arasını düzeltin ve Allah'tan korkun ki rahmete eresiniz."[630]

Birbirimize merhamet edersek Allah da bize merhamet eder. Müminlere nasıl davranacağımızın en güzel ve yegâne ölçüsü şu hadis-i şeriftir: لَا يُؤْمِنُ أَحَدُكُمْ حَتَّى يُحِبَّ لِأَخِيهِ مَا يُحِبُّ لِنَفْسِهِ *"Sizden biriniz kendisi için sevdiği şeyi kardeşi için de sevmedikçe iman etmiş olmaz."[631]*

Mü'min, müminle üç günden fazla küs duramaz, kin tutamaz, sırt çeviremez, buğzedemez, kâfirleri dost ve genel idareci yapamaz, başka üstünlük ölçüsü koyamaz, Müslümana zulmedemez, fâsıkın haberine itibar edemez, ıslah ederken âdil davranır, müminlere düşmanlık eden diğer müminlere karşı Allah'ın emrine dönünceye

---

628 Buhârî; Edeb, 27. Müslim; Birr, 66
629 Haşr; 59: 10
630 Hucurat; 49: 10
631 Buhârî; İmân, 7. Müslim; İmân, 71-72. Tirmizi; Kıyâmet, 59. Nesâî; İmân, 19, 33. İbn Mâce; Mukaddime, 9

kadar savaşır, dönünce de adaletle muamele eder, birbirlerini alaya alamazlar, çirkin lakaplarla çağıramaz, müminlerin gizli yönlerini araştıramaz, sû-i zan edemez, ispat edemediği bir sözü söyleyemez, gıybet edemez, aşağılayamaz.

Diliyle ve eliyle zarar veremez, kafirleri mü'min kardeşlerine tercih edemez. Bize gereken, müminlerin huzuru için dua etmek; karşılıklı haklara riayet etmek; sevinçlerini paylaşmak ve elemlerine ortak olmak; bize karşı suç işleyeni affetmek ve biz suç işlemişsek af dilemek; dostluk edene de düşmanlık edene de adâletle muamele etmek; milletle ilgili suç işleyenleri affetmeyip ceza makamına havale etmektir.

İnançta tevhit, toplumda kardeşlik huzur getirir. Kim nerede, ne zaman mü'min olmuşsa kardeş bilmek, kardeşlere kardeşlik muamelesi yapmak, düşman muamelesi yapmamak, kim kimden takva yönünden üstünse, o kimse üstün kabul edilmelidir. Kardeşler, birbirlerinin sadece noksanlarını değil, güzel yönlerini de görme erdemini göstermelidirler. Mutlu olmayı, kardeşleri mutlu etmede aramalıdırlar. Vermenin tadını almanın tadına tercih etmelidirler.

Zira Hak ve halk katında: اَلْيَدُ الْعُلْيَا خَيْرٌ مِنَ الْيَدِ السُّفْلَى *"Veren el, alan elden üstündür."*[632]

Alınacak Dersler:

1. Az da olsa, nafile amellerden bir tanesini devamlı yapmaya çalışalım. Örneğin, duha, evvâbîn (akşam-yatsı arası kılınan nafile namaz) veya Teheccüd namazlarından birisini devamlı kılmak gibi.

2. Şahsımızı güzel ahlakla süslemeliyiz.

3. Ne zarar verelim, ne de zarar göreceğimiz yerlerde bulunmayalım.

4. Müslümanlar olarak birbirimizi koruma ve kollamada duyarlıklı olmalıyız.

5. Bütün Müslümanların tek bir nefis gibi olması gerçeğini hiçbir zaman unutmamamız gerekir.

---

632 Buhari; Sahih, 5: 248, H. No: 1338

37. SOHBET

İSLAM'I DOĞRU YAŞAMAK, ONU DOĞRU ANLAMAKTAN GEÇER (I)

"**Elhamdü li'llâh Müslümanız**" diye inancımızı dile getirdiğimiz zaman, bu ikrarımızın ne derece sahih ve ne derece doğru olduğunu da düşünmemiz gerekmektedir. Eğer bizim bu ikrarımız, mukaddes dinimiz İslam'ı bizim için seçen alemlerin Rabbi olan Rabbimiz Teala Hz.lerinin rızasına uygun olmayan bir şekilde ise, o zaman bizim Müslümanız iddiamız, kendimizi yalanlayacaktır. Yani o zaman, bağlısı olduğumuzu iddia ettiğimiz İslam'ın kendisi, hep doğru ve hep en doğru yolu gösterici olmaya devam edecek, ama kendimiz bu dinde samimi olamadığımız için dinin sahibi olan Allah (cc)'ı değil ancak kendimizi kandırmış olacağız.

Bir Müslüman olarak her şeyden önce, Allah,

$$ الْيَوْمَ أَكْمَلْتُ لَكُمْ دِينَكُمْ وَأَتْمَمْتُ عَلَيْكُمْ نِعْمَتِي وَرَضِيتُ لَكُمُ الْإِسْلَامَ دِينًا $$

"Bugün size dininizi tamamladım/ikmal ettim, üzerinize nimetimi tamamladım ve sizin için din olarak İslam'dan razı oldum (İslam'ı beğendim)."[633] buyururken, bu dinin tamamlanmış ve noksansız olduğuna ve bunda hiç bir şek ve şüphenin bulunmadığına iman edeceğiz. Çünkü, yukarıdaki ayeti kerime bu dinin, tamamlanmış olduğu bildirilmiş ve bu dine bu hâliyle inanılması gerektiği arzulanmıştır.

Öte yandan,

$$ وَمَنْ يَبْتَغِ غَيْرَ الْإِسْلَامِ دِينًا فَلَنْ يُقْبَلَ مِنْهُ وَهُوَ فِي الْآخِرَةِ مِنَ الْخَاسِرِينَ $$

"Kim, İslam'dan başka bir din ararsa, bilsin ki kendisinden (böyle bir din) asla kabul edilmeyecek ve o, ahirette ziyan edenlerden olacaktır."[634] Hükmü ilahîsine göre de Müslüman olduğumuza dair kararımızı ve iddiamızı haklı çıkarabilmek için bu dini doğru anlamak zorundayız.

Allah'a şükürler olsun ki, Allah'ın dinini çığırından çıkarmak, ve ona uymayan şeyleri bu Hak dine yamamak isteyen bir çok sapık çıkmıştır. Bir çok batıl inanç bu hak yolu karıştırmak isteyenlerin oyunu ile bu dine karıştırılmaya çalışılmıştır. Bütün bunlara rağmen, Allah'ın dini, Allah Resulü (s.a.v)'in tebliğ ettiği şekilde ve

---

633 Maide; 5: 3
634 Âl-i İmrân suresi; 3: 85

orijinal haliyle zapt edilmiş ve onun yolundan gidilerek nesiller boyu, bir nesilden diğer nesle intikal etmiştir. Bu Hak dini, olduğu gibi aktarma ve anlama gayretleri sadece Araplar cihetinden değil, bu dine inanan ümmetin her kavminden insanlar da ortak olmuş ve böylece dini anlamada sahih ve doğru usulü, ananeyi/geleneği oluşturmuşlardır.

Dini En Doğru Anlayan ve Uygulayan Peygamber Efendimiz (s.a.v)'dir

Bu geleneğe göre, dini en doğru anlayan ve uygulayan kimse, ilâhî bir terbiye ile yetişmiş olan Peygamber Efendimiz Hz. Muhammed Mustafa (s.a.v)'dir. İşte bizler de O'nun ümmeti olarak, O'nun yolundan gitme gayretinde olan Müslümanlar olmak durumundayız.

Şimdi aramızda Allah Resûlü bulunmadığına göre istikametimizi (bize doğru yolu gösterecek delilleri) bulmanın temel ilkelerine bakalım.

İslam'ın İki Ana Kaynağı

Kur'an-ı Kerîm, Allah'tan bir vahiy olarak Hz. Muhammed Mustafa (s.a.v)'e melek Cebrail (a.s.) aracılığı ile 23 yılda, ayet ayet, süre süre gönderilmiş ilâhî bir kitaptır. Dolayısıyla her şeyiyle ilâhî olan bu kitap, bir Müslüman'ın temel kaynağıdır. O hâlde Kur'an'ın söz söylemediği, hüküm vermediği bir hayat Müslüman için düşünülmesi imkansız bir hayattır.

"Ey insanlar! İşte size Rabbinizden bir öğüt, kalplere bir şifa ve inananlar için yol gösterici bir rehber ve rahmet (olan Kur'an) geldi." [635] ve *"Biz Kur'an'ı, iman edenler için bir şifa ve rahmet kaynağı olarak indiriyoruz."*[636] buyuran Allah (c.c.) bu ayette dört anahtar kelime ile hakikatleri önümüze koymaktadır.

Bunların birincisi öğüt, ikincisi şifa, üçüncüsü rehber, dördüncüsü de rahmet kelimeleridir.

Şifâ, bu dünyadaki hastalıklardan uzak sağlıklı bir hayat sürdürmeyi ifade eder ki, dünya hayatımızın Kur'an ve Allah Resûlünün sünneti üzerine kurulu olması hâlinde sağlıklı olacağını gösterir.

Öğüt ile **Rehber** kelimeleri de birbirini tefsir edebilir. Genel manada öğüt, ya, ne yapacağını bilmeyen ya da hatalı bir durumda olan bir kimsenin kendisine çıkış yolunun gösterilmesi için bir başkası tarafından gösterilen, çizilen yol demektir. Öğüt bir başka anlamıyla aynı zamanda kendisine uyulması gereken uyarı anlamına da gelmektedir.

---

635 Yûnus suresi; 10: 57
636 İsrâ suresi; 17: 82

Rehberlik ise, Allah'ın razı olduğu dine göre bir hayat sürmenin ilkelerini ifade eder. **Rahmet** ise, en sonunda âhirette Allah'ın rahmetini ifade eder. Yani yaptıklarımız nihayetinde bizi Allah'ın rahmetine götürmelidir.

Şifanın manasında olduğu gibi bu dünyada da Allah'ın rahmetine erilebilir. İşte böyle bir hayatı gaye edinip yaşayan kimseler muttakîler, yani takva sahipleridir. Muttakî, her ne kadar kalbinde korku ile yaşayan kimse demek ise de gerçekte istîlâhî olarak, Allah'ın emirlerine, Allah'ın razı olduklarına uyamama ve bunun aksine de onun rızası dışına çıkan bir hayata düşmekten korkan kimse demektir. İşte Kur'an böyle kimselerin yolunu açar. *"Bu kitap ki, kendisinde hiç bir şüphe yoktur. Ve bu kitap, muttakiler için en doğru yolu gösterir."*[637] ayetinde beyan buyurulduğu gibi muttakîler, Kur'an'ın yol göstericiliğinden faydalanabileceklerdir.

Kur'an-ı Nasıl Okumalıyız?

Şimdi burada, son zamanların en önemli tartışmalarından birisi olan "Kur'an-ı nasıl okumalıyız?" sorusu gündeme gelmektedir. Bu sorudaki okumak, onu nasıl anlamamız ve böylece hayatımıza nasıl uygulayacağız, hayatımızı, düşüncemizi, tefekkürümüzü, dünyayı ve eşyayı buna göre nasıl değerlendireceğiz sorularının cevabını teşkil etmektedir. Bu sorunun cevabı aslında basittir.

"Elbette ki, kendisine Allah'tan vahiy yoluyla gelen bu Kur'an'ı bizlere tebliğ eden Peygamber Efendimizin anladığı gibi anlamak" cümlesi bu sorunun tam cevabıdır.

Talâk suresinin 11. ayetinde Kur'an-ı Kerîm'i yalnızca Peygamber Efendimizin anladığı şekilde anlamamız gerektiğine dair açık bir işaret vardır. Bu ayette şöyle buyurulmaktadır: *"İman edip sâlih amel işleyenleri, karanlıklardan aydınlığa çıkarmak için size Allah'ın apaçık ayetlerini okuyan bir peygamber gönderdi. Kim Allah'a inanır ve sâlih bir amel işlerse Allah onu, içinden ırmaklar akan, içinde ebedî kalacakları cennetlere sokar. Allah, gerçekten ona güzel bir rızık vermiştir."*[638]

Ayetteki *"Allah'ın apaçık ayetlerini okuyan bir peygamber"* ifadesi, sadece okuma işi yapan değil, bu okunulanın nasıl anlaşılması gerektiğini, anlaşılanın da hayatımıza nasıl uygulanabileceğini kesinlikle Peygamberimizden öğrenilmesi gerektiğini bildirmektedir. Demek ki, Peygamberin, biz Müslümanlar için örnekliği hem kesindir, hem de Kur'an'ı anlamada tek ölçüdür.

Müslüman budur. Dikkat ediniz, teslimiyet manası da içeren Müslüman sıfatı, bir Müslümanın Allah'a teslim olduğu gibi, Allah'a giden yolda O'nun Peygamberinin rehberliğine teslim olduğu anlamına da gelmektedir.

---

637 Bakara suresi; 2: 2
638 Talâk suresi; 65: 11

Burada, kelime-i şehadet (şehadet kelimesi) diye meşhur olan İslam'a mensup olduğumuzu göstermek için söylediğimiz cümlenin de ne manaya geldiğini iyi bilmek gerekmektedir. Çünkü buradaki şahitlik, şehadet getirmeyi, inanarak kabul etmeyi, yani teslimiyeti göstermektedir. Nitekim, *"Her kim, Allah'tan başka hiç bir ilah olmadığına, Muhammed'in Allah'ın Resûlü olduğuna şahitlik ediyor, şehadet getiriyorsa, Allah o kimseye cehennemi haram kılar."*[639] ve *"Her kim, Rab olarak Allah'tan, din olarak İslam'dan ve (Allah'tan) haberci olarak da Muhammed'den razı olmuş ise, o kimse imanın tadını almış demektir."*[640] hadislerinde ifade edilen şehadet, Allah'ın elçisi ve habercisi (resûlü ve nebisi) olan Hz. Muhammed Mustafa'nın aynı zamanda insanlar arasında Allah'ın dinini en iyi anlayan ve uygulayan ve bu konuda kendisine itiraz edilemeyecek tek önder olduğunun da kabullenilmesi, yani O'na teslim olunması demektir.

Yine İslam'ın ne olduğu, Müslümanların ne ile yükümlü bulunduklarını en veciz ve öz bir şekilde ifade eden şu hadis-i şerif de aynı manaları ifade etmektedir:

بُنِيَ الْإِسْلَامُ عَلَى خَمْسٍ عَلَى شَهَادَةِ أَنْ لَا إِلَهَ إِلَّا اللهُ وَأَنَّ مُحَمَّدًا رَسُولُ اللهِ وَإِقَامِ الصَّلَاةِ وَإِيتَاءِ الزَّكَاةِ وَصَوْمِ رَمَضَانَ وَحَجِّ الْبَيْتِ

"İslam beş şey üzerine kurulmuştur: Allah'tan başka hiç bir ilah olmadığına, Muhammed'in Allah'ın Resûlü olduğuna şahitlik etmek, namaz kılmak, zekat vermek, Ramazan orucu tutmak ve Kabe'yi haccetmek."[641]

---

639 Tirmizî; İman 33. H. No: 2638
640 Tirmizî; İman 18. H. No: 2623
641 Tirmizî; İman 4. H. No: 2609

38. SOHBET

HZ. MUHAMMED (S.A.V) ELÇİLİĞİNE ŞAHİTLİK ETMEK ONA UYMAKTIR (II)

Hz. Muhammed Mustafa'nın (s.a.v) Allah'ın elçisi olduğuna şahitlik etmek, eğer bu dine mensup olmanın bir şartı ise, Hz. Muhammed'in elçilik görevinin ne olduğunun da bilinmesi gerekir. Meselâ, Cebrail (a.s.) da aslında Kur'an'ın nazil olmasında bir elçi görevi görmüştür. Ama o, insanlar gibi bir kul olmadığı için Kur'an'ın asıl tebliğcisi açıklayıcısı olan Peygamberimizin mesuliyeti gibi mesul değildi. Peygamberimiz aynı zamanda kendisine bildirilenleri/indirilenleri insanlara tebliğ etmekle yükümlüydü. O hâlde, böylesine ağır bir mesuliyet altında olan Efendimiz (s.a.v) kaçınılmaz olarak elbette ki Kur'an'ı en iyi anlayan ve anlatan kimse olacaktır. Kısa ve öz olarak, Kur'an'ı nasıl anlayacağımızın, onu nasıl okuyacağımızın örneği ve bu konudaki rehberimiz, yol göstericimiz Peygamber Efendimiz olacaktır. Bu arada bir başka hadisi de nakledelim:

بَهْزُ بْنُ حَكِيمٍ يُحَدِّثُ عَنْ أَبِيهِ عَنْ جَدِّهِ قَالَ قُلْتُ يَا نَبِيَّ اللهِ مَا أَتَيْتُكَ حَتَّى حَلَفْتُ أَكْثَرَ مِنْ عَدَدِهِنَّ لِأَصَابِعِ يَدَيْهِ أَنْ لَا آتِيَكَ وَلَا آتِيَ دِينَكَ وَإِنِّي كُنْتُ امْرَأً لَا أَعْقِلُ شَيْئًا إِلَّا مَا عَلَّمَنِي اللهُ عَزَّ وَجَلَّ وَرَسُولُهُ وَإِنِّي أَسْأَلُكَ بِوَحْيِ اللهِ بِمَا بَعَثَكَ رَبُّكَ إِلَيْنَا قَالَ بِالْإِسْلَامِ قُلْتُ وَمَا آيَاتُ الْإِسْلَامِ قَالَ أَنْ تَقُولَ أَسْلَمْتُ وَجْهِي إِلَى اللهِ وَتَخَلَّيْتُ وَتُقِيمَ الصَّلَاةَ وَتُؤْتِيَ الزَّكَاةَ

Behz İbnu Hakîm İbni Muaviye İbni Hayde el-Kuşeyrî babası tarikiyle dedesinden şöyle rivayet etmiştir: *"Dedim ki: Ey Allah'ın Resûlü, ben sana gelirken, seni ve dinini benimsemeyeceğim diye şunların (ellerinin parmaklarını göstererek) adedinden fazla yemin ettim. Meğerse, Allah ve Resûlünün öğrettiği dışında hiçbir şey anlamayan bir kimseymişim. Şimdi Allah rızası için senden soruyorum. Allah seninle bizlere ne gönderdi?"* Allah'ın Resûlü (s.a.v): **"İslam"**ı dedi. **"Pekâlâ"**, dedim, **"İslam'ın alâmetleri nedir?"** Allah'ın Resûlü (s.a.v) şu cevabı verdi: *"Kendimi Allah'a teslim ettim, başka şeyleri terkettim, demen, namaz kılman, zekât vermendir."*[642]

---

642 Nesâî; Zekât 2. H. No: 2393

Bu hadisdeki *"Allah seninle bizlere ne gönderdi?"* sorusunun cevabı olan İslam'ın açıklaması da, nasıl bir Müslüman olunması gerektiğini göstermektedir. Buna göre *"Kendimi Allah'a teslim ettim, başka şeyleri terkettim,"* demek ve öylece yaşamaktır İslam. Bu terketme eylemi içerisinde, Allah Resûlünün (s.a.v) kabul etmeyeceği bir anlayışı da terkediyorum manası mevcuttur.

Bu anlattıklarımızın hepsinin bir araya toplandığında kısaca özeti şudur: Kur'an, Allah'tan bir vahiy olarak Hz. Muhammed (s.a.v)'e indirilmiş, Muhammed (s.a.v) de bu kitabın mübbelliği olarak, insanların bu kitaptan neyi, nasıl anlayacakları konusunda itiraz edilemeyecek tek makamdır.

Sünneti Nasıl Anlayacağız?

Yaklaşık 1500 sene önce vahyolunan bir kitap olan Kur'an ile, bu Kur'an'ı bizlere tebliğ eden Muhammed Mustafa (s.a.v)'nın bu kitabı yorumlaması, tefsir etmesi, öte yandan kendi hayatında neyi nasıl yaptığı, kime neyi nasıl emrettiği ya da nehyettiği de bugünkü tartışmaların konuları arasındadır. Lakin, her şeyden önce, Allah'a ve O'nun Resûlüne teslimiyeti meslek hâline getirmiş olan bir Müslümanın bu tartışmalardan uzak durması gerekmektedir.

Kur'an'ın koruyucusu إِنَّا نَحْنُ نَزَّلْنَا الذِّكْرَ وَإِنَّا لَهُ لَحَافِظُونَ *"Kur'an'ı kesinlikle biz indirdik; elbette onu yine biz koruyacağız."*[643] ferman-ı ilâhîsine göre bizzat Allah'ın kendisidir. Binlerce hafız bu kitabı ezberleyerek gelecek nesillere aktarmış, daha sonra yazıya dökülmüş ve her Kur'an aynı şekilde yazılı bir şekilde günümüze kadar gelmiştir.

Hadislere yani sünnete gelince. İslam'ı, Kur'an'ı en doğru anlamada de en sarsılmaz kaynağın Allah Resûlü, yani bir anlamda Sünnet olduğunu gördük. Ne var ki, bir kısım insanlar, sünnetin rivayetlerinde uydurmaların olduğunu iddia ederek, Müslümanlar için yalnızca Kur'an'ın bağlayıcı olduğunu, dolayısı ile herkesin Kur'an'ı istediği gibi anlayabileceğini ileri sürmektedir. Bu iddiaların yanlışlığı, sünneti öğrenme gayret ve çabasında ilk Müslümanlardan günümüze değin gösterilen o muazzam hassasiyet silsilesini inkar, dolayısı ile, bu muazzam silsile yerine kendi görüşlerinin kabul edilmesini istemeleri ile ortaya çıkmaktadır.

Hâlbuki, nasıl ki, Peygamber Efendimiz (s.a.v) ilahî bir terbiye ile yetiştirildi ise, sahih Müslümanlık da, Efendimizin terbiye edip yetiştirdiği, tebliğ ettiği ilahî vahyi nasıl anlamaları gerektiğini öğrettiği, dolayısı ile nebevî bir terbiye ile yetişen ashabının anlayışına göre anlaşılmak durumundadır. İşte bu terbiyeyle yetişmiş, ashabdan tabiîne, tabiînden tebeu't tabiîne sağlam bir anlayış silsilesine bağlı olarak yetişmiş sayısız "İmam"ın anlayışı İslam'ı nasıl anlayacağımızı gösterir.

---

643 Hicr suresi; 15: 9

Tarih boyunca bu silsilenin dışına çıkan, çıkmak isteyen elbette ki sayılamayacak kadar kişi olmuş ama, temeldeki tevhidî iman ve İslam anlayışı aynı kalmıştır.

Bu silsileden olmak üzere, Maturidîlik ve Eş'arîlik gibi akaid/kelam mezhepleri, Hanefîlik, Şafiîlik, Hanbelîlik ve Mâlikîlik gibi pek çok fıkıh mezhepleri Kur'an'ı ve Sünneti, yani İslam'ı anlamada bizlere öncü olmuş, yol göstermişlerdir. Dolayısıyla, vahiyle gelen Kur'an, bu Kur'an'ı en iyi anlayan Hz. Peygamber, Hz. Peygamberi en iyi anlayan ashab ve daha sonraki nesillerin ilimde derinleşmiş öncülerinin birbirlerinden uzakta da olsa aynı anlayışa sahip olabilmeleri bugün bizler için de yol göstericidir. Bu uzun ve geniş silsile, kısaca Ehl-i Sünnet çizgisi olarak bilinmektedir.

Bu anlayıştaki bir İslam sahih İslam'dır. İtikad, ibadât, muamelât ve ukubât gibi dört ana başlıkta toplanan ve efâl-i mükellefin yani yükümlü bulunan kişilerin davranışları bu sahih anlayışla bugüne kadar gelmiştir. Dolayısı ile bir Müslüman'ın din anlayışı ve hayatı, Allah'ın varlığı ve tekliği üzerine kurulu tevhidî itikadın hayata uyarlanmasıdır. Kur'an'da bildirilen ve Allah Resûlü tarafından açıklanan itikad esasları, yine Kur'an'da bildirilen ve Allah Resûlü tarafından açıklanan görevlerin yerine getirilmesi ile mümkün olacaktır. Bütün bunların bir kimse tarafından icra edilmesine ise genel anlamda ibadet denilse de yapılış şekline ubudiyet, yani Allah'a olan kulluğun bu dünyada kişi tarafından ortaya konulması denilir. Kulluğun sahih olabilmesi, en doğru bir şekilde icra edilebilmesi de Allah Resûlüne uymak, bu uymayı da ehl-i sünnet çizgisine göre yapmakla mümkün olabilecektir.

39. SOHBET

İÇİMİZDE VE İŞİMİZDE TİTİZLİK (I)

İçimizde ve işimizde titizlik, ihlâs, samimiyet ve takva ile olur. İhlâs, samimiyet ve takva; içte ve işte doğru ve dürüst olmak, Hakka ve halka karşı yanlış yapmaktan korunmak, kılı kırk yarmak ve hassas davranma neticesinde elde edilir.

İçimizde titizlik

1. Samimi ve ihlaslı olmak;

2. İyi olmayı, daha iyi olmayı ve en iyi olmayı dert edinmek;

3. İçimizdeki hastalıkları fark edip tedaviye yönelmek;

4. Üstün ve faziletli sıfatlarla sıfatlanmaya azami gayret etmektir.

b) İşimizde titizlik

1. Sorumluluğumuzu bilmek ve idrak etmek

2. Ciddi olmak, gayret etmek, gücümüzün sonuna kadar çalışmak, metotlu, sabırlı ve sebatlı olmak;

3. Örnekleri örnek alıp örnek olmak;

4. Bize lazım olanı, layık olanı ve hesaba çekilince hesabını verebileceğimizi yapmaktır.

Konuyu biraz daha açacak olursak şunları ifade edebiliriz:

a) İçimizde Titizlik

1. Samimi ve ihlaslı olmak

Gerçek mü'min, iç ve dış birlikteliğine ermiş; içi, dışından büyük; içi, dışına yön veren; samimiyeti ve ihlâsı bütün hayatına yansıyan; herkese eşit davranan kişidir.

İç ve dış birlikteliğine ermiş demek, içi başka dışı başka olmayan yani asla münafıklık yapmayan kişi demektir. İçi, dışından büyük demek, henüz içinin büyüklüğü dışına yansımamış, yaklaşıldıkça daha büyük olduğu anlaşılan kişi demektir. İçi, dışına yön veren demek, kalbindeki imanı, ameline yön veren, imanına göre amel eden demektir.

Samimiyeti ve ihlâsı bütün hayatına yansıyan demek, bütün uygulamalarında samimi ve ihlaslı olduğu görünen demektir.

Fudayl b. Iyaz (ra) şöyle der: *"İnsanlar için amel etmek şirktir, insanlar için ameli terk etmek riyadır, ihlâs; Allah'ın seni bu ikisinden korumasıdır."*

İhlâs, yaptığını Allah emrettiği için yapmak, terk ettiğini Allah yasakladığı için terk etmek, her şeyi Allah rızası için yapmaktır. Şu da bir gerçektir ki ihlâs niyeti, başta bulunur; ihlâsa ulaşmak, zamanla elde edilir. Belki riya ila başlar, böyle devam etmez, ihlâsa ulaşmayı dert edindiğinden zamanla ihlâsa ulaşır. İşte bundan dolayı, riya, ihlâsın köprüsüdür denmiştir.

Denilir ki: İhlâs, kulun amellerinin gizlide ve aşikârda aynı düzeyde olmasıdır. Riya ise aşikâr olarak yaptığı amelin gizli olarak yaptığından daha iyi olmasıdır. İhlâsta samimiyet, gizli olarak yaptığı amelin aşikâr olarak yaptığından daha iyi seviyede olmasıdır.

Denilir ki: *"İhlâs, sürekli Allah'ı düşünerek insanların görmesini akıldan çıkarmaktır. Aslında yapmadığı bir davranışı insanların beğenisi için yapan Allah'ın gözünden düşer."*[644]

Süfyan b. Uyeyne şöyle der: *"Kul, kırk gün Allah için ihlâslı olursa Allah onun kalbinde hikmeti bir bitki gibi yeşertir. Dilini onunla konuşturur. Ona dünyanın kusurlarını, hastalığını ve ilacını gösterir."*[645]

Hamdûn el-Kassâr'a *"Neden selefin sözü bizim sözümüzden daha faydalı?"* diye sorulur. Şöyle der: *"Çünkü onlar; İslam'ın izzeti, nefislerin kurtuluşu ve Rahman'ın rızası için konuştular. Biz ise; nefislerin izzeti, dünya talebi ve insanların rızası için konuşuyoruz."*[646]

Herkese eşit davranan demek, mü'min-kâfir, dost-düşman herkese karşı adaletli davranmak; mü'min, eğer suçlu ise ona ceza vermemezlik etmemek; kâfir eğer suçlu değilse ona ceza vermemektir. Bir memlekette adâlet varsa huzur vardır, yoksa huzursuzluk var demektir. Adâlet, kâfirden de olsa devam eder; zulüm, Müslümandan da olsa devam etmez. Yani kâfir, adâleti uygularsa o memlekette huzur devam eder; mü'min, adâleti uygulamazsa o memlekette huzur devam etmez, o devlet yıkılır.

2. İyi olmayı, daha iyi olmayı ve en iyi olmayı dert edinmek

Her işte başarı, önce dert edinmekle başlar. İyi olmayı, sonra daha iyi olmayı, daha sonra da en iyi olmayı dert edinmek, hedef edinmekle başlar. Bir insan, bir şeyi hedef edinirse, o hedefe yönelir. Hedefe, doğru ve verimli bir usul takip edilirse zamanla kavuşulur.

---

644 İbnü'l-Kayyımi'l-Cevzî; Medâricu's-Sâlikîn s. 95
645 Ebû Nuaym el-İsfehânî; Hılyetu'l Evliya, VII, 287
646 Sıfatu's Safve; II, 122

İyi olununca, böyle kalmamak daha iyi olmaya gayret etmek; daha iyi olununca da en iyi olmayı hedef edinmek gerekir. Bunun gerçekleşmesi de önce gerçekleştirenleri örnek almak, onlar gibi olmaya gayret etmekle elde edilir.

İyi olmak için iyi olanların varlığını kabullenmek, iyi olmanın mümkün olduğunu kabul etmek gerekir.

"Daha iyi, iyinin düşmanıdır." (W. Shakespeare)

İyi insan, daha iyi insan ve hatta en iyi insan da yanılması, hatası, isabetsizliği olmayan değil; belki hatası az olan, yanılması olmayan değil yanılması az olan, isabetsizliği az olan kişidir.

"Bir adamın iyilikleri, kötülüklerinden çok olursa, kötülükleri anılmaz olur. Kötülükleri iyiliklerinden fazla olursa, iyilikleri anılmaz olur." (Abdullah b. Mübarek (ra)

3. İçimizdeki hastalıkları fark edip tedaviye yönelmek

Kalp hastalıklarından bazıları: Kibir, haset, hırs, riya, ucup, açgözlülük, cimrilik, kin, öfke, korkaklık, acelecilik, su-i zan vs.

Manevî kalp hastalıklarının tedavisi, maddi kalp hastalığının tedavisinden daha önemlidir. Kalbimiz iyi olsa kalıbımız da iyi olacaktır. Çünkü her kap içindekini dışına sızdırır. Vücutta kalp, ülkeye nispetle başkent ve halka nispetle de devlet başkanı gibidir. Nasıl ki devlet başkanı iyi olunca halk da iyi olur, başkent yani başkenttekiler düzelirse ülke de yani ülke halkı da iyi olursa işte aynen bunun gibi kalp iyi olunca kalıp da yani bedendeki dil ve diğer organlar da iyi olur. Çünkü dil ve beden kalbin tercümanıdırlar. Bu konuda en güzel benzetmeyi ve hükmü Allah Resulü (s.a.v) koymuş ve şöyle buyurmuştur:

$$ أَلاَ وَإِنَّ فِى الْجَسَدِ مُضْغَةً إِذَا صَلَحَتْ صَلَحَ الْجَسَدُ كُلُّهُ $$
$$ وَإِذَا فَسَدَتْ فَسَدَ الْجَسَدُ كُلُّهُ أَلاَ وَهِىَ الْقَلْبُ $$

Dikkat ediniz! Vücutta bir et parçası vardır ki o bozulursa bütün vücud bozulur, eğer düzelirse bütün vücut düzelir. Dikkat edin o et parçası kalptir.[647]

Kalpteki hastalıklardan kurtulmak sonra da güzel sıfatlarla sıfatlanmak gerekir. Kibirin yerine tevazuu, hasedin yerine gıptayı, hırsın yerine kanaati, riyanın yerine ihlâsı, açgözlülüğün ve cimriliğin yerine cömertliği ve sahaveti, kinin yerine şefkati, korkaklığın yerine şecaati, öfkenin yerine rızayı, aceleciliğin yerine teenniyi yerleştirmeye çalışmak.

Kalp hastalıklarından kurtulup güzel sıfatlarla sıfatlanmaya çalışmak, herkese farz-ı ayındır. Cimriliği tedavi etmeyen kişi, farz olan zekâtı vermez. Cimrilik ve

---

647 Müslim; Müsâkât, 107; Buhârî; Îmân, 39; İbn Mâce; Fiten, 14; Dârimî; Büyû', 1

açgözlülük, haram mala mülke ulaşmak için her türlü suçu işlemeye ve her türlü günahı işlemeye itebilir, hakkı olanın hakkını vermez, hakkı olmadığı halde başkasının hakkını gayr-i meşru yollarla alır. Kibiri terk etmeyen kişi, kendisini üstün görür başkasını hakir görür. Bu anlayış kişiyi suç işlemeye sevk eder.

4. Üstün ve Faziletli Sıfatlarla Sıfatlanmaya Azami Gayret Etmek

Üstün ve faziletli sıfatlar, üstün ve faziletli insanlarda bulunur. Çünkü her şey, ehlinde bulunur. Gerçek üstün insan, peygamberler, sıddıklar, şehitler ve sâlihlerdir. İşte bu zatların sıfatları ile sıfatlanmaya gayret etmek gerekir.

Üstün ve faziletli sıfatların temel iki kaynağı, Kur'an-ı Kerîm ve Hadis-i Şeriflerdir. Kur'an-ı Kerîm'in genelinde adâlet, itidal, istikâmet/doğruluk ve dürüstlük, azim ve sebat, ülfet, kardeşlik ve dostluk, sevgi ve dayanışma, sulh/barış, cömertlik, tövbe, tevekkül, kanaatkârlık, itaat ve teslimiyet, hikmet, hayırda yarışma, güler yüzlülük, ölçü ve tartıda dürüst davranma, selâmlaşma, ağırbaşlılık, cesaret ve kahramanlık gibi birçok faziletli tutum ve davranış üzerinde durulmuştur.

Bu sıfatların hayat haline geçmiş olanı da Hz. Peygamber (s.a.v)'de mevcuttur.

Faziletli olmak isteyen, faziletlilerin nasihatlerini dinler ve o nasihatlere de uymaya çalışır. En faziletli kişi, elbette Hz. Peygamber (s.a.v)'dir ve en güzel nasihatler de elbette Peygamber Efendimizin nasihatleridir.

Genç sahabelerden Ashabı Kiramın önünde ve öncülerinden olan **Hz. Muaz** (ra) genç-ihtiyar herkese ama özellikle gençlere bir beyanatında şunları söylüyor:

Bana Rasûlullah (s.a.v) şu on mühim hususu tavsiye etti: Buyurdu ki:

لَا تُشْرِكْ بِاللهِ شَيْئًا وَإِنْ قُتِلْتَ وَحُرِّقْتَ، وَلَا تَعُقَّنَّ وَالِدَيْكَ، وَإِنْ
أَمَرَاكَ أَنْ تَخْرُجَ مِنْ أَهْلِكَ وَمَالِكَ وَلَا تَتْرُكَنَّ صَلَاةً مَكْتُوبَةً مُتَعَمِّدًا ؛
فَإِنَّ مَنْ تَرَكَ صَلَاةً مَكْتُوبَةً مُتَعَمِّدًا فَقَدْ بَرِئَتْ مِنْهُ ذِمَّةُ اللهِ، وَلَا تَشْرَبَنَّ
خَمْرًا ؛ فَإِنَّهُ رَأْسُ كُلِّ فَاحِشَةٍ، وَإِيَّاكَ وَالْمَعْصِيَةَ ؛ فَإِنَّ بِالْمَعْصِيَةِ حَلَّ
سَخَطُ اللهِ عَزَّ وَجَلَّ، وَإِيَّاكَ وَالْفِرَارَ مِنَ الزَّحْفِ وَإِنْ هَلَكَ النَّاسُ،
وَإِذَا أَصَابَ النَّاسَ مُوتَانٌ وَأَنْتَ فِيهِمْ فَاثْبُتْ، وَأَنْفِقْ عَلَى عِيَالِكَ مِنْ
طَوْلِكَ، وَلَا تَرْفَعْ عَنْهُمْ عَصَاكَ أَدَبًا وَأَخِفْهُمْ فِي اللهِ

"Öldürülsen ve yakılsan dahi Allah'a asla şirk koşma. Sana cazibeli vaatlerde bulunsalar dahi onlara aldanıp ana-babana karşı gelme. Kasten-bilerek bir farz namazı kesinlikle terk etme. Kim bunu yaparsa ondan Allah'ın himayesi uzak olur. Böyleleri daima huzursuz yaşar. Asla sarhoşluk veren içkilerden içme. Çünkü o, her kötülüğün

anasıdır. İşlenilmesi günah olan şeylerden sakın. Çünkü günahların sebebiyle Allah (c.c.) sana haddini bildirir. Seninle beraber bulunanlar telef olsa bile, harpte, sakın cepheden kaçma. Cihat eden mücahitler tamamen şehit olsalar dahi sen (nöbet) yerinden ayrılma. Allah'ın sana verdiklerinden öncelikle eşine ve çocuklarına harcama yap; sonra da çevreni sevindir. Terbiye edeceğim diye aman ha çoluk çocuğunu dövme/dövme teşebbüsünde dahi bulunma. Çoluk-çocuğuna Allah'a isyan etmemeyi aşıla. İtaati öğret. Onlara örnek ve önder ol!"[648]

Alınacak Dersler:

İçimizde titiz olmanın en bariz göstergeleriyle içimizi süslememiz gerekir. Bunlar şöylece özetlenebilir:

1. İçimizi samimiyet ve ihlasla doldurmalıyız;

2. İyi olmayı, daha iyi olmayı ve en iyi olmayı kendimize dert edinmeliyiz;

3. İçimizde var olan veya olması muhtemel olan, manevi hastalıkları fark etmeli ve onları tedaviye tabi tutmalıyız.

4. Manevi hastalıkları bir taraftan tedavi ederken diğer taraftan da üstün ve faziletli sıfatlarla sıfatlanmaya azami gayret göstermeliyiz.

---

648 Ahmet bin Hanbel; Müsned, H. No: 22075

40. SOHBET

İÇİMİZDE VE İŞİMİZDE TİTİZLİK (II)

İşimizde Titiz Olmalıyız

Bunun için de şunlara dikkat etmeliyiz:

1. Sorumluluğumuzun bilincinde olmalıyız.

Sorumluluğumuzun en başında Allah'a karşı sorumlu olduğumuzun bilincinde olmamızdır. Çünkü bize en büyük nimet olan aklı, imanı ve vücut sağlığını veren, içinde bulunduğumuz dünyayı ve içindekileri bize hizmetçi kılan, Allah Teâlâ'dır. İşte bu gerçeği bilip idrak etmek ve gereği olan Allah'a kulluk görevimizi yapmaktır.

Üzerimizde bulunan ikinci sorumluluğumuz, ailemize karşı sorumluluklarımızdır. Onların maddi ve manevî ihtiyaçlarını karşılamaktır.

Bulunduğumuz makamlar ve konumlar da bizi mesul eden hususlardır. Bütün bir halka karşı, doğru-dürüst, âdil, isabetli, faydalı ve verimli iş yapmak ve bulunduğumuz davanın temsilciliğine söz ettirmemek; zulüm, adam kayırma, rüşvet, yanlış ve eksik iş yapma, zamanında iş yapmama, bugünü yarına havale etme gibi yanlışlardan son derece sakınmaktır.

2. Ciddi ve gayretli bir şekilde, gücümüzün sonuna kadar çalışmak, metotlu, sabırlı ve sebatlı olmalıyız.

İşimizde titizliğin ispatı, üzerimize aldığımız görevin hakkını vermekledir. Bu görevi yerine getirmek ve görevin hakkını vermek için ciddi olmak hem de çok ciddi olmak gerekir.

Ciddiyetin ispatı, gayrettir. En güzel gerçek söz, en güzel ve en üstün ilim sahibi Allah'ın sözüdür. İşte ayet-i kerime:

$$وَأَنْ لَيْسَ لِلْإِنْسَانِ إِلَّا مَا سَعَىٰ$$

"Doğrusu insana çalışmasından başka bir şey yoktur."[649]

"Başarılı olmak ve yükselmek, sırf gayretin meyvesidir; gayret ise, iradenin ifadesidir. İrade terbiyesi ve nefis mücadelesinin en ahlâkî ve insânî ifadesi çalışmaktır." (Prof. Dr. Ali Fuat Başgil) *"En büyük keramet, çalışmaktır."* (Hacıbektaş-ı Velî)

---

649 Necm; 53: 39

Başlı başına gayret, yeterli değildir. Çünkü sıradan bir çalışmakla, en fazla herkes gibi sıradan bir başarı elde edebiliriz. Hâlbuki biz farklı olmalıyız; sıradan insanlardan farkımız olmalıdır. Çünkü ancak farklı olanlar fark edilirler ve başkalarına fark atarlar. Bizim farkımız, gücümüzü gücümüzün sonuna kadar zorlayarak çalışmaktır. Çünkü Allah'ın lütuf ve yardımı insan kudretinin bittiği ve tükendiği yerde başlar. Elde edilen İlâhî lütfun devamı, metotlu, sabırlı ve sebatlı çalışmakla elde edilir.

Metot, en genel manası ile bir amacın gerçekleştirilmesi için izlenen yol ya da usuldür. Hedefe ulaşmak için hem hedefe ulaştıran yol hem de yolda takip edilmesi gereken usul gerekir. Yol olmadan yürüme olmaz, usul olmadan da vusul olmaz.

Sabır, nefsi hoşlanmadığı şeye hapsetmektir. Sabır, fiilî duadır; bir şeyi elde etmenin şartlarını yerine getirmektir. Sebat, sabırda yani nefsi aklın emrine vermede devam etmektir.

"Sabır, selâmet ve saadet evinin anahtarı ve her musibetin ilacıdır." Hz. Ali (ra)

"Sabır, yüzü ekşitmeden, acıyı yudum yudum içine sindirmektir." Cüneyd-i Bağdadi (rhm.)

3. Örnek insanları örnek almalı ve kendimiz de başkalarına örnek olmalıyız

Titiz insanlar, kendilerinden daha titiz insanları örnek alan insanlardır. Titiz insana yakışan şey, zamanındaki en titiz olanı tanıması, onu izlemesi ve örnek almasıdır. Her yönde örnek olan elbette Allah Teâlâ'nın öğretip eğittiği ve insanlığa her konuda örnek kıldığı Hz. Muhammed (s.a.v)'dır. Onun hakkında Rabbimiz şöyle buyuruyor:

$$لَقَدْ كَانَ لَكُمْ فِي رَسُولِ اللَّهِ أُسْوَةٌ حَسَنَةٌ لِمَنْ كَانَ يَرْجُو اللَّهَ وَالْيَوْمَ الْآخِرَ وَذَكَرَ اللَّهَ كَثِيرًا$$

"Andolsun ki, Resûlullah, sizin için, Allah'a ve ahiret gününe kavuşmayı umanlar ve Allah'ı çok zikredenler için güzel bir örnektir."[650]

Her gün namazda kırk defa:

$$اِهْدِنَا الصِّرَاطَ الْمُسْتَقِيمَ صِرَاطَ الَّذِينَ أَنْعَمْتَ عَلَيْهِمْ غَيْرِ الْمَغْضُوبِ عَلَيْهِمْ وَلَا الضَّالِّينَ$$

"Bizi, sırat(-ı müstakim üzere) hidayet(te devam nasip)et! Kendilerine nimetler verdiğin kimseler (peygamberler, sıddıklar, şehitler, sâlihler)'in yolun(d)a (devam veya

---

650 Ahzab; 33: 21

286

kemal nasip et!"[651] diyoruz. Bu ayetlerde Rabbimiz Teala, örnek olmada örnekleri bulunmayan Peygamberleri zımnen örnek almamızı her gün kırk defa emretmektedir.

Örnek olmadan önce örnekleri örnek almak gerekir. Kendimiz örnek haline gelince de iş bitmiş olmaz. O zaman örnekliğimizi muhafaza etmek için çok daha dikkat etmemiz gerekecektir. Çünkü örnek insanların, hem günahı hem de sevabı çok olabilir. Doğru ve faydalı olunursa sebep olduğundan; o kadar sevap olur. Günaha sebep olunursa o kadar da günah kazanılabilir. *"Öğüdün yolu uzun; örnekliğin yolu kısa ve etkilidir." "İnsan, kendinden başkasını örnek almadıkça ilerleyemez."* denilmiştir.

4. Bize lazım olanı, layık olanı ve hesaba çekilince hesabını verebileceğimiz şeyleri yapmalıyız.

Herkes konumu neyi gerektiriyorsa ona göre hareket etmelidir. İnsan, mahlukatın en değerli ve faziletli varlığıdır. İnsana gerekli olan önce kıymetli bir iş, kıymetli ahlâka sahip olmaktır. Mü'min ise insanın kıymetlisidir. Mü'mine yakışan, daha kıymetli işler yapmaktır. İdareci olan mü'minin misyonu, İslâm'ın Müslümana yüklediği misyondur. O da:

a) **Allah'a tazim ve itaat,**

b) **Halka hizmet ve merhamettir.**

Allah'a tazim, imanı; **itaat,** imana göre salih ameli ifade eder. İman ve amel dinin/işin yarısıdır. Diğer yarısı da **halka hizmet,** yeryüzünü imar edip adaleti yeryüzüne hâkim kılmaya çalışmak; **merhamet,** hidayette olanların devam ve kemallerine, hidayette olmayanların da hidayetlerine vesile olmaktır. Zira en büyük merhamet, insanı ebedî cehennem ateşinden kurtarmaya davet edip kurtulmalarına gayret etmektir.

Müslüman idareciye yakışan, içinde ve işinde galip olmaktır. İçinde galibiyet, samimiyet ve ihlâsla; işinde galibiyet, doğru hedef, üstün lider, müstakim yol, vefalı arkadaş, takip edilebilecek metot ve güzel ahlakladır.

Müslüman idareciye layık olan, açığının az olması, mesul olduğu şeyle meşgul olması; başarısı, eseri, ahlâkı ve iyiliği ile fark edilen kimse olmasıdır.

Hesaba çekilince hesabını verebileceği iş, sorumlu olduğu insanlara değer vererek beraberce çalışmak, insanlara insan muamelesi yapmak, adaletli davranmak, herkesin işini geciktirmeden yapmak, harama-helale azami dikkat etmek ve yapılmaması gereken işler için söz verip kandırmamaktır.

Yine her gün Fatiha suresinde *"maliki yevmiddîn"* diyerek "yani kırk defa Ahiretteki hesap ve ceza hatırlatılmaktadır. Hz. Ali (ra) Efendimiz, *"Helalin hesabı, haramın azabı vardır."* buyurarak ayeti tefsir etmiştir. Hz. Ömer (ra) Efendimiz de bizi

---

651 Fatiha; 1: 6-7

şöyle uyarır: *"Hesaba çekilmenizden önce kendinizi hesaba çekiniz, amelleriniz tartılmadan önce amellerinizi tartınız, hiçbir gizliliğin gizli kalmayacağı en büyük arz (Kıyamet günü) için hazırlıklı olunuz! Kıyamet günü, dünyada iken kendisini hesaba çekene hesap kolay gelecektir."*[652] Şeyh Sadi-i Şirâzî ise, bir şiirinde konuyu şöyle ifade eder: *"Hesabı düzgün olan kimse hesaplaşmaktan, teftiş ve murakabeden korkar mı hiç?"*

Alınacak Dersler:

İşimiz aynamız olunca, aynada görülecek şeklimizden utanmamak ve korkmamak için, işlerimizde dikkatli olmalıyız ve şunlara dikkat etmeliyiz:

1. Hangi işin üzerinde isek, o işteki sorumluluğumuzu unutmamalı ve gereğince davranmalıyız.

2. Yapacağımız en basit işte bile ciddiyet ve gayretimizi esirgememeliyiz. Gücümüzün sonuna kadar çalışmalı; bunu yaparken de metotlu, sabırlı ve metanetle hareket etmeliyiz.

3. Toplumda önder ve örnek olan başta peygamberler olmak üzere zirve insanları kendimize rol model olarak seçmeliyiz. Kendimizi başkalarının örnek alması için örnekliğe layık hale gelmeliyiz.

4. Birer Müslüman olarak bize layık ve lazım olana talip olmalıyız. Altından kalkabileceğimiz hesapların altına girmeliyiz.

5. Hesaba çekileceğimizi asla unutmamalıyız.

6. Hedefimiz:

a) Allah'a tazim ve itaat,

b) Halka hizmet ve merhamet olmalıdır.

---

652 Hâris b. Esedi'l-Muhâsibî; Risâletü'l-Müsterşidîn, tahkîk eden: Abdulfettâh Ebû Ġudde

41. SOHBET

RAMAZAN AYI, DERSLER VE HİKMETLER

Kulluk ve kurtuluş yollarını öğretmek üzere kitaplar ve peygamberler gönderen Rabbimize hamdolsun... Rabbinden aldığı rabbani dini hem yaşayan hem de bize beyan eden Hatemü'l Enbiya Peygamber Efendimiz Hz. Muhammed Mustafa (s.a.v)'e ve onun âl ve ashabına salat ve selam olsun.

Sözlerimize önce Ramazan kelimesini anlamaya çalışarak başlayalım.

Kelime olarak Ramazan, "ramad" kökünden türemiş olup, aşırı sıcaklık ve susuzluktan dolayı insanın içinin yanması demektir. Ayrıca güneşin kumlara ve taşlara vurması neticesinde meydana gelen aşırı sıcaklıklar anlamında da kullanılmıştır. Ramazan ayının genelde böyle sıcak zamanlara denk gelişi ve oruçlu insanların sıcağın etkisinden duydukları susuzluktan dolayı da bu aya Ramazan ayı adı verilmiştir. Ramazan ayı, Kameri takvim esasına göre 9. aydır. Ayların en hayırlısıdır ki onbir ayın sultanı olarak bilinir. O'nun böyle büyük olduğunu Rasulullah (s.a.v) Efendimiz'in şu mübarek sözünden anlıyoruz: *"Eğer siz, Ramazanın kıymetini bilseydiniz, bütün senenin Ramazan olmasını isterdiniz."* Efendimiz (s.a.v)'ın bu mübarek sözünün anlamını, Ramazan ayının aramızdan ayrılıp gitmesiyle yaşadığımız buruklğu kalbimizin derinliklerinden hissetmemizden ve onu özlediğimizden anlıyoruz. Ayrıca bizi kucaklayacağı günlerin yaklaşması ile heyecanlarımızın bir kat daha artması da bize bu kanaatı veriyor. Çünkü Ramazan ayı, bizi yansıtıyor, bizi bize hatırlatıyor. Bir yıl boyunca oluşan bir takım hoş olmayan alışkınlıklardan, maddi ve manevi hastalıklardan Ramazan ayı bizleri arındırıyor; en önemlisi de bizi Yaradanımızla halvete kavuşturuyor. İşte yine bütün bu güzellikleriyle bir kez daha bizi teşrif etmek üzere aramıza geliyor. Öyleki eksik olmamıza rağmen gönüllerimiz, ruhlarımız, evlerimize, mahallelerimiz ve camilerimiz Ramazan ayının heyecanı ile dolup dolup taşıyor. Bizi sağlık, sıhhat ve afiyet içerisinde Ramazan ayına kavuşturan ve *"Oruç benim içindir, onun mükafatını da ancak ben veririm"* buyuran, bir daha oruç tutmayı bize nasib eden, Yüce Rabbimize hamdü senalar ederiz.

Evet! Ramazan ayı geldi, geliyor. Elbette yaşayan bir mü'min oruç ayı Ramazana kavuşacaktır. Oruç ayı Ramazan gelecektir. Bir mü'min için önemli olan bu ayın gelmesinden ziyade, acaba müslümanlar olarak biz hazır mıyız? Bu mübarek ayın ve onda tutacağımız oruçların hakkını verebilecek miyiz? Kısacası on bir aylık yoldan gelen aziz misafirimizi ağırlama imkanı bulabilecek miyiz? Şahıs şahıs hayatımızda, evlerimizde, mahallelerimizde, camilerimizde Ramazan ayına yakışır bir şekilde ağırlama imkanı bulabilecek miyiz? Bu soruların cevaplarını iyi vermeliyiz. Onun için de Ramazan ayını iyi ihya etmeliyiz. Ramazan ayını ruhuna uygun olarak ihya edebilmek için ise, onun özelliklerini, taşımış olduğu mesajları ve dersleri kavramamız ve onlar üzerinde tefekkür etmemiz gerekmektedir. Ramazan ayının en önemli hediyesi, İslam'ın şartlarını oluşturan dört büyük ibadetten birisi olan Oruç ibadetidir. Biz de dersimize oruç ibadeti ile ilgili bazı şeyleri ifade ederek başlamak istiyoruz:

Önce bilmemiz gereken şey şudur ki, Ramazan orucunun farz oluşunu bize bildiren ayet-i kerime

يَا أَيُّهَا الَّذِينَ آمَنُوا كُتِبَ عَلَيْكُمُ الصِّيَامُ كَمَا كُتِبَ عَلَى الَّذِينَ مِنْ قَبْلِكُمْ لَعَلَّكُمْ تَتَّقُونَ

"Ey iman edenler! Oruç sizden öncekilere farz kılındığı gibi size de farz kılındı. Ola ki sakınıp korunasınız."[653] şeklinde gelmiştir. Yani ayet-i kerimede belirlenen muhatap kitle, iman edenlerdir. Çünkü Oruç gibi müstesna bir ibadeti ancak imanın tadını tatmış olanlar eda edebilirler. İmanın tadını tatmayı ise, Rasulullah (s.a.v) Efendimiz şöyle ifade buyurmuşlardır:

ثَلَاثٌ مَنْ كُنَّ فِيهِ وَجَدَ حَلَاوَةَ الْإِيمَانِ أَنْ يَكُونَ اللهُ وَرَسُولُهُ أَحَبَّ إِلَيْهِ مِمَّا سِوَاهُمَا وَأَنْ يُحِبَّ الْمَرْءَ لَا يُحِبُّهُ إِلَّا لِلَّهِ وَأَنْ يَكْرَهَ أَنْ يَعُودَ فِي الْكُفْرِ كَمَا يَكْرَهَ أَنْ يُقْذَفَ فِي النَّارِ

"Şu üç hslet hanginizde bulunursa, imanın tadını tatmış olur: 1) Allah ve rasulünü her şeyden daha çok sevmek. 2) Sevdiğini ancak Allah için sevmek. 3) Allah, kendisini kurtardıktan sonra tekrar küfre dönmeyi, ateşe atılmaktan nefret ettiği gibi nefret etmek."[654]

İşte imanın tadını bize hissettiren Ramazan ayı ve onda yerine getirilen oruç ibadeti aslında bütün peygamberleri ve ümetlerini kapsayan bir ibadettir. Dolayısı ile Ramazan ayı, bize geçmiş milletleri de hatırlatıyor ve Ramazan ayının ruhuna erememiş ve yozlaşmış milletlerin durumuna düşmememizi hatırlatıyor. Bunu ayet-i kerimenin *"Sizden öncekilere farz kıldığı gibi size de farz kılındı'* kısmından anlıyoruz.

Bu ayet-i kerimenin bize verdiği mesajla Ramazan ayının bize getirdiği dersleri ve vermek istediği ruhu özetlemeye çalışalım: Şöyleki:

---

653 Bakara; 2: 183.
654 Buhari; Sahih, 1/25, H. No: 15

1. Ramazan ayı, iman ayıdır. İslam'ın adeta bir özetidir. Çünkü Ramazan ayında, iman var, Kur'an var, pratik olarak nasıl tutulacağını bizzat yaşayarak öğreten Allah'ın Rasulü (s.a.v) var. Genelde de İslam, bunlarla özetlenmektedir.

2. Ramazan ayı, Kur'an ayıdır. Yaradanın kullarına mesajı, dünya ve ahiret saadetinin rehberi, kurtuluş reçetesi ve O'nun (cc) ön gördüğü hayat nizamı olan Kur'an-ı Kerim, işte bu ayda insanlığa hediye edilmiştir. Öyle bir hediye ki, Allah (cc) onu meleklerin en hayırlısı olan Cebrail (a.s) vasıtasıyla yeryüzünün en hayırlı şehri Mekke-i Mükerremeye, Mekke'nin de en hayırlı dağı Nur dağına, onun da en heyırlı mağarası Hira mağarasına, ayların en hayırlısı Ramazan ayında, onun da bin aydan hayırlı olan Kadir gecesinde, Peygamberlerin sonuncusu ve en hayırlısı Hz.Muhammed Mustafa'ya, O'nunla da ümmetlerin en hayırlısı Muhammed ümmetine en hayırlı hadiye olarak göndermiştir:

شَهْرُ رَمَضَانَ الَّذِي أُنْزِلَ فِيهِ الْقُرْآنُ هُدًى لِلنَّاسِ وَبَيِّنَاتٍ مِنَ الْهُدَى وَالْفُرْقَانِ فَمَنْ شَهِدَ مِنْكُمُ الشَّهْرَ فَلْيَصُمْهُ وَمَنْ كَانَ مَرِيضًا أَوْ عَلَى سَفَرٍ فَعِدَّةٌ مِنْ أَيَّامٍ أُخَرَ يُرِيدُ اللَّهُ بِكُمُ الْيُسْرَ وَلَا يُرِيدُ بِكُمُ الْعُسْرَ وَلِتُكْمِلُوا الْعِدَّةَ وَلِتُكَبِّرُوا اللَّهَ عَلَى مَا هَدَاكُمْ وَلَعَلَّكُمْ تَشْكُرُونَ

"Ramazan ayı, insanlara yol gösterici, doğrunun ve doğruyu eğriden ayırmanın açık delilleri olarak Kur'an'ın indirildiği aydır. Öyle ise sizden Ramazan ayını idrak edenler onda oruç tutsun. Kim o anda hasta veya yolcu olursa (tutamadığı günler sayısınca) başka günlerde kaza etsin. Allah sizin için kolaylık ister, zorluk istemez. Bütün bunlar, sayıyı tamamlamanız ve size doğru yolu göstermesine karşılık, Allah'ı tazim etmeniz, şükretmeniz içindir."[655] Öyle ise, Ramazan ayı ile birlikte birkez daha yaşam biçimimizi gözden geçirmeli, Kur'an'la barışmalı, Yüce Rabbimiz (cc)'e verdiğimiz kulluk sözümüzü pekiştirmeliyiz. Kur'an ayında, Kur'an'ı çok okumak ve onunla bütünleşmek zorundayız.

3. Ramazan ayı: Muhasebe ayıdır. Bir yılın adeta finali ve özetidir. Onun için onbir ayın sultanı denilmiştir. Hem sevap bakımından, hem ibadet olarak hem de ümmet ruhunun gelişmesi ve yaşanması bakımından Müslümanlar, neredeyse onbir aya bedel bir kulluk icra ederler. Zira bin aydan hayırlı olan Kadir Gecesini içinde barındırması bu manayı ifade etmeye yeterlidir.

4. Ramazan ayı, ümmetin ayıdır. Zira Peygamber Efendimiz (s.a.v) öyle buyuruyor: *"Receb Allah'ın, Şaban benim, Ramazan ayı ise ümmetimin ayıdır."* Çünkü ümmet bu ayda Yaratıcının huzurunda birleşiyor, daha çok dayanışma ve yardımlaşma

---

655 Bakara Suresi; 2: 185

içerisine girip bütünleşiyor. Böylece İslam kardeşliği perçinleşiyor. Müslümanlar, çevrelerinde bulunan kardeşleriyle iftarlar yapıyor; Ramazan sohbetleri tertip ediliyor ve teravihlerle de yan yana, omuz omuza ve tek yürek ve tek saf halinde özlenen manevi atmosferi birlikte yaşıyorlar. Binlerce kilometre uzakta yaşayan Müslümanlarla da adeta mesafeler aradan kalkıyor. Maddi ve manevi bağlarla İslam kardeşliği ruhu bir kez daha canlanıyor.

5. Ramazan ayı tabi ki oruç ayıdır. Oruç ise, sadece imsak vaktinden iftar vaktine kadar aç ve susuz kalmaktan ibaret değildir. Oruç, bütün organların iştiraki ile tutulması gereken bir ibadettir. Yukardaki ayet-i kerimede geçen *"Taki korunasınız"* ifadesi de işte bunun içindir. Yani, ellerin yanlış işler yapmasından, ayakların yanlış yerlere gitmesinden, dilin gıybet, kötü söz, boş kelam ve kalp kırıcı ifadelerden ve orucun ruhuna ters düşecek şeylerden, gözlerin ve kulakların haramlardan korunması demektir. Oruçtan maksat da ancak böyle hasıl olur.

6. Ramazan ayı, disiplin, nefsi terbiye ve güzel ahlak ayıdır. Müslüman, hem kendi nefsine karşı, hem aile ferdlerine ve çevresine hem de gayri müslimlere karşı Ramazan farkıyla güzel ahlak timsali olduğunu göstermelidir. Oruçlu müslüman, güzel ahlakla süslenir, nefsini dizginler, kişiliğini geliştirir, şahsiyetini güçlendirir ve karekterini güzelleştirir.

7. Ramazan ayı, sabır ayıdır. Müslüman, Ramazanda hem nefsi arzularına karşı, hem haramlara karşı hem de çevresinden zuhur edecek olumsuzluklara karşı sabır ve dayanıklılığın en güzel örneğini sergilerler. *"Oruçlu iken size birisi sataşır veya kötü sözle muamelede bulunursa, ben oruçluyum deyiniz"* buyuran Rasulullah (s.a.v) Efendimiz, Ramazan ayının bir adının da "sabır ayı" olduğunu haber vermiştir. Ayrıca *"Oruç sabrın yarısıdır"* buyurmakla da buna işaret etmiştir.

8. Ramazan ayı, Rahmet, bereket, mağfiret ve ateşten kurtuluş ayıdır.

Rasulullah (s.a.v) bir hadis-i şeriflerinde şöyle buyurmuşlardır: *"Ramazanın, evveli rahmet, ortası mağfiret, sonu da ateşten kurtuluştur."*[656] Bu kurtuluşun mükafatı ise, bir başka hadis-i şerifte şöyle müjdelenmiştir. *"Şüphesiz ki Cennette bir kapı vardır, ona REYYAN kapısı denir. Kıyamet gününde o kapıdan sadece oruçlular girer, onlardan başka hiçbir kimse o kapıdan giremez. Oruçlular o kapıdan içeri girince kapı kapanır ve başka hiç bir kimseye o kapıdan girmeye müsaade edilmez."*[657]

9. Ramazan ayı, şeytanların bağlandığı, cehennem kapılarının kapandığı ve cennet kapılarının sonuna kadar açıldığı aydır. Cenab-ı Hakk'ın Şeytana *"Şüphesiz kullarım üzerinde senin bir hakimiyetin yoktur. Ancak azgınlardan sana uyanlar*

---

656 Hadis-i Şerif'i Selman-ı Farisi rivayet etmiştir.
657 Buhari-Müslim-Tirmizi ve Nesa'i.

müstesna."[658] buyurduğu aydır. İnsan, dünyada şeytan ve yardımcılarının tuzaklarına düşmeyip, dünyadaki varlık nedeni olan kulluk vazifelerini yerine getirirse ve orucunu gayesine uygun olarak tutarsa, cennet ve Cemalullah'la mükafatlanacaktır. Rasulullah (s.a.v) Efendimiz şöyle buyurmuşlardır: *"Oruç tutan için iki sevinç vardır. Birisi, iftar ettiği zaman, ikincisi ise, Rabbi ile buluştuğunda."*[659]

10. Ramazan ayı, Fitre ve Zekat ayıdır. Müslümanlar, öteden beri bu ayda yapılan amellerin sevabının diğer aylara nispetle kat kat fazla olduğunu bildikleri için, zekatlarını bu ayda vermeyi tercih ederler. Ameller ise niyete göredir. Allah (cc) amellerini, tercihlerini ve niyetlerini mübarek eylesin. Bu vesile ile burada bir hatırlatma yapmayı uygun görüyoruz. O da şudur: Allah (cc) kulları arasındaki sosyal dengeyi ve adaleti zekat ibadeti ile sağlamıştır. Zekattan maksadın gerektiği gibi hasıl olması için, nasıl ki namaz ibadeti cemaatle yirmiyedi derece üstün oluyor; teravihlerimiz cemaatle olunca daha çok anlam kazanıyor ve Allah'ın rahmeti cemaat üzerinde oluyorsa, zekat ibadeti de cemaat halinde yapıldığı zaman daha çok anlam kazanıyor, gayeye daha uygun oluyor. Daha çok hizmete vesile oluyor ve maksad daha iyi hasıl oluyor. Ayrıca Fitre ibadetimiz, bir bakıma "baş" vergisi olduğu için sağlığımızın daha doğrusu insan olarak yaradılışımızın bir şükrüdür.

11. Ramazan ayı, İslam'ın ilan edildiği aydır. Hiradan doğan İslam güneşinin yeryüzüne yayılmaya ve bütün insanlığı kapladığı aydır. Peygamberler silsilesinin son halkası oluşunun, semavi dinlerin İslam'da tekamüle erişinin ve Allah'ın kulları için seçtiği son din oluşunun ilan edildiği aydır. Öyle ise, İslam'a ve müslümanlara yönelik yapılan haksız itham ve saldırılara karşı, İslam'ın insanlığa getirdiği, hak, adalet, özgürlük mesajını ve insanlığın özlediği ve susadığı, herkes için geçerli olan evrensel insan hakları beyannamesini bir kez daha duyurmak ve göstermek gerekir.

12. Ramazan ayı, umre ayıdır. Ramazan'da yapılan umrenin sevap ve mükafatı büyüktür. Bazı rivayetlerde, Ramazan'da yapılan umreye Hac sevabı verilir denmiştir. Bir Hadis Şerifte: *"İki umre kendi aralarında işlenen günahlara kefarettir. Mebrur olan hac için ise, ancak cennet vardır."*[660] buyurulur iken, bir başka hadis-i şerifte: *"Muhakkak, Ramazan'da bir umre bir hacca denktir."*[661] buyurulmuştur.

13. Ramazan ayı, dua ayıdır. Allah (cc), *"Dua edin kabul edeyim"* buyuruyor. Duanın zamanı ve mekanı olmaz. Müslüman, her yerde ve her zaman Allah (cc)'a dua etmekle yükümlüdür. Ancak duaların kabule en şayan olduğu zamanlardan birisi de Ramazan ayıdır. Dolayısıyla bu ayı iyi değerlendirip, hem nefislerimizin, hem

---

658 Hicr suresi; ayet: 42
659 Buhari ve Müslim.
660 Buhari ve Müslim
661 Buhari ve Müslim.

de nesillerimizin ıslahı ve kurtuluşu için dualar etmeliyiz. Geçmişlerimize hem dualar edelim hem de salih ameller işleyerek sevabını ruhlarına bağışlamak suretiyle vefa bocumuzu ödeyelim. Esenlik bekleyen dünya Müslümanlarına hem kalbi, hem kavli ve hem de fiili dualarımızı gönderelim. Çünkü Peygamber Efendimiz (s.a.v), *"Dua ibadetin ta kendisidir."*[662]; bir başka rivayette ise, ***"Dua ibadetin beynidir."***[663] buyuruyor. Evet! Dünya Müslümanlarının bu gün duaya ihtiyaçları, her zamankinden daha az değildir. Duaların reddedilmediği uygun zamanlardan birisi de Ramazan ayında oruç tutan müminin iftarda yapacağı duadır ki, Hz.Peygamber (s.a.v) şöyle buyurmuşlardır: *"Muhakkak, oruç tutanın iftar anında yaptığı dua reddedilmez."*[664]

14. Ramazan ayı, Kadir gecesi ayıdır. Allah (cc), bu gece hakkında: *"Bin aydan hayırlıdır."*[665] buyurmuştur. Yapılan ibadetler, ameller, dualar, iyilikler bin ile değil bin ay ile çarpılır. Amellerde ihlas ve samimiyete göre daha da artırılır. İşte bunun içindir ki, bu geceyi cemaat olarak dünya mazlum ve mağdurlarının dertlerine ortak olarak geçirmeyi uygun görüyoruz. Çünkü Allah'ın rızasını en çok celbeden amel, mazlum ve mağdur kullarını memnun eden davranış ve güzelliklerdir. Onların bizim uzatacağımız kardeşlik ve yardım elimize, bizim de Avrupa'da yaşayan, nefisleri ve nesilleri tehlikede bulunan Müslümanlar olarak onların duasına şiddetle ihtiyacımız vardır.

15. Ramazan ayı, itikaf ayıdır. Hz.Aişe (ra)'nın rivayet ettiği Hadis-i Şerife göre *"Hz.Peygamber (s.a.v) Medine'ye geldikten sonra vefatına kadar Ramazanın son on gününde itikaf'a girerdi."*[666] Bu büyük sünneti, on gün olmasa da bir gün de olsa, hatta birkaç saat de olsa işlemekte çok büyük sevaplar vardır. Çünkü itikaf, Allah (cc)'la baş başa kalmanın izzetini ve manasını yaşamanın en güzel şekillerinden biridir.

16. Ramazan ayı, aynı zamanda bir doktordur. Vücutlarda biriken bir yıllık hastalık ve kirlerden arındıran, modern tıbbın veremediği bir çok faydaları veren ve insan sağlığını dengeleyen eşsiz bir tedavi ayıdır. Rasulullah (s.a.v), bir hadis-i şeriflerinde şöyle buyurmuşlardır: *"Oruç tutun sıhhat bulun."*[667]

17. Ramazan ayı, inançtır, fikirdir, zihniyettir ve bir medeniyettir. Çünkü oruç, bir aylık oruç tutmaktan daha ötede bir anlayış veriyor. O da insanoğlunun bir hayat boyunca dünyanın aldatıcılığına, şeytan ve yardımcılarının kuşatmalarına, bütün kötülere ve kötülüklere karşı korunma; yani oruç tutma anlayışına ve zihniyetine sahip olması demektir. İşte Hasan el-Basri Hazretleri, Ömer b. Abdulaziz'e yaptığı

---

662 Tirmizi-Ebu Davud-İbni Maceh-Nesa'i
663 Tirmizi.
664 İbni Maceh.
665 Kadr suresi; ayet: 3
666 Buhari-Müslim-Tirmizi ve İbni Maceh.
667 Tabarani, Ebu Hüreyre'de rivayet etmiştir.

nasihatların birisinde şöyle diyordu: *"Ey Müminlerin Emiri! Dünyanın lezzetlerine ve aldatıcılığına karşı öyle bir oruç tut ki, iftarın ölüm olsun."* İşte bu bir medeniyettir. Bir hayat boyu oruç kültürü bu günün insanlarında olsaydı, insanlar birbirlerinin kanına, malına, ırzına, toprağına veya inancına tecavüz eder miydi?

18. Ramazan ayı, İslam'ın doğuşundan itibaren hak ve batılın fiili olarak ilk defa karşı karşıya geldiği ve Hakkın batılı yendiği Bedir ayıdır. Henüz daha ilk Ramazan orucunu tutuyordu Müslümanlar ve ilk Ramazan ayının onyedinci günüydü. Ve bu galibiyet oraya mahsus ve orada kalmış bir galibiyet değildir elbette. Zira Hz.Peygamber (s.a.v), *"Hak daima üstündür ve ondan hiçbir şey üstün olamaz"* buyurmuşlardır. Dolayısıyla siz inanıyor ve hakkın safında yer alıyorsanız, siz galip ve üstünsünüz.

19. Ramazan ayı, galipken bile af ve bağışlama ayıdır. Allah (cc)'ın Feth-i mubin adını verdiği Mekke'nin fethi, hicretin sekizinci yılında ve Ramazan ayının ilk on gününün sonlarında gerçekleşmiştir. Bu fetihle sadece Mekke'nin fethi değil, aynı zamanda kalplerin de fethi gerçekleşmiştir. Çünkü Rasulullah (s.a.v) Efendimiz, kendisini haksız ve zalimce yerinden ve yurdundan çıkaran Mekkelileri bağışlamış ve affetmişti. Batılı ilim adamlarını bile hayrete düşüren bu hoşgörü ve bağışlama örneği, aynı zamanda eşsiz İslam medeniyetinin temelini oluşturuyordu. Çünkü bu medeniyette hem dünya, hem de ahiret saadeti vardı. Çünkü o medeniyetin adı saadet medeniyeti idi.

20. Evet Ramazan ayı, eğitim seviyesi gayet yüksek bir okuldur. Bu okulun mezunlarına hidayet diploması verilir. Çünkü Ramazanı Allah (cc) *"Bütün insanlar için hidayettir."*[668] diye ilan buyurmuştur. Hidayetin en belirgin alameti ise, oruç ayetinde görüldüğü gibi imandır. Hidayetin neticesi ise, Hakkı batıldan ayırmaktır. Hakkı batıldan ayırmanın özellikleri ise, iyiyi kötüden, hayrı şerden, güzeli çirkinden, doğruyu yanlıştan ve faydalıyı zararlıdan ayırma kabiliyetine, ferasetine ve dirayetine ermektir. Bu okulun sahibi bizzat Allah (cc)dır; adını da Ramazan koymuştur. Baş muallimi Hz. Muhammed Mustafa'dır. Sınıfları camilerdir. Ders müfredatı Kur'an ve Sünnettir. Ve bütün güzellikleri ve hikmetleriyle bir kez daha teşrif etmiş bizleri şereflendirmiş ve onurlandırmıştır. Ehlen ve sehlen ya şehr-i Ramazan. Hoş geldin ey şehri Ramazan!..

Konumuzu şu Hadis-i Şerifle bitirelim: *"Doğrusu oruçla Kur'an, kıyamet gününde kul için şefaatçi olurlar. Oruç derki: Ey Rabbim! Ben bu kulunu yemek ve şehvetten alıkoydum, onun için şefaat etmeme izin ver. Kur'an da der ki: Ben bu kulunu geceleri uykudan alıkoydum, onun için şefaat etmeme izin ver. Rasulullah (s.a.v), devamla*

---

668 Bakara; 2: 185

buyurdu ki: Oruçla Kur'an işte böyle şefaat ederler."[669] Yüce Rabbimiz (cc) Kur'an'ın, Rasulü'nün ve orucun şefaatlarına cümlemizi mazhar kılsın inşaallah.

Alınacak Dersler:

1. Ramazan ayı, iman ayıdır. İslam'ın adeta bir özetidir.

2. Ramazan ayı, Kur'an ayıdır.

3. Ramazan ayı: Muhasebe ayıdır.

4. Ramazan ayı, disiplin, nefsi terbiye ve güzel ahlak ayıdır.

5. Ramazan ayı, Rahmet, bereket, mağfiret ve ateşten kurtuluş ayıdır.

6. Ramazan ayı, dua ayıdır.

7. Ramazan ayı, Kadir gecesi ve itikaf ayıdır.

---

669 Ahmed b.Hanbel-Beyhaki ve Tabarani rivayet ettiler.

42. SOHBET

BERAT GECESİ

Şaban ayının 14. gününü 15'ine bağlayan geceye biz Müslümanlar Berat gecesi adını veririz. Bu gecenin başka isimleri de vardır. Bereketli ve feyizli bir gece olması sebebiyle 'Mübarek'; kulların günahlarının affolunması ve temize çıkmaları sebebiyle 'Beraet'; kulların ihsana kavuşmaları nedeniyle 'Rahmet', geceyi iyi değerlendiren kulların seçilerek salih kullar arasına alınması sebebiyle de 'Berae veya Sakk' gecesi denilmiştir.

Berat kelimesi Arapça bir kelime olup, borçtan kurtulma, temize çıkıp aklanma, ceza veya sorumluluktan kurtulma gibi anlamları içerir. Berat gecesi, Allah'ın rahmet, lütuf ve mağfiretiyle tecelli ederek, kullarına bağışlanma, kapılarını ardına kadar aralayacağı; müminlerin dualarına icabet edeceği, günahlarını affedeceği; yapılan ibadetleri normal zamanlardan kat kat fazla mükâfatlandıracağı için müslümanlar için tam bir berat olacaktır, inşallah. Bundan dolayıdır ki, Müslümanlar olarak bu geceyi çok iyi değerlendirmek durumundayız. Bu cümleden olarak gündüzü oruçlu, geceyi de çeşitli ibadetlerle değerlendirmeliyiz. Berat gecesinin fazileti hakkında Peygamber Efendimiz (s.a.v)'den nakledilen şu mübarek hadis çok önemlidir:

عَنْ عَلِيِّ بْنِ أَبِي طَالِبٍ قَالَ قَالَ رَسُولُ اللهِ صَلَّى اللهُ عَلَيْهِ وَسَلَّمَ إِذَا كَانَتْ لَيْلَةُ النِّصْفِ مِنْ شَعْبَانَ فَقُومُوا لَيْلَهَا وَصُومُوا نَهَارَهَا فَإِنَّ اللهَ يَنْزِلُ فِيهَا لِغُرُوبِ الشَّمْسِ إِلَى سَمَاءِ الدُّنْيَا فَيَقُولُ أَلَا مِنْ مُسْتَغْفِرٍ لِي فَأَغْفِرَ لَهُ أَلَا مُسْتَرْزِقٌ فَأَرْزُقَهُ أَلَا مُبْتَلًى فَأُعَافِيَهُ أَلَا كَذَا كَذَا حَتَّى يَطْلُعَ الْفَجْرُ

Hz. Ali (r.a)'den: Peygamber Efendimiz (s.a.v) şöyle buyurdu: *"Şaban ayının on beşinci gecesi olduğu zaman, gecesinde ibadete kalkın. Ve o gecenin gündüzünde (kandilden sonraki gün) oruç tutunuz. Çünkü o gece güneş batınca Allah Teâlâ o andan fecir oluncaya kadar: 'Benden mağfiret dileyen yok mu, onu mağfiret edeyim. Benden rızık isteyen yok mu, onu rızıklandırayım. (Bir belâ ile) müptelâ olan yok mu, ona kurtuluş vereyim' buyurur."*[670]

---

670 İbn Mâce; Sünen, 4/301, H. No: 1378

Berat gecesinin faziletli olmasına sebep olarak İslam alimleri Kur'an'ın toplucala Levh-i Mahfuz'dan dünya semasına inmiş olmasını gösterirler. Buna delil olarak Duhan suresinin şu:

$$حم وَالْكِتَابِ الْمُبِينِ إِنَّا أَنْزَلْنَاهُ فِي لَيْلَةٍ مُبَارَكَةٍ إِنَّا كُنَّا مُنْذِرِينَ$$

$$فِيهَا يُفْرَقُ كُلُّ أَمْرٍ حَكِيمٍ$$

"Ha. Mim. Apaçık olan Kitab'a andolsun ki, Biz onu (Kur'an'ı) mübarek bir gecede indirdik. Kuşkusuz biz uyarıcıyızdır. Her hikmetli işe o gecede hükmedilir."[671] dört ayetini ileri sürerler. Ayette geçen, "mübarek gece"den maksat, Berat gecesidir; Kur'an'ın bu gecede yedinci semadan dünya semasına indirildi. Kadir gecesinde ise ilk kez Peygamber Efendimiz (s.a.v)'e indirilmeye başlandı denilmektedir.

İmam Şafii (ra)'den rivayet edildiğine göre o şöyle söylemiştir:

$$وَبَلَغَنَا أَنَّهُ كَانَ يُقَالُ إِنَّ الدُّعَاءَ يُسْتَجَابُ فِي خَمْسِ لَيَالٍ فِي لَيْلَةِ الْجُمُعَةِ،$$

$$وَلَيْلَةِ الْأَضْحَى، وَلَيْلَةِ الْفِطْرِ، وَأَوَّلِ لَيْلَةٍ مِنْ رَجَبٍ، وَلَيْلَةِ النِّصْفِ مِنْ شَعْبَانَ$$

"Bize ulaştığına göre, beş gecede yapılan dualar kabul olur: Cuma gecesi, Kurban ve Ramazan bayramı gecesi, Recep ayının ilk gecesi ve Şaban ayının on beşinci gecesi."[672]

Şaban ayının yarısının faziletleri hakkında bir çok hadis-i şerif varit olmuştur. Bunlardan bazıları şunlardır:

$$إِذَا كَانَ لَيْلَةُ النِّصْفِ مِنْ شَعْبَانَ يَغْفِرُ اللَّهُ مِنَ الذُّنُوبِ أَكْثَرَ مِنْ$$

$$عَدَدِ شَعْرِ غَنَمِ كَلْبٍ$$

"Şaban ayının yarısı gecesinde Allah Kelb kabilesinin koyunlarının yünü sayısından daha çok günahı affeder."[673]

$$إِذَا كَانَ لَيْلَةُ النِّصْفِ مِنْ شَعْبَانَ يَنْزِلُ اللَّهُ إِلَى سَمَاءِ الدُّنْيَا فَيَغْفِرُ اللَّهُ لِعِبَادِهِ إِلَّا$$

$$مَا كَانَ مِنْ مُشْرِكٍ أَوْ مِنْ مُشَاحِنٍ لِأَخِيهِ$$

"Şaban ayının yarısı gecesi olduğunda, Allah (cc) dünya semasına iner ve müşrik ve din kardeşlerine kin duyanların haricindeki kullarını bağışlar."[674]

---

671 Duhan; 44: 1-4

672 Şuabu'l İman; 5/287, H. No: 3438

673 Beyhaki; Şuabu'l İman, 3/379, H. No: 3824

674 Bezzar; 1/157, H. No: 80; Heysemi, 8/65

إِذَا كَانَ لَيْلَةُ النِّصْفِ مِنْ شَعْبَانَ اطَّلَعَ اللهُ إِلَى خَلْقِهِ فَيَغْفِرُ لِلْمُؤْمِنِ، وَيُمْلِي لِلْكَافِرِينَ، وَيَدَعُ أَهْلَ الْحِقْدِ بِحِقْدِهِمْ حَتَّى يَدَعُوهُ

"Şaban ayının yarısı gecesi olduğu zaman, Allah (c.c.), kullarının durumuna bakar; müminleri affeder; kâfirlere ise mühlet verir. Kin ve hased sahibi olanları bu sıfatları terk edinceye kadar kendi hâllerinde bırakır."[675]

Yukardan beri ifade edilen ayet ve hadislerden anlaşıldığı kadarıyla Berat gecesinin kendisine has altı özelliği vardır:

1) Bu gecede önemli işlerin seçimi ve ayırımı yapılır.

2) Bu geceyi ibadetle geçirenlere yardımcı olması amacıyla Allah tarafından melekler gönderilir.

3) Bu gece bağışlanma ve af gecesidir.

4) Bu gecede yapılan ibadetlerin fazileti çok büyüktür.

5) Bu gecede Peygamberimize şefaat yetkisinin tamamı verilmiştir. Bu yetkinin üçte biri Şaban'ın on üçüncü günü, üçte biri Şaban'ın on dördüncü günü, geri kalan üçte biri de Şaban'ın on beşinci günü verilmiştir.

6) Anne ve babasını incitenler, büyücüler, başkalarına kin besleyenler içki düşkünleri bu gecenin faziletinden yararlanamazlar.

7) İnsanların bir sene içerisindeki rızıkları, zengin veya fakir olacakları ve ecelleri gibi mühim hususlar o gece içerisinde meleklere bildirilir.

8) O geceyi ibadet ve tâatla geçirmek ve nafile namaz kılmak sevaptır.

Fakat o geceye mahsus belirli bir ibadet şekli yoktur. Nitekim Peygamber Efendimiz bu geceyi ibadetle geçirmiş ve Allah'a şöyle dua etmiştir: *"Azabından affına, gazabından rızana sığınır, Senden yine Sana iltica ederim. Sana gereği gibi hamdetmekten âcizim. Sen Seni senâ ettiğin gibi yücesin."*[676]

Hz. Âişe (r.a), validemiz, Peygamber Efendimiz (s.a.v)'ın Berat gecesinde, sabaha kadar ibadet ettiğini görünce sordu:

"Yâ Resûlallah, Allahu Teâlâ'nın en sevgili kulusun! Buna rağmen niçin bu kadar kendini yoruyorsun?"

Peygamber Efendimiz şöyle cevap verdi:

"Ey Âişe, ben şükredici kul olmayayım mı? Ey Âişe, sen bu gecede, ne olduğunu bilir misin?"

Âişe validemiz tekrar sordu:

---

675 Şuabu'l İman; 5/359, H. No: 3551
676 Tergib ve Terhib; II, 119-120

"Bu gecenin diğer gecelerden üstünlüğü nedir yâ Resûlallah?"

Peygamber Efendimiz şöyle cevap verdi:

"Bu sene içinde doğacak her çocuk, bu gece deftere geçirilir. Bu sene içinde öleceklerin isimleri bu gece özel deftere yazılır. Bu gece herkesin rızkı tertip edilir. Bu gece herkesin ameli ve işleri Allahu Teâlâ'ya arz olunur.

Bir kimse, evinden ayrılıp yolculuğa çıkar. Hâlbuki, onun adı yaşayanlar defterinden, ölüler defterine geçirilmiştir."

Gâfil olmamalı, bu geceyi mutlaka ihya etmelidir. Kaza namazı kılmalı, Kur'an-ı Kerîm okumalı, dua etmeli, tevbe ve istiğfara sarılmalı, sadaka vermeli, Müslümanları sevindirmelidir. Bunların sevabını ölülere de göndermelidir.

Bu gecelere saygı göstermek, günah işlememekle olur.

Bu gece, Allahu Teâlâ'nın ihsan ettiği bütün nimetlere şükretmeli, yapılan hatalar, günahlar için de tevbe istiğfar etmeli, Cehennem ateşinden kurtulmayı istemelidir.

"Yâ Rabbi, bize dünya ve ahiret saadeti ihsan eyle, bize hidayet verdikten sonra, kalplerimizi kaydırma" diye dua etmelidir.

Bir Ayeti Kerime ile sohbetimizi bitirelim: Yüce Rabbimiz buyuruyor ki:

قُلْ يَا عِبَادِيَ الَّذِينَ أَسْرَفُوا عَلَى أَنْفُسِهِمْ لَا تَقْنَطُوا مِنْ رَحْمَةِ اللهِ إِنَّ اللهَ يَغْفِرُ الذُّنُوبَ جَمِيعًا إِنَّهُ هُوَ الْغَفُورُ الرَّحِيمُ

"De ki: Ey kendi nefisleri aleyhine haddi aşan kullarım! Allah'ın rahmetinden ümit kesmeyin! Çünkü Allah bütün günahları bağışlar. Şüphesiz ki O, çok bağışlayan, çok esirgeyendir."[677]

Öyle ise, hem bu gece hem de bütün bu Üç aylar boyunca bir kul olarak kendi özümüze dönmeliyiz, ümitlerimizi canlandırmalıyız, bağışlama ve bağışlanma duygularımızı güçlendirmeliyiz. Hem şahsımıza hem ailemize hem de bütün eş, dost, ahbap ve ümmet-i Muhammed'e dualar etmeliyiz.

Alınacak Dersler:

1. Şaban ayı feyizli ve bereketli bir aydır. Bu ayda tutulacak oruçlar, yapılacak ibadetler, edilecek dualar Allah katında makbuldür.

2. Şaban ayının yarısı gecesi Berat gecesidir. Gündüzünü oruçlu, gecesini namaz, Kur'an kıraati ve tesbihatla değerlendirelim.

---

677 Zümer; 39: 53

3. Berat gecesinin, feyiz ve bereketinden mahrum edecek olan, anne ve babamıza isyandan, kin ve garazdan, yeme ve içmede haram olan şeylerden uzak duralım.

4. Bu mübarek günlerde, bir kul olarak kendi özümüze dönmeliyiz, ümitlerimizi canlandırmalıyız, bağışlama ve bağışlanma duygularımızı güçlendirmeliyiz. Hem şahsımıza hem, ailemize hem de bütün eş, dost, ahbap ve ümmet-i Muhammed'e dualar etmeliyiz.

43. SOHBET

ÖĞÜT ALMAK VE ÖĞÜT VERMEK (I)

Öğüte herkes muhtaçtır. Öğüte muhtaç değilim diyen de ya nefsinden ya şeytandan öğüt almış demektir. Kişi önce öğüte muhtaç olduğunu bilmeli ve öğüde muhtaç olduğunun idrakinde olmalıdır. Ama kimden öğüt almalıdır? Elbette ehlinden öğüt almalıdır. Öğüt vermeye ehil olan en başta Allah Teâlâ'nın öğretip yetiştirdiği peygamberler, sonra ilim, tecrübe ve basîret ehli olan zatlardır.

İnsan Niçin Öğüt Almalıdır?

Öğüt, bir konuyu tam öğrenmek, bilemediği veya anlayamadığı tarafını anlamak, göremediği tarafını görmek içindir. Tecrübe etmediğinden dolayı tecrübe etmiş insanlardan nasihat almakla kişi nasihat edenin düştüğü aynı hataya düşmemiş olur. Görülemeyeni görme, anlaşılamayanı anlama ve fark edilemeyeni anlama lûtfuna erdirilmiş basîret ehli insanlardan nasihat almak hepsinden daha kıymetlidir. Nasihat, aynı zamanda mü'minlerin birbirlerine karşı kardeşlik görevlerinden biridir.

Topluma nasihat etmekle şahsa nasihat farklıdır. Topluma nasihat genel esasları söylemektir. Özele nasihat özel bir şekilde olmalı, toplum içinde olmamalıdır.

"Alenî nasihat, nasihat değil teşhirdir." İmam-ı Gazâlî

Kişi, öğüt almayı öğüt vermeye tercih etmelidir. Öğüt verirken de kendisini öne çıkarmamalı, hep öğüdü yani hakikati konuşturmalıdır.

Öğüt hakkında Allah Teâlâ şöyle buyurmaktadır:

$$ فَذَكِّرْ بِالْقُرْآنِ مَنْ يَخَافُ وَعِيدِ $$

"Şimdi sen Benim tehdidimden (uyarılarımdan) korkanlara Kur'ân ile öğüt ver!"[678]

وَذَكِّرْ فَإِنَّ الذِّكْرَى تَنْفَعُ الْمُؤْمِنِينَ *"Öğüt ver; muhakkak öğüt mü'minlere fayda verir."*[679]

Öğüdün faydalı olmasına ve faydalı öğüt verilmesine dikkat etmek gerekir. Onun için olsa gerekir ki Allah Teâlâ şöyle buyurmuştur: فَذَكِّرْ إِنْ نَفَعَتِ الذِّكْرَى سَيَذَّكَّرُ مَنْ يَخْشَى *"Onun için anlat ve öğüt ver; öğüt fayda verirse. Allah'tan korkan öğüt alacaktır."*[680]

---

678 Kaf; 50: 45
679 Zâriyât; 51: 55
680 A'lâ; 87: 9-10

Önce kendimize nasihat edeceğiz sonra insanlara. Zira kendisini değiştirmeyenin başkasını değiştirmesi düşünülmez. Tesiri olmaz. *"Ele verir talkını kendi yutar salkımı"* durumuna düşmüş olur.

"En iyi nasihat, iyi örnek olmaktır." Malcolm X

Nasihatin Bazı Şartları

1) Müslümanların uğradığı özellikle manevî musibetlere kalben üzülmek,

2) Müslümanlara nasihat etmekte bıkıp usanmamak,

3) İnsanlar gerçekleri bilmeseler ve hatırlatmayı hoş görmeseler bile onlara kurtuluş yollarını göstermek.

4) Nasihat veren, önce kendine nasihat etmeli sonra başkasına nasihat etmelidir.

عِظْ نَفْسَكَ بِحِكْمَتِى فَإِنِ انْتَفَعْتَ فَعِظِ النَّاسَ

"Nefsine vaaz et, nefsin, vaazın gereğini yerine getirirse insanlara vaaz et!"[681]

"Verdiği öğüdü bizzat tutan, bunu başkalarına da dinletebilir." Feridüddin Attar

Şu âyet-i kerîmede Allah Teâlâ, mü'minlerin birbirlerine, dostluklarının gereği marufu/iyiliği emir münkeri/kötülüğü nehyetmelerini bildirmiştir:

وَالْمُؤْمِنُونَ وَالْمُؤْمِنَاتُ بَعْضُهُمْ أَوْلِيَاءُ بَعْضٍ يَأْمُرُونَ بِالْمَعْرُوفِ وَيَنْهَوْنَ عَنِ الْمُنْكَرِ وَيُقِيمُونَ الصَّلَاةَ وَيُؤْتُونَ الزَّكَاةَ وَيُطِيعُونَ اللهَ وَرَسُولَهُ أُولَئِكَ سَيَرْحَمُهُمُ اللهُ إِنَّ اللهَ عَزِيزٌ حَكِيمٌ

"Mümin erkekler ve mümin kadınlar birbirlerinin velileri (dostları)dır; iyiliği emreder kötülükten alıkorlar; namaz kılarlar, zekât verirler, Allah'a ve peygamberine itaat ederler. İşte Allah bunlara rahmet edecektir. Allah şüphesiz güçlüdür, hakîmdir."[682]

كُنْتُمْ خَيْرَ أُمَّةٍ أُخْرِجَتْ لِلنَّاسِ تَأْمُرُونَ بِالْمَعْرُوفِ وَتَنْهَوْنَ عَنِ الْمُنْكَرِ وَتُؤْمِنُونَ بِاللهِ وَلَوْ آمَنَ أَهْلُ الْكِتَابِ لَكَانَ خَيْرًا لَهُمْ مِنْهُمُ الْمُؤْمِنُونَ وَأَكْثَرُهُمُ الْفَاسِقُونَ

"Siz, insanlar için ortaya çıkarılan, marufu/iyiliği emreden, münker/kötülükten alıkoyan, Allah'a inanan hayırlı bir ümmetsiniz. Kitap ehli inanmış olsalardı, kendileri için daha hayırlı olurdu; içlerinde inananlar olmakla beraber, çoğu yoldan çıkmıştır."[683]

---

681 Süyuti; Camiu'l Kebir, 1/9872, H. No: 7884
682 Tevbe; 9: 71
683 Âl-i İmrân; 3: 110

وَلْتَكُنْ مِنْكُمْ أُمَّةٌ يَدْعُونَ إِلَى الْخَيْرِ وَيَأْمُرُونَ بِالْمَعْرُوفِ
وَيَنْهَوْنَ عَنِ الْمُنْكَرِ وَأُولَئِكَ هُمُ الْمُفْلِحُونَ

"Sizden hayra çağıran, marufu/iyiliği emreden, münkeri/kötülü yasaklayan bir top-luluk bulunsun. İşte onlar kurtuluşa erenlerdir."[684]

Bu ümmetin iki aslî görevi vardır; biri İslâm'ı Müslümanlara tatbik, diğeri İslâm'ı Müslüman olmayanlara tebliğdir.

Nasihat hakkında Allah Teâlâ şöyle buyurmuştur: وَأَنْصَحُ لَكُمْ *"Ben size nasihat ediyorum (sizin iyiliğinizi istiyorum.)"*[685]

"Size nasihat ediyorum" demek, size olgunluk ve kemâl yolunu gösteriyorum, iyiliğinizi ve hayrınızı arzu ediyorum, samimiyetle kurtuluşunuzu istiyorum demektir. Şu ayette de:

وَأَنَا لَكُمْ نَاصِحٌ أَمِينٌ

"Ben sizin için emin bir nasihatçiyim"[686] buyurmuştur.

Bu âyet-i kerîme, nasihat edecek kişinin, ilmine ve şahsiyetine güvenilir kimse olmasını belirtmektedir.

"Öğüt, dünyanın en pahalı hazineleri kadar kıymetli olduğu halde, ekseriya pek ucuza satılır." Hz. Ali (ra)

"Sana ilim öğreten arkadaş, her karşılaştığında eline bir altın veren arkadaştan daha faydalıdır." (Cemil Sena Ongun)

1. Şahısların Öğüt Alması

Bir insan, kendi şahsında, âile içinde ve kurum içinde de nasihate ihtiyacı vardır. Yetişmiş insan her yerde fark edilir. Ne kadar yetişmiş olsa da yine de öğüde ihtiyaç vardır.

Nasihat isterken, nasihat istediğimiz zatları adeta noter yapıyoruz. Kendi istediklerimizin tasdikini istiyoruz. Hâlbuki "şu konuda ne buyurursunuz?" diye sorulmalıdır.

"Nasihati reddeden, rezaleti bulur." Hz. Ali (r.a.)

"Nasihati sevmeyen ve nasihatçisi olmayan bir millette hayır yoktur." Hz. Ömer (ra)

Kişi, herkesin; ilminden, halinden, eserinden, başarısından nasihat almalıdır. Hatta hatasından bile öğüt almalı yani hatasını öğretmen bilip ders almalıdır.

---

684 Âl-i İmrân; 3: 104
685 A'râf; 7: 62
686 A'râf sûresi, 7: 68

Kimse söylemeden, kişi kendi hatasını görmesi üst bir seviye, başkasının göstermesiyle görüp kabullenmesi normal bir seviye, hatasını bir başkası söyleyince kabullenmemesi ise seviyesizliktir.

"Öğüt dinlemeyen, azar işitme isteklisidir." Şeyh Sadi-i Şîrâzî

2. Ailelerin Öğüt Alması

Âilenin huzuru toplumun huzuru demektir. Âile ilkokuldur. İlk nasihat ailede başlamalıdır.

Âile fertlerinde sevgi ve saygı varsa orada huzur var demektir. Büyüklerin sevgisi, küçüklerin saygısını doğurur. Küçüklerin saygısı da büyüklerin sevgisinin devamını sağlar.

Âilede mutluluk, sevgi ile başlar saygı ile devam eder. Evliliği korumak, mutluluğu korumak, ebedî huzuru korumaktır.

Evliliği bakıma almak gerekir. Arabamızı bakıma alır da evliliğimizi niçin bakıma almıyoruz? Evliliğin araba kadar kıymeti ve ihtiyacı yok mudur? Evlilik huzurunu korumada uzman insanlar vardır. Onlara müracaat gerekir.

Karşıyı kazanmadan önce her bir ev ferdi kendisini kazanmalı ve önce kendisini değiştirmelidir.

Evde seyreden değil, gayret eden olalım. Kendimize ayırdığımız vakitten eşimize de vakit ayıralım.

Kendimiz için düşündüğümüz güzellikleri eşimiz için de düşünmeliyiz. Zira en büyük aile uzmanı Hz. Peygamber (s.a.v), şöyle buyurmuştur: لَا يُؤْمِنُ أَحَدُكُمْ حَتَّى

يُحِبَّ لِأَخِيهِ مَا يُحِبُّ لِنَفْسِهِ *"Sizden biriniz kendisi için sevdiği şeyi kardeşi için de sevmedikçe iman etmiş olmaz."*[687]

Hz. Peygamber'i âile uzmanı yapan Allah Teâlâ ise şöyle buyurmuştur:

$$وَعَاشِرُوهُنَّ بِالْمَعْرُوفِ فَإِنْ كَرِهْتُمُوهُنَّ فَعَسَى أَنْ تَكْرَهُوا شَيْئًا$$

$$وَيَجْعَلَ اللَّهُ فِيهِ خَيْرًا كَثِيرًا$$

"Onlarla hoşça, güzelce geçinin. Şayet onlardan hoşlanmayacak olursanız, olabilir ki bir şey sizin hoşunuza gitmez de Allah onda birçok hayır takdir etmiş bulunur."[688]

Ev fertleri birbirlerine karşı güzel ahlaklı olursa huzur olur. Bu konuda da Hz. Peygamber (s.a.v) şöyle buyurmuştur:

---

[687] Buhârî; İmân, 7. Müslim; İmân, 71-72. Tirmizî; Kıyâmet, 59. Nesâî; İmân, 19, 33. İbn Mâce; Mukaddime, 9

[688] Nisâ; 4: 19

أَكْمَلُ الْمُؤْمِنِينَ إِيمَانًا أَحْسَنُهُمْ خُلُقًا وَخِيَارُكُمْ خِيَارُكُمْ لِنِسَائِكُمْ

"Müminlerin iman bakımından en kâmili, ahlâkça onların en güzel olanıdır. Sizin hayırlılarınız da kadınlarına karşı ahlâkça hayırlı olanınızdır"[689] buyurmuştur.

Demek ki kâmil iman, güzel ahlakla, güzel ahlaklı olmanın tezahürlerinden biri de kadınlara karşı ahlaklı olmaktır.

İyi bir âile, orkestra gibi, âile reisi de orkestra şefi gibi olmalıdır.

Bilinçli evlilik için özel yetenek gerekmez; belki özel gayret gerekir.

Her bir aile ferdi birbirlerine karşı yaptıkları küçük hataları ders alarak nimete dönüştürebilirler. Çünkü küçük hata öğretmen bilinir de bu küçük hatadan ders alınınca büyük hataya engel olur.

Herkes kendisine şu soruyu sormalıdır: *"Ben karşıyı mutlu etmek için ne yaptım?"*

Âilede erkek ve kadın, birbirlerini gerçek manada sevdi mi bütün sorunlar sorun olmaktan çıkar ve herkes de kendisine yakışanı yaptı mı işte ev huzuru meydana gelir.

"Gerçek sevgi, iyilik gördüğünde artmayan, kötülük gördüğünde eksilmeyendir." Yahya b. Muaz (ra)

Sevginin isbatı fedakârlıktır, sevilene katlanmaktır.

"Her şeyin bir tartısı vardır. Sevginin tartısı da fedakârlıktır. Fedakârlık etmeyenin sevgisine inanılmaz." Abdülaziz Bekkine (ra)

Evin huzurunda dilin rolü, büyüktür. Şüphesiz dilin kilidi, kalptedir. Kalbini koruyan dilini, dilini koruyan da huzurunu korur.

"Sesini değil, sözünü yükselt; çiçekleri büyüten gök gürültüsü değil yağmurlardır." Mevlana

Alınacak Dersler:

1. Öğüt almaya herkesin ihtiyacı vardır.

2. Kendi nefsine öğüt vermeyen, başkasına öğüt verse de etkisi tam olmaz.

3. Öğüt vermekten çok, öğüt almaya heves edilmelidir.

4. Kişi, herkesin; ilminden, halinden, eserinden, başarısından nasihat almalıdır. Hatta hatasından bile öğüt almalıdır.

5. Ailede sevgi önemlidir. Sevginin sigortası ise, fedakârlıktır.

---

689 Tirmizî; Radâ, 11. Ebû Dâvûd; Sünnet, 16. İbn Mâce; Nikâh, 50. Ahmed; II, 250, 472, 527.

44. SOHBET

ÖĞÜT ALMAK VE ÖĞÜT VERMEK (II)

1. Kurumların Öğüt Alması

Kurumların öğüt alıp almadıkları, eserleri, başarıları, Hakkın rızasını ve halkın teveccühünü kazanıp kazanmadıklarıyla ölçülürler.

Kurumların eserleri, kurumdakilerin fikir ve eylem birlikteliği, kurumun kendi içinde koordine olmaları; başarıları da hepsinin emeğiyle ortaya çıkar. Kurumda *"neme lazım"* demek o kurumun kıyameti demektir.

Kurumlar, kendilerini başkaları ile değil dün ile kıyas etmelidirler. Eğer kıyas olacaksa kendilerinden daha başarılı olanlarla kıyas yapılmalıdır.

Kurumun misyonu, her bir ferdin misyonu olmuş ise o kurum gerçekten öğüt almış demektir.

Kurumda sistem kurulmuşsa, faydalı ve isabetli prensipler yürüyorsa, lider sadece kontrol ediyorsa, işte o kurum gerekli nasihati almış demektir.

Herkes haddini ve hakkını biliyorsa, kendisinden çok, kurumu düşünüyorsa, kurumun prensibi ile kurumdaki şahısların kendi prensipleri örtüşüyorsa huzur var, başarı var ve en önemlisi başarının devamı var demektir.

2. İdarecilerin Öğüt Alması

İdarecilerin başarılı olmaları için gereken üç temel husus vardır:

a) İlim b) Tecrübe c) Basiret

a) İlim

1) Bir konuda karar verilecekse konu ile ilgili olarak dün ve bugün etraflıca değerlendirilir; doğru kaynaktan doğrulanır öğrenilir ve ilmî bir şekilde ortaya konulur.

2) En büyük gücün ilim olduğunu bilip lazım olan her konuda bilgi sahibi olmak gerekir.

"Bildiğini bilmek ve bilmediğini de bilmek; işte gerçek bilgi budur." (Konfüçyüs)

3) Çevremizdeki ve beraber olduğumuz insanların da bilgi seviyelerini görmek gerekir.

"Bilmediğini bilmeyen aptaldır, uzak durun! Bilmediğini bilen eğitimsizdir, eğitin! Bildiğini bilmeyen uykudadır, uyandırın! Bildiğini bilen liderdir, izleyin!" (Çin Atasözü)

4) Bir mesele çok yönlü bilinirse çok yönlü görülebilir ve çok yönlü hazırlığa sebep olur.

5) İnsanlarla, davranışlarla, sosyal hareketlerle ilgili belli-başlı ölçüleri bilmek; ölçüyü kavrayan daima gelişir, ölçüyü kavramayan daima değişir.

"İşaret olsa, yol şaşırılmaz; bilgi olsa, söz saptırılmaz." (Kaşgarlı Mahmut)

6) Daima bilgili ve dürüst, bilgiyi kimden ve bilgiye nasıl ulaşacağını bilen ilim heyeti bulundurmak.

"İnsan şu vasıflara sahip olmadıkça ilim ehli olamaz: Kendisinden yukarı kimselere hased etmeyecek, kendisinden aşağı kimseleri hakir görmeyecek, ilmine karşılık dünyalık arzu etmeyecektir." (Abdullah b. Ömer (r.a))

7. Bilgileri, verileri tahlil edecek seviyede uzman bulundurmak ve istifade etmek

"Bilim gerçeklerden kuruludur. Tıpkı evin tuğlalardan kurulu olması gibi. Ancak gerçeklerin toplanması bilim değildir. Tıpkı bir küme tuğlanın ev anlamına gelmemesi gibi." (Henry Poincare)

b) Tecrübe

1) O konuda önceki tecrübeleri bilmek

"Tarih bilmeyen diplomat, pusuladan anlamayan kaptana benzer. Her ikisi de karaya oturma tehlikesi kaçınılmaz sonuçtur." (Cevdet Paşa)

"Tarih, kralların, generallerin çiftliği değil; milletlerin tarlasıdır. Her millet geçmişte bu tarlaya ne ekmişse gelecekte onu biçer." (Voltaire)

2) Bilgileri ve tecrübeleri ortaya koyduktan sonra gerçekleri müzakere etmek

"Bir tartışma sırasında kızdığımız anda gerçek için uğraşmayı bırakır, kendimiz için uğraşmaya başlarız." (Goethe)

3) Tartışma adabına riayet etmek gerekir:

1) Önce araştırın, sonra eleştirin

2) Kişiliği değil, tutum ve davranışları eleştirin

3) Karşı tarafı dinleyin

4) Çözüm teklifi geliştirin

5) Popülist eleştirilerden kaçının

6) "Adam etmek" için eleştirmeyin

7) Eleştiriden önce özeleştiri yapın

8) Eleştiride tarafsız olun

9) Eleştirilerden faydalanın

4) Bu konuda yaşanmış tecrübeleri ortaya koymalı, benzeyen ve benzemeyen yönleri ortaya çıkarmalıdır.

"Bilgi tecrübe sınırını geçemez." (İbn-i Sina)

5) Hataları öğretmen bilmeli ve ders almalı; küçük hataları büyük hatalara düşmemek için bir nimet bilmelidir.

"Deneyim, hatalarımıza verdiğimiz addır." (Oscar Wilde)

6) Tecrübe tedbirli olmaya sevk etmeli, çekingenliğe sebep olmamalıdır.

"Güvenlik ve ihtiyat birbirleriyle barıştırılamaz diyorsun. Bu bir yanlıştır ve sen onları birleştirebilirsin. İhtiyatı, yalnız senin elinde olan şeylere ve güveni de elinde olmayan şeylere tatbik et. Böylece hem ihtiyatlı hem de emin olursun." (Epictetos)

c) Basiret

İdrak, zekâ, ilim, tecrübe, kalp ile görme, doğru ve ölçülü bakış, uzağı görme, kavrayış, feraset. Başımızdaki göze basar, kalp gözüne de basiret denir.[690] Buna göre basiret; kalp gözüyle görüş, işin iç yüzüne nüfuz etmek bir şeyin içini-dışını, önünü-sonunu, aslını ve hakikatini bilmektir. Bu nedenle basiret-i kalp, kalp uyanıklığı; basiretsiz, gafil, basireti bağlanmak gaflette bulunmak anlamına gelir.[691]

Basiret, kalp gözüyle görebilme, işin iç yüzünü anlayabilme, bir şeyin aslını ve gerçeğini idrak edebilmedir.

Basiret, görülemeyeni görmek, anlaşılamayanı anlamak, kavranamayanı kavramak. Buna tecrübelerden, bilgi birikimi, eldeki doğru verilerden yola çıkarak ulaşılabilir. Mü'min için bunların yanında takva nuru bulunursa daha isabetli neticeye ulaşılabilir. Bu konuda en büyük basiret sahibi Hz. Peygamber (s.a.v) şöyle buyurmuştur: اتَّقُوا فِرَاسَةَ الْمُؤْمِنِ فَإِنَّهُ يَنْظُرُ بِنُورِ اللَّهِ *"Mümin'in ferasetinden korkun, zira o Allah'ın nuru ile bakar"*[692]

Basiret sahibi bir mü'min başkalarının kusurunu görmeden önce kendi kusur ve eksikliklerini görür. Rasûlullah (s.a.v) şöyle buyurur: مَنْ يُرِدِ اللَّهُ بِهِ خَيْرًا يُفَقِّهْهُ فِي الدِّينِ *"Allah bir kulu hakkında iyilik murad ederse, ona, kendi kusurlarını görme kabiliyetini verir."*[693]

Allah'tan gelen vahy, yani Kur'an âyetleri birer 'basiret'tir.

---

690 Rağıb el-İsfehânî; el-Müfredat, 49.
691 Ahmet Ağırakça; Şamil İslam Ansiklopedisi: 1/205..
692 Tirmizî; Tefsir Suretu'l-Hicr, 6.
693 Müslim; Kader, 4, 5.

قَدْ جَاءَكُمْ بَصَائِرُ مِنْ رَبِّكُمْ فَمَنْ أَبْصَرَ فَلِنَفْسِهِ وَمَنْ عَمِيَ فَعَلَيْهَا وَمَا أَنَا عَلَيْكُمْ بِحَفِيظٍ

"*Doğrusu, size Rabbinizden 'basiretler' geldi; artık kim görürse kendisi içindir, kim de kör olursa kendi aleyhinedir.*"[694]

Allah'ın âyetleri, insanın gerçeği görmesini, kalp gözünün açılmasını sağlayan nurlardır. Bunları görmemek, bunlarla kalbi aydınlatmamak, tek kelime ile körlüktür. Kur'ân-ı Kerîm şöyle diyor:

قُلْ هَذِهِ سَبِيلِي أَدْعُو إِلَى اللهِ عَلَى بَصِيرَةٍ أَنَا وَمَنِ اتَّبَعَنِي وَسُبْحَانَ اللهِ وَمَا أَنَا مِنَ الْمُشْرِكِينَ

"*De ki: Bu, benim yolumdur. Ben bir basiret üzere Allah'a davet ederim; ben ve bana uyanlar da*"[695]

1. Basîret, tedbirli olmayı gerektirir.

"*İnsanlarla güzel dostluk kurmak, aklın yarısıdır; güzel soru sormak, ilmin yarısıdır; güzel tedbir almak, maişet ve geçimin yarısıdır.*" Hz. Ömer (r.a.)

2. Basiretlilik, tecrübelerden istifadeye engel olmamalıdır.

"*Nasıl zehirler, ilaçların terkibine girerse; kötülükler de faziletlerin terkibine girerler. İhtiyatkârlık, bunları bir araya getirip zararsız kılar ve hayatın dertlerine karşı faydalı bir surette kullanır.*"

3. Tedbirli olmayı bütün ekibe mal etmek gerekir.

"*Bir kişinin aldığı tedbir, tek bir kişinin gücü gibidir. İki kişinin aldığı tedbir, iki kişinin gücü gibidir.*" (Nizâmülmülk)

4. Basiret, ihtiyatlı olmaya engel değildir.

"*İhtiyatla desteklenmeyen cesaret, beş para etmez.*" (W. Shakespeare)

---

694 En'am; 6: 104
695 Yûsuf; 12: 108.

Alınacak Dersler:

1. Kurumlar da insanlar gibidir. Çünkü kuranlar ve yaşatanlar insanlardır.

2. Kurumları yönetenler yapamadıkları işlerin neden yapılamadığının kontrolünü yapmalı ve kendilerine uygun dersler çıkarmalıdırlar.

3. Bilginin en önemli güç olduğunu unutmamak gerekir.

4. Bilgiyi tecrübe geliştirir; bilginin yetmediği yerler de tecrübe imdada yetişir. Dolayısı ile tecrübeyi yok saymamak akıllılıktır.

5. Olayların iç yüzünü görmeye ve ona göre değerlendirmeye çalışmalıyız. Basiret bunu gerektirir.

6. Basiretin nuru imandır.

45. SOHBET

RAMAZAN AYI VE İBADET ŞUURU

Ramazan ayı, Müslümanların heyecanla bekledikleri ama, nice sıkıntılara ve mahrumiyete rağmen hep sevinçle karşıladıkları bir aydır. Her şeyden önce o ay bir oruç ayıdır. Oruç, sabah imsakinden itibaren akşamleyin güneş batıncaya kadar, Allah'ın normal zamanlarda insanlara helâl kıldığı, yeme, içme ve eşler arasındaki zevciyet ilişkileri gibi temel ihtiyaçlarından uzak durmasıdır. İnsanın hayatını sürdürebilmesi için gerekli olan yeme ve içme aynı zamanda önemli lezzetler taşımaktadır. İşte Müslüman, Ramazan ayı geldiğinde oruç adı verilen böyle bir ibadet ile Rabbi'nin emirlerini yerine getirmektedir.

Lakin Ramazan ayı sadece oruç ayı değildir. O ayda ayrıca, Ramazan gecelerinin ihya edilmesi için müekked bir sünnet olan ve teravih diye meşhur olan gece namazı da vardır. Ramazan gecelerinin ihyası denildiğinde İslam uleması hep birden ağız birliği etmişlercesine bu ihyanın ancak teravih namazı ile mümkün olabileceğini söylemişlerdir.

Öte yandan zengin hükmündeki daha yeni bebek olsun, yaşlı olsun, tüm Müslümanların fakir durumdaki diğer kardeşlerine fitre denilen bir sadakada bulunmaları da önemli bir Ramazan ayı ibadetidir. Hem teravih hem de oruç Ramazan ayının ibadetidir. Zira oruç tutamayan kimseler dahi, hem teravih ile hem de fitre ile mükellef durumdadırlar.

Bu ay Müslümanların, gün boyu açlık ve susuzlukla mücadele ettikten sonra karnını doyurmak, susuzluğunu gidermek ve nihayetinde de verdiği nimetler için Alemlerin Rabbine şükretmek durumunda oldukları iftar vaktinde, diğer Müslümanlarla birlikte oldukları aydır. Müslümanlar bu ay içerisinde o kadar misafir kabul ederler, o kadar misafirliğe giderler ki sanki bu ayı hiç bilmeyenler, Ramazan ayının bu anlamda bir davet ayı olduğunu sanırlar. Bu da Müslümanların kalplerini yumuşatır, kardeşliklerini güçlendirir.

Bakara suresinde buyurulduğu gibi bu ay Kur'an ayıdır. Şöyle buyurur Rabbimiz:

شَهْرُ رَمَضَانَ الَّذِي أُنْزِلَ فِيهِ الْقُرْآنُ هُدًى لِلنَّاسِ وَبَيِّنَاتٍ مِنَ الْهُدَى وَالْفُرْقَانِ فَمَنْ شَهِدَ مِنْكُمُ الشَّهْرَ فَلْيَصُمْهُ وَمَنْ كَانَ مَرِيضًا أَوْ عَلَى سَفَرٍ فَعِدَّةٌ مِنْ أَيَّامٍ

$$\text{أُخَرَ يُرِيدُ اللَّهُ بِكُمُ الْيُسْرَ وَلَا يُرِيدُ بِكُمُ الْعُسْرَ وَلِتُكْمِلُوا الْعِدَّةَ وَلِتُكَبِّرُوا اللَّهَ}$$
$$\text{عَلَى مَا هَدَاكُمْ وَلَعَلَّكُمْ تَشْكُرُونَ}$$

"Ramazan ayı, insanlara yol gösterici, doğrunun ve doğruyu eğriden ayırmanın açık delilleri olarak Kur'an'ın indirildiği aydır. Öyle ise sizden Ramazan ayını idrak edenler onda oruç tutsun. Kim o anda hasta veya yolcu olursa (tutamadığı günler sayısınca) başka günlerde kaza etsin. Allah sizin için kolaylık ister, zorluk istemez. Bütün bunlar, sayıyı tamamlamanız ve size doğru yolu göstermesine karşılık, Allah'ı tazim etmeniz, şükretmeniz içindir."[696]

Kur'an bu ayda inmiş, Cebrail Aleyhisselam Ramazan ayında baştan sona Kur'an'ı Peygamber Efendimizden dinlemiş, Müslümanlar da bu muhteşem olayı her Ramazan ayında adına mukabele dedikleri bir usulle devam ettire gelmişlerdir.

Unutulmamalıdır ki, Kur'an'ın okunması, onun anlaşılması gayreti demektir. Her ne kadar Kur'an'ın sadece okunması bile bir ibadet iken, anlaşılması, dolayısıyla bu anlaşılma sonrasında da hayata tatbik edilmesi daha mükemmel bir ibadet olacaktır. Müslümanın ibadet şuuru, ubudiyet yani kulluk şuuru da bunu gerektirmektedir. Yoksa Kur'an diğer kitapların hiç biri gibi bir kitap değildir. O Rabbimizin bizlere gönderdiği mesaj olduğuna göre, mutlaka hayatımızın temelini oluşturmalıdır.

$$\text{مَنْ صَامَ رَمَضَانَ إِيمَانًا وَاحْتِسَابًا غُفِرَ لَهُ مَا تَقَدَّمَ مِنْ ذَنْبِهِ مَنْ قَامَ لَيْلَةَ}$$
$$\text{الْقَدْرِ إِيمَانًا وَاحْتِسَابًا غُفِرَ لَهُ مَا تَقَدَّمَ مِنْ ذَنْبِهِ}$$

"Kim inanarak ve karşılığını Allah (c.c.)'tan bekleyerek oruç tutarsa geçmiş günahları affolunur; kim inanarak ve karşılığını Allah (c.c.)'tan bekleyerek Kadir gecesini ihya ederse, geçmiş günahları affolunur."[697] buyuran Peygamber Efendimiz (s.a.v) Ramazan ayının affediciliğine erebilmenin yollarını bize göstermiştir. Sadece Allah'a inanmak, karşılığını sadece O'nun vereceğine inanmak, ama O'nun da emirlerine uymaktır bu yol.

Zaten, ibadetin ibadet, kulluğun da kulluk olabilmesinin ilk şartı, sadece Allah'a ve Allah'ın istediği şekilde O'na ibadet etmektir ve hayatı bu şuur üzerine inşa etmektir.

İbadet namaz gibi, oruç gibi bir takım davranışları da ihtiva eder. Ama asıl ibadet, asıl kulluk, işte bu birtakım davranışlarda bulunmayı değil; üstün bir şuur halini, güçlü bir bilinci ifade eder; sadece ve sadece Allah-u Teâlâ'ya kul olup, diğer

696 Bakara; 2: 185
697 Buharî; 7/140, H. No: 1875

bütün kulluklardan azade olma halini anlatır. En'am suresindeki şu ayetler bu gerçeğe şöyle işaret eder ki, kılınan namazların ve yapılan tüm diğer ibadetlerin yalnızca Allah'ın emri ve yalnızca O'nun rızası için yapılması gerektiğini ortaya koyar:

قُلْ إِنَّ صَلَاتِي وَنُسُكِي وَمَحْيَايَ وَمَمَاتِي لِلّهِ رَبِّ الْعَالَمِينَ لَا شَرِيكَ لَهُ وَبِذَلِكَ أُمِرْتُ وَأَنَا أَوَّلُ الْمُسْلِمِينَ

"(Şöyle) de: "Şüphesiz benim namazım, nüsüküm (ibadî eylemlerim), hayatım, ölümüm hep, âlemlerin Rabbi olan Allah içindir. O'nun ilahlığında hiç kimse pay sahibi değildir. Ben bununla emrolundum ve ben benliklerini Allah'a teslim edenlerin (daima) öncüsü olacağım."[698]

İşte bu ayetlerle, ibadetin gerçekte nasıl ve niçin yapılacağı ortaya konulmuştur. Burada açık bir ibadet tarifi vardır. O da ibadetlerin bir davranış biçimi değil, bir anlayış, o anlayışı da hayata aktarış biçimi olduğudur. Kısacası, namaz, oruç gibi ibadî davranışlarımız hep, âlemlerin Rabbi olan Allah içindir ve biz hayatı bu bilinçle yaşar, bu bilinçle ölümü karşılarız. Biz işte başından sonuna kadar bütün bir hayatı yalnızca Allah için yaşama bilinci ile idrak etmekle ve O'na tam bir teslimiyetle teslim olmakla emrolunmuşuz.

Zaten insanların ve cinlerin yaratılış gayesi Allah'a ibadet olduğuna göre, Oruç vesilesi ile pek çok ibadeti bir anda, bir arada, arka arkaya yapma imkanına kavuştuğumuz bu Ramazan ayında o gayeye daha çok adımlar atmak durumundayız. Adımlarımızı sıklaştırmalı, 29-30 gün gibi bu kısa zamana çok adımlar atmalı, kalbimiz bu ayın rahmetinden, bereketinden ve nihayetinde de mağfirete vesile olacak özelliklerinden faydalanabilmelidir. Nasıl ki Yüce Rabbimiz, وَمَا خَلَقْتُ الْجِنَّ وَالْإِنْسَ إِلَّا لِيَعْبُدُونِ *"Ben cinleri ve insanları ancak bana ibadet etsinler diye yarattım."*[699] buyuruyorsa, biz de bu ramazan ayında, ayağımıza getirilen, önümüze serilen kulluğumuzu gösterebilme, ortaya koyabilme fırsatlarını değerlendirmek durumundayız. Ömür akıp geçtiğine göre, pek çoklarımızın bir daha böylesi bir fırsatı yakalama imkanı olmadığına göre, fırsat bu fırsattır diyerek, rahmet ayının rahmetinden; bereket ayının bereketinden ve mağfiret ayının da mağfiretinden yararlanamama gafletinde bulunamayız. Eğer Allah korusun, böyle bir şey olursa ne bedbaht, ne şanssız bir kul oluruz. O Allah ki, her sene bize bu imkanı sunuyor, biz de her sene o imkanı, o fırsatı kullanacağız inşallah, mağfirete uğrayan, bereket ihsan edilen ve merhamet gören kullarından olacağız.

---

698 En'am suresi; 6: 162-163
699 Zariyât suresi; 51: 56

İbadetin ne olduğunu iyice idrak etme gayretinde olursak şu gerçeğe ulaşırız: İbadet, bir iki şekil, bir iki dua ve bir iki ayetten ibaret bir şekiller bütünü değildir. Belki, bu şekilleri de taşısa da, asıl anlamı, dinin emirlerini yerine getirmek üzere, yerinde, zamanında, gerektiği gibi, gayeye uygun, bilinçli ve istikamet üzere yapılan ameller ve taatlardır. Allah,

يَا أَيُّهَا النَّاسُ اعْبُدُوا رَبَّكُمُ الَّذِي خَلَقَكُمْ وَالَّذِينَ مِنْ قَبْلِكُمْ لَعَلَّكُمْ تَتَّقُونَ

"Ey insanlar! Sizi ve sizden öncekileri yaratmış olan Rabbınıza ibadet edin. Umulur ki, böylece korunmuş (Allah'ın azabından kendinizi kurtarmış) olursunuz."[700] buyurmaktadır. Allah (c.c.) burada yaratılmış olmamıza, hem kendimizin hem de bizden öncekilerin yaratılmış olmasına vurgu yapmaktadır. Sırf, bu yaratılmışlık bile başlı başına, kul olmayı, hayatı ibadet ile geçirmeyi gerektirmektedir.

Ne mutlu ki, Allah, sadece kendisine kulluk isterken, bunun karşılığını hem bu dünyada ve hem de en önemlisi öbür dünyada vereceğinin de garantisini vermektedir. Nitekim Allah bir taraftan, وَقَضَىٰ رَبُّكَ أَلَّا تَعْبُدُوا إِلَّا إِيَّاهُ *"Rabb'in kendisinden başkasına ibadet etmemenize hükmetti."*[701] diye buyuruyorken diğer taraftan da,

فَمَنْ كَانَ يَرْجُو لِقَاءَ رَبِّهِ فَلْيَعْمَلْ عَمَلًا صَالِحًا وَلَا يُشْرِكْ بِعِبَادَةِ رَبِّهِ أَحَدًا

"... Artık her kim Rabbine kavuşmayı umuyorsa, iyi iş yapsın ve Rabbine ibadette hiç bir şeyi ortak koşmasın."[702] buyurmaktadır.

Demek ki, ibadet hep devam edecek ve ancak ibadette Allah'a hiç bir şey ortak koşulmayacaktır. Müslüman olmak demek, zaten Allah'a teslim olmuş, putlara, ve şeytana sırtını dönerek sırat-ı müstakime girmiş kimse demektir. Lakin, şeytan her zaman Müslümanı yoldan çıkarmak için fırsat kollarken, bu ibadetlerde riyaya kaçma durumuna, bilerek bilmeyerek, Allah'a hamd edecek yerde nankörlük etmek gibi durumlara da düşebiliriz. İşte bu durumlarda gönüllerimize dalmak için bir fırsat arayan şeytana davetiyeyi kendimiz çıkarmış olacağız.

Allah'a binlerce kez şükürler olsun ki, Ramazan ayı bizlerin Allah'a olan ibadetlerimizdeki o ihlasımızla, samimiyetimizle; Rabbimizin bize verdiği nimetlere şükrümüzle o hain ve sinsi şeytanı kovma imkanımız oluşacaktır. Hem de toptan bir cemaat halinde. Tek başımıza değil. Başta zekat, fitre ve sadakalarımızla, Müslüman kardeşlerimizi iftarlarımıza davetlerimizle, dünyadaki mağdur ve mazlumlara yardımlarımızla, teravih namazlarımızla ve bol bol Kur'an okuyuşumuzla, Kur'an'ı

---

700 Bakara suresi, 2: 21
701 İsra suresi, 17: 23
702 Kehf suresi, 18: 110

anlama gayretimizle şeytan bize yaklaşamayacaktır. Aramıza giremeyecek bizi ummadığımız zaafımızdan yakalayamayacaktır.

Elbette ki, eğer, ibadetlerimizi Allah'a kul olma şuuru ile yerine getirirsek bu şeytan bize yakın olamayacaktır. Ve yine o zaman, Peygamber Efendimizin *"Kim inanarak ve karşılığını Allah (c.c.)'tan bekleyerek oruç tutarsa geçmiş günahları affolunur; kim inanarak ve karşılığını Allah (c.c.)'tan bekleyerek Kadir gecesini ihya ederse, geçmiş günahları affolunur."* müjdesi gerçekleşecektir.

Alınacak Dersler:

1. Ramazan Ayı kulluk şuuruna erilecek en güzel mevsimdir.

2. Oruçlarımız, teravih namazlarımız ve diğer mali ibadetlerimiz bizi kulluğumuzun zirvesine taşıyacaktır.

3. Ramazan ayı Kur'an ayıdır, değerlendirmek gerekir.

4. Ramazan ayında bol bol Kur'an etütleri yapalım.

5. İbadetlerimizi yaparken riya ve gösterişten uzak kalalım.

46. SOHBET

TERAVİH VE RAMAZAN GECELERİNİ İHYA

Ramazan ayı büyük küçük bütün Müslümanların heyecanla beklediği ve heyecan ile geçirdikleri bir aydır. Bu ay, sırf Allah rızası için yemek, içmek gibi normal zamanlarda meşru olan bazı nefsanî isteklerden, imsak vaktinden akşam güneşin battığı ana kadar uzak durulduğu oruç ayıdır.

Özellikle yaz aylarının uzun gün ve sıcak mevsimlerine denk gelen dönemlerde yememek ve içmemek insanlara çok büyük sıkıntılar verirken, oruçlu Allah rızası için bu zorluklara katlanmaktadır. Allah da bu sıkıntıları hem bu dünyada hemen gidermekte, oruç tutanlar büyük bir manevî haz ile bu zorluklara katlanabilmektedir. Burada görüntüde bir vücut temizliği varmış gibi görünse de asıl temizlik ruhlardaki temizliktir. Susuzluk, açlık için sadece görüntüdeki şeklidir. Aslolan, insanın ihtiyacı dahi olsa iştihasını, hevâsını, kontrol altında tutarak nefsine terbiye verebilmesidir. İşte oruçtaki asıl mana da budur. Aç veya susuz kalma manası, orucu anlayamayanlar için geçerlidir. Nitekim, Peygamber Efendimiz (s.a.v) hem kendisi sürekli oruç tutmuş, hem de ashabını Ramazan dışında da oruçlu olmaya teşvik etmiştir. Mecbur tutmamıştır, amma Ramazan haricindeki orucun Allah indindeki değerini açıklarken, Müslümanlar aynı zamanda O'nun bu sünnetine sarılarak titizlikle üzerinde durmuşlardır.

Ramazan ayı içinde Kadir gecesi gibi bir geceyi barındırır ki,

$$\text{لَيْلَةُ الْقَدْرِ خَيْرٌ مِنْ أَلْفِ شَهْرٍ}$$

"Kadir gecesi, bin aydan hayırlıdır."[703] Öyleyse sadece Kadir gecesi ile dahi olsa, böylesine bereketli bir ayı ihya etmek de çok önemlidir. Öyle ki,

$$\text{إِذَا جَاءَ رَمَضَانُ فُتِّحَتْ أَبْوَابُ الْجَنَّةِ وَغُلِّقَتْ أَبْوَابُ النَّارِ وَصُفِّدَتِ الشَّيَاطِينُ}$$

"Ramazan ayı girdiği zaman cennetin kapıları açılır, cehennem kapıları kapanır ve şeytanlar bağlanır."[704] şeklindeki müjdeli hadis-i şerifin anlamı, Ramazan ayını Ramazan ayının ruhuna, manasına uygun geçirebilenler için geçerlidir. Yoksa, Ramazan ayı da olsa, cennet kapıları yerine cehennem kapılarını zorlayanların, cennetin

---

703 Kadir suresi; 97: 3
704 Buhârî; Savm, 2-9

yolunu bulmaları; bağlı bulunan şeytanların zincirlerini kıranların da o şeytanların şerrinden ve aldatmacasından emin olmaları mümkün değildir. Yani, Ramazan ayının bu özelliklerinden, bereketinden, rahmetinden ve bağışlanması bu aya layık olduğu şekliyle ifa edebilmektir. Bu ifa ise onun ihya edilmesi, diriltilmesi, Ramazan ayı olduğunun ortaya konulmasıdır.

Peygamber Efendimiz ve onun yolundan giden ashab-ı kiram Ramazan ayının ihyası denilince, en önemlisi olarak üç şeyi anlamışlardır. Bunlardan birincisi Ramazan gecelerinin ibadetle geçirilmesi; ikincisi, Kur'an'ın okunması; üçüncüsü de özellikle ihtiyaç sahibi kullarının iftar ve sahurdaki iaşelerinin temin edilmesi, onların, diğer dost ve akrabalarla iftar ve sahur sofralarında buluşmasıdır.

Gece ibadeti denilince ise Teravih namazından bahsedilir. Gündüzü, nefsi diri tutan isteklerden uzak tutarak geçiren bir Müslüman geceleri de, buna rağmen her şeyi ile Allah'a hamd ve şükür anlamına gelen Teravih ile geçirir. Kur'an ise, karşılıklı okuma anlamına gelen mukabele şeklinde okunur ki, buradaki asıl ifade edilmek istenilen şey, anlayarak, manasının sırrına ererek okumaya işarettir.

TERAVİH'İN FIKHÎ YÖNÜ

Teravih namazı, her Müslüman için sünnet-i müekkededir. Teravih namazı hakkında Peygamber Efendimiz (s.a.v) şöyle buyurmaktadır: مَنْ قَامَ رَمَضَانَ إِيمَانًا وَاحْتِسَابًا غُفِرَ لَهُ مَا تَقَدَّمَ مِنْ ذَنْبِهِ *"Her kim inanarak ve karşılığını Allah'tan bekleyerek Ramazan ayında namaz kılarsa Allah onun geçmiş günahlarını bağışlar."*[705]

Bu hadis de göstermektedir ki, Teravih namazı Yani, Peygamber Efendimizin (s.a.v) Müslümanları mecbur etmese bile, üzerinde durması dolayısıyla çok önem verdiği sünnetlerdendir. Teravih, oruç tutmakla ilgili olmayıp, orucun tutulduğu Ramazan ayı ile alakalıdır. Dolayısı ile oruç tutamayacak olan bir Müslüman dahi, teravih namazını kılarak Ramazan ayını ihya etmek durumundadır. Her şeyden önce, Peygamber Efendimizin Teravih namazını kendisine uyan cemaatle kıldığı sahih hadislerle sabittir. Çünkü rivayetlere göre, Resûlullah (s.a.v) Ramazan ayında mescitte gece bir namaz kıldı. Sahabenin çoğu da onunla birlikte o namazı kıldı. İkinci gece yine aynı namazı kıldı. Bu kez O'na tabi olarak aynı namazı kılan cemaat daha fazla oldu. Üçüncü gece Efendimiz Hz. Muhammed (s.a.v) mescide gitmedi. Orayı dolduran cemaat onu bekledi. Rasûlullah (s.a.v) ancak sabah olunca mescide çıktı ve cemaate şöyle buyurdu:

---

705 Buharî; Teravih 2. H. No: 2009

أَمَّا بَعْدُ فَإِنَّهُ لَمْ يَخْفَ عَلَيَّ شَأْنُكُمُ اللَّيْلَةَ وَلَكِنِّي خَشِيتُ أَنْ تُفْرَضَ عَلَيْكُمْ
صَلَاةُ اللَّيْلِ فَتَعْجِزُوا عَنْهَا

"Sizin bu namazı kılmaya ne kadar arzulu olduğunuzu görüyorum. Benim çıkıp, size namazı kıldırmama engel olan bir husus da yoktu. Ancak ben size, Teravih namazının farz olmasından korktuğum için çıkmadım."[706]

Bu hadis ile birlikte diğer hadisler Teravih namazının Ramazan ayına mahsus sünnet bir namaz olduğunu göstermektedir. Allah Resûlünün buradaki çok ince tutumu dolayısıyla bugün bazı Müslümanlar Teravih namazı diye bir namazın olmadığını, hele hele cemaatle kılınması diye bir şeyin söz konusu olamayacağını iddia ederken, yine bu hadisi delil getirmektedir. Fakat bu hadis, Teravih namazının olmayacağına değil, sadece Efendimizin cemaate namaz kıldırmaya devam etmesi hâlinde farz olacağından korktuğu için böyle davrandığına delalet eder.

Nitekim Hz. Ömer (r.a.) zamanında 20 rek'at olarak cemaatle kılınmaya başlanan Teravih'in bu şekilde kılınmasına ashabın çok büyük bir ekseriyeti muhalefet etmemiştir. Muhalefet edenlerin sayısı çok azdır. Onlar da Teravih namazı yok diye değil, cemaatle kılınıp kılınmamasında şüpheleri bulunduğu için itiraz etmişlerdir. Fakat, bir ibadet konusunda Hz. Ömer'in tek başına bir içtihadda bulunup bu içtihadı da ümmete dayatması söz konusu olamaz. Çünkü burada bir ibadet söz konusudur. Eğer ashab, Resûlullah'ın yukarıdaki hadiste geçen tutumunu, Teravih namazı yoktur şeklinde anlasaydı mutlaka halife Ömer'e karşı çıkardı. Öyle ise, Teravih namazı bir Ramazan ayına özel namaz olarak, Ramazan ayının ihyası olarak kılınabilir.

Teravih illa ki 20 rek'at mı kılınacaktır meselesi ise ihtilaflıdır. Aslında, 20 veya 8 rek'at olduğuna dair ihtilaf yoktur. Ramazan'ı ihya demek onu diriltmektir. Ramazan'ın diriltilmesinde ise, elbette ki ibadetlerin en önemlisi olan namaz baş rolü oynayacaktır. Bu arada, Efendimizin uygulamalarına bakar isek, O'nun kıldığı 8 rek'at namazın belki de bugün bizim kıldığımız 20 rek'at namazdan daha uzun olduğunu görürüz. Hz. Aişe'den rivayet edildiğine göre Efendimizin bu namazlarda secdede geçirdiği bir zaman, Kur'an'dan 50 ayet okunacak kadar da uzun sürmüştür. Yine bir başka rivayette, Efendimiz bu namazı öylesine uzun tutmuştur ki, diğer insanların bu kadar uzun namaz kılması söz konusu olmamıştır.

Bu durum, Teravih namazı dediğimiz Ramazan ayını ihya bakımından kılınan namazın rek'at sayısından ziyade, manasını bilerek, ihlas ile Allah'a ibadet etmenin, yani hiç bir şekilde acele etmemenin önemine, 8 veya 20 gibi rek'at kısıtlamalarının

---

706 Buharî, Teheccud, 9. H. No: 1129

aslında o kadar da önemli olmadığına işarettir. Dikkat edelim ki, bir anlamı da dinlenerek namaz kılmak olan teravihin bu anlamını da yeniden diriltmek yani ihya etmek gerekmektedir.

Teravih namazının genel olarak cemaatle kılındığında, Yatsı namazının hemen arkasından kılınması bir gelenek haline gelmiştir. Zira insanların cemaat halinde toplanmaları hemen hemen bu saatlerde mümkün olmakta, gece yarısından sonraki zamanlarda ise gerek istirahat ve gerekse diğer zorluklar bakımından mümkün olmamaktadır. Ancak gecenin son yarısında kılınmasının daha faziletli olma ihtimali vardır.

Teravih namazlarına bütün Müslümanlar, çocuk, genç-ihtiyar, kadın-erkek demeden katılmalıdır. Bereket işte böylece daha da çoğalır.

KADİR GECESİ

Kadir suresinde de ifade edildiği bin aydan daha hayırlı olan bu gece Ramazan ayı içinde bulunmaktadır. Her ne kadar Ramazan ayının 27. gecesi olduğu tahmin ve kabul edilse de bu gecenin kesin ne zaman olduğu belirli değildir. Bu belirsizlik Ramazan ayında Kadir gecesini arama azmi de vermektedir. Kadir gecesinin değerini veren ise Kur'an'ın bu gece indirilmesi ya da indirilmeye başlanmış olmasıdır.

Dolayısı ile, Allah'ın, kulları için gönderdiği dinin temel kaynağı olan Kur'an'ın çokça okunması, mukabele şeklinde okunması da Ramazan ayının ihyasında önemlidir. Ramazan bir başka yönüyle Kur'an ayıdır. Bir Müslüman, Ramazan olup olmadığına bakmaksızın hayatını tümünü Kur'an ile ihya etmeli, donatmalı ve Kur'an'a göre yönlendirmelidir. Ramazan ayında Kur'an'ın hassaten okunması ise, Allah bilir ki, Kur'an'ın bu ayda indirilmeye başlanması sebebiyledir.

Mukabele geleneği Cebrail (a.s) ile Peygamber Efendimiz arasında Ramazan ayında oluşmuş, Müslümanlar da bu geleneği bugün de sürdürmektedir. Cebrail (a.s), Efendimizin Kur'an okumasını dinlemiş, Efendimizin kalbine tam olarak yerleşmesini bu şekilde kontrol etmiştir. Peygamber Efendimizin kalbine Kur'an'ın yerleşmesi demek, muhteva ettiği tüm anlamları da bilmesi demektir ki, zaten mukabeleden maksat yalnızca Kur'an'ın okunması değildir. Aksine, okunan Kur'an'ın anlaşılması ve hayata tatbik edilmesidir.

Öte yandan Kadir gecesini namaz ve zikirle ihya etmek gerekmektedir. Nitekim, Ebu Hureyre (r.a.), Peygamber Efendimiz (s.a.v)'in şöyle dediğini rivayet etmiştir:

مَنْ قَامَ لَيْلَةَ الْقَدْرِ إِيمَانًا وَاحْتِسَابًا غُفِرَ لَهُ مَا تَقَدَّمَ مِنْ ذَنْبِهِ

"Kim Kadir gecesinde inanarak ve sevabını Allah'tan bekleyerek namaz kılarsa geçmiş günahları bağışlanır."[707]

Allah'ın böylesine önemli bir müjdesini bir Müslüman elbette ki sevinerek ve gönülden kabul edecektir. O gece yapacağımız ibadetler, zikirler, Kur'anlar ve Allah için yapılacak olan sohbetler müjdeye ulaşmamıza yardımcı olacak, Allah'a en samimi adımlarımızı atmamıza vesile olacaktır.

Bilhassa önümüzdeki mübarek Ramazan ayının gün ve gecelerini namazla ihya edip, kendi özel miracımızı gerçekleştirme gayretinde olalım. Peygamber Efendimiz (s.a.v)

مَنْ قَامَهُ إِيمَانًا وَاحْتِسَابًا غُفِرَ لَهُ مَا تَقَدَّمَ مِنْ ذَنْبِهِ

"Her kim inanarak ve karşılığını Allah'tan bekleyerek Ramazan'ı ihya ederse, geçmiş günahları bağışlanır."[708] buyurarak bizleri Ramazan ayını en güzel şekilde değerlendirmemiz için teşvik etmiştir.

Öyleyse, mümkünse ailece ve varsa misafirlerimizi de yanımıza alarak, iftarlardan sonra camilerimizde Teravih sohbetlerini dinlemeye gidelim ve beraberce Teravih namazlarımızı kılalım inşallah. Böylece çocuklarımıza hem bu ibadetin önemini göstermiş olacağız hem de Avrupa'da devam eden güzel bir Ramazan hatırası olacak geleneği, yavrularımıza aşılamış olacağız. Ramazan günleri camilerimizi asla boş bırakmayalım. Bu camilerimizi bir gün emanet edeceğimiz ve buraların gerçek sahipleri genç nesillerimize camilerimizi sevdirelim, onlara kucak açalım.

Cenab-ı Hak bizi Ramazan ayını hakkıyla geçirenlerden eylesin! Namazlarımızı, zekatlarımızı, mukabelelerimizi, orucumuzu kabul eylesin! Bize kolaylık versin, sonumuzu hayırlı kılsın! Amin!

Alınacak Dersler:

1. Gündüzü oruçlu geçen Ramazan günlerinin gecelerini de Teravih namazları ile değerlendirmek büyük fazilettir.

2. Teravih namazı Sünnet-i Müekkede olan bir namazdır. Aleyhte fikir ileri sürenlere itibar etmemek gerekir.

3. Ramazan günlerini Kur'an okuyarak değerlendirmeliyiz.

4. Oruç nasıl günahlara keffâret ise diğer ibadetler de yine günahlara keffâret olacaktır.

5. Ramazan ayının her gecesini Kadir gecesi bilip değerlendirmeliyiz.

---

707 Buharî; H. No: 1910; Müslim; H. No:760
708 Buharî; İman, 25, 27

47. SOHBET

KURBAN
(TARİHÇE, HİKMET VE ORGANİZE)

Kurban, bir âdet ve ibadet olarak farklı şekil ve amaç için de olsa insanlık tarihi boyunca hep var olmuştur. Dolayısı ile İslam öncesi câhiliyye toplumunun dinî hayatında da kurban önemli bir yer tutardı. İslâm dininde ise, içinde cinayet, şirk, israf, hayvana eziyet ve çevre kirliliği gibi olumsuz unsurları temizlenmiş, Allah emri olan, mal ve sosyal özellikleri bünyesinde barındıran bir ibadet şekline gelmiştir.

İslâm gelmeden önce bilgi zayıf da olsa bazı milletlerde çocuklar, köleler ve esirler putlara kurban edilirdi.[709] Ancak yaygın olan uygulama, hayvanların putlara kurban edilmesi idi. Bilhassa câhiliyye dönemi Arapları, yılın belli zamanlarında veya kendilerince önemli kabul edilen olayları vesile ederek, gerek Kabe'deki gerekse, diğer bölgelerde bulunan putlarına bağlılıklarını göstermek ve onlara yakınlaşmak gayesiyle deve, sığır, koyun, ceylan gibi hayvanları keserler, akan kanları onların üzerine dökerler, kestikleri kurbanları parçalarlar, bu dikili taşların üzerine bırakırlar, yırtıcı hayvanların ve yırtıcı kuşların yemesini beklerlerdi. Ölen kimsenin kabri başında veya manevi güçlerin şerlerinden korunmak amacıyla kurban kestikleri, ayrıca yeni doğan çocuk için akîka kurbanı kesilip ziyafetler verildiği de olurdu.

Kur'an-ı Kerim'de tam manasıyla ayrıntı verilmese de Hz. Adem (as)'ın iki oğlunun Allah'a kurban takdim ettikleri anlatılıyor ve şöyle buyuruluyor:

وَاتْلُ عَلَيْهِمْ نَبَأَ ابْنَيْ آدَمَ بِالْحَقِّ إِذْ قَرَّبَا قُرْبَانًا فَتُقُبِّلَ مِنْ أَحَدِهِمَا وَلَمْ يُتَقَبَّلْ مِنَ الْآخَرِ قَالَ لَأَقْتُلَنَّكَ قَالَ إِنَّمَا يَتَقَبَّلُ اللّٰهُ مِنَ الْمُتَّقِينَ

"Onlara, Adem'in iki oğlunun haberini gerçek olarak anlat: Hani birer kurban takdim etmişlerdi de birisinden kabul edilmiş, diğerinden ise kabul edilmemişti. (Kurbanı kabul edilmeyen kardeş, kıskançlık yüzünden), "Andolsun seni öldüreceğim" dedi. Diğeri de "Allah ancak takva sahiplerinden kabul eder" dedi."[710] Yine Kur'an'da ilâhî dinlerin hepsinde kurban hükmünün konulduğu bildiriliyor:

---

709 Muvatta; Nezr, 7; İbn Hişâm; I/160-164
710 Mâide; 5: 27

وَلِكُلِّ أُمَّةٍ جَعَلْنَا مَنْسَكًا لِيَذْكُرُوا اسْمَ اللَّهِ عَلَى مَا رَزَقَهُمْ مِنْ بَهِيمَةِ الْأَنْعَامِ فَإِلَهُكُمْ إِلَهٌ وَاحِدٌ فَلَهُ أَسْلِمُوا وَبَشِّرِ الْمُخْبِتِينَ

"Biz, her ümmete -(Kurban kesmeye uygun) hayvan cinsinden kendilerine rızık ola-rak verdiklerimiz üzerine Allah'ın adını ansınlar diye- kurban kesmeyi gerekli kıldık. İmdi, İlahınız, bir tek İlah'tır. Öyle ise, O'na teslim olun. (Ey Muhammed!) O ihlaslı ve mütevazi insanları müjdele!"[711]

İslam Dininde var olan kurban ibadeti ile alakalı olarak Kur'an-ı Kerim'de, hac ibadeti esnasında kesilecek kurbanlarla, kurban bayramında kesilecek kurbanlar ko-nusunda bazı izahlar vardır.[712]

Şöyleki:

فَإِذَا أَمِنْتُمْ فَمَنْ تَمَتَّعَ بِالْعُمْرَةِ إِلَى الْحَجِّ فَمَا اسْتَيْسَرَ مِنَ الْهَدْيِ

"(Hac yolculuğu için) emin olduğunuz vakit kim hac günlerine kadar umre ile faydalanmak isterse, kolayına gelen bir kurban kesmek gerekir."[713] فَصَلِّ لِرَبِّكَ وَانْحَرْ
"Şimdi sen Rabbine kulluk et ve kurban kes."[714]

Fakat ibadetler konusunda takip edilen metoda uygun olarak gerek hac ve umre yapanların gerekse diğer şahısların kurban kesme yükümlülüğü ve diğer kurban tür-leri hakkındaki hükümler genelde Hz. Peygamber (s.a.v)'in söz ve uygulamasıyla belirlenmiştir. Hz. Peygamber Efendimiz (s.a.v), câhiliye Arapları'nın kurban âde-tinin tevhide aykırı olan taraflarını temizledi ve Hz. İbrahim (as)'ın sünnetine uy-gun biçimde ihya etti. İçerisine sosyal işlevler de yükleyerek zenginleştirdi. Putlar için hayvan kurban etmek şirk, bu şekilde kesilen hayvanlar da murdar, yani ha-ram sayılmıştır.

إِنَّمَا حَرَّمَ عَلَيْكُمُ الْمَيْتَةَ وَالدَّمَ وَلَحْمَ الْخِنْزِيرِ وَمَا أُهِلَّ لِغَيْرِ اللَّهِ بِهِ

"(Allah) size, sadece ölü hayvanı kanı, domuz etini ve Allah'tan başkası adına ke-silen hayvanı haram kıldı."[715] âyetinde olduğu gibi. Akîka kurbanı âdeti ise, ana hat-larıyla İslâm döneminde de korunmuştur.

---

711 Hac; 22: 34
712 Bakara; 2: 196. Kevser; 108: 2
713 Bakara; 2: 196
714 Kevser; 108: 2 Bkz. Mâide; 5:2, 95, 97. Hac; 22: 28, 36, 37. Feth; 48: 25
715 Nahl; 16: 115

Bu günkü anlamda kurban ibadeti, Resûl-i Ekrem (s.a.v)'in hicretinin 2. senesinde meşru kılınmıştır. Bu seneden itibaren Peygamber Efendimiz (s.a.v), her sene kurban kesmiştir. Daha sonra Hac ve Umre ziyaretlerinde de kurban kesmiştir:

عَنْ أَنَسٍ قَالَ ضَحَّى النَّبِيُّ صَلَّى اللهُ عَلَيْهِ وَسَلَّمَ بِكَبْشَيْنِ أَمْلَحَيْنِ أَقْرَنَيْنِ ذَبَحَهُمَا بِيَدِهِ وَسَمَّى وَكَبَّرَ وَوَضَعَ رِجْلَهُ عَلَى صِفَاحِهِمَا

Enes (r.a) anlatıyor: *"Nebi (s.a.v) iki tane boynuzlu koç kurban etti, bizzat kendi elleri ile boğazladı, besmele çekti, tekbir getirdi ve keserken ayakları ile boynuna çöktü."*[716]

Allah'ın biz kullarından yerine getirmemizi istediği ibadetlerde fertler ve toplumlar için yararlı olduğu taraflarla, bir ibadetin sırf Allah istediği için yapılması ve sadece Allah'a teslim olmanın lüzumunu içeren unsurlar yan yana bulunabilir. Mal ile yerine getirilen kurban ibadetinde ise, Allaha kul olma ve ona teslim olma özellikleri olmakla beraber, fert ve topluma yararlı olma yönü daha da ön plana çıkmıştır. Kurban edilen hayvanla, etlik olarak kesilen hayvan arasındaki farkın, kurbanın Allah rızası için bir ibadet olarak kesilmiş olmasıdır.

Bir müslüman kurban kesmiş olmakla, kendisini Allah'ın emrine teslim etmiş, kulluk bilincini pekiştirmiş olur. Nitekim Kur'an-ı Kerim'de kesilen kurbanın kan ve eti Allah'a ulaşmaz, ancak kurban kesen insanların dinî duyarlılıkları Allah'a ulaşır denilmektedir: *"لَنْ يَنَالَ اللَّهَ لُحُومُهَا وَلَا دِمَاؤُهَا وَلَكِنْ يَنَالُهُ التَّقْوَى مِنْكُمْ Onların ne etleri ne de kanları Allah'a ulaşır; fakat O'na sadece sizin takvanız ulaşır."*[717]

Kurban, verdiği nimetlerden dolayı Allah'a şükretme manası da taşır.

Kurban toplumda kardeşlik, yardımlaşma ve dayanışma ruhunu canlı tutar; sosyal adaletin gerçekleşmesine katkıda bulunur. Bilhassa, belki yılda bir kilo et almaya imkânı olmayan yoksulların bulunduğu ortamlarda kurbanın bu rolünün daha belirgin olarak görülmesi mümkündür. Burada bir anekdota yer vermek güzel olacaktır. Şöyleki:

"2002 yılında muhtaçlarla buluşan bir yardım kuruluşu, çalışmalarını anlatmak üzere ziyarete gelmişti. Afrika'da bir mülteci kampında yaşadığı bir olayı paylaştı bizimle. Kamp, müslümanlar ve gayri müslimlerden oluşuyordu. Kızılhaç'tan yardımlar geliyor ve bu organizasyonun gayri müslim görevlileri, kamptaki yardım dağılımını yapan Müslüman görevlilere şu şekilde bir soru yöneltiyorlardı: Müslüman görevliye hitaben; sen bizim de müslüman kardeşlerimiz var, onlar bizi arayıp-bulurlar, diyorsun. Ama sizinkilerden ne gelen var ne de giden, diyerek moral bozuyor ve ümitsizliğe sevkediyorlardı. Müslüman görevli, Yakub (a.s) gibi Yusuf'unu her an bulacakmışçasına umut dolu bir biçimde; Onlar bizi unutmazlar diye karşılık verdi.

716 Müslim; Udhiyye, H. No: 3635
717 Hac; 22: 37

Bizim yardım için geldiğimizi görünce, önce secdeye vardı, sonra oynamaya başladı. Sonra döndü ve ekledi. Umutlarımı boşa çıkarmayan Rabbime hamdolsun. Bilahere sorduk kendisine. Önce secde, sonra oyun. Bunun anlamı ne? Secde yaptım; sizi gönderen Rabbime şükür için. Oynadım; çünkü bugün benim bayramım, dedi."

Öbür taraftan kurban, zengine malını Allah rızâsı için vermenin, yardımlaşmanın ve paylaşmanın zevk ve alışkanlığını verir. Onu cimrilik hastalığından ve dünya malına esaretten kurtarır. Fakire de varlıklı kullar aracılığıyla Allah'a şükretmeyi, dünya nimetinin yeryüzündeki dağılımı konusunda karamsarlık ve düşmanlıktan kendini kurtarmayı ve kendini toplumunun bir üyesi olarak hissetmeyi öğretir. Her ne kadar kurban, sosyal dayanışma ve malî yardım anlamını taşısa da bir ibadet olarak öz ve biçim olarak ayrı anlam ve hikmetleri içinde barındırır. Dolayısı ile kurban kesme yerine başka bir ibadetin yapılması; örnek olarak kurbanın parasının dağıtılması, fakirlere gıda yardımı yapılması, namaz kılınıp, oruç tutulması caiz olmaz ve kurban yerine geçmez.

Kurban kesmenin hikmetleri sadedinde kısaca ifade edilen hususların daha da bir yerini bulması için kesilecek kurbanların çok daha iyi değerlendirilmesi gerekir. Bundan dolayı da ihtiyaç içinde bulunan daha çok insana kurbanların ulaştırılması için kurban kesimi organizeli yapılmalıdır. Bunun hakikaten daha yararlı olduğu ve olacağı farkedilmiş ki, bu gün yeryüzünde kurban organizesi yapan bir çok resmi ve özel vakıf ve dernek bulunmaktadır.

Alınacak Dersler:
1. Kurban, kadim bir ibadet şeklidir ve insanlığın tarihi ile orantılıdır.
2. Kurban, verilerek kazanılan ibadetlerin önemlilerindendir.
3. Kurban, adından da anlaşılacağı gibi, kişiyi Rabbine yaklaştırır; kulluğumuzu pekiştirir; malını veremeyen insanın Rabbine teslim olma iddiası havada kalır.
4. Kurban, tek tek küçük bir ibadet gibi ama, toplandığı zaman büyük nehirler gibi, bereket fışkırır; yeni yeni atmosferler meydana getirir.
5. Diğer ibadetler de cemaatle daha bereketli hale geldiği gibi, kurban da organize ile yapılırsa, çok daha büyük bereketlerin oluştuğu tecrübelerle sabit olmuştur.

48. SOHBET

ZAMAN VE ÖNEMİ

إِنَّ عِدَّةَ الشُّهُورِ عِنْدَ اللَّهِ اثْنَا عَشَرَ شَهْرًا فِي كِتَابِ اللَّهِ يَوْمَ خَلَقَ السَّمَاوَاتِ وَالْأَرْضَ

"Gökleri ve yeri yarattığı günden beri Allah'ın kitabında, Allah katında ayların sayısı on ikidir"[718]

"Biz iki binli yılları idrak ediyoruz. Hâlâ ayları on iki olarak sayıyoruz. Çağımıza uygun aylar olsa ve sayısı da astronomik olsa" diyen yok. Yine dört mevsimle, on iki ayla, elli iki hafta ile yeni bir çağa girdik ama saniye değil, salisesini bile değiştiremeden girdik.

Mesela, bugün doğan güneşin bir salise önce batmasını sağlamamız mümkün değil. Allah'ın yarattığı seneler, mevsimler, aylar, haftalar, günler, saatler, dakikalar, saniyeler ve salisler üzerinde oynamamız mümkün olmadığı gibi, Allah'ın indirdiği sureler, ayetler, kelimeler ve harfler üzerinde oynamamız da mümkün değil.

Saatin üzerinde gezinen akrep, güneşin doğuşuna ve batışına namaz vakitlerinin giriş çıkışına etki etmez.

Zaman değişmez, zamanda yaşayan insanlar değişir. Çağlar, mevsimleriyle, aylarıyla günleriyle aynıdır. Bu çağlarda çağlayan ırmaklar da aynıdır. Ama çağlayanlarda abdest alanlarla, çağlayanları kirletenler değişmektedir.

Onun içindir ki Rabbimiz asra/çağ'a yemin ederek, bütün insanların zararda olduğunu şöylece beyan buyuruyor:

وَالْعَصْرِ إِنَّ الْإِنْسَانَ لَفِي خُسْرٍ إِلَّا الَّذِينَ آمَنُوا وَعَمِلُوا الصَّالِحَاتِ وَتَوَاصَوْا بِالْحَقِّ وَتَوَاصَوْا بِالصَّبْرِ

"Asra yemin ederim ki, insan gerçekten ziyan içindedir. Bundan ancak iman edip iyi ameller işleyenler, birbirlerine hakkı tavsiye edenler ve sabrı tavsiye edenler müstesnadır."[719]

---

718 Tevbe; 9: 36
719 Asr; 103: 1-3

İnsanlık olarak ikindi üzeri eve dönerken eli boş dönen, kazanamayan adamın durumundayız.

Bir testere gibi her nefes alışımızda ömür sermayemiz kesiliyor. Her nefes verişimizde de kesiliyor. Nefeslerinize kulak veriniz veya kalbinizin tik-taklarını dinleyiniz. Her atışı, sayılı olan kalp atışlarını eksiltiyor ve her insan zarar ediyor. Ancak, iman edenler, ameli salih işleyenler, hakkı tavsiye edenler, sabrı tavsiye edenler zarar etmezler kazanırlar.

Dünyaya geldiği andan başlayarak, mü'min kafir her can ömür sermayesini tüketmeye başlıyor. Ancak mümin insan her nefeste Allah için ameli salih işlerse, nefesini verir, karşılığında Cennetten yer satın alır. Tevbe suresinin 111'nci ayetini oku:

$$\text{إِنَّ اللهَ اشْتَرَىٰ مِنَ الْمُؤْمِنِينَ أَنْفُسَهُمْ وَأَمْوَالَهُمْ بِأَنَّ لَهُمُ الْجَنَّةَ}$$

"Allah müminlerden, mallarını ve canlarını, kendilerine (verilecek) cennet karşılığında satın almıştır."[720]

Sermayesi Allah tarafından verilen bu ömür, Hakkı tavsiye ederek geçirilmelidir. Hakkın çoğulu olan hukuk tavsiye edilmelidir.

Ömür sermayesini verirken, karşılığında iki dünyayı cennete dönüştürerek, kârlı çıkabilmek için suredeki sıralamaya da dikkat edeceğiz. Önce iman, sonra ameli salih, sonra Hakk'ı tavsiye, sonra sabrı tavsiye edeceğiz. "İmanı yok ama çok iyi insan" sözü "temeli yok ama çok iyi çatı" der gibi bir şeydir.

Yapılması günah veya sevap olmayan işler vardır. Bu işleri yapanlar da ömür sermayesini karşılıksız harcayanlardır. Halbuki canımız her şeyden tatlı olduğu halde, en tatlı şeyimizi karşılıksız olarak harcamış oluyoruz.

Her nefes Hakk'ın emrettiklerini yerine getirme ve getirtme, yasakladıklarından uzak durup, uzak durdurmadan geçmelidir. Bu yolda birileri karşısına çıkar, acıların her türünü tattırırsa, Kevser ırmağını hayal ederek yüzünü ekşitmeden, acıları yudumlamalı ve işkenceciye sevinme şansı tanımamalı. Sabırla yürümelidir.

"Nerede o eski ramazanlar?"
"Nerede o eski alimler?"
"Nerede o eski şairler.
"Bizim zamanımızda filan şair vardı.."

gibi sözler, bu sözü söyleyenin artık şiir okumadığının mazereti gibidir. *"Kitap okunuyor mu?"* sorusuna *"Eskisi gibi okunmuyor"* cevabı alınıyor. Kişinin kendisi kitap

720 Tevbe; 9: 111

okumayı bırakıverdi ya, herkesi kendisi gibi zannediyor. Bu sözler, gönlü kocamış insanların sözleridir.

"Bizim zamanımızda meyvelerin tadı bir ayrı idi" diyen babanın çocuğunun, bu günün meyvelerinde bulduğu tadı babası bulamıyor.

Gözümüzün feri gibi, kulağımızın duyma zayıflığı gibi, tat alma duyumuz da zayıflar da farkına varmayız ve kabahati meyvelere buluruz.

Siz, gönül denizini kendi attığınız keder, hüzün, gam, stres, üzüntü pislikleriyle bulandırmamaya dikkat ediniz.

Ağzınızın tadı bozulmasın, gönül deryanız kirlenmesin. O zaman her yaşın kendine göre tadını almaya devam edersiniz.

Şair ne güzel söylemiş:

"Mecnun ise ey dil sana leyla mı bulunmaz?

Bu goncaya bir bülbülü şeyda mı bulunmaz?"

(Ey gönül! Sen mecnun isen, sana Leyla mı bulunmaz? Bu gonca güle aşık bir bülbül mü bulunmaz?)

Şair:

"Gözü Dünya mı görür aşıkı didar olanın?" diyor. *(Allah'a aşık olanın gözü dünyayı görmez.)*

Sevgilisine doğru koşan insanın ayağına diken batsa, onu görenlerin yüreği dayanmaz ama, o sevdiğine doğru koşanın ayağına batan dikenden haberi olmaz.

Doğum yaparken ağlayan anne, doğan çocuğun ağlamasıyla acıları sevince dönüşür.

Ağlarken hüzün gözyaşları dökeriz, gülerken sevinç gözyaşları dökeriz. İkisinin de kaynağı aynıdır.

Hüzünle keder, geceyle gündüz gibidir. Birbirini izleyerek gider ve gelirler. Onun için Rabbimiz:

$$\text{لِكَيْلَا تَأْسَوْا عَلَى مَا فَاتَكُمْ وَلَا تَفْرَحُوا بِمَا آتَاكُمْ وَاللَّهُ لَا}$$

$$\text{يُحِبُّ كُلَّ مُخْتَالٍ فَخُورٍ}$$

"(Allah bunu) elinizden çıkana üzülmeyesiniz ve Allah'ın size verdiği nimetlerle şımarmayasınız diye açıklamaktadır. Çünkü Allah, kendini beğenip böbürlenen kimseleri sevmez. Kaybettiklerinize yerinmeyesiniz, verdiklerine de sevinmeyesiniz diye." [721] buyurmuştur.

---

721 Hadid; 57: 23

Yunus Emre de bu ayeti:

"Ne varlığa sevinirim, ne yokluğa yerinirim"

"Aşkın ile öğünürüm. Bana seni gerek seni"

diye tercüme etmiştir.

Mevlana Mesnevisinde şöyle bir hikaye anlatır:

"Adamın biri bir kuş yakalar ve yemek ister. Kuş ona *"Beni bırak, ben sana üç nasihat edeyim"* der. Kuş adamın elinde iken *"Olmayacak şeye inanma"* der. Adam, kuşu bırakır. Kuş duvarın üzerine konar ve oradan adama *"Geçen şeye üzülme"* dedikten sonra *"Benim karnımda on dirhemlik inci vardı. Seni ve bütün neslini zengin edecekti"* deyince adam bağırıp çağırmaya başlar. Adam, *"Üçüncü nasihatini de yap"* deyince; kuş *"Öncekileri tuttun da üçüncüyü mü söyleyeyim"* der ve uçar gider."[722]

Olmayacak şeylere inanmayalım. Elden giden fırsatlar için üzülerek vakit geçirmek yerine zamanın değerini bilmeye ve ondan yararlanmaya devam edelim.

Rabbimiz Tekasür süresinin sekizinci ayetinde:

$$ ثُمَّ لَتُسْأَلُنَّ يَوْمَئِذٍ عَنِ النَّعِيمِ $$

"Sonra o gün, bütün nimetlerden elbette sorulacaksınız"[723] buyurur. Dolayısı ile bir damla sudan, bir ekmek kırıntısından, bir nefesten hesaba çekileceğimizi unutmadan yaşayalım.

Buhari'nin Sahîh'inde Rikak Kitabı'nın birinci babında rivayet ettiği hadis-i şerifte sevgili Peygamberimiz:

$$ نِعْمَتَانِ مَغْبُونٌ فِيهِمَا كَثِيرٌ مِنَ النَّاسِ الصِّحَّةُ والفَرَاغُ $$

"İnsanlar iki şeyde aldanmışlardır; biri sıhhat biri boş zaman"[724] buyurmuştur.

Kur'an ve Sünnet eğitiminden geçen Kanuni Sultan Süleyman da güzel söylemiş:

"Halk içinde muteber bir nesne yok devlet gibi;

Olmaya devlet cihan da bir nefes sıhhat gibi"

Zamanın ve sıhhatin kıymetini bilelim; hayırlı işlerin peşinden neticesini alıncaya kadar koşturalım. Zamanımızı plansız ve programsız bir şekilde harcamayalım. Her ne kadar *"Vakit nakittir"* denilse de vaktin nakitten daha değerli olduğunu unutmayalım. Çünkü nakit te ancak vakit ile elde edilebilir.

---

722 Mevlana; Mesnevi, Tahir-ul Mevlevi tercümesi, 14655-14666 numaralı beyitler

723 Tekasür; 102: 8

724 Buhari; Sahih, H. No: 5933 (Mektebetu Şamile)

Zamanın iyi değerlendirilmesine bu dersimizde vurgu yapmaya çalıştık. Bizi bekleyen hayırlı faaliyetlerimizin hayır ve bereketlerle elde edilmesine vesile olursa biz mutlu oluruz.

Alınacak Dersler:

1. Zaman önemlidir ki, Rabbimiz Kur'an'ında sık sık konuya vurgu yapmıştır.

2. Zamanı değerlendirmeyenler, ellerindeki imkanlardan mahrum olunca pişmanlık duymaktan kurtulamazlar.

3. Zaman nasıl olsa geçecektir. Önemli olan onu dolu dolu uğurlamaktır.

4. Zamanın iyi planlanmasına en güzel örnek, Allah'ın biz kullarından talep ettiği zamana bağlı ibadetlerdir. Namaz, oruç, hac gibi.

5. Her nimetin mutlaka bir hesabının sorulacağı kesin iken, zaman nimetinden sorumlu tutulmamamız mümkün değildir. Öyle olunca zamanımızı iyi planlayalım ve yaptığımız plana uygun bir hayat sürelim.

49. SOHBET

MAZLUM VE MAĞDURLARLA DAYANIŞMA

İnsan yeryüzünün gözbebeğidir. Yeryüzü kendisine emanet edilmiştir. Yeryüzündeki iyi ve kötü yöndeki tüm gelişmeler insanın isteği doğrultusunda şekillenmektedir. İnsanlar birbirlerinin hem problemi hem de çözümü olabilmektedir. Aslolan insanın insana hayır ve iyilik getirdiği, umut verdiği bir hayatın inşa edilmesidir.

İnsan insana ancak dayanışma, yardımlaşma ve paylaşma bilinci içerisinde umut olur. Dayanışmanın, paylaşmanın ve yardımlaşmanın olmadığı, zenginlerin daha zengin, fakirlerin daha fakir, açların daha aç, tokların daha tok olduğu bir dünyada dengeler bozulmuş, sıkıntılar artmış, toplumsal çözülme başlamış demektir.

Artan dünya nüfusu, adaletsiz taksimat ve paylaşımdan uzak insan düşüncesi sıkıntıları daha da artırmıştır. Yeryüzünde huzuru temin edecek anlayış ancak ve ancak dayanışma, paylaşma ve yardımlaşma zemini üzerinde yükselebilir.

İnsan sosyal bir varlıktır. Hayatını tek başına devam ettirmesi mümkün değildir. Neslin devamı ancak iki kişinin birlikteliği ile gerçekleşir. Çocukların yetişmesi ve kendi ayakları üzerinde durabilmesi uzun zaman almakta, anne ve babanın sıcak ilgisine ihtiyaç duyulmaktadır. Sosyal bir ortamda doğan ve büyüyen insanın dayanışma içerisinde olması kadar doğal bir şey yoktur. Dayanışma, yardımlaşma ve paylaşma insanı güzelleştiren fiillerdendir. İnsan, elinde olandan karşılıksız verince mutlu olur.

Psikologlar bugün zengin olduğu hâlde mutlu olamayan, serveti olduğu hâlde hayattan lezzet almayan, dünyalık mal ve mülkü çok olduğu hâlde sevinemeyen insanlara mallarından muhtaçlara vermek suretiyle, onları mutlu ederek, mutlu olmayı tavsiye etmektedir. Oysa Müslümanlar sadece kendilerinin mutlu olmasına çabalamaz; mutlu olmak için mutlu etmeye çalışır. Diğer insanları mutlu etmenin karşılığındaki mutluluk bir ödül olarak bize ikram edilir. Paylaşmak, yardımlaşmak ve dayanışma içerisinde olmak bir yönüyle mutlu ederek mutlu olmanın diğer adıdır.

İnancımız dünya hayatının kısa bir süreden ibaret olduğunu, Allah katında vaadedilen şeylerin daha kalıcı ve hayırlı olduğunu söyler. Bu inanç bizleri Allah'ın verdiği rızıklardan vermeye ve paylaşmaya götürür. Kendisine bahşedilenleri birer emanet bilen ve verilen emanetin içinde mağdur, muhtaç ve ihtiyaç sahiplerinin hakkı olduğunu düşünen kimse paylaşma eylemini daha rahat gerçekleştirir. Varlığı ve sahip olduğunu zannettiği şeyleri bir emanet gözüyle değil de, sonsuza kadar elinden çıkmayacak bir meta imiş gibi gören ve eşyaya bu düşünceyle bakan insan yerine göre, "Ben kazandım, neden vereyim ki? Kazancıma nereden ortak oluyormuş? Benimle birlikte mi kazandı? Kazanana kadar ne bedeller ödedim ve ne sıkıntılar çektim. Neden paylaşayım ki!" gibi soru ve yaklaşımlarla paylaşımsızlığı tercih edecektir.

Toplum içerisindeki insanlar eğilimlerinin, karakterlerinin, önüne açılan imkânların değerlendirilmesinin bir neticesi olarak statü ve zenginlik elde etmiş olabilir. Unutulmaması gerekir ki, fakiri de zengini de, rütbelisi de rütbesizi de, belli bir makama sahip olan da olmayan da aynı toplumun birer parçasıdır. İnsanların toplumsal olarak farklı durumda olması, toplumsal dayanışmanın sağlanması ve toplumsal bütünlüğün oluşması için kaçınılmaz bir durumdur. Bir toplumda fakir de zengin de olacak ki, aralarında dayanışma, paylaşma ve yardımlaşma vuku bulsun.

Zenginler kendi durumlarından hareketle fakirleri hor ve aşağı görürse bu toplumsal çöküşün başladığı nokta olur. Dünyada insanların farklı makam ve mevkide, birilerinin fakir diğerlerinin zengin olması onların derecelerini göstermez.

Allah katında zengin fakirden daha "torpilli" değildir. Hak ve adalet hususu insanlar arasında hüküm verilirken makam ve mevkiye göre, zenginlik durumuna göre belirlenmemelidir. Aksi takdirde eli güçlü olan güçsüz olanı ezmiş ve ona zulmetmiş olur.

Kimi zaman insan kendi kendine zulmeder. Cimrilik insanın kendi kendine zulmetmesi olarak ifade edilebilir. Paylaşamayan insan cimridir. Cimrilik, insanın kendine yapabileceği en büyük kötülüktür. Cimri olan kimse kolay kolay veremez. Verememek aslında doğal bir durum değil, bir hastalıktır. Cimri olan kimse verdikçe fakirleşeceği korkusuyla davranır. Oysa Müslüman verdikçe zenginleştiğini hem bilir hem de yaşar.

Vermek ve paylaşmak bir noktada özgürleşmektir. Mala ve mülke mahkûm olmamak, onun esaretine girmemektir. İnsanın verebilmeyi öğrenebilmesi için fazla mal ve mülkünün olması gerekmez.

İnsan ister fakir olsun ister zengin olsun mutlaka verebileceği, paylaşabileceği bir şeyler vardır.

Paylaşmayı, yardımlaşmayı ve dayanışmayı hayatının her anında gördüğümüz Hz. Peygamber'in şu hadisi bu ifadeyi doğrular niteliktedir: اِتَّقُوا النَّارَ وَلَوْ بِشِقِّ تَمْرَةٍ

فَمَنْ لَمْ يَجِدْ فَكَلِمَةٍ طَيِّبَةٍ "*Yarım hurma vermek suretiyle de olsa kendinizi cehennem ateşinden koruyunuz. Bunu da bulamayan güzel bir söz ile kendini korusun.*"[725]

Çoğu defa paylaşmak, paylaşılan şeyden daha tatlıdır. Ekmeği paylaşmak, ekmeğin kendisinden daha tatlıdır. Bu tadın değerini ancak tadan bilir. Bu bakımdan paylaşmaktan zevk almaya çalışılmalıdır.

Yeryüzünün kendisine emanet edildiği insan yeryüzünü imar etmekle görevlidir. Yeryüzünde böyle ulvi ve ağır bir yük taşıyan insan bu sorumluluktan kaçtığı ve görevini kötüye kullandığı zaman yeryüzünü imar değil imha; tamir değil tarumar; inşa değil bozmuş olur. Vaziyet öyle bir hâl alır ki, en sonunda imha ettiğini imar, tarumar ettiğini tamir, bozduğunu da inşa ettiğini zanneder. Yeryüzünde fesat çıkardıkları hâlde yeryüzünü ıslah ettiklerini iddia ederler. Yeryüzünde bozgunculuk çıkaranlar, güçlerini ve iktidarlarını koruma ve genişletme adına çoğu defa zulmederler. Kendilerinin refah ve mutluluğu için milyonlarca insanın feda olması, ezilmesi onları rahatsız etmez.

Günümüzde yeryüzündeki paylaşımın ne kadar adil olduğuna bakmamız durumu izah etmeye yeter. Bugün dünyadaki nimetlerin adaletsiz paylaşımı milyarlarca insanı mazlum ve mağdur etmektedir. Bugünün sözüm ona ileri ve gelişmiş dünyasında açlıktan insanların öldüğünü duymamız ve görmemiz, susuzluktan yahut kirli sudan dolayı oluşan hastalıklarla insanların hayatlarını kaybettiğini bilmemiz bazı şeylerin ters gittiğini göstermektedir.

Adaletsiz paylaşımın sonuçlarını görebiliyor olmamız gerekir. Ekonomik ve siyasi güce sahip olanlar adaleti kendilerinden menkul görüyor. Ezilenler ezilmeye, mazlumlar zulme, mağdurlar ise unutulmaya mahkûm ediliyor. Ama şu unutulmamalıdır ki; iktidar ve güç ezmeye, zulme ve mağdur etmeye devam ettiği müddetçe meşruiyetini kaybeder.

Gücün sözüne değil, sözün gücüne inanan Müslümanlar gücün ve güçlünün yanında değil, mazlum ve ezilenlerin yanında, mağdurların yanıbaşında yer almayı tercih ederler. Velev ki bu tercih kendisine bir bedel ödetecek olsa bile zalimin yanında yer almanın hesabının, mazlumun tarafında bulunmanın bedelinden ağır olacağını bilir. Eliyle, diliyle ve en kötü ihtimalle kalbiyle zulme karşı buğzeder, mazlumu destekler, mağdura kol kanat gerer. Şayet böyle bir duruş sergilenemiyorsa iman etmenin gereği ve insan olmanın onuru yerine getirilmiyor demektir.

Kalpteki iman haksızlığa ve zulme karşı bir tavır alamıyorsa nerede, ne zaman ve ne şekilde aktif olacaktır? Çünkü iç tavır bir başlangıçtır.

---

725 Müslim; Zekat 66.

İç dünyalarında haksızlığa karşı haykırış ve zulme karşı duruş gösteremeyenler ne diliyle ne de fiilleriyle bir tavır ortaya koyabilirler. Zulüm karşısında sessiz kalmak, mazluma karşı, zalimin yanında yer almak demektir. Mazlum ve mağdurların, ezilenlerin ve horlananların dili, dini, rengi, mezhebi, meşrebi fark etmez. Mazlumun yanında olmak ve zalime karşı tavır almak inancımızın bir gereğidir.

Mazlumiyet ve mağduriyet herkese uğrayabilir. Hiç kimsenin mazlum ve mağdur duruma düşmeyeceğinin bir garantisi yoktur. Haksızlık ve zulüm karşısında sustukça, o zulüm susanlara da dokunacak, sessiz kalanlara da bulaşacaktır. Ya zulme ortak olacak ya da zulme sessiz kalarak zulmün kendisine dokunmasını bekleyecektir. Oysa onurlu olan duruş zulüm karşısında tavır almaktır. Yeryüzünde bugün o kadar büyük mağduriyetler yaşanıyor ki!

Akan kan ve gözyaşı, zayıf insanların çaresizliği, yerlerinden ve yurtlarından sürülen insanların kendi hâllerine bırakılması, en temel insani ihtiyaçlarını dahi karşılayamayacak şekilde hayata tutunmaya çalışması zulmün farklı tonlarını yansıtmaktadır. Vicdan sahibi olan insan mazlumun sesini duymalı ve o sese cevap vermeye çalışmalıdır. Masumlara kulak vermek insanın masumiyetini artırır. Zulme ortak olmak, zalimi desteklemek ise insanı vicdansızlaştırır, duyarsızlaştırır. İnsanı insan yapan en önemli özelliklerinden birisi vicdanıdır. Vicdanını kaybeden her şeyini kaybetmiş demektir.

Değerlerin değersizleştirilmeye çalışıldığı, erdemin kıymetinin ortadan kaldırıldığı, ahlakın öneminin azaldığı bir çağda yardımlaşma, dayanışma ve paylaşma örneklikleri ortaya koymak gerekir. Kötülüğün hızlı bir şekilde yayıldığı bir zamanda ortaya iyi ve güzel eylemler koymak gerekir. İnsanlığın bundan sonra en fazla ihtiyaç duyacağı değerler bunlar olacaktır.

Duasından başka sarılacak bir dalı kalmamış, insanlığın vicdanının harekete geçmesini bekleyen mazlum ve mağdurlar ise vicdan sahiplerinin zulüm karşısında alacağı onurlu duruşu, kendilerine uzanacak şefkat ve merhamet elini beklemektedir. Mazlumun duası Allah katında farklı yankı bulur. Mazlumun yanında yer almak ve ona yardımcı olmak, Allah'ın desteğini arkamıza almamızı sağlar. Allah adil olmayı emreder, zulmü ise yasaklar. Allah zalimin zulmünü imhal eder ama asla ihmal etmez. Zalimin hesabının mutlaka sorulacağını söyler.

Müslümanlar mazlum olabilirler ama asla zalim olamazlar. Zulme uğrayabilirler ama zulmedemezler. Ezilen olabilirler ama ezen olamazlar. Zulüm karşısında her sessiz kalış, zalimi cesaretlendiren ve zulmünün devamını sağlayan bir hâldir. Yönetilen kalabalıkların zor ve zorbalık karşısında sessiz kalmaları, sindirilmeleri ve uysallaştırılmaları zalimlerin isteğidir. Zira zalimler ellerinin altında iradeli insanlar görmeye tahammül edemezler. Bu noktada zulüm karşısında sessiz kalmak zulme ortak olmaktır. Müslüman kimliği, mazlum ve mağdurlarla dayanışma adına zulüm ortadan kalkıncaya kadar cehd içerisinde olmayı gerektirir.

Rasûlullah kendisine peygamberlik verilmeden önce, daha yirmili yaşlardayken içinde bulunduğu Hilfü'l-Fudûl oluşumu ile ezilenlerin, zulme uğrayanların ve güçsüzlerin yanında yer almıştır. Zalime karşı ve mazlumun yanında yer almak için yeminleşen faziletli insanlardan oluşan Hilfü'l-Fudûl için Hz. Peygamber daha sonra şu ifadeleri kullanmıştır:

لَقَدْ شَهِدْتُ فِى دَارِ عَبْدِ اللهِ بْنِ جُدْعَانَ حِلْفًا مَا أُحِبُّ أَنَّ لِى بِهِ حُمْرَ النَّعَمِ وَلَوْ أُدْعَى بِهِ فِى الإِسْلَامِ لَأَجَبْتُ

"Abdullah bin Cud'â'nın evinde yapılan yeminleşmede ben de bulundum. Bence o yemin, kırmızı tüylü develere sahip olmaktan daha sevimlidir. Ben ona İslamiyet devrinde bile çağrılsam icabet ederim."[726]

Zor durumda kalanları gözeten ve yoksullara kapısını açan Hz. Peygamber'e nübüvvet verildiğinde, neyle karşı karşıya olduğunu bilemediği zaman Hz. Hatice (r.a.) validemiz kendisini şu sözlerle teselli etmişti:

كَلَّا وَاللهِ مَا يُخْزِيكَ اللهُ أَبَدًا إِنَّكَ لَتَصِلُ الرَّحِمَ وَتَحْمِلُ الْكَلَّ وَتَكْسِبُ الْمَعْدُومَ وَتَقْرِي الضَّيْفَ وَتُعِينُ عَلَى نَوَائِبِ الْحَقِّ

"Vallahi, Allah seni hiçbir zaman utandırmaz. Çünkü sen akrabanı görüp gözetirsin. Yoksulları doyurur, misafirleri ağırlarsın. Zor durumlarda insanlara yardım edersin."[727]

Yönetici, idaresi altında bulunanlara adil olmalıdır. İşveren işçisini ezmemelidir. İslam bize kuvvetli olanın haklı değil, haklı olanın kuvvetli olduğu gerçeğini telkin eder ve öğretir. Peygamberler tarihi de bu gerçeğin en somut örneklerini taşır. Azgınlık ve tuğyanda ileri gitmiş kavimlere gönderilen peygamberler, çağının en zorbaları ve zalimlerine karşı çıkarken, haklı olmanın gücüne, Hakk'ı arkalarında hissetmenin özgüvenine yaslanıyorlardı.

Zalimler ise ellerinin altındaki güce ve iktidara dayanıyor, güçlü ve her zaman haklı olmayı tek şart olarak görüyorlardı. Firavun'un Hz. Mûsâ (a.s.)'a bakışı, Nemrut'un Hz. İbrahim (a.s.)'ı anlamayışı, Hz. Yusuf (a.s.)'ın kardeşleri tarafından kuyuya atılışının hepsi de güçlünün hakkı bastırmaya dönük savruluşlarını gösteren örneklerdir. Mekke müşrikleri de geçmişteki benzerleri gibi ciddi bir yanılgı içerisindeydiler. Kendisine "el-Emin" dedikleri kişinin, hak ve adalet hususunda güvendikleri

---

726 Ahmed b. Hanbel; Müsned, I, 190
727 Buhârî; Bed'ü'l-vahy

birisinin hayatına kastettiler. Ellerindeki güç ve iktidara güvenerek yaşadığı yeri ona dar etmeye kalkıştılar. Mekke'nin gücü elinde bulunduran müstekbirleri güçlü olanın haklıyı, haklı olanın da gücünü alt edeceklerini zannettiler ama yanıldılar. Tüm yetkilerini güç ve iktidarlarını korumak için kullandılar. Netice itibariyle hakkın ve adaletin gücü karşısında güçsüz kalmışlardır.

Firavun'un sihirbazlarının Mûsâ (a.s.) ile karşılaşmasında zalimin tehditkâr ve müstekbir dilini görmek mümkündür. Sihirbazlar kendi yaptıkları sihir karşısında Mûsâ (a.s.)'ın ortaya koyduğu şeyin sihir olmadığını anlamış ve Mûsâ (a.s.)'ın Rabb'ine iman ettiklerini ikrar etmişlerdir. Bunun üzerine Firavun sihirbazların kollarını ve bacaklarını çaprazlama keseceği tehdidini savurmuştur. Zalim hükümdar Nemrut'un karşısında tevhit akidesini savunan İbrahim (a.s.), *"Benim Rabbim diriltir ve öldürür." dediğinde, Nemrut'un kibirli cevabı "Ben de öldürür ve diriltirim."* [728]olmuştur.

Zaman ve mekân farklılaşsa da zalimlerin tavırları hep aynıdır. Kendi kendilerine yettiklerini zannedip azmaları ve taşkınlık yapmaları hiçbir zaman değişmemektedir. Bundan dolayı da Allah Kur'an'daki birçok ayette zalimler topluluğunu hidayete erdirmeyeceğini ifade etmektedir. Şu ayet-i kerimede olduğu gibi:

$$وَاللَّهُ لَا يَهْدِي الْقَوْمَ الظَّالِمِينَ$$

"Allah, zalimler topluluğunu doğru yola erdirmez."[729]

Tarihin bütün zorbaları kendilerini haklı göstermek için nüfuzlarını kullanmışlardır. Hâlbuki tarihte gücün ve güçlünün her zaman hak ve haklı karşısında yenilgiye uğradığını görürüz. Zorbaların yaptıklarının yanına kâr kalmadığının ve zulümlerin sonsuza kadar devam etmediğinin nice örnekleri vardır. Zalimlerin akıbetine baktığımız zaman sonlarının ibretlik olduğunu görebiliriz. Ahiretlerini de kendi elleriyle mahvetmişlerdir. O hâlde tarihten ders almalı ve zalimin zulmüne hiçbir surette rıza göstermemeliyiz. Mazlum ve mağdurun yanında yer alarak onlarla dayanışma içerisinde olmalıyız. Aksi takdirde bizlerden de zulüm karşısında ne yaptığımızın hesabı sorulacaktır.

Alınacak Dersler:

1. Zalim de mazlum da insanlık tarihi boyunca hep olmuşlardır. Ancak kazananlar mazlumlar olmuştur.

2. İslam zulmü yok etmek; zalimleri ise ıslah etmek için gelmiştir.

---

728 Bakara; 2: 258
729 Saf; 61: 7

3. Bir Müslüman olarak zulüm kime yapılırsa yapılsın, hep onun karşısında olmalıyız.

4. Zulme karşı olmak sadece söz ile olmaz, mazlumların göz yaşını dindirecek fedakârlıklarla olur.

5. Fitre, zekat, mazlum ve mağdurlarla dayanışma ve kurban kampanyası gibi hayırlı teşkilat çalışmalarına her zaman maddi ve manevi desteklerimizi esirgememeliyiz.

50. SOHBET

TAKVA NEDİR VE
İNSAN NEDEN SADECE TAKVASI İLE ÜSTÜNDÜR?

Kur'an'da, ذٰلِكَ الْكِتَابُ لَا رَيْبَ فِيهِ هُدًى لِلْمُتَّقِينَ *"Bu kitap (Kur'an) ki onda asla şüphe yoktur. O, muttakiler için bir yol göstericidir."*[730] buyurulmaktadır.

Pek çok müfessir, hemen ikinci surenin başında zikredilen muttakiler/takva sahipleri ifadesini Fatiha suresinde yer alan sırat-ı müstakim ve kendilerine nimet verilenlerin yolunda bulunanların sıfatı olduğunu ifade etmektedir. Muttakiler, Kur'an'ın bütün manasına uyanlardır.

Türkçe meal ve tefsirlerde takva kelimesi korkmak ve korku anlamında ele alınmaktadır. Muttaki kelimesine de Allah'tan korkan manası verilmektedir. Ancak bu anlam eksiktir. Nitekim İslam Ansiklopedisi'nde takva kelimesinin işaret ettiği manalar derinlemesine açıklanmakta ve *"Dinin emir ve tavsiyelerine uyma, haram ve günahlardan kaçınma hususunda gösterilen titizlik anlamında bir kavram."*[731] olarak tanımlanmaktadır.

Takva, Müslüman'ın en önemli vasfıdır. Allah'tan, O'nun emir ve ilkelerine uymamaktan çekinen kimseler takva ile arınmak durumundadırlar.

Arınmak, Allah'ın Kur'an'da ortaya koyduğu ve Resulünün tüm insanlığa tebliğ ettiği ilkeleri yaşama gayretiyle mümkündür. Bir ayette takva insanı koruyan bir elbise olarak tanımlanmıştır.

يَا بَنِي آدَمَ قَدْ أَنْزَلْنَا عَلَيْكُمْ لِبَاسًا يُوَارِي سَوْآتِكُمْ وَرِيشًا وَلِبَاسُ التَّقْوٰى ذٰلِكَ خَيْرٌ ذٰلِكَ مِنْ آيَاتِ اللّٰهِ لَعَلَّهُمْ يَذَّكَّرُونَ

"Ey Âdem oğulları! Size ayıp yerlerinizi örtecek giysi, süslenecek elbise yarattık. Takva elbisesi ki işte o daha hayırlıdır. Bunlar Allah'ın ayetlerindendir. Belki düşünüp öğüt alırlar (diye onları indirdi)."[732]

Pek çok ayette geçen takva ve takva sahipleri ifadesi Allah ve Resulünün Müslümanları tanımlarken kullandıkları ifadelerle aynı anlamdadır. İslam âlimleri ve

---

730 Bakara; 2: 2
731 Süleyman Uludağ; "Takva", Diyanet İslâm Ansiklopedisi, XXXIX, 484
732 A'râf; 7: 26

şeriat yolundaki tasavvuf ehli de bu kelimelere, bu manaları vermişlerdir. Son devir âlimlerinden Elmalılı Hamdi Yazır, Bakara suresinin başındaki takva sahipleriyle ilgili ayetleri tefsir ederken şunları ifade eder: "Ve inceleme yapıldığında Kur'an'da ittikâ (sakınma) ve takva üç derece üzerine zikrolunmuştur. Birincisi ebedi azaptan sakınmak için Allah'a şirk koşmaktan kaçınmakla iman *"Ve onları takva kelimesine bağladı."*[733] gibi. İkincisi büyük günahları işlemekten ve küçük günahlarda ısrar etmekten sakınmak ile farzları eda etmektir ki, şer'an (İslam'da) bilinen takva budur. *"O ülkelerin halkı inanıp Allah'ın azabından korunsalardı."*[734] gibi. Üçüncüsü kalbinin sırrını Allah'tan meşgul edecek her şeyden kaçınmak ve bütün varlığı ile Allah'a yönelmek ve çekilmektir ki bu da *"Ey iman edenler! Allah'tan, O'na yaraşır biçimde korkun."*[735] emrindeki gerçek takvadır."[736]

Şamil, İslam Ansiklopedisi'nde takva maddesi izah edilirken çeşitli tefsirlerdeki yorumlar şöyle özetlenmiştir: "Kur'an'da takva üç mertebede ifade buyurulmuştur: Birincisi ebedi olarak cehennem azabında kalmamak için, iman edip şirkten korunmak. İkincisi büyük günahlardan kaçınmak, küçük günahları tekrar tekrar işlemekten uzak durmak ve farzları eda etmek. Üçüncüsü bütün benliği ile Allah'a dönmek ve insanı Allah'tan alıkoyan her şeyden uzak durmaktır. Takvanın bu üç mertebesi, Kur'an'ın diğer bir yerinde bir arada zikredilmiştir: 'İman eden ve iyi işler yapanlara, hakkıyla sakınıp (takva ile hareket edip) iman ettikleri ve iyi işler yaptıkları, sonra yine hakkıyla sakınıp (takva ile hareket edip) iman ettikleri, sonra da hakkıyla sakınıp (takva ile hareket edip) yaptıklarını, ellerinden geldiğince güzel yaptıkları takdirde, (haram kılınmadan önce) taptıklarından dolayı günah yoktur. (Önemli olan inandıktan sonra iman ve iyi amelde sebattır). *"Allah iyi ve güzel yapanları sever."*[737]

Takva sahipleri, Allah'ın Resulünü örnek alarak ibadeti ve insanlara hizmeti Hz. Peygamber'in tanımlamalarına göre yapar. Böyle bir gayret içinde olan müminler, nefsini kötü sıfatlardan arındırarak kazandığı ilahî ahlak ile kemale erer ve takva sahibi kul olma mutluluğuna erişirler. Kurtuluşa erenler onlardır. Cennet onlar için hazırlanmıştır. Muttaki, Allah'ın sınırlarını aşmaktan korkan kimsedir. Dolayısıyla insanlara takvasının gereği olan ahlakla davranır. Ebû Hüreyre (r.a.)'ın naklettiğine göre, Rasûlullah şöyle buyurmuştur:

733; Fetih, 48: 26
734; A'râf, 7: 96
735 Âl-i İmrân; 3: 102
736 Elmalılı Hamdi Yazır; Hak Dini Kur'an Dili, II, 405
737 Mâide; 5: 93; Nureddin Turgay; "Takva", Şamil İslam Ansiklopedisi

لَا تَحَاسَدُوا وَلَا تَنَاجَشُوا وَلَا تَبَاغَضُوا وَلَا تَدَابَرُوا وَلَا يَبِعْ بَعْضُكُمْ عَلَى
بَيْعِ بَعْضٍ وَكُونُوا عِبَادَ اللَّهِ إِخْوَانًا. الْمُسْلِمُ أَخُو الْمُسْلِمِ لَا يَظْلِمُهُ وَلَا يَخْذُلُهُ
وَلَا يَحْقِرُهُ. التَّقْوَى هَا هُنَا

*"Birbirinize haset etmeyin. Kendiniz almak istemediğiniz hâlde diğerini zarara sok-
mak için bir malı methedip fiyatını artırma yarışına kalkışmayın. Birbirinize buğzet-
meyin. Birbirinize yüz çevirip arka dönmeyin. Sizden bazınız diğer bazınızın alışverişi
üzerine alışverişe girişmesin. Ey Allah'ın kulları! Birbirinizle kardeşler olunuz. Müslü-
man Müslüman'ın kardeşidir. Müslüman Müslüman'a zulmetmez. Yardıma muhtaç ol-
duğu zaman da onu yalnız ve yardımcısız bırakmaz. Onu hor ve hakir görmez. Takva
işte budur."* Hz. Peygamber, *"Takva işte budur"* sözünü üç defa tekrarlamış ve her
seferinde de eli ile göğsüne işaret etmiştir.[738]

اتَّقِ اللَّهَ حَيْثُمَا كُنْتَ أَتْبِعِ السَّيِّئَةَ الْحَسَنَةَ تَمْحُهَا خَالِقِ النَّاسَ بِخُلُقٍ حَسَنٍ

*"Nerede olursan ol Allah'tan kork. Her kötü davranışın ardından iyi bir amel işle
ki o günahı silsin. İnsanlara güzel ahlak ile davran."*[739] şeklindeki hadiste de takva-
nın Allah'tan sakınma, korkma ve onun emirlerine muhalefet etmekten korkma
olduğuna vurgu yapılmakta ve insanlara güzel ahlakla davranmak da takvaya dâ-
hil edilmektedir.

Takvada sakınma, yanlışa ve harama düşme endişesi de bulunmaktadır. Bunun
için ilk bakışta kötü olduğu hemen anlaşılmasa da Müslüman'ın kalbi yanlışları his-
seder. Bu yanlışları tam olarak tespit edemese de yapacağı işin doğru mu, yanlış mı
olduğunda şüpheye kapılırsa o işten uzak kalır. Zira şüpheli şeylerden kaçınmak
Hz. Peygamber'in bizlere en önemli emirlerinden birisidir.

لَا يَبْلُغُ الْعَبْدُ أَنْ يَكُونَ مِنَ الْمُتَّقِينَ حَتَّى يَدَعَ مَا لَا بَأْسَ بِهِ حَذَرًا لِمَا بِهِ الْبَأْسُ

*"Kul, sakıncalı olan şeylerden kaçınmak için sakıncalı olmayan (şüpheli) şeyleri terk
etmedikçe, gerçek takva sahiplerinin derecesine ulaşamaz."*[740]

Bir başka hadiste de Hz. Peygamber şüpheye düşülme hâlinde o şüpheliden
uzaklaşmayı takva sahibi olmakla izah eder.

إِنَّ الْحَلَالَ بَيِّنٌ وَإِنَّ الْحَرَامَ بَيِّنٌ وَبَيْنَهُمَا مُشْتَبِهَاتٌ لَا يَعْلَمُهُنَّ كَثِيرٌ مِنَ النَّاسِ
فَمَنِ اتَّقَى الشُّبُهَاتِ اسْتَبْرَأَ لِدِينِهِ وَعِرْضِهِ وَمَنْ وَقَعَ فِي الشُّبُهَاتِ وَقَعَ فِي

738 Müslim; Birr, 32
739 Tirmizî; Birr, 55
740 Tirmizî; Kıyame, 19; İbn Mâce; Züht, 24

الْحَرَامِ كَالرَّاعِي يَرْعَى حَوْلَ الْحِمَى يُوشِكُ أَنْ يَرْتَعَ فِيهِ أَلَا وَإِنَّ لِكُلِّ مَلِكٍ

حِمًى أَلَا وَإِنَّ حِمَى اللهِ مَحَارِمُهُ

"Helal bellidir. Haram da bellidir. Fakat bu ikisinin arasında şüpheli şeyler vardır. Bu nedenle şüphelerden korunan, dinini ve ırzını korumuş olur. Şüphelere düşen, harama da düşer. Nasıl koruluğun kenarında koyun otlatan çobanın koyunlarının her an koruluğa girme ihtimali varsa şüpheli şeylerden korunmayanın harama düşme ihtimali de öylece vardır. Haberiniz olsun ki, her hükümdarın koruluğu vardır. Allah'ın korusu da haramlardır."[741]

Hadiste işaret edilen hakikatlerden biri de takvada ilk akla gelmesi gereken şeyin, haramları terk etmek olduğu hakikatidir. Haramları terk edemeyen kişi, şüpheli şeylerden uzak duramaz. Haramlar Allah'ın çizdiği yasak sınırına giriştir. Sakınma noktasında haramlardan sonra mekruhlar gelir. Mekruh, çirkin bulunan, hoş karşılanmayan fiil, söz ve hâllerdir. Her ne kadar yasaklığı kesin olmasa da mekruhların terk edilmesi de takvadandır.

En son olarak sakınılması gereken şeyler şüphelilerdir. Şüpheli şeyler mekruhlar gibi, haramlara da yakın olabilir. Hakkında kesin hüküm olmayan işlerde, takvaya uygun olan haram olma ihtimalini gözeterek o fiilleri terk etmektir. Daha sonra da mubah ve helal olanlar gelir. Mubah ve helallerden yeteri kadar istifade edip israftan sakınmak da takvadandır.

Şüpheli olan şey, haramın en yakın komşusudur. Şüpheli araziye girenin bir süre sonra haram sahasına düşmesi kuvvetle muhtemeldir. Şüpheliden sakınanlarla haramların arasına âdeta bir tampon bölge girer. Takva sahiplerinin öncüsü olan Allah Resulü dua ederken, yüce Allah'tan çeşitli nimetleri talep etmiş, en başta da takvayı istemiştir.

Takva, kazanılan bir haslettir. İnsanların Allah indindeki üstünlüğü sadece takvasıyla değerlendirilecektir. Dolayısıyla hiçbir mevki, makam ya da ırka, kavmiyete veya milliyete mensup olmak doğrudan takvaya ulaştırmaz. Onun için insanlar, Âdem (a.s.) ve Havva (r.a.)'dan gelmeleri bakımından yaratılışta eşittirler. Bu açıdan soy ve sopla övünmek yersizdir. Çünkü gerçek ve yegâne üstünlük takva iledir. Kur'an'da takva üstünlüğü şöyle ifade edilir:

يَا أَيُّهَا النَّاسُ إِنَّا خَلَقْنَاكُم مِّن ذَكَرٍ وَأُنثَى وَجَعَلْنَاكُمْ شُعُوبًا وَقَبَائِلَ لِتَعَارَفُوا

إِنَّ أَكْرَمَكُمْ عِندَ اللَّهِ أَتْقَاكُمْ إِنَّ اللَّهَ عَلِيمٌ خَبِيرٌ

---

741 İbn Mâce; Fiten, 14

*"Ey insanlar! Doğrusu biz sizi bir erkekle bir dişiden yarattık. Birbirinizle tanış-
manız için sizi milletlere ve kabilelere ayırdık. Muhakkak ki Allah yanında en değerli
ve üstün olanınız, takva bakımından en üstün olanınız (Allah'tan en çok korkanınız)
dır. Şüphesiz ki Allah bilendir. Her şeyden haberi olandır."*[742]

Hz. Peygamber Veda hutbesinde aynı durumu şöyle izah buyurmuştur:

يَا أَيُّهَا النَّاسُ أَلَا إِنَّ رَبَّكُمْ وَاحِدٌ وَإِنَّ أَبَاكُمْ وَاحِدٌ كُلُّكُمْ بَنُو آدَم وَآدَم مِنْ
تُرَابٍ أَلَا لَا فَضْلَ لِعَرَبِيٍّ عَلَى عَجَمِيٍّ، إِلَّا بِالتَّقْوَى

*"Ey insanlar! Rabbiniz birdir. Babanız birdir. Hepiniz Âdemdensiniz ve Âdem de
topraktandır. Allah'ın yanında en üstün olanınız takvası en fazla olanınızdır. Arap-
larla Arap olmayanların birbirine karşı üstünlüğü ancak takva iledir."*

Takva aynı zamanda insanı temizler, tezkiye eder ve iyiliğe ulaştırır. Eğer insan
yaptıklarına pişman olup, takva üzere bir hayat kurarsa, Allah o insanı takvasında
sabit kıldığı gibi daha önceden yaptığı kötü amellerini de temizler.

Ayette şöyle buyurulmaktadır:

لَيْسَ عَلَى الَّذِينَ آمَنُوا وَعَمِلُوا الصَّالِحَاتِ جُنَاحٌ فِيمَا طَعِمُوا إِذَا مَا
اتَّقَوا وَآمَنُوا وَعَمِلُوا الصَّالِحَاتِ ثُمَّ اتَّقَوا وَآمَنُوا ثُمَّ اتَّقَوا وَأَحْسَنُوا
وَاللهُ يُحِبُّ الْمُحْسِنِينَ

*"İnanıp iyi işler yapanlara bundan böyle (Allah'a karşı gelmekten) korundukları
ve inanıp iyi işler yaptıkları, sonra yasaklardan sakınıp (onların yasaklandığına) inan-
dıkları ve yine korunup iyilik ettikleri takdirde daha önce yediklerinden ötürü bir gü-
nah yoktur. (Önemli olan inandıktan sonra iman ve iyi amelde sebattır). Allah iyi ve
güzel yapanları sever."*[743]

Bakara suresinin ilk ayetlerinde takva sahiplerinin sıfatları zikredilirken mümi-
nin sahip olması gereken sıfatları kısaca özetlenmiştir. Bu ayetlerde Rabbimiz, takva
sahiplerini övmüş ve onların çeşitli vasıflarını belirtmiştir. Buna göre takva sahip-
leri, hiç tereddüt etmeden hidayet ve kurtuluş yolu olarak Kur'an'ı seçerler. Gaybe
inanır, beş vakitlik namazlarını kılar ve helal yoldan elde ettikleri mallarını, helal
olan Allah'ın yolunda harcarlar. Bütün mukaddes kitaplara iman eder, özellikle ahi-
ret inancı ve hazırlığı içinde olurlar. Bu şekilde hareket eden takva sahipleri, aynı
zamanda Allah tarafından övülmüş ve hak yolda bulunan ve felaha kavuşacak olan

---

742 Hucurat; 49: 13
743 Maide; 5: 93

insanlar olarak anlatılmışlardır: *"O kitap (Kur'an) onda asla şüphe yoktur. O muttakiler (sakınanlar ve arınmak isteyenler) için bir yol göstericidir. Onlar gaybe inanırlar, namaz kılarlar, kendilerine verdiğimiz mallardan Allah yolunda harcarlar. Yine onlar, sana indirilene ve senden önce indirilene iman ederler. Ahiret gününe de kesin inanırlar. İşte onlar, Rablerinden gelen bir hidayet üzeredirler ve kurtuluşa erenler de ancak onlardır."*[744]

Allah'ın Kur'an'da bizlere bildirdiği takva sahiplerinin diğer bazı sıfatları şunlardır: Muttakîler; *"Allah yolunda infak ederler."*[745] *"Yakın akrabaya, fakirlere, yetimlere, yolda kalmışlara yardım ederler."*[746] *"Mallarından isteyenlere ve yoksullara verirler."*[747] *"Allah için mallarıyla ve canlarıyla cihat ederler."*[748] *"Geceleri az uyuyup, seher vakitlerinde Allah'tan bağışlanma dilerler."*[749] *"Kötülük yaptıkları veya nefislerine zulmettikleri zaman Allah'ı hatırlayarak tövbe ederler ve günahlarının bağışlanmasını dilerler, kötülükte ısrar etmezler."*[750] *"Zulme uğradıklarında haddi aşmadan yardımlaşarak haklarını alırlar."*[751] vs.

Yukarıda bulunan ve takva sahiplerinin bazı vasıflarını anlatan ayetler incelendiğinde, takvanın İslam'ı bütünüyle yaşamanın bir simgesi ve alameti olduğu görülür. Takvanın bu kadar geniş bir alanı kapsadığı göz önünde bulundurulursa Allah'ın sağlıklı, huzurlu ve güvenli bir İslam toplumunun bekasına yönelik ilahî emirlerinin ve bu alandaki kurallara yönelik ilahi tekliflerinin, takva kavramının zengin ve geniş muhtevası içinde yer aldığı söylenebilir.

Sonuçta takva ile ilgili ilahî emirler, büyük ölçüde beraber ve birlikte yaşamayı, güvenli, huzurlu bir sosyal hayatı ve toplumsal düzeni öngörmektedir. İslam toplumunda, toplumsal düzene dikkat etmeyerek fitne ve fesadın yayılmasına, sosyal dayanışma, huzur ve istikrarın bozulmasına neden olan kişiler genellikle takvadan nasibi olmayan kişilerdir. Gerçek takva sahibi kimseler Allah'ın, insanların bir arada yaşamaları için koymuş olduğu emir ve yasakları eksiksiz yerine getirmeye çalışanlardır. Bu durumla ilgili ilahî esas ve ilkelere titizlikle riayet ederler.

---

744 Bakara; 2: 1-5
745 Âl-i İmrân; 3: 134,
746 Bakara; 2: 177
747 Zâriyât; 51: 19
748 Tevbe; 9: 44
749 Zariyât; 51: 17-18
750 Âl-i İmrân; 3: 134
751 Şûrâ; 42: 39

Alınacak Dersler:

1. Takva Müslümanların en önemli vasıflarındandır. Müslüman takva ile arınır.

2. Takvaya Allah'ın Kur'an'da ortaya koyduğu ve Resulünün tüm insanlığa tebliğ ettiği ilkeleri yaşamakla ulaşılır.

3. Takva, sadece haramlardan kaçınmak değil, şüpheli olan şeylerden de uzak durmakla elde edilir.

4. Takvayı bozan şeylerden bir tanesi de gurur ve kibre kapılarak kendini ırk, renk, cinsiyet gibi asıl olmayan şeylerle büyük görmektir. Çaresi ise, her insanı insan bilip, ona göre değer vermektir.

5. İnsan eksik ve kusurludur; hata yapabilir. Tövbe ederek yeniden Allah'a kul olmaya dönmelidir. Böyle yaparsa yeniden takva elbisesini giymiş olur.

51. SOHBET

TOPLUMSAL GÖREV VE SORUMLULUKLARIMIZ (I)

Allah, insanı en güzel bir şekilde yarattı; ona kendi ruhundan üfledi, yeryüzünün halifesi kıldı ve gökte ve yerde ne varsa hepsini onun emrine verdi. Bu kadar nimete nail olan insanın tabiidir ki, başıboş bırakılması mümkün değildir. Bundan dolayı Kur'an'ımız, اَيَحْسَبُ الْإِنْسَانُ اَنْ يُتْرَكَ سُدًى "İnsan, kendisinin başıboş bırakılacağını mı sanır!"[752] buyurmuştur.

Bu sebepledir ki, insan bu alemde sorumlu olan tek varlık olduğu için yapıp ettiklerinden sorumludur.

Bu sorumlulukların başında Allah'a karşı olan sorumluluğumuz gelir. Çünkü insanın yaratılış gayesi, Allah'a kulluk etmektir. Ayet bunu şöylece izah buyuruyor: وَمَا خَلَقْتُ الْجِنَّ وَالْإِنْسَ إِلَّا لِيَعْبُدُونِ "Ben cinleri ve insanları, ancak bana kulluk etsinler diye yarattım."[753]

Allah'a karşı olan sorumluluğumuzun yanında, kendimize ve diğer varlıklara karşı da sorumluluklarımız bulunmaktadır.

Peygamber Efendimiz (s.a.v), insanın sorumluluklarına işaret buyurduğu bir hadis-i şerif şöyledir:

الْإِيمَانُ بِضْعٌ وَسَبْعُونَ أَوْ بِضْعٌ وَسِتُّونَ شُعْبَةً فَأَفْضَلُهَا قَوْلُ لاَ إِلَهَ إِلاَّ اللَّهُ
وَأَدْنَاهَا إِمَاطَةُ الْأَذَى عَنِ الطَّرِيقِ وَالْحَيَاءُ شُعْبَةٌ مِنَ الْإِيمَانِ

"İman altmış veya yetmiş küsur şubedir; en fazîletlisi 'lâ ilâhe illallah' (Allah'tan başka tanrı yoktur) demek, en aşağısı da yoldan eziyet veren şeyi kaldırmaktır. Hayâ da imandan bir şubedir."[754]

Hadis-i şeriften anlıyoruz ki, insanın, başta Allah olmak üzere, kendisine, ailesine, komşularına ve topluma karşı sorumlulukları vardır.

Biz bu dersimizde topluma karşı vazife ve sorumluluklarımız nelerdir? Bunları izaha çalışacağız. Şöyle ki:

---

752 Kıyame; 75: 36
753 Zariyât; 51: 56
754 Müslim; İman, 12. I, 63.

1. İnsan olarak birbirimizi sevmek, saymak ve başkalarının haklarına saygı göstermek

Topluma karşı sorumluluklarımızın başında bunlar gelir. Sevgili Peygamberimiz (s.a.v) şöyle buyurarak, birbirimizi sevmeyi imanın gereği kabul etmiştir:

لاَ تَدْخُلُونَ الْجَنَّةَ حَتَّى تُؤْمِنُوا وَلاَ تُؤْمِنُوا حَتَّى تَحَابُّوا أَوَلاَ أَدُلُّكُمْ عَلَى شَئْءٍ إِذَا فَعَلْتُمُوهُ تَحَابَبْتُمْ أَفْشُوا السَّلاَمَ بَيْنَكُمْ

"İman etmedikçe Cennete giremezsiniz, birbirinizi sevmedikçe de kamil bir imana sahip olamazsınız. Yaptığınız zaman birbirinizi seveceğiniz bir şey söyleyeyim mi? Aranızda selamı yayınız."[755]

Bir başka hadis-i şerifte ise, bu sevginin ölçüsü şöyle açıklanmıştır:

تَرَى الْمُؤْمِنِينَ فِي تَرَاحُمِهِمْ وَتَوَادِّهِمْ وَتَعَاطُفِهِمْ كَمَثَلِ الْجَسَدِ إِذَا اشْتَكَى عُضْوًا تَدَاعَى لَهُ سَائِرُ جَسَدِهِ بِالسَّهَرِ وَالْحُمَّى

"Müminler birbirlerini sevmede, birbirlerine acımada ve merhamette, bir vücut gibidir. Bir organ rahatsız olduğunda, diğer organlar da onunla birlikte ateşlenir, uykusuz kalırlar."[756]

Dinimiz, fert ve toplum haklarına yönelik bütün saldırıları yasaklamıştır. Bu kabilden olmak üzere, kişisel çıkarlar uğruna toplum menfaatlerini çiğnemek, görevi kötüye kullanmak, alışveriş ve ticarette hile yapmak, aldatmak, sövmek, dövmek, kalp kırmak, gıybet etmek, iftira atmak, insanların şahsiyetlerine ve namuslarına dil uzatmak, yalan söylemek vs. hep haram kılınmıştır. Bütün bunlar kul ve toplum haklarına tecavüz sayılmıştır.

لَتُؤَدُّنَّ الْحُقُوقَ إِلَى أَهْلِهَا يَوْمَ الْقِيَامَةِ حَتَّى يُقَادَ لِلشَّاةِ الْجَلْحَاءِ مِنَ الشَّاةِ الْقَرْنَاءِ

"Kıyamet günü bütün hak sahiplerine hakları iade edilecektir. Hatta boynuzlu koyun boynuzsuz olandan hakkını alacaktır."[757] anlamındaki şu hadis bunun delilidir.

Bir defasında Sevgili Peygamberimiz, insanların hukukunun önemine dikkat çekmek amacıyla ashabına "Müflis kimdir?" diye sorar. Ashap, "malı mülkü olmayan" şeklinde cevap verince, Peygamberimiz (s.a.v) şöyle buyurdu:

---

755 Müslim; İman, 22. I, 74.
756 Buhârî; Edeb, 27, VII, 77, 78.
757 Müslim; Birr, 15, 60, III, 1997.

إِنَّ الْمُفْلِسَ مِنْ أُمَّتِي يَأْتِي يَوْمَ الْقِيَامَةِ بِصَلَاةٍ وَصِيَامٍ وَزَكَاةٍ وَيَأْتِي قَدْ شَتَمَ هَذَا وَقَذَفَ هَذَا وَأَكَلَ مَالَ هَذَا وَسَفَكَ دَمَ هَذَا وَضَرَبَ هَذَا فَيُعْطَى هَذَا مِنْ حَسَنَاتِهِ وَهَذَا مِنْ حَسَنَاتِهِ فَإِنْ فَنِيَتْ حَسَنَاتُهُ قَبْلَ أَنْ يُقْضَى مَا عَلَيْهِ أُخِذَ مِنْ خَطَايَاهُمْ فَطُرِحَتْ عَلَيْهِ ثُمَّ طُرِحَ فِى النَّارِ

"Ümmetimin gerçek müflisleri şunlardır: kıyamet günü mahşer yerine namaz, oruç, zekat gibi ibadetlerinin sevabıyla gelir, fakat, dünyada şuna sövmüş, buna iftira atmış, diğerinin malını yemiş, başkasının kanını akıtmış, dövmüştür. Onun sevabından o zulmettiği kimselere verilir, borcu ödenmeden sevapları tükenir. Bu defa zulmettiklerinin günahlarından alınarak onun boynuna yüklenir ve Cehenneme atılır."[758]

Dolayısıyla, Allah'a ve ahiret gününe inanan bir insan, kimsenin hakkına tecavüz etmez; eliyle, diliyle ve davranışlarıyla kimseyi rahatsız etmez, kimseye zarar vermez. Çünkü Müslüman uyumlu ve kendisinden kötülük beklenilmeyen insandır.

Bir gün Hz. Peygamber oturan bir grup sahabinin yanında durdu ve "Size en iyiniz ve en kötünüzü bildireyim mi?" diye sordu. Orada oturanlar sustular ve cevap vermediler. Hz. Peygamber (s.a.v) sorusunu üç defa tekrar edince içlerinden biri, "evet ey Allah'ın elçisi, bize en iyimizi ve en kötümüzü haber ver" dedi. Bunun üzerine Peygamber Efendimiz (s.a.v),

خَيْرُكُمْ مَنْ يُرْجَى خَيْرُهُ وَيُؤْمَنُ شَرُّهُ وَشَرُّكُمْ مَنْ لَا يُرْجَى خَيْرُهُ وَلَا يُؤْمَنُ شَرُّهُ

"Sizin en iyiniz kendisinden iyilik beklenen ve kötülüğünden emin olunandır. Sizin en kötünüz de, kendisinden iyilik beklenmeyen, kötülüğünden de emin olunmayanınızdır" buyurdular.[759]

Müslüman kendisine kötü davranıldığında dahi, güzelliği terk etmeyen kişidir. Ecdadımız, "iyiliğe karşı iyilik her kişinin, kötülüğe karşı iyilik er kişinin kârıdır" demiştir. Çünkü güzel ahlak; mahrum edene vermek, ilgiyi kesene alaka göstermek, zulmedeni affetmektir. Kur'an'ımız bunu şöylece beyan buyurur:

وَلَا تَسْتَوِي الْحَسَنَةُ وَلَا السَّيِّئَةُ ادْفَعْ بِالَّتِي هِيَ أَحْسَنُ فَإِذَا الَّذِي بَيْنَكَ وَبَيْنَهُ عَدَاوَةٌ كَأَنَّهُ وَلِيٌّ حَمِيمٌ

---

758 Müslim; Birr ve Sıla, 15, 59, III, 1997.
759 Tirmizi; Fiten, 76. IV, 528.

"İyilikle kötülük bir olmaz, Sen (kötülüğü) en güzel bir şekilde önle. O zaman seninle arasında düşmanlık bulunan kimse, sanki candan bir dost olur."[760]

2. İyilikte Yardımlaşmak:

Toplumsal görevlerimizin en önemlilerinden bir başkası da iyilikte yardımlaşmak ve muhtaçlara yardım etmektir. Rabbimiz Kur'an-ı Kerimimizde buna şöyle işaret buyuruyor:

وَتَعَاوَنُوا عَلَى الْبِرِّ وَالتَّقْوَى وَلَا تَعَاوَنُوا عَلَى الْإِثْمِ وَالْعُدْوَانِ

"İyilik ve takvâ üzere yardımlaşın; günah ve düşmanlık üzere yardımlaşmayın."[761]

Sevgili Peygamberimiz (s.a.v) de bir mübarek sözünde sorumluluklarımız konusunda şunları ifade buyurmuştur:

مَنْ نَفَّسَ عَنْ مُؤْمِنٍ كُرْبَةً مِنْ كُرَبِ الدُّنْيَا نَفَّسَ اللهُ عَنْهُ كُرْبَةً مِنْ
كُرَبِ يَوْمِ الْقِيَامَةِ وَمَنْ يَسَّرَ عَلَى مُعْسِرٍ يَسَّرَ اللهُ عَلَيْهِ فِي الدُّنْيَا
وَالْآخِرَةِ وَمَنْ سَتَرَ مُسْلِمًا سَتَرَهُ اللهُ فِي الدُّنْيَا وَالْآخِرَةِ وَاللهُ فِي عَوْنِ
الْعَبْدِ مَا كَانَ الْعَبْدُ فِي عَوْنِ أَخِيهِ

"Bir müminin dünya sıkıntılarından bir sıkıntısını giderenin, Allah kıyamet günündeki sıkıntılarından bir sıkıntısını giderir; darlıkta olana kolaylık gösterene, dünyada ve ahirette kolaylık sağlar; bir Müslüman'ın ayıbını örtenin, dünyada ve ahirette kusurlarını örter; kul kardeşinin yardımında olduğu sürece, Allah da ona yardım eder..."[762]

İnsanlara iyilik etmeyi emreden bir başka ayette de Rabbimiz şu uyarılarda bulunur:

وَابْتَغِ فِيمَا آتَاكَ اللهُ الدَّارَ الْآخِرَةَ وَلَا تَنْسَ نَصِيبَكَ مِنَ الدُّنْيَا وَأَحْسِنْ
كَمَا أَحْسَنَ اللهُ إِلَيْكَ وَلَا تَبْغِ الْفَسَادَ فِي الْأَرْضِ إِنَّ اللهَ لَا يُحِبُّ الْمُفْسِدِينَ

"Allah'ın sana verdiğinden (O'nun yolunda harcayarak) ahiret yurdunu iste; ama dünyadan da nasibini unutma. Allah sana ihsan ettiği gibi, sen de

---

760 Fussilet; 41: 34
761 Maide; 5: 2
762 Müslim; Zikr ve Dua, 11. III, 2074.

(insanlara) iyilik et. Yeryüzünde bozgunculuğu arzulama. Şüphesiz ki Allah, boz-
guncuları sevmez."763

Bundan dolayı Allâh'ın rahmetini, yardımını ve rızasını arzulayan insan, mut-
laka ihtiyaç sahiplerine yardım elini uzatmalıdır. Bu bir dini görev, toplumsal bir
sorumluluktur. Nitekim Kur'an, zenginlerin malında fakir fukaranın hakkının var
olduğunu bildiriyor: وَفِي أَمْوَالِهِمْ حَقٌّ لِلسَّائِلِ وَالْمَحْرُومِ) *(Zenginlerin) mallarında,*
muhtaç ve yoksullar için bir hak vardır."764

Bir diğer ayet ise şöyledir:

وَأَنْفِقُوا مِنْ مَا رَزَقْنَاكُمْ مِنْ قَبْلِ أَنْ يَأْتِيَ أَحَدَكُمُ الْمَوْتُ فَيَقُولَ رَبِّ لَوْلَا
أَخَّرْتَنِي إِلَى أَجَلٍ قَرِيبٍ فَأَصَّدَّقَ وَأَكُنْ مِنَ الصَّالِحِينَ

"Herhangi birinize ölüm gelip de: Rabbim! Beni yakın bir süreye kadar geciktirsen
*de sadaka verip iyilerden olsam! demesinden önce, size verdiğimiz rızıktan harcayın."*765

Bütün bunlar işaret etmektedir ki, toplum içinde muhtaç olanları görüp gö-
zetmek toplumsal bir sorumluluktur. Şayet ihtiyaç sahipleri aç veya susuz kalacak
olurlarsa, Allah, bundan zenginleri sorumlu tutacaktır.

Bir gün Allah'ın Rasûlü (s.a.v) üç defa yemin ederek, *"gerçekten iman etmiş olmaz"*
buyurdu. Sahabe-i Kiram, *"kim ey Allah'ın Elçisi!?"* diye sorunca, Efendimiz (s.a.v):

مَنْ بَاتَ شَبْعَانًا وَجَارُهُ جَائِعٌ إِلَى جَنْبِهِ وَهُوَ يَعْلَمُ بِهِ

"Komşusunun yanı başında aç olduğunu bildiği halde kendisi tok olarak gecele-
yen kişi" diye cevap verdi.766

Yardımlaşma sadece maddî olarak ihtiyaçların karşılanması şekliyle olmaz. Bir
insanın kötülüğüne engel olmak da o insana yardım etmektir.

Peygamberimiz (s.a.v); انْصُرْ أَخَاكَ ظَالِمًا أَوْ مَظْلُومًا *"Zalim de mazlum da olsa kar-*
deşine yardım et." buyurdu. Bunun üzerine, *"yâ Resûlallah, mazluma yardım edelim,*
ama zalime nasıl yardım edelim?" denildi. Efendimiz (s.a.v), تَأْخُذُ فَوْقَ يَدَيْه " *Onu zu-*
lümden alıkoyarsan, bu da ona yardımdır" buyurdu.767 (Ders devam edecek)

---

763 Kasas; 28: 77
764 Zariyat; 51: 19
765 Münafikun; 63: 10
766 Haysemî; Mecma'u'z-Zevâid, Bir ve Sıla, XIV, 4, No: 13554.
767 Buhari; Mezalim 4, III, 98, İkrah 7, VIII, 59. Tirmizi; Fiten, 68. IV, 523.

Alınacak Dersler:

1. İnsan sorumlulukları olan ve yeryüzünün halifesi olarak yaratılmış bir varlıktır.
2. İnsanın en önemli ödevi yaratıcısına kul olmaktır.
3. Müslüman, toplumsal sorumluluğunu bilen ve gereğince hareket eden insandır.
4. Toplumsal sorumluluğun ilki Müslümanların birbirlerini sevmeleri ve birbirlerine saygı göstermeleridir.
5. Diğer bir sorumluluğumuz, ihtiyaç içindeki insanlara yardım etmek ve onların ihtiyaçlarını karşılamaktır.

52. SOHBET

TOPLUMSAL GÖREV VE SORUMLULUKLARIMIZ (II)

1. Toplumda Görülen Uygunsuz Şeylere Kayıtsız Kalmamak

Toplumsal sorumluluklarımıza işaret sadedinde Peygamber (s.a.v) bir gemi yolcularını örnek göstermiştir. "Yolculardan bir kısmı üst kata, bir kısmı da alt kata yerleşmişlerdir. Altta bulunanlar, su ihtiyaçlarını karşılamak için gemiyi delmek istediklerinde üsttekiler buna mani olmazlarsa gemi batar ve hepsi birden boğulurlar; eğer mani olurlarsa hepsi de kurtulur"[768] demiştir. Bunun anlamı, toplum içindeki uygunsuz şeyler çoğalır da bu uygunsuz şeyleri yapanları ıslah konusunda bir şeyler yapılmazsa topluma karşı olan sorumluluklar yerine getirilmemiş olur. Nitekim Allâh'ın Rasûlü (s.a.v) şöyle buyurmuştur:

إِذَا ظَهَرَتِ الْمَعَاصِي فِي أُمَّتِي عَمَّهُمُ اللهُ عَزَّ وَجَلَّ بِعَذَابٍ مِنْ عِنْدِهِ

"*Ümmetimin arasında isyan ve günahlar çoğaldığında, Allah Teâlâ kendi katından onların hepsini kapsayacak bir azap gönderir*" buyurur. Ümmü Seleme; "Yâ Resûlallah, o zaman insanların içinde hiç iyileri olmayacak mı?" diye sorunca, Peygamberimiz (s.a.v), "evet, olacak" diye cevap verir. Ümmü Seleme, onlara ne olacağını sorunca da; يُصِيبُهُمْ مَا أَصَابَ النَّاسَ ثُمَّ يَصِيرُونَ إِلَى مَغْفِرَةٍ مِنَ اللهِ وَرِضْوَانٍ "*Diğerlerine isabet eden azap onlara da isabet edecek, fakat sonra Allâh'ın bağış ve rızasına ulaşacaklardır.*"[769] buyurur.

---

768 Allah'ın Resulü (s.a.v) buyuruyor ki:

عَنِ النَّبِيِّ صَلَّى اللهُ عَلَيْهِ وَسَلَّمَ قَالَ مَثَلُ الْقَائِمِ عَلَى حُدُودِ اللهِ وَالْوَاقِعِ فِيهَا كَمَثَلِ قَوْمٍ اسْتَهَمُوا عَلَى سَفِينَةٍ فَأَصَابَ بَعْضُهُمْ أَعْلَاهَا وَبَعْضُهُمْ أَسْفَلَهَا فَكَانَ الَّذِينَ فِي أَسْفَلِهَا إِذَا اسْتَقَوْا مِنَ الْمَاءِ مَرُّوا عَلَى مَنْ فَوْقَهُمْ فَقَالُوا لَوْ أَنَّا خَرَقْنَا فِي نَصِيبِنَا خَرْقًا وَلَمْ نُؤْذِ مَنْ فَوْقَنَا فَإِنْ يَتْرُكُوهُمْ وَمَا أَرَادُوا هَلَكُوا جَمِيعًا وَإِنْ أَخَذُوا عَلَى أَيْدِيهِمْ نَجَوْا وَنَجَوْا جَمِيعًا

"Allah'ın koyduğu kurallara uyan ile uymayanın örneği bir gemiye binen insanların durumu gibidir. Bu insanların bir kısmı üst kata, bir kısmı da alt kata yerleşmişlerdir. Alt katta olanlara sizi rahatsız etmeyelim, biz geminin altından bir delik açalım, suyumuzu biz oradan alalım, derler. Şayet üst kattakiler buna müsaade ederlerse, hepsi birden helak olurlar; buna engel olurlarsa hepsi birden kurtulurlar." (Buhârî; Şirket, 6, III, 111)

769 Ahmed b. Hanbel; Müsned, 54/44, H. No: 25382

2. İktisatlı (Tutumlu) Olmak

Allah (cc), kullarına bir çok nimetler bahşetmiştir. Bu nimetlerin ihtiyaca göre uygun bir şekilde kullanılması, dinî ve ahlaki ölçülere göre gerekli yerlere, gerektiği kadar sarf edilmelidir. Mali imkânların toplum yararına harcanması; lüks ve israfa kaçılmaması gerekir. Buna dinimizde israf denir ki, dinimiz israfı yasaklamıştır. İsraf, şahsi ve ailevi harcamalarda ileri gitmek, nefsin kötü arzularını tatmin için harcama yapmak, insanî ve dinî bir amaç taşımaksızın eldeki imkanları, ihtiyacın dışında saçıp savurmaktır.

İsraf ve lüks, ekonomiyi zayıflatır, kalkınmayı engeller toplumda huzursuzluk meydana getirir. Ayrıca lüks ve israf, toplumda bencillik ve hasede sebep olur. Bu da, toplum barışını bozar, insanları huzursuz eder; çekişmeler baş gösterir. Bundan dolayıdır ki, Kur'an, yardımlaşmayı tavsiye ederken, israfı şeytan işi olarak vasıflar:

وَآتِ ذَا الْقُرْبَى حَقَّهُ وَالْمِسْكِينَ وَابْنَ السَّبِيلِ وَلَا تُبَذِّرْ تَبْذِيرًا إِنَّ الْمُبَذِّرِينَ كَانُوا إِخْوَانَ الشَّيَاطِينِ وَكَانَ الشَّيْطَانُ لِرَبِّهِ كَفُورًا

"Bir de akrabaya, yoksula, yolcuya hakkını ver. Gereksiz yere de saçıp savurma. Zira böylesine saçıp savuranlar şeytanların dostlarıdırlar. Şeytan ise Rabbine karşı çok nankördür."[770] buyurulmuştur.

Bütün işlerinde ve davranışlarında orta yolu tutmak ve tutumlu olmak Müslüman'ın özelliklerindendir. Kur'an-ı Kerim'de şöyle buyurulur: وَالَّذِينَ إِذَا أَنْفَقُوا لَمْ يُسْرِفُوا وَلَمْ يَقْتُرُوا وَكَانَ بَيْنَ ذَلِكَ قَوَامًا *"(O kullar), harcadıklarında ne israf ne de cimrilik ederler; ikisi arasında orta bir yol tutarlar."*[771]

Hz. Peygamber (s.a.v) de,

مَا أَحْسَنَ الْقَصْدَ فِي الْغِنَى وَأَحْسَنَ الْقَصْدَ فِي الْفَقْرِ

"Zenginlikte orta yolu tutmak ne güzeldir; fakirlikte orta yolu tutmak ne güzeldir"[772] buyurmuştur.

Dinimizce haram kılınan ve lüks sayılan şeylerin tüketimi israf olduğu gibi, helal olan yiyecek ve içeceklerin de gereğinden fazla tüketilmesi israf kabul edilmiş ve yasaklanmıştır. Kur'an, bunu şöyle izah buyuruyor:

---

770 İsra; 17: 26-27
771 Furkan; 25: 67
772 Heysemi; Mecmeu'z-Zevâid, Züht, 36/1.

يَا بَنِي آدَمَ خُذُوا زِينَتَكُمْ عِنْدَ كُلِّ مَسْجِدٍ وَكُلُوا وَاشْرَبُوا وَلَا تُسْرِفُوا إِنَّهُ لَا يُحِبُّ الْمُسْرِفِينَ

"Ey Adem oğulları! Her secde edişinizde güzel elbiselerinizi giyin; yiyin, için, fakat israf etmeyin; çünkü Allah israf edenleri sevmez."[773]

Hz. Peygamber (s.a.v) Efendimiz de bunu izah sadedinde şöyle buyurmuştur:

كُلُوا وَاشْرَبُوا وَتَصَدَّقُوا وَالْبَسُوا مَا لَمْ يُخَالِطْهُ إِسْرَافٌ أَوْ مَخِيلَةٌ

"İsraf etmeksizin, kibre kapılmaksızın yiyiniz, giyiniz ve fakirlere yardım ediniz"[774] buyurmuştur.

3. Çalışmak ve Üretmek

Çalışmak, üretmek ve kazanmak her insanın hakkı olmakla beraber, topluma karşı da bir sorumluluktur. Topluma yük olmamak, ailesinin geçimini sağlamak için meşru bir şekilde çalışmak, hem dinî hem de sosyal görevlerimizdendir. Allah'ın Rasûlü (s.a.v) buna şöylece işaret buyurmuştur:

مَا أَكَلَ أَحَدٌ طَعَامًا قَطُّ خَيْرًا مِنْ أَنْ يَأْكُلَ مِنْ عَمَلِ يَدِهِ

"Hiç kimse, çalışıp kazandığından daha hayırlı bir yemek yememiştir"[775] buyurmuştur.

İnsanın, kazanıp başarması için çalışması gerektiğine Kur'an'ımız şöyle işaret buyurur: وَأَنْ لَيْسَ لِلْإِنْسَانِ إِلَّا مَا سَعَى *"Bilsin ki insan için kendi çalışmasından başka bir şey yoktur."*[776]

En önemli farz ibadetlerimizden olan Cuma namazının kılınmasından hemen sonra çalışmaya koyulmanın gerekliliğine vurgu yapılıyor, şu ayet-i kerimede:

فَإِذَا قُضِيَتِ الصَّلَاةُ فَانْتَشِرُوا فِي الْأَرْضِ وَابْتَغُوا مِنْ فَضْلِ اللَّهِ وَاذْكُرُوا اللَّهَ كَثِيرًا لَعَلَّكُمْ تُفْلِحُونَ

"Namaz kılınınca artık yeryüzüne dağılın ve Allah'ın lütfundan isteyin. Allah'ı çok zikredin; umulur ki kurtuluşa erersiniz."[777]

---

773 A'raf; 7: 31
774 İbn Mâce; Libas, 23. II, 1192.
775 Buhârî; Büyû, 15, III, 9.
776 Necm; 53: 39
777 Cuma; 62: 10

Peygamberimiz (s.a.v), toplumun kalkınması için dayanışma ve şirketleşmeyi tavsiye etmiş; Allah'ın, dürüst ortakların yardımcısı olduğunu belirtmiştir:

إِنَّ اللهَ يَقُولُ أَنَا ثَالِثُ الشَّرِيكَيْنِ مَا لَمْ يَخُنْ أَحَدُهُمَا صَاحِبَهُ فَإِذَا خَانَهُ خَرَجْتُ مِنْ بَيْنِهِمَا

"Birbirlerini aldatmadıkça ben iki ortağın üçüncüsüyüm. Fakat biri diğerine hıyanet edince ben aralarından çekilirim."[778]

Bundan dolayıdır ki, hem kendi yararımıza, hem toplum yararına faydalı işler yapmaya çalışacağız; hem de yaptığımız şeylerin en güzelini yapacağız. Çünkü Rabbimiz, bunu bizden talep ediyor: "وَأَحْسِنُوا إِنَّ اللهَ يُحِبُّ الْمُحْسِنِينَ" *İşlerinizi en güzel bir şekilde yapın. Çünkü Allah, işlerini güzel bir şekilde yapanları sever."*[779]

4. Kamu Mallarını Korumak, Haksız Yollarla Bunları Elde Etmemek

Toplumsal sorumluluklarımızdan birisi de topluma ait malları iyi korumak ve bütün toplumun değerlerinin içinde bulunduğu kamu mallarını haksız yollarla elde etmemektir.

Kamu hakları ve kişinin topluma karşı görevleri, çok önemli olduğu için hem insan hem de Allah hakkı olarak kabul edilmiştir. Toplumun bütün fertlerinin, bu hakları koruma, kollama hak ve sorumlulukları vardır.

Cenab-ı Hak, fert olsun, toplum olsun başkasının malını yemeyi yasaklamıştır:

وَلَا تَأْكُلُوا أَمْوَالَكُمْ بَيْنَكُمْ بِالْبَاطِلِ وَتُدْلُوا بِهَا إِلَى الْحُكَّامِ لِتَأْكُلُوا فَرِيقًا مِنْ أَمْوَالِ النَّاسِ بِالْإِثْمِ وَأَنْتُمْ تَعْلَمُونَ

"Mallarınızı aranızda haksız sebeplerle yemeyin. Kendiniz bilip dururken, insanların mallarından bir kısmını haram yollardan yemeniz için o malları hakimlere (idarecilere veya mahkeme hakimlerine) vermeyin."[780]

Peygamberimiz Efendimiz (s.a.v) ise,

عَلَى الْيَدِ مَا أَخَذَتْ حَتَّى تُؤَدِّيَ

"Aldığı şeyi geri verinceye kadar kişinin üzerinde bir borçtur."[781] buyurmaktadır.

---

778 Ebu Davud; Büyû', 27. III, 677.
779 Bakara; 2: 195
780 Bakara; 2: 188
781 Ebû Davûd; Büyû, 90. III, 822.

Yani, insan, birinden almış olduğu malın kıymetini bilmeli ve zamanı geldiğinde sahibine geri iade etmelidir. Aksi halde dünyevî ve uhrevî sorumluluk söz konusudur. Nitekim Hz. Peygamber, Hayber savaşında alınan ve henüz taksim edilmemiş olan kamuya ait ganimetlerden değersiz bir takım eşyayı alan, daha sonra da düşman tarafından öldürülen sahabinin, büyük bir günah işlediğini, dolayısıyla şehit olmadığını belirtmiş ve kendisi cenaze namazını kıldırmaktan kaçınmıştır.[782]

Netice olarak, sorumluluk bilinciyle yaratılan insan, başta Allah olmak üzere, kendisine, ailesine, komşularına ve topluma karşı yerine getirmesi gerekli olan sorumlulukları vardır. Bunları yerine getirmek gerekir.

Alınacak dersler:

1. Müslümanın sorumluluklarının başında, Müslümanların birbirini sevmesi ve birbirlerinin haklarına saygı göstermesi gelir.

2. İslâmî terbiye ile yetişmiş insan; seven ve sevilen, merhamet eden, herkesle hoş geçinen ve kendisiyle hoş geçinilen insandır.

3. Müslüman ailesiyle, içinde yaşadığı toplumla, milletiyle ve bütün insanlıkla barışık olandır.

4. Müslüman, maddi ve manevi alanda iyilikte yardımlaşır, muhtaçlara yardım elini uzatır.

5. Müslüman, kendisinin ve bakmakla yükümlü olduğu aile fertlerinin ihtiyaçlarını karşılamak, yakınlarına ve topluma yük olmamak için çalışır.

6. Müslüman, harcarken ne israf eder, ne de cimrilik yapar.

7. Dinî sorumluluğa sahip olan kişi, Allah hakkı olarak kabul edilen kamu mallarını korur, haksız yollarla bunları elde etmeye çalışmaz.

---

[782] فَقَالَ رَسُولُ اللهِ صَلَّى اللهُ عَلَيْهِ وَسَلَّمَ كَلَّا إِنِّي رَأَيْتُهُ فِي النَّارِ فِي بُرْدَةٍ غَلَّهَا أَوْ عَبَاءَةٍ

Bk. Müslim; İman, 48. I, 107-108.

53. SOHBET

KOMŞULUK İLİŞKİLERİ (I)

Biz nerede olursak olalım, hangi halde bulunursak bulunalım, durumumuz, konumumuz her ne olursa olsun, hayatta olduğumuz sürece yanımızda ve çevremizde mutlaka bir takım insanlar bulunur. Bu insanlarla da zaman içinde kaçınılmaz ilişkilerimiz olur. Bu toplum hayatının kaçınılmaz bir gerçek ve gereğidir. Hayatın yaşanmaya değer olması ise, işte bu insanlarla beraber olmak, zorlukları beraber aşmak; güzellikleri ise yine birlikte yaşamak ve paylaşmaktır. Böyle bir paylaşım olmadan toplumda sağlıklı bir yaşamın olması mümkün değildir. Genel anlamda böyle bir paylaşımın yanında aileler olarak yaşadığımız mutluluk yuvamız olan meskenlerimizin bulunduğu civarlarda yaşayan insanlarla bir başka deyişle komşularımızla olan ilişkilerimiz ise daha da büyük bir önem arz eder. Zira komşuluk ilişkileri, toplum içinde olması kaçınılmaz olan ilişkilerin birinci basamağı ve en önemli göstergelerindendir. Öyle ki çoğu zaman ailevi ilişkilerden sonra en yakın irtibat kurduğumuz insanlar komşularımızdır. Komşularımız, günlük olarak bir çok kereler, değişik nedenlerle yüz yüze geldiğimiz insanlardır. Süreç içinde komşularımız evlatlarımızdan bile bazen bizlere yakındırlar. Onlar, zor zamanlarımızda yardım istediğimiz, sevinçli anlarda mutluluğumuzu paylaştığımız insanlardır. Bu açıdan bakarsak onlar sanki ailemizden bir üye gibidirler. Bundan dolayıdır ki, ailemize gösterdiğimiz ilgi ve alakayı komşularımızdan da esirgememeliyiz. Biz de onların problemleriyle yakından ilgilenmeli, sevinç ve üzüntülerini paylaşmalıyız.

İnsan hayatına her alanda yön ve şekil vermeyi amaçlayan dinimiz, bütün bu sebeplerden dolayı komşuluk ilişkilerine son derece önem vermiştir.

Yüce Allah buyuruyor ki;

وَاعْبُدُوا اللّٰهَ وَلَا تُشْرِكُوا بِهِ شَيْئًا وَبِالْوَالِدَيْنِ إِحْسَانًا وَبِذِي الْقُرْبٰى وَالْيَتَامٰى وَالْمَسَاكِينِ وَالْجَارِ ذِي الْقُرْبٰى وَالْجَارِ الْجُنُبِ وَالصَّاحِبِ بِالْجَنْبِ وَابْنِ السَّبِيلِ وَمَا مَلَكَتْ أَيْمَانُكُمْ إِنَّ اللّٰهَ لَا يُحِبُّ مَنْ كَانَ مُخْتَالًا فَخُورًا

"Allah'a ibadet edin ve O'na hiçbir şeyi ortak koşmayın. Ana-babaya, akrabaya, ye-timlere, yoksullara, yakın komşuya, uzak komşuya, yakın arkadaşa, yolcuya, ellerinizin

altında bulunanlar (köle, cariye, hizmetçi ve benzerlerine) iyi davranın; Allah kendini beğenen ve daima böbürlenip duran kimseyi sevmez.[783]

Âyet-i kerime bir taraftan, ibadetin Allah'a yapılması ve O'na ortak koşulmamasını; diğer taraftan bir müminin toplum içinde yerine getirmesi gereken görevlerinden bir kısmını dile getirmektedir.

Allah'a ibadet etmek, O'na ortak koşmamak, çevremizle iyi ilişkiler içerisinde olmak dinimizin temelini oluşturan konulardan çok önemli bir kısmıdır. Mümin ise, bu vazifeleri hakkı ile yerine getiren insandır. Şurası bir gerçek ki, insan diğer insanlarla birlikte yaşamakta ve onlarla pek çok münasebeti bulunmaktadır.

Allah ile kul arasında gerçekleşen iman ve ibadet boyutunun meyvesi, insanlarla olan ilişkilerde, her insanın Allah'ın kulu olduğu gerçeğinin göz önünde bulundurulmasıyla devşirilir. Âyet önce temel mesaj olan Allah'a iman konusunu ifade ettikten sonra, insanın yakın ilişki içinde bulunduğu diğer insanları gündeme getiriyor ve onlarla kurulacak ilişkinin temelini, *iyilik etmek* ve *alçak gönüllü ve mütevazı olmak* esaslarına oturtuyor.

İnsanın sosyal çevresini oluşturan kesimler zikredilirken önce komşuluk ilişkilerine vurgu yapılması çok önemlidir. Şu hadis-i şerif de ayeti tefsir eder mahiyettedir.

مَا زَالَ جِبْرِيلُ يُوصِينِي بِالْجَارِ حَتَّى ظَنَنْتُ أَنَّهُ سَيُوَرِّثُهُ

"Cebrail bana komşu hakkında o kadar tavsiyede bulundu ki, onu mirasçı kılacak sandım."[784]

Hadisin bize verdiği temel fikir şudur: İnsan kendi mirasçıları olan yakınlarına; çocuklarına, ana-babasına, kardeşlerine nasıl davranıyorsa, komşularına da öyle davranmalıdır. Çünkü insanın aile fertlerinden sonra en çok ilişki içinde olduğu kimseler komşularıdır. Kişilerin aile dışı insanlarla gerçekleştirdikleri sosyal ilişkiler, komşularla başlar. Komşuluk ilişkileri, toplumsal ilişkilerin esasını ve hareket noktasını oluşturur. Bu sebeple komşuluk ilişkileri toplumun geniş katmanları arasındaki ilişkilerin küçük çaplı bir örneğini oluşturur. Komşuluk çerçevesi içindeki davranış ve ilişki biçimleri, bir şekilde geniş kitleler arasında da etkisini gösterir.

Bu durum, komşular arası iyi ilişkilerin önemini açıkça ortaya koymaktadır. İşte sevgili Peygamberimiz; وَأَحْسِنْ جِوَارَ مَنْ جَاوَرَكَ تَكُنْ مُسْلِمًا *"Komşularına iyi komşuluk et ki gerçek Müslüman olasın."* [785]buyurmak suretiyle, bir anlamda gerçek Müslüman olmayı, komşularla iyi ilişkiler içinde bulunmaya bağlamıştır.

---

783 Nisa; 4: 36
784 Buhari; Edeb, 28; VII, 78.
785 İbn Mâce; Zühd, 24; II, 1410.

İnsan, hayatı boyunca mutluluğun peşinden koşar durur. Onu uzaklarda arar durur. Halbuki mutluluk çoğu kere onun hemen yanı başındadır, ama o bunun farkında değildir. Mutluluğu sağlayacak sebepleri keşfetmek gerekir. İşte Hz. Peygamber (s.a.v) şu hadisinde bize mutluluğa ve huzura götüren yollardan üçünü gösteriyor: مِنْ سَعَادَةِ الْمَرْءِ الْجَارُ الصَّالِحُ وَالْمَرْكَبُ الْهَنِيءُ وَالْمَسْكَنُ الْوَاسِعُ *İyi bir komşu, rahat bir binek, ve geniş bir ev insanı mutlu eden sebeplerdendir.*[786] Kültürümüzden süzülmüş bir anlayışın ifadesi olan, *"Ev alma, komşu al"* özdeyişi, özü itibariyle bu hadisten mülhem olsa gerektir. Zaten bu tür atasözleri, belli bir tarihi tecrübe ve birikimin sonucu kitaplarımıza, dillerimize, gönüllerimize yerleşmiştir.

Çağımızda hızlı şehirleşmenin, şehir yapılaşmasının ve değişen iş hayatının komşuluk ilişkilerini olumsuz yönde etkilediği görülmektedir. Aynı apartmanda yıllarca oturmuş olmalarına rağmen, yardımlaşma ve dayanışmaya giremeyen, birbirlerini tanımayan ve konuşmayan; birbirleriyle karşılaştıklarında selamlaşmayan insanlar dahi vardır.

Komşuluk Hakları

Dinimiz kul hakkına son derece önem verir. Kul hakkını çiğnemeyi büyük manevi sorumluluk olarak kabul eder. Bu çiğnenen kul hakkı, komşu hakkı olursa daha da bir önem arz eder. Bir gün sevgili Peygamberimiz; وَاللهِ لَا يُؤْمِنُ وَاللهِ لَا يُؤْمِنُ وَاللهِ لَا يُؤْمِنُ *"Vallahi iman etmiş olamaz, vallahi iman emiş olamaz, vallahi iman etmiş olamaz"* buyurdu. Sahabeden bir tanesi, مَنْ يَا رَسُولَ اللهِ *"Kim iman etmiş olmaz ey Allah'ın Resulü?"* diye sordu. Rasûlullah (s.a.v) Efendimiz قَالَ الَّذِي لَا يَأْمَنُ جَارُهُ بَوَائِقَهُ *"Kötülüğünden komşusunun emin olmadığı kimse"* cevabını verdi.[787]

Ebu Hüreyre (r.a), şöyle anlatıyor:

إِنَّ رَسُولَ اللهِ - صَلَّى اللهُ عَلَيْهِ وَسَلَّمَ - وَقَفَ عَلَى نَاسٍ جُلُوسٍ فَقَالَ أَلَا أُخْبِرُكُمْ بِخَيْرِكُمْ مِنْ شَرِّكُمْ قَالَ : فَسَكَتُوا فَقَالَ ذَلِكَ ثَلَاثَ مَرَّاتٍ فَقَالَ رَجُلٌ : بَلَى يَا رَسُولَ اللهِ أَخْبِرْنَا بِخَيْرِنَا مِنْ شَرِّنَا فَقَالَ خَيْرُكُمْ مَنْ يُرْجَى خَيْرُهُ ، وَيُؤْمَنُ شَرُّهُ ، وَشَرُّكُمْ مَنْ لَا يُرْجَى خَيْرُهُ ، وَلَا يُؤْمَنُ شَرُّهُ خَيْرُكُمْ مَنْ يُرْجَى خَيْرُهُ ، وَيُؤْمَنُ مَنْ لَا يُرْجَى خَيْرُهُ ، وَشَرُّكُمْ مَنْ لَا يُرْجَى خَيْرُهُ ، وَلَا يُؤْمَنُ شَرّه

Rasûlullah (s.a.v) ashaptan bir grup insanın yanında durdu ve, *"Size, en hayırlınızın kim olduğunu, en kötünüzün kim olduğunu haber vereyim mi?"* diye sordu.

---

786 Ahmed; Müsnedül Mekkiyyin, III, 407-408.
787 Buhari; Edeb. 29; VII, 78.

Oradakiler bir şey söylemediler. Allah'ın Resulü sorusunu üç kere tekrarladı. Bunun üzerine bir adam; 'Evet ya Resûlallah, hangimizin en hayırlı, hangimizin en kötü kimse olduğunu bize haber ver' dedi. Rasûlullah (s.a.v): *"Sizin en hayırlınız, hayrı dokunması umulan ve kötülüğünden emin olunan kimsedir. En kötünüz de hayrı dokunması umulmayan ve kötülüğünden emin olunmayandır."*[788] buyurdu.

Bu hadis-i şerif bize gösteriyor ki, Allah katında makbul olabilmek için, insanlar nazarında da makbul bir insan olmak gerekir. Dolayısı ile, insanlara, özellikle de komşularına güven vermeyen, onların güvenini kazanmayan, etrafında endişe uyandıran, rahatsızlık ve huzursuzluğa sebep olan, medenice yaşamanın gereklerini yerine getirmeyen kişiler, Allah'ın da hoşnut olmayacağı kimselerdir.

Ekonomik durumu, sosyal konumu, itibar düzeyi ne olursa olsun, komşularımıza önce insan sonra da Allah'ın kulu olmaları hasebiyle değer ve kıymet vermemiz gerekir. Sebep ne olursa olsun onlara karşı açıktan veya dolaylı olarak küçümser bir tavır içinde olmak doğru değildir. Bunu Yunus Emre'miz şöyle dile getirmiştir:

Elif okuduk ötürü

Pazar eyledik götürü

Yaratılanı hoş gördük

Yaratan'dan ötürü[789]

İslâm bütün insanlığı *"mükerrem (saygıya layık)"* görür. Onun inancı, etnik kökeni, sosyal statü ve konumu ona yönelik davranışın sıfatını belirlemez. Her insanın, hakkı kutsal (dokunulmaz)dır.

Bir insanı küçük görmek, onunla alay etmek dinimizin yasakladığı çirkin işlerden biridir. Çünkü böyle bir tavır, kişinin kendisini üstün görmesinden kaynaklanır. Halbuki İslâm, ideal toplum düzenini kurmak ister. Bunu da edep ve ahlak düzleminde gerçekleştirmeyi hedefler. İslam'a göre, her şahıs bir diğerinden daha aşağı düzeyde kabul edilmez, herkesin haysiyet ve şerefi koruma altındadır. Nitekim insanlara nasıl davranılması gerekir noktasında şu iki âyet son derece önemlidir:

يَا أَيُّهَا الَّذِينَ آمَنُوا لَا يَسْخَرْ قَوْمٌ مِنْ قَوْمٍ عَسَى أَنْ يَكُونُوا خَيْرًا مِنْهُمْ وَلَا نِسَاءٌ مِنْ نِسَاءٍ عَسَى أَنْ يَكُنَّ خَيْرًا مِنْهُنَّ

---

788 Tirmizi; Fiten, 76; IV, 528.
789 Tatçı Mustafa; Yûnus Emre Dîvânı I, s. 35.

"Ey müminler! Bir topluluk diğer bir topluluğu alaya almasın. Belki de onlar, kendilerinden daha iyidirler. Kadınlar da kadınları alaya almasınlar. Belki onlar kendilerinden daha iyidirler."[790]

وَيْلٌ لِكُلِّ هُمَزَةٍ لُمَزَةٍ

"Arkadan çekiştirmeyi, yüze karşı eğlenmeyi adet edinen herkesin vay haline!"[791] Birinci âyet, gerekçesi ne olursa olsun insanlarla alay edilmesini yasaklarken, ikinci âyet ise insanlarla alay etmenin manevî mesuliyetine işaret etmektedir.

Kur'an-ı Kerim'in tercümanı Hz. Peygamber (s.a.v) de insanlarla alay edilmesini, onların küçümsenmesini ve tahkir edilmelerini şöyle buyurarak yasaklamıştır:

بِحَسْبِ امْرِئٍ مِنَ الشَّرِّ أَنْ يَحْقِرَ أَخَاهُ الْمُسْلِمَ *"Kişiye, mümin kardeşini küçümsemesi, tahkir etmesi kötülük olarak yeter."*[792]

Küçük görülen ve alay edilen kişi, bir komşu ise, yapılan yanlış daha da büyük olur. Ebu Hüreyre (r.a.) anlattığı gibi:

كَانَ النَّبِيُّ صَلَّى اللهُ عَلَيْهِ وَسَلَّمَ يَقُولُ يَا نِسَاءَ الْمُسْلِمَاتِ لَا تَحْقِرَنَّ جَارَةٌ لِجَارَتِهَا وَلَوْ فِرْسِنَ شَاةٍ

"Rasûlullah (s.a.v), "Ey Müslüman hanımlar! Tırnak ucu kadar da olsa, sakın ha, komşu komşuyu hakir görmesin" derdi."[793]

Hz. Peygamber (s.a.v), hadis-i şerifte komşu hakkının ne kadar önemli olduğunu, komşulara sözlü ya da fiili zarar vermenin ne derece büyük bir vebale sebep olduğunu açıkça ifade etmektedir. Bir bakıma komşularımızla olan ilişkilerimiz, imanımızın da niteliğini etkiler. Nitekim yukardaki hadis-i şerifte geçen *"iman etmiş olamaz"* ifadesi vardır ki, çok önemlidir. İmanımızın kamil anlamda gerçekleşmesine yardımcı olan etkenlerden birisi de komşuluk ilişkilerimizdir.

Aynı mesajı veren bir başka nebevi uyarı şöyledir:

لَا يَدْخُلُ الْجَنَّةَ مَنْ لَا يَأْمَنُ جَارُهُ بَوَائِقَهُ

"Kötülüğünden komşusunun emin olmadığı kimse cennete giremez."[794]

---

790 Hucurat; 49: 11
791 Hümeze; 104: 1
792 Müslim; Birr, 32 III 1986.
793 Buhari; Edeb, 30; VII, 78.
794 Müslim; İman, 73; I, 68.

Komşuluk hukukunun önemini vurgulayan bir başka hadisi şerifinde ise, Sevgili Peygamberimiz (s.a.v) söyle buyurur:

أَوَّلُ خَصْمَيْنِ يَوْمَ الْقِيَامَةِ جَارَانِ

"Kıyamet gününde muhakeme edilecek ilk iki hasım, iki komşu olacaktır.[795]

Aldığımız Dersler:

Hz. Peygamber (s.a.v)'in uyarıları doğrultusunda komşuların birbirlerine karşı görevlerini öğrenmiş bulunmaktayız. Buna göre:

1. Hastalandığında ziyaretine gitmek.

2. Öldüğünde cenazesinin kaldırılmasında bulunmak.

3. Borç istediğinde imkan nispetinde yardımcı olmak.

4. Darda kaldığında yardımına koşmak.

5. Bir nimete kavuştuğunda tebrik etmek.

6. Başına bir musibet geldiğinde teselli etmek.[796]

---

795 Ahmed; IV. 151.
796 Nuruddin el-Heysem; *Mecma'u'z-Zevâid*, VII, 168-170.

54. SOHBET

KOMŞULUK İLİŞKİLERİ (II)

Bir önceki dersimizde giriş yaptığımız Komşuluk İlişkileri konumuza kaldığımız yerden devam ederek dersi tamamlamak istiyoruz. Komşuluk İlişkileri ile ilgili bazı hususları maddeler halinde izah edeceğiz. Şöyle ki:

1. Komşunun Eziyetine Sabretmek

Sabır, eza, cefa, musibet ve ibadetlerin zorluklarına dayanmak, acizlik göstermemek demektir. Kur'an-ı Kerim'in bir çok yerinde sabır konusu ele alınmakta ve sabra sarılma tavsiye edilmekte; hatta emredilmektedir.[797]

Rasûlullah (s.a.v), karşılaşılan güçlüklerde sabredilmesi gerektiğini ifade ediyor[798] ve bu noktada gerçek sabrın ölçüsünü şöyle beyan buyuruyor: الصَّبْرُ عِنْدَ الصَّدْمَةِ الْأُولَى "*Sabır, (musibetin, felaketin) geldiği ilk andadır.*"[799] وَمَا أُعْطِيَ أَحَدٌ مِنْ عَطَاءٍ خَيْرٌ وَلَا أَوْسَعُ مِنَ الصَّبْرِ "*Hiç kimseye sabırdan daha hayırlı ve daha geniş bir bağışta bulunulmamıştır.*"[800]

Bizzat kendisinin hayatını incelediğimizde görürüz ki, karşılaştığı onca güçlüğe karşı sabır ve teenni ile göğüs germiştir.[801]

Dinimiz, kendine inananlara öfkeyi değil sekineti, teenniyi, sabrı tavsiye ve hatta emretmektedir.[802] Çünkü karşılaşılan olumsuz bir davranışa öfke yerine, sabırla tahammül bir çok defa güzel dostlukların başlangıcı ve başarıya ulaşmanın en güzel yolu olabilir. Nitekim,

وَلَا تَسْتَوِي الْحَسَنَةُ وَلَا السَّيِّئَةُ ادْفَعْ بِالَّتِي هِيَ أَحْسَنُ فَإِذَا الَّذِي بَيْنَكَ وَبَيْنَهُ عَدَاوَةٌ كَأَنَّهُ وَلِيٌّ حَمِيمٌ

---

797 bk. En'âm; 6/34. Ahkâf; 46/35. Tâ-Hâ; 20/130. Rûm; 30/60. Lokmân; 31/17. Meâric; 70/5.
798 Buhârî; Zekât, 5 0, I, 129.
799 Buhârî; Cenâiz, 32, II, 79.
800 Müslim; Zekât, 124; II, 729.
801 Örnek olarak bk. Buharî; Bed'ül-Halk, 7, IV, 81- 85.
802 Âl-i İmrân; 3/200. Bakara; 2/153,155. Zümer; 39/10. Şûrâ; 42/43.

"İyilikle kötülük bir olmaz, Sen (kötülüğü) en güzel bir şekilde önle. O zaman seninle arasında düşmanlık bulunan kimse, sanki candan bir dost olur."[803] âyeti bu gerçeği gayet güzel izah buyuruyor.

İslam Dini, toplumun ahenk içinde yürümesi için bütün tedbirleri alır. Komşuluk ilişkileri açısından da bir çok önlemleri alır. Örneğin, Dinimiz, bir yandan komşulara eza edilmemesini, onlara iyi davranılmasını emrederken, diğer yandan da, komşulardan gelecek olumsuz davranışlara, kötülük ve zararlara mümkün olduğunca sabırla karşılık verilmesini tavsiye etmektedir. Allah'ın sevdiği üç kısım insanın özelliklerini anlatan Peygamber Efendimiz (s.a.v), onlardan birisinin de komşusunun kötülüklerine sabreden insan olduğunu izah sadedinde şöyle buyurmaktadır:

وَالرَّجُلُ يَكُونُ لَهُ الْجَارُ يُؤْذِيهِ جِوَارُهُ فَيَصْبِرُ عَلَى أَذَاهُ حَتَّى يُفَرِّقَ بَيْنَهُمَا مَوْتٌ أَوْ ظَعْنٌ)

Allah'ın sevdiği kimselerden üçüncüsü de) *bir adamdır ki, kendisine eziyet eden bir komşusu vardır. O da bu eziyetlere sabreder. Nihayet ölüm yahut göç etmek aralarını ayırır."*[804]

Elbette komşuluk hakları sadece onlardan gelecek eza ve cefaya sabretmekten ibaret değildir. Bu işin negatif boyutunu oluşturur. Bir de bu konunun pozitif tarafı vardır ki, bu anlamda da bir Müslüman olarak aktif olmak durumundayız. Yani iyi bir komşuluk için sadece komşuya zarar vermemek yetmez, komşulara iyilik yapmak da lüzumludur. Bu hususta da Allah'ın Rasûlü (s.a.v) şöyle buyurmuştur: مَنْ كَانَ يُؤْمِنُ بِاللهِ وَالْيَوْمِ الآخِرِ فَلْيُكْرِمْ جَارَهُ *"Kim Allah'a ve ahiret gününe inanıyorsa komşusuna iyilik etsin."*[805]

2. Komşu Değil, Bitişik Yabancılar

Günümüzün getirdiği bazı hayat şartları, insanları *"aynı toplumda bir ve beraber yaşayan yabancılar"* haline getirmiştir. Zorunlu kimi ilişkilerin haricinde herkes kendi işi ile meşgul olmakta ve insanlar birbirleriyle uzun boylu ilişkilere girmemektedir. Sözgelimi, yıllarca aynı apartmanda yaşayan insanların bir çoğunun birbirleriyle tanışmaması, komşuluk ilişkilerine girmemesi çokça şahit olunan bir durumdur.

Şu bir gerçektir ki, sosyal hayat anlayış ve yaşayışımız bir çok yönü ile değişmiş veya değişecektir. Bu durum kaçınılmazdır. Ancak bu değişikliklerin bizi biz yapan değerlerimizden bir kısmını alıp götürmesine izin vermemeliyiz ve duyarlı

---

803 Fussilet, 41: 34
804 Ahmed; V, 151.
805 Buhârî; Edeb, 31; VII, 79.

davranmalıyız. Aynı çatı altında bulunan komşular birbirleriyle olan ilişkilerini geliştirmelidirler.

Komşuluk ilişkileri, aslında tabii ilişkilerdir. Bu tabiiliği devam ettirecek imkanları aramak gerekir. Merdivende karşılaşılan bir apartman komşusuna verilecek bir selam, gösterilecek bir güler yüz, samimi bir hal-hatır sorma, gerektiğinde ihtiyaçların sorulması komşular arasında oluşacak sıkı bağların ilk adımı olabilir. İşte bu tür davranışları dinimiz, sadaka olarak değerlendirmektedir. Kur'an-ı Kerim, buna şu şekilde işaret etmekte ve bir çift güzel sözün önemine dikkatlerimizi çekmektedir:

$$\text{قَوْلٌ مَعْرُوفٌ وَمَغْفِرَةٌ خَيْرٌ مِنْ صَدَقَةٍ يَتْبَعُهَا أَذًى وَاللهُ غَنِيٌّ حَلِيمٌ}$$

"Güzel söz ve bağışlama, arkasından incitme gelen sadakadan daha iyidir. Allah zengindir, acelesi de yoktur."[806] Peygamber (s.a.v)'in şu mübarek sözü de bu gerçeğe işaret buyurmaktadır: الْكَلِمَةُ الطَّيِّبَةُ صَدَقَةٌ *"Güzel söz sadakadır."*[807] Mal, para ve servetlerin tamir edemediği nice kırık kalpleri, bir "selam" sözcüğü, bir "nasılsınız" ibaresi veya bir sevgi ve şefkat sözcüğü tamir etmektedir.

Hz Âişe (r.a) anlatıyor:

$$\text{قُلْتُ يَا رَسُولَ اللهِ إِنَّ لِي جَارَيْنِ فَإِلَى أَيِّهِمَا أُهْدِي قَالَ إِلَى أَقْرَبِهِمَا مِنْكِ بَابًا}$$

"Ya Resûlallah, dedim; iki komşum var, (öncelikle) hangisine hediye sunayım?" Allah'ın Resulü; 'kapısı sana daha yakın olana', buyurdular."[808]

Komşular arası ilişkilerin sıcak ve canlı tutulması için fırsatlar iyi kullanılmalıdır. Böyle olursa komşuluk bağları güçlenir ve gelişir. Komşulara ikram bu fırsatlardan bir tanesidir. Bundan dolayıdır ki, sahabilerden Ebu Zer (r.a.)'in rivayetine göre sevgili Peygamberimiz, Ebu Zer (r.a)'a şöyle nasihat etmiştir:

$$\text{يَا أَبَا ذَرٍّ إِذَا طَبَخْتَ مَرَقَةً فَأَكْثِرْ مَاءَهَا وَتَعَاهَدْ جِيرَانَكَ}$$

Ebu Zer! Çorba pişirdiğin zaman suyunu fazla koy ve komşularını da gözet."[809] Hadis-i şerif, imkansızlıklar içinde dahi, komşularla iyi ilişkilerin kurulması ve devam etmesi için her fırsatı değerlendirme noktasında son derece ilginç bir örnek sunmaktadır.

---

806 Bakara; 2: 263
807 Müslim; Zekât, 56; II, 699.
808 Buhari; Edeb, 32. VII, 79.
809 Müslim; Birr 143. III, 2025.

3. Komşuları Ziyaret

Komşular arası ilişkileri sıcak ve canlı tutmanın bir yolu da zaman zaman karşılıklı ziyaretleşmelerdir. Ziyaretleşmeler, davet üzerine gerçekleşirse daha yapıcı olur. Nitekim Hz: Peygamber (s.a.v),

إِذَا اجْتَمَعَ الدَّاعِيَانِ فَأَجِبْ أَقْرَبَهُمَا بَابًا فَإِنَّ أَقْرَبَهُمَا بَابًا أَقْرَبُهُمَا جِوَارًا فَإِذَا سَبَقَ أَحَدُهُمَا فَأَجِبِ الَّذِي سَبَقَ

"Aynı vakit için iki komşundan davet alırsan önce daha yakın olanın davetine git. Aynı vakit için ayrı zamanlarda davet edilirsen, önce davet edenin davetine git" [810] buyurarak buna işaret buyurmuştur.

İmam Gazali (rhm.) komşular arası ilişkilerin çerçevesini İslami bakış açısı ile çizerken şunları ifade eder:

"Komşuluk hukuku, sadece komşuya eza etmemekle yerine getirilmiş olmaz, ayrıca eza ihtimali olan şeylerden de kaçınmak gerekir. Bu da yetmez;

a) Komşuya yumuşaklıkla muamele etmek, ona iyi ve güzel davranmak.

b) Komşuyla karşılaşınca ona selam vermek,

c) Hastalandığında onu ziyaret etmek,

d) Bir musibetle karşı karşıya kaldığında taziyede bulunmak,

e) Sevinçli anında onu tebrik etmek, sevincine ortak olmak,

f) Hatalarını görmezlikten gelmek, mahremine bakmamak, uzakta bulunduğunda evine göz kulak olmak, çocuklarına lütufkar davranmak,

g) Din ve dünya ile ilgili bilmediği konularda ona yol göstermek.[811]

4. Komşunun Şahitliği Allah Katında da Makbuldür

Bir komşunun diğer bir komşusu hakkındaki olumlu ya da olumsuz kanaat belirtmesi veya şahitliği Allah katında da bir kriter olma özelliğine sahiptir. Hz. Peygamber (s.a.v) buna işaret buyurarak şöyle buyurmuştur:

مَا مِنْ مُسْلِمٍ يَمُوتُ فَيَشْهَدُ لَهُ ثَلَاثَةُ أَهْلِ أَبْيَاتٍ مِنْ جِيرَانِهِ الْأَدْنَيْنَ بِخَيْرٍ إِلَّا قَالَ تَبَارَكَ وَتَعَالَى قَدْ قَبِلْتُ شَهَادَةَ عِبَادِي عَلَى مَا عَلِمُوا وَغَفَرْتُ لَهُ مَا أَعْلَمُ

---

810 Ebû Dâvûd; Et'ime, 9, IV, 134.
811 Gazâlî; *İhyaü Ulûmiddîn,,* II, 271-272. Kahire, 1386 .

"Bir Müslüman ölür de en yakın komşularından üç kişi onun hakkında iyi şahit-likte bulunursa Allah Teâlâ şöyle buyurur: 'Bildikleri şey konusunda kullarımın şahit-liğini kabul ettim', Yahut, 'Kulumun bildiğim günahlarını affettim.[812] Konu son derece önemlidir. Böyle bir şehadet ve kanaati komşularda oluşturmak için bir gayret içine girmek gerekir. Bunun yolu ise, Kur'an ve sünnet çizgisinde komşuluk ilişkileri kurmak ve sürdürmektir.

Hz. Peygamber (s.a.v), iyi komşuluk ilişkilerini, ülkenin imarına etki eden, hatta ömrü uzatan sebepler arasında saymıştır. Buna işaret eden hadis-i şerifi Hz. Âişe (r.a) validemiz anlatıyor:

Rasûlullah bana şöyle dedi:

مَنْ أُعْطِيَ حَظَّهُ مِنْ الرِّفْقِ فَقَدْ أُعْطِيَ حَظَّهُ مِنْ خَيْرِ الدُّنْيَا
وَالْآخِرَةِ وَصِلَةُ الرَّحِمِ وَحُسْنُ الْخُلُقِ وَحُسْنُ الْجِوَارِ يَعْمُرَانِ
الدِّيَارَ وَيَزِيدَانِ فِي الْأَعْمَارِ

"Kime yumuşak huyluluktan nasibi verilmişse dünya ve ahiret iyiliğinden de payı verilmiş demektir. Akrabalık bağlarını gözetmek, güzel ahlak ve iyi komşuluk ilişkileri oluşturmak ülkeyi imar eder ve ömrü arttırır."[813]

5. Kendi Nefsimiz İçin Sevdiğimizi Komşularımız İçin de Sevmeliyiz

Bir insan olarak, komşularımızın da insan olduklarını ve onların da nefislerinin bulunduğunu unutmamak gerekir. Bir şeyi kendimiz için bir hak olarak görüyor isek, komşularımız için de bunu bir hak olarak görmeliyiz. Bunun teori ve pratiğini İslam gayet güzel oluşturmuştur. لَا يُؤْمِنُ أَحَدُكُمْ حَتَّى يُحِبَّ لِأَخِيهِ مَا يُحِبُّ

لِنَفْسِهِ *"İçinizden bir kimse kendisi için arzuladığını mümin kardeşi için de arzula-madıkça kamil imana ulaşamaz."*[814] buyururken Peygamber Efendimiz (s.a.v) bunu öngörmüştür. Çünkü komşularımız, kara gün dostlarımız ve can yoldaşlarımızdır. Hayat komşularla daha güzeldir.

Komşuların bizden hoşnut olmaları, Allah'ın da bizden hoşnut olmasına sebep olur. Kendisi ile, çevresi ile barışık olan insan, sağlıklı bir ruh yapısına sahiptir demektir. Bunun zıddı ise, dengeli bir hayattan mahrum olmak demektir. Her şeyde dengeyi gözeten dinimiz, komşuluk ilişkilerinde de dengeli olmamızı bizden istemektedir. Efendimiz (s.a.v), bütün insanlarla ve hususiyetle de komşularımızla ilişkilerimizin olması gerektiği şekli şöyle buyurarak ifade eder: لَا تَدْخُلُونَ الْجَنَّةَ حَتَّى

---

812 Ahmed; II, 408-409.
813 Ahmed; V, 291; VI, 159.
814 Buhari; İman 7, I, 9.

366

تُؤْمِنُوا وَلاَ تُؤْمِنُوا حَتَّى تَحَابُّوا *"İman etmedikçe cennete giremezsiniz. Birbirinizi sevme-dikçe de gerçek manada iman etmiş olamazsınız."*[815]

تَرَى الْمُؤْمِنِينَ فِي تَرَاحُمِهِمْ وَتَوَادِّهِمْ وَتَعَاطُفِهِمْ كَمَثَلِ الْجَسَدِ إِذَا اشْتَكَى عُضْوًا تَدَاعَى لَهُ سَائِرُ جَسَدِهِ بِالسَّهَرِ وَالْحُمَّى

"Birbirlerini sevmekte, birbirlerini acımakta ve birbirlerine şefkat hususunda mü-minleri adeta tek bir vücut (beden) gibi görürsün. Mümin bir uzvundan şikayet ederse, vücudun diğer uzuvları da uykusuzluk ve ateşle ona iştirak ederler."[816]

إِنَّ الْمُؤْمِنَ لِلْمُؤْمِنِ كَالْبُنْيَانِ يَشُدُّ بَعْضُهُ بَعْضًا

"Müminin mümine göre konumu, parçaları (bölümleri) birbirini destekleyen bir tek bina gibidir."[817] İşte müminler olarak, komşuluk ilişkilerimizde bu peygam-beri uyarılara dikkat edersek sağlıklı bir toplum olma imkanına kavuşmuş oluruz.

Alınacak Dersler:

1. Komşularımıza eziyet etmeyeceğiz, eziyete uğramış isek sabredeceğiz.

2. Kötülükleri iyilikle savuşturacağız.

3. İlişkileri en yakın komşudan başlatarak daireyi genişleteceğiz.

4. Komşularla en azından selam ve musafahayı esirgemeyeceğiz.

5. Zaman zaman ziyaretleşeceğiz.

6. Nefsimiz için sevdiğimiz bir şeyi komşumuz için de isteyeceğiz.

---

815 Müslim; İmân, 94; I, 74.
816 Müslim; Birr, 66; IV, 1999.
817 Buharî; Salat, 88; I, 123.

ÖZGEÇMİŞ

Mehmet Hulusi Ünye;

1954 yılında Kahramanmaraş'ın Afşin ilçesinde doğdu. İlkokulu kendi köyünde tamamladı. Kahramanmaraş İmam-Hatip Okulu'ndan 1974 yılında mezun oldu.

Kendi ilçesinde bir buçuk yıl imam-hatiplikten sonra Kayseri Yüksek İslam Enstitüsü'nde yüksek tahsiline başladı. Yüksek İslam Enstitüs'ünün Tefsir-Hadis bölümünü 1980 yılında tamamladı. "Nur Suresinin Ahkam Tefsiri" adıyla bitirme tezi yazdı. Elazığ ili Maden ilçesi vaizliği deruhtesinde iken ara vermeden Diyanet İşleri Başkanlığı Vaizler ve Müftüler İhtisas kursu olan Haseki İhtisas kursuna intisap etti.

Kasım 1980 yılında başladığı ihtisas kursunu Mart 1983 yılında tamamladı. İhtisas kursunu tamamlarken "İnsanın Halife Oluşu" adıyla bitirme tezi hazırladı. Arkasından Ankara ili Ayaş ilçesi müftülüğüne tayin edildi.

1985 yılında çıktığı yurtdışı hizmetini Hollanda ve Almanya'da devam ettirdi. Avrupa'da uzun süre imam-hatiplik ve IGMG Kuzey Hollanda Bölgesi İrşad Başkanlığında bulundu.

2005 tarihinde İslam Toplumu Milli Görüş (IGMG) İrşad Başkan Yardımcısı ve Fetva Sorumlusu olarak IGMG Genel Merkez kadrosuna dahil oldu.

Yazarın ulusal, yerel gazete ve dergilerde makaleleri yayınlandı. IGMG bünyesinde yayın hayatını sürdüren Perspektif ve Camia dergilerinde yazılar yazdı. Bilhassa Camia dergisinin Fıkıh Köşesi yazılarını hazırladı. Derginin ilk yüz sayısında yayınlanan bu yazılar "El-Cevap" adıyla kitaplaştırıldı.

Elinizdeki eserle yazı hayatına devam eden yazar, evli ve üç çocuk babasıdır.